U0923101

金陵全書

丙編·檔案類

市政公報

［第一三一——一六二期］

（民國）南京特別市政府 編

南京出版社

圖書在版編目（CIP）數據

市政公報. 第131～162期 / 南京特別市政府編. —南京：南京出版社，2012.12
（金陵全書）
ISBN 978-7-5533-0116-7

Ⅰ. ①市… Ⅱ. ①南… Ⅲ. ①地方政府—公報—匯編—南京市—民國 Ⅳ. ①D693.62

中國版本圖書館CIP數據核字（2012）第275688號

書　　名	【金陵全書】（丙編·檔案類） 市政公報（第一三一——一六二期）
編 著 者	（民國）南京特別市政府
出版發行	南京出版社 社址：南京市成賢街43號3號樓　　郵編：210018 網址：http://www.njcbs.com 聯系電話：025-83283871（營銷）　025-83283883（編務） 電子信箱：njcbs1988@163.com
責任編輯	江山華
裝幀設計	楊曉崗
製　　版	南京新華豐製版有限公司
印　　刷	南京凱德印刷有限公司
經　　銷	全國新華書店
開　　本	889×1194毫米　1/16
印　　張	53.25
版　　次	2012年12月第1版
印　　次	2012年12月第1次印刷
書　　號	ISBN 978-7-5533-0116-7
定　　價	1000.00元

中華郵政掛號認為第一類新聞紙類　江蘇郵政管理局執照第一〇四三號

中華民國三十二年十一月十五日

市政公報

第一三一期

南京特別市政府秘書處印行

目錄

命令

法規

公牘

統計

附錄

行政院訓令

行政院訓令　字第　號

令南京特別市政府

案奉

國民政府三十二年十一月十六日第五四九號訓令開：

「據本府文官處簽呈稱：『准中央政治委員會祕書廳中政祕字第二九七五號公函開：「查中央政治委員會三十二年十一月十一日第一二九次會議討論事項第二案主席交議據行政院呈爲本院第一八〇次會議通過建設部呈請改訂華中各鐵道旅客運價一案呈請鑒核等情請公決案」當經議決「通過送國民政府通飭遵照並交立法院備查其施行日期由建設部以部令定之」紀錄在卷相應錄案抄同行政院原呈及附件函達至希查照轉陳通飭遵照幷飭行政立法兩院知照」等由理合簽請鑒核』等情據此自應照辦除分令外合行抄發原附件概要令仰該院遵照幷轉飭所屬一體遵照」

等因奉此除分行外合行抄發原件令仰該府遵照幷飭屬遵照。此令

計抄發華中鉄道公司改訂旅客運價概要暨旅客運價改正概要各一份

中華民國三十二年十一月　日

院長　汪兆銘

華中鐵道公司改正旅客運價概要

第一　改定理由

一、華中一帶之社會經濟情勢自去年底起呈示急遽變化以物資之枯竭而引起物價驚人高騰本公司因受其牽連至營業費爲之激增本年下期業經受其影響倘長此以往營業收支將失均衡待至下半年度更大受虧損事實昭然在所不

免於茲不得已情勢下擬先行提高旅客運價以圖增加收入而保收支平衡

二、目下華中鉄道正注重於輸送重要物資事屬當然若旅客增加超過現狀時則不無妨礙輸送物資之虞觀之今日旅客之情况正式旅客寥寥可數其大部份屬於搬運物資爲目的者似此不正常旅客似應極力抑制其增加以期完遂輸送重要物資使命之萬全實爲本改訂所期之一也

三、現行旅客運價照民國三十年十二月一日所改訂者延及今日實與目下經濟情勢有所不符似有過於低廉之不當故依本改訂運價程度比諸一般民衆之負担力信非過重

華中鐵道公司旅客運價改正概要

(一)客票

等級	中儲券 現行	中儲券 擬改	擬加百分數
一等	四角四分五厘	七角五分	68.7%
二等	二角八分九厘	五角	73.1%
三等	一角四分四厘	二角五分	73.1%
四等	○角八分四厘	一角三分	56%

(二)快車加票價

類別	一等 現行	一等 擬加及百分數	二等 現行	二等 擬加及百分數	三等 現行	三等 擬加及百分數
二百公里以內	二二元三角	四五元 10.2%	十一元二角	三〇元 16.8%	五元六角	十五元 16.8%
二百〇一公里以上	四四元五角	四五元 10%	二二元三角	三〇元 35%	十一元二角	十五元 34%

(三)臥車票價

類別		中儲券 現行	中儲券 擬改	擬加百分數
一等	上舖	六六元七角	七〇元	5%
	下舖	八三元四角	八五元	2%
二等	上舖	六三元二角	四〇元	11%
	下舖	五〇元	五五元	10%

(四)輪渡票價

類別		中儲券 現行	中儲券 擬改	擬加百分數
南京—浦口	二等	二元	四元	100%
	三等	一元二角	二元	86%
蕪湖—裕溪口	二等	五元	一〇元	100%
	三等	二元八角	五元	80%
閘口—靜江江岸	三等	一元六角	三元	93%

(五)特定票價　南京中華門間及吳淞線之特定票價改定如左

類別	中儲券 現行	中儲券 擬改
南京中華門間（一五公里）	四公里以內 六角 八公里以內 一元二角 十二公里以內 一元七角 十三公里以內 二元三角	統改三元
吳淞綫又支綫（一九公里）	同右	八公里以內 三元 九公里以上 五元

命令

南京特別市政府公布令 字第 號

茲修正南京特別市市民搬運租米暫行辦法公布之此令

計附修正南京特別市市民搬運租米暫行辦法（見法規欄）

中華民國三十二年十一月 日

市長周學昌

南京特別市政府訓令 字第 號

令各區公所

案奉

行政院院字第二七〇二號訓令內開：

「案奉 國民政府三十二年十月十八日第四九九號訓令內開『據本府文官處簽呈稱「准最高國防會議祕書處高祕字第三九一號公函開案准中央政治委員會祕書廳檢送奉交行政院呈轉據物資統制審議委員會呈送修正蘇浙皖米穀運銷管理暫行條例呈請鑒核等情當經陳奉 主席提交最高國防會議三十二年十月十四日第二九次會議討論決議通過送 國民政府公布並交立法院備查等因並經紀錄在卷相應錄案抄同原呈及附件一併函達至希查照轉陳明令公布幷飭行政立法兩院知照等由理合填請鑒核」等情據此自應照辦除明令公布幷分行外合行抄發該條例令仰該院知照幷轉飭所屬一體知照此令』等因又准最高國防會議祕書處高祕字第三九一號函同前因准此除分令外合行抄發原條例一份令仰該府知照幷轉飭所屬一體知照」

等因幷附抄發修正蘇浙皖米穀運銷管理暫行條例一份奉此自應遵辦除分令外合行抄發原條例一份令仰該區知照幷轉飭所屬一體知照

此令

附抄發修正蘇浙皖米穀運銷管理暫行條例一份

中華民國三十二年十一月　日　　市長周學昌

蘇浙皖米穀運銷管理暫行條例 三十二年十月十六日公布

第一條　蘇浙皖三省及京滬兩特別市內之米穀（包括糯米及各項糙米）收買及搬運依據本條例所規定處理之但關於上海統制綫以內者另行規定之

第二條　米糧統制委員會呈奉　行政院核准將蘇浙皖三省及京滬兩特別市區分爲另表之米穀運銷管理區公布之其修正時亦同

第三條　凡米穀之搬運於本條例規定以外者均在禁止之例

第四條　米商（凡經營米穀之交易零售批發經紀業及設置碾米機營業者）搬運米穀時在同一米穀運銷管理區範圍以內者以米糧統制委員會所發給之「米穀採辦證」行之如從該管地區運至該管地區以外者以米粮統制委員會所發給之「米穀搬運護照」行之

米穀採辦證及米穀搬運護照依另定之申請辦法申請米糧統制委員會發給之但由清鄉地區運出時必須先將搬運護照呈由所屬封鎖管理處長并該管連絡部長驗明蓋印關於移交軍部後之米穀搬運辦法依照另文規定行之

第五條　凡農民將自己所收穫之米穀搬出入於所屬縣城內或在同一管理區域內搬運自己所銷費（八公斤以內）之米穀除另有規定者外均得自由

第六條　依照本規定米穀之收買價格由米糧統制委員會決定呈請　行政院核准之不能違返前項規定之價格爲米穀之交易

第七條　請得米穀採辦證或米穀搬運護照者在搬運米穀時不得夾帶隱匿一經查獲得扣留其米穀採辦證或米穀搬運護照從嚴處罰并不得再行申請

第八條　領有米穀採辦證或米穀搬運護照者當搬運米穀時不得拒絕行政機關之檢查

各地行政機關對於領有米穀採辦證或米穀搬運護照者予以所需保護不得稍有留難或徵收捐稅

第九條　未曾領有米穀採辦證或米穀搬運護照而搬運米穀者得由當地行政機關沒收之并科以沒收米穀價格一倍以上二倍以下之罰金

第十條　對於恣意囤積米穀操縱米價者對其囤積之米穀應予沒收并得處十年以下之有期徒刑

第十一條　對於摻水或沙土於米穀之不正當行爲者當地行政機關得將該項米穀沒收米商爲前項之行爲時於吊銷米穀採辦證或米穀搬運護照以後不得再行申請

第十二條　對於舉發第九條至第十一條各條所規定之事實者當地行政機關得酌給沒收米價百分之二十之獎金

第十三條　本條例中之罰則適用於日本人時須由　國民政府商請日本官憲行之

第十四條　本條例自呈奉　行政院核准公布之日施行

第十五條　民國三十二年三月十二日所公布之蘇浙皖米穀運銷管理暫行條例於本條例公布之日廢止之

南京特別市政府訓令　府財字第　號

令　田賦征收處　鄉區自治實驗區公所　安德門區公所　上新河區公所　孝陵衛區公所

查本市田賦係屬法定收入關係至爲重要對於欠繳各戶亟應強制執行未便任聽不納致礙市庫要需茲特規定催追辦法以便執行而重稅收除函警察總監署及令各鄉區區長田賦征收處主任外合行抄錄辦法令仰該區長主任遵照切實辦理協助並將辦理情形隨時具報備查轉飭各鄉保保甲長等一體遵照

此令

附發催追欠賦辦法壹紙（見法規欄）

中華民國三十二年十一月　日　市長周學昌

南京特別市政府訓令　府財字第　號

令南京特別市銀行業同業公會　錢業同業公會

案准

財政部錢二字第三九〇號咨開

一案查上海華商證劵交易所業經本部會同實業部令飭復業其征收證劵交易稅所依據之交易所交易稅條例有關條文亦經本部會同實業部擬具修正案呈奉

國民政府公布施行除分行外相應檢同上項修正條文咨請查照幷希轉飭遵照爲荷」

等由准此除分行外合行抄發原條文令仰該會遵照！

此令

計抄發交易所交易稅條例第二條甲款修正條文一份

中　華　民　國　三　十　二　年　十　一　月　日

市　長　周學昌

交易所交易條例第二條甲款修正條文

三十二年九月三十日國府公布

甲、有價證劵按價格征收之其價格由百元以下之數目應按百元計算現貨征買賣價格萬分之六期貨征約定價格萬分之四

政府發行之公債庫劵交易按稅率四分之一計算

南京特別市政府訓令

府財字第　號

令本府各局處會
各附屬各機關
南京特別市商會
銀行業同業公會
錢業同業公會

案准

財政部錢二字第四三零號咨開：

查關於意大利國意大利人意大利法人之交易除金融機關另有規定者外所有應行停止事項及意大利交易之特別規定業經本部先後呈請　行政院備案幷由部佈告通行各在案茲因意大利國現有新法西斯蒂共和政府與巴特里奥政

權之分其屬於共和政府之僑民所有在華待遇自應恢復常態其屬於巴特里奧政權方面者仍應依照本部前頒錢二字第六號及錢二字第七號佈告所規定各項辦法分別處理除呈報並分行外相應咨請查照幷轉飭所屬一體知照爲荷」

等由准此除分行外合行令仰知照！

此令。

中華民國三十二年十一月　日　市長周學昌

南京特別市政府訓令　府財字第　號

令田賦征收處主任劉國光

案據鄉區自治實驗區區長蕭石樓呈稱：

「竊據職區笆斗鄉鄉長李伯根呈據四合圩暨四合東圩業戶代表李耀堂馬文璋賈仲衡路廣大等呈稱『竊民等所有已墾之四合圩暨今年試墾之四合東圩不幸於本年七八月間先後潰決全部被水淹沒曾經呈奉派員履勘在案現江水低落將盤理田地惟本年度第二期田賦尙未奉令豁免至該圩田畝清册兩份亦呈報在案爲此懇求轉呈層憲迅予派員履勘豁免田賦』等情前來據此經查屬實理合據情具文呈請鈞長鑒核俯賜轉呈市府恩予派員履勘豁免第二期田賦以蘇民困實爲公便等情據此查核該鄉長所陳尙屬實在理合具文呈請仰祈鈞長鑒核指令祇遵實爲公便」

等情據此除指復外合行令仰該主任遵照彙案查勘照章核辦具報

此令

中華民國三十二年十一月　日　市長周學昌

南京特別市政府訓令　字第　號

令各區公所

案准

糧食部增字第五二六號咨開

「案查保護耕牛規則曾於民國二十九年前農礦部修正公布在案本部爲便利農民購置耕牛藉資增產起見經制定管理耕牛搬運暫行實施細則除公布施行並令發本部各農業改進實驗區遵照暨咨請建設部通飭水陸交通機關予以協助外相應檢同該細則咨請查照並請轉飭所屬一體知照爲荷」

等由并附管理耕牛搬運暫行實施細則一份准此自應照辦除分令外合行抄發原細則一份令仰知照

此令

附抄管理耕牛搬運暫行實施細則一份

中華民國三十二年十一月　日　市長周學昌

糧食部管理耕牛搬運暫行實施細則

第一條　本細則爲便利農民耕作以求役畜之調節保護並謀防止耕牛屠宰及出境起見特制定本細則

第二條　本細則所稱耕牛係指水牛黃牛犂牛等

第三條　本細則所稱之耕牛係指年齡牡牛在一歲以上十二歲以下牝牛在一歲以上十歲以下各部勻稱姿勢正確蹄質堅韌無畸形無故障及性馴而無惡癖者

第四條　凡農民因耕作上之需要擬購耕牛役用者得向當地農業改進實驗區申請發給耕牛搬運證書非經合格之申請手續者概不得起運出境

第五條　各地農業改進實驗區接到申請書應卽實地調查屬實後連同所繳印花費呈請本部核發

第六條　本部審核前條申請書認爲確係當地農民因耕作上之正當用途者得發給證書

第七條　申請購買之牛隻專供耕牛役用不得轉賣或營商或作菜牛屠宰之用更不得以證書出讓牟利

第八條　經採辦耕牛運到所在地後牛主應將搬運證繳還當地農業改進實驗區呈報本部核銷同時並由原經辦機關在所購牛隻角上烙印其式樣以地名及編號爲記（如下蜀之「蜀」「一」「一」爲標識以杜流弊如角上不能烙印可烙在左前蹄上）

第九條　經採辦之耕牛非經當地原經辦之農業改進實驗區主管人員之核准不得轉讓或變更其管理者

第十條　有左列各項情形之一時得解除其耕牛之名稱改稱菜牛

一、缺乏本細則第三條之要件時
二、耕牛致病或發生其他故障時
合於前項各款情事之一者須呈明當地行政機關或農業改進實驗區經調查屬實後出示證明准予就地移動轉賣

第十一條 牛商如爲調節民食採辦年老殘廢之菜牛或爲補救農村役畜之不足須向產地採辦牛隻出境者應向本部申請許可
凡未得本部許可證書者絕對不得向產牛地區採購搬運或私運出境

第十二條 牛商呈請採辦之牛隻應由本部派員驗視屬實後發給證書並將牛隻烙印爲記始得自由出境

第十三條 農民攜帶喂養之牛隻確供自耕或幫工往返耕作地應用者經所在地鄉鎮長出具證明書得不領搬運證准在本境內
通過

第十四條 凡有私宰或私販搬運嫌疑者就地軍警機關及農業改進實驗區均得索閱其合法證明文件如有證載不符或無搬運
證書者應隨時扣留交由地方機關依法處分之

第十五條 凡違反本細則第四條第七條第九條第十一條第十四條各條之規定者得處以三千元以下之罰鍰

第十六條 本細則如有未盡事宜得隨時修正之

第十七條 本細則自公布日施行

南京特別市政府訓令 字 號

令第二區區長朱建中

案據熟水業同業公會籌備主任杜文祥呈控王金標姜恆甫假借熟水業同業公會名義私發加價單斂財肥己請予核辦等情前來當經派員查明屬實且該王金標姜恆甫被控各節均經直認不諱似此擾亂市面影響民生殊堪痛恨除函請首都警察總監署分別嚴辦並令飭熟水業公會轉飭各同業尅日恢復原來熟水價格外合行檢發王金標等店址表一份令仰該區長迅將該王金標姜恆甫所開設之熟水店勒令停業並隨將營業許可證予以吊回送府核銷以儆不法毋得徇延切切

此令

計發王金標姜恆甫店址表一份(略)

中華民國三十二年十一月 日

市長 周學昌

南京特別市政府訓令 府糧字第　號

令各區公所

案准米糧統制委員會函開：

「查本會業於十月一日籌備成立現由中日雙方當局將採辦米糧區域分別劃定並經本會勘定地點各設辦事處各處照章設置正副主任暨職員等定於本月廿五日起分別前往勘定地點着手開辦茲在貴市設置辦事處一所除已飭由該正副主任率同職員人等按址前來設立並給證明文件飭於到後詣前連絡外相應函請貴市政府察洽卽希轉飭所屬一體予以協助至級公誼」

等由，准此。自應照辦除分令外合行令仰該區遵照！

此令

中華民國三十二年十一月　日

市長周學昌

南京特別市政府訓令 字第　號

令各區公所

案准

糧食部增字第四六九號咨開

「案准貴市政府府糧字第四三四號咨爲本部咨請調查本市各區湖塘池沼一案『除一、四、兩區並無相當池塘可供養殖之用外檢同其餘各區池塘調查表及池塘清册一份復請查照』等由准此查附送各表尙有未曾放養魚類荒池現本部爲推廣養殖便於業主請領魚種起見經制定請領魚種辦法暨申請書及請領須知等件相應檢同該項辦法咨請貴市政府查照轉飭所屬知照爲荷此咨」

等由附送請領魚種須知及辦法暨申請書共五份准此除分行外合行抄發原件令仰該區知照

此令

附抄發請領魚種須知請領魚種暫行辦法示範魚池辦法請領魚種保證書及申請書各一份

中華民國三十二年十一月　日　市長周學昌

請領魚種須知

一、凡有志養魚而有可以利用之水面者均得請領魚種

一、請領魚種前可就近向本部水產管理局水產養殖試驗場暨各農業改進實驗區等索閱「糧食部請領魚種暫行辦法」「糧食部示範魚池暫行辦法」以便遵照手續辦理

一、正式請領魚種時須先填具申請書保證書等該申請書等式樣均存水產管理局水產養殖場暨農改區等處亦可就近索閱依據規定式樣填寫幷請各該機關轉呈候核

一、經本部審核認爲合格者當在一月內轉發通知書在配發魚種前幷由前代爲轉呈機關轉發領種憑證

一、池戶取得領種憑證後可按註明之期限地點持證前往領取規定魚種之種類數目同時繳足應繳款項(示範魚池無須繳款)自行運回飼養

糧食部請領魚種暫行辦法

第一條　糧食部(以下簡稱本部)爲奬勵人民利用水面養殖魚類增裕水產物產量起見特訂定本辦法

第二條　凡私有或公有適於養殖魚類之池塘河浜湖蕩低田佔地在三畝以上且不妨礙水利交通堤以養殖魚類者均得由所有人或主管人依式填具申請書保證書連同水面詳圖及所有權或租用權之證件呈由本部水產管理局或水產養殖試驗場及各農業改進實驗區轉呈本部核准登記

第三條　登記之池戶本部當酌量情形廉價配給優良魚種

第四條　登記池戶領取魚種時由本部發給憑證交水產管理局或水產養殖試驗場各農業改進實驗區轉發在指定時期指定發種機關就近領取核定之種類數目幷繳付款項自行運回在登記水面內飼養同時填具領種收據交由發種機關轉呈本部備查

第五條　領種池戶倘遇有發生魚病時應隨時將病害情形報告本部水產養殖試驗場指導防治

第六條　本部得隨時派員視察各地領種池戶之養魚成績池戶應接受其關於技術上之指導如有諮詢並應據實報告

第七條　領種池戶應照本部所制定之表格按期詳細據實塡註以備査攷

第八條　領種池戶在每年年終時應將產量價值等分別詳細呈報備査

第九條　領種池戶對於飼料配製給餌方法魚病害之預防等注意改良確有心得并較一般池戶所養魚類成績優異時得由本部酌量發給獎狀或獎金并訂爲示範魚池

第十條　領種池戶如有違反本辦法之規定或將未長成之魚讓售食用者本部得向該池戶及保證人追償全部種價

第十一條　示範魚池及農業改進實驗區所需之魚種領用辦法另定之

第十二條　本辦法自公布日施行

糧食部示範魚池辦法

第一條　粮食部(以下簡稱本部)爲改進養魚技術以謀增加生產起見特定本辦法

第二條　示範魚池應依左列標準指定之

一、本部各農業改進實驗區自有或租有之魚池

二、池戶魚池之設備完善水質優良且有五年以上之養魚經驗而技術十分熟練者

三、凡領取配給魚種之池戶服從指導認眞飼養具所養魚類確較其他一般池戶成績優異者

第三條　被指定爲示範魚池之池戶應塡具志願書及保證書呈送本部備査

第四條　被指定之示範魚池得享受左列之待遇

一、魚種之無償配給

二、凡有志從事某種養魚或養其他水族之試驗經本部認爲合格者得請求補助經費

三、養魚刊物之與贈

四、其他一切技術方面之協助

第五條　領取魚種當依據本部請領種魚暫行辦法第四條之規定但無須繳付款項

第六條　示範魚池之經營上技術上一切事項均應絕對服從本部之指導

第七條　本部倘有委辦之事不得藉故推諉

第八條　應照本部所制定之表格按期詳細據實塡註以備査攷每年年終更應將產量價値等分別詳細呈報備査

第九條　示範魚池如有違反本辦法之規定或將未長成之魚讓售食用時本部得取消其應享權利幷與以相當懲處

第十條　本辦法自公佈日施行

請領魚種保證書

具保證人　　今保證　　向

糧食部請求分配魚種倘有違反

糧食部請領魚種暫行辦法之處概由保證人負完全責任謹呈

轉呈

糧食部

請領魚種人　　簽名蓋章

住址

職業

保證人

住址

職業

中華民國　　年　　月　　日

請領魚種申請書

具申請書　　今願遵守

糧食部請領魚種暫行辦法謹將請領魚種種類及數目等塡列於次並連同保證書水面詳圖所有權證件一併呈繳敬祈核轉

糧食部准予登記

謹呈

局長

場長

區主任

申請人　　簽名蓋章

職業

住址

魚池所在地

中華民國　　年　　月　　日

魚池畝數	水深	堤高	魚種種類	魚種數量	備註

填表須知

一、魚池欄內祇填一、二、三、四、等字樣例如申請人有池三個則第一行內填「一」字第二行內填「二」字第三行內填「三」字

二、畝數欄內將各池之確實畝數分別填入

三、水深欄內分別填寫填表時各池之水深

四、堤高欄內分別填寫各地堤案之高度

五、魚種欄內填明所須魚種如青魚草魚花鰱等每種之數量

六、備註欄內應填該地曾否養魚有無乾涸汛瀾等災池水放灌方便否池內有水草植物否有否偸竊弊病有野魚否有逃逸之虞否務須詳盡以備查核

南京特別市政府訓令　字第　號

令本府所屬各機關

案准

陸軍部部令未字二六一二號公函內開：

「案奉　軍事委員會交辦　國民政府本年七月十日第三四二號訓令開：『據本府文官處簽呈稱：「准中央政治委員會秘書廳中政秘字第二七三五號公函開「案准最高國防會議秘書處檢送奉交行政院三十二年六月二十八日院字第三四二號呈一件爲據內政陸軍兩部會呈擬具警察暨保安隊及稅警需用物資移動暫行辦法呈核一案轉呈鑒核等情當經陳奉　主席提交中央政治委員會三十二年七月三日第一二五次會議討論決議通過交行政院以院令公布施行並交軍事委員會及立法院備查」紀錄在卷相應錄案並抄附原呈及上項暫行辦法一併函達至希查照轉陳令飭行政立法兩院及軍事委員會遵照」等由理合簽請鑒核等情據此自應照辦除分令外合行抄發原附各件令仰該會知照等因計抄發原附行政院呈一件辦法一件奉此茲經本部遵照奉准辦法擬定陸軍部辦理各省市保安隊申請需用物資運輸證暫行規則九條運輸申請書及運輸證明書格式印製施行除呈報備案並分別函知外相應檢同上項規則及運輸申請書證明

律式樣各一份函請貴府查照並希轉飭所屬知照爲荷」等由並附發申請書等件准此除分行外合亟抄發各原件令仰該　知照並飭屬一體知照爲要

此令

計附發運輸申請書運輸證及存根運輸證暫行規則各一份

中華民國三十二年十一月　日　　市長周學昌

陸軍部辦理各省市保安隊申請需用物資運輸證暫行規則

第一條 本部對於各省市保安隊申請移動需用物資除按照戰時移動物資取締暫行條例暨警察保安隊稅警需用物資移動暫行辦法等之規定外概依本規則辦理之

第二條 各省市保安隊申請移動物資應依式塡具運輸申請書二份呈由其直屬最高機關長官轉逹本部審查後發給運輸證（申請書及運輸證格式附後）

第三條 本部對於申請移動物資之審查由軍令軍務兩司會同負責以昭愼重

第四條 軍令軍務兩司對於移動物資申請書審查無訛後應立卽會簽部次長核准交由本部總務處塡發運輸證並將所附之申請處一份書附存根以備查攷

第五條 凡各省市保安隊申請移動物資如有不按本規則第二條之規定逕向本部申請者概不予以審查

第六條 各省市保安隊所移動之物資種類數量如發覺與所申請者不符時應查明責任分別呈請議處

第七條 領用之證明書須依限繳銷逾限不繳者應取消其申請權

第八條 本規則如有未盡事宜得隨時修正之

第九條 本規則自公布日施行

運輸申請書

發送處所及主管者職名	
承收處所及主管者職名	

押運者職名	種類	數量	用（或車馬）途	起運地點	到達地點	經過稅關路站	請發護照年月日	預計運畢期限	附記

中華民國　年　月　日

保安隊需用物資運輸證存根

陸軍部　運輸左
發給保安隊需用物資運輸證事查
列物品核屬軍需依照警察暨保安隊及稅警需用物資移動暫行辦法第二
條之規定應准運輸此證

右給　收執

陸軍部部長

發送處所主管者職名及	承收處所主管者職名及	押運者職名	用途（或事由）	搬出地點	搬入地點	經過稅關	有效期間

種類							
數量							
單位							
備考							

附記

凡申請移動物資時應按照本部申請移動物資暫行規則辦理之
本證種類數量欄內限填一種多填作廢
本證不得挖補塗改違者作廢
本證用畢應即繳銷

中華民國　年　月　日

保安隊需用物資運輸證

陸軍部

發給保安隊需用物資運輸證事查左列物品核屬軍需依照警察暨保安隊及稅警需用物資移動暫行辦法第二條之規定應准運輸此證

右給　　　收執

陸軍部部長

發送處所及主管者職名	承收處所及主管者職名	押運者職名	用途（或事由）	搬出地點	搬入地點	經過稅關	有效期間

種類	數量	單位	備考

附記

凡申請移動物資時應按照本部申請移動物資暫行規則辦理之

本證種類數量欄內限填一種多填作廢

本證不得挖補塗改違者作廢

本證用畢應即繳銷

中華民國　　年　　月　　日

南京特別市政府指令 府財字第　號

令卸任捐稅征收所所長劉登瀛

呈一件爲呈報捐稅征收所移交清楚情形並遵令補造稅款稅票等四柱清册專案呈送祈鑒核令遵由

呈件均悉據呈送稅款稅票等四柱清册經飭據捐稅征收所會同監盤員查核呈報尚屬相符應予存查仰即知照

此令(附件存)

中華民國三十二年十一月　日

南京特別市政府指令 府財字第98號

令監盤員趙其凡
捐稅征收所所長江兆龍

呈一件爲會報奉令查核劉前所長稅款稅票清册情形祈鑒核示遵由

呈悉據會報查核劉前所長稅款稅票等四柱清册尚屬相符准予備查仰即知照

此令

中華民國三十二年十一月　日

市長周學昌

南京特別市政府指令 府財字第　號

令鄉區自治實驗區區長蕭石樓

呈一件爲據笆斗鄉鄉長李伯根呈報四合圩東圩等潰決請免二期田賦祈恩准由

呈悉仰候轉行田賦征收處彙案查勘再行核辦飭遵

此令

中華民國三十二年十一月　日

市長周學昌

南京特別市政府佈告 府工字第　號

案據工務局報稱前據謝正隆呈報山西路一〇〇、二二〇、二二三、二二四、二二五號建築浴堂工程經本局通知該謝正隆呈驗充分證件在未經核准給照以前停止動工而該謝正隆竟不遵通知私自動工完成大半實屬藐視功令擬請先予封閉等情據此查該謝正隆既已違章建築又復抗令動工應予封閉合行佈告週知

此佈

中華民國三十二年十一月　日　市長周學昌

南京特別市政府佈告 府工字第　號

案據工務局報稱夏廷芳呈報中華路二七四號建築工程准江蘇郵政管理局函以違約轉租竊佔本局權益請予有效辦法勒令停工等由經本局通知承包廠商李永記尅日停工以待合法解決詎該商不遵通知仍然繼續施工殊屬不合擬請予以封閉等情據此查該商竟不遵照通知抗不停工實屬藐視功令應准予以封閉合行佈告週知

此佈

中華民國三十二年十一月　日　市長周學昌

南京特別市政府佈告 府工字第　號

案據工務局報稱本局建設清涼山磚窰工程前由朱玉凱黃孝全等承包辦理嗣以一再誤工由保人王榮興石灰店主王家棟請求免罰解約所有領去工款除抵付抬挖土坑塡土工款外應繳還國幣壹萬元當由該包工朱玉凱等繳還陸千元尚欠工款肆千元由該王家棟負責担保於乙個月內分期繳還清楚立有保單在案茲查逾期已久未據繳案迭經通知該保人王家棟履行保證責任均置不理擬請將該担保者王榮興石灰店予以封閉等情據此查該王家棟不遵通知抗不履行保證責任實屬藐視功令應准予以封閉合行佈告週知

此佈

中華民國三十二年十一月　日　市長周學昌

南京特別市政府佈告 字第　號

爲佈告事查本市國府路國民大會堂右首全部空地業經本府勘定爲興建運動場之用所有原在該地上種植蔬菜各戶自應限期清讓以利工事爲此佈告仰該地使用各戶一體遵照統於佈告之日起十日内將地全部讓出如有種植各物並着自行除去毋違切切此佈

中華民國三十二年十一月　日　市長周學昌

法規

修正南京特別市市民搬運租米暫行辦法 民國三十二年十一月修正

第一條　凡本市居民由鄉區或鄰縣搬運所收法定權利之田租米稻來城自食者除法令另有規定外悉依本辦法辦理之

第二條　凡申請搬運收租米稻其數量暫以該申請人全戶人口供足一年所需食米爲限並須附具第三條所規定之證件呈請本府核發搬運租米護照後方可搬運

第三條　凡申請搬運米稻者應繳驗下列各件

一、產權證件（田地契紙佃戶租約押契或田地所在地之縣政府證明書）

二、戶籍證

三、購米證（該證在搬入後應即註銷）

第四條　前條第一款所規定之證件如申請人因特殊情形不能提出呈驗時得覓具殷實舖保兩家共同具結證明

第五條　田地如係公產應以團體名義依照本辦法第二條第三條之規定辦理之

第六條　申請人應遵照搬運護照上所載數量搬運如有超過照載數量一經查覺其超出部分應作私運論依照蘇浙皖米穀運銷管理暫行條例第十條之規定辦理

第七條　租米搬運實施期間以每年八月十五日起十二月底止逾期概行停止搬運

第八條　本辦法如有未盡事宜得隨時修正之

第九條　本辦法由市政府咨請糧食部核定施行

南京特別市財政局田賦征收處催追欠賦辦法　民國三十二年十月公布施行

一、田賦征收原有定限應由田賦征收處依限派員切實征收以直接催繳爲原則

二、各糧戶如有任催不繳逾限仍欠者除照章加收滯納罰金外得視其欠賦情形予以強制執行

三、各糧戶如有逾限不繳者得利用保甲制由保甲長協助催繳卽以所收滯納罰金提支五成補助該保甲長辦公費

四、保甲長協助催繳仍不遵納者得移送當地該管轄警局代爲傳追卽以所收滯納罰金全數提支作爲協力人員補助公費

五、業主不在本地者責成佃戶代繳田賦卽以田賦收據扣抵應繳租金如佃戶抗不遵辦者得呈報市政府停止其佃種權

六、業戶在京抗不遵繳者除強制執行外得呈報市政府轉飭區公所勒令佃戶停止納租

公牘

南京特別市政府咨　府工字第　號

案准

貴部本月六日代電內開查三十三年度各省市之河海堤塘及閘壩等春修工程預期在明歲一月間即當開始進行爲日無多現亟須先將中央所能分配於各省市之水利經費數目支配妥定以便分別進行冬估事宜請貴市府迅將明年度期望中央撥款補助暨市方自力所能舉辦之各急要水利工程分別列成簡明表附具扼要說明及需款約數於十一月十日以前咨送過部以便彙核等由准此當經飭據各區公所遵照列表呈報前來交由工務局彙核擇要計劃計分整理秦淮河及十里長溝暨江河堤岸修防以及上新河雙閘改建等四項工程其上新河雙閘工程擬招商承包辦理其餘三項工程擬用征工辦法酌給津貼共需經費三一八七、五〇〇元查前列四項工程均極關重要擬於三十三年度內辦理竣事惟本府庫帑奇絀無力舉辦擬請中央撥發全部工款俾使進行准電前由相應擬附計劃綱要隨咨送達即希

查照辦理爲荷

此咨

建設部

附三十三年度擬辦水利工程計劃綱要乙份

市長周學昌

中華民國三十二年十一月　日

南京特別市政府三十三年度擬辦水利工程計劃綱要

工程名稱	工程說明	工程範圍	工程總價	備註
疏濬秦淮	查秦淮河橫貫京市幹支流全長約十五公里年久未予疏	全長15,000公尺	1,237,500	擬征工辦理

河　工　程	濬致河泥與垃圾淤塞頗甚尤以該河兩端閘門關調水死	平均挖深1公尺		每立公酌給津貼15元此
	汚濁妨礙衞生及觀瞻之處不容忽視是以該河之疏濬工	河底寬4公尺		數擬請中央
	程實迫不及待也玆値人力物力艱絀之秋欲求治本力有	兩岸坡脚11.5—		撥發
	未逮僅可以治標辦法將該河支幹河平均挖深使城內外	合計土方8.2500立公		
	水面相平則水流得以暢通			
改建上新河	查該閘爲南圩鄉全部農田二萬餘畝灌溉之水源建於淸	全部改建	100,000元	擬請中央撥發
雙閘工程	末年久失修加以去歲江水暴漲毀壞無餘			
整理十里一	十里長溝爲燕子磯區唯一之灌溉水源民廿五年曾徵工	整理河道	900,000元	擬請中央撥款
長溝工程	疏濬並建溢水壩十四座近以年久失修河道淤塞壩閘圮	該河幹支河全長約十八公里平均挖深		徵工辦理—
	倒急待修葺	05公尺土方計約—		每立公酌給
		60000立公		津貼15元
		修理閘壩	560,000元	擬招商修理
		閘壩共十四座平均		此數擬請中
		每座須修理費四萬元		央撥發
修防江河堤	本市燕子磯上新河下關等區江河堤防自三十二年整修	燕子磯區	300,000元	擬徵工辦理
岸工程	後雖已大致竣工惟本年爲水冲刷坍塌之處亦復頗巨擬	土方約20000立公		每立公酌給
	於三十三年度復修之	上新河區	75,000元	津貼15元由

3.下關區	15000元	同前
土方約1000立公		
工程總數	3,187,500元	

土方約5000立公
中央撥款

南京特別市政府公函　府財字第　號

案准

貴會執公字第七一號公函以籌設貧民醫院請補助臨時設備費查照見復等由准此查是項貧民醫院之設立事屬救濟所請撥補一節自可照辦除飭本府祕書處迅籌臨時費叁萬元分期撥付俾利進行外相應復請

查照爲荷

此致

中國國民黨南京特別市執行委員會

市長　周學昌

中華民國三十二年十一月　日

南京特別市政府公函 字第　號

案准

貴會發總字第四〇七三號公函略開「爲京市雨漬粗砂改製綿白請轉中央大學迅將化驗結果發表並希見復」等由准此查居述三擅自改造糖質一案經本府發覺後旋即扞取糖質令行本市衛生試驗所化驗去後茲據該所報告該改造糖質之化驗結果確有攙雜又含有多量雜菌有礙衛生至中大化驗非本府委托無從查詢准函前由相應抄同衛生試驗所鑑定表一份隨函送請

查照爲荷

此致

全國商業統制總會

附抄送鑑定表一份（略）

市長周學昌

中華民國三十二年十一月　日

南京特別市政府公函 字第　號

查市民搬運租米去歲曾由粮食部前甯屬區辦事處辦理茲爲便利市民搬運租米貯供自食暨減輕公糶配給負担起見爰經制定南京特別市市民搬運租米暫行辦法市民搬運租米護照暨申請書式樣并准粮食部先後咨復修正暨存查各在案除由本府公佈施行外相應檢同該項辦法及搬運租米護照暨申請書式樣各一份專函奉達即希查照并飭屬知照予以查檢放行爲荷

此致

首都警察總監署

憲兵司令部

附送修正南京特別市市民搬運租米暫行辦法（見法規欄）暨搬運租米護照及申請書式樣各一份

市長周學昌

中華民國三十二年十一月　日

搬運租米護照

南京特別市政府爲發給搬運租米護照事茲據右開申請人擬在下列地點搬運本年秋季所收租米以供自食遵章申請給照前來經審核屬實合行發給搬運租米護照以憑收執運須至護照者

計開

申請人姓名		年齡		籍貫		住址	
家屬人數	大口　口	小口　口	全年食米數量	石　斗　升　合			
搬運糧食種類		搬運數量	石　斗　升　合				
搬運地點		經過地點		運達地點			
運輸方法		搬運期限	自民國　年　月　日起 至民國　年　月　日止				

右給　收執

印花

中華民國　年　月　日

市長

糧食局局長

字第　號

報告單

茲據右開申請人擬在下列地點搬運本年秋季所收租米以供自食遵章申請給照前來經審核屬實除給照執運並截存根備查外理合檢同原申請書一張報請察核

計開

申請人姓名		年齡		籍貫		住址	
家屬人數	大口　口	小口　口	全年食米數量	石　斗　升　合			
搬運糧食種類		搬運數量	石　斗　升　合				
搬運地點		經過地點		運達地點			
運輸方法		搬運期限	自民國　年　月　日起 至民國　年　月　日止				

謹呈

糧食部

計附呈申請書一張

南京特別市糧食局局長　（簽章）

中華民國　年　月　日

字第　號

字第　　號

存根

茲據右開申請人擬在下列地點搬運本年秋季所收租米以供自食遵章申請給照前來經審核屬實除准予給照執運並呈報外合截存根備查

計開

申請人姓名		年齡		籍貫		住址	
家屬人數	大口　口	小口　口	全年食米數量	石　斗　升　合			
搬運糧食種類		搬運數量	石　斗　升　合				
搬運地點		經過地點		運達地點			
運輸方法		搬運期限	自民國　年　月　日起至　年　月　日止				

中華民國　年　月　日　填發人員（簽章）

呈奉糧食部核准日期　年　月　日　字第　號指令

市民請求搬運租米申請書

竊市民　置有業產農田　畝坐落於　省　市　縣　區　鄉鎮本年秋季收有租稻米　石　斗　升　合擬請准予搬運來城以供自食茲遵章按照現實人口壹年所需食米共計　石理合檢附證明文件並備具應繳費款暨同式申請書二份呈請察核俯賜給照以便執運

計開

申請人姓名		年齡		籍貫		住址	
家屬人數	大口　口	小口　口	全年食米數量	石　斗　升　合			
搬運糧食種類		搬運數量	石　斗　升　合				
搬運地點		經過地點		運達地點			
搬運期限	自　年　月　日起至　年　月　日止	應貼印花		應繳手續費			
應附各件							

謹呈

南京特別市糧食局

中華民國　年　月　日　申請人（簽名蓋章）

承辦機關核示		承辦機關長官簽章	
頒給搬運證號數	字第　號	給證日期	民國　年　月　日

統計

南京生活指數

一、公務員生活指數（平均每家人口成人三人兒童一人）

1.費用

	食物類	服用類	燃料及水	雜項類	房租燈火類	總計
七月	一三五八、〇	一四一、〇	二四六、三	一六六、五	八九、〇	二〇〇〇、八
八月	一七九九、二	七八、〇	二八九、五	一七九、〇	八九、〇	二四三四、七
九月	一八二九、九	八四、〇	三三七、五	一五九、〇	八九、〇	二四九九、四

2.指數——民國二十六年＝一〇〇（加權綜合平均）

	食物類	服用類	燃料及水	雜項類	房租燈火類	總指數	國幣購買力
七月	六九七四、〇	五四二三、〇	一〇九四六、六	一六一六五、〇	一八五四一、〇	六六三六、〇	1,5
八月	九二四〇、〇	三〇〇〇、〇	一二四二二、〇	一七三七八、〇	一八五四一、〇	八〇七五、六	1,2
九月	九三九八、五	三二三〇、七	一五〇〇〇、〇	一五四三六、八	一八五四一、一	八二五六、七	1,2

二、小學教員生活指數（平均每家人口成人三人兒童一人）

1.費用

	食物類	服用類	燃料及水	雜項類	房租燈火類	總計
七月	八二四、一	一六一、二	二二八、〇	一六〇、〇	八五、〇	一三五八、三
八月	一一四六、六	一五一、五	一四六、〇	一六五、〇	八五、〇	一六九四、一
九月	一二三八、五	一六一、五	一六六、〇	一八二、〇	八五、〇	一八三三、〇

2.指數——民國二十六年＝一〇〇（加權綜合平均）

	食物類	服用類	燃料及水	雜項類	房租及燈火	總指數	國幣購買力

七月	五八四四、七	三六五五、三	八五三三、三	二五三九六、八	三四〇〇、〇	五八六九、九	1.7
八月	八一三一、九	三四三五、四	九七三三、三	二六一九〇、五	三四〇〇、〇	七三二一、一	1.4
九月	八七八三、六	三六六二、一	一一〇六六、七	二八八八八、九	三四〇〇、〇	七九二一、三	1.26

三、工人生活指數（平均每家人口成年四人兒童二人）

1. 費用

	食物類	服用類	燃料及水雜項類	房租燈火類	總計
七月	二三七二、〇	九三、〇	二二二、八	一六八、〇	一七八、〇	三〇三三、八
八月	二七〇七、六	八六、〇	二八六、〇	一七九、〇	八九、〇	三三四七、六
九月	三三六四、〇	二一三、〇	三七〇、〇	二二七、〇	一九〇、〇	四三六四、〇

2. 指數——民國二十六年＝一〇〇（加權綜合平均）

	食物類	服用類	燃料及水雜項類	房租及燈火	總指數	國幣購買力
七月	七八五〇、五	二二六一、一	一〇一二七、三	一六一五三、八	三五六〇、〇	七一二七、五	1.4
八月	八九五三、八	二〇九一、〇	一一三〇〇、〇	一七二一一、五	一七八〇、〇	七八六五、六	1.3
九月	一一一三五、四	五一八二、五	一六八一八、三八	二一八二六、九	三八〇〇、〇	一〇二五三、八	0.97

四、商人生活指數（平均每家合成年三人兒童一人）

1. 費用

	食物類	服用類	燃料及水雜項類	房租及燈火	總計
七月	七五六、六	一一六、〇	一七〇、八	九三、五	八六、〇	一二二二、九
八月	一〇九三、四	一二六、〇	一九六、〇	九六、五	八六、〇	一五九七、九
九月	一一九〇、三	一一六、〇	二二四、〇	九五、〇	八六、〇	一七一一、三

2. 指數——民國二十六年＝一〇〇（加權綜合平均）

	食物類	服用類	燃料及水雜項類	房租及燈火	總指數	國幣購買力
七月	五七〇八、六	四二九六、二九	一〇〇四七、一	一四一六六、七	三四四〇、〇	五八七五、五	1.7
八月	八二四九、一	四六六六、七	一一五二九、四	一四六二一、二	三四四〇、〇	七六七六、八	1.3
九月	八九七六、八	四二九六、三	一三一七六、五	一四三九三、九	三四四〇、〇	八二一九、五	1.2

秘書處第三科統計股編製

南京特別市戶口統計表

三十二年十月份

區別	戶數	人口總數						
		總計	男性			女性		
			合計	成人	兒童	合計	成人	兒童
總計	141,137	690,513	380,046	292,406	87,640	310,467	234,984	75,483
城區自治實驗區	13,393	63,913	34,098	25,69[illegible]	8,404	29,815	21,727	8,088
第一區	22,892	115,116	61,907	52,316	9,591	53,209	43,978	9,231
第二區	23,420	113,483	61,192	51,376	9,816	52,291	42,709	9,582
第三區	18,283	87,251	49,094	36,333	12,761	38,157	27,858	10,299
第四區	18,315	101,718	56,930	48,786	8,144	44,788	37,973	6,815
第五區	9,337	46,068	26,512	16,564	6,948	19,574	12,714	6,860
鄉區自治實驗區	8,695	45,093	25,392	16,907	8,485	19,701	15,068	4,633
上新河區	12,322	53,718	29,169	20,043	9,126	24,549	16,378	8,171
孝陵衛區	5,256	24,580	13,075	7,296	5,779	11,505	6,840	4,665
安德門區	9,224	39,555	22,677	14,091	8,586	16,878	9,739	7,139

附註：各外國僑民不在此內

資料根據各區公所報告

秘書處第三科統計股製

南京特別市戶口增減比較表

三十二年十月份

區別	戶增減數	人口增減數						
		總計	男性			女性		
			合計	成人	兒童	合計	成人	兒童
總計	(十) 477	(十) 6934	(十) 5511	(十) 1351	(十) 4160	(十) 1423	(十) 892	(十) 531
城區自治實驗區	(十) 16	(十) 31	(十) 15	(十) 4	(十) 11	(十) 16	(十) 17	(一) 1
第一區	(十) 165	(十) 910	(十) 535	(十) 435	(十) 100	(十) 375	(十) 291	(十) 84
第二區	(十) 11	(十) 209	(十) 89	(十) 10	(十) 79	(十) 129	(十) 9	(十) 111
第三區	(十) 84	(十) 210	(十) 131	(十) 82	(十) 49	(十) 79	(十) 65	(十) 14
第四區	(十) 186	(十) 1373	(十) 853	(十) 693	(十) 160	(十) 520	(十) 406	(十) 114
第五區	(十) 27	(十) 176	(十) 88	(十) 51	(十) 37	(十) 88	(十) 51	(十) 37
鄉區自治實驗區	(十) 5	(十) 4231	(十) 3904	(十) 129	(十) 3775	(十) 327	(十) 115	(十) 212
上新河區	(一) 25	(一) 168	(一) 84	(一) 42	(一) 42	(一) 84	(一) 42	(一) 42
孝陵衛區	(一) 10	(一) 99	(一) 53	(一) 31	(一) 22	(一) 46	(一) 38	(一) 8
安德門區	(十) 18	(十) 61	(十) 33	(十) 20	(十) 13	(十) 28	(十) 18	(十) 10

註：各外國僑民不在此內
增(十)
減(一)

資料根據各區公所查報

祕書處第三科統計股製

附錄

中日同盟與中國之獨立解放

周學昌

諸位聽衆

中日同盟條約已經在十月三十日正式簽訂了，每一個愛國的同胞，當然都從內心生出興奮的熱情，因爲這個同盟條約，不只奠定了中日永久修好的基礎，並且足能保障了中國的獨立解放。

中國國民革命的目的就是求取中國的獨立解放，就是要把祖國從殖民地的狀態中，從帝國主義者的魔掌中拯救出來，每一個革命的同志都在奮勇地領導民衆向爭取自由平等的大路而奔馳，但是環繞在我們身邊的竟是些不平等的條約，好像是無數條鉄鍊，鎖住了我們的自由，因此四萬萬同胞們都在憂慮着一個問題就是：什麽時候我們才能廢除不平等條約，才能實現獨立解放呢？

我們知道自從大東亞戰爭爆發以來，友軍已經把侵略東亞的英美勢力悉數掃蕩竟盡了，我們就不必担憂英美的侵略，今年一月九日，國府參戰日本聲明交還中國租界，並撤廢治外法權，這些工作都已經見諸實行了，這些事實足以證明日本具有扶持中國獨立解放的誠意，但是不免還有些民衆，對於這些偉大的事實還不能充分瞭解，他們仍然不能排除過去的憂慮，他們認爲日本在中國駐兵仍然是對中國獨立解放運動的威脅，他們恐懼日本有把英美在中國的地位取而代之的可能，可是在這次中日同盟條約發表之後，他們的憂慮、他們的恐懼都完全被這光明的正義的條約內容給掃除了，因爲這個條約是足以保障中國自由平等的條約，是絕對有利於中國獨立解放運動的條約。

中國過去的不能獨立解放，是受了不平等條約的限制，我們的領土上可以有列強諸國的軍事勢力，政治勢力，我們的主權不能完整，我們的政治不能自由，要實現獨立解放，就必須先廢除不平等條約，把失掉了的領土主權收回過來，這就是國民革命的工作，也就是全國同胞熱烈地的希望。

這樣的希望在今天已經獲得實現的把握了，中日同盟條約足以證明這個把握，我們先來看條約的前文「大中華民國國民政府及大日本帝國政府期望兩國互爲善鄰尊重其自主獨立，並緊密協力而建設以道義爲基礎之大東亞，俾貢獻於世界全體之和平，並堅定決心，剷除對此有障害之一切禍根，協定中已經說明了中日同盟的主旨，也就是說明日本對於中國的自主獨立絕對尊重。條約第一條更說明中華民國及日本國，爲永久維持兩國間善鄰友好之關係，應互相尊重其主權及領土」，由此我們更可以知道日本對於中國主權領土今後絕對是尊重的，我們的主權領土能夠完整才能稱之爲一個自主獨立的國家。

日本爲了給中國國民一個明確的保障，更在此次條約的附屬議定書中規定了兩項最切實的辦法，就是在第一條第一項中所記的：「日本國約定於兩國間恢復全面和平戰爭狀態終了時撤去其派在中華民國領域內之日本軍隊。」這是說日本在全面和平實現之日，立即將其在華派遣軍全部撤回以證明日本與中國提攜敦睦善鄰友好的誠意絕無侵略中國領土的野心。我們在看第一條的第二項：「日本國根據北清事變北京議定條款，及其有關之文書所有之駐兵權概予放棄」這是說在全面和平實現的時候，日本不但把因事變而派遣到中國軍隊完全撤回，並且將四十年以來在華駐兵的特權也自動放棄，這種措置更可以保障了中國的主權和領土的完整，保障了中國的獨立解放運動。

諸位，有了這個條約我們就可以算是完全獨立解放了嗎？問題並不是這樣絕對的樂觀，現在雖然有了獨立解放的保障，如果我們不肯努力，不肯奮鬥，獨立解放依然是遲於實現。我們要實現這理想，必須一方面促使全面和平早日實現，一方面在政治上力求自新。

全面和平爲什麼不能實現呢？以前重慶朋友們說，日本不肯答應撤兵，絕不可以談和平，現在日本已經自動願意撤兵了，重慶朋友們還有什麼不可以談和平的呢？以前重慶的朋友們說，一定要恢復盧溝橋事變以前的狀態才可以談和平，那是他們還承認日本的駐兵權，默認租界權及治外法權，現在日本的在華駐兵權已經聲明放棄治外法權已撤廢，租界已交還，這些措置都遠超過重慶以前的要求，過去中國的抗戰是爲了爭求中國的獨立解放，現在中日同盟條約對於中國獨立解放已經有了保障抗戰所求的已經可以實現，那麼抗戰還有什麼目的呢？

重慶的同胞們都是有強烈的愛國心的，我們希望看清楚了大勢的所向，我們一致來努力實現全面和平。

重慶的同胞們都是有強烈的愛國心的大家都不願意祖國淪亡而努力來爭取獨立解放，但是實現全面和平既有助於中國的解放自主中國同盟條約絕對尊重國家之領土主權抗戰所爭取的已經由和平運動予以實現顯然抗戰已失掉其意義現在我們應該牢牢地把握住中日同盟條約這個機運努力來實現全面和平深願重慶的朋友們不要固執成見認清大勢的所向迅速停戰恢復全面和平而完成中華民國獨立解放的大業。（三十二年十一月一日對渝廣播）

市政公報暫定價目表

期數	價目	郵費
零售	每冊五角	本埠四分 外埠八分
半年	十二冊六元	本埠四角八分 外埠九角六分
全年	二十四冊十二元	本埠九角六分 外埠一元九角二分

市政公報廣告刊例

頁數	價目
一頁	每期十八元
半頁	每期九元
四分之一頁	每期四元五角

刊登廣告在四期以上者每期按照七折計算連續十期以上者每期按照六折計算長期另議

出版日期　本公報暫定每月二次

編輯者　南京特別市政府祕書處

發行者　南京特別市政府祕書處

印刷者　南京國華印書館

地址：中山東路鹽政牌樓

電話：二二一六五

MAY 15 1944

中華郵政掛號認爲第一類新聞紙類　江蘇郵政管理局執照第一〇四三號

中華民國三十二年十一月三十日

市政公報

第一三三期

南京特別市政府秘書處印行

國立北京圖書館藏

目錄

命令

公牘

統計

行政院訓令

行政院訓令 字第 號

令南京特別市政府

現奉

國民政府三十二年十一月十七日第五五〇號訓令開：

「據本府文官處簽呈稱：准中央政治委員會秘書廳中政秘字第二九八三號公函內開：查中央政治委員會三十二年十一月十一日第一二九次會議討論事項第一案： 主席交議「據行政院呈此次院長赴盟邦日本出席大東亞會議於本月六日在東京以中華民國國民政府代表資格與日本國泰國滿洲國菲律賓國緬甸國代表簽署大東亞共同宣言請鑒核等情請公決案決議：通過送 國民政府幷交立法院備查紀錄在卷相應錄案抄同大東亞宣言函達至希查照轉陳令飭行政立法兩院知照」等由理合簽請鑒核等情據此自應照辦除分行外合行令仰該院知照此令。」

等因，附發大東亞共同宣言乙份，奉此，幷准 中央政治委員會秘書廳函開前由，除分行外，合行抄發原件，令仰該府知照此令。

計抄發大東亞共同宣言乙份

中華民國三十二年十一月 日

院長 汪兆銘

大東亞共同宣言

夫世界各國各得其所相倚相扶以同享萬邦共榮之幸福此乃確立世界和平之根本要諦

惟英美兩國唯己國之繁榮要圖壓迫其他國家其他民族尤以對於大東亞橫加侵略恣意搾取並肆行其奴化大東亞之野心

致大東亞之安定根本推翻此次大東亞戰爭發生之原因即在於此

故大東亞各國應互相提攜力求完成大東亞戰爭使大東亞解脫英美之桎梏保障其自存自衛根據左列綱領建設大東亞俾有助於世界和平之確立

一、大東亞各國共同確保大東亞之安定以道義為基礎建設共榮共存之秩序

一、大東亞各國互相尊重其自主獨立力求互助敦睦以確立大東亞之親和

一、大東亞各國互相尊重其傳統發展各民族之創造性以闡揚大東亞之文化

一、大東亞各國本於互惠緊密提攜以促進其經濟發展增進大東亞之繁榮

一、大東亞各國增進於萬邦之友誼撤廢人種的差別普行溝通文化進而開放資源以期貢獻於世界之進展

命令

南京特別市政府訓令　府祕字第　號

令各局處會

案奉

行政院院字第三〇七二號訓令內開：

案奉　國民政府第五四三號訓令開「案據本府文官處簽呈稱：『案准最高國防會議祕書處高祕字第四一一號公函開「案准中央政治委員會祕書廳檢送法制專門委員會梅兼主任委員函為遵照中央政治委員會第一二八次會議決議會同有關各部擬具公務員犯贓治罪條例草案請轉陳鑒核一案當經陳奉　主席提交最高國防會議三十二年十月二十一日第三〇次會議討論決議修正通過送國民政府公布并交立法院備查等因遵由本處照案修正并繕紀錄在卷相應錄案抄附上項條例函請查照轉陳公布飭遵」等由理合簽請鑒核』等情據此自應照辦除已明令公布并分飭施行外合行抄發該條例令仰該院知照并轉飭所屬一體知照」等因奉此合行令仰該府知照并轉飭所屬一體知照此令

等因並附發公務員犯贓治罪條例一份奉此除分令外合行抄發該項治罪條例一份令仰知照并轉飭所屬一體知照

此令。二

附抄發公務員犯贓治罪條例一份

中華民國三十二年十一月　日　市長周學昌

公務員犯贓治罪條例　民國三十二年十月三十一日公布

第一章　罪

第一條　公務員對於職務上之行爲要求期約或收受賄賂或其他不正利益者處五年以上有期徒刑併科五萬元以下罰金

公務員對於違背職務上之行爲要求期約或收受賄賂或其他不正利益者處無期徒刑或七年以上有期徒刑併科七萬元以下罰金因而爲違背職務之行爲者處死刑無期徒刑或十年以上有期徒刑併科十萬元以下罰金

公務員對於主管或監督之事務直接或間接圖利者處無期徒刑或七年以上有期徒刑併科七萬元以下罰金

第二條　公務員侵占公務上持有之物者處無期徒刑或五年以上有期徒刑併科五萬元以下罰金

第三條　公務員意圖得不法利益損害國家重大權益或損害公有財產或利益者處無期徒刑或七年以上有期徒刑併科七萬元以下罰金

第四條　公務員意圖得不法利益非法勒派捐款或利用權勢以強暴脅迫詐術或他法勒取人民財物者處死刑無期徒刑十年以上有期徒刑併科十萬元以下罰金

第五條　公務員意圖得不法利益僞造證據陷害無辜或假借職權以恐嚇方法取人財物者處無期徒刑或七年以上有期徒刑併科七萬元以下罰金

第六條　前四條之未遂犯罰之

第七條　公務員對於職務上應採運或配給之重要物資意圖得不法利益故爲遲延時日或停止執行致生危害於公衆利益者處無期徒刑或七年以上有期徒刑併科七萬元以下罰金

公務員對於職務上應發給之款項物品意圖得不法利益故爲剋扣抵換或抑留不發致生損害於公務或公衆者亦同

第八條　犯本條例之罪者所得賄賂或利益及所生之孳息均沒收之如全部或一部不能沒收時追徵其價額

第九條　犯本條例之罪者不問所宣告主刑之種類均褫奪公權終身

第十條　意圖公務員受刑事處分以本條例所定各罪向該管公務員誣告或在依本條例程序審判或偵查時為證人鑑定人通譯於供前或供後具結而為虛偽之陳述者依所誣告或偽證各本條所定之刑處斷犯前項之罪於所誣告或所虛偽陳述之案件裁判確定前自白者得減輕其刑

第二章　程序

第十一條　本條例所定各罪依本章程序由司法機關辦理之

第十二條　犯本條例所定各罪之公務員以其所任官職分別歸地方法院或高等法院管轄其為委任職者由地方法院受理第一審高等法院受理第二審薦任職以上者應由高等法院受理第一審最高法院受理第二審

前項案件以第二審為終審不得提起第三審上訴其在第一審審判中得由司法行政部或司法行政部華北事務署命令於十五日內審結如在第二審審判中經第二審法院認為顯無理由者應於十日內以書面審理終結之

最高法院受理第二審案件仍適用第三審程序

牽連案件之管轄不同者應由直接上級法院合併管轄之

第十三條　偵查本條例所定各罪之案件除由檢察官直接檢舉或主管監督機關移送外如經人告訴或告發者應先傳告訴人或告發人加以訊問並搜集證據認為有犯罪嫌疑者使得傳訊被告

前項告訴人或告發人經傳喚並無其人或有其人而被人冒名或所訴無相當之證明方法者得不經調查逕為不起訴之處分其處分書亦無庸送達

第十四條　每一被告選任辯護人以一人為限

第十五條　法院指定審判期日後應速通知被告之主管監督機關以便屆時派員莅庭觀審必要時並得以書面陳述意見但不得參與審判

第十六條　處分書裁判書或記載裁判之筆錄正本或副本除送達被告外並應送達於該被告之主管監督機關

前項應送達之審判筆錄被告之主管監督機關認為不當時得於送達後二十日內提出理由書經由原檢察官向上級檢察署檢察長聲請再議或請求原檢察官提起上訴原檢察官於接受理由書後應即依照再議或上訴程序辦理

第十七條　依本章所定程序上訴於終審法院之案件應迅將該案卷宗及證物送交與該法院同級檢察署之檢察官

與終審法院同級檢察署之檢察官認為有上訴之必要時得自接受卷宗後起算上訴期間

第十八條　依本章所定程序辦理之案件確定後檢察官應速將該案卷宗檢送司法行政部或司法行政部華北事務署覆核

前項覆核經司法行政部或司法行政部華北事務署認爲第一審判決不當時應將該案件發交第一審法院依照開始再審之程序辦理之

第十九條　依本條例規定諭知之罰金沒收及追徵如犯人於未開始執行或執行未完畢前死亡時應就其遺產執行

第三章　附則

第二十條　依法令從事於公共利益有關事務之人員以公務員論

第二十一條　刑法總則及刑事訴訟法之規定與本條例不相牴觸者仍適用之

第二十二條　本條例施行期間暫定爲二年但施行期滿有繼續施行之必要者得以命令延長之

第二十三條　本條例自公布日施行

南京特別市政府訓令　字第　號

令改組各業公會籌備會

案准

實業部商字第九八八號咨開：

「案奉　行政院政字第一六五二號訓令開：「現奉　國民政府三十二年八月九日第一九六號訓令開據本府文官處簽呈稱准最高國防會議秘書處公函開案奉　主席交下最高國防會議三十二年八月九日臨時會議討論事項第一案「主席交議據：據財政實業兩部會呈擬具收買棉紗棉布暫行條例草案及收買棉紗棉布實施要綱呈核一案轉呈鑒核等情請公決案決議修正通過送國民政府公布並交立法院備査」等因遵經紀錄在卷相應錄案並抄同上項條例及要綱函達主希査照轉陳明令公布並令飭行政立法兩院知照」等由理合簽請鑒核」等情據此自應照辦除明令公布暨分飭施行外合行抄發該條例及要綱令仰該院知照幷轉飭所屬一體知照等因奉此同時並准最高國防會議秘書處函同前由除分行外合行抄同原條例及要綱令仰該部知照幷轉飭所屬一體知照」等因計抄發收買棉紗棉布暫行條例及實施要綱各一份奉此除分行外相應抄同收買棉紗棉布暫行條例及實施要綱各乙份咨請査照爲荷」

等由附送修正收買棉紗棉布暫行條例及實施要綱各一份准此合亟抄發原件令仰該會知照

此令

計抄發收買棉布棉紗暫行條例棉布棉紗實施要綱各一份

中華民國三十二年十一月　日　　市長周學昌

收買棉布棉紗暫行條例　三十二年八月九日公布

第一條　國民政府爲調節物價安定民生對於現存之棉紗棉布依本條例之規定實施收買

第二條　收買棉紗棉布之標準及其種類數量價格給價方法由主管官署規定交全國商業統制總會辦理之

全國商業統制總會經主管官署之許可得將收買事務委託所屬下層機構辦理

第三條　棉紗棉布之所有人或占有人未經主管官署核准對於棉紗棉布之不得移動隱匿數量或變更權利關係但左列各項不在此限

全國商業統制總會或依本條例第二條第二項受委託之機構買賣棉紗棉布

零賣商所存之棉紗或棉布不超過民國三十二年上半年平均零賣之一個月數量者

以棉紗棉布爲原料之製造工廠其所存紗布不超過民國三十二年上半年平均需用之一個月數量者

第四條　棉紗棉布之所有人不明收買機構得向占有人收買之

第五條　依本條例收買之棉紗棉布設有質權者其質權因收買而消滅但得就其收買代價另行設定質權

第六條　棉紗棉布之所有人或占有人拒絕或妨礙收買時處一年以上五年以下有期徒刑得併科五萬元以下罰金

第七條　違反本條例第三條第一項之規定者處一年以上三年以下有期徒刑得併科三萬元以下罰金

第八條　犯前二條之罪者其貨物沒收之

第九條　本條例施行區域以命令定之

第十條　本條例自公布日施行

收買棉紗棉布實施要綱　三十二年八月九日公布

一、上海市內現存棉紗棉布由國民政府收買令行政院飭全國商業統制總會辦理之上海以外各地所存棉紗棉布得斟酌情形準照上海辦法收買之

二、收買價格決定以二十支藍鳳紗每包一萬元爲標準應付價款按左列辦法付給中央儲備銀行特別定期存單

(一)應付價款之半數按標金每條(十兩)四萬元之定價拆算分兩期付給標金自收買日起滿三月付給半數滿一年再付給半數

(二)應付價款之半數以儲備券分三年付清自收買日起每半年付給六分之一但滿二年時得將餘額一次付清
(三)應付未付價款總額給予年息六厘之利息
(四)此項特別定期存單非經許可不得抵押或轉讓
三、所收買之棉紗棉布由全國商業統制總會負責保管非經行政院命令不得擅自處分
四、所收買棉紗棉布配給辦法另定之
五、未經收買及新生產之棉紗棉布另訂辦法管理之
六、本要綱實施細則由主管官署會同擬訂呈經行政院核准施行

南京特別市政府訓令 府財字第　號

令鄉區自治實驗區長蕭石樓

案據南京市銀行報稱「查關於八卦洲三步壟築埂一案本年五月間曾奉鈞府令飭准由鄉區自治實驗區長蕭石樓出名以該地佃證向本行押借國幣貳拾萬元爲工程費用限四個月清還不得稍有逾延等因遵經如數押放在案惟查此項借款早已到期前經一再催償迄未理結理合呈請鈞長鑒賜轉飭該借款人剋日備款到行結清本息以符功令而清手續等情據此查是項借款係由該區長出名負責向該行承借現既逾期自應剋日備款清結以完手續合亟令仰該區長遵照辦理具報切勿稍延爲要

此令

中華民國三十二年十一月　日

市長周學昌

南京特別市政府訓令 字第　號

令城鄉各區公所

案准

首都警察總監署政一字第四三八號函開：

「查每屆冬令一般宵小恆思乘機活動防範稍疏輒生事故本署爲防患未然力謀京市治安益臻鞏固起見爰特參照以往成例並酌查現時需要情形擬訂冬防計劃草案經召集所屬各主管人員舉行冬防會議詳細討論通過幷經與友邦聯

絡同意贊助各在案除通令各屬遵照切實辦理並分呈暨函各有關機關查照協助外相應檢同本年冬防計劃一份備函送
請查照並轉飭所屬一體隨時協助爲荷」
等由並附三十二年冬防計劃一份到府准此自應照辦除分令外合亟抄發原件令仰該區長遵照妥爲協助並飭屬一體協助隨時取得連絡爲要此令

計抄發首都警察總監署三十二年冬防計劃一份

中華民國三十二年十一月　日

市長　周學昌

首都警察總監署三十二年冬防計劃

一、本署所屬各局隊處應遵照本計劃所訂各條按照各該局轄境需要情形詳擬冬防計劃呈署核准施行

二、冬防實施日期暫定自十二月一日起至翌年三月一日止但在必要時得延長之

三、在冬防期間本署內外各部屬員警除婚喪及重病外一律不准請假各局隊退勤休息長警非奉長官特別派遣一律不准外出幷逐日由督察處派員前往切實考察

四、各局在冬防期內應於重要路口設置武裝盤查哨各配備義勇警察二名每日由夜十二時起至翌晨六時止（分兩班輪派）檢查夜間來往可疑之人其地點須採用流動方式使宵小竊盜無法逃避並應將境內盤查哨地點人數事先列表並繪具草圖密報督察處以便派員察查其盤查哨應互相連絡遇事可以協助之效各局警力不敷調遣時得由保安隊酌量加撥補充

五、城區各局鄰界會哨地點及時間由各督察處商同有關各局規定但地點人數不必預定須斟酌實際情形辦理之其各郊局之會哨由各該局會商呈准施行

六、各局於夜間應將所屬各分駐所未負重要勤務之長警集合十餘名至二十名分班組織幷每班配備義警四名至六名輪流在局守備聽候臨時差遣

七、保安警察隊在冬防期內應配備武裝複哨每二人一組每日分班於上午六時起至十二時止派往衝要地點值勤

八、各局界內各街巷應於每晚十時起至翌晨六時止分派退勤長警及義勇警察合組巡邏班規定巡邏路綫分班巡查其各局警察及義勇警察之人數配備應以二與一爲比例

九、各局巡邏警夜間應在屋舍傍壁緩步巡行注意門戶開閉及室內特異聲息暨宵小容易出沒之處所

十、偵緝隊將所有偵緝員警酌量分駐各局組成偵探網不分晝夜巡查市內各處並由督察處規定簽到簿分置各局以備偵緝巡查經過時簽名蓋章其偵緝暨分駐辦法由偵緝隊擬具計劃呈核施行

十一、各局分駐所或派出所應由義勇警察指揮處各配備義勇警察一班每日由下午六時起至翌晨六時止以每班人數多寡酌配勤務俾厚實力而資協助

十二、在冬防期內各局隊應與友邦有關各機關隨時連絡以期互通消息而免隔閡并與首都警備司令部及首都憲兵司令部隨時連絡以資互助

十三、各局界內發生匪警時應立即將匪徒人數裝備發生事態及移動方面一併電報特高科轉請友邦憲警協助兜捕一面電報督察處隨時通電各局出動協緝並由保安隊派遣武裝警察隊乘警備車駛赴出事地點追蹤捉捕

十四、冬防期內各局區派警逐日會同保甲長加緊抽查戶口特別注意人口之增減及特種戶口之動態并詳細查對聯環保結暨有無居住證抽查時應切實注意下列各項并編列標記以為偵查之參考

一、戶內常有閑人雜居或往來者

二、行跡詭密並無相當職業與其本人之身份不甚相合者

三、暴貧暴富家有異狀者

四、棚戶船戶雜居及來歷不明行跡可疑者

五、染有不良嗜好不事生產或係散兵游勇者

六、素行不端遊蕩無賴為鄰里一般人所不齒者

十五、各局戶籍員警對於管轄界內寺廟僻屋院以及工場雜居處(包括特種戶口)不時查察有無戶口異動隱匿不報情事并於外埠徙入之戶口應特加注意

十六、各局界內旅館客棧應切誥誡經理人或棧主凡旅客無保一概不准留宿違則嚴予處罰如有形跡可疑或攜帶槍枝旅客應隨時報告就近局所

十七、燕子磯江面三汊河沿江一帶暨西郊所屬夾江下關惠民河三汊河至中華門沿城外設城河由水巡隊日夜分班輪流往返加緊梭巡其梭巡時間應通知有關各局互相連絡協助

十八、各局應通知境內船隻於夜間集中指定地點不得散泊各處以防莠民利用并至翌晨不得開動但城外由外江開入船隻時間較晚者應扼要設盤查哨隨時盤查以免匪徒匿跡

十九、冬防期內各局轄境之偏僻街巷應會同當地區公所儘量籌設公益路燈並一面仍由各局查明應設置地點及盞數報署轉行工務局核辦

二十、冬防期內消防隊值班員警應整裝待發接到火警報告時應立即出動至遲不得逾二分鐘一面電報督察處派員到場監護並由該管局派警戒備如火警在機關或軍營附近並即派保安隊馳往協助警戒

二十一、冬防期內本京各商店娛樂場所及售吸所應於夜間十一時半停止營業並挨戶通知小心門戶注意火患不得半開半搭倘有逾時尙未停止營業巡邏警應特別注意查察取締以免爲不良份子所利用

二十二、銀行錢樓及要人公館重要機關應加派武裝警察在左近注意梭巡以盡維護之責

二十三、冬防期內各局隊分駐所巡官長警均應一律在本局所搭包伙食以便遇有事故發生便於連絡

二十四、冬防期內各局隊間有敵機來襲消息或警戒警報發布後應與警防團及所屬各分團隊互相取得切實聯繫協力工作

二十五、在冬防期間各局及保安隊對於管界內鐵路棧應按照平時警戒實施計劃第二條之規定組織巡邏隊無分晝夜與各區隊密切連絡注意防範以保安全

二十六、冬防期內各局應傳諭各地段保甲長挨戶勸諭市民置備手電筒及銅鑼等器遇有盜匪即敲鑼喚醒鄰人注意羣起捕捉並馳往就近局所報告

二十七、派駐各城門車站輪渡碼頭檢查員警等應由各該管局隊督飭認眞詳細檢查並將查護案件臨時層解處理以期迅捷

二十八、在冬防期間爲預防不逞份子活動保安隊所屬車巡隊應按平時巡查辦法加緊巡查

南京特別市政府訓令　府保甲字第　號

令城鄉各區公所

查本市重編保甲清查戶口卽將次第舉辦其戶口異動一項關係最爲重要茲經本府與　首都警察總監署會商決定嗣後凡市民遇有遷入徙出出生死亡來往他往雇傭辭退及男婚女嫁等情事之一者均須備價向該管保甲長購取上項報告表詳實塡明一式兩份加蓋戶長名章連同向坊公所索取之市民聯保切結（聯保切結不取分文）送由甲長層轉保長坊（鄉鎭）長依次蓋章以一份留存坊公所另一份交由原報告人持向該管警察分駐所查核居住證號碼（如係新入境者應將旅行證或原來處所之市「縣」民證或居住證呈驗）無訛後擧給戶口異動登記備查聯單再由原報告人持憑此項備查聯單連同聯保切結向坊公所換取戶籍門牌證存執將來一切物資配給證之塡發卽以此項戶籍門牌證爲依據事關整頓戶籍幷市民丶身利害除已呈奉　行政院令准

備案並分令外合亟抄發前項市民報告戶口異動須知條文暨本府與　首都警察總監署會銜佈告　張令仰該區公所遵照幷轉飭所屬坊鄉鎮保甲長一體遵照再此項佈告關係重要務須轉發各坊(鄉鎮)公所張貼門首俾衆週知併仰遵照爲要

此令

計發會銜佈告　張

中華民國三十二年十一月　日　市長周學昌

南京特別市政府訓令　府財字第　號

令第一二三四五區公所　城區自治實驗區

查本市強化保甲清查戶口調整保甲長人選並遵照　行政院公佈編查保甲戶口暫行條例籌組保長聯合辦公處(簡稱聯保辦公處)一案疊經計劃並飭由保甲委員會召集各該區長面商茲決定自本年十二月一日起所有城區六區同時舉辦統限一個月內編查完竣除派員隨時協助並分令外合亟檢發實施大綱令仰該區長即便遵照督率所屬妥愼辦理具報爲要切切

此令

計檢發實施大綱乙件

中華民國三十二年十一月　日　市長周學昌

南京特別市城區各區編組聯保實施大綱

一、南京特別市政府爲強化保甲清查戶口幷調整保甲長人選起見特遵照編查保甲戶口暫行條例規定編組聯保並先自城區六區(包括下關在內)開始辦理

二、辦理時期規定自十二月一日起至月底止期以一個月完成

三、原有坊保甲管轄境界及番號此次暫保原狀以免淩亂紛歧但有特殊情形者例外惟保甲長人選必須澈底考核調整戶口亦必須藉此調查清楚

四、各區在辦理編組聯保期內應每日至少派遣職員十人（星期日照常工作）會同現任坊長（或坊公所書記）分成若干組攜帶戶口底册分坊先自第一保第一甲第一戶起挨戶清査如有戶口異動隨時補正一甲査竣即當時推選甲長一保編竣同時由各甲長推選保長

五、每坊編査竣事後由區公所召集該坊全體保長互推聯保主任候選人三名彙呈本府圈定之

六、各坊聯保主任圈定後即成立聯保辦公處現有坊公所名義一律撤銷

七、各區編組聯保得分期進行統儘一個月內完成其分期得自行體察情形酌定

八、在編組聯保期內保甲委員會每區派遣一人協同辦理並負聯絡之責

九、各區調遣人員得酌支車膳費暫由本府墊發

南京特別市政府指令　府財字第　號

令南京特別市商會

呈乙件爲轉報錢業公會改組經過并檢附會議紀錄等件祈鑒核備案由

呈暨附件均悉應准備案惟査該公會第一次理監事聯席會議紀錄內討論事項第一案常務理事係照會章選定四人而所送章程第四章第二十一條仍載明設常務理事二人顯係印刷錯誤應改正爲四人併仰轉飭遵照附件存

此令

中華民國三十二年十一月　日　市長周學昌

南京特別市政府指令　府財字第　號

令八卦洲洲產整理處

呈一件爲據八卦洲頭二步翠暨南三步翠佃農代表徐藻香等呈報翠地遭受水災秋季減收或全無收成等情轉請鑒核派員履勘核減秋租由

呈悉據報該洲各步翠地被災情況迭經派員前往實地履勘據報査明以南三步翠及北三步翠全被水淹災情最重二步翠次之頭步翠又次之除此三步翠最後開種尚未啓租外茲經按照被災實況分別核減本年秋租標準以示體卹南三步翠秋租應令全

數豁免二步孌秋租酌減六成實征四成頭步孌秋租酌減二成實征八成訂於十二月十日爲開始征收秋租日期隨發佈告五十張仰即遵照分別張貼依期開征並將各孌各保各號地畝分別應征應減應免造具詳細清冊呈報查核一面將征收租款隨時報解俾應庫需毋得延誤爲要

此令

計附發佈告五十張

中華民國三十二年十一月　日

市長周學昌

南京特別市政府佈告　府財字第　號

案據八卦洲洲產整理處轉據該洲頭二步孌暨南三步孌佃農代表徐藻香等呈報孌地遭受水災請派員履勘核減租租等情據此當經一再派員前往該洲切實履勘據報查明災況以南三步孌及北三步孌全被水淹災情最重二步孌次之頭步孌又次之分別列表報請鑒核前來查核所報尚屬實情應即酌予減征以示體卹除北三步孌因最後開種租金尚未啓征外茲經按照被災地畝實況核定本年秋租標準南三步孌應予全數豁免秋租二步孌秋租酌減六成實征四成頭步孌秋租酌減二成實征八成茲訂於十二月十日爲開始征收秋租日期除令飭八卦洲洲產整理處遵照辦理並另造清冊呈送查核外合行佈告仰該洲佃農人等一體知悉務須遵照核定辦法速將應繳本年秋租如數清繳掣據安業毋得任意逾延致干照章處罰爲要

此佈

中華民國三十二年十一月　日

市長周學昌

財政局局長譚友仲

南京特別市政府佈告　府財字第　號

案據承辦八卦洲上壩至下壩全部河塘水產王桂元呈稱竊民於本年六月十六日標得八卦洲上壩至下壩全部河塘水產業於六月二十日成立承租契約在案民更爲增加該塘生產計於八月十二日先後放養魚秧三十餘萬尾近二月來魚秧漸爲成長監護更感困難沿岸居民不諳該塘全部業由民承包時加網捕垂釣雖經民屢加攔阻亦難生效以致糾紛屢起以後監護飼養隨魚秧

之民長更感困難思維再四惟有懇乞鈞府俯賜佈告曉諭沿岸居民並令飭駐在八卦洲自衛團暨警局監護予以協助等情據此查八卦洲上壩至下壩一帶河塘水產前經本府招商投標由王桂元得標承辦繳納租款從事養魚所有該河水產物自應一律歸該承辦人經營以維產權除函首都警察總監署轉飭北郊警局及八卦洲駐在警所並令鄉區自治實驗區轉飭地方自衛團隨時保護予以協助外合行佈告仰該洲居民人等一體知悉不得擅自採捕及任意損害河內生產倘敢故違一經查明或被告發定予嚴懲不貸切切！

此布。

中華民國三十二年十一月　日

市長周學昌

財政局局長譚友仲

首都警察總監署 南京特別市政府 佈告 政三府保甲字第　號

案查本市重編保甲清查戶口業已次第舉辦其戶口異動一項關係最為重要茲經本署府會商決定嗣後凡市民遇有遷入徙出出生死亡來往他往僱用辭退或男女婚嫁等情事之一者均須備價向該管保甲長購取上項報告表詳實填明一式兩份加蓋戶長名章連同市民聯保切結（向坊公所索取不收分文）送由甲長層轉保長坊（鄉鎮）長依次蓋章以一份留存坊公所另一份交由原報告人持向該管警察分駐所查核居住證號碼（如係新遷入尚未申請居住證者應將原持之旅行證或在原來住所所領之縣民證或居住證呈驗）無訛後製給戶口異動登記備查聯單如查無證件即應帶交該管警局訊辦至此項聯單仍應由原報告人領到後連同聯保切結持向坊公所換取戶籍門牌證存執將來一切物資配給即以此項戶籍門牌證為填發配給證之依據事關市民切身利害除已呈奉　行政院核准外合亟抄附市民報告戶口異動須知條文會銜佈告週知仰各商民人等務須切實遵辦毋稍玩違為要

此佈

附抄市民報告戶口異動須知條文一份

中華民國三十二年十一月　日

總監李謳一

市民報告戶口異動須知

市長周學昌

(一)市民報告戶口異動須向保甲長購買戶口報告表二份不論遷入徙出出生死亡傭用辭退婚嫁來住他往分居繼承各項報告表每份均售國幣一角五分並向坊公所免費索取市民聯保切結一份(不取分文)每份應塡寫清楚加蓋戶長名章依次向本管甲長保長坊長聲請蓋章

(二)坊長蓋章後卽將戶口報告表留存一份另一份交由原報告人持向該管警察分駐所報告並飭知將原報戶口所領之居住證存置住所內以備分駐所派警查核

(三)警察分駐所根據蓋有坊長保長甲長名章之戶口報告表應卽赴呈報人住所按照報告表上所列居住證號碼與該戶原領居住證一一查明登記並查核戶口無訛後卽製給戶口異動登記備查聯單原報告人再持此聯復向坊公所換取戶籍門牌證如因特殊事項臨時外出不能隨時呈驗居住證應於回家時卽刻到分駐所呈驗

(四)如警察分駐所查核所報戶口有不符情事應卽報局照章處罰

(五)坊公所根據警察分駐所製給戶口異動登記備查聯單及市民聯保切結換發戶籍門牌證

(六)市民依照以上各項規定報告戶口後卽可持戶籍門牌證向本管區公所申領購米證並可享受一切日用品配給權利

(七)市民遷出時應遞原發戶籍門牌證向坊公所加蓋戳記註明遷往何處並登記後持向遷入處所之坊公所辦理換領新戶籍門牌證手續

南京特別市政府批 府財字第　號

具呈人王桂元

呈一件爲呈請曉諭八卦洲上壩至下壩河塘沿岸居民不得擅自採捕塘內水產並請令飭駐在警團協助監護以保權益而謀增產由

呈悉准予發給佈告五份以資保護並分別函令予以協助仰卽遵照將佈告實貼具報此批

附發佈告五份

中華民國三十二年十一月　日

市長周學昌

公牘

南京特別市政府呈　府宣字第　號

案奉

鈞院行字第一四八號代電內開：

「據宣傳部擬具中日同盟東亞聯合攻勢宣傳計劃大綱及宣傳要點一案確屬切要應准照辦除由部電咨並將附件另寄外仰轉飭所屬及有關機關指撥的款趕速祕密準備按期切實執行務使深入農村普及全體民衆並將辦理情形呈復察核」

等因正遵辦間復准宣傳部咨送宣傳計劃大綱宣傳要點各一份到府當經召集所屬各機關各民衆團體及有關各方舉行籌備會議擬訂宣傳計劃並經次第實施玆將轉理經過情形編就報告理合繕具報告乙份備文呈送仰祈

鑒核備查

謹呈

行政院院長汪

附呈中日同盟東亞聯合攻勢宣傳報告乙份

市長周學昌

中華民國三十二年十一月日

中日同盟東亞聯合攻勢宣傳報告

甲、慶祝中日同盟條約宣傳

1.策動首都民衆慶祝中日同盟聆訓大會暨慶祝大遊行十月三十日中日雙方簽訂中日同盟條約舉國上下歡欣鼓舞是日起本

府通告全市懸旗誌慶並在各通衢張貼大批標語懸掛紅布慶祝跨街橫額策動首都民衆在國民大會堂舉行首都民衆慶祝中日同盟聆訓大會主席特親臨訓話大會盛况空前情緒倍極熱烈同時在城區分區假座大華大戲院中華大戲院中喜劇場大光明戲院舉行慶祝聆訓大會民衆參加達六萬餘人全場充滿熱烈歡欣之氣氛會後分別遊行行列綿亙數里所過之處萬人空巷莫不熱忱興奮

2.慶祝中日同盟流動演講：本府宣傳處會同青年模範團青少年團等組織宣傳隊十隊分赴市區各娛樂場所流動演講藉使市民瞭解中日盟約之意義

3.策動首都青少年慶祝中日同盟遊藝大會首都青少年爲慶祝此次具有計劃時期意義之中日同盟由本府策動假座國民大會堂舉行遊藝大會到有各學校團體暨各界人士五千餘人情緒極爲熱烈計有各學校表演歌唱音樂等節目並放映電影「萬世流芳」至十二時半始盡歡而散

4.策動京郊民衆慶祝會：本府策動安德門孝陵衞等鄉區自十月三十一日及十一月一日兩天分別舉行慶祝大會民衆參加極爲踴躍主席團代表對中日同盟條約內容解述詳盡市民歡聲雷動咸竭誠擁護

5.青少年慶祝廣播：本府爲使全國青少年澈底明瞭中日兩國訂立同盟條約之意義特約首都青年模範團於十一月二日下午八時假中央廣播電台廣播內容爲「中國青年對於中日同盟應有的認識」

6.青少年慶祝座談會：本府爲明瞭各學校青年對同盟條約意見起見約請青年館舉辦青少年慶祝同盟條約座談會題目爲「中日簽訂同盟條約的意義」到有各學校青年代表三十餘人均一一發揮意見對中日簽訂之盟約咸表熱烈擁護結果極爲圓滿

7.青少年營火大會：本府於十月三十一日晚在市立二中大操場策動青少年營火大會到有各學校學生五千餘人並約請新運會蔣先啓先生報告舉行青少年營火大會之意義及今後青少年應負之責任嗣請宣傳部林部長致訓詞語多勗勉聽者極爲感動繼即開始遊藝節目各青年莫不興奮異常大會至十一時許在口號歡呼中始告解散

8.慶祝同盟條約話劇公演：本府特約請各劇社在十一月三日四日假座國民大會堂公演「父歸」「藝術家」等話劇並於十一月九日假座中日文化協會公演「沉淵」情況均甚圓滿

9.慶祝中日同盟中日青少年運動大會：本府爲慶祝中日同盟鍛鍊中日青少年體魄特假座日本國民小學於十一月十二日下午舉行中日青少年運動大會成績甚爲優良

10 慶祝中日同盟乒乓球比賽：約請青年館於十一月五六兩日舉行參加者甚爲踴躍

11 文藝茶話會：本府約請青年館主辦文藝茶話會於十一月七日下午三時舉行到有本京文藝界等多人對中日同盟之意見均有詳盡之發揮至五時餘始散

12 慶祝中日同盟音樂會於十一月七日下午在國民大會堂舉行到有青少年及民衆數千人節目均極精彩

13 反英美文獻展覽會於十一月八日起假座青年館連續舉行一週參觀者甚爲擁擠

乙、擁護大東亞宣言宣傳

1. 全市懸旗結彩：大東亞宣言發表後全市七十餘萬民衆竭誠歡動本府策動全市民衆懸旗結彩熱烈慶祝并由本府宣傳處張貼大批標語暨掛紅布橫額以引起市民之注意

2. 擁護大東亞宣言樂隊遊行：本府邀請國民政府樂隊中央軍校樂隊等在市區各處巡迴遊行並散發大批傳單以廣宣傳

3. 京郊民衆慶祝大會：十一月九日起十四日止各鄉區分別舉行民衆慶祝大東亞宣言大會參加民衆均甚踴躍秩序良好

4. 擁護大東亞宣傳演講電影大會：於十一屆參戰紀念日晚間八時假座國民大會堂舉行並邀請陳孝強將軍到場演講從太行山作戰經過說到抗戰前途參加民衆約萬餘人情緒至爲熱烈演講畢並放映電影「賣花女」迄至十二時許始行散會

丙、實現 國父遺志祭告宣傳

1. 策動首都民衆舉行祭告大典： 國父誕辰紀念日際此中日同盟條約簽訂大東亞宣言發表之後國父四十年來未竟之遺志廢除不平等條約求中國之自由平等於此均告實現因是在中樞慰告 國父在天之靈之際本府策動市民在國民大會堂同時舉行祭告式並整隊至新街口 國父銅像處獻花致敬情況空前熱烈

2. 舉行流動宣傳演講本府約請中國青少年團等舉辦「實現 國父遺志祭告流動演講」分組十小隊於市區各通衢要道各熱鬧場所舉行流動演講闡述祝祀意義市民聚集聆聽者甚衆

3. 話劇公演：本府約請各劇團表演話劇以示熱烈慶祝十一月十二日起至二十日止由商餘劇社中大劇團東聯學生劇團中宣劇團等輪流公演成績圓滿

南京特別市政府咨 字第 號

案准

貴部民字第一〇四號咨開：

「查本部為明瞭截至本年十月底為止各省市政府所轄地方官吏姓名暨任用日期起見特製定調查表式一種送請各省市政府填報以資查放除分令外相應檢同表式咨請查照辦理見復」等由附送各省市地方官吏調查表式一份准此自應照辦相應檢送本府所轄地方官吏調查表一份咨請

查照為荷

此咨

內政部

附送本府所轄地方官吏調查表一份

市長周學昌

中華民國三十二年十一月　日

南京特別市政府所轄現任地方官吏調查表

區別	區長姓名	年齡	籍貫	出身	略歷	任用日期	任別	備考
第一區	蘇源	三一	武進	江蘇省立教育學院畢業教育學士	曾充全國經濟委員會研究所江蘇所得稅局股長南京特別市社會局科長度量衡檢定所所長等職	三二、七、二		
第二區	宋建中	三四	南京	上海勞動學校畢業	曾充特工總部南京區組訓科長及市府專員	三一、七、一		
第三區	葉秀甫	三四	浙江	上海復旦大學政治經濟學士	外交部專員清鄉委員會專員等職	三一、五、一		
第四區	潘叔蕃	四六	南京	江蘇省三第四師範學校畢業	曾充南京特別市教育局主任科員及市社會福利局科長	三二、七、二		
第五區	劉連祥	六六	山東章印	前清文童	歷充淮安揚由江海等關主任會辦下關製驗局局長等職	二七、一、一九		
城區自治實驗區	趙其凡	三六	江蘇鹽城	中央政治學校畢業	浙江黃岩縣政府科長江蘇民政廳保甲指導員等職	三一、四、一		

鄉區自治實驗區	蕭石樸	五一	南京	江蘇省警官傳習所畢業	歷充江甯縣公安分局長燕子磯區長燕子磯農改進區副主任等職	三一、七、二七
上新河區	陳知良	六四	南京	江甯縣自治傳習所畢業	曾充江甯第十區副區長	二七、三、一
孝陵衛區	巫開福	三四	南京	南京文化學院肄業	曾充滄波門小學校長及正太鐵路局主任科員	三〇、五、六
安德門區	楊廣才	四三	南京	江蘇縣立師範畢業	曾充大民會第八支部組織科長安德門區自衛團長等職	三一、一一、一

南京特別市政府咨 字第　號

案據糧食局案呈以據京市糯米食品業請配糯米肆百柒拾壹石一案當經呈部擬照團體請米辦法將發貨憑證交局轉發在案茲奉糧食部調字第三四九一號指令略開本部已將採銷業務劃歸米統會辦理仰向該會申請等因查該項糯米肆百柒拾壹石確屬該業需要理合具請鑒核轉咨米統會核撥等情前來相應據情咨請查照轉飭南京區辦事處迅予撥發爲荷

此咨

米糧統制委員會

市長周學昌

中華民國三十二年十一月　日

南京特別市政府公函 字第　號

查本市狀元境四十三號福昌捲煙號致和街二十七號恆茂五洋號雨花路西街十二號永盛五洋號珠江路四六二號復餘糧行等四家前因發售配給捲烟舞弊及不按核定價格抬高出售各案經本市取締私抬物價裁定委員會裁定吊銷營業許可證勒令停業並經分別送達裁定書收受各在案本府自應照案執行以示警誡除令各該管區公所會同本府執行人員辦理外相應函請貴署查照即希令派經濟警察並轉飭各該管警察局協助辦理爲荷此致

首都警察總監署

市長周學昌

中華民國三十二年十一月日

南京特別市政府公函 府財字第　號

案據本市上新河區區長陳良知呈稱

「案據本區江勝鄉鄉長翁竹軒自衛團團長閔廣修聯銜呈稱竊職團頃准江甯區稅務查緝分處便函內開查上新河爲本京水道要衝進出口稅特稅貨物爲頗多茲爲防堵漏稅暨便利商人報驗貨物起見經派本處檢查員王自周等常駐該處辦理往來統特稅及印花菸酒稅礦產稅等貨物之報驗查緝偸漏事宜除飭該員剋日前往設處辦公外相應函達查照並希隨時賜予協助至級公誼等由到團正與鄉長會同核辦間復由該分處檢查員王自周等商借頭關小學爲臨時檢查及稽徵地址各前來查該分處名義既係江甯區範圍現在市區施行職權是否合法況前奉通令限制綦嚴自應據實呈報合亟具文呈請仰祈區長鑒賜轉呈市府對於該分處能否在於屬鄉境施行檢查及稽徵事宜迅予核示俾遵實爲公便等情據此查財政部稅務查緝處江甯區查緝分處施行職權是否包括市區在內未奉明令飭知殊難臆斷據呈前情理合備文呈報仰祈鈞長鑒核指令飭遵」

等情又據本市牲畜屠宰稅征收所所長張敬書呈稱：

「據大勝關征收分所主任滕嘉瑢呈稱『竊查本市區域不容其他省縣越界設所收稅早經市政府取締有案茲有財政部江甯區查緝分處主任曾勤在本市頭關鎮設立查緝分處見貨收稅不給稅票並勒收雞鴨稅每頭壹元伏查查緝處爲查奸緝私機關乃竟越界勒征影響商人營業與職所稅收至重且大理合呈請鑒核轉報咨請剋日制止以維稅政』等情據此理合據情轉呈鑒賜咨請迅予制止以維市稅」

等情據此查江甯區查緝分處工作範圍是否包括市區在內所有擔任職務是否專司查緝抑或兼征稅款如或兼司征稅自應以征收中央稅爲標準未便礙及地方稅收惟以此案未准

貴署來文究係如何情形無從詳悉相應函請

查照核復並希檢發查緝規章一份俾資洽辦爲荷

此致

財政部稅務署

市長周學昌

中華民國三十二年十一月日

南京特別市政府公函 字第　號

據粮食局案呈以准粉麥專業委員會南京區辦事處第七二一號函開「逕啓者查麵粉售價早經規定實施凡販賣商號售出麵粉時概須開給發票亦經函知麵粉業公會轉飭遵照在案惟査近日仍有售粉超過定價及不開給發票者殊屬不合嗣後如再不開發票情事當取銷其配給權若售粉超過定價者除取銷其配給權外幷擬函請貴局取銷其營業執照以資懲戒除由本處隨時派員密査外相應函達敬祈查照賜予協助幷亦希派員隨時密查爲荷」等由前來除由本局派員隨時密查外理合呈祈核轉函首都警察總監署飭屬嚴查等情據此查奸商不依定價及不開發票顯係冀圖走私自應澈查嚴懲以儆刁頑而重糧政相應函請

查照辦理爲荷

此致

首都警察總監署

中華民國三十二年十一月　日

市長周學昌

南京特別市政府公函 字第　號

案准

米糧統制委員會儲三字第五四五號公函內開

「案准貴府粮字第三二號公函略開京市所屬各機關員役及市立各教職員十月份廉價米壹千貳百陸拾伍石壹斗捌升請轉飭南京辦事處發配等由附發數量表壹紙准此查表列需米自應照撥即希轉知備齊全價逕向本會南京辦事處接洽具領又查所送數量表未將各機關各學校名稱暨人數分別開明以致無從核計應請貴府迅飭補繕詳表送會除函知南京辦事處外相應函復即希查照爲荷」

等因准此自應照辦除飭粮食局迅將各機關市立各校名稱及人數繕製詳表另函補送外相應函請先行撥付九百石俾便轉配以應急需卽希

查照迅予撥發爲荷

此致

米糧統制委員會南京區辦事處

中華民國三十二年十一月　日

市長周學昌

統計

南京日需品零售物價指數(簡單幾何平均)

民二十六年=100

類別 / 項數 / 時期	食糧葷素菜類					油及調味類	燃料類	衣服材料類	雜項類	總指數
	食糧	菜蔬	肉食	醬菜	平均					
	10	23	9	5	47	9	7	10	10	83
民國三十二年十一月份	12531.3	13175.9	13679.1	8627.0	12551.3	12826.2	22503.0	13672.5	22073.8	14293.0
較上月份增(十)減(一)	(十) 104.3	(十) 3287.9	(十) 2374.0	(十) 1427.2	(十) 2253.3	(十) 4077.4	(十) 6002.0	(十) 2244.9	(一) 121.7	(十) 2600.0

說明

十一月份日需品零售物價總指數爲14293.0較十月份增2600.0

1.食糧葷素菜類平均指數12551.3較上月增2253.3其中食糧以麵粉黑市高漲致指數爲12531.3較上月略上104.3菜蔬類以本月正值初冬醃菜季節菜品價格大多抬漲指數爲13175.9較上月猛劇上升3287.9關於肉食類魚猪肉貨尙正常交易蛋類以受滬地暢銷量激增影響黑市驟增爲13679.1較上月增2374.0醬菜類以食鹽缺乏隨之價漲本月指數爲8627.0較上月升漲1427.2

2.油及調味類食油仍趨平衡食鹽以配給中斷兩月又値醃臘季節需用孔殷致黑市猖獗指數劇升爲12826.2較上月猛升4077.4

3.燃料類仍以煤觔來源迄未開展初冬驟寒燃料更形恐慌卽普通芽草山柴亦昂貴異常指數劇增爲22503.0較上月猛升6602.0

4.衣服材料類中棉布受商人之收藏居奇黑市售價又見高昂指數已達13672.5較上月再升2244.9

5.雜項類(包括皂燭火柴捲烟等)其黑市與上月並無多大軒輊火柴略高捲烟以配給量充沛暗盤稍遜平均指數22073.8較上月微落121.7綜觀十一月份物價趨勢頗呈動盪波折顯係奸商從中作祟以致使政府之配給發生反效果予黑市以助長火燄人民生活受害非淺若此以往則本年底關節景象或將更爲恐怖矣

南京特別市政府秘書處第三科統計股製

南京日需品零售物價指數比較表(簡單幾何平均)

民國二十六年＝100

類別 / 項數 / 時期	食糧蔬素菜類					油及調味料	燃料類	衣服材料類	雜項類	總指數
	食糧	菜蔬	肉食	醬菜	平均					
	10	23	9	5	47	9	7	10	10	83
民國三十二年十月	12427.0	9888.0	11305.1	7199.8	10298.0	8748.8	16501.0	11427.6	22195.5	11693.0
十一月	12531.3	13175.9	13679.1	8627.0	12551.3	12826.2	22503.0	13672.5	2207[illegible].8	1429[illegible].0
百分比	(+) 0.8	(+) 33.2	(+) 20.9	(+) 19.8	(+) 21.8	(+) 4.6	(+) 36.3	(+) 19.6	(−) 0.5	(+) 22.2

南京特別市政府祕書處第三科統計股編製

市政公報暫定價目表

期數	價目	郵費
零售	每冊五角	本埠四分 外埠八分
半年	十二冊六元	本埠四角八分 外埠九角六分
全年	二十四冊十二元	本埠九角六分 外埠一元九角二分

市政公報廣告刊例

頁數	價目
一頁	每期十八元
半頁	每期九元
四分之一頁	每期四元五角

刊登廣告在四期以上者每期按照七折計算連續十期以上者每期按照六折計算長期另議

出版日期　本公報暫定每月二次

編輯者　南京特別市政府祕書處

發行者　南京特別市政府祕書處

印刷者　南京國華印書館

地址：中山東路臚政牌樓

電話：二二一六五

MAY 15 1944

532

中華郵政掛號認爲第一類新聞紙類　江蘇郵政管理局執照第一〇四三號

中華民國三十二年十二月三十一日

市政公報

第一三三四期合刊

南京特別市政府秘書處印行

國立北京圖書館藏

目錄

命令

法規

公牘

統計

命令

南京特別市公布令　字第　號

茲制定南京特別市糧食局紅糖配給辦法公布之

此令

計附南京特別市糧食局紅糖配給辦法一份（見法規欄）

中華民國三十二年十二月　日

市長周學昌

南京特別市公佈令　字第　號

茲訂定南京特別市憑證購買棉布暫行辦法公布之

此令

計附南京特別市憑證購買棉布暫行辦法乙份（見法規欄）

中華民國三十二年十二月　日

市長周學昌

南京特別市政府委令　字第　號

令王倫璽

茲委該員爲本府衛生局第三科科長兼防疫股主任科員另候呈荐

此令

中華民國三十二年十二月　日

南京特別市政府委令 字第 號

令錢亞棟 第及仁 張隽偉 胡仲常

茲派該員爲本府宣傳處秘書專員視察另候呈荐

此令

中華民國三十二年十二月 日

市長周學昌

南京特別市政府訓令 府秘字第 號

令衛生局主任科員程軼羣

茲升任該員爲本府衛生局第二科科長仍兼醫政股主任另候呈荐

此令

中華民國三十二年十二月 日

市長周學昌

南京特別市政府訓令 字第 號

令前宣傳處處長薛豐 周雨人

案准

行政院祕書處處字第一五四六號公函內開

「案查本院第一九〇次會議任免事項第十四案「南京特別市政府周市長呈本府宣傳處處長薛豐呈請辭職擬請免職並擬請任命周雨人爲本府宣傳處處長案決議通過」等由紀錄在卷除依規定辦理暨另函宣傳部查照外相應錄案先行函請查照」

等由准此除分令外合行令仰該前處長處長知照

此令

中華民國三十二年十二月　日

市長周學昌

南京特別市政府指令 府祕字第　號

令各局處會

案奉

行政院院字第三三五六號訓令內開

「現奉國民政府第五八九號訓令內開「據本府文官處簽呈稱：「准中央政治委員會祕書廳中政祕字第三〇〇七號公函內開：「查中央政治委員會三十年十一月二日第一三〇次會議討論事項第二案：　主席交議擬通令各地方長官遇對外交涉事項應依法秉承中央意旨辦理非經中央授權或核准不得擅自措置請公決案」當經議決通過送　國民政府通飭遵照並交立法院備查」紀錄在卷相應錄案抄附令文一併函達即請查照轉陳通飭遵照並分令立法院知照」等由理合簽請鑒核等情據此自應照辦除發布明令暨分行外合行檢發明令一紙令仰該院遵照并轉飭所屬一體遵照」等因附發明令一紙奉此除分行外合行抄發原令令仰該府遵照並轉飭所屬一體遵照」

等因附抄發明令一紙奉此除分行外合行抄發原令令仰該　遵照並轉飭遵照為要

此令

中華民國三十二年十二月　日

市長周學昌

附抄發明令壹紙

查對外交涉如訂立條約及協定等重要事項依照國內法定程序須由行政院提出中央政治委員會及立法院決議通過始由

國民政府命令頒布我國自參加大東亞戰爭以來所有中央政治委員會之職權在停會期間由最高國防會議代行並於必要時得為緊急之措置至於各地方長官遇對外交涉事項自應依法秉承中央意旨妥為辦理非經中央授權或核准不得擅自措置本年十月三十日中日同盟條約締結時本主席根據該條約之精神及國內法定之程序對於此節曾有剴切之說明仰各該地方長官一體凜遵毋得違背致干法紀此令

南京特別市政府訓令　府祕字第　號

令各局處會

案奉

行政院院字第三二〇九號訓令內開：「現據銓敘部三十二年十一月十一日呈稱『案查國民政府公布之公務員考績法第二條規定』年終於每年十二月份行之三十一年十月本部曾呈請考試院轉呈國府臚陳已經銓敘合格之公務員仍居少數多未能依法年考可否明年再行舉辦請示遵行一案嗣奉考試院飭知轉奉國府第三六二號訓令公務員年考着自三十二年起依法舉辦等因各在案茲以瞬屆年終自應妥為辦理復查公務員考績法第四條『年考由各機關依考績表所定分別考核報由銓敘部登記』等語所有關於年考之章制表件除由本部遴行分發各機關應用外理合呈請鈞院分別令咨京內外各機關依法辦理以重計典而符功令」等情據此除分別咨令外合行令飭該府查照辦理並轉飭所屬一體依法辦理」等因奉此並准銓敘部銓字第三二〇號咨同前由自當遵辦茲經制定本府職員年終考績委員會組織簡章一份除分令外合亟檢發前項簡章暨關於年考章制表件等計伍種令仰該遵照規定分別考核并呈報來府以憑核奪為要

此令

附發本府職員年終考績委員會組織簡章

公務員考績法

修正公務員考績法施行細則

公務員考績獎懲條例

考績委員會組織通則各一份

考績表

中華民國三十二年十二月　日

南京特別市政府職員年終考績委員會組織簡章

市長周學昌

一、本府為遵照　行政院令自三十二年起每年十二月舉行公務員年終考績事宜特組織本委員會

二、本委員會以　市長祕書長參事一人及各局局長宣傳處處長保甲委員會主任委員為委員

三、本委員會開會時以　市長為主席

四、本委員會開會由主席召集之

五、考績獎勵依左列之規定

(一)升級

(二)晉級

(三)記功

六、考績懲處依左列之規定

(一)解職

(二)降級

(三)記過

七、考績標準依照修正公務員考績法施行細則第九條之規定就職員平日工作學識操行三項分別詳加考核以分數定之最高分數如左

(一)工作　五十分

(二)學識　二十五分

(三)操行　二十五分

八、考績等次以依前條之總分數定之如左

在八十分以上為一等七十分以上為二等六十分以上為三等不滿六十分為四等不滿五十分為五等不滿四十分為六等

九、考績結果由　市長分別獎懲幷咨送銓敍部登記

十、本簡章如有未盡事宜得隨時修正之

十一、本簡章自核准之日施行

公務員考績法 二十四年七月十六日國民政府公布同年十一月一日施行

第一條　公務員之考績除法律另有規定外依本法行之

第二條　公務員考績分左列二種

一　年考就各該公務員一年成績考覈之

二　總考就各該公務員三年成績合共考覈之

年考於每年十二月行之總考於各該公務員第三次年考後行之

第三條　公務員考績分初覈覆覈以其直接上級長官執行初覈再上級長官執行覆覈主管長官執行最後覆覈但長官僅有一級時卽由該長官考覈

各機關關於考績事項得設考績委員會其組織通則由考試院定之

第四條　年考由各該機關依考績表所定分別考覈報由銓敍部登記總考由銓敍部行之

考績之標準及考績表之格式由考試院定之

第五條　初覈覆覈長官有徇私舞弊或經辦文件人員有遺漏舛錯情事時應依法分別懲戒

第六條　本法所定之考績於政務官不適用之

第七條　公務員考績獎懲條例另定之

第八條　本法施行細則由考試院定之

第九條　本法施行日期以明令定之

修正公務員考績法施行細則 二十五年十二月二十五日國民政府公布

第一條　本細則依公務員考績法第八條制定之

第二條　依本法考績之公務員以現職經甄別審查登記審查或任用審查合格者爲限

第三條　本法第二條所稱一年成績係指在同一機關任同官等職務自銓敍合格之月起至考績時止滿一年之成績其任用審查合格人員之派代期間得合併計算但至多不得逾三個月

第四條　本法第二條所稱三年成績係指任同官等職務三次年考之合併成績
公務員具有左列各款情形之一者視爲在同一機關任職予以考績
一　縣長在同一省區內互調繼續任職滿一年者
二　司法人員在同一高等法院管轄下互調繼續任同官等職務滿一年者
三　外交人員國外互調或國內外互調繼續任同官等職務滿一年者
四　改組或擴充成立之機關其原有人員繼續任同官等職務滿一年者
五　在省政府各廳處互調繼續任同官等職務滿一年者
六　在籌備期間內任職至機關正式成立後繼續任同官等職務滿一年者
七　在同一最後覆核長官所屬各機關互調繼續任同官等職務滿一年者

第五條　公務員因公在外或因其他特殊情形不能依規定時間考績者得由其主管長官報明銓敍機關補行考核之

第六條　公務員考績標準依其平日工作學識操行三項分別以分數定之每項最高分數如左
一　工作五十分
二　學識二十五分
三　操行二十五分

第七條　公務員考績等次以依前條考績標準之總分數定之如左
一　年考在八十分以上爲一等七十分以上爲二等六十分以上爲三等不滿六十分爲四等不滿五十分爲五等不滿四十分爲六等
二　總考以九十分以上爲一等八十分以上爲二等七十分以上爲三等六十分以上爲四等不滿六十分爲五等不滿五十分爲六等不滿四十分爲七等

第八條　年考總考均以滿六十分爲合格但總分數在六十分以上而工作分數不滿三十分或學識操行分數有一不滿十五分者仍以不合格論應予記過

第九條　公務員各項成績分數應注意左列各款情形核定之
一　對於所任職務卓著成績者
二　平日辦事勤愼敏捷者

三　對於本機關行政有特殊貢獻者
四　才力短絀身體衰弱不能勝任者
五　因循怠荒廢弛職務者
六　經辦事務發生重大錯誤或屢次發生錯誤者
七　學識淺陋行為不檢者

第十條　總考分數以三次年考分數平均計算之

第十一條　公務員除左列情形外非依本法及公務員考績獎懲條例之規定不得加俸或晉級

一　考試及格分發人員在應支數目範圍內擬予增給者
二　級高俸低人員在准敘級差範圍內擬予增給者
三　試署人員經審查後改為實授擬予晉級或加俸者
四　改任其他職務擬予晉級或加俸者

前項第四款因改任職務而晉級或加俸者如本年年考列一等時僅予登記不得再加俸或晉級

第十二條　各機關考績晉級人員簡任職不得逾現有簡任人員三分之一薦任職不得逾現有薦任人員五分之一委任職不得逾現有委任人員七分之一其不及上項數額者晉級人員均以一人為限

第十三條　依考績結果而予以簡任或薦任待遇人員以現任最高級薦任或委任職三年以上者為限

第十四條　公務員年考列一等或總考列二等應予晉級而無級可晉者除原機關依法擬予待遇者外餘暫予一等登記

第十五條　每屆考績應由各機關依本法第二條之規定按照填表須知填具考績表由各級長官詳加考核後依其官等編册秘封彙送銓敘機關分別登記或核定之

設有考績委員會之機關其考績表並應先由該會彙核

第十六條　銓敘機關對於各機關公務員考績表册有疑義時得通知原機關再予詳核報請復審或逕行調卷復核

第十七條　試署人員任滿一年原主管機關尚未送請實授而考績時成績在八十分以上者得由銓敘機關依法定程序改予實授

第十八條　經考績合格之公務員退職時得請原服務機關轉請原審核機關發給考績合格證明書

考績合格證明書格式另定之

第十九條　每屆考績表册各機關應依銓敘機關所定之送達期間表如期送達但因特殊情形不能如期送達時得報明銓敘機關

酌予展期

第二十條　本細則自公布之日施行

公務員考績奬懲條例　民國二十四年十一月一日國民政府公布

第一條　本條例依公務員考績法第七條制定之

第二條　公務員考績奬勵依左列之規定

升等

晉級

記功

第三條　公務員考績懲處依左列之規定

解職

降級

記過

第四條　公務員年考奬懲依左列之規定

一等晉級

二等記功

三等不予奬懲

四等記過

五等降級

六等解職

第五條　公務員總考奬懲依左列之規定

一等升等

二等晉級

三等記功

四等不予獎懲
五等記過
六等降級
七等解職
前項應行升等人員其資格不合公務員任用法之規定時得改晉二級但不得超過本職之最高級

第六條　年考成績特優者經主管長官認爲有升等之必要時得詳敍理由送經銓敍部核定行之

第七條　升等人員每機關每次不得逾左列額數
一　由薦任職升等者不得逾現有薦任人員十分之一
二　由委任職升等者不得逾現有委任人員二十分之一

第八條　成績過劣應行解職人員年考不得少於各該機關員額百分之二總考不得少於各該機關總員額百分之四
前項解職人員所遺之員缺以考試及格人員遞補

第九條　薦任職公務員成績特優應行升等者在各該機關遇有相當缺額應即依法升用若無缺額得予以簡任待遇
委任職公務員成績特優應行升等者在各該機關遇有相當缺額而無考試及格人員時應即依法升用若無缺額得予以薦任待遇

第十條　荐任或委任職公務員已晉至本職之最高級因年考或總考應予晉級而無級可晉者得分別予以簡任或荐任待遇

第十一條　簡任職或荐任職公務員之獎懲經核定後除解職應由銓敍部通知主管機關並呈請考試院轉呈國民政府免職外其他獎懲由銓敍部通知各該主管機關分別辦理
委任職公務員由銓敍部審查核定後通知各該主管機關分別辦理

第十二條　本條例自公布日施行

考績委員會組織通則　民國二十四年十一月一日國民政府公布

第一條　本通則依公務員考績法第三條制定之

第二條　各機關有再上級長官或直接上級長官三人以上者於每屆考績時得組織考績委員會

第三條　考績委員會委員由各機關主管長官就高級職員中指定之並以一人爲主席

第四條　各直接長官或再上級長官依公務員考績法施行細則評定之分數等次及考語應提交考績委員會彙核後報由主管長官覆核決定之

第五條　考績委員會辦事細則由各機關制定之

第六條　本通則自公布之日施行

公務員第一次年考考績表

機關	姓名	年齡	籍貫	住址		出身	經歷	現職	任職年月	掌管職務
				現在	永久					
	別號	性別								

初覈及覆覈							
工作概況	標準／分數	工作	學識	操行	總分	直接上級長官	
	初覈分數					職銜	
	覆覈分數					簽名蓋章	

等級	實支俸額	甄別或登記證書號數	勤惰摘要								粘貼照片
			請假					曠職	遲到	早退	
			婚假	喪假	事假	病假	娩假				

考語	再上級長官		總評	最後考覈					備考
				分數	等次	獎懲	主管長官		
	職銜						職銜		
	簽名						簽名		
	蓋章						蓋章		

中華民國　年　月　日

說明

一　本表「標準及分數」欄內之工作應根據「工作概況」欄所載並參酌「勤惰摘要」欄所載情形定其分數「學識」應參酌公務員

補習教育成績給分「操行」由長官就其平日觀察所得定之

二　因考績而晉級或予以待遇人員晉敍級數及加給俸額或僅晉級而不加俸均應於表內「獎懲」欄內註明

三　表內等級實支俸額及甄別或登記書號數各欄均須逐一塡齊否則發還重塡

四　本表年月上應加蓋機關印信

五　本表詳細塡載方法應按塡表須知辦理

塡表須知

甲　機關至勤惰摘要各欄由各機關掌管人事登記人員查塡

一　出身　應塡某種學校畢業或曾在　國民政府統治下高等考試普通考試及格或覆核合格

二　經歷　應塡載曾在　國民政府統治下歷任職務並須註明到差及卸職年月

三　現職　如現任司長局長秘書科長科員之類

四　掌管職務　依其職務應掌管之實際事項詳細塡載例如推事須載明掌管民事或刑事技正技士須載明掌管設計或其他實驗工作

五　等級　如簡任幾級薦任幾級委任幾等幾級之類

六　實支俸額　卽每月實支數目

乙　初核及覆核欄先由直接上級長官（如科員書記官考績直接上級長官爲科長科長考績直接上級長官爲司長又如財政部所屬各省印花菸酒稅局局長考績其直接上級長官爲稅務署署長主管長官爲財政部部長是）就各該公務員人事時地各方面之關係如職務性質之難易與繁簡環境優劣之不同工作之勤惰效率之大小以及處置事件所費時間之多少需用經費之省縻等與其他職務性質相同者互爲比較綜合觀察尤應注意各該公務員現時之地位與待遇然後依照修正公務員考績法施行細則第六條所規定之工作（包括工作數量及質量）學識（包括補習教育成績）操行（包括操守及性行）三項分別於標準及分數欄擬定分數呈由再上級長官（如科員考績再上級長官爲司長科長考績再上級長官爲次長是）斟酌決定幷記其覆核分數

一　工作概況　本欄內應按照各該公務員一年內實際工作狀況依其掌管職務之性質予以翔實紀載關於普通性質之工作例如會計人員之出納事項庶務人員之購置事項祕書科長之撰核稿件事項等關於殊殊性質之工作例如下列各種

人員所應塡載各事項是

子　司法人員之屬於推事者如收結案件數目及審辦上訴再審及執行調査等事項屬於檢察官者如收結案件數目及偵査檢驗或其他處分等事項屬於監所人員者如對於人犯之待遇教誨管束狀況及人犯工作情形等事項

丑　財務人員之屬於鹽務者如產區納稅與銷岸發販之年比月比及其他屬於鹽務方面之整頓等事項屬於關務者如辦理關務與監督關政貿易情形之報告與關稅制度之建議改革等事項屬於其他稅務者亦應按其性質翔實塡載

寅　外交人員如國際交涉贊襄外交編譯條文國外現狀及國際貿易之調査與報告國內政治宣傳國際條約之監視海外僑商之監護與救濟僑民教育之振興國際條約之締結等事項

卯　水利人員如測量開濬築堤防水等事項

辰　警務人員如緝捕盜匪保護交通調査戶口維持風俗及辦理一切違警等事項

以上所舉各種職務性質不同之公務人員其應塡載之事項均不過擧犖犖大者其他特殊人員應行塡載之事項當依類推

又上列各種人員應行塡載之事項倘有未及列舉而事實上應行列入者仍由各該直轄長官於本欄內儘量塡載此倘限於本欄篇幅並希由各該機關以另紙依式接寫粘附但須於騎縫上加蓋印章以昭愼重

二　標準及分數欄　本欄應先由直接上級長官按照本須知乙項說明於工作學識操行各項下擬定初覈分數再上級長官如認爲有增減之必要時得於覆覈分數欄內更定之其不增減者仍應照初覈分數塡載至給分準標工作五十分學識及操行各二十五分係屬最高分數其最低水準工作三十分學識及操行各爲十五分兩項合成三十分卽可及格此點務須注意

三　考語　本欄由再上級長官按照初覈各項標準作整個之觀察切實加具考語如有特別意見並應詳細列入以供最後覆核長官之參考所用詞句務須確切肯定不得用「尙好」「大致尙佳」等模稜字樣如機關長官只有兩級時則由直接上級長官塡具

丙　最後覆覈一欄由主管長官（如部會考績其主管長官卽爲部長委員長）或最高主管機關長官塡載（如財政部所屬機關長官之考績其最高主管機關長官卽爲財政部長）對於等次獎懲之評定應依照修正公務員考績法施行細則第七條第一款及公務員考績獎懲條例第四條之規定並斟酌初覈覆覈擬定各項分數及考語總評核定之

丁　各機關初覈覆覈長官平時應備日記簿將所屬公務員平時成績隨時記載以作塡表時之參考

南京特別市政府訓令 字第　號

令城鄉各區公所
　市商會

案奉

行政院院字第三一七六號訓令內開：

「案據實業部三十二年十一月二十二日呈稱案查蘇浙皖三省及南京上海兩特別市區域以內物資之移動業經國民政府制定戰時物資移動取締暫行條例公布施行在案依照該項條例之規定除第五條所定物資非經法定機關許可不得移動及第六條所定之物資由上海地區搬出搬入應得全國商業統制總會之許可外其在上海以外之三省兩市區域內均可自由移動復查上項條例第四條有三省兩市區域內之物資移動除有特別規定外不加限制之規定則第五第六兩條以外之物資在三省兩市區域以內移動者非有特別規定(如蔴類及蔴製品)自不得加以限制上項規定在統制之中仍寓促進貨暢其流之旨用意至善惟近來各省市地方對於物資移動之取締間有限制過嚴致未能盡符立法之原意者除由本部再行與有關機關妥爲聯絡外擬請鈞院通飭各省市政府依照上項規定切實辦理務使法令不限制移動之物資能儘量自由流通以安民生俾符法意是否有當理合具文呈請鈞院鑒核施行實爲公便等情據此應准如所請辦理除分行外合行令仰該府遵照並轉飭所屬一體遵照」

等因奉此自應遵辦除分行外令仰該區公所
　會轉飭各同業公會知照此令

中華民國三十二年十二月　日　　市長 周學昌

南京特別市政府訓令 府經字第　號

令南京特別市商會
　捲菸火柴皂燭號業同業公會

查火柴肥皂即將實施配給市內現有以上兩項物品數量本府亟待明瞭除分令外合行令仰該會迅即查明非捲菸皂燭號業會員商號
　將各該會會員商號
所有火柴肥皂自七月份起至十一月底止逐月存數分別造具清冊呈候查核毋得遲延此令

中華民國三十二年十二月　日

南京特別市政府訓令　府財字第　號

令本府各局處會、市商會

市長周學昌

案准

財政部錢二字第四六〇號咨開

「查關於推行中儲劵一案年來迭經本部依照原定計劃積極進行現在華中華南各地中央儲備銀行劵已爲唯一通貨惟蘇淮特別區行政自經調整以來所有通貨均支付習慣及一般人民財產所寄其行使範圍仍沿用中國聯合準備銀行鈔劵於金融流通物資調節不無影響茲爲推行幣制政策起見對於蘇淮特別區現行通貨制度擬按照下列辦法酌予調整（一）自民國三十二年十二月一日起蘇淮特別區之通貨以中央儲備銀行劵與中國聯合準備銀行劵一併行使俟有相當成績再將中國聯合準備銀行劵在當地之新發行予以停止參酌當時情形定期實行全面交換俾中央儲備銀行劵爲唯一通貨（二）中央儲備銀行劵與中國聯合準備銀行劵之兌換率仍按儲備劵壹百元對聯銀劵十八元辦理（三）所有蘇淮特別區之公款收支此後亦得以中央儲備銀行劵收付（四）華北與華中之通貨制度固不因本辦法而根本有所變更即蘇淮對華北農產之原有措置亦不因之而有所影響基於以上辦法嗣後蘇淮與各地之物資交流必愈臻便利事關調整通貨除由部分別咨令並通行外相應咨請查照並希轉飭所屬一體知照爲荷」

等由准此除分行外合行令仰該知照并轉飭所屬一體知照

此令

中華民國三十二年十二月　日

南京特別市政府訓令　府財字第　號

令本府各局處會、附屬機關

市長周學昌

查本府三十二年度下半年概算業經咨准財政部核定在案所有各機關下半年各月之經費其有尚未按照新概算領清者自應分別予以補發茲特訂定補領及清結經費辦法四項並表格四種俾資遵守除分令外合行檢同該辦法及表格令仰該　遵照辦

理

此令

計發各機關補領結算經費辦法一份表格四種

中華民國三十二年十二月　日

市長　周學昌

南京特別市政府三十二年下半年度所屬各機關補領結算經費辦法

一、各機關按照下半年度新概算補領經常費及員工加成應將下半年度各月經常費收支統計表加成統計表加成實支清冊各件檢同補領經常費及一二次加成三次加成（分別填送）各請款書限十二月二十五日前送府審核簽發但十二月份請款書得按照新概數請款其已按照舊概數請款者補領請款書亦應在限期內送府逾期任何情形概不補發

二、各機關呈請動支本年下半年度經常事業費臨時事業費或其他各費應將奉准原簽呈及請款書暨業已動支各費明細表限十二月二十八日前呈送本府核發逾期概在明年度上列各項經費內撥發

三、下半年度七月至十一月份各機關經常費節餘一律限十二月二十八日前送繳市庫否則下年度一月份經常費扣發無節餘者亦應在限期內專案呈報

四、向市庫借支各款除特殊情形呈奉核准者限十二月二十八日前請款轉帳否則在請領經常費或其他各項經費內扣還

南京特別市政府　局處會所　三十二年下半年度　月份員工加成實支清冊

職別	姓名	俸給額	七月份加成實發數			八月份加成實發數			九月份加成實發數		
			一、二次加成	三次加成	加成共計	一、二次加成	三次加成	加成共計	一、二次加成	三次加成	加成共計

說明　十一、十二月份均照式塡送

南京特別市政府 局處館所 二十二年下半年度業已奉准動支 臨時事業費 經常事業費 其他各費 明細表

科目	下半年度業已簽奉動支後			核准支付令		向庫領款	用途	備考
	概算數	核准動支數	餘額	月日	號次	月日		

說明

一、塡報方法應各科目分別塡列不得混淆

二、其已核准請款尚未簽發者亦應塡入「業已簽奉核准動支欄內」惟在備考內註明尚未簽發已借支若干元字樣

三、其他各費事前未由各機關分別確定概算者概算數一欄可不塡列

南京特別市政府　局處會所　三十二年下半年度員工加成收支統計表

月份	第一次加成統計				第二次加成統計				備考
	實發數	已領數	補領數	節餘	實發數	已領數	補領數	節餘	
七月份									附員工加成清冊
八月份									同上
九月份									同上
十月份									同上
十一月份									同上
十二月份									同上
共計									

說明

一、是項加成統計表及附送之員工清冊一律用十二行紅格紙填報字跡務須清晰裝訂方法及呈送限期與經常費收支統計表同

二、各機關下半年度員工加成不論補領與否及有無節餘是項統計表均須在限期內檢同員工加成清冊暨加成請款書（照十二月份實支數請款）照式塡送

市政公報　命令　二〇　第一三三四期

南京特別市政府

局處會所三十二年下半年度經常費收支統計表

月份	下半年月支概算數	已領數	補領數	領款總額	實支數	節餘額	備考
七月份							
八月份							
九月份							
十月份							
十一月份							
十二月份							
共計							

說明

一、是項統計表一律用十二行紅格紙塡報二份字跡務須清晰並加白毛邊紙底面裝訂成册由主管人員及主管科長會計等分別簽名蓋章限十二月二十五日前呈送到府

二、各機關下半年度經常費不論增減及有無節餘是項統計表均須在限期內檢同十二月份經常費請款書（照新概算數請款）照式塡送

三、各機關已借支增加經費部份均須在各該月備考欄內註明以便查考

南京特別市政府訓令 府財字第　號

令南京特別市銀錢行業公會

案准

財政部錢二字第四七四號咨開

「案查修正銀行註册章程等法規有關金融機關資本限額各條文前經分別修正公布並規定金融機關資本不及限額者限於二十二年十二月三十一日以前增加足額報部核辦咨請查照飭遵在案茲據南京上海無錫各銀錢公會先後呈稱遵限增資諸多困難請准展期等情到部尙屬實情業經本部核定所有金融機關增資期限准予展至三十三年三月三十一日爲止期滿不得再請延展除分行外相應咨請查照并希轉飭各銀錢行莊遵照爲荷」

等由准此除分令外合行令仰該會知照并轉飭各銀錢行莊遵照

此令

中華民國三十二年十二月　日

市長周學昌

南京特別市政府訓令 府財字第　號

令捐稅征收所所長江兆龍

查三十三年春季各項車捐磁牌業經招商估價購製在案現時各項物價高漲磁牌製價增昂原定收費數目不敷工料成本自應酌量變更茲經改定車捐磁牌收費標準計各種汽車季捐磁牌每塊收費貳拾伍元各種自行車半年捐磁牌每塊收費貳拾元其他各種車輛季捐磁牌每塊一律收費貳拾伍元自三十三年一月份起實行合行令仰該所長遵照辦理具報

此令

中華民國三十二年十二月　日

市長周學昌

南京特別市政府訓令 字第　號

令各區公所

案准

糧食部增字第五四〇號咨開：

「查小麥增產計劃業經本部增產會議議決實施在案茲為謀強化中央與地方聯繫藉以發揮小麥增產效能考核成績起見自應派員切實督導以資完密茲訂定麥作增產督導辦法及督導人員服務規則除呈報行政院備案并通飭所屬先行遵辦暨分咨外相應檢附前項辦法及規則各一份咨請查照為荷」

等由；并附麥作增產督導辦法及督導人員服務規則各一份准此自應照辦除分令外合行抄發原辦法及規則各一份令仰該區遵照！

此令

附抄發麥作增產督導辦法及督導人員服務規則各一份

中華民國三十二年十二月　日

市長周學昌

糧食部麥作增產督導辦法

第一條　糧食部為謀強化中央與地方聯繫藉以發揮小麥增產效能起見特訂定本辦法

第二條　蘇浙皖三省及京滬兩市由糧食部遴派麥作增產督導主任各一人主持各該省市小麥增產督導事宜並由各省建設廳及各市政府遴派副主任一人協助之每縣區設督導員一人巡迴各鄉區督導麥作增產工作之實施

前項督導員由督導主任遴請糧食部核派

第三條　各省市督導區域以本年推進麥作增產工作之各縣區為準規定如左

一、江蘇省　吳縣　吳江　常熟　崑山　太倉　松江　金山　青浦　無錫　武進　江陰　丹陽　鎮江　江都　泰縣　江甯　句容　六合

二、浙江省　杭縣　海甯　平湖　嘉興　嘉善

三、安徽省　蕪湖　當塗　滁縣　嘉山

四、南京市　上新河　燕子磯

五、上海市 南匯 奉賢 嘉定 寶山 北橋

第四條 各省市督導主任及副主任辦理左列各事項

一、各縣區督導員之指揮監督及考勤

二、各縣區督導員工作報告之審核及轉報

三、各縣區麥作增產工作實施情形之巡視及報告

四、中央與地方麥作增產工作之聯繫

五、各縣區辦理麥作增產成績之考核

六、參與各縣區農民麥作增產成績之評定及獎勵

七、糧食部其他交辦事項

第五條 各縣區督導員辦理左列各事項

一、督導麥作栽培技術之改善

二、督導堆肥舍及肥料池之設置

三、督導麥作病蟲害之防除

四、督導麥作選種及收穫貯藏方法

五、督導主任其他交辦事項

第六條 各縣區地方長官應隨時協助督導人員幷以政治力量飭由所屬各區鄉鎮長切實推進麥作增產工作

第七條 各縣區農業改進實驗區合作社或農業改進所應密切聯繫商承督導主任盡力督導各該區麥作增產技術工作

第八條 督導主任以駐在省市政府所在地爲原則因事務之必要得酌設幹事若干人

第九條 督導期間自本年十一月起至三十三年六月止

第十條 本辦法自公布日施行

糧食部各省市督導麥作增產人員服務規則

第一條 凡由糧食部及各省市所派督導麥作增產人員應遵照本規則辦理

第二條 督導主任及副主任應依照部頒各項辦法辦理各該省市麥作增產督導事宜每月並應分往各縣區巡視一週

第三條　各縣區督導員應受督導主任之監督指揮每旬至少巡迴各鄉區一週督導麥作增產工作之實施
第四條　督導正副主任應督同當地農業機關依照部頒各項辦法辦理各該地麥作增產技術工作
第五條　各省市督導正副主任巡視各縣區應隨時將到達日期報部查核
各縣區督導員巡迴各鄉區應隨時將到達日期報由督導主任按月製表轉報
第六條　各省市督導正副主任應將巡視各縣區實施狀況按旬報部備核
第七條　各縣區督導員應將督導情形按旬報由督導主任審核轉報
第八條　督導正副主任及督導員辦理各省市麥作增產工作情形之勤惰由部詳加考核分別獎懲
第九條　本規則自公佈日施行

南京特別市政府訓令　經字第一五六號

令捲菸火柴皂燭號業同業公會

案准

全國商業統制總會函開查日用火柴近以各地區需用般繁經准由中日兩火柴業聯合會就規定基準數量統籌配給分別裝赴各地區以應民需茲由華日商火柴業聯合會配給貴地區火柴九月份一百五十 一百五十箱十月一百五十 一百五十箱每箱計七千二百匣由貴地區南京市江甯句容溧水江浦六合火柴業同業公會公允支配分發所屬各零售商店依照限定零賣價格每匣中儲幣一元出賣不得抬價或隱匿除由華商火柴業聯合會訂定配給辦法及零賣商規則分別通知各地區火柴業同業公會接洽辦理外相應函達並檢附零售商規則一份至希督導各該公會及零售商店依照規定價格公開發售至紉公誼等由准此合即抄發原規則暨本市實施配給火柴肥皂暫行辦法各一份仰即遵照爲要此令

附　火柴業同業聯合會配給火柴零售商規則
　　南京特別市配給火柴肥皂臨時辦法

中華民國三十二年十二月　日　市長　周學昌

火柴業同業聯合會配給火柴零售商規則

第一條　配給火柴零售商（以下簡稱零售商）應以捲菸火柴皂燭號業同業公會會員充任幷經各該地公會指定之
第二條　零售商應憑居住證發售火柴
第三條　零售商應將配給火柴公開發賣不得私售隱匿
第四條　零售商應依限價出售火柴其牌名及價格應詳註於本會所發招貼紙內懸於店首顯明之處
第五條　零售商應將配給火柴之包封紙及査驗證保存俟次回提取配給火柴時繳還之
第六條　零售商如違反前項第二條至第五條之一査明屬實者應由所屬公會視情節輕重處分之
第七條　本規則如有未盡事宜隨時通告修正之

南京特別市配給火柴肥皂臨時辦法

一、本市政府因人民戶籍重事調整原定配給火柴肥皂暫行辦法一時未能實施特訂定本辦法
二、城內與下關等處五區火柴肥皂配給零售商之指定及鄉間四區公賣所之組設悉照火柴肥皂配給暫行辦法辦理
三、火柴肥皂同時配給凡市民持有本府糧食局發給之購米證者可向各該區指定之配給零售商購買其未發購米證之鄉區得准用居住證向公賣所購買
四、市民憑購米證向零售商購買火柴肥皂時零售商應在購米證左邊領證人三字上角蓋「火柴肥皂配訖」戳記一面將購米證號碼市民姓名住址在規定簿册內記明並須由市民於册上加蓋購米證用之本人圖章然後將配給物品發給同時將購米證發還
前項簿册式樣由經濟局規定之
五、凡市民憑居住證向公賣所購買火柴肥皂時公賣所應先查對居住證號碼簿册如册上有此號碼即將姓名住址記入並須由市民於册上加蓋保甲戶口用之本人圖章然後將配給物品發給同時將居住證發還
前項居住證號碼簿册由經濟局飭令各該鄉區公賣所預爲置備分爲姓名住址及居住證號碼等數欄其號碼須先按照該區居住證號次塡就以便檢索
六、關於配給火柴肥皂之數量價格及日期店號等均依照配給火柴暫行辦法於施行配給前三日登報公告之
七、配給期滿後市民如有棄權致火柴肥皂有餘存時其餘存數量由該零售商或公賣所呈報經濟局聽候辦理
八、零售商或公賣所對於配給物品如有蒙混僞報或其他情弊一經查出卽予嚴懲

九、市民如有措減購米證上配訖戳記希圖重行購買或在鄉區公賣所有蒙混重購等情事一經查出即取消一切配給權利

十、本辦法自公佈日施行

南京特別市政府訓令 字第 號

令 各局處會 各區公所 市商會

查三十三年元旦轉瞬即屆本府爲增強國民親愛精神並提倡國際賀年及集體行動起見策動本市各機關各團體各學校各區公所等分別舉行團拜除分令外合行檢發慶祝元旦行事計劃一份令仰該 即便遵照並轉飭所屬一體遵照爲要

此令

附發慶祝元旦行事計劃一份

中華民國三十二年十二月 日

市長 周學昌

民國三十三年元旦南京特別市行事計劃

一、方針：利用元旦國民情緒奮興之際將過去一年之國內外情勢加以檢討將今後一年之國內外情勢予以展望使國民認識責任之重大一致奮起促進和平統一協力大東亞戰爭完成最後之勝利

二、實施：策動各機關各學校各民衆團體各區公所分別舉行團拜禮

1.時間：元旦上午十時

2.地點：各機關團體所在地

3.儀式：(民國三十三年元旦慶祝儀式)

(1)奏樂

(2)全體肅立

(3)主席就位

(4)唱國歌

(5)向國旗暨 國父遺像行最敬禮

(鞠躬、再鞠躬、三鞠躬)

(6)恭讀 國父遺囑

(7)遙向 最高領袖致敬(一鞠躬)

(8)團拜

1.全體向長官一鞠躬

2.全體相互一鞠躬

(9)長官訓話

(10)呼口號

(11)奏樂

(12)禮成

4.標語口號

(1)三十三年是總力決戰年

(2)迎着新年應有新的努力

(3)以新的熱力爭取新的光明

(4)精誠團結復興中華

(5)總力決戰保衛東亞

(6)擁護中日同盟促進全面和平

(7)實踐大東亞宣言解放東亞

南京特別市政府指令 府財字第　號

令南京市公典董事會

呈一件爲據公典經副理請自三十三年一月份起增加保管費五釐轉請鑒核准予頒發佈告俾衆週知由

呈悉核尚可行應予照准布告隨令附發

此令

計發佈告壹紙

中華民國三十二年十二月日　市長周學昌

南京特別市政府佈告　府財字第　號

為布告事案據南京市公典董事會呈稱：

『案准本公典經副理函稱「案查本典增加五釐保管費一案業經第八次董監聯席會議決議准予增加自三十三年一月份起實行紀錄在卷惟查本典向例增加收入須由　市府頒發佈告俾衆週知為此具函懇請轉呈　市座頒發佈告一紙俾便張貼曉諭群衆實為公便」等由准此查本公典當息原為二分外加保管費一分合計三分此次決議自三十三年一月份起增加保管費五釐計當息仍為二分外加保管費一分五釐共計三分五釐似應由鈞府頒發佈告一紙俾便張貼典門曉諭週知實為公便』

等情據此除指令核尚可行應予照准外合行布告週知

此布

中華民國三十二年十二月日　市長周學昌

南京特別市政府佈告　府財字第三二〇號

查本市各項捐稅為市庫正常收入關係甚為重要迭將徵收標準隨時改進在案現在物價高漲商業變遷自當因時制宜酌加調整俾期適應環境需要以符稅法公平原則玆值三十三年度開始爰將本市應行調整各項捐稅分列於下：(一)營業稅按照各商號實際營業額及資本額改進納稅額(二)牲畜屠宰稅及檢驗費調整徵收標準另詳附表(三)牙稅調整徵收標準並將牙行貨目等則酌加改進另詳附表(四)車捐調整徵收標準另詳附表(五)其他各種捐稅均仍按照原規定徵率切實整頓徵收以上調整辦法自三十三年一月份起實行除分令營業稅徵收處捐稅徵收所牲畜屠宰稅徵收所遵辦外合行布告仰本市商民人等一體周知務須依照調整標準分別繳納毋得玩違為要

此布

附列牙稅車捐及牲畜屠宰稅調整徵收標準表

稅別	調整徵收標準	附註
牙稅	牙稅 甲等每年四百四十元 乙等每年三百三十元 丙等每年二百二十元 丁等每年一百一十元	照費每年一次一律二十元並將牙行貨目等則酌加改進
車捐	各種自用汽車按原定標準增加五成各種營業汽車及各種半年捐季捐月捐車輛一律加倍徵收	自用人力車按原定標準加倍並改為按季徵收
牲畜稅	每頭 猪二十五元 牛五十元 羊十五元 騾馬三十五元 驢三十元 子猪六元 鷄鴨鵝一元	檢驗費猪每頭三元牛每頭十八元羊每頭二元騾馬每頭一元驢每頭五元其原有之宰剝費免予征收
屠宰稅	每頭 猪十元 牛二十六元 羊七元 騾馬十六元 驢十元	

中華民國三十二年十二月　日

市長 周學昌

財政局局長 譚友仲

南京特別市政府佈告 府財字第　號

查本市各種船舶登記費征收標準均甚輕微茲以施行日久事實變遷亟應按照實際情形酌量改定俾資挹注現值三十三年度開始之際爰將各種船舶登記費改定征收標準自三十三年春季起實行對於牌照費一項仍按原定標準征收暫不增加以示體恤除令飭捐稅征收所遵辦外合亟列表布告仰各船行船戶人等一體周知依照改定費額繳納為要

此布

附改定船舶登記費征收標準表

等級	担數	登記費	牌照費
甲	八百〇一担以上	一一〇〇〇	五〇〇
乙	六百〇一担以上	九〇〇〇	五〇〇
丙	四百〇一担以上	七〇〇〇	五〇〇
丁	二百〇一担以上	五〇〇〇	五〇〇
戊	五十一担以上	二〇〇〇	五〇〇
划子	五十担以下	七〇〇〇	五〇〇

中華民國三十二年十二月　日

市長　周學昌
財政局局長　譚友仲

南京特別市政府佈告　府工字第　號

案據本府工務局報稱據市民陸光偉呈稱巳有建康路三百號空地一方被張惠林佔用私建房屋請求派員制止取締等情迭經派員前往制止抗不停工實屬藐視法令擬請先予封閉再限五日內補報呈驗產權等情據此查該張惠林佔地私建抗不停工應准予以封閉合行佈告週知

此佈

中華民國三十二年十二月　日

市長　周學昌

南京特別市政府佈告　府工字第　號

案據工務局報稱大光路二百十七號建築工程未經本局核准給照私自建築完工業由本局通知該業主呈驗圖狀來局處罰在建築執照未補發以前不得使用該屋詎該業主一味抗違實屬藐視功令擬請先予封閉等情據此應准處予封閉合行佈告週知此佈

中華民國三十二年十二月日

市長周學昌

南京特別市政府佈告 府工字第　號

案據工務局報稱中華路二四二號建築房屋有佔路綫經本局通知包商重行設計照章縮退去後茲據業主呈復請求暫緩拆讓等情擬准暫緩拆讓其侵佔路綫部份請予封閉等情據此查該處建築侵佔路綫旣不拆退應准隔離封閉一年合行佈告週知此佈

中華民國三十二年十二月日

市長周學昌

法規

南京特別市粮食局紅糖配給暫行辦法 民國三十二年十二月公布施行

第一條　本辦法根據南京特別市糧食局食糖配給暫行辦法第三條另行規定訂定之

第二條　本局配給紅糖係專供產婦及國藥舖調藥之用

第三條　凡婦女懷孕在七月以上者因分娩時服用紅糖得憑醫師證明書申請配給之

第四條　凡國藥舖需用紅糖調製藥品時得按照各該藥舖實需數量造册送由藥業公會呈請核配並向指定零售商購買

第五條　本局辦理紅糖配給分區核定具有歷史之殷實糖商一家担任之

第六條　紅糖經售商須憑衛生局或公立醫院產科醫師及中西醫業公會會員而負有聲譽之醫師證明並憑該產婦居住證方

得配給

第七條　本局辦理紅糖配給因糖量不多暫在城區辦理之但爲便利京郊產婦需要起見凡京郊孕婦備具前條規定之證明者得享受同樣之配給在較近之城區店舖配領

第八條　經售紅糖商於每旬終了時須將所售紅糖數量購戶姓名及醫院醫生之證明單呈報本局備核

第九條　發售時間規定由上午七時至下午七時其有特殊情形者不在此限本局並得派員隨時查察

第十條　經售紅糖商須購售糖表册一份塡註購戶姓名及住址等並於購戶居住證上加蓋「紅糖購訖」等字樣以資查考底册式樣另定之

第十一條　本局對於紅糖之配給數量及價格得隨時按照實際情形訂定之

第十二條　本辦法如有未盡事宜得隨時呈准修正之

第十三條　本辦法呈奉　市長核准後公佈施行

南京特別市憑證購買棉布暫行辦法　民國三十二年十二月公布施行

一、本市府爲使市民能普遍購用棉布起見訂定本辦法

二、市民需用棉布定爲憑證購買在未印發憑證之前暫行借用購糖證

三、本市各布店截至本年十二月八日止所存棉布數量分別種類覈實造册送由布號業同業公會彙呈本府經濟局備查

四、前條所存棉布總數量中除提十分之三作爲特別配給外餘由市民憑證購買

五、凡持有本府糧食局發給之購糖證者均得向任何布店購買棉布但須將購糖證交與該店辦理登記

六、市民憑證購買棉布以白色與單色者爲限

七、各布店憑證出售棉布應查照購戶交與之購糖證上所載號數戶長姓名住址記入簿册並知照購戶在册內戶長姓名下加蓋購糖時所用之圖章

八、各布店辦理購戶登記後須在購糖證左邊「領證人」三字上角加蓋「棉布購訖」戳記方得售給棉布隨將原證交還

九、各布店出售憑證購買棉布概須另立簿册不得與其他賬簿混用以便本府經濟局隨時派員提取查核

十、憑證購買棉布期間暫以兩個月爲限

十一、左列各項由本府經濟局於實施憑證購買前三日登報公告之

(甲)本市各布店店名地址

(乙)憑證購買棉布之起訖日期

(丙)每戶限購棉布數量

(丁)各色棉布公定價格

十二、憑證購買棉布期滿如因市民棄權各店棉布致有餘存時應分別種類據實造册送由布號業同業公會彙呈本府經濟局核辦

十三、各布店如有左列行爲之一者經查明屬實卽吊銷營業許可證幷科五千元罰鍰

(甲)憑證購買期內市民所需之白色或單色棉布實有存貨而拒絕不售經告發有案者

(乙)憑證購買期滿不將各種棉布餘存數量據實造册呈報者

十四、市民如有將購糖證上所蓋「棉布購訖」戳記塗擦銷毁意圖重買情事一經發覺卽將該戶配給各種物資憑證悉予吊銷

十五、本辦法自公布日施行

公牘

南京特別市政府呈　字第　號

案奉

鈞院院字第二八五三〇訓令內開

「案據內政部呈稱略以日方擬將蘇浙皖三省暨京滬兩特別市不在業主之土地房屋移交我國接收管理一案曾經擬議辦法呈奉令准由各該省市政府分飭接管云云茲擬訂各省市管理不在業主土地房屋暫行規則一份據此查核所擬各節尙屬可行除卽由院令公布施行並提出下次院令追認暨呈報

中央政治委員會備案及通令外合行抄發上項暫行規則令仰該府知照」

等因附抄發各省市管理不在業主土地房屋暫行規則一份奉此遵査內政部所擬各省市管理不在業主土地房屋暫行規則第四

條「凡主管機關自經接收各該管之不在業主土地房屋後應卽出示布告並通知該使用土地房屋人前來塡具租用申請書經派員査明確實卽予接收」又「第十條第一項」「租用人對於租之土地房屋如曾加以改良修繕約內並未規定辦法解約時得由主管機關或原業主察酌實際情形依照修繕時材料工價估計所値補償之」等條對於租用人之國籍有無區別未經詳細註明無從依據奉令前因理合備文呈請　鑒核俯賜解釋

指示祇遵實爲公便　謹呈

行政院院長汪

南京特別市市長　周學昌

中華民國三十二年十二月　日

南京特別市政府咨　府社福字第　號

査此次本市糖商罰鍰玖拾萬元擬撥充本年冬賑經費業經

行政院會議通過在案茲因本市冬賑舉辦在卽所有該項罰鍰請卽撥交本府以便轉發冬賑會應用相應咨請

査照並希見覆爲荷

此咨

首都警察總監署

市長　周學昌

中華民國三十二年十二月　日

南京特別市政府公函　字第　號

案准

貴部社賑字第三六〇號公函略以冬賑係屬每年例賑應由地方政府自行籌辦所有本年度首都冬賑事務擬請主持辦理等由准此自當照辦除組織本市冬賑委員會負責主辦外相應抄同本市冬賑委員會委員名單一份函請

査照爲荷

此致

社會福利部

附冬賑委員會名單一份

市長周學昌

中華民國三十二年十二月　日

南京特別市冬賑委員會委員名單

姓名	職別	通訊地址
姜文實	主任委員	市社會福利局
葛亮疇	副主任委員	市商會
陶錫三	委員	地方公會
常玉清	委員	安青協會
楊九鳴	委員	中央救濟院第一分院
褚通爵	委員	衛生局
周雨人	委員	宣傳處
曾昭康	委員	警察總監署
吳顯仁	委員	社會福利部公益署
曹祝珊	委員	振務局
祝尊譽	委員	興業銀行(中華路)
湯紹衡	委員	錢業公會
韓兆鴻	委員	貧民習藝所
何式如	委員	鈔庫街崇道善堂
王益之	委員	復興銀行
錢偉來	委員	市銀行
甘慰農	委員	大板巷五十號
江政卿	委員	中央飯店
柳鎔卿	委員	古鉢營十二號
葉錫五	委員	中華公司
徐崇文	委員	華安銀行
賈聘三	委員	米糧業公會
金少垣	委員	昇州路三十三號
劉鴻筱	委員	昇州路二六二號
甯聘卿	委員	北貨業公會

南京特別市政府咨　字第　號

經濟局案呈以奉

貴部業商字第二八六號訓令內開：「案查辦理上海以外各主要都市棉紗布登記事宜一案業經本部呈奉　行政院核准指定南京、蘇州、無錫、江陰、南通、鎮江、蚌埠、蕪湖、杭州、常州、太倉等十一地區依然實施調查要綱規定限期實施登記在案現在限期業經屆滿所有南京地區登記數量計有若干辦理經過情形若何亟待明瞭以憑查考除分別函令外合行令仰該局迅予查明具報爲要」等由准查此案前准業商字第一四九號咨行到府業將本市辦理登記經過情形復請查照在案用特咨達即希

察照爲荷

此咨

實業部

市長周學昌

中華民國三十二年十二月　日

南京特別市政府咨　字第　號

案查　貴部籌設玄武湖水產農殖試驗場擬征用民地建築一案關於該地被征業戶所陳不願被征情形及由該民自向　貴部商訂租用辦法曾經據情咨請查照並希將商訂情形見復在案茲已多日未准咨復現據地政局案呈城區自治實驗區區公所公函「案據玄武坊坊長倉士鈺呈稱」以據市民夏正稻復稱對於征收地點問題業商請該場負責人高培德以小路以東之基地爲其調換征用擬留原征用南邊地基爲本人建築之用請求轉呈免征等情據此相應抄同原件咨請　查照並希將辦理情形見復爲荷

此咨

糧食部

附抄原件一份（略）

市長周學昌

中華民國三十二年十二月　日

南京特別市政府咨 府保甲字第　號

查本府為強化本市保甲充實坊保甲組織機構起見業經飭由保甲委員會先就城區六區（包括下關在內）同時舉辦清查戶口重編保甲調整保甲長人選籌組保長聯合辦公處等重要工作期以一月完成關於保甲經費依照編查保甲戶口條例第三十三條之規定應向保甲內居民徵募之茲經本府呈奉行政院令准有案茲以是項調整編查工作行將次第就緒擬自三十三年一月起先行成立保長聯合辦公處一百所（約計每所月需經常費貳千餘元）除開辦費外全月共需經常費約二十餘萬元統計城區六區約共十萬戶擬每戶每月暫行收取保甲經費國幣叁元以之供應收支差可相抵事關籌募經費與辦保甲要政相應咨達至希

查照為荷

此咨

內政部

市長　周學昌

中華民國三十二年十二月　日

南京特別市政府公函 字第　號

案准

貴會儲三字第六四八號函為配給糯米請轉令糯米食品業先將申請書送會候核等由准此查此項糯米前由該會遵章申請當經本府粮食局轉呈糧食部核撥有案且該項用米與機關團體米性質相同歷由該公會直接向本府粮食局申請經核准後即予配給并無填具申請書轉部辦理之處准函前由相應函請

查照轉飭南京區辦事處迅予如數撥付為荷

此致

米粮統制委員會

市長　周學昌

中華民國三十二年十二月　日

統計

南京日需品零售物價指數(簡單幾何平均)

民二十六年=100

類別 時期 項數	食糧葷素菜類 食糧	食糧葷素菜類 菜蔬	食糧葷素菜類 肉食	食糧葷素菜類 醬菜	食糧葷素菜類 平均	油及調味類	燃料類	衣服材料類	雜項類	總指數
項數	10	23	9	5	47	9	7	10	10	83
民國三十二年十二月份	15491.0	16074.5	12949.1	8602.6	13317.3	9732.5	25666.4	24248.1	26487.0	16551.0
較上月份增(十)減(一)	(十) 2959.7	(十) 2898.6	(一) 730.0	(一) 24.4	(十) 1766.0	(一) 3093.7	(十) 3163.4	(十) 10575.6	(十) 4413.2	(十) 2258.0

說略

十二月份南京日需品零售物價暗盤總指數為16551.0較十一月激增2258.0佔15.7%

1. 食糧葷素菜類平均指數為14317.3較上月增1766.0佔14%其中食糧以配給公米價驟增20%刺激私米猛漲不已且麵粉雜糧亦感缺乏造成指數為15491.0較上月漲上2959.7佔23.6%菜蔬品以節逢冬至市面零售活躍消量激增商販乘機抬價牟利致指數增至16074.5較上月猛漲2898.6佔21.2%肉食品猪隻來源尚通魚類產量不減指數亦平衡缺乏變化為12949.1較上月稍遜730.0佔5.3%醬菜品以食鹽瓜果有充分存量指數疲弱為8602.6較上月微落24.4佔0.2%
2. 調味料類以食鹽白糖有充分配給量指數跌落甚鉅為9732.5較上月跌3093.7佔16.3%
3. 燃料類本月內更形缺乏來源短絀售價飛漲指數為25666.4較上月劇增3163.4佔14.%
4. 衣服材料類棉紗布封閉禁售配給尚未實行市面暗盤縱橫混亂指數增為24248.1較上月增10575.6佔77.3%
5. 雜項類以火柴肥皂等日需品黑市高漲致指數增至26487.0較上月漲上4413.2佔10.9%

綜觀本月份零售物價有普遍上漲趨勢其原因在乎(1)節近年關商人慣例抬漲(2)一般主要商品奸商囤積居奇黑市猖獗(3)配給數量不充足配給期斷續無定(4)來源不暢走私絡繹(5)市民消費力薄弱市面銀根奇緊物資存量短絀等

南京特別市政府秘書處第三科統計股製

南京日需品零售物價指數比較表(簡單幾何平均)

民國二十六年＝100

類別 / 項數 / 時期	食糧葷素菜類					油及調味類	燃料類	衣服材料類	雜項類	總指數
	食糧	菜蔬	肉食	醬菜	平均					
	10	23	9	5	47	9	7	10	10	83
民國三十二年十一月	12531.3	13175.9	13679.1	8627.0	12551.3	12826.2	22503.0	13672.5	22073.8	14293.0
十二月	15491.0	16074.5	12949.1	8602.6	14317.2	9732.5	25666.4	24248.1	26487.0	16551.0
增(十)減(一)百分比	(十)23.6%	(十)21.2%	(一)5.3%	(一)0.2%	(十)14.0%	(一)16.3%	(十)14.0%	(十)77.3%	(十)10.9%	(十)15.7%

南京特別市政府祕書處第三科統計股編製

市政公報暫定價目表

期數	價目	郵費
零售	每冊五角	本埠四分 外埠八分
半年	十二冊六元	本埠四角八分 外埠九角六分
全年	二十四冊十二元	本埠九角六分 外埠一元九角二分

市政公報廣告刊例

頁數	價目
一頁	每期十八元
半頁	每期九元
四分之一頁	每期四元五角

刊登廣告在四期以上者每期按照七折計算連續十期以上者每期按照六折計算長期另議

出版日期　本公報暫定每月二次

編輯者　南京特別市政府祕書處

發行者　南京特別市政府祕書處

印刷者　南京國華印書館　地址：中山東路臚政牌樓　電話：二二一六五

中華郵政掛號認爲第一類新聞紙類　江蘇郵政管理局執照第一〇四三號

中華國三十三年一月三十一日

市政

第一三五六期合刊

南京特別市政府秘書處印行

目錄

命令

法規

公牘

統計

行政院訓令

行政院訓令 字第 號

令南京特別市政府

案奉

國民政府三十二年十一月二十七日第五七四號訓令內開：

「查衛生署組織法現經制定明令公布應即通飭施行除分令外合行抄發該組織法令仰該院知照并飭所屬一體知照此令」

等因。奉此，自應遵辦除分令外合行抄發原件令仰該府知照并飭屬一體知照

此令

計抄發衛生署組織法一份

中華民國三十二年十二月 日

院長 汪兆銘

衛生署組織法 民國三十二年十二月二十七日公布

第一條 衛生署直隸於行政院掌理全國衛生行政

第二條 衛生署置左列各處

一、總務處

二、醫政處

三、保健處

第三條 衛生署經行政院會議及立法院之議決得增設裁併各處及其他附屬機關

第四條　總務處掌左列事項

一、關於收發分配撰擬及保管文件事項

二、關於公布署令事項

三、關於典守印信事項

四、關於本署及所屬各機關職員之任免獎懲之紀錄事項

五、關於本署經費之出納事項

六、關於編譯出版品事項

七、關於庶務及其他不屬各處事項

第五條　醫政處掌左列事項

一、關於醫師藥師等公會之監督醫藥衛生人員資格之審定及業務監督事項

二、關於國立公立私立各醫藥衛生機關之監督事項

三、關於藥商及藥品與醫療機械製造之監督及取締事項

四、關於麻醉藥品毒劑物之調查管理及取締事項

五、關於飲料食品及其用具之檢查事項

六、關於藥用植物之培植及藥品製造奬勵事項

七、關於藥典之調查編訂事項

八、其他醫政事項

第六條　保健處掌左列事項

一、關於傳染病之檢驗及防止事項

二、關於各項衛生設施之指導監督事項

三、關於健康保險之組織及管理事項

四、關於衛生行政人員之訓練事項

五、關於衛生統計事項

六、關於醫藥救濟之管理事項

七、關於行旅之衛生事項

八、其他保健及防疫事項

第七條 衛生署設署長一人綜理署務監督所屬職員及各機關副署長一人輔佐署長處理署務

第八條 衛生署設秘書二人至四人分掌機要文件署務會議及長官交辦事項

第九條 衛生署設參事二人撰擬審核關於本署之法案命令

第十條 衛生署設處長三人分掌主管事務

第十一條 衛生署設科長十人至十二人科員三十人至四十人承長官之命辦理各科事務

第十二條 衛生署設技正六人技士十人承長官之命辦理技術事務

第十三條 衛生署得設視察四人至八人專員六人至十人承長官之命分赴各地視察或辦理指定事務

第十四條 衛生署署長特任副署長參事處長及秘書一人技正二人視察一人專員二人簡任其餘秘書技正視察專員及科長科員六人技正二人薦任其餘科員技士委任

第十五條 衛生署設統計主任一人會計員一人辦理歲計統計會計事務受本署署長之指揮監督並依國民政府主計處組織法之規定直接對主任處負責統計室及會計室需用佐理人員由本署及主計處就本法所定薦任委任人員中會同決定之

第十六條 衛生署因事務上之必要得聘用顧問及專門人員并酌用辦事員及雇員

第十七條 衛生署得設置中央防疫處中央衛生試驗所海港檢疫處中央醫院並得應事實上之需要於各省市設置衛生實驗區其組織另定之

第十八條 衛生署處務規程以署令定之

第十九條 本法自公佈日施行

命令

南京特別市政府委令　字第　號

令林盟丹

茲派該員爲本府保甲委員會第二科科長另候呈荐

此令

中華民國三十三年元月　日

市長周學昌

南京特別市政府委令　字第　號

令莊通三

茲派該員爲本府工務局第三科科長另候呈荐

此令

中華民國三十三年元月　日

市長周學昌

南京特別市政府委令（派代令）　字第　號

令陳　跡

茲派該員代理本府宣傳處第一科科長另候呈荐

此令

中華民國三十三年元月　日

南京特別市政府委令 字第　號

令錢亞棟　胡仲常
　張雋偉
　茅及仁

茲派該員為本府宣傳處祕書 專員 視察 另候呈荐

此令

市長周學昌

中華民國三十三年一月　日　市長周學昌

南京特別市政府訓令 字第　號

令本府各局處會
　城鄉各區公所

案奉

行政院院字第三七一一號訓令開：

「案查車站碼頭及城門之普遍檢查業已廢止至普遍檢查廢止後之檢查辦法前經飭處轉函內政建設兩部及軍事委員會總參謀長會同擬訂呈核辦理在案茲據內政建設兩部會呈略稱：『擬訂車站碼頭及城門檢查辦法一案經商同本建設部於本月三十日上午一時在本內政部開會研討並請軍事委員會派員參加經擬定車站碼頭及城門檢查實施辦法草案一份是否可行除會議紀錄暨擬定廢止普遍檢查後確保治安方策草案另文呈送外理合繕同該辦法草案呈請鑒核示遵』等情前來查核所擬辦法尚屬可行除指令「准予備案」並分行各有關機關遵照辦理外合行抄發車站碼頭及城門檢查實施辦法一份令仰該府遵照並轉飭有關機關遵照辦理」等因並附發車站碼頭及城門檢查實施辦法乙份到府奉此除分令外合行抄發上項實施辦法令仰該局處會區遵照辦理並轉飭所屬一體遵照辦理

此令。。

附抄發車站碼頭及城門檢查實施辦法乙份

中華民國三十三年一月　日　市長周學昌

車站碼頭及城門檢查實施辦法

一、車站碼頭及城門普遍檢查一律廢止

二、人民攜帶行李等物遇有下列情形時須受檢查

1.凡遇紀念日或官署得有密報認爲一有妨害治安之虞時得由主管官署協同命令檢查之

2.執行檢查職務之憲警認爲行跡可疑者或臨時發生變故時得實施檢查

三、統制物資移動之取締除有明令規定者外不行檢查

1.人民攜帶物資不違反統制移動取締法令之規定不行檢查如認有檢查必要時得擬行抽查不得稍有留難

2.車站碼頭城門等處須豎立木牌標明統制物資移動之物品名稱數量以資遵守

本辦法由各主管機關分別嚴令所屬遵照辦理

南京特別市政府訓令　字第　號

令各局處會

案奉

行政院院字第三五六八號訓令內開：

「案奉

國民政府第五九九號訓令開：『據本府文官處簽呈稱：「准最高國防會議祕書處高祕字第四三九號公函開：『案奉主席交下最高國防會議三十二年十二月九日第三三次會議討論事項第三案：『主席交議爲中央政治委員會丁委員默邨簽呈戰時公務員宴會及送禮限制暫行條例草案經交新國民運動促進委員會會同內政社會福利兩部審查具復請鑒核等情請公決案決議照審查意見通過送國民政府公布並將現行公務人員宴會及送禮限制辦法廢止』等因遵經紀錄在卷相應錄案並抄同上項暫行條例函請查照轉陳明令分別公布廢止』等由理合簽請鑒核」等情據此自應照辦除

明令分別公布廢止並分行外合行抄發戰時公務員宴會及送禮限制暫行條例一份令仰該院知照並轉飭所屬一體知照此令」等因奉此除分令外合行抄法原附條例一份令仰該府知照幷轉飭所屬一體知照」等因；附抄發戰時公務員宴會及送禮限制暫行條例一份奉此除分令外合行抄發原條例一份令仰該　知照幷轉飭所屬一體知照！

此令

附抄發戰時公務員宴會及送禮限制暫行條例一份

中華民國三十三年一月　日　市長周學昌

戰時公務員宴會及送禮限制暫行條例　三十二年十二月十五日公布

第一條　為適應戰時體制儲存物資增進國力並勵行節約為國民表率時特製定本暫行條例

第二條　戰時公務員必須有公務上之需要方得設宴款客並應申明事由報請主管長官備查

第三條　凡遇國家慶典或重要紀念或國際儀節中央暨地方長官認為有必要時得舉行宴會

第四條　公務員本人或其子女舉行婚禮以備茶點為原則必要時經主管長官核准得備簡單之筵席

第五條　公務員本人或其直屬尊親年未滿六十者絕對不准發柬設宴慶壽或揑人代發壽啓但得備茶點麵點款待親友

第六條　公務員遇有喪事對於弔者不准設宴款待

第七條　公務員生育子女及子女彌月不准設宴款客但得備茶點

第八條　公務員之已故親屬誕辰不准發柬設宴

第九條　公務員遇有其他喜慶事件或為聯歡或為懇談得備茶點不准假藉名義設宴款客

第十條　戰時宴會菜肴務極簡單不得採用奢侈高貴物品如魚翅燕窩熊掌鮑魚等尤不宜採用以示儉樸

第十一條　戰時筵席中菜以每席十人為原則每席菜肴包括大小冷熱乾濕甜鹹諸味不得超過八盞每席不及十人時菜肴應予遞減如係西菜每客不得超過四色

第十二條　戰時中菜每席及西菜每客價格由各地經濟局視地方情形斟酌規定公布之其不採用整席整客菜肴者得予變通但絕對不准超過整席整客價格

第十三條　各地經濟局應令所屬酒菜館訂定戰時宴會菜肴品目及價格每星期呈報備查如有高價奢侈菜品應隨時剔除如價格過昂亦應隨時糾正之

第十四條　各地經濟局應令所屬菜館不准置備洋酒供客酌飲如係午宴任何酒類均禁止供給

第十五條　戰時宴會時間不得妨礙日常職務並不得超過二小時

第十六條　公務員遇有婚喪事故或六十以上整壽得收受禮金外其他事故不准收受禮金

第十七條　公務員致送禮金規定如次

甲、選任官特任官上將不得超過兩百元

乙、簡任官及中將上校不得超過五十元

丙、荐任官及中校少校不得超過三十元

丁、委任官及尉官不得超過二十元

前列各項送禮力金不得超過禮金十分之一

第十八條　公務員宴會及婚喪事故對來賓之車夫飯費以不給爲原則

第十九條　公務員因婚喪事故散發喜帖訃告絕對禁用機關團體名義除親族戚誼外不准濫發喜帖訃告應力求樸素不可華麗

第二十條　公務員遇有喪事除親族戚友執紼者外絕對不准雇用無謂之儀仗

第廿一條　違反本條例各條規定者無論何人均得向其主管長官舉發

第廿二條　主管長官經人舉發並查明屬實應即按其情節分別處分輕者記過重者降級最重者撤職屢犯者亦撤職

第廿三條　各地經濟局及社會福利局應隨時派員分赴各處查訪如有違反本條例之規定者應立時糾正之

第廿四條　戰時公務員在官署或官邸因公宴客其菜肴酒類及時間等仍應依照本條例之規定

第廿五條　本條例施行後公務員宴會及送禮辦法廢止之

第廿六條　本條例自公布日施行

南京特別市政府訓令　字第　號

令捐稅征收所所長江兆龍

案據財政局呈以奉

財政部秘字第六七五號訓令內開

「案查舉辦物品零售及筵席旅館暨娛樂三項消費特稅經提奉行政院第一九一次會議討論事項第十案決議修正通過幷呈　中央政治委員會等因奉　行政院院字第三五七三號訓令抄發修正原提案一件飭部遵照等因奉此自應遵辦所有各該特稅應照修正原提案所定順序將第一項物品零售消費特稅及第二項筵席旅館消費特稅並第三項娛樂消費特稅甲款賽馬稅於三十三年一月十六日啓征其餘種目另定施行日期屆時公布所有各該特稅征收區域經於原提案內陳明由本部以部令定之茲指定南京市區上海市區吳縣（蘇州）無錫武進（常州）鎮江丹陽江都（揚州）杭州市區嘉興鄞縣（甯波）紹興蚌埠蕪湖由中央同時舉辦除令飭稅務署分別遵照辦理外合行抄發修正原提案令仰該局即便知照」

等因並准

財政部咨同前由到府查中央舉辦物品零售及筵席旅館娛樂消費特稅一案依照修正原提案及所定順序將第一項物品零售消費特稅第二項筵席旅館消費特稅第三項娛樂消費特稅項下甲款內之賽馬稅定於三十三年一月十六日先行啓征其餘種目另定施行日期所有本市原辦之筵席捐及旅館捐兩項自應同時停征以免重複其娛樂捐一項因中央僅先舉辦賽馬稅與本市現征娛樂捐尙無抵觸應仍暫行征收俟中央定有施行日期再行另令飭遵關於本市原有經征筵席旅館兩捐人員着自停徵後各按原支薪額（連加成）每人發給遣散費叁個月以示體恤合行抄發原提案令仰該所長遵照應即將筵席旅館兩捐依限停徵並將遣散人員職務姓名及原支薪水加成應發遣散費數目造具清册呈送查核仍將遵辦情形具報備查爲要

此令

附抄發財政部原提案一件

中華民國三十三年一月　日　市長周學昌

財政部原提案

查各省市縣地方政府所征之筵席旅館娛樂等捐及上海特別市政府在第一第八兩區境內所征收之物品零售捐菜館餐館等帳單捐其稅則稅率多各自爲政參差不一茲爲調整稅源平衡收支起見擬由中央統一舉辦物品零售筵席旅館暨娛樂等三項消費特稅並酌定稅率如左

一、物品另售消費特稅稅率分甲乙兩種

甲、普通物品　按値征百分之四
乙、奢侈物品　按値征百分之十
二、筵席旅館消費特稅稅率按每次金額征百分之十五
三、娛樂消費特稅稅率按照娛樂消費事業分類規定如下
甲、電影音樂跑冰游泳賽馬等按其營業所得總額征百分之十賽馬一項應按營業所得總額及賽馬所中彩金各征百分之十
乙、戲劇歌唱說書馬戲演技等按其每張票劵價値征百分之三十
丙、其他跳舞等奢侈娛樂按其票價等征百分之四十

上項消費特稅實行日期及區域由本部以部令定之所有各該省市原征上列各項捐稅自中央舉辦之日起一律停征以免重複至各該省市因中央舉辦消費特稅以致短少之原有各項捐稅收入由中央酌予補助是否可行請轉呈
院長提交行政院會議決議施行並請轉提
最高國防會議審議

財政部部長周佛海　三十二年十二月二十五日

右提案請提出行政院會議爲荷
此致
行政院秘書長

南京特別市政府訓令　字第　號

令本府各局處會附屬機關

案奉
行政院院字第三四五八號訓令內開
「現奉　國民政府三十二年十二月十一日第五九六號密令內開『據本府文官處簽呈稱「最高國防會議秘書處高秘字第四三七號公函內開奉　主席交下最高國防會議三十二年十二月九日第一二三次會議討論事項第一案主　席交議

據行政院呈爲本院第一八九次會議通過財政部呈請將中央各機關公務員現支之三次加成一律取消另定臨時加俸辦法自三十三年一月份起實行一案呈請鑒核等情請公決案決議通過送國民政府通飭遵照等因紀錄在卷相應錄案抄附原呈及臨時加俸表一併函達即希查照轉陳密令通飭遵照等由理合簽請鑒核」等情據此自應照辦除分令外合行抄發財政部原呈暨文官臨時加俸表各一份令仰該院遵照並轉飭遵照此令』等因並准最高國防會議祕書處高祕字第四三七號函同前由奉此除分令外合行抄發財政部原呈暨文官臨時加俸表各一份令仰該府遵照並轉飭遵照」

等因計抄發財政部原呈暨文官臨時加俸表各一份奉此查本市市庫原極支絀惟爲體恤所屬各機關工作人員生活艱苦起見特飭由財政局勉力籌劃決定遵照　中央規定之臨時加俸辦法同時實行除分別函令外合行檢發本府各機關公務員臨時加俸實施辦法并加俸調查統計表各一份令仰該　遵照辦理

此令

附抄發本府各機關公務員臨時加俸實施辦法暨加俸調查統計表各一份

中華民國三十三年一月　日

市長周學昌

南京特別市政府　機關公務員臨時加俸調查統計表（按照三十二年下半年度概算書俸給費填報）

任別	月支俸給額	增加率	增加數額 加俸數	增加數額 另加	增加數額 合計	原俸與加俸總計	備考
特任		三倍					
簡任		三倍					
薦任		四倍					月支俸額在二百元以下者增加五倍
委任		五倍					
工餉		五倍					
共計							

附註 1.本表一律用十二行紙全百毛筆填送二份
2.本表限文到三日內逕送財政局以備統計

主管人員（簽名蓋章）
第一科科長（簽名蓋章）
會計主任（簽名蓋章）

南京特別市政府訓令 字第 號

令各局處會

案准

內政部民字第七八號咨開：

案查前准

江蘇省政府本年十一月十一日省二字第二七五號咨開：

案查本府政務廳第六次保甲自衛聯席會議討論事項第八案大倉縣政府保甲室提「保中戶口人數一項例有大小口之別現值統制期間一切物資均按人口配給應將人口大小以規定年齡為區別案」當經議決轉咨內政部核覆再行飭遵等語紀錄在卷查事關物資配給人口大小其年齡應如何規定始見允當相應錄案咨請查照辦理並希見復為荷」等由：准此查保甲條例及戶籍法對於大小口年齡尚乏明白規定惟按諸我國義務教育實施辦法以十二歲為學齡期滿又自還都以後各省市警察機關發給人民居住證辦法亦規定自十二歲起應一律領用居住證爰經本部參酌上項辦法擬定以十二歲以上者為大口未滿十二歲者為小口經呈請行政院核示在案茲奉行政院三十二年十二月二十四日院字第二〇八〇號指令內開：「呈悉 准如所擬辦理。」等因：奉此除咨復江蘇省政府查照外相應咨請貴特別市政府查照並轉飭所屬一體遵照

等由准此除分令外合行令仰該 知照並轉飭所屬一體知照

此令

中華民國三十三年一月 日

南京特別市政府訓令 字第　號

令市商會

案准

首都警察總監署特字第一八號公函內開：

本署特高科案呈據經濟股報稱查本京自白報紙及毛邊紙等限價後一般紙商即藏匿不售作黑市交易非同業中人及素識之人不易買到其售價超出限價二三倍白報紙每令二千餘元毛邊紙每令一千七八百元等情轉呈前來案關紙商操縱違反統制政策除函請實業部會商議定取締辦法外相應函請查照爲荷

等由准此。合行令仰該會即便遵照迅予議定取締辦法具報核奪勿延爲要！

此令。

中華民國三十三年一月　日

市長周學昌

南京特別市政府訓令 字第　號

令城鄉各區公所
南京特別市農會
南京特別市商會
各學校及社教機關

查蔬菜一項爲日常生活必需物品近因產量不足亟應積極推廣改良種植以資增產茲經本府擬定蔬菜增產計劃凡本市各附屬機關團體及各學校限令舉辦公共蔬菜園每處最少一所至所種花卉區亦應儘量改種蔬菜俾蘘生產增加除分行外合亟抄附各機關種植蔬菜調查表令仰該區遵照並轉飭各坊(鄉)鎮
會遵照並轉飭各區農會
商會
校
遵照迅即選覓適宜地址種植限於一月內填表呈報以憑查核！

此令。

附抄各機關種植蔬菜調查表式

中華民國三十三年二月十二日　市長周學昌

南京特別市各機關種植菜蔬調查表　三十三年　月

機關(或團體)名稱	主管人	種植地點	面積	種植種類	每季生產量	施工情形 自種或僱工	備考
			畝		担		

南京特別市政府訓令　字第　號

令南京特別市銀行錢業同業公會

案准

實業部業商字第三一九號咨開

「查本部三十一年六月一日公布施行之公司補行登記及重行登記暫行辦法其公司補行登記期限早於本年二月底限滿截止公司重行登記期限亦截至本年十一月三十日展限屆滿迭已布告依限截止呈報行政院備案並分別咨行知照各在案嗣以尚有上海及各地公司組織之銀行銀號錢莊等多家在補行登記期限截止以後申請補行公司登記到部核其逾限申請原因要為遵奉財部令增資改組或以董監股東及有關要件遠處內地徵集辦理均頗需時衡其延遲情由尚屬不無可原且既經財政部發給執照有案本部殊亦未便不予登記擬即依照重行登記期限凡在本年十一月三十日以前具文申請到部者仍予援用前項暫行辦法辦理以免准駁兩歧藉示體恤經備文呈奉行政院本年十二月十五日院字第二〇一二號指令准予備案等因自應照辦除分別咨行外相應咨請查照並飭屬轉飭各該銀錢業公會知照為荷

等由准此除分令外合行令仰該會知照并轉飭所屬各會員知照

此令

中華民國三十三年一月　日　市長周學昌

南京特別市政府訓令　字第　號

令南京市銀行

查邇來本市煤觔缺乏來源稀少茲爲增加產量爲應需要起見爰將本京聯珠煤礦規定爲官商合辦着由市銀行認貲拾萬元作爲官股並負責監理合行令仰該行遵照辦理具報爲要

此令

中華民國三十三年一月七日　市長周學昌

南京特別市政府訓令　字第　號

令營業稅征收處
　捐稅徵收所

案奉

行政院院字第三六四六號訓令內開

「現奉

國民政府三十二年十二月二十三日第六〇六號訓令內開『據本府文官處簽呈稱「准最高國防會議祕書處高祕字第四四八號公函內開「案准中央政治委員會祕書廳檢送奉交行政院呈一件爲本院第一九零次會議通過財政部呈請將火酒啤酒雪茄烟及汽水等改爲從價徵稅並提高薰菸葉土菸葉土酒洋酒等稅稅率一案呈請鑒核等情當經陳奉主席提交最高國防會議三十二年十二月十六日第三四次會議討論決議通過送國民政府通飭遵照并交立法院備查其施行日期由財政部以命令定之紀錄在卷相應錄案抄附原呈及上項稅率表一併函達即希查照轉陳通飭遵照并令行行政立法兩

院知照等由理合簽請鑒核」等情據此自應照辦除分行外合行抄發火酒等項改為從價徵稅稅率表一份令仰該院遵照并轉飭所屬一體遵照此令』等因奉此除分令外合行抄發火酒等項改為從價徵稅稅率表一份令仰該府遵照并轉飭所屬一體遵照此令」

等因計抄發火酒等項改為從價徵稅稅率表一份奉此除分令外合行抄發火酒等項改為從價徵稅稅率表令仰該處所遵照並轉飭所屬遵照辦理為要

此令

計抄發火酒等項改為從價徵稅稅率表一份

中華民國三十三年一月　日

市長周學昌

火酒等項改為從價徵稅稅率表

稅別	徵收單位	現擬改定稅率	現行稅率	比較增減稅
普通火酒稅	每公升	從價徵 60%	$ 650	
改性火酒稅	每公升	從價徵 25%	$ 325	
啤酒稅	箱裝{每18大瓶一箱	從價徵 30%	$ 5,200	
	箱裝{每72小瓶一箱		$ 5,200	
	桶裝每公升		$ 0,140	
	打裝{大瓶每打		$ 1,300	
	打裝{小瓶每打		$ 0,866	
飲料品稅	舶來品(汽水){一磅	從價徵 20%	$ 0,04	
	舶來品(汽水){半磅		$ 0,02	
	國產(汽水){一磅		$ 0,02	
	國產(汽水){半磅		$ 0,01	

手捲菸稅		從價徵 50%	(1)級 $ 128.00 (2)級 $ 64.00 (3)級 $ 32.00 (4)級 $ 16.00 (5)級 $ 8.00	
薰菸葉稅		從價徵 40%	從價徵 25%	增加 15%
土菸葉稅		從價徵 40%	從價徵 25%	增加 15%
土酒稅		從價徵 40%	從價徵 25%	增加 15%
洋酒稅		從價徵 60%	從價徵 45%	增加 15%

南京特別市政府訓令 字第 號

令各局處會

案奉

行政院院字第三八七七號訓令內開

「現奉 國民政府三十三年一月十一日六三五號訓令內開『查實業部組織法現經修正明令公布應即通飭施行除分令外合行抄發該組織法令仰該院知照并轉飭所屬一體知照』等因奉此除分令外合行抄發原附修正實業部組織法令仰該府知照并轉飭所屬一體知照」

等因計抄發修正實業部組織法一份奉此除分令外合行抄發修正實業部組織法一份令仰該 知照并轉飭所屬一體知照

此令

附抄發修正實業部組織法一份

中華民國三十三年一月 日

市長周學昌

實業部組織法　三十三年一月十日修正公佈

第一條　實業部管理全國實業行政事宜

第二條　實業部對於各地方最高級行政長官執行本部主管事務有指示監督之責

第三條　實業部就主管事務對於各地方最高級行政長官之命令或處分認為有違背法令或逾越權限者得提經行政院會議議決後停止或撤銷之

第四條　實業部置左列各署司

一、林墾署

二、總務司

三、農業司

四、工業司

五、商業司

六、鑛業司

七、合作司

第五條　實業部經行政院會議及立法院之議決得增置裁併所屬各司及其他機關

實業部為臨時處理必要事務經行政院會議議決得置各委員會

第六條　林墾署組織法另定之

第七條　總務司掌左列事項

一、關於收發分配撰擬及保管文件事項

二、關於公佈部令事項

三、關於典守印信事項

四、關於本部及所屬各機關職員任免獎懲之紀錄事項

五、關於出版物之編輯刊行及圖書管理事項

六、關於本部官產官物之保管事項

七、關於本部經費之出納事項
八、關於本部庶務及其他不屬各司事項

第八條 農業司掌左列事項
一、關於農業蠶桑等之保護獎勵監督改良及推廣事項
二、關於農地之整理改良及保護事項
三、關於農業災害之研究預防事項
四、關於農業團體之登記及監督事項
五、關於農業技師之登記考核事項
六、關於農業建設之設計事項
七、關於農具及種籽之試驗檢查改良及介紹獎勵事項
八、關於農業經濟之調查及設計事項
九、關於農業知識之增進事項
十、其他農業事項

第九條 工業司掌左列事項
一、關於國營工業之籌設及管理事項
二、關於民營工業之保護獎勵監督改良及推廣事項
三、關於製造品之徵集及試驗檢定事項
四、關於工業之專利及特許事項
五、關於國貨之證明及獎勵事項
六、關於工廠之登記及考核事項
七、關於工業技術登記及考核事項
八、關於工業團體之登記及監督事項
九、關於工業標準事項
十、關於度量衡之製造檢定及推行事項

十一、關於工業之調査事項

十二、其他工業事項

第十條 商業司掌左列事項

一、關於國營商業之籌設及管理事項

二、關於民營商業之保護獎勵監督改良及推廣事項

三、關於商品陳列展覽事項

四、關於商品檢驗事項

五、關於商號及商標登記事項

六、關於商業團體之登記及監督事項

七、關於交易所之登記及監督檢査事項

八、關於保險公司及特種營業之核准登記及監督事項

九、關於會計師之登記及考核監督事項

十、關於物資之調節及運銷管理事項

十一、關於調節物價事項

十二、關於商約商稅之研究事項

十三、關於商埠商港之經營事項

十四、關於國際貿易事項

十五、關於駐外商務官之指導監督事項

十六、關於商業之調査事項

十七、其他商業事項

第十一條 鑛業司掌左列事項

一、關於國營鑛業之籌設及管理事項

二、關於民營鑛業之保護獎勵監督改良及推廣事項

三、關於鑛權之特許及撤銷事項

四、關於鑛業登記事項
五、關於鑛區稅之擬定及徵收事項
六、關於鑛業爭議之處理事項
七、關於鑛業調查事項
八、關於鑛區勘定及鑛質分析事項
九、關於鑛業用地事項
十、關於地質調查及鑛冶研究事項
十一、其他鑛業事項

第十二條　合作司掌左列事項
一、關於合作事業之計劃及促進事項
二、關於合作事業之指導及視察事項
三、關於合作社之登記及監督事項
四、關於合作資金之調劑事項
五、關於合作人才之訓練事項
六、關於合作事業之調查統計事項
七、其他合作事業

第十三條　實業部部長綜理部務監督所屬職員及各機關

第十四條　實業部設次長一人輔佐部長處理部務

第十五條　實業部得設諮詢委員三人至五人以備諮詢及建議

第十六條　實業部設參事四人至六人撰擬審核關於本部法案命令

第十七條　實業部設祕書六人至十人分掌部務會議及長官交辦事項

第十八條　實業部設署長一人司長六人分掌各署司事務

第十九條　實業部設科長二十四人至三十八人科長一百二十八至一百六十卜人承長官之命辦理各科事務

第二十條　實業部部長特任次長諮詢委員參事署長司長及祕書二人至四人簡任其餘祕書科長及科員四十人薦任餘委任

第廿一條　實業部設技監一人或二人簡任技正二十人至二十四人其中六人至十人簡任餘荐任技士二十人至三十二人其中十四人荐任其餘技士及技佐二十人至三十人委任承長官之命辦理技術事務

第廿二條　實業部設會計長一人統計長一人辦理歲計會計統計事務受本部部長之指揮監督並依國民政府主計處組織法之規定直接對主計處負責

第廿三條　會計處及統計處需用佐理人員由本部及主計處就本法所定荐任委任人員及雇員中會同決定之

第廿四條　實業部因事務上之必要得聘任顧問諮議設置專員並酌用雇員

第廿五條　本法自公布日施行

南京特別市政府指令　字第　號

令傳染病院

呈二件　為據先後呈以物價高漲懇請增給赤貧病人伙食費暨以辦公各費祈鑒核示遵由

呈暨附件均悉據稱各節尙係實情應准予貧病伙食每人每日增為捌元每月辦公費增列壹千元藥品費增列伍千元並准列入本年上半年度概算內仰即遵照

此令

中華民國三十三年二月　日

市長　周學昌

南京特別市政府佈告　字第　號

查本府為便利菜販及整頓市容起見將復興路菜場門面改建內部增設攤位捌拾個所有建設費用由攤商分等負担不足之數再由本府撥款興建茲規定自本年一月十日起至同月廿日止為申請承租時期凡商民願在該菜場設立攤位者可按照規定手續備具應繳之建設等費依限前往菜場管理所申請登記幸勿觀望自誤除令行菜場管理所遵辦外合亟佈告仰各一體週知

此佈

中華民國三十三年十一月　日

南京特別市政府公告 字第　號

案據業戶何容軒呈報坐落府西街第七三號房地產原領前土地局所發三字第七二七號所有權狀及三區二七二段分段圖各一件因事變被焚遺失請予補給等情經飭據呈繳聲明圖狀遺失報紙暨鄰商兩保前來茲依照土地法第一百四十條第二款之規定揭示公告自公告之日起對於該項遺失圖狀如有因權利關係聲明異議者須於二個月內提出理由書暨證明文件呈候核辦一經公告期滿無人異議卽予依法補給圖狀管業合行公告週知

中華民國三十三年一月　日

市長　周學昌

地政局局長　張仿良

南京特別市政府公告 字第　號

案據業戶張似琴代理人王張氏呈報坐落尖角營第六號房地產原領前地政局所發六字第七五六二號所有權狀及六區四七五五段分段圖各乙件因已遺失請予補給等情經飭據呈繳聲明圖狀損失報紙暨鄰商兩保前來茲依照土地法第一百四十條第二款之規定揭示公告自公告之日起對於該項遺失圖狀如有因權利關係聲明異議者須於三個月內提出理由書暨證明文件呈候核辦、經公告期滿無人異議卽予依法補給圖狀管業合行公告週知

中華民國三十三年一月　日

市長　周學昌

地政局局長　張仿良

南京特別市政府公告 字第　號

案據業戶陸天貴呈報坐落西釣魚巷第三十二號房地產原領前土地局所發二字第四三一號所有權狀及　區一六一八段分段圖各乙件因成立買賣時附執與買方由買受人蔡翰高遺失請予補給等情經飭據呈繳聲明圖狀遺失報紙暨鄰商兩保前來茲依照土地法第一百四十條第二款之規定揭示公告自公告之日起對於該項遺失圖狀如有因權利關係聲明異議者須於二個

月內提出理由書暨證明文件呈候核辦一經公告期滿無人異議即予依法補給圖狀管業合行公告週知

中華民國三十三年一月　日

市長　周學昌

地政局局長　張仿良

南京特別市政府公告　字第　號

案查本市原第七區一〇六六(一)段房地產前因業戶曹鈺泉逾期登記業經前土地局予以假定公告嗣因該業戶聲明異議幷陳述所有該產證件已於民國二十四年由劉瑞亭申請他項權利登記時一併呈繳經前地政局於廿六年核准補行登記在案茲據申請登記前來除將假定登記案撤銷外茲依照本市土地登記暫行規則第十九條之規定揭示公告自公告之日起對於該項房地產如有因權利上關係聲明異議者須於三個月內提出理由書及證明文件呈候核辦一經公告期滿未據異議即予依法登記發給圖狀執業合行公告週知

計開

聲請人　姓名　住址

坐落　第　區　段　第

種類及面積　地　畝　分　厘　毫

四至　東至　西至　南至　北至

定着物情形

申報地價

申報定着物現值

共有權人

他項權利人

公告日期

公告期滿日期

中華民國三十三年一月　日

市長 周學昌
地政局局長 張仿良

法規

整理首都破損建築物暫行規則

卅三年一月二十九日與建設部令銜公布

第一條 建設部暨南京特別市政府爲整理首都破損建築物以壯市容觀瞻而利民生起見特訂定本規則

第二條 首都破損建築物之整理在戰時體制下均適用本規則之規定

第三條 凡應行整理之破損建築物由主管官署統籌規劃經核定修建或拆除時登報公告之

第四條 凡關修建或拆除之破損建築物在整理之前後均應拍攝照片兩次留作憑證

前項照片以包括該建築物之正側面與左右比鄰以及各破毀部份爲合格照片大小至少須在六寸以上

第五條 凡應行修建或拆除之破損建築物其有業主或產權代表人者除依第三條之公告外由主管官署指示施工要點分別通知限期整理之

第六條 業主或產權代表人應於接到通知後十日內至主管官署辦理手續依照建築通例領照施工

第七條 凡應行修建之破損建築物其業主或產權代表人如無力修建時須在接到通知十日內聲述理由經主管官署之核准得依下列各辦法辦理之

一、建築材料由官方協助或代購

二、由官方貸與一部分修建資金

三、由官方與業主或產權代表人合資修建

四、全部委託官方代辦

五、由業主或產權代表人招集其他民間資金修建

採用前項第一款至第四款辦法時業主或產權代表人與官方須訂定契約標明權利與義務採用第五款辦法時除由當事人互訂契約外并由官方督導之

第八條　凡應行拆除之破損建築物其業主或產權代表人如有疑難時須在接到通知十日之內呈請主管官署核定辦理之

前項主管官署之核定以不違反原定之拆除辦法為原則

第九條　拆除之舊料除即在原地翻造房屋得留作自用外一律應由主管官署備價收買之

前項收買之價值由主管官署依照公定價格評定之

第十條　拆除費用由業主或產權代表人負擔但得在舊料款內抵償之

第十一條　凡業主或產權代表人不能遵照第六至第九條之規定修建或拆除時即認為自行放棄權利主管官署得按照業主不在之處置辦法辦理之

第十二條　凡業主不在之破損建築物經規定應行修建或拆除者均由主管官署辦理之

第十三條　凡有左列情形之一者均以業主不在論之

一、經調查屬實業主不在本地亦無產權代表人者

二、不能提出產權憑證者

三、經登報公告後逾期無人承認者

四、有業主而故意規避者

第十四條　凡應拆除之業主不在破損建築物由主管官署執行其產權由主管官署代管之

第十五條　整理業主不在破損建築物為便利實施起見主管官署得斟酌情形依左列各款行之

一、政府經營

二、招商承辦

三、官商合資

第十六條　凡中華民國人民及法人團體如願投資承辦修建業主不在之建築物時應填具聲請書載明左列各款呈由主管官署核准之

一、姓名年籍及職業

二、投資金額

三、施工綱要及整理事項

四、完工期限

五、保證人(殷實商店兩家以上)

第十七條　前條聲請經主管官署審查合格後即簽訂契約按照建築通例辦理之

第十八條　承辦人如有違反契約及本規則之一切規定時得撤銷其承辦權

第十九條　應行修建之業主不在破損建築物其產權由主管官署代管其收益由投資人享有之

第二十條　投資人對於收益享有之期限經由主管官署就該建築物所佔地點之優劣及投資之多寡分別訂定爲二年至五年期滿後業主得備價收回之

第廿一條　業主請求收回產權時應先呈經主管官署之核准並依左列各款之規定償還修建費用

一、在收益期滿時收回者應償原修建費用百分之七十五

二、在收益期滿逾一年後收回者應償原修建費用百分之五十五

三、在收益期滿逾二年後收回者應償原修建費用百分之三十

四、在收益期滿逾三年後得無償收回之

第廿二條　投資人之收益期滿後如原業主逾三年仍不收回時主管官署得代表收回之

第廿三條　業主不在破損建築物修建費用之計算辦法依左列各款定之

一、應以修建時之市價計算其修建費用估該全部建築物(包括舊有工料及新修工料與地價)所佔之成數確定其百分率

二、業主收回時應按收回時之市價就全部建築物之所值依前款所確定之百分率計算其修建費用

第廿四條　本規則如有未盡事宜得隨時呈請修正之

第廿五條　本規則自公布日施行

南京特別市統制物資移動臨時檢查辦法

三十三年一月七日第三次常會修正通過

一、南京特別市政府為對於統制物資移動採取臨時必要措置起見特訂定本辦法
二、前項所稱統制物資係依照中央規定
三、統制物資之移動限制得依本辦法施行臨時檢查
四、施行臨時檢查時由南京特別市政府會同首都警察總監署辦理之
五、施行臨時檢查地點如左
甲、各城門口
乙、火車站
丙、輪船碼頭
丁、市內各街要道
戊、各處倉庫及堆棧
己、其他臨時指定地點
六、臨時檢查得就左列各種物件施行之
甲、車輛搬運貨物
乙、各處倉庫及堆棧內堆存貨物
丙、其他臨時指定地點之堆存貨物
七、辦理物資臨時檢查之檢查員由南京特別市政府與首都警察總監署會同發給臨時檢查證
八、本辦法施行後南京特別市原有之物資移動許可證廢止之
九、本辦法自呈奉
行政院核准公佈施行如有未盡事宜得隨時呈請修改之

南京特別市政府暨所屬各機關公務員臨時加俸實施辦法　民國三十三年一月施行

一、本府暨所屬各機關公務員臨時加俸標準一律遵照　中央頒發文官臨時加俸表辦理自三十三年一月份起實行
二、本府所屬各教育機關職教員衛生機關醫師護士暨稅警隊官佐等臨時加俸辦法悉比照公務員臨時加俸辦法辦理
三、各機關伕役路工機匠及稅警等月支工餉在二百元以下者照原支工餉額外各加五倍

四、各機關三十三年上半年度俸給費一律不得超過三十二年下半年度概算核定俸給額

五、各機關每月請領臨時加俸應於每月十六日前造具本月份實發名册檢同經常費臨時加俸各請款書逕送市政局以便核發但臨時加俸應按照名册實發數請款

六、各機關於每月請領經費後遇有人事調整事項應於下月份請款時另行補具名册檢同奉准原簽呈或核准原令請款書等一併送請補發

公牘

南京特別市政府咨　字第　號

案准

貴部建都一字第一五三一號咨略以咨送繕正整理首都破損建築物暫行規則暨會銜公布令文以及原判稿等囑即加蓋印信送還一份以便公佈等由並附原判文稿及規則各二份暨繕正公佈令一件過府准此自應照辦茲將會銜公佈令文稿分別加蓋印信並將原稿規則抽存一份備查外相應檢還公佈令暨原稿及規則各一份隨咨送請查照辦理爲荷

此咨

建設部

附送原判公佈令稿暨繕正公佈令以及整理首都破損建築物暫行規則各一份公佈令略規則(見法規欄)

市長周學昌

中華民國三十三年一月　日

南京特別市政府咨　字第　號

案據粮食局呈稱:

竊據畜產業查緝組督察員歐福仁毛學源報稱「查有下關同豐運輸公司代猪客胡長生朱尙記私裝猪隻三車又代他客私裝牛隻一車運往上海職等聞訊馳至車站發覺果有其事尙未運出職等一再阻止令其卸下反復交涉多日該公司

經理馬三鳳不但置之不理竟敢乘其不意催促站長速運結果阻止無效請求予以嚴懲等情前來當經傳該公司經理馬三鳳並通兩督察員及畜產會查緝組副組長馬俊於去年十二月三十一日來局談話是日均同時到局遂詢馬三鳳有無代胡長生朱倘記裝載猪隻三車又另代他客裝載牛隻一車私運上海情事據稱無此事實然歐毛兩督察員及馬副組長均在場說明交涉經過將私運情形一一證明彼以證據確鑿無可抵賴因而承認各等情在案查同豐公司確實代客私運猪牛出境客人與公司均屬違反主要物資統制政策皆不能辭其咎除令馬三鳳交保隨傳隨到外擬請咨首都警察總監署將馬三鳳胡長生朱倘記一併傳案訊問以憑追究

等情據此查所呈各節尚屬實情相應咨請

貴署迅予將馬三鳳等三名一併傳案以憑追究即希

查照辦理見復爲荷

此咨

首都警察總監署

附開馬三鳳地址住下關同豐運輸公司胡長生朱倘記地址詢問馬三鳳便詳（略）

市長周學昌

中華民國三十三年一月　日

南京特別市政府公函　字第　號

案准

貴署特字第二五號函開略以「據報本京食油商店囤貨拒售希圖漁利除飭警取締外相應函請轉飭油業公會轉知各油店不得有此情形」等由准此除令飭油業公會轉知各油店不得有拒售情事發生外相應函復請煩

貴署迅予派警隨時查察如有油店拒售情事即希飭警拘案從嚴罰辦爲荷

此致

首都警察總監署

市長周學昌

中華民國三十三年一月　日

統計

南京特別市戶口統計表

三十二年十二月份

區別	戶數	人口數						
		總計	男性			女性		
			合計	成人	兒童	合計	成人	兒童
總計	141,787	689,725	378,282	293,902	84,380	311,443	235,760	75,683
城區自治實驗區	13,507	64,371	34,343	25,876	8,467	30,028	21,892	8,136
第一區	23,109	116,049	62,427	52,728	9,699	53,622	44,299	9,323
第二區	23,356	113,493	61,325	51,355	9,970	52,168	42,459	9,709
第三區	18,421	87,676	49,337	36,497	12,840	38,339	27,991	10,348
第四區	18,649	103,610	58,038	49,687	8,351	45,572	38,584	6,988
第五區	9,240	45,777	26,359	19,425	6,934	19,418	12,570	6,848
鄉區自治實驗區	8,809	51,507	21,852	17,055	4,797	19,655	15,152	4,503
上新河區	12,2[illegible]1	53,270	28,945	19,931	9,014	24,325	16,266	8,059
孝陵衛區	5,218	24,[illegible]49	12,937	7,228	5,709	11,412	6,788	4,624
安德門區	9,247	39,623	22,719	14,120	8,599	16,904	9,759	7,145

註：各外國僑民不在此內

資料根據各區公所報告

祕書處第三科統計股製

南京特別市戶口增減統計表

三十二年十二月份

區別	戶數	人口總數						
		總計	男性			女性		
			合計	成人	兒童	合計	成人	兒童
總計	(+)277	(+)619	(+)455	(+)213	(+)242	(+)164	(−)25	(+)189
城區自治實驗區	(+)72	(+)250	(+)127	(+)109	(+)18	(+)123	(+)103	(+)20
第一區	(+)225	(+)778	(+)434	(+)368	(+)66	(+)344	(+)283	(+)61
第二區	(−)255	(−)1586	(−)795	(−)791	(−)4	(−)791	(−)787	(−)4
第三區	(+)73	(+)230	(+)129	(+)91	(+)38	(+)101	(+)73	(+)28
第四區	(+)181	(+)1129	(+)635	(+)495	(+)140	(+)494	(+)376	(+)118
第五區	(−)40	(−)131	(−)60	(−)58	(−)2	(−)71	(−)68	(−)3
鄉區自治實驗區	(+)62	(+)217	(+)121	(+)67	(+)54	(+)96	(+)59	(+)37
上新河區	(−)48	(−)248	(−)124	(−)62	(−)62	(−)124	(−)62	(−)62
孝陵衛區	(−)15	(−)86	(−)49	(−)31	(−)18	(−)37	(−)24	(−)13
安德門區	(+)22	(+)66	(+)37	(+)25	(+)12	(+)29	(+)22	(+)7

備註：各外國僑民不在此內
(+)增數　(−)減數

資料來源根據各區公所報告　秘書處第三科統計股製

市政公報暫定價目表

期數	價目	郵費
零售	每冊五角	本埠四分 外埠八分
半年	十二冊六元	本埠四角八分 外埠九角六分
全年	二十四冊十二元	本埠九角六分 外埠一元九角二分

市政公報廣告刊例

頁數	價目
一頁	每期十八元
半頁	每期九元
四分之一頁	每期四元五角

刊登廣告在四期以上者每期按照七折計算連續十期以上者每期按照六折計算長期另議

出版日期　本公報暫定每月二次

編輯者　南京特別市政府秘書處

發行者　南京特別市政府秘書處

印刷者　南京國華印書館

地址：中山東路臨政牌樓

電話：二二一六五

中華郵政掛號認爲第一類新聞紙類　江蘇郵政管理局執照第一〇四三號

中華民國三十三年二月二十九日

第一三七八期合刊

市政公報

南京特別市政府秘書處印行

目錄

命令

法規

公牘

統計

命令

南京特別市政府委令 字第 號

令姜文寶 俞濟民

茲派該員爲本市民營車輛管理委員會主任委員／委員

此令

中華民國三十三年二月 日

市長周學昌

南京特別市政府委令 字第 號

令楊九鳴 張今吾 楊靖寰

茲派該員爲本市國民義務勞動服務團團長／副團長

此令

中華民國三十三年二月 日

市長周學昌

南京特別市政府委令 字第 號

令龔尚滋

茲派該員爲本府專員仍兼地政局不在業主土地管理股主任科員職務

此令

中華民國三十三年二月　日　市長周學昌

南京特別市政府委令　字第　號

令謝祖遜

茲派該員爲本府宣傳處第三科科長另候呈荐

此令

中華民國三十三年二月　日　市長周學昌

南京特別市政府委令　字第　號

令黃爾定

茲派該員爲本府宣傳處專員另候呈荐

此令

中華民國三十三年二月　日　市長周學昌

南京特別市政府委令　字第　號

令王益芝

茲派該員代理本府參事另候呈簡

此令

中華民國三十三年二月　日　市長周學昌

南京特別市政府訓令 字第 號

令經濟局秘書汪衍周
科長葉瘦鴻

茲派該員兼任本市物資配給委員會秘書第一組組長

此令

中華民國三十三年二月 日 市長周學昌

南京特別市政府訓令 字第 號

令宣傳處科長黃爾定

查該員呈請辭職應予照准

此令

中華民國三十三年二月 日 市長周學昌

南京特別市政府訓令 府財字第 號

令經濟局
南京特別市銀行業同業公會
南京特別市錢業同業公會
南京特別市商會

案奉

行政院三十三年二月四日院字第四〇〇四號訓令內開

「現奉 國民政府三十三年一月二十六日第六五七號訓令內開『查國民政府建設公債條例現經制定明令公布應即通飭施行除分令外合行抄發該條例令仰該院知照并轉飭所屬一體知照』等因奉此除分令外合行抄發該條例令仰

該府知照並轉飭所屬一體知照」

等因計抄發國民政府建設公債條例一份奉此除分行外合行抄發原條例令仰該　知照幷轉飭所屬一體知照

此令

計抄發國民政府建設公債條例一份

中華民國三十三年二月　日　市長周學昌

國民政府建設公債條例　民國三十三年一月二十四日公布

第一條　本公債定名為國民政府建設公債指定作浚墾淤淺湖沼治理運河振興農田水利及其他建設事業之用

第二條　本公債總額定為國幣陸萬萬元於民國三十三年至三十五年之三年內按照建設部每期計劃實施時所需要之資金分期發行每期發行數額發行時期發行辦法及還本付息表另定之

國庫如以現款撥付第一條所定建設事業費時前項公債之發行總額得核減之

第三條　本公債特設建設公債管理委員會辦理酌擬發行辦法保管基金審定用途核發款項及稽查帳目等事項

前項管理委員會組織規程另定之

第四條　本公債由財政部發行交由中央儲備銀行承受或募集之其承受部份幷得轉售之

第五條　本公債指定以第一條所規定之建設事業財產作担保幷以該事業之收益為支付本息基金由建設公債管理委員會依照還本付息表分別撥付

第六條　本公債售價及前條所列收益暨存款利息等均應存入中央儲備銀行分別列收建設公債管理委員會戶帳

第七條　本公債還本付息事宜由財政部委託中央儲備銀行代為經理

第八條　本公債票面分五十萬元五萬元一萬元五千元一千元五種概不記名

第九條　本公債得自由買賣抵押並得為銀行之保證準備金及其他公務上須交納之保證金

第十條　本公債如遇本條例所定建設事業之一部或全部有移轉為公司組織之情形時持票人得依據另定之入股辦法以本公債向公司轉帳入股之優先權其不願入股者聽

第十一條　本公債如遇本條例所定建設事業中有向外放墾或售地時持票人得依據另定之承領辦法有優先承領之權幷得以

本公債承領

第十二條 對於本債公如有僞造或毀損信用之行爲者由司法機關依法懲辦

第十三條 本條例自公布日施行

南京特別市政府訓令 府財字第 號

令 牲畜屠宰税征收所
營業税征收處
捐税征收所
各區公所(鄉區除外)

案據江甯區税務分局局長李幼齋咨呈稱

「案奉財政部税務署三十三年一月十八日税甲一字第六十一號訓令內開『案查本署奉令舉辦消費特税定於本年一月十六日啓征一案業經由署擬具各該章程草案呈請審核施行並先後分令飭遵各在案茲奉財政部本年一月十四日祕字第二六號訓令開「案奉 行政院政字第二三一七號指令本部爲呈送物品零售暨筵席旅館等消費特税暫行章程草案仰祈鑒核備案令遵由內開「呈悉准予備案此令」等因奉此令將上項消費特税暫行章程各一份隨令檢發仰即知照此令」等因附發附件三份奉此除分行外合亟抄發原附件各三份令仰該分局即便遵照並依式照印分發該管各業商人一體遵照此令』等因計抄發附件各三份奉此查本局奉令辦理各項消費特税前經繕具各項消費特税税率表及應征免征物品零售消費特税物品分類一覽表於三十三年一月二十一日以甯消特字第十號咨呈在案茲奉前因除遵照依式印發並分函商會各業公會及有關機關查照暨呈復外理合檢同是項物品零售暨筵席旅館消費特税暫行章程各十份備文呈送仰祈鑒賜存查並請俯予轉行飭府轄下各機關查照實爲公便」

等情計呈送物品零售暨筵席旅館消費特税暫行章程各十份據此除分令外合行檢發原章程各一份令仰該 知照

此令

計檢發物品零售暨筵席旅館消費特税暫行章程各一份

中華民國三十三年二月 日

市長 周學昌

財政部物品零售消費特税暫行章程

民國三十三年一月十一日院令核准

第一條 凡在國內經營物品零售之商號均應依照本章程規定代征物品零售消費特稅

前項所稱物品零售係指直接售給消費或使用者而言其躉批物品暫行販賣者不在此限

第二條 經營商號於每次物品售出時除本章程所規定免稅物品外均應按其售出價值總額依照左列各款規定之稅率隨時分別代征物品零售消費特稅

一、普通物品 按值征百分之四

二、奢侈物品 按值征百分之十

前項每次售出物品價值總額未滿國幣十元者免征之

第三條 物品零售消費特稅由財政部稅務署察酌各地情形設局辦理或委由當地稅務機關兼辦

第四條 第二條所稱奢侈及普通物品分別規定如左

(甲)奢侈物品

1.金銀珠寶鑽石象牙等及其製成品類

2.骨董古玩類

3.繡花帘幔地毯

4.貴重皮貨紫貂海虎玄狐等類及其製成品

5.樂器唱機唱片攝影機影片及其附屬之用品零件

6.骨牌麻雀牌撲克牌花紙牌骰子

(乙)普通物品

除本條所規定奢侈物品外其他均爲普通物品

第五條 凡左列各種物品均免征零售消費特稅

一、已經完納筵席旅館消費特稅者

二、新聞紙類

三、學校用之教科書

四、米麥雜糧及其磨粉乾燥麵生麵大餅油條麵包饅首食糖食鹽醬油醬醋食用油菜蔬

五、煤煤球木炭木柴及各種柴草煤氣電氣水熱水冰

六、各種零星手提肩挑及每日售賣不滿五千元之攤販（凡在本店門前設攤售賣者不作攤販論）

七、凡僅收工資不以物品買賣爲營業者

八、其他由　政府命令指定免征之物品

第六條　經營零售商號應將售出物品價值總額逐日彙結按旬塡具報告單連同稅款於下旬三日以內解繳當地經征機關核收

第七條　凡經營零售商號應向當地經征機關申請登記如停止營業時亦應申請撤銷登記均不另征費用

第八條　經營零售商號應備具銀錢收支簿銷貨簿進貨簿以及關於發售物品單據並自記載之日起保存一年主管機關得隨時派員檢查

第九條　經營零售商號如有左列行爲之一者得按情節輕重處以五千元以下之罰金並得處以停止營業及其他行政處分

一、不遵章備具帳册簿據者

二、簿册記載不實或不完全者

三、報解遲緩者

四、拒絕檢查者

五、其他不遵照章程或命令辦理者

第十條　經營零售商號如有侵占稅款行爲視其情節輕重按照所侵呑稅額處以十倍以上二十倍以下之罰金並追繳其稅款其違犯刑法部份移送法院依法辦理

第十一條　自物品零售消費特稅施行之日起所有各地方原有征收之物品零售稅一律停征

第十二條　經征機關辦理稽征物品零售消費特稅事務得隨時商請當地軍警協助之

第十三條　本章程如有未盡事宜由財政部以部令修正之

第十四條　本章程自公佈之日施行

財政部筵席旅館消費特稅暫行章程　民國三十三年一月十一日院令核准

第一條　凡在國內開設旅館公寓茶室咖啡室酒菜館以及其他類似場所供人食宿者均應依照本章程規定代征筵席旅館消費特稅

第二條　筵席旅館消費特稅由財政部稅務署察酌各地情形設局辦理或委由當地稅務機關兼辦之

第三條　經營本章程第一條所規定之營業者應於每次收取帳款時按其總額代征百分之十五筵席旅館消費特稅但一次所收賬款不滿國幣十元者免征之

前項代征特稅於酒菜館等外送筵席茶點時亦適用之

第四條　前項經營者所收每次賬款內得除去左列各項費用後再計算稅款

1.洗衣費 2.服務賞金 3.郵電費 4.其他代支費用

第五條　經營者應將每次營業收入數額及代徵稅額逐日彙結按旬塡具報告單連同稅款於下旬三日以前解繳當地經徵機關核收

第六條　經營者應向當地經徵機關申請登記如停止營業時亦應申請撤銷登記均不另徵費用

第七條　經營者應備具營業賬簿以及關於收受顧客費用單據並應自記載之日起保存一年主管機關得隨時派員檢查

第八條　經營者如有左列行為之一得按情節輕重處以五千元以下之罰金並得處以停止營業及其他行政處分

一、不遵章備具帳册簿據者

二、簿册記載不實或不完全者

三、報解遲緩者

四、拒絕檢查者

五、其他不遵照章程或命令辦理者

第九條　經營者如有侵吞稅款行為視其情節輕重按照所侵吞稅額處以十倍以上二十倍以下之罰金並追繳其稅款其違犯刑法部份移送法院依法辦理

第十條　自筵席旅館消費特稅實行之日起所有各地方原有徵收之筵席捐旅館捐一律停徵

第十一條　經徵機關辦理稽徵筵席旅館消費特稅事務得隨時商請當地軍警協助之

第十二條　本章程如有未盡事宜由財政部以部令修正之

第十三條　本章程自公佈之日施行

南京特別市政府訓令　府財字第　號

令本府各局處會附屬各機關

案准

社會福利部三十三年一月二十四日社總字第二〇五四號咨開

「案奉　行政院政字第五〇號訓令內開『案本院第一九三次會議討論事項第十一案『院長交議據社會福利部丁部長呈擬舉辦中央公務員特種保險謹擬具暫行要綱草案請鑒核等情請公決案決議修正通過幷呈中央政治委員會』等由紀錄在卷除呈請　中央政治委員會提會公決外合行錄案幷抄發修正文草案先行令仰該部知照』等因除分別咨令外相應檢同該項條例一份咨請查照」

等由附中央公務員特種保險暫行條例一份准此除分行外合行抄發原條例令仰該　知照

此令

計抄發中央公務員特種保險暫行條例一份

中華民國三十三年二月　日

市長周學昌

中央公務員特種保險費暫行條例

第一條　為救助中央公務員減輕其意外負担增進其工作效能並根據社會簡易保險暫行大綱第十一項之規定特舉辦中央公務員特種保險

第二條　為舉辦前項保險應由社會福利部特設中央公務員特種保險委員會（以下簡稱本會）專負其責幷為保險人

第三條　凡中央公務員文職在簡任以下委任以上軍職在少將以下少尉以上均為被保險人

第四條　前項被保險人於就職之日起取得被保險人之資格死亡解職辭退時喪失其資格

第五條　被保險人之保險費一部份由國庫負担一部份由公務員負担

第六條　公務員負担之保險費暫時規定如左

一、簡任官或少將上校每月二十元

二、薦任官或中校少校每月十元

三、委任官或上中少尉每月四元

右列保險費在舉辦最初之三個月免予繳納以示體卹

第七條　國庫負担之保險費列入國家總概算其數額每半年一度商定之每月發交社會福利部轉發本會作保險給付金

第八條　中央公務員特種保險給付範圍分疾病殘廢死亡生產四種

第九條　凡生育子女者一次給付生產費一千元如夫婦均爲公務員合併給付一千五百元

第十條　凡中央公務員本人死亡者依照左列規定給付喪葬費

一、簡任官或少將上校一次給付四千元

二、薦任官或中校少校一次給付三千元

三、委任官或上中少尉一次給付二千元

第十一條　凡中央公務員之嫡親父母及夫或妻死亡者依照第九條之規定減半給付

第十二條　凡疾病者如急病或重病應就指定醫院或醫生醫療其診費藥費手術費由保險人負担如非急病或重病保險人祇負担其診費

第十三條　在初期三個月被保險人不繳納保險費時凡遇急病重病其藥費手術費由保險人及被保險人各半負担

（附註）所稱非急病重病如傷風咳嗽花柳及輕微寒熱等屬之

第十四條　凡確因公務而致殘廢者除給付全部醫療費外依照左列規定給付殘廢津貼

一、永久喪失一部份工作能力者一次給付殘廢津貼二千元

二、永久喪失全部工作能力者一次給付殘廢津貼五千元

第十五條　凡非因公務而致殘廢者保險人僅給付全部醫療費不另給付殘廢津貼

第十六條　被保險人發生保險事故除按照本條例申請保險給付外其他法令規定之權利仍得享受之

第十七條　本會設主任委員一人由社會福利部次長兼任設委員四人由行政院秘書處財政部衛生署社會簡易保險局各派一人充任之

第十八條　本會爲辦理保險業務應置業務處設處長一人副處長一人或二人技正四人科長三人至四人科員十二人至二十人

第十九條　凡在首都地方機關之公務員得享受本條例之權利

第二十條　各地方政府參照本條例得自行撥款舉辦所屬公務員特種保險

第廿一條　各種給付及申請調查以及其他各項細則由本會另定之

第廿二條　本條例自公布日施行

南京特別市政府訓令　府財字第　號

令牲畜屠宰稅徵收所
　營業稅徵收處
　捐稅徵收所
　各區公所

案據江甯區稅務分局局長李幼齋呈稱

「案奉財政部稅務署三十三年一月八日稅甲一字第十三號訓令內開『案奉財政部祕字第六七三號訓令開「案查舉辦物品零售及筵席旅館暨娛樂三項消費特稅一案經以祕字第六七一號訓令飭遵在案所有修正原提案內徵收區域由本部以部令定之一節玆指定如下南京市區上海市區吳縣（蘇州）無錫及隸屬常熟武進（常州）鎭江及隸屬丹陽江都（揚州）杭州市區嘉興鄞縣（甯波）紹興蚌埠蕪湖以上各地區仰卽遵照於三十三年一月十六日同時啓徵一併具報備核此令」等因奉此自應遵辦除分令各稅務分局遵照迅速着手籌備並將應用單照各項另文頒發外合亟令仰該分局遵照迅卽妥爲籌備依限啓徵仍將遵辦情形隨時具報查核均毋違延切切此令』等因又奉同日稅甲一字第十四號訓令內開『案奉財政部祕字第六七二號訓令開「案查舉辦物品零售及筵席旅館暨娛樂三項消費特稅現經提奉　行政院第一九一次會議討論事項第十案決議修正通過並呈　中央政治委員會等因奉　行政院院字第三五七三號訓令抄發修正原提案一件飭部遵照等因奉此自應遵辦所有各該特稅應照修正原提案所定順序將一二兩項於三十三年一月十六日啓徵第三項娛樂特稅除賽馬稅一項令由敵產管理事務處委託中國體育會代徵外其餘由部隨時酌定日期另案飭遵合行抄發修正原提案一件令仰該署卽便遵照剋期啓徵具報此令」等因並附件下署奉此自應遵辦除將應用單照各項另文頒發並分令遵辦外合亟抄發附件令仰該分局遵照迅卽依期啓徵具報勿稍違延切切此令』等因復奉同年月十三日稅甲一字第三十七號署令飭卽召集各業公會宣佈稅則稅率各等因並附件下局奉此遵卽着手籌備並先遵將第一二兩項物品零售及筵席旅館消費特稅於三十三年一月十六日開始啓徵關於稅則稅率亦經分別函知各公會暨召集各該業代表先後明白宣佈飭轉各該同業商店一體遵照依期徵收除將辦理情形呈報暨分別咨呈函令外理合繕具各項消費特稅稅率表及應徵免徵物品零售消費特稅物品分類一覽表各一份備文呈送仰祈鑒賜存查並請俯予轉飭鈞府轄下各機關隨時協助實爲公便」

等情計呈送各項消費特稅稅率表一份應徵免徵物品零售消費特稅物品分類一覽表一份據此除分令外合行抄發原表各一份令仰該　知照

此令

計抄發各項消費特稅稅率表一份
應徵免徵物品零售消費特稅物品分類一覽表一份

中華民國三十三年二月　日

市長周學昌

物品零售及筵席旅館二項消費特稅稅率表

項別	類別		稅率
第一項	物品零售	普通物品	百分之四
		奢侈物品	百分之十
第二項	筵席		百分之十五
	旅館		百分之十五

應征免征物品零售消費特稅物品分類一覽表

奢侈物品	普通物品	免稅物品
1. 金銀珠寶鑽石象牙等及其製成品類	除奢侈物品外其他均爲普通物品	1. 已經完納筵席旅館消費特稅者
2. 骨董古玩類		2. 新聞紙類
3. 繡花帘幔地毯		3. 學校用之教科書
4. 貴重皮貨紫貂海虎玄狐等類及其製成品		4. 米麥雜糧及其磨粉乾燥麵生麵大餅油條麵包饅首食糖食鹽醬油醬醋食用油菜蔬
5. 樂器唱機唱片攝影機影片及其附屬之用品零件		5. 煤球木炭木柴及各種柴草煤氣電氣水熱水冰
6. 骨牌麻雀牌撲克牌花紙牌骰子		6. 各種零星手提肩挑及每日售賣不滿五十元之攤販（凡在本店面前設攤售賣者不作攤販論）
		7. 凡僅收工資不以物品買賣爲營業者
		8. 其他由政府命令指定免徵之物品

南京特別市政府訓令　府財字第　　號

令
牲畜屠宰稅徵收所
捐稅徵收所
營業稅徵收處
各區公所
市商會
經濟局
粮食局

案准

財政部祕字第一八號咨內開：

「案查舉辦物品零售及筵席旅館等項消費特稅一案前經呈奉行政院第一九一次院會通過當經抄錄本部原提案暨施行日期施行區域及舉辦項目等咨請查照在案所有上項消費特稅應請貴市政府分行施行區域政警各機關隨時協助共策進行除呈行政院外相應咨請查照辦理至紉公誼」

等由准此自應照辦除咨復並分行外合行令仰該　遵照隨時協助為要

此令

中華民國三十三年二月　日

市長　周學昌

南京特別市政府訓令　字第　　號

令南京特別市商會

案准

實業部商字第四一號咨開：

「案奉行政院院字第三六一四號訓令開『案查本院第一九一次會議討論事項第三案「院長交議據物資統制審議委員會同兼委員長呈送全國商業統制總會棉花統制委員會暫行章程及棉花統買統配實施綱要草案請公決案決議通

過即由院令公佈施行幷呈報中央政治委員會備案」等由紀錄在卷除呈報備案暨令飭全國商業統制總會遵照外合行錄案幷抄發上項暫行章程暨實施綱要令仰該部知照」等因並抄發全國商業統制總會棉花統制委員會章程及棉花統買統配實施綱要各一份奉此除查照轉飭知照為荷」等由幷抄送全國商業統制總會棉花統制委員會暫行章程及棉花統買統配實施綱要各一份准此合亟抄發上項暫行章程及實施綱要令仰該會轉飭棉花業公會知照：

此令

計附抄發全國商業統制總會棉花統制委員會暫行章程及棉花統買統配實施綱要各乙份

中華民國三十三年二月日

市長周學昌

全國商業統制總會棉花統制委員會暫行章程

第一條 全國商業統制總會(以下簡稱商統會)依據棉花統買統配暫行辦法第二條之規定設置棉花統制委員會(以下簡稱棉統會)專管棉花收買及配給事宜

第二條 棉統會之職掌如左

一、關於蘇浙皖三省南京上海兩特別市所產棉花之收買及配給事項
二、關於中日軍需及輸出棉花之供給事項
三、關於一般消費用棉花之配給事項
四、關於收買棉花所需資金及交換物資之統籌事項
五、關於棉花價格之擬訂事項
六、關於收買棉花之檢驗事項
七、關於事務費之徵收事項
八、關於協會會員自己工廠消費用棉之比率擬定事項
九、關於請領登記證暨棉花搬運許可證之審核發給事項
十、關於協助棉花之增產及改良事項

十一、關於下層機構之指導監督及援助事項

十二、其他關於國民政府及全國商業統制總會交辦或委託事項

第三條　棉花會設主任委員一人副主任委員二人委員十八人由行政院指派之

第四條　主任委員對內綜理會務對外代表本會副主任委員補助主任委員襄理會務

主任委員因事缺席時由主任委員指定副主任委員一人代理之

第五條　棉統會爲集思廣益起見得設諮議若干人由主任委員聘任

第六條　棉統會設秘書處置秘書長一人秉承主任委員之命處理會務

第七條　秘書處置秘書辦事員及助理員各若干人承秘書長之命處理日常事務必要時得分科辦事

第八條　棉統會設專員視察各若干人秉承主任委員之命辦理企劃調查及特定事項

第九條　棉統會爲處理特種事項得設小組委員會其委員由主任委員決定聘任之

第十條　棉統會委員會議常會每月舉行一次議決重要事項必要時得舉行臨時會議

前項會議均由主任委員召集之開會時以主任委員爲主席

第十一條　委員會須有委員半數以上出席經出席委員半數以上之同意方得決議可否同數時取決於主席

第十二條　棉統會決議事項應分別呈報行政院及商統會

第十三條　棉統會對於收買棉花所需之資金應擬定數額及借款方法呈請行政院核定由中央儲備銀行貸放對於下層機構貸款辦法另訂之

第十四條　棉統會經費由會編製預算呈請行政院核准在事務費項下撥充之

第十五條　棉統會會計年度每年自九月一日起至翌年八月三十一日止

第十六條　棉統會設於上海必要時得於重要產棉地設辦事處

第十七條　關於棉花收買及配給業務有關各項規則及其他辦事細則另訂之

第十八條　本章程經物資統制審議委員會決議通過呈請行政院核准施行

棉花統買統配實施綱要

第一條　全國商業統制總會棉花統制委員會(以下簡稱棉統會)爲依據棉花統買統配暫行辦法實施統買統配訂定本綱要

第二條　棉花之統買統配由棉花收買同業協會(以下簡稱協會)秉承棉統會之命辦理之

第三條　協會由中日紡織業者組成之但中日紡織業者得分別聯合組成一個單位爲協會會員協會章程另訂之

第四條　凡中日棉花業同業聯合會所屬各地棉花業同業公會會員(以下簡稱棉商)非向棉統會登記者不得收買棉花

第五條　棉商辦理登記應呈各該同業公會轉報棉花聯合會核轉棉統會核發登記證

第六條　登記棉商收買之棉花均應出售於協會會員不得囤積

第七條　登記棉商間小數棉花之買賣以不違反上條規定爲限

第八條　協會會員所買之棉花應逐日報由協會轉報棉統會

第九條　協會會員收買之棉花均應運至棉統會指定之公庫或支庫交貨

第十條　公庫或支庫設置地點如左但棉統會得視事實需要隨時增減或變更之

上海　南通　海門　啓東　東台　合德　無錫　太倉　甯波　杭州　南京

第十一條　各地公庫由棉統會委託協會管理之委託規程另訂之

第十二條　協會會員收買之棉花應報由協會轉請棉統會核發搬運許可證方得移動

第十三條　公庫或支庫內棉花非經棉統會之指令不得移動

第十四條　協會會員繳入公庫棉花之棉價由協會按照棉統會規定之公庫價格給付之

第十五條　協會收買棉花必要之資金運用辦法另定之

第十六條　棉花之收買及配給價格由棉統會擬訂呈請行政院核定之

第十七條　協會會員自己工廠消費用及一般消費用之棉花其種類數量及價格棉統會擬訂呈請　行政院核定之

第十八條　中日軍需及輸出棉花之種類數量及價格由棉統會遵照　行政院命令轉飭協會辦理之

第十九條　本綱要經物資統制審議委員會決議通過呈請　行政院核准施行

南京特別市政府訓令　字第　號

令各鄉區區公所

案准內政部地字第一三八號咨開：

查事變以還各省市地籍頗多散佚從事整理實爲當前急務本部現爲明瞭各地土地行政概況以資擬訂整理方案起

見爰製訂土地行政概況調查表式一種以省轄各縣(市)及特別市各區分別查填一份相應檢同表式咨請查照轉飭所屬
限期依式填報彙轉過部以憑辦理
等由附土地行政概況調查表一份准此查附表公有土地一聯應由各區區公所填報除分令外合行令仰該區於文到十五日內依式據實填報以憑彙轉毋得含混延誤為要

此令

附抄發土地行政概況調查表一份

中華民國三十三年二月　日

市長周學昌

省　縣(市)

特別市　區

土地行政概況調查表

土地整理							
曾否舉辦清丈	已清丈面積	未清丈面積	曾否舉辦陳報	已陳報面積	未陳報面積	舉辦年月	備註

土地面積					
全縣面積	全縣耕地面積	全縣荒地面積	全縣市地面積	其他	備註

賦稅征收	
田賦全年額征收	
每畝平均稅率	
最近三年實征數	卅年
	卅一年
	卅二年
土地稅全年額征數	
每畝平均稅率	
最近三年實徵數	卅年
	卅一年
	卅二年
備註	

徵收册籍	
魚鱗册	
徵粮廒册	
清丈圖册	
其他	
圖册是否完整	
圖册不完區域係依種底册徵收	
備註	

公有土地	
基地面積	
耕地面積	
荒地面積	
處理情形	
備註	

備考

南京特別市政府訓令　字第　號

令各區公所

案奉

國民政府行政院院字第四一〇〇號訓令內開：

「案查本院第一九五次會議討論事項第七案『院長交議據粮食部顧部長簽呈爲奉令擬具行政院農業增產策進委員會組織規程草案請鑒核等情請公決案決議通過即由院令公布施行并呈報國民政府備案』等由紀錄在卷除呈報備案暨通令外合行錄案并抄發上項規程令仰該府知照」

等因并附抄發行政院農業增產策進委員會組織規程一份奉此除分令外合行抄發原規程一份令仰該所知照

此令

附抄發行政院農業增產策進委員會組織規程一份

中華民國三十三年二月　日

市長周學昌

行政院農業增產策進委員會組織規程

第一條　行政院爲策進全國農業增產事宜設置農業增產策進委員會(以下簡稱本會)

第二條　本會設左列二處

一、總務處

二、審議處

第三條　總務處掌左列事項

一、關於文書之收發分配撰擬保管及公佈會令事項

二、關於典守印信事項

三、關於職員任免獎懲之紀錄事項

四、關於經費之出納及保管事項

五、關於圖書表册之刊行徵集及保管事項
六、關於物品之購置修繕及保管事項
七、關於農用物資供需之籌劃調劑事項
八、其他不屬於審議處事項

第四條 審議處掌左列事項
一、關於各部會增產方案及事業分配之審議事項
二、關於各部會增產事業計劃之提議及審查事項
三、關於各部會增產事業機關調整之提議事項
四、關於各部會增產事業之策進事項
五、關於各部會增產事業之連絡事項
六、關於各項增產事業之調査統計事項
七、其他有關增產策進事項

第五條 本會設委員長一人委員八人至十四人由行政院呈請 國民政府任命或延聘之
第六條 本會設祕書長一人承委員長之命督率所屬處理日常會務
第七條 本會設秘書二人辦理機要文件會議紀錄及長官交辦事項
第八條 本會設處長一人承委員長之命分掌處務
第九條 本會設科長七人至九人科員若干人承長官之命分掌各科事務
第十條 本會必要時得延聘專門委員設置專門委員會
第十一條 本會祕書長處長簡任祕書科長薦任科員薦任或委任
第十二條 本會因事務上之需要得設置專員並酌用雇員
第十三條 本會處務規程另訂之
第十四條 本規程自公布日施行

南京特別市政府訓令 字第 號

令市商會

案准

實業部工字第一〇八號咨開：

「案奉　行政院政字第六九號訓令內開：「案查本院第一九三次會議討論事項第七案院長交議據實業部陳部長呈據全國度量衡局擬具修正度量衡器具檢定費徵收規程第二第三第四第五各條文草案轉請鑒核等情請公決案決議通過卽由該部修正公布並呈報中央政治委員會備案等因奉此遵經本部於三十三年二月七日公布施行除分咨並飭各省市經濟局暨全國度量衡局知照外相應檢同該項修正各條條文咨請查照」

等由附檢送修正度量衡器具檢定費徵收規程第二三四五各條條文一份准此合亟抄錄原條文令仰該會知照並轉飭所屬各同業公會一體遵照。

此令

附抄發修正度量衡器具檢定費徵收規程第二三四五各條條文一份

中華民國三十三年二月　日　　市長周學昌

修正度量衡器具檢定費徵收規程第二三四五條條文

第二條　凡度量衡器具經全國度量衡局或地方度量衡檢定所或分所檢定及申請覆核者依本規程繳納檢定費

第三條　市用制度器竹木製者一尺起算每支檢定費國幣「五角」每加一尺加「五角」不足一尺者以一尺計算
金屬牙骨麻革及各種貴珍品者加倍

第四條　量器以一升起算每具檢定費國幣「二元」每加一升加「一元」不足一升者以一升計算金屬玻璃磁瓷製者加倍

第五條　天平每架檢定費「五十元」其感量在五千分之一以下者加倍二萬分之一以下者加三倍
法碼不滿一市斤者每個檢定費國幣「二元」不滿十市斤者「三元」十市斤或以上者「五元」
台秤以二百市斤秤量起算每具檢定費國幣「三十元」每加一百市斤加「十元」
桿秤以二十市斤起算每具檢定費國幣「一元」每加十市斤加「一元」

戥秤每具檢定費國幣「五元」盤秤同
台秤與桿秤連帶之秤錘不另收檢定費

南京特別市政府訓令　字第　號

令粮食局 經濟局 物資配給委員會

查配給工作至關重要本市物資配給委員會須即日開始工作所有文卷着由粮食局經濟局將有關卷宗分別從速點交除分令外合亟令仰該局會遵照辦理為要　此令

中華民國三十三年二月　日

市長　周學昌

南京特別市政府訓令　字第　號

令各局處會

案奉

行政院院字第四〇〇六號訓令內開：

「現奉　國民政府三十三年一月二十五日第六五六號訓令內開『查國內出差旅費規則第二條附表現經修正明令公布應即通飭施行除分令外合行檢發該附表令仰知照并轉飭所屬一體知照此令』等因奉此自應遵照除分令外合行抄發該附表令仰該府知照并轉飭所屬一體知照此令」

等因計抄發修正國內出差旅費規則第二條附表一份奉此除分令外合行抄發前項附表一份令仰該局處會知照并轉飭所屬一體知照

此令

附抄發修正國內出差旅費規則第二條附表一份

中華民國三十三年二月　日

市長　周學昌

修正國內出差旅費規則第二條膳宿雜費附表 三十三年一月二十四日修正公布

費別／等級	舟車費				膳宿雜費	特別費
	火車	輪船	舟車轎馬		以每日計算	
特任	一等	一等	按實開支		一百五十元	按實開支
簡任	同	同	按實開支		一百十二元	按實開支
荐任	二等	二等	按實開支		九十元	按實開支
委任	同	同	按實開支		六十元	按實開支
僱員	三等	三等	按實開支		四十五元	按實開支
傭工及隨從	同	同	按實開支		三十元	按實開支

南京特別市政府訓令 字第　號

令各區公所

案准

糧食部增字第二八號咨開：

「查上年本部舉行食糧增產策進會議關於小麥增產一案爲推行便捷有效起見曾附訂小麥增產獎勵辦法經議決自公布日施行呈奉　行政院核准備案並分令各省市建設廳糧食局遵照各在案茲以各地麥作播種業經完畢調查工作亟待開始對於農戶成績之評定亟應依照前項獎勵辦法及依據獎勵辦法制定之施行細則各規定由縣政府或區公署組織小麥增產成績評定委員會以資考核除分行外相應檢附前項辦法及施行細則各一份咨請查照飭遵並希見復等由幷附送小麥增產獎勵辦法及施行細則各一份准此自應照辦除分行外合行抄發原辦法及施行細則令仰切實遵照辦理具報爲要！

此令！

附抄發小麥增產獎勵辦法及施行細則各一份

中華民國三十三年二月　日

市長周學昌

糧食部小麥增產奬勵辦法

第一條　本部爲積極實施小麥增產計劃起見特訂定本辦法

第二條　小麥增產奬勵之對象及標準如左

甲、各縣區特約農家誠意接受本部農業改進實驗區或當地合作社之指導設置左列各項具有成績者

一、特約農場

二、示範肥料池

三、示範堆肥舍

四、厲行條播

五、實施中耕除草二次以上

乙、各縣區普通農戶接受中堅農民之指導實施左列各項具有成績者

一、厲行條播

二、調製自給肥料

三、實施中耕除草二次以上

四、盡量利用休閑及隙地種植小麥

第三條　小麥增產成績由縣政府或區公署組設小麥增產成績評定委員會評定之並得由本部派員監視

前項評定委員會委員名額定爲五人至九人除縣長或署長及農業改進實驗區主任爲當然委員外由縣政府或區公署酌派合作社及其他農業機關代表爲委員並以縣長或署長爲主席

第四條　小麥增產成績評定之時期自冬作完畢後開始

第五條　小麥增產成績評定後由各該縣長或署長報請本部派員核定

第六條　小麥增產補助辦法如左

甲、特約農家

一、特約農場面積在十畝以上成績優良者得補助金一千元但每縣以五十處爲限

二、設置示範肥料池者給予補助金五百元但每縣以二十所爲限

三、設置示範堆肥舍給予補助金二千五百元但每縣以十處爲限

除前項補助金外並得酌量補助以耕牛種豚農具肥料等農用物資之購辦費用

乙、普通農戶

一、嚴格實施條播及中耕除草二次以上經品評後成績優良者每戶給予獎金五百元每縣以五十戶爲限

二、調製自給肥料並改善施用法因而增加產量者得廉價配給硫酸錏及豆餅等之濃厚肥料

前項補助金及獎金應由縣政府或區公署會同農業改進實驗區合作社在當地區公所當衆發給並隨時取領據呈報本部備案

第七條　本辦法施行細則另訂之

第八條　本辦法自公布日施行

小麥增產獎勵辦法施行細則

第一條　本細則依照小麥增產獎勵辦法(以下簡稱本辦法)第七條之規定制定之

第二條　小麥增產成績評定委員會除以縣長及署長暨本部農業改進實驗區主任爲當然委員外其未設農業改進實驗區之縣份應以鄰近農業改進實驗區主任爲當然委員

第三條　小麥增產成績評定委員會應自小麥播種後組織成立並就施行條播各農戶施肥中耕除草收獲期間隨時査明記載以資評定

第四條　成績評定後應由各縣縣長或署長呈由各該省市主管官署轉報本部核定

第五條　本辦法第六條甲項第二款肥料池應具之標準如左

一、能容液肥在一百担以上者(方形以深度六尺長寬各七尺圓形以深度六尺直徑八尺爲準)

二、池之四周及底部須防止滲透者

三、池之上面有木蓋或棚舍者

四、耐用年限估計至少在五年以上者

第六條　本辦法第六條甲項第三款堆肥舍應具之標準如左

一、能容堆肥料在二百担以上者(以高十尺長二十尺寬十尺爲準)

二、四周設有圍垣及應具之門窗得防止風雨侵入者
三、地面堅實設有溝漕者
四、耐用年限估計在十年以上者

第七條　本辦法第六條乙項第一款評定給獎之標準如左
一、每戶栽植小麥面積在十畝以上者
二、中耕除草經查明確在二次以上而麥作生長良好者

第八條　本辦法第六條乙項第二款評定給獎之標準如左
一、調製自給肥料能備自耕田畝之充分施用者（每畝基肥用堆肥十担以上追肥用液肥五担以上爲標準）
二、基肥追肥按期施用者
三、收穫數量比較普通農家增加二成以上者

第九條　補助金獎勵金之請領由各縣政府或區公署呈由各省市主管官署轉請本部核發並於發訖後取具領據報主管官署轉送本部查核

第十條　本細則自公布日施行

南京特別市政府訓令　府保甲字第　號

令鄉區自治實驗區孝陵衛區、安德門區、上新河區公所

查本市強化保甲清查戶口調整保甲長人選幷遵照　行政院公佈編查保甲戶口暫行條例籌組保長聯合辦公處（簡稱聯保辦公處）所有城區各區業經辦理就緒在案其鄉區各區自應賡續辦理以竟全功茲規定自本年三月一日起所有鄉區四區同時舉辦統限於一個月內編查改組完竣除派員隨時協助並分令外合行檢發實施大綱令仰該區長即便遵照督率所屬妥愼辦理具報爲要

此令

附發實施大綱一份（見法規欄）

中華民國三十三年二月　日

南京特別市政府訓令　字第　號

令市商會

查關於京市各項物資配給向由本府經濟局糧食局分別辦理玆為求統一起見特組設物資配給委員會專司其事現已組織成立開始辦公嗣後凡有關於物資配給事項可向物資配給委員會接洽至所有公文仍應逕呈本府仰即遵照並轉飭所屬各同業公會一體遵照

此令

中華民國三十三年二月　日

市長周學昌

南京特別市政府訓令　字第　號

令各區公所 市商會

案奉

國民政府行政院院字第四一〇一號訓令內開：

「現奉　國民政府三十三年二月四日第六六一號訓令內開：查度量衡器具營業條例第一條第七條第八條條文現經修正明令公布應即通飭施行除分令外合行抄發該修正條文令仰該會知照並轉飭所屬一體知照等因奉此除分令外合行抄發修正度量衡器具營業條例第一條第七條第八條條文令仰該府知照並轉飭所屬一體知照」

等因附抄發修正度量衡器具營業條例一份奉此除分令外合行抄錄原修正條例令仰知照並轉飭所屬各業同業公會一體知照

此令

計抄發修正度量衡器具營業條例一份

中華民國三十三年二月　日

市長周學昌

修正度量衡器具營業條例

第一條　以製造販賣或修理度量衡器具為業者應呈由地方主管機關轉請全國度量衡局核發許可執照

第七條　有左列各款情事之一者不得為度量衡器具營業

一、犯刑法第十四章規定各罪而受刑罰之宣告自執行終了或免除執行之日起尚未經過一年者

二、依度量衡法第十八條或本條例之規定撤銷執照或停止其營業後尚未經過一年者

第八條　領有許可執照者如犯刑法第十四章規定各罪受刑罰之宣告時應撤銷其執照

南京特別市政府訓令　字第　號

令工務局　福利局　財政局
地政局　教育局
宣傳處　各區公所

據糧食局呈：以奉糧食部交下農業增產策進委員會除急增產策推進預定表規定二月中旬各省市籌設農業增產計劃議機關等於二月廿五日將計劃呈送　行政院飭即遵辦等因茲擬訂於二月十九日下午三時舉行南京特別市農業增產計劃協議會議組織協議委員會請予轉咨糧食實業建設三部派員蒞場指導并召集有關機關協議等情前來經核尚屬可行茲訂於二月十九日下午三時在本府大禮堂舉行南京特別市農業增產計劃協議會議籌組協議機關討論增產對策除分別咨令外合行令仰該
所
局準時派員出席討論為要
會

此令

中華民國三十三年二月　日

市長周學昌

南京特別市政府訓令　字第　號

令糧食局
各區公所

案准

米糧統制委員會秘文字第一九二〇號公函內開：

「查米糧統制原爲調劑民食關於採運供應諸端自應遵照 中央公布之蘇浙皖米穀運銷管理暫行條例之規定辦理藉維民食而重功令玆查商民人等爲避免前項條例之取締起見有將米粉及米製物品（如年糕粽子之類）大量製運情事殊於米糧統制間接影響匪淺業經本會（一月七日）第三次委員會議議決嗣後凡屬搬運米粉及米製物品不論是何名稱作何用途一概準照上開條例之規定以八公斤爲限逾限私運卽以私運米穀論依法予以取締除呈報 行政院備案外相應函請貴府查照並希通飭所屬一體照辦並煩出示佈告俾衆咸知實紉公誼」

等由准此自應照辦除分令并佈告外合行令仰該局所轉飭所屬一體遵照

此令

中華民國三十三年二月　日　　市長　周學昌

南京特別市政府指令　府工字第　號

令第五區公所

呈一件　呈爲遵將境內應行修理涵洞查明依式塡表二份仰祈鑒核由

呈件均悉仍仰該區長將表列各保應修涵洞各工程依照冬期農隙修治農田水利大綱督飭征工按期分別興修一俟工竣呈候派員前往查勘事關農田增產要政切勿疏忽爲要！

此令　附發還表紙一份

中華民國三十三年二月　日　　市長　周學昌

南京特別市第五區農田水利事項調查表

類別	所在地	修治體積（立方公尺）	平均高（深）度（公尺）	長度（公尺）	平均寬度（公尺）	起訖地點及經過	現在情形及其對於農田之影響	規定施工起訖日期	督工職責者 姓名	督工職責者 住址	施工人數
涵洞	柵欄鄉宋家塽	三百立方公尺	高五公尺	十五公尺	四公尺	由宋家塽北首起至宋家塽南首止	該涵洞現已損壞河水向外侵泛灌入附近農田之內不無影響實有修築之必要	三十三年二月半起工二月底完工	王玉華 劉文斌 呂文勝	七保保長 十二保保長 十三保保長	二百餘人
涵洞	金川門外	七十二立方公尺	三公尺	八公尺	三公尺	由金川門外西首起至金川門外東首止	該涵洞現已損壞河水向外侵泛灌入附近農田之內不無影響實有修理之必要	此項工程於三十三年二月半起工二月底完工	保長	金川門	一百餘人

中華民國三十三年元月二十四日　第五區區長劉運祥

南京特別市政府佈告　字第　號

案准

米糧統制委員會祕文字第一九二〇號公函內開

「查米糧統制原爲調劑民食關於採運供應諸端自應遵照中央公布之蘇浙皖米穀運銷管理暫行條例之規定辦理藉維民食而重功令茲查商民人等爲避免前項條例之取締起見有將米粉及米製物品（如年糕粽子之類）大量製運情事殊於米糧統制間接影響匪淺業經本會（一月七日）第三次委員會議議決嗣後凡屬搬運米粉及米製物品不論是何名

稱作何用途一概準照上開條例之規定以八公斤爲限逾限私運即以私運米穀論依法予以取締除呈報　行政院備案外相應函請貴府查照並希通飭所屬一體照辦並頒出示佈告俾衆咸知實紉公誼」

等由准此自應照辦除分令外合亟佈告周知仰各凜遵毋違切切

此佈

中華民國三十三年二月　日　市長周學昌

南京特別市政府佈告　府衛字第　號

查本府各菜場攤販應繳之租金向來按照舊訂章則征收邇來物價高漲亟應酌予調整茲經分別規定所有本市各菜場商販承繳租金固定之攤位分爲甲乙丙丁四級甲等每月租金肆拾元乙等每月租金叁拾元丙等每月租金貳拾伍元丁等每月租金貳拾元臨時肩攤菜販分爲兩種滿二筐者爲肩販日繳租金壹元滿三筐者爲攤販日繳租金兩元統自本年二月份起實施征收以裕市庫除令飭本府衛生局菜場管理所切實遵辦外合亟佈告仰各該菜場商販人等一體週知

此佈

中華民國三十三年二月　日　市長周學昌

南京特別市政府佈告　字第　號

案據業戶李石炘申請受贈趙慕潔坐落馬府街九號地產一案查該產係屬范常氏等所共有前經債權人李大京向首都地方法院訴請償還債款經由法院執行公式標賣嗣經趙慕潔依法向首都地方法院標買後即將該產贈與李石炘執業遵章申請登記幷准法院抄送權利移轉證書函請登記前來惟查該產原權人范常氏等原領前地政局所發二字第一四四四號二區第七二七段分段圖及共字第五七七八號至五七八一號保持證共六件又債權人(即受押權人)李大京原領前地政局所發二字第四一二號他項權證明書及民國二十九年地政局所發雜壹字第十五號查驗登記證等各件未准法院函知註銷案經確定權利移轉特予公式註銷作廢除載登市政公報外特此公式註銷作廢合行布告週知

中華民國三十三年二月　日

南京特別市政府批 字第 號

市長周學昌

原具呈人南京區米糧業同業公會籌備主任蕭一城

呈一件爲呈本區採辦困難情形由

呈悉查所報採辦困難情形本府當盡力協助惟事關民食仍仰竭力辦理勿延爲要

此批

中華民國三十三年二月 日

市長周學昌

法規

南京特別市政府保甲經費保管委員會組織暫行規則 民國三十三年二月公布

第一條 本府爲謀保甲經費之基本確立專款專用起見特組織保甲經費保管委員會（以下簡稱本會）管理全市保甲經費

第二條 本會由左列委員組織之

甲 當然委員

一、本府祕書長

二、財政局局長

三、保甲委員會主任委員

乙 聘任委員六人就各區地方公正士紳聘任之

第三條 本會設常務委員三人主持日常事務由常務委員互推一人爲主席

第四條 本會當然委員以其本職之任期爲任期聘任委員任期一年但得連任

第五條 本會每月舉行常會一次審核收支賬目由常務委員召集之

第六條 本會委員均為無給職但於必要時得酌支車馬費

第七條 本會經費由保甲經費項下支給之

第八條 本會保管保甲經費對於征收保甲經費之各級保甲人員有所建議或請求時其事關重要者應由保甲委員會呈請 市長核辦其尋常事件得由本會直接行之

第九條 本規則如有未盡事宜得隨時修正之

第十條 本規則自公布日施行

南京特別市政府征收保甲經費辦法 民國三十三年二月公布

一、南京特別市政府(以下簡稱本府)為強化保甲充實各區保長聯合辦公處組織機構起見特依據編查保甲戶口暫行條例第三十三條保甲經費應向保甲內居民征募之規定并參酌實際需要訂定本辦法

二、保甲經費暫分左列三等征收之

甲、賃屋住戶(租典者同)每戶按月征收三元

乙、自屋住戶　每戶按月征收六元

丙、舖　戶　每戶按月征收九元

三、保甲經費自三十三年一月份起開始徵收

四、徵收保甲經費應隨時製給本府印製之繳納憑證

五、前項繳納憑證用不記名式票面計分三元六元九元三種

六、保甲經費由各區公所責成保甲長按戶於每月中旬收齊繳由各聯保辦事處轉送各區公所彙解

七、市民應繳保甲經費如無故拒絕或滯納者得依編查保甲戶口暫行條例第三十六條之規定科以一元以上五十元以下之罰金

八、各級保甲人員徵收保甲經費如有浮收侵吞或延不清解等情事者一經調查屬實或被舉發有據定即嚴予懲處

九、保甲經費之保管組織委員會辦理其規則另訂之

十、本辦法如有未盡事宜得隨時修訂之

十一、本辦法自公佈日施行

鄉區各區編組聯保實施大綱 民國三十三年二月公佈

一、南京特別市政府爲強化保甲清查戶口并調整保甲長人選起見特遵照編查保甲戶口暫行條例規定實施鄉區各區編組聯保事宜

二、辦理時期規定自本年三月一日起至月底止限一個月內完成

三、原有坊保甲管轄境界及番號此次暫維原狀以免淩亂紛歧（但有特殊情形者例外）惟保甲長人選必須澈底考核調整戶口亦必須藉此調査清楚

四、各區在辦理編組聯保期內應每日至少派遣職員若干人（星期假日照常工作）會同現住坊（鄉鎮）長（或坊鄉鎮公所書記）分成若干組攜帶戶口底册分坊（鄉鎮）先自第一保第一甲第一戶起挨戶清查如有戶口異動隨時補正一甲查竣卽當時推選甲長一保編竣同時由各甲長推選保長

五、每坊（或鄉鎮）編查竣事後由區公所召集該坊（或鄉鎮）全體保長互推聯保主任候選人三名彙呈本府圈定委派之

六、各坊聯保主任圈定委派後卽成立聯保辦公處現有坊（或鄉鎮）公所名義一律撤銷

七、各區編組聯保得分期進行統僅一個月內完成其分期得自行體察情形酌定

八、在編組聯保期內保甲委員會每區派遣一人協同辦理并負聯絡之責

九、各區調遣人員得酌支車膳費暫由本府墊發

公牘

南京特別市政府呈 字第 號

竊查本府前以中山門及其他各處損壞城垣亟須興工修理以重城防經卽分別呈奉

鈞院撥款補助與修在案當經飭令工務局招商承修先後玆據該局報稱奉飭修理中山門中華西門草塲門清涼門定淮門新民門

太平門賽虹橋中華門衕相里漢西門蘆柴廠等城垣暨鉄窗楞涵洞大窪涵洞清涼門涵洞以及水西門木柵等工程業均依照原計劃先後修理竣工報請轉呈派員驗收等情據此理合備文呈請

鑒核俯賜派員驗收實爲公便

謹呈

行政院院長汪

中華民國三十三年二月日

南京特別市市長 周學昌

南京特別市政府呈 字第 號

竊査本府先後准外交部咨以滿洲國爲充作建設大使館預定地起見擬援用日本大使館收買五台山土地之例永租五台山一帶土地並附原送圖樣一份到府當經依據南京市內外國使館租用館址暫行辦法第二條條例及此次滿洲國大使館所請承租使館基地約在壹百畝左右係在業已劃定第二住宅區內咨復先後於奉 鈞院訓令以據外交部呈准滿洲國大使館所擬收買另圖地點充作建設館舍指定照准檢後地圖令飭本府査照辦理具報等因遵經飭據地政局派員測製徵收土地形勢圖總計面積一百零一畝一分四厘三毫並照全部原地價及各種補償金估計共需三十三萬零三百七十八元零二分咨復外交部先後正在辦理間適本市提高土地房屋標準價値經奉 鈞院核准自應重行估計所有滿洲國使館永租地依照提高地價每畝應以七千二百元核算連同各種補償金計共法幣捌拾叁萬陸千捌百玖拾肆元貳角曾經呈報撥款並咨外交部在案嗣又以滿洲國駐華大使館擴充館址增添面積十一畝四分三厘二絲由 鈞院祕書處召集內政外交兩部及本府審議簽後並經外交部亞洲司長薛逢元本府地政局胡前局長政會同該大使館參事官實地親勘當以所增面積無多據奉令知准如所請實計滿洲國大使館永租面積共壹百十二畝五分七厘三毫二絲總共地價及各種補償金應需九十二萬二千二百七十三元四角八分旋准滿洲國駐京大使館將款撥送到府當於三十二年一月廿五日依法公告各地主檢同執業憑證聲請徵收登記以憑核發土地補償金並先後通知各業戶屆期各攜名章居住證在本府大禮堂當衆發放青苗折遷補償等費關於地價悉按照新訂標準價値發放其執有證件者並已陸續遵章呈驗經地政局審實塡給價款通知單領取價款現正在陸續辦理中一面製就永租照及分段圖各一份函送滿洲國大使館收執以完手續所有奉交辦理徵收第二住宅區內一帶土地經過情形除咨外交部外理合檢同徵收地形圖及地價清册一併備文呈報仰祈

鑒核備案

謹呈

行政院

附呈徵收第二住宅區土地形勢圖一份徵收地價清册一份（略）

市長 周學昌

中華民國三十三年二月　日

南京特別市政府咨　字第　號

據糧食局案呈「以奉糧食部交下農業增產策進委員會除即增產對策推進預定表規定二月中旬各省市籌設農業增產計劃協議機關并定於二月廿五日將計劃呈送　行政院飭即遵辦等因茲擬訂於二月十九日下午三時舉行南京特別市農業增產計劃協議會議組織協議委員會請予轉咨糧食實業建設三部派員蒞場指導并召集有關機關協議」等情前來經核尚屬可行茲訂於二月十九日下午三時在本府大禮堂舉行南京特別市農業增產計劃協議會議籌組協議機關討論增產對策除分別咨令外相應咨請

查照派員出席指導爲荷！

此咨

糧食部

實業部

建設部

市長 周學昌

中華民國三十三年二月　日

南京特別市政府咨　字第　號

案准

貴部增字第二八號咨送小麥增產獎勵辦法暨施行細則屬查照飭遵見復等由准此自應照辦除飭本市各區公所切實遵照施行

外相應咨復即希
查照爲荷
此咨
糧食部

中華民國三十三年二月日　市長周學昌

南京特別市政府咨　字第　號

案准
貴部建路字一五五一號咨開路以華中鉄道公司因和平門堯化門間路綫傾斜即擬施工改修內需用至急已與該兩站間民有土地當事人協商妥貼已予收買並經檢同公司附件囑查核見復等由附華中鉄道公司收買土地清單調查舊圖等各一份准此經飭地政局派員查核復稱查該公司所附之海南綫用地收買實測圖中缺少萬山鄉內五十戶(自一九一至二四〇號)計爲由三〇〇、三〇公里三〇一公里處共長七百公尺之譜該圖爲順序五幅在第三第四兩幅間亦未能啣接應請其詳細查明見復以憑辦理等情據此相應檢還原件咨請
查照飭令該公司查明見復爲荷此咨
建設部

中華民國三十三年二月日　市長周學昌

南京特別市政府咨　字第　號

據糧食局案呈「查南京特別市農業增產策進委員會業於二月十九日正式成立檢附會議紀錄簽請察核轉咨備案等情前來除准予備查幷分咨外相應檢附原紀錄一份咨請
查照備查爲荷
此咨

行政院農業增產策進委員會
糧食部
實業部
建設部

附送南京特別市農業增產策進委員會成立會會議紀錄一份

市長周學昌

中華民國三十三年二月日

南京特別市農業增產策進委員會成立會會議紀錄

地點　市府大禮堂

日期　民國三十三年二月十九日下午三時

出席者　糧食部　仲堅

實業部　周明懿

建設部　朱逢寅　錢庚初

地政局　何若愚

工務局　楊孟仁

教育局　姜起辰

經濟局　葉瘦鴻

財政局　余濟民

宣傳處　胡仲常

社會福利局　任數文

中國合作社南京支社　陳廉　童琪

中國青年工讀團　王金聲

米糧統制委員會南京區辦事處　祝尊譽（馮明鈺代）

第一區公所　余昌生
第二區公所　宋建中
第三區公所　葉秀甫
第四區公所　龔叔華
第五區公所　何松亭
城區自治實驗區公所　方灝
鄉區自治實驗區公所　蕭石樓
安德門區公所　楊廣才
上新河農業改進實驗區　吳祖武
上新河區公所　陳良知
孝陵衛區公所　楊祖芬
華中棉產改進會　原田賢之
日本大使館代表　川又景好

主席糧食局長　劉渤　紀錄　朱龍文

開會如儀

主席報告　今天舉行本市農業增產策進委員會成立大會是根據農業增產對策預定表所預定的日期去年曾舉行增產會議議案多已先後實施所有荒山荒地已先後開發或種稻麥或植蔬菜值此大東亞戰爭之際爲適應戰時體制及實際需要增產事業至關重要希望三部長官及諸位代表多多指導發抒偉見俾有遵循逐步實施則民族國家實深幸甚

糧食部代表(仲堅)訓詞　今天是南京市農業增產策進會成立大會本人代表粮食部參加會議非常榮幸希望本會共同力量發揮偉大的成績將所有荒地及荒廢的池塘儘量的開發儘量的養殖使地盡其利人盡其力

實業部代表(周明懿)訓詞　略謂關於棉麻以前是各個單位去生產今天策進會議各方合在一起希望從今天起協力增加生產

建設部代表訓詞　略謂水利對農業增產是很重要希望於推進增產事業時對於水利要加以注意

報告事項

一、主席宣讀農業增產策進委員會組織通則

二、主席宣讀行政院農業增產策進委員會緊急增產對策推進預定表草案

討論事項

一、修正南京特別市農業增產策進委員會組織規則草案

二、決定於二月二十三日下午三時在市府工作彙報室舉行第一次委員會計出席委員爲工務局長糧食局長中國合作社南京支社理事長南京特別市農林專員青年工讀團代表華中棉產改進南京分會主任米糧統制委員會南京區辦事處代表粉麥專業委員會南京辦事處代表上新河農業改進實驗區主任燕子磯農業改進實驗區主任列席者昭和株式會社日華麻業會社幷推定增產計劃起草委員擬具計劃交會彙案商討再行呈院與時議畢散會幷肅電　主席致敬原文如下

國民政府主席汪鈞鑒食糧增產計劃已入實踐階段本府爲達成高度增產充裕戰時民食爰於本月十九日舉行南京特別市農業增產策進委員會成立大會同人等誓在　鈞座領導之下擬訂實施計劃努力推進藉副厪望謹電致敬伏維垂詧南京特別市農業增產策進委員會全體委員同叩

主席　劉　渤

紀錄　朱體文

南京特別市政府咨　府保甲字第　號

查本府爲強化本市保甲編組聯保自上年十二月間實施以來業經次第就緒關於徵收保甲經費一節前經擬訂辦法咨請貴部查照在案惟以事關徵集經費興辦保甲要政爲措施得宜免滋流弊起見爰參照滬市成例幷就本市地方實際情形詳加研討重行擬訂徵收保甲經費辦法及保甲經費保管委員會組織暫行規則相應抄錄該項草案隨咨附奉至希

查照爲荷

此咨

內政部

附徵收保甲經費辦法及保甲經費保管委員會組織暫行規則各一份(見法規欄)

市　長　周　學　昌

中　華　民　國　三　十　三　年　二　月　日

南京特別市政府公函　字第　號

近查本市肉舖無貨應市形成休市狀態經派員澈查仍由產區價格與限價懸殊所致迭據該業公會呈請准予提高售價以利來源等情茲爲維持民食及商人營業計當經按照實際成本再加合法利潤自二月四日起核定每斤售價爲四十四元幷飭該業公會負責人及猪肉商代表等前來本府具結嗣後如有無貨應市及私抬高價情事甘受吊銷營業執照永遠不許復業嚴厲懲發除飭本府糧食局隨時調查外相應函請

貴署隨時派員查察倘有肉商不遵上開限價請即拘捕嚴懲以儆刁頑而維民食即希

查照辦理爲荷

此致

首都警察總監署

中華民國三十三年二月　日　市長周學昌

南京特別市政府公函　字第　號

查值此實施戰時經濟政策勵行物資統制之際食糧問題至關重要惟近有少數無知米販貪圖非法利潤私將食米搬運出境若不嚴予查禁不獨危及京市民食亦且破壞整個糧政本府爲防微杜漸取締民食私運起見業經布告周知按照蘇浙皖米穀運銷管理暫行條例之規定凡農民自獲自食數量在八公斤以內之米穀准予自由搬運其餘一律禁止搬運除令飭糧食局切實查禁暨分函外相應函達即希

查照飭屬查禁爲荷

此致

首都警備司令部

首都警察總監署

中華民國三十三年二月　日　市長周學昌

南京特別市政府公函　府工字第　號

案准

貴司令部參備字第九十號公函略以轉據首都警察總監署呈請修理漢西門鬼臉城附近城洞或予堵塞等情函囑按照查勘應行

堵修之城洞迅速動工以固城防等由准此查該處城洞前經會同
貴司令部憲兵司令部警察總監署派員查勘幷檢附損壞城牆調查表會呈　行政院撥款興修在案所有該處附近城洞修理工事
應俟　院令核准後方可着手興工修堵惟在未施工前應請
貴司令部派警嚴密防範以期妥愼而重城防准函前由相應函復卽希
查照辦理爲荷

此致

首都警備司令部

市長周學昌

中華民國三十三年二月日

南京特別市政府公函　府工字第　號

案准

貴署政一字第四三五號公函略以准函爲本京城牆損壞之處甚多現通盤計劃澈底修葺擬具會呈　行政院撥款修後文稿並繪
製圖表等件函請查照核判等由准經書行會章並轉送警備及憲兵兩司令部核判送還檢同原會稿及附件一併送還嫋卽繕正會
印等由准此當飭經繕正相應隨函送請
貴署會印後轉送警備及憲兵兩司令部會印送還以便會呈爲荷

此致

首都警察總監署

附繕正呈文件稿文四份（略）

市長周學昌

中華民國三十三年二月日

統計

南京特別市戶口統計表

三十三年度一月份

區別	戶口總數	人口總數						
		總數	男性			女性		
			合計	成人	兒童	合計	成人	兒童
總計	141612	689369	374738	292872	81866	314631	239548	75083
城區自治實驗區	12843	61728	29593	23798	5795	32135	24708	7427
第一區	23279	117110	63013	53249	9764	54097	44720	9377
第二區	23413	113762	61473	51499	9974	52289	42586	9303
第三區	18507	87961	49463	36601	12862	38498	28101	10397
第四區	18775	104329	58411	49995	8416	45918	38836	7052
第五區	9311	45882	26408	19443	6965	19474	12597	6877
鄉區自治實驗區	8863	41690	21938	17098	4840	19752	15221	4531
上新河區	9264	52934	28777	19847	8930	24157	16182	7975
孝陵衛區	5210	24289	12910	7199	5711	11379	6765	4614
安德門區	12147	39684	22752	14143	8609	16932	9782	7150

備考：各外國僑民未在此表內　　資料來源根據各區公所報告　　秘書處第三科統計股製

南京特別市戶口增減表

三十三年度一月份

區別	戶口總數	人口總數						
		總數	男性			女性		
			合計	成人	兒童	合計	成人	兒童
總計	(一) 175	(一) 356	(一)3544	(一)1030	(一)2514	(十)3188	(十)3788	(一) 600
城區自治實驗區	(一) 664	(一)2643	(一)4750	(一)2078	(一)2672	(十)2107	(十)2816	(一) 709
第一區	(十) 170	(十)1061	(十) 586	(十) 521	(十) 65	(十) 475	(十) 421	(十) 54
第二區	(十) 57	(十) 269	(十) 148	(十) 144	(十) 4	(十) 121	(十) 127	(一) 6
第三區	(十) 86	(十) 285	(十) 126	(十) 104	(十) 22	(十) 159	(十) 110	(十) 49
第四區	(十) 126	(十) 719	(十) 373	(十) 308	(十) 65	(十) 346	(十) 302	(十) 44
第五區	(十) 71	(十) 105	(十) 49	(十) 18	(十) 31	(十) 56	(十) 27	(十) 29
鄉區自治實驗區	(十) 54	(十) 183	(十) 86	(十) 43	(十) 43	(十) 97	(十) 69	(十) 28
上新河區	(一)2967	(一) 336	(一) 168	(一) 84	(一) 84	(一) 168	(一) 84	(一) 84
孝陵衞區	(一) 8	(一) 60	(一) 27	(一) 29	(十) 2	(一) 33	(一) 23	(一) 10
安德門區	(十)2900	(十) 61	(十) 33	(十) 23	(十) 10	(十) 28	(十) 23	(十) 5

註：各外國僑民不在此內　　資料根據各區公所報告　　祕書處第三科統計股製

南京日需品零售物價指數（簡單幾何平均）

民國二十九年=100

類別 / 項數 / 時期	食糧葷素菜類 食糧	菜蔬	肉食	醬菜	平均	油及調味類	燃料類	衣服材料類	雜項類	總指數
項數	10	23	9	5	47	9	7	10	10	83
民國三十三年二月份	4698.8	5102.5	3043.7	1048.3	3837.8	3901.0	20795.5	6648.3	9900.0	5309.9
較上月份增(+)減(-)	(+) 1233.8	(+) 1899.5	(+) 848.2	(+) 274.0	(+) 456.4	(+) 1445.3	(+) 10833.0	(+) 1538.8	(+) 2176.0	(+) 1721.6

說略

二月份南京日需品零售物價（八十三種）平均總指數爲5309.9較上月份指數3588.3增1721.6佔47.9%

1. 食糧葷素菜類四十七種平均指數爲3837.8較上月3381.4增456.4佔10.3%其中食糧以麵粉缺乏暗盤日高米糧配給不繼影響指數直上爲4698.8較上月3465.0增1233.8佔35.6%其中菜蔬品二十三種本月漲勢更烈指數爲5102.5較上月3203.0增1899.5佔58.9%其中肉食類九種因猪隻來源奇缺鷄鴨類亦感短絀致指數增爲3043.7較上月2195.5增漲848.2佔38.5%其他醬菜類五種本月亦隨各物上漲指數爲1048.3較上月774.3增274.0佔35.3%
2. 油及調味類九種食油來源成本增加輸運不暢本月指數增爲3901.0較上月2455.7增1445.3佔58%
3. 燃料類七種除煤觔已得充沛配給黑市價較落其他木炭草木柴薪猛烈上漲指數爲20795.5較上月9962.5驟增10833.0佔108.7%
4. 衣服材料類十種以年關已過銀根鬆弛市民購買力稍見活躍市價趁機軋漲指數爲6648.3較上月5109.5增高1538.8佔30.1%
5. 雜項類十種以皂燭紙張仍缺貨奇昂火柴捲煙平庸指數爲9900.0較上月7724.0增漲2176.0佔28.1%

綜觀本月份物價趨勢已成混亂黑市猛烈上漲達最高峯如金融界能放款緊縮以削囤鎔物價或能下降使指數低落

南京特別市政府祕書處第三科統計股製

南京日需品零售物價指數比較表（簡單幾何平均）

民國二十九年＝100

類別 時期 項數	食糧葷素菜類					油及調味料	燃料類	衣服材料類	雜項類	總指數
	食糧	菜蔬	肉食	醬菜	平均					
	10	23	9	5	47	9	7	10	10	83
民國三十三年一月	3465.0	3203.0	2195.5	774.3	3381.4	2455.7	9962.5	5109.5	7724.0	3588.3
二月	4698.8	5102.5	3043.7	1048.3	3837.8	3901.0	20795.5	6648.3	9900.0	5309.9
增(十)減(一)百分比	(十)35.6%	(十)58.9%	(十)38.5%	(十)35.3%	(十)10.3%	(十)58.0%	(十)108.7%	(十)30.1%	(十)28.1%	(十)47.9%

南京特別市政府祕書處第三科統計股編製

東亞同文書院大學 東亞研究部 1978 第 號

市政公報暫定價目表

期數	價目	郵費
零售	每冊五角	本埠四分 外埠八分
半年	十二冊六元	本埠四角八分 外埠九角六分
全年	二十四冊十二元	本埠九角六分 外埠一元九角二分

市政公報廣告刊例

頁數	價目
一頁	每期十八元
半頁	每期九元
四分之一頁	每期四元五角

刊登廣告在四期以上者每期按照七折計算連續十期以上者每期按照六折計算長期另議

出版日期 本公報暫定每月二次

編輯者 南京特別市政府祕書處

發行者 南京特別市政府祕書處

印刷者 南京國華印書館

地址：中山東路盧政牌樓

電話：二二一六五

中華郵政掛號認爲第一類新聞紙類　江蘇郵政管理局執照第一〇四三號

中華民國三十三年三月十五日

市政公報

第一三九期刊

南京特別市政府祕書處印行

目錄

行政院訓令

國民政府行政院訓令 院字第　號

令南京特別市政府

案奉

國民政府第七零一號訓令開：

「據本府文官處簽呈稱准中央政治委員會祕書廳中政祕字第一零一號公函開查中央政治委員會三十三年二月二十四日第一三二次會議討論事項第二案主席交議「據行政院呈據衛生署呈送全國衛生行政組織系統大綱草案當經飭據本院祕書處審查簽具意見酌加修正呈復經提交第一九七次院會決議照審查意見通過錄案呈請鑒核等情請公決案當經決議修正通過送國民政府公布並交立法院備查」一遵由本廳將原大綱等依照決議案修正記錄存卷相應錄案抄附原呈暨上項組織大綱及系統表一併函達卽請查照轉陳明令公布並分令行政立法兩院知照等由理合簽請鑒核」等情據此自應照辦除明令公布並分飭施行外合抄發該大綱及附表令仰該院知照並轉飭所屬一體知照！此令。

等因奉此除分令知照外合行抄發原附大綱令仰該府知照並轉飭所屬一體知照•此令

附抄發全國衛生行政組織系統大綱一份附表四件

中華民國三十三年三月　日

院長汪兆銘

全國衛生行政組織系統大綱 民國三十三年二月二日公布

第一條　中央設衛生署直隸國民政府行政院其組織系統依附表之一所定

第二條　各省設衛生處隸屬各省政府兼受衛生署之指揮監督其組織系統依附表二之所定

第三條　各特別市設衛生局隸屬各特別市政府兼受衛生署之指揮監督其組織系統依附表三之所定

第四條　各縣或普通市設衛生事務所隸屬各縣市政府兼受省衛生處之指揮監督其組織系統依附表四之所定

第五條　各省市衛生處處長各特別市衛生局局長均簡任由省市政府遴員咨綷衛生署提請行政院轉呈國民政府任命之

第六條　各普通市衛生事務所所長或科長薦任各縣衛生事務所所長或科長委任均由縣市政府呈請省政府轉請任命或委任之並咨衛生署備查

第七條　各大海港及國境衛要地區設陸海空檢疫所直接受衛生署之指揮監督

第八條　陸海空檢疫所所長簡任或薦任由衛生署提請行政院呈請國民政府任命之
第九條　本大綱如有未盡事宜得隨時呈請修正之
第十條　本大綱自公布之日施行

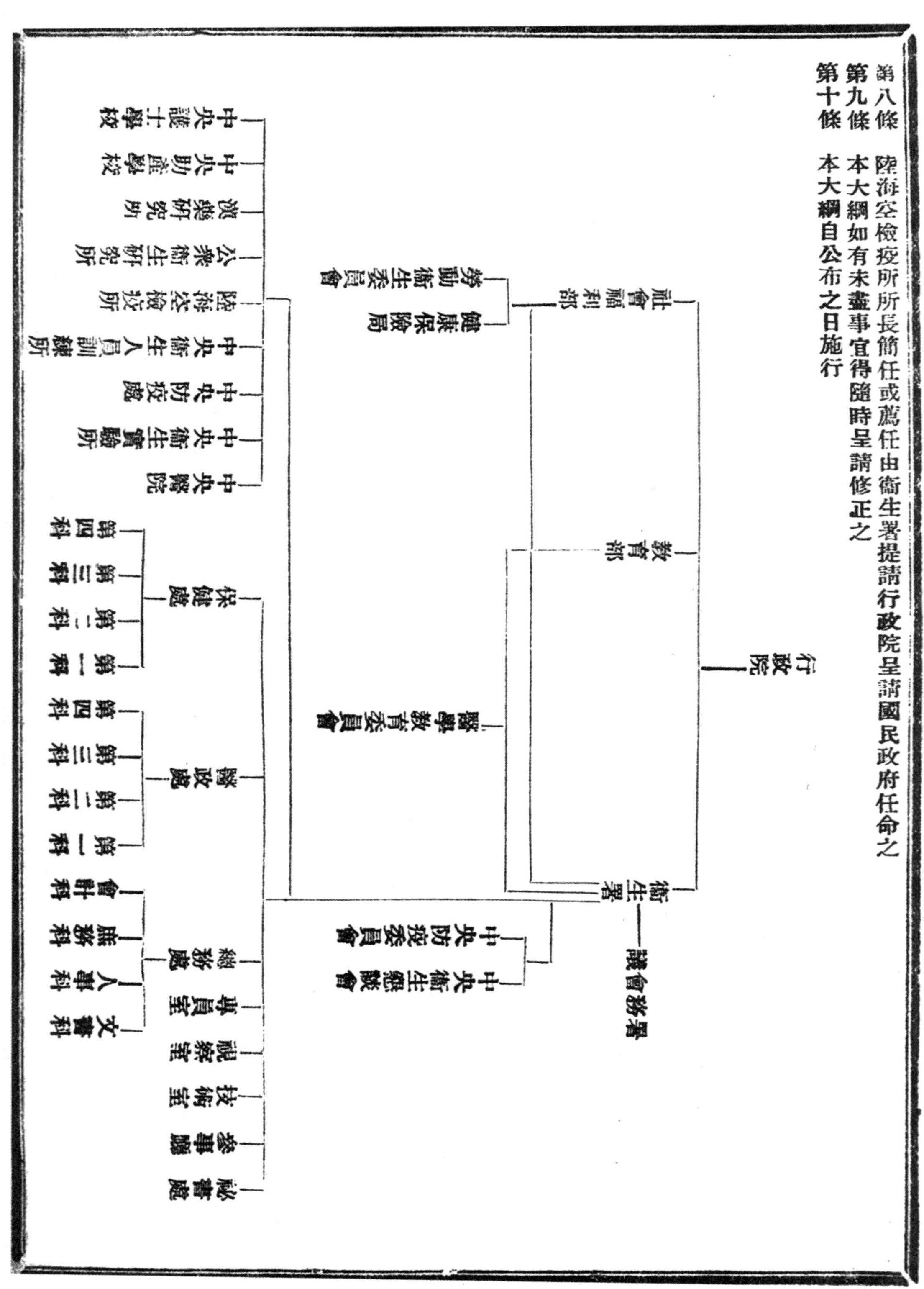

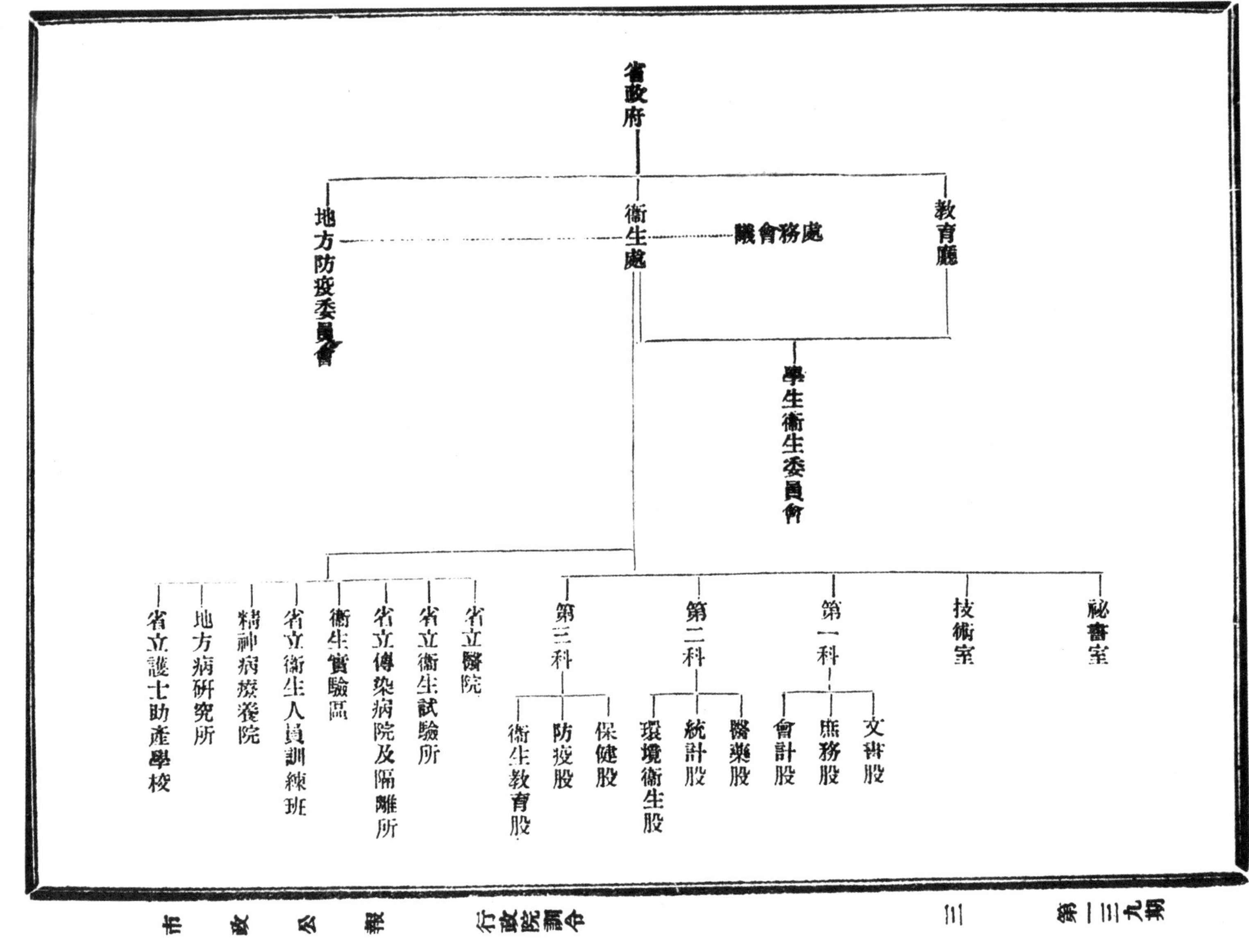
省政府
地方防疫委員會
衛生處
處務會議
教育廳
學生衛生委員會
省立護士助產學校
地方病研究所
精神病療養院
省立衛生人員訓練班
衛生實驗區
省立傳染病院及隔離所
省立衛生試驗所
省立醫院
第三科
衛生教育股
防疫股
保健股
第二科
環境衛生股
統計股
醫藥股
第一科
會計股
庶務股
文書股
技術室
秘書室
市政公報　行政院訓令　三　第一三九期

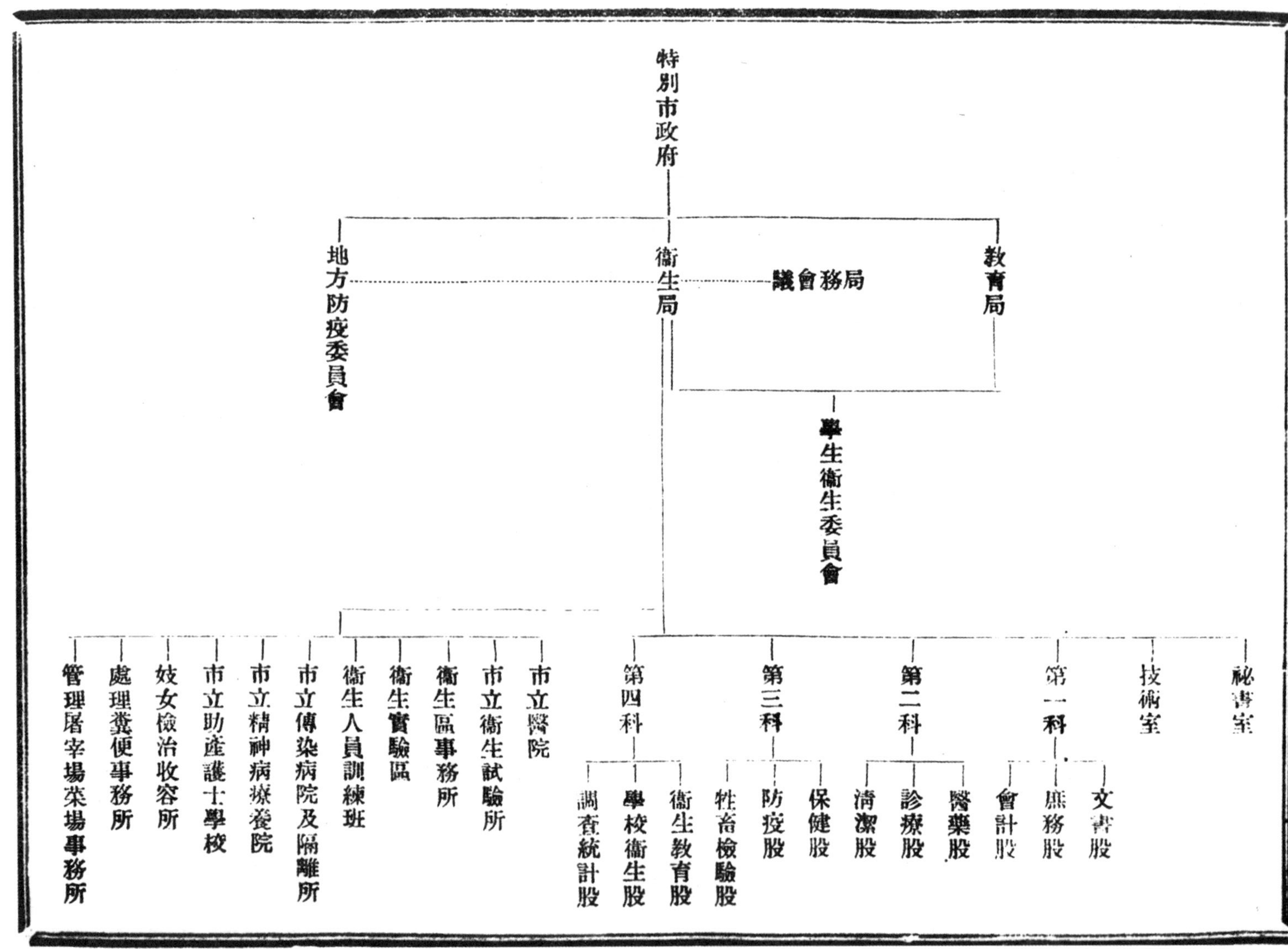

特別市政府
地方防疫委員會
衛生局
局務會議
教育局
學生衛生委員會
管理屠宰場菜場事務所
處理糞便事務所
妓女檢治收容所
市立助產護士學校
市立精神病療養院
市立傳染病院及隔離所
衛生人員訓練班
衛生實驗區
衛生區事務所
市立衛生試驗所
市立醫院
第四科
調查統計股
學校衛生股
衛生教育股
第三科
牲畜檢驗股
防疫股
保健股
第二科
清潔股
診療股
醫藥股
第一科
會計股
庶務股
文書股
技術室
秘書室

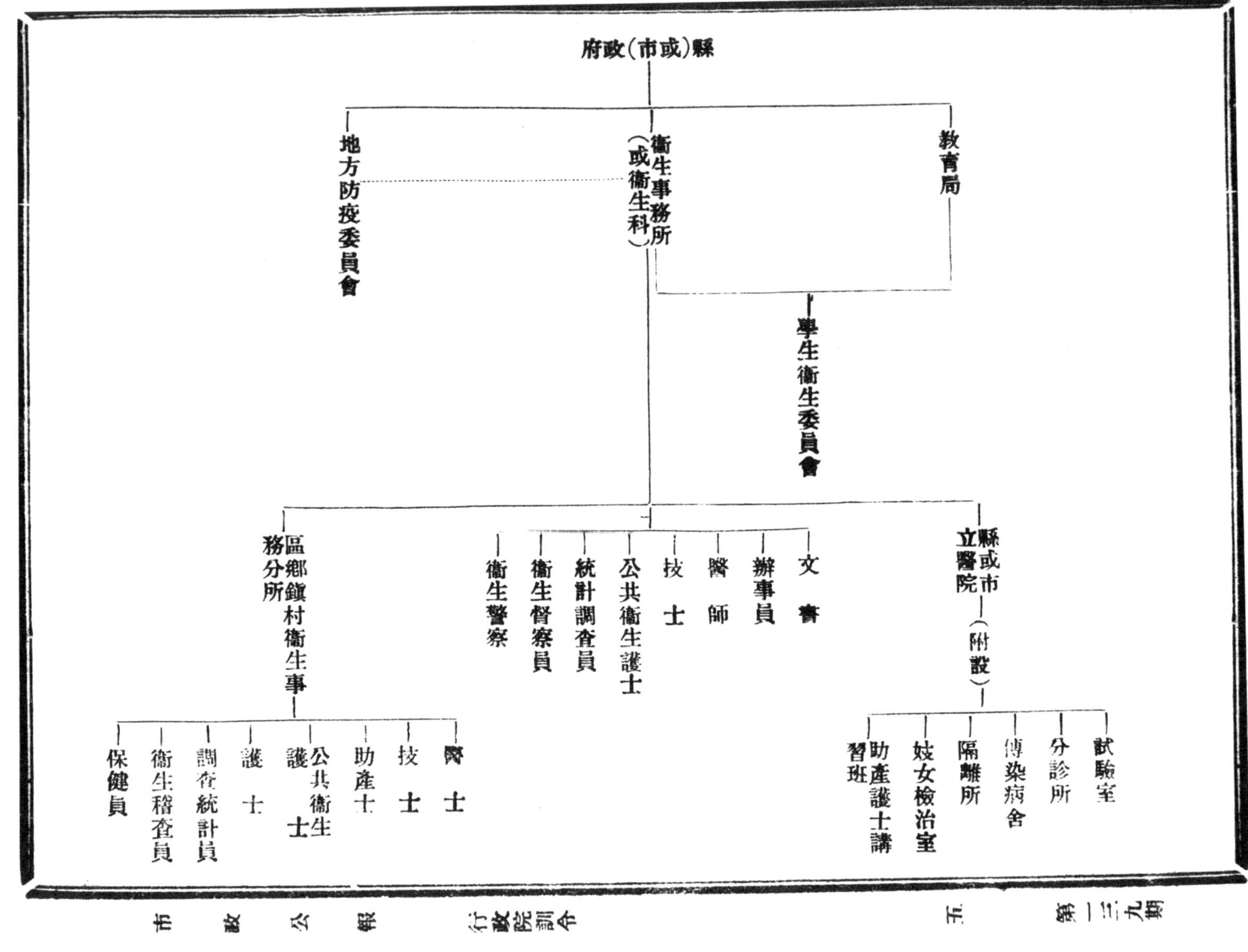
縣(或市)政府
地方防疫委員會
衞生事務所(或衞生科)
教育局
學生衞生委員會
區鄉鎮村衞生事務分所
衞生警察
衞生督察員
統計調查員
公共衞生護士
技士
醫師
辦事員
文書
縣或市立醫院
(附設)
保健員
衞生稽查員
調查統計員
護士
公共衞生護士
助產士
技士
醫士
助產護士講習班
妓女檢治室
隔離所
傳染病舍
分診所
試驗室

命令

南京特別市政府訓令　府祕字第　號

令各局處會

案奉

行政院院字第四四〇八號訓令內開：

案奉　國民政府第六六四號訓令內開『案據本府文官處簽呈稱：准最高國防會議祕書處高祕字第五一二號公函開：案准中央政治委員會祕書廳檢送奉交行政院三十三年一月十六日院字第五一九號呈一件爲本院第一九六次會議修正通過禁烟辦法大綱一案呈請鑒核等情當經陳奉　主席提交最高國防會議三十三年二月十七日第四一次會議討論決議通過送　國民政府通飭遵照並交立法院備查記錄在卷相應錄案抄附原呈及上項辦法大綱一併函達即請查照轉陳通飭遵照並分令行政立法兩院知照等由理合簽請鑒核等情據此除分令外合行令仰該院知照并轉飭所屬一體遵照此令等因奉此除分令外合行抄發禁烟辦法大綱一份令仰該府知照并轉飭所屬一體知照此令

等因附抄發禁烟辦法大綱一份奉此除分令外合行抄發禁烟辦法大綱一份令仰該局處會知照并轉飭所屬一體知照

此令

附抄發禁烟辦法大綱一份

中華民國三十三年三月　日

市長　周學昌

禁烟辦法大綱

一、民國二十四年四月行政院公佈之禁烟實施辦法規定自二十五年起至二十九年止禁絕計劃因事變中斷茲仍繼續原來政策實行自三十三年三月三十日起至三十六年三月二十九日止三年禁絕之計劃

二、禁烟機關由內政部設禁烟總局專其責成
三、厲行烟民登記限令分期戒絕違者從嚴治罪
四、嗎啡白麵紅丸絕對禁止
五、烟土非經特許不准販賣特許烟土之總數量應按三年禁絕計劃厲行分期遞減
六、各地售吸所限期禁絕
七、和平區域絕對禁止種煙
八、中央及地方卽時在主要都市普設戒煙醫院強制登記之煙民按期投戒
九、各項實施規則由內政部擬訂呈請 行政院核定後公布施行

南京特別市政府訓令 府衛字第 號

令醫師公會
新藥業公會

案奉
行政院三十三年二月十九日院字第四一九五號訓令開：
「案奉 國民政府第六六三號訓令開查藥師法現經制定明令公布應卽通飭施行除分令外合行抄發該法令仰該院知照並轉飭所屬一體知照此令等因奉此除分令外合行抄發藥師法一份令仰知照幷轉飭所屬一體知照此令」
等因奉此除分令外合行抄發藥師法一份令仰該會知照
此令
計抄發藥師法一份

中華民國三十三年三月 日

市長 周學昌

藥師法 三十二年二月二日公布

第一條 中華民國人民有左列資格之一者向衛生署聲請經醫藥人員資格審查委員會審查合格由衛生署核准發給藥師證

書後得充藥師

一、在國立或教育部立案之藥科專科學校以上畢業領有證書者

二、在外國官立或政府立案之藥科專科學校以上畢業領有證書者

三、在外國政府領有藥師證書者

四、經政府藥師考試及格領有證書者

第二條　凡與中華民國訂有醫藥互惠條約之國家人民執有該國藥師證書者得向衞生署聲請經醫藥人員資格審查委員會審查合格由衞生署特准發給藥師證書後得充藥師

第三條　有左列情事之一者不得充藥師

一、曾受三年以上之徒刑者

二、吸用鴉片或毒品者

三、受禁治產之宣告或心神喪失有確據者

四、身有殘疾不能執業者

五、受破產之宣告確定後尚未復權者

第四條　藥師執行業務應向該管官署聲請登錄并加入該地藥師公會但同時不得向兩地登錄及加入兩個公會

第五條　藥師之開業歇業復業或遷移死亡等事應於十日內由本人或其關係人向該管官署報告

第六條　藥師無論何時無正當理由不得拒絕藥方之調劑

第七條　藥師除調劑配方外得管理製造藥品及簽購麻醉毒劇藥品

第八條　藥師接受藥方時應注意藥方上所載病人姓名性別年齡藥名藥量用法及處方日期醫師姓名地址并簽字或蓋章各項如有可疑之點應詢問開方醫師或調查清楚後始得調劑

第九條　凡調劑均須按照藥方不得有錯誤情事如藥品未備或缺乏時不得任意省略或代以他藥

第十條　藥師對於有毒劇藥之藥方非有醫師通知僅得配售一次其藥方并須由醫師加蓋印章添記調劑日期

第十一條　藥房應備調劑簿隨即紀錄并保存五年

第十二條　調劑簿應載明左列事項

一、藥方上所載各項

二、調劑年月日

三、調劑者姓名

四、其他有關調劑事項

第十三條　藥師於藥劑之容器或包紙上須記明左列各項

一、藥方上記載之病人姓名性別及藥之用法

二、藥房之名稱地點及調劑者姓名

三、調劑年月日

第十四條　藥師於執行業務時如發現有犯罪之嫌疑時應立即報告該管官署

第十五條　藥師有接受主管官署委託協助辦理有關公共衛生救護化驗等事業之義務

第十六條　藥師應保守業務上之祕密

第十七條　藥師有違反本法之行為者除刑法另有規定外得由藥師公會決議或由關係人舉發向所在地衛生官署聲請交付懲戒該管衛生行政長官接受聲請後應即呈請衛生署交付醫藥從業人員懲戒委員會該管衛生行政長官亦得依職權呈請衛生署交付懲戒

第十八條　藥師領證規則另訂之

第十九條　本法自公布日施行

南京特別市政府訓令　府財字第　號

令本府各局處會區公所附屬機關

案准

財政部祕字第一五六號咨開

「案據本部所得稅處二月十六日處中字第九零號呈稱『竊本年一月十日職處召集第四屆處務會議據嘉興區局局長郭惠民提有查本區局所屬各省部轄機關應行扣繳之公務員薪給所得稅自奉明令改歸本局征收以來其能按月報繳者寥寥無幾雖經本區局迭函催繳多數仍未照辦擬請鈞處呈部厲行三十三年四月間部頒修正公務員薪給所得稅扣

繳及移交辦法以資整頓而裕稅收一案經提會討論僉以各區局亦有此種情形決議照審意見通過請由處呈部檢案再行分別咨行各省市政府通飭遵照切實辦理紀錄在卷理合據情呈請仰祈鑒核再賜咨行各省市政府通飭所屬各機關切實遵照公務員薪給所得稅扣繳及移交辦法辦理以重稅收』等情據此除指令外相應咨請查照通行所屬一體遵照辦理爲荷」

等由准此查財政部所頒修正公務員薪給所得稅扣繳及移交辦法業經本府於三十二年七月十二日以府財字第一二八二號訓令通飭遵照在案准咨前由除分令外合行令仰該　切實遵照辦理

此令

中華民國三十三年三月　日

市長周學昌

南京特別市政府訓令 府財字第　號

令本府各局處會
南京特別市商會

案准

財政部錢三字第四十五號咨開

「查蘇淮特別區自奉令改爲淮海省後業於本年二月一日改組成立該省通貨自民國三十二年十二月一日起以中央儲備銀行劵與中國聯合準備銀行劵一併行使俟有相當成績再將中國聯合準備銀行劵在當地之發行予以停止業經本部於上年十一月二十五日以錢二字第四六〇號咨請貴市政府查照在案現自上項辦法施行後雖僅三月而淮海省之金融流通物資調節因之愈臻便利成績尚稱不惡現在中央儲備銀行徐州支行本月二十日亦將開業所有淮海省通貨制度擬卽按照下列辦法作進一步之調整(一)自民國三十三年三月一日起中國聯合準備銀行劵在淮海省應卽停止其新發行但市面上仍准收受(二)民國三十三年三月一日以後所有淮海省內之金融機關一律停支付中國聯合準備銀行劵並不得以該劵爲訂立契約之單位但對於以前已以該劵爲契約者仍准繼續交易(三)嗣後在淮海省之庫款支出及銀行存款借款匯兌等項之支付不再使用中國聯合準備銀行劵一律以中央儲備銀行劵爲限(四)華北與華中之通貨制度不因本辦法而根本有所變更根據以上辦法中國聯合準備銀行劵在該省之新發行既經停止中央儲備銀行劵之行使自必

日見推廣事關調整通貨除呈報并分行外相應咨請查照并希轉飭所屬一體知照爲荷」等由准此查財政部調整蘇淮特區通貨辦法業經本府於上年十二月六日以府財字第二二八號訓令轉飭在案准咨前由除分行外合行令仰該　知照

此令

中華民國三十三年三月　日　市長周學昌

南京特別市政府訓令 府財字第　號

令營業稅征收處
捐稅征收所
牲畜屠宰稅征收所

案查前准財政部咨送日僑課稅稅目明細表並定期分別實施一案所有本市關於日僑課稅稅目計二月一日實施者有車捐娛樂捐路燈捐牲畜稅四種四月一日實施者有營業稅菸酒牌照稅牙稅屠宰稅四種其征收辦法除路燈捐由華中水電公司代征娛樂捐牲畜稅由各該征收機關分別直接征收外其車捐營業稅菸酒牌照稅牙稅屠宰稅等項均由居留民團代征業經本府函請日本總領事館轉飭在華日僑及日本居留民團華中水電公司分別協助征收並檢送各項捐稅章則在案茲准日本總領事館公第一一號函復略開「查二月一日及四月一日應予實施征收之各種稅目可由南京特別市日本居留民團代征者業已委由該團辦理路燈捐由華中水電公司代收娛樂捐由各娛樂場經理代征並已通知各方按期繳納」等由准此除分行外合行令仰該　遵照辦理

此令

中華民國三十三年三月　日　市長周學昌

南京特別市政府訓令 府祕字第　號

令城鄉各區公所

案准

實業部農林字第二二三號咨開：

「案據華中棉產改進會呈稱『查職會自創立以來爲圖棉花之改良增產謀增進農家福利起見施行各項策劃自民國三十年度設立南京棉業講習所專事訓練棉業指導員以來迄今已及三載茲第三屆講習生於本年三月行將畢業仍擬續招新生依附呈之棉業講習生募集要項於江蘇浙江安徽淮海等省內召集有爲青年以資訓練理合具文呈請鈞座轉咨江蘇浙江安徽淮海省政府及上海南京特別市政府飭令各縣政府及區公署按照該項推荐優良青年應募並予以協助以利進行實爲公便』等情附呈講習生招募要項暨志願書各九十份據此除指令暨分咨外相應檢同上項招募要項及志願書各十五份咨請查照轉飭推荐並予協助爲荷」

等由附送講習生招募要項暨志願書到府准此自應照辦除分行外合亟檢同上項招集要項暨志願書各一份令仰該區遵照迅予推荐並協助爲要

此令。

附發招募要項及志願書各一份

中華民國三十三年三月　日　市長周學昌

華中棉產改進會講習生招集要項

一、資格

(一)初級農業學校畢業者或初中學校畢業後曾從事服務農業及農業有關實務一年以上者

(二)有(一)同等以上學力而曾在農事試驗場或農業講習所等受實務訓練二年以上者

二、年齡　滿十七歲至二十五歲未滿之男子

三、修業地點　南京市華中棉產改進會附設南京棉業講習所(中山門外苜蓿園)

四、修業年限　民國三十三年四月一日起至次年三月卅一日止一年

五、待遇　宿舍內住宿除發給冬夏制服各一套並供給食費外每月給與津貼國幣二〇〇元

六、特點　講習生修業完了後經試驗採用爲本會技術員或雇員

七、志願書提出期限　民國三十三年三月十五日止

八、志願書提出地點　塡書志願書經由附近本會分會或辦事處向華中棉產改進會棉業講習所所長提出

九、考試地點　按志願者之希望於左列各地點行施之

上海市山陰路三七號　華中棉產改進會本部

南京市太平路四〇九號　華中棉產改進會南京分會

安慶市吳越街三號　華中棉產改進會安慶分會

杭州市岳王路二七號　華中棉產改進會杭州分會

南通城區啓秀坊　華中棉產改進會南通分會

一〇、考查期日　三月二十五日

一一、錄取預定額　五十名

一二、招集區域　江蘇、浙江、安徽、淮海省

一三、入所預定日期　四月一日

錄取者入所時由其現住所至南京市之火車輪船之三等及長途汽車費按實支由本會支給之

一四、志願者將所發志願書塡寫並附具親筆履歷書最近照片(二寸)

出身學校畢業證書　身體檢查書各一　應於規定日期內提出

提出志願書時應聲明希望受驗之地點

一五、試驗爲口試　健康診斷

志願書

茲願投考華中棉產改進會棉業講習所講習生附具各該件文書按規定受驗謹具志願書

華中棉產改進會棉業講習所長

志願者

年齡　歲　年　月　日生

籍貫　省　縣

住所
家長名

南京特別市政府訓令　府保甲字第　號

令城鄉各區公所

案准

首都警防團總工會字第二四七號公函開

「案奉　首都警備司令部本年三月一日參字第一六二二號訓令內開『頃准南京防衛司令部三月一日電話稱依據上月二十五日蕪湖空襲經驗頗感南京防空壕之不足不但車站碼頭附近應儘量增設防空壕至於市內各街衢道路市民住宅左右亦當盡量添築防空壕溝以普及安全等語准此合亟令仰該團長飭屬於三天內添築防空壕溝趕辦完竣候命視察爲要此令』等因奉此自應遵辦查此案經於本年三月一日以總工會字第二四六號函請查照飭屬遵照在案茲奉前因除分別函令暨呈復外相應函請查照飭屬遵辦」

等由准此自應照辦除分令外合亟令仰該區公所會同該區警防分團切實辦理爲要

此令

中華民國三十三年三月　日

市長周學昌

南京特別市政府訓令　府保甲字第　號

令城鄉各區公所

案奉

行政院院字第四二一五號訓令內開

「案查廢止車站碼頭城門普遍檢查後經即訂定車站碼頭及城門檢查實施辦法分飭各有關機關遵辦在案茲據內政建設兩部會同擬定廢止普遍檢查後確保治安方策呈請核示到院查核所擬方策尚屬可行應准照辦除分行有關機關遵照辦理外合行抄發前項方策令仰遵照幷轉飭所屬有關機關遵照辦理」

等因附廢止普遍檢查後確保治安方策一份奉此自應遵照辦理除分令外合行抄發原件令仰該區一體遵照

此令

附抄發廢止普遍檢查後確保治安方策一份

中華民國三十三年三月日

市長周學昌

廢止普遍檢查後確保治安方策

一、關於特高警察之強化

特高警察為防止政治犯罪而設其職責不僅於事故發生後能迅速應付尤須注重防患於未然此係特高警察最大之目的茲擬訂強化辦法如左

1.嚴格訓練授以科學之知識技能

2.特高警察於車站碼頭及城門公共場所須流動服務認為有檢查必要時得會同當地憲警檢查之當地憲警遇有上項之要求不得拒絕

3.制定特高警察服務專章

二、關於保甲制度之強化及軍警執行職務之獎懲旅館業報告之獎勵

1.保甲制度之強化由內政部迅速完成保甲管理機構之調整並修正各縣編查戶口暫行條例使保甲制度之精密與強化并澈底清查戶口積極辦理人口移動登記厲行聯坐責任庶幾自衛能力與治安工作同時確立以上由內政部辦

2.憲警執行職務之獎懲憲警執行檢查務須充分注意人民便利固不可違法行事亦不得枉法從事違即嚴重處罰之其有忠誠服務或能發現妨害治安之事實隨時防止達到維持治安之目的者應從重獎勵之此項獎懲辦法可依照現行軍警獎懲法規辦理或由主管機關另訂特別法令

3.旅館業報告之獎勵經營旅館業者對於旅客之良莠隨時有認識機會凡旅客行動應時加注意能發覺旅客有不良份子立即報告官署查明屬實者應獎勵之

三、關於居住證發給之周密

居住證為證明人民身份辦理得宜則不良份子難以潛跡為求發給方式與檢查制度之周密應加強其組織機構務各注意下

列數點

1.各警察機關辦理居住證務須遵照內政部發給居住證辦法及警午四字第一零二三號訓令之措施要領辦理

2.各警察機關關於居住證事項應縝密統計如所領證片數目以及發給存餘數目轄境人口數目均須有合理之統計

3.各警察機關對於遺失居住證申請補領者必須面詢申請人遺失之確實原因或令覓妥保不得僅憑申請人所登報章爲補發之根據

4.各警察機關發給居住證應迅速辦竣不得因循從事

上列四項由內政部令飭各警察機關切實辦理

四、關於重要資源所在地公衆娛樂場所公衆集合場所政府要人住宅及往來行動之警防與保護

1.重要資源所在地戰時體制下對於後方之重要資源所在地實與戰事利害關係至鉅如電燈廠自來水廠及其他重要物資之工廠均應嚴密警防由軍警機關隨時警防加意保護

2.公衆娛樂場所及公衆集合場所此項場所最易使不良份子潛跡其間各憲警必須隨時防範認爲有形跡可疑者得施以必要之檢查其特高警察於此種場所尤須隨時察查

3.政府要人住宅及往來行動政府要人身繫國家安危其起居場所及往來行動軍警應隨時隨地期保護之強化

附註：除由內政部主辦者外分別由軍委會建設部（路警）憲兵警察機關辦理

南京特別市政府訓令　府保甲字第　號

令各局處會
城鄉各區公所

案准

首都警防團總字第二六三號公函內開

「案奉首都防空委員會本年三月十日訓防字第八七號訓令內開『案准　友邦防衞司令部電約本會陸總幹事於本月八日下午四時在該部開會討論本市防空計劃六項均關切要合特抄錄清單令飭該團迅速按照議案切實遵辦毋稍疏誤并轉飭所屬遵照切切』等因附抄發議決案清單一份奉此自應遵辦除分別函令外相應抄同上項議決案清單函請查照并飭屬知照爲荷」

等由計附決議案清單一份准此除分令外合行抄同清單令仰該局處會區知照幷飭屬知照

此令

計抄附議決案清單一份

中華民國三十三年三月　日　　市長周學昌

友邦防衛司令部三月八日下午四時開會議決防空計劃

一、查近日來敵機連襲蕪湖兩次傷亡甚夥是否來襲南京不能預知爲避免空襲起見要先減去光亮特規定本市沿路所有之路燈數量應減去一半（每隔一盞減去一盞光度由一〇〇支減至六〇支）並將原有路燈形式改爲傘形向下四十五度斜角以免燈光放射太遠惟十字路口因交通關係仍保持原有之燈數及光度（以上爲華中水電公司辦理）

二、凡商用燈廣告燈門燈及窗欄燈等不須要之燈一律取消（以上由市府辦理）

三、新街口郵局屋頂之宣傳燈擬由本部連絡取消之並令警防團函知

四、夫子廟之燈光太明應急速取消或減光凡霓紅燈及光亮強烈之燈一律禁用

五、本市自三月十一日夜起實施直至戰事結束爲止

六、本市內外之電話線及電燈線等常有不肖之徒偸取若不取締對治安方面殊有不便應中日方面互相協力拘捕

南京特別市政府訓令　府秘字第　號

令物資配給委員會

查該會業已組織成立工作至關重要亟應刊發印鑑以資信守玆經製就關防一顆文曰「南京特別市政府物資配給委員會關防」隨令頒發仰卽祇領幷將啓用日期拓具印模呈府備查

此令

附發關防壹顆（略）

中華民國三十三年三月　日　　市長周學昌

南京特別市政府訓令 府工字第　號

令第五區區長劉連祥

查上年該區防汛結束報告內所列下年防汛應行注意事項有培修平安當後惠民河堤及修理二板橋涵洞兩點際茲河水低淺此項工程亟宜及時趕做完成以免春水發生難於進行合行令仰該區長會同工務局妥擬修理計劃以徵集民衆勞動服務爲原則藉節公帑而防水患爲要

此令

中華民國三十三年三月　日

市長周學昌

南京特別市政府訓令 字第　號

令各區公所

查本市一般物資配給業經本府訂定統一配給暫行辦法公布在案經依辦法規定印製捲煙配給戶名冊及捲菸配給證等令飭具領塡造轉發惟前項配給證之印刷紙張費用應由各戶負担茲經規定每戶收取國幣伍元以資歸墊合行令仰該區公所遵照辦理並將所收款項悉數彙繳本府物資配給委員會核收爲要

此令

中華民國三十三年三月　日

市長周學昌

南京特別市政府訓令 字第　號

令各區公所

查戶口配給捲菸前經本府以府配字第五號訓令飭即派員前來具領配給戶名冊及配給證分別塡造轉發在案茲查已來具領者固有而未曾領取者尙佔多數合亟再申前令仰於文到日以前逕送本府物資配給委員會核收以憑辦理事關統一配給辦法毋再遲延爲要切切

此令

中華民國三十三年三月　日　市長周學昌

南京特別市政府批　字第　號

具呈人南京特別市煤業統制委員會主任委員林百年

呈一件　爲據聞有人擬將本市各種煤炭私運外埠銷售請派員嚴密稽查切實制止仰祈鑒核示遵由

呈悉：所請尙屬可行准予佈告週知仰卽知照

此批

附發佈告一件

南京特別市政府佈告　字第　號

案據南京特別市煤業統制委員會呈稱

「據聞本市所存各種煤炭有人擬私運外埠銷售希圖厚利殊屬有違規定茲經本會第二次常會決議『凡本市所存各種煤炭除持有石炭聯合會南京支部證明書或經　鈞府特許者外請派員嚴密稽查切實制止或布告周知』等語紀錄在卷上項決議是否可行理合具文呈報仰祈鑒核示遵」

等情據此經查尙屬可行除批示知照外仰爾商民人等嗣後對於搬運本市現存各種煤炭非持有石炭聯合會南京支部證明書或經本府特許者外一概不准私運出境其各凜遵切切

此佈

中華民國三十三年三月　日　市長周學昌

南京特別市政府佈告　府經字第一五零號

查戰時公務員宴會及送禮限制暫行條例業奉

國府明令公布在此戰爭期內自宜一體節約藉以儲存物資增進國力茲依據前項條例第十條至十五條各條之規定訂定本市戰時宴會菜肴限制暫行辦法十款除分令市商會及筵席酒菜館業同業公會轉令各菜館遵照外合即抄附辦法布告週知

此佈

南京特別市戰時宴會菜肴限制暫行辦法

(一)戰時宴會菜肴務求節儉如魚翅燕窩熊掌鮑魚等類奢侈品絕對不許採用

(二)宴會中菜每席以十人爲原則至少須滿八人至多不得逾十二人其菜肴包括大小冷熱乾湯甜鹹諸味不得超過八盌但逾十人時每增一人得添菜一盌不滿八人時不得用整席菜肴

(三)中菜價格每席以八百元爲原則至多不得超過壹千五百元添菜每盌以一百五十元爲限不用整席菜肴者其盌數不得多於人數又每盌最高價不得逾壹百五十元

(四)整席中菜除照第二條規定盌數外得添點心一道其價格以每人十六元爲限既有點心不得用飯如用飯時須以規定菜肴佐餐不得另行添菜飯以碗計其價格隨米價酌定之

(五)宴會如用西菜每客除咖啡水菓外不得超過四盌每客價格不得逾壹百五十元

(六)中午宴會不得飲酒夜宴每人限定紹酒壹斤或燒酒四兩或啤酒壹瓶其餘洋酒如白蘭地惠司克等類一律禁飲

(七)宴會時間不論午膳晚〇中菜西菜不得逾二小時

(八)本市各菜館每一旬應擬列戰時宴會菜肴品目及價格繕單送由筵席酒菜館業同業公會轉呈本府核定

(九)本府除派員至各菜館查訪外遇必要時得調閱賬册如發現違反本辦法之規定者應即按其情節輕重分下列各項處罰第一次警告第二次罰鍰第三次勒令停業三天至一星期如超過三次以上者弔銷其營業執照

(十)本辦法自公布日施行

南京特別市政府公告　字第　號

爲公告事案奉

國民政府軍事委員會經字第六七八號訓令內開

案據經理總監署案呈據陸軍第十四旅呈請將營房前民房兩處收買拆除土地准撥交平作操場使用等情據此查該旅七里街營房早經徵地建築操場爲練兵所必需據呈前情爲謀一勞永逸計已經核准將該地徵收以供操場使用民房照議拆遷費使之自行拆除除分令外合亟令仰該市長遵照負責辦理徵收手續具報爲要此令

等因奉此遵經派員勘測繪製圖表在案茲依照土地法第三百六十條暨同法施行法第八十三條之規定揭示公告七日自即日起仰各業戶檢同契據租約等件送呈本府地政局審核以憑發給土地補償金房屋拆遷費及青苗賠償費一經公告期滿未據呈繳證件除依照土地法第三百七十九條第二項之規定辦理外應受補償人不明所在者並限於本月三十一日以前將所有青苗房屋拆除遷讓幸勿自誤合行公告週知

右仰下列各業戶知照

觀音庵(僧德昌)

王　姓

祖大林

馬李氏

徐建椿

王九榮

中華民國三十三年三月日

市長周學昌

南京特別市政府公告 府地字第　號

案據業戶倪椿蓉呈報坐落中山東路第二十四號房地產原領前土地局所發一字第六八五號所有權狀及一區二五四〇段分段圖各壹件因遺失請予補給等情經飭據呈繳聲明圖狀遺失報紙暨鄰商兩保前來茲依照土地法第一百四十條第二款之規定揭示公告自公告之日起對於該項遺失圖狀如有因權利關係聲明異議者須於三個月內提出理由書暨證明文件呈候核辦一經公告期滿無人異議卽予依法補給圖狀管業合行公告週知

中華民國三十三年三月日

市長周學昌

地政局局長 張仿良

南京特別市政府公告 字第 號

案據業戶劉種荃呈報坐落營門口第二十二號房地產原領前土地局所發四字第一五〇八號所有權狀及四區五一四(一)段分段圖各壹件因已遺失請予補給等情經飭據呈繳聲明圖狀遺失報紙暨鄰商兩保前來茲依照土地法第一百四十條第二款之規定揭示公告自公告之日起對於該項遺失圖狀如有因權利關係聲明異議者須於三個月內提出理由書暨證明文件呈候核辦一經公告期滿無人異議即予依法補給圖狀管業合行公告週知

中華民國三十三年三月日

市長 周學昌

地政局局長 張仿良

南京特別市政府公告 字第 號

案據業戶周伯衡呈報坐落小黨家巷第三號房地產原領前土地局所發三字第三三七號所有權狀及三區二三四五段分段圖各一件因由外埠寄回中途遺失請予補給等情經飭據呈繳聲明圖狀遺失報紙暨鄰商兩保前來茲依照土地法第一百四十條第二款之規定揭示公告自公告之日起對於該項遺失圖狀如有因權利關係聲明異議者須於三個月內提出理由書暨證明文件呈候核辦一經公告期滿無人異議即予依法補給圖狀管業合行公告週知

中華民國三十三年三月日

市長 周學昌

地政局局長 張仿良

南京特別市政府公告 字第 號

案據業戶吳木蘭之子吳震球呈報坐落文昌宮第四號房地產原領前土地局所發二字第八四七號所有權狀及二區九九六(七)段分段圖各一件因事變遺失請予補給等情經飭據呈繳聲明圖狀遺失報紙及鄰商兩保前來茲依照土地法第一百四十條第二款之規定揭示公告自公告之日起對於該項遺失圖狀如有因權利關係聲明異議者須於三個月內提出理由書暨證明文件呈

候核辦一經公告期滿無人異議卽予依法補給圖狀營業合行公告週知

中華民國三十三年三月　日

市長 周學昌

地政局局長 張仿良

公牘

南京特別市政府咨 府衛字第　號

案准

貴署三十三年三月四日保字第一四號咨開：

查空襲救護爲醫療機關及救護班最急要之任務吾國處戰時體制之下自應本全體動員之緊張狀態應付事機關於救護人員之如何配置如何練習及應用之藥品材料如何儲備均應預先籌備齊全訓練嫻熟而免臨時周章無以爲計茲由本署擬定空襲救護調查表咨請貴市政府令飭負有空襲救護責任之醫療機關暨救護班迅卽按表塡列呈轉本署查核至尙未籌備齊全之處亟應趕速籌備卽是紗布棉花等件無法購買亦應先期呈明以便轉請配給事關防空要政務請查照分別飭知爲荷等由准此除函首都警防團照辦外相應先行咨復卽希　查照爲荷

此咨

衛生署

中華民國三十三年三月十日

市長 周學昌

南京特別市政府公函 府工字第　號

案准

貴署政二字第三四九號公函略以據報光華門外半里許之石子道路正面坍一大洞車輛行駛頗感不便函囑轉飭派工修理等由准此經飭工務局派員往勘飭工修理去後茲據報稱光華門外道路坍壞亟應修理惟因路工修理各處幹道工作緊張一時無法抽調俟中華門外修理工竣當卽派工前往修理等情據此相應函復卽希

查照爲荷

此致

首都警察總監署

市長周學昌

中華民國三十三年三月日

南京特別市政府公函　府衛字第　號

案准

衛生署保字第十九號咨開查中央防疫委員會組織規程草案業經擬定呈奉　院令核准施行並以保字第十二號咨請查照各在案茲依據中央防疫委員會組織規程第十二條之規定擬具各省市縣防疫委員會組織通則草案並經呈奉

行政院院字第四三五九號訓令內開：案查本院第一九八次會議討論事項第五案　院長交議據衛生署陸署長呈送各省市縣防疫委員會組織通則等草案請鑒核等情經先飭由本院祕書處審查簽具意見請公决案决議除諮詢委員改爲設計委員外餘照審查意見通過各省市縣防疫委員會組織通則由院令公布施行幷呈報中央政治委員會及　國民政府備案等由紀錄在卷除由院令公布施行並呈報備案外合行錄案並抄發本院祕書處簽註意見令仰該署遵照等因奉此相應抄附各省市縣防疫委員會組織通則咨請查照幷轉飭所屬遵照辦理爲荷等由准此相應抄附各省市縣防疫委員會組織通則函請查照幷轉飭所屬遵照辦理

爲荷

此致

南京特別市防疫委員會

附各省市縣防疫委員會組織通則乙份（略）

市長周學昌

中華民國三十三年三月日

南京特別市政府公函 府衛字第　號

案查本市同仁街菜場業於二月二十八日全部開放所有珠江路估衣廊魚市街等處沿街菜販前經函請
貴署派警協助一律集中該菜場營業不准再在沿街路口設立攤担並會銜佈告各在案茲查上列地點菜販仍有在街頭售買情事殊屬不遵功令相應函請
貴署查照即希轉飭該管警局切實取締以整市容而符功令至紉公誼

此致

首都警察總監署

市長周學昌

中華民國三十三年三月　日

南京特別市政府公函 字第　號

案據糧食局呈

「據畜產業公會呈稱據本會查緝組組長王學銘等聲稱竊該組前根據徐學道密報本於職權於二月五日偕同行商徐學道前往中華門外查獲劉湧興猪行藏匿私猪十七頭當及具報並將違法之行主劉德華移送首都警察總監署羈押在案該劉德華竟於警署覓保假釋在本案未裁定處罰之際逕行具狀首都地方檢察署告訴學銘及冉錫章（除去徐學道未告）妨害自由業於本日接奉檢察署三十三年偵字第一七五號之傳票限於本月二十九日下午二時到庭應訊惟查學銘等奉令組織查緝組認眞查緝私猪白肉原爲遵照市府功令維持市面起見並非私人行動耳查獲之私猪委係故違功令私行出售且又立即具報捕獲情形復將售出之價款解呈市糧食局保管在案（再該猪售款由徐學道先行預付壹萬元以示體恤故爾對於徐學道不爲告訴）是錫章等爲協助市府行使職權並非詐欺行爲該劉德華顯然故意違抗政府藐視功令應請追繳已經預付之壹萬元連同賣得價款全部充公外仍應拘案羈押嚴行處分俾儆效尤並懇轉請糧食局咨請　首都警察總監署迅將辦理劉德華私猪一案備函檢察署證明經過事實等情據此理合據情呈報仰祈
鑒核賜准轉咨　警察署備函法院證明俾免誤會而維功令至爲公便」

等情轉呈前來此案除業飭本府糧食局逕函地方法院檢察署證明外相應函請貴署將辦理劉德華私猪一案經過事實備函地檢

署證明並將劉德華非法誣控行爲予以嚴懲以儆刁頑而肅法紀即希
查照辦理爲荷

此致

首都警察總監署

中華民國三十三年三月　日　　市長周學昌

南京特別市政府公函 府衛字第　號

案准衛生署保字第一四號咨開：

查空襲救護爲醫療機關及救護班最急要之任務吾國處戰時體制之下自應本全體動員之緊張狀態應付事機關於救護人員之如何配置如何練習及應用之藥品材料如何儲備均應預先籌備齊全訓練嫻熟而免臨時周章無以爲計茲由本署擬定空襲救護調查表咨請貴市政府令飭負有空襲救護責任之醫療機關暨救護班迅即按表塡列呈轉本署查核至尙未籌備齊全之處亟應趕速籌備即是紗布棉花等件無法購買亦應先期呈明以便轉請配給事關防空要政務請查照分別飭知爲荷等由准此查本市空襲救護事宜向由　貴團主辦相應檢附空襲救護調查表五份即希　查照按表塡送過府以便咨轉爲荷

此致

首都警防團

附空襲救護調查表五份（略）

中華民國三十三年三月　日　　市長周學昌

統計

南京特別市戶口統計表

三十三年度二月份

區別	戶口總數	人口數						
		總數	男性			女性		
			合計	成人	兒童	合計	成人	兒童
總計	142429	691993	376145	294002	82143	315848	240502	75346
城區自治實驗區	13263	63176	30340	24466	5874	32836	25308	7528
第一區	23404	117588	63274	53443	9831	54314	44873	9441
第二區	23421	113817	61509	51499	10010	52308	42567	9741
第三區	18558	88103	49568	36650	12918	38535	28129	10406
第四區	18917	104563	58524	50098	8426	46039	38997	7042
第五區	9334	46018	26484	19489	6995	19534	12629	6905
鄉區自治實驗區	8924	42026	22097	17209	4888	19929	15329	4600
上新河區	12116	52702	28661	19789	8872	24041	16124	7917
孝陵衛區	5194	24225	12880	7180	5700	11345	6738	4607
安德門區	9298	39775	22808	14179	8629	16967	9808	7159

備考：各外國僑民未在此表內　　資料來源根據各區公所報告　　秘書處第三科統計股製

南京特別市戶口統計表

三十三年度二月份　　較一月份增(十)減(一)

區別	戶口總數	人口數 總數	男性 合計	男性 成人	男性 兒童	女性 合計	女性 成人	女性 兒童
總計	(十) 817	(十)2624	(十)1407	(十)1130	(十) 277	(十)1217	(十) 954	(十) 263
城區自治實驗區	(十) 420	(十)1448	(十) 747	(十) 668	(十) 79	(十) 701	(十) 600	(十) 101
第一區	(十) 125	(十) 478	(十) 261	(十) 194	(十) 67	(十) 217	(十) 153	(十) 64
第二區	(十) 8	(十) 55	(十) 36		(十) 36	(十) 19	(一) 19	(十) 38
第三區	(十) 51	(十) 142	(十) 105	(十) 49	(十) 56	(十) 37	(十) 28	(十) 9
第四區	(十) 142	(十) 234	(十) 113	(十) 103	(十) 10	(十) 121	(十) 111	(十) 10
第五區	(十) 23	(十) 136	(十) 76	(十) 46	(十) 30	(十) 60	(十) 32	(十) 28
鄉區自治實驗區	(十) 61	(十) 336	(十) 159	(十) 111	(十) 48	(十) 177	(十) 108	(十) 69
上新河區	(十)2852	(一) 232	(一) 116	(一) 58	(一) 58	(一) 116	(一) 58	(一) 58
孝陵衛區	(一) 16	(一) 64	(一) 30	(一) 19	(一) 11	(一) 34	(一) 27	(一) 7
安德門區	(一)2849	(十) 91	(十) 56	(十) 36	(十) 20	(十) 35	(十) 26	(十) 9

備考：各外國僑民未在此表內　　資料根據各區公所報告　　秘書處第三科統計股製

市政公報暫定價目表

期數	價目	郵費
零售	每冊五角	本埠四分 外埠八分
半年	十二冊六元	本埠四角八分 外埠九角六分
全年	二十四冊十二元	本埠九角六分 外埠一元九角二分

市政公報廣告刊例

頁數	價目
一頁	每期十八元
半頁	每期九元
四分之一頁	每期四元五角

刊登廣告在四期以上者每期按照七折計算連續十期以上者每期按照六折計算長期另議

出版日期　本公報暫定每月二次

編輯者　南京特別市政府祕書處

發行者　南京特別市政府祕書處

印刷者　南京國華印書館

地址：中山東路廬政牌樓

電話：二二一六五

中華郵政掛號認爲第一類新聞紙類　江蘇郵政管理局執照第一〇四三號

中華民國三十三年三月三十日

市政公報

第一四〇期

南京特別市政府秘書處印行

國立南京圖書館藏

目錄

命令

公牘

統計

命令

南京特別市政府訓令 府祕字第　號

令各處局會

案奉

行政院院字第四六一五號訓令內開

現奉

國民政府三十三年三月十六日第七一七號訓令內開：『據本府文官處簽呈稱：准最高國防會議祕書處高祕字第五三〇號公函開：奉　主席交下最高國防會議三十三年三月十日第四三次會議討論事項第一案開中央政治委員會財政專門委員會建議：在戰時體制之下此後各機關修繕工程似應先送審查再行動工以照愼重一節決議專案送　國民政府通飭遵照等因記錄在卷相應錄案函請查照通飭遵照等由理合簽請鑒核等情據此自應照辦除分令外合行令仰該院遵照幷轉飭所屬一體遵照等因奉此除分令外合行令仰該府遵照幷轉飭所屬一體遵照。

等因奉此除分令外合行令仰該　遵照幷轉飭所屬一體遵照

此令

中華民國三十三年三月　日　市長　周學昌

南京特別市政府訓令 府祕字第　號

令各局處會

案奉

行政院院字第四六一二號訓令內開

案奉

國民政府第七一一號訓令開：『據本府文官處簽呈稱：「准最高國防會議秘書處高秘字第五二〇號公函開：「案准中央政治委員會秘書廳檢送奉交行政院三十三年二月二十九日院字第一六七六號呈乙件爲本院第一九八次會議通過公務員限期戒烟辦法呈請鑒核等情當經陳奉　主席提交最高國防會議三十三年三月二日第四十二次會議討論決議通過送　國民政府公布記錄在卷相應錄案抄附原呈及辦法函請查照轉陳公布並令飭行政院知照等由理合簽請鑒核等情據此自應照辦除明公布並分行外合行抄發該辦法令仰該院知照并轉飭所屬一體知照此令。』等因奉此除分令外合行抄發公務員限期戒烟辦法令仰該府知照並轉飭所屬一體知照。

等因附抄發公務員限期戒烟辦法一份奉此除分令外合行抄法前項辦法一份令仰該局處會知照并轉飭所屬一體知照

此令

附抄發公務員限期戒烟辦法一份

中華民國三十三年三月　日　　市長周學昌

公務員限期戒烟辦法

第一條　凡在政軍機關服務之公務員均應自三十三年三月二十九日起限兩星期內向主管長官出具切結聲明並無食鴉片或吸用嗎啡高根海洛因及其他化合物等毒品情事並須有同機關荐任以上人員三人出具保結倘以後查有吸食煙毒情事除本人應予撤職并依法治罪外保證人員應連帶受撤職之處分

第二條　公務人員年老因疾病致吸食鴉片成癮者自三十三年三月二十九日起限兩星期內應向主管長官自行報名

第三條　報名後由主管長官限期飭令戒絕至多以個月爲限

第四條　限期屆滿後由主管長官指定醫師嚴密調驗確已戒淨者由醫原師給予證明書其未戒淨者即予撤職

第五條　醫師調驗應忠實執行職務如有通同隱滿情事應送法院依法辦理

第六條　染有煙癮之公務員在施戒期內應暫停職務爲獎勵自首起見仍得照支原薪

第七條　公務員絕對不准吸食嗎啡高根海洛因及其他化合物等麻醉毒品倘見發覺即送法院依法辦理不適用本辦法自首之規定

第八條　凡學校員生之限期戒煙適用本辦法之規定
第九條　本辦法自公布之日施行

南京特別市政府訓令　府保甲字第　號

令各局處會
　城鄉各區公所

案准
首都警防團總字第二六四號公函內開「案奉　首都警備司令部三月十日通報內開『查本市防空設施雖經各方協力推進然應乎目前態勢實有更強化之必要茲經於本月九日與友邦防衛司令部開會關於警戒管制準備程度當經議決由三月十一日起一律實施除呈報暨函令外相應檢同室內外燈光秘匿程度表一份通希查照幷飭屬實施爲荷』等因附發一般屋外燈及屋內燈秘匿程度表一份奉此自應遵辦除分別函令外相應抄送上項程度表函請查照幷飭屬一體知照爲荷」等由附發一般屋外燈暨屋內燈秘匿程度表一份准此除分令外合行抄發上項程度表令仰知照幷飭屬一體知照
此令

附發一般屋外燈及屋內燈光線隱匿程度表一份

中華民國三十三年三月三日　市長周學昌

管制要領

要旨：爲使警戒管制與空襲管制不失機宜計故有常時實施必要之準備

一般屋外燈及屋內燈光線隱匿之程度表

分類 種別	分類 細別	管制程度	摘要
屋外燈　廣告招牌裝飾燈類	廣告燈招牌燈裝飾燈與其他類似上述燈	熄滅	交通治安及必要之殘置燈應依照左記區分取得許可後直向防衛司令部報告 一、左記日本方面軍須向各隊長民間則向總領事館申請 二、中國方面均向首都警備司令部申請
屋外燈　標識燈類	避難所標識燈救護所標識燈警察消防官署標識燈消火檢標識燈與其他類似之燈	透視距離以五〇〇米為標準減光	
屋外燈　街路燈類	街路燈橋樑燈電桿路燈其他類似燈火（包括隧道燈等）	光線大概減半電桿路燈等一切均減少半數但當警戒管制時除維持治委之設置燈例外	
屋外燈　門屋簷燈類	門燈屋簷燈與其他類似燈（標記照明燈等）	熄滅但為應必要之所須代用為路燈者準以前項辦理	
屋外燈　屋外作業燈類	屋外作業燈類（包括無側壁之建築物內作業必要之燈火）	遮蔽或減光警戒管制時視為殘置燈許可設置者除外	
屋外燈　其他屋外燈	公園燈庭園燈社寺屋外燈廣場照明燈其他不屬於前各項之屋外燈包括無側壁建築物內之燈火	但極屬必要者於取得許可後得以留點之	
屋內燈　店前燈類	店前陳列窗照明燈店前裝飾吊下燈其他類似燈火	減光以後遮蔽	直射光線不得洩漏屋外
屋內燈　普通屋內燈類	右以外屋內燈	遮蔽	

備考　一般交通關係燈鐵道軌道關係燈船舶關係燈火熄與其他燈光應竭力減光或遮蔽使過警戒管制式空襲管制時均能易於改移實行

南京特別市政府訓令 府保甲字第　號

令各局處會
城鄉各區公所

案准

內政部禁字第四號咨開

「查中央為厲行禁煙限期肅清起見當經本部擬具禁煙辦法大綱呈奉　行政院第一九六次會議議決通過在案茲經本部依照原大綱各條之規定擬具限期禁絕售吸所辦法煙民登記限期禁絕辦法取締土膏行商章程公務員限期戒烟辦法各草案呈請提付院議在卷現奉　行政院院字第四三三二號訓令內開『案查本院第一九八次會議討論事項第二案院長交議據內政部梅部長呈送烟民登記限期禁絕辦法等各草案請鑒核等情經先飭據本院秘書處審查簽具意見請公決案決議照審查意見通過公務員限期戒烟辦法呈　中央政治委員會其餘即由該部公佈施行等由紀錄在卷除將公務員限期戒烟辦法草案呈請　中央政治委員會提會公決外合行錄案幷抄發本院秘書處簽註意見令仰該部遵照』等因幷抄發秘書處簽註意見一份奉此除公布及烟民登記限期禁絕辦法取締土膏行商章程尚待補充外所有限期禁絕售吸所辦法亟應實施相應檢同原辦法一份咨請查照飭屬一體遵照辦理幷希見復」

等由幷附限期禁絕售吸所辦法一份到府准此自應照辦除分令外合行抄發原辦法令仰遵照辦理幷飭屬一體遵照辦理為要

此令

附抄發限期禁絕售吸所辦法一份

中華民國三十三年三月　日

市長周學昌

限期禁絕售吸所辦法 三十三年三月一日內政部公布

第一條　各地開燈供人吸食鴉片之售吸所或冒稱戒烟所等類似烟館之營業者統依左列期限禁絕之

(一)首都限三十三年三月二十九日以前

(二)上海市區限三十三年六月三十日以前

(三)設有地方禁烟局之城市限三十三年九月三十日以前

(四)其他各地限三十三年十二月三十一日以前

第二條　各地方禁烟局及辦事處自三十三年三月二十九日起應將所轄境內售吸所依照前條第二三四各款所列限期以前按月減少其家數報請禁烟總局轉報內政部備查

第三條　各地售吸所及其類似營業在限令停閉以後仍有私自開設者應移送司法機關辦理

第四條　各地旅館妓寮及其他娛樂場所絕對不准開燈供人吸食鴉片或兼營售吸所營業

第五條　各地在未禁絕以前售吸所之取締規則另定之

第六條　本辦法自公布之日施行

南京特別市政府訓令　字第　號

令各局處會

案准

米糧統制委員會南京區辦事處米京字第九〇九號公函內開

「案查中央直屬駐首都各機關公務人員配給米現已開始實施幷奉　米糧統制委員會函飭撥發此項食米須審核購米證等因奉此自應遵辦惟各機關申請配米暨附送購米證等手續亟應規定劃一以便審核茲規定如左

一、各機關有家屬之員役應即造具需米調查表一式二份所有家屬人口據實塡報不得虛誣重復其每月應領之廉價米及逾額米數量分別塡列並附送購米證以資對照凡無購米證者以隻身論月撥食米一斗二升

二、各員役所報家屬人口應具連環保證書一式二份以每科室爲單位在同一科室之內者互相保證各自簽名蓋章連帶負責

三、凡隻身員役應另塡需米調查表一式二份幷須該管區公所及本機關長官證明

四、上列書表等件各機關應於文到十日內塡送過處以憑轉陳　總會核示嗣後每月初十日以前備函申請配給如人口無異祗須敍明並無增減字樣倘有增減即應附送異動表一式二份以便增減撥米數量逾期未送則仍照上月數量配撥如有增加人口併入次月計算

五、人口異動如係增加仍應附送購米證及連環保證書倘減少人口得將所減去員役原送之購米證撤回

六、各機關每月配給米數經核定後本處塡發通知書及虧耗憑證各一紙領米機關派員時同原書證來處繳款領米

以上各節相應檢同各機關有家屬員役需米調查表暨隻身員役需米調查表連環保證書及異動調查表等四種表式各一件函請查照辦理爲荷」

等由幷附表式四種准此自應照辦除分行外合行抄發原表式令仰遵辦幷轉飭遵辦爲要

此令

附表式四種各一件

中華民國三十三年三月　日　市長周學昌

(○○機關)現有員役及其家屬　年　月份需米調查表　年　月　日塡

職別	姓名	住址	家屬人口		本月份需米數量			附送購米證之號數	備考
			大口	小口	廉價米	溢額米	合計		
合計									

主管長官　（簽名蓋章）

(○○機關)現有隻身員役　年　月份需米調查表　年　月　日塡

職別	姓名	住址	需米數量	備考

合計

（○○機關）現有員役塡報家屬人口連環保證書

科（或室）	職別	姓名	家屬人口 大口	家屬人口 小口	現在住址	備考

年　月　日塡

證明人區公所（蓋印）
主管長官（簽名蓋章）

○○科（或室）同人對於右表所塡家屬人口俱係實在玆願連環保證簽章於後

被保人姓名	被保人姓名	保證人姓名 簽名蓋章	保證人姓名 簽名蓋章	備考

（○○機關）年　月份員役異動調查表

增減別	職別	姓名	住址	家屬人口 大口	家屬人口 小口	增加減少米量 廉價米	增加減少米量 逾額米	增加減少米量 合計	附送撤回購米證之號數	備考

年　月　日塡

總計增減	上月份全體員役需米總數	廉價米	逾額米	合計	本月份全體員役需米總數	廉價米	逾額米	合計	備考

主管長官（簽名蓋章）

南京特別市政府訓令 字第　號

令各區公所

案准

米糧統制委員會南京區辦事處米京字第九二〇號公函內開

「案奉米糧統制委員會祕文字第二八九三號函開『茲制定收買合作社蒐集米穀辦法一種除呈報暨分行外相應檢發五份函請貴處暫先查照辦理並將辦理情形隨時函報核奪為要』等因並「收買合作社蒐集米穀辦法」一件奉此自當照辦除分函外相應抄同附件隨函奉達敬煩查照檢收是荷」

等由并附收買合作社蒐集米穀辦法一份准此除分令外合行抄發原辦法一份令仰該區遵照

此令

附收買合作社蒐集米穀辦法一份

中華民國三十三年三月　日

市長周學昌

收買合作社蒐集米穀辦法

(一)凡蘇浙皖米穀運銷管理區域內加入合作社之農民社員以共同供出之方式將自己收穫之米穀蒐集於一定地點經合作社之居中幹旋而提供本會時本會得視同指定採辦商依照本辦法之規定按照規定價格予以收買

(二)前項居中幹旋之合作社不論分社或支社均以依法正式成立者爲限其蒐集米穀之農民社員不論普通社員或特別社員均以正式加入合作社取得社員資格者爲限

(三)提供米穀之農民社員應將米穀種類數量及蒐集地點等開列清單送交所屬分社由分社轉送所屬支社送交登部隊審核彙轉本會

(四)本會根據登部隊之通知分別轉飭各地區辦事處照發採辦證

(五)農民社員提供之米穀經商妥收買後各支社應令各分社將米穀集中城區以便收買

(六)本會各地區辦事處對於收買合作社蒐集之米穀其一切手續可參照本會現購米糧須知之各項規定辦理之

(七)關於收買合作社方面蒐集之米穀其金融問題由華興商業銀行直接處理本會概不顧問

(八)關於收買合作社方面蒐集之米穀所需交換之物資得由本會依照特定辦法交付之

(九)本辦法提經本會委員會議通過並經由全國商業統制總會轉呈　行政院核准備案後施行其修正時亦同

南京特別市政府訓令　府糧字第　號

令燕子磯　孝陵衛
　上新河　安德門區公所

案准

行政院農業增產策進委員會總字第六號咨開：

「案查各縣區農業增產策進委員會組織通則業經提交本會三月四日第三次會議討論決議照審查意見通過並呈院備案並公佈施行等語記錄在案除將上項通則備文呈送行政院備案外相應檢附通則咨請查照」

等由幷附各縣區農業增產策進委員會組織通則一份准此自應照辦除分令外合行抄發原通則一份令仰該區遵照！此令。

附抄發各縣區農業增產策進委員會組織通則一份

中華民國三十三年三月　日

市長周學昌

各縣區農業增產策進委員會組織通則

第一條　各縣區(區公署)為策進縣區農業增產事宜設置農業增產策進委員會

第二條　本會直隸於縣政府或區公署並受省市農業增產策進委員會之指導監督

第三條　本會之職掌如左

一、關於縣區增產方案及事業分配之審議事項

二、關於縣區增產事業計劃之提議及審查事項

三、關於縣區增產事業機關調整之提議事項

四、關於縣區增產事業之策進事項

五、關於縣區增產事業之連絡事項

六、關於各項增產事業之調查統計事項

七、其他有關增產策進事項

第四條　本會設主任委員一人委員若干人主任委員由縣區主管建設行政人員兼任委員由左列各員兼任之

一、縣區主管建設行政人員

二、縣區主管財政行政人員

三、縣區主管農業行政人員

四、縣區主管社會福利行政人員

五、新國民運動促進委員會支會事務處主任

六、縣區合作社支社理事長

七、其他有關機關團體主管人員

第五條　本會酌設辦事人員必要時得分課辦事

第六條　本會辦事細則另訂之

第七條　本通則自公佈之日施行

南京特別市政府訓令　字第　號

令鄉實區等公所

案准

行政院農業增產策進委員會總字第五號咨開

「案查本年度農業增產計劃各縣區應組設鄉鎮農業協進會推進增產工作經擬訂鄉鎮農業協進會組織通則提交本會三月四日第三次會議討論決議修正通過呈院備案並由會公佈施行等語記錄在案除檢同上項通則呈送 行政院備案並公佈外相應抄附通則咨請查照並轉飭所屬一體遵照」

等由幷附送鄉鎮農業協進會組織通則一份准此自應照辦除分令外合行抄發原通則一份令仰該區轉飭遵照

此令

附發鄉鎮農業協進會組織通則一份

中華民國三十三年三月　日

市長周學昌

鄉鎮農業協進會組織通則

第一條　本會定名爲某省(市)某縣(市區)某鄉(鎮)農業協進會由各地合作社指導組織之並受地方政府之監督

第二條　本會應本增加農業生產改善農民經濟之目的訂定鄉鎮農事改良計劃指導農民分別進行左列各事項

一、關於種作技術之改良
二、關於荒地之開墾及空閑地之利用
三、關於增產作物之推廣
四、關於農田水利之興修
五、關於農村副業之普及
六、關於森林之培植及保護
七、關於災害之預防及救濟

八、關於互助社之組織及經營
九、關於農民借貸之介紹及保證
十、關於農事之調查及報告
十一、關於接受地方政府及各農業機關之諮詢及委託

第三條　凡中華民國人民居住本鄉(鎮)內年滿二十歲具有左列資格之一者得爲會會員
一、曾經受訓之中堅農民
二、忠實勤墾之農民其耕作農田面積在十畝以上者
三、互助社社長
四、熱心農村建設或其他有關農事改良者經會員五人以上之介紹

第四條　本會設會長一人由會員大會就會員中選舉之

第五條　本會設幹事三人至六人由會長就會員中指定之

第六條　本會設左列各組每組設組長一人由會長就幹事中指定充任商承會長處理各該組事務
一、勸導組　辦理農業增產計劃之宣傳與勸導實施事項
二、審查組　辦理農業增產工作之成績評定與補助奬勵金之申請及農民借貸之保證事項
三、總務組　辦理文書會計庶務及調查統計事項
本會會員應分別認定前項之一組或二組協助組務

第七條　本會職員任期定爲一年但得連任之

第八條　本會職員均爲名譽職

第九條　會員大會每月開會一次但會長認爲必要或經會員四分之一以上之請求時得召集臨時大會

第十條　會員大會由會長召集之開會時以會長爲主席

第十一條　會員大會之決議須有會員過半數之出席出席會員過半數之同意行之

第十二條　本通則自公布之日施行

南京特別市政府訓令

府經字第　號

令第一、二、三、四、城、鄉區自治實驗、上新河、安德門區公所

案查該區轉呈工商業登記案內有　戶業經飭據經濟局審查核與定章相符應准登記給證除已將營業許可證分別通知該商逕行來府具領以憑營業外合亟抄發核准給證清單令仰該區即便知照

此令

附發核准給證清單壹紙

中華民國三十三年三月　日

市長周學昌

第一區公所轉呈工商業登記案內核准給證各戶清單

榮森號等　拾柒戶

第二區公所轉呈工商業登記案內核准給證各戶清單

華福號等　肆拾肆戶

第三區公所轉呈工商業登記案內核准給證各戶清單

顧德記號等　拾戶

第四區公所轉呈工商業登記案內核准給證各戶清單

協記號等　拾柒戶

城區自治實驗區公所轉呈工商業登記案內核准給證各戶清單

永發祥號等　玖戶

鄉區自治實驗區公所轉呈工商業登記案內核准給證清單

蔣合記號　壹戶

上新河區公所轉呈工商業登記案內核准給證各戶清單

聚興號等　伍戶

安德門區公所轉呈工商業登記案內核准給證各戶清單

恆　源號等　拾戶

南京特別市政府訓令 府經字第　號

令市商會

經濟局案呈以奉

實業部商字第三一九號訓令內開：

查工商業同業公會爲統制經濟之重要下層機構與戰時經濟政策之實施關係至爲密切各業公會對於所屬會員自應嚴加監督勿稍寬假各會員如有經營違法買賣情事應即取消其會員資格並呈報主管官署依法查辦以肅法紀倘敢隱匿不報各地主管官署一經查明亦應斟酌輕重將各該公會負責人員予以處分藉資懲戒除分令外合行令仰該局遵照辦理

等由准此合行令仰該會遵照並轉飭各業同業公會一體知照爲要

此令

中華民國三十三年三月　日　市長周學昌

南京特別市政府訓令 府保甲字第　號

令商民勞動服務團團本部

查本府爲整頓商民勞動服務團之組織訓練及統一其機構起見經與首都警察總監署會商決定自即日起商民勞動服務團團本部及所屬各區團隊等一律暫停活動聽候歸併改編除函達首都警察總監署外合亟令仰遵照辦理具報爲要

此令

中華民國三十三年三月　日　市長周學昌

南京特別市政府訓令　府經字第　　號

令市商會理事長葛亮疇

查裁委會歷次決議沒收物資本府爲便於稽核起見除已准變賣者外嗣後該會應將點收議價情形列表呈報核奪在未奉准前不得先行發售或轉配合行令仰遵照爲要

此令

中華民國三十三年三月　　日

市長　周學昌

南京特別市政府佈告　府財字第　　號

案查本市田賦依照

中央頒布非常時期各省市征收田賦暫行條例第三條之規定每年應依照田地時價酌中評定價格一次業經本府召集田地評價委員會於本年三月十五日在本府開會按照現時田地價格詳細討論分別評定當經議決本年田地價格酌中評定上等田地每畝三千元中等田地每畝二千元下等田地每畝一千四百元其未經開墾之蘆灘仍照原規定辦法由各業主呈報本府派員查勘另行核辦由會通過紀錄在卷並依照規定手續呈報本府核定前來茲經依據評定田地價格按照百分之一標準核定三十三年份應征賦額計上等田地每畝全年賦額三十元中等田地每畝全年賦額二十元下等田地每畝全年賦額十四元分爲上下兩期征收所有以前欠賦仍照原定賦額征收除令田賦征收處遵照辦理並呈報財政部查核轉報

行政院備案外合行布告仰本市農民人等一體遵照規定賦額按期繳納毋得延誤爲要

此布

中華民國三十三年三月　　日

市長　周學昌

財政局局長　譚友仲

南京特別市政府公告　府地字第　　號

案據業戶卓璋等呈報出賣坐落蓮子營第六二號房地產玆因該產原登記卷經事變散失除飭具商保證明產權外前來玆依照土地法第一百四十條第二款之規定揭示公告自公告之日起對於該產如有因權利關係聲明異議者須於三個月內提出理由書暨證明文件呈候核辦一經公告期滿無人異議即予依法核准買賣發給圖狀管業合行公告週知

中華民國三十三年三月日

市長周學昌
地政局局長張仿良

公牘

南京特別市政府咨 字第 號

案查本府辦理土地登記工作月報表業經函送至二月份在案玆造具三月份前項工作月報表乙份相應咨送即希
查照為荷
此咨
內政部
附咨送本府辦理土地登記三月份工作月報表乙份

市長周學昌

中華民國三十三年三月日

南京特別市地政局辦理土地登記工作月報表

中華民國三十三年三月份

項別	接收各種土地登記聲請書	土地所有權登記	土地他項權利登記：地上權	永佃權	地役權	典權	抵押權	其他土地事項登記：移轉	分割	合併	增減	坍沒	塗銷	土地種類或名稱之變更	登記錯誤或遺漏之更正	發給各種土地權利證明書狀：土地所有權狀	建築圖	土地他項權利證明書	官契稅單	查驗證
件數 上旬	46	19					3	22		1				1		45	1	2	19	
件數 中旬	29	2					2	24						1		28		1	9	1
件數 下旬	35	1					2	32								26		5	9	2
合計	110件	22件					7	78		1				2		99	1	8	37	3
總計	110件	22件	7件					81件								148件				
備考	三十三年三月三十一日填																			

南京特別市政府公函　字第　號

案據糧食局呈稱

「竊查畜業公會查緝組自工作以來成績不甚良好長此以往影響猪隻來源甚巨當經飭科詳詢該會經辦查緝人員之困難情形據稱該查緝組組織脆弱名義狹隘以致實力有限查緝工作不能圓滑推進等語查該會查緝工作健全與否關係猪隻來源之暢絀該項組織實有強化之必要業經職與警監署商洽擬將該查緝組改由　本府與首都警察總監署聯合組織定名為「南京特別市政府首都警察總監署畜產聯合查緝組」該組工作人員擬由本府與警察總監署分別委充並由本府指定一人為該組正主任警監署指定一人為副主任經費仍由該會負擔至該組組織章則及肉商違章處罰辦法容俟另擬呈核所有改組該查緝組及擬定名稱是否可行理合簽請核示」

等情前來查該局為暢旺京市猪隻來源起見擬改組畜產業查緝組為「南京特別市政府首都警察總監署畜產聯合查緝組」經核尚屬可行相應函請

貴署查照見復為荷

此致

首都警察總監署

中華民國三十三年三月　日

市長周學昌

南京特別市政府咨　府衛字第　號

案准

貴署本年三月七日醫三字第五六號咨開：查各省市醫藥從業人員人數之多寡與已否換領證書及請求臨時開業之動態本署應有精詳統計用以考查醫藥界現實情形而策調整之方法茲特製就醫藥從業人員申請領證及發給臨時開業執照動態月報表一份着自本年一月份起由各省市衛生主管機關按月依照本表說明各欄據實填報除呈請　行政院轉咨華北政務委員會令行各省市長分飭各直屬衛生主管機關遵辦並分咨外相應檢同前項月報表式一份隨文咨請　貴市政府查照即希轉行各衛生主管機關遵照辦理為荷等因准此當經飭交衛生局遵辦按式填繕呈送前來相應檢同該項月報表二份隨文咨請

查照為荷

此咨

衛生署

中華民國三十三年三月　日

市長周學昌

南京特別市政府公函 府財字第　號

案據本市柴行業同業公會理事長張達炎呈稱

「竊會迭據會員報稱船載朽爛不堪樹頭樹根行經三岔河該卡多方留難任意勒索稍有違背卽遭毆打強稱雜木料非報不可等由據此查京市人口繁多燃料恐慌曾經發生多次當將各種困難實情呈請財政部蒙將海關轉口稅豁免並蒙鈞府批令京市柴類捐稅一概免征各在案本會職責所在不得不據實呈請鈞縣准予咨請江蘇省財政廳迅令該卡免征木柴稅是爲公便」

等情據此查本府前因江蘇省承辦營業專稅人員有在市區越境征收情事業經函請

貴署飭屬一體制止在案茲據前情復查三岔河係爲市區轄境柴草有關民生日用豈容他省人員越境勒索其中難免地方流氓假冒苛擾相應函請

貴署查照轉飭該管警局嚴行禁止如敢故違卽予拘究並希

見復爲荷

此致

首都警察總監署

中華民國三十三年三月　日

市長周學昌

南京特別市政府佈告 府保甲字第　號

查本府爲整頓商民勞動服務團之組織訓練及統一其機構起見前經派員與

貴署協商決定自卽日起商民勞動服務團團本部及所屬各區團隊等一律暫停活動聽候併入警防團除令飭該團本部遵照暨籌商合組辦法外相應函請

查照爲荷

此致

首都警察總監署

中華民國三十三年三月　日

市長周學昌

統計

南京特別市戶口統計表

三十三年度三月份

區別	戶數	人口數						
		總數	男性			女性		
			合計	成人	兒童	合計	成人	兒童
總計	143798	694267	377754	295191	82563	316513	240955	75558
城區自治實驗區	13863	64158	30880	24887	5993	33278	25667	7611
第一區	23373	117078	63014	53266	9748	54064	44706	9358
第二區	23485	114147	61668	51623	10045	52479	42697	9782
第三區	19001	89161	50134	37025	13109	39027	28425	10602
第四區	18915	104568	58530	50097	8433	46038	38989	7049
第五區	9363	46248	26600	19559	7041	19648	12703	6945
鄉區自治實驗區	9000	42071	22107	17205	4902	19964	15345	4619
上新河區	12076	52454	28537	19727	8810	23917	16062	7855
孝陵衛區	5184	24187	12855	7156	5699	11332	6722	4610
安德門區	9538	40195	23429	14646	8783	16766	9639	7127

備考：各外國僑民未在此表內　　資料來源根據各區公所報告　　秘書處第三科統計股製

南京特別市戶口統計表

三十三年度三月份　　較二月份增(十)減(一)

區別	戶數	人口數							
		總數	男性			女性			
			合計	成人	兒童	合計	成人	兒童
總計	(十)1369	(十)2274	(十)1609	(十)1189	(十)420	(十)665	(十)453	(十)212
城區自治實驗區	(十)600	(十)982	(十)540	(十)421	(十)119	(十)442	(十)359	(十)83
第一區	(一)13	(一)510	(一)260	(一)177	(一)83	(一)250	(一)167	(一)83
第二區	(十)64	(十)330	(十)159	(十)124	(十)35	(十)171	(十)130	(十)41
第三區	(十)443	(十)1058	(十)566	(十)375	(十)191	(十)492	(十)296	(十)196
第四區	(一)2	(十)5	(十)6	(一)1	(十)7	(一)1	(一)8	(十)7
第五區	(十)29	(十)230	(十)116	(十)70	(十)46	(十)114	(十)74	(十)40
鄉區自治實驗區	(十)76	(十)45	(十)10	(一)4	(十)14	(十)35	(十)16	(十)19
上新河區	(一)40	(一)248	(一)124	(一)62	(一)62	(一)124	(一)62	(一)62
孝陵衛區	(一)10	(一)38	(一)25	(一)24	(一)1	(一)13	(一)16	(十)3
安德門區	(十)240	(十)420	(十)621	(十)467	(十)154	(一)201	(一)169	(一)32

備考：各外國僑民未在此表內　　資料根據各區公所報告　　秘書處第三科統計股製

南京日需品零售物價指數（簡單幾何平均）

民國二十九年＝100

類別 / 項數 / 時期	食糧葷素菜類					油及調味類	燃料類	衣服材料類	雜項類	總指數
	食糧	菜蔬	肉食	醬菜	平均					
	10	23	9	5	47	9	7	10	10	83
民國三十三年三月份	5111.3	4307.3	3275.4	898.6	3587.9	3176.4	18281.1	5743.0	13951.0	5063.0
較上月份增(＋)減(－)	(＋) 412.5	(－) 795.2	(＋) 231.7	(－) 149.7	(－) 249.9	(－) 724.6	(－) 2514.4	(－) 905.3	(＋) 4151.0	(－) 246.9

說略

三月份南京日需品零售物價總指數爲5063.0較上月5309.9低落4.6%

1.食糧葷素菜類四十七種平均指數3587.9較上月3837.8低落6.5%其中食糧以公米配給斷續無定米市暗盤步漲再麵粉缺貨應市黑市價混亂交易本月份指數爲5111.3較上月4698.8增8.7%其中菜蔬品以普通菜品落時者多農田翻地耕種大批上市賤價出售指數爲4307.3較上月5102.5低落15.5%其中肉食品以牛猪雞鴨等肉品來源稀少市價昂奇指數爲3275.4較上月3043.7增7.6%醬菜品因各醬業出貨季節市貨充沛價格較賤於平民頗受裨並本月指數爲868.6較上月1048.3低落14.2%

2.調味類九種食油有販運大量入城價落鹽糖本月得有配給黑市略低故指數爲3176.4較上月3901.0低落10.8%

3.燃料類七種最近煤觔已有充分配給各消耗業大多以煤代柴替用以致一般柴草價格疲輭無力指數爲18281.1較上月20795.5低落12%

4.衣服材料類十種棉紗布已准自由買賣市攤貨品擁出求售在競爭營業下一般削價指數爲5743.0較上月6648.3低落13.6%

5.雜項類十種紙張奇缺市需孔股黑市高漲皂燭以原料缺乏成本增加市需求過於供黑市昂騰火柴捲烟平庸指數增爲13951.0較上月9900.0增加40.9%

綜觀三月份零售物價以食糧中麵粉雜項中皂燭紙張漲勢最烈肉食品亦有增漲其他各類一般下落蔬菜品服用品跌降最烈燃料及調味品次之

南京特別市政府祕書處第三科統計股製

南京日需品零售物價指數比較表（簡單幾何平均）

民國二十九年＝100

類別/項數/時期	食粮葷素菜類					油及調味料	燃料類	衣服材料類	雜項類	總指數
	食糧	菜蔬	肉食	醬菜	平均					
	10	23	9	5	47	9	7	10	10	83
民國三十三年二月	4698.8	5102.5	3043.7	1048.3	3837.8	3901.0	20795.5	6648.3	9900.0	5309.9
三月	5111.3	4307.3	3275.4	898.6	3587.9	3176.4	18281.1	5743.0	13951.0	5063.0
增(十)減(一)百分比	(+) 8.7%	(—) 15.5%	(十) 7.6%	(—) 14.2%	(—) 6.5%	(—) 10.8%	(—) 12%	(—) 13.6%	(十) 40.9%	(—) 4.6%

南京特別市政府祕書處第三科統計股編製

中華郵政掛號認爲第一類新聞紙類　江蘇郵政管理局執照第一〇四三號

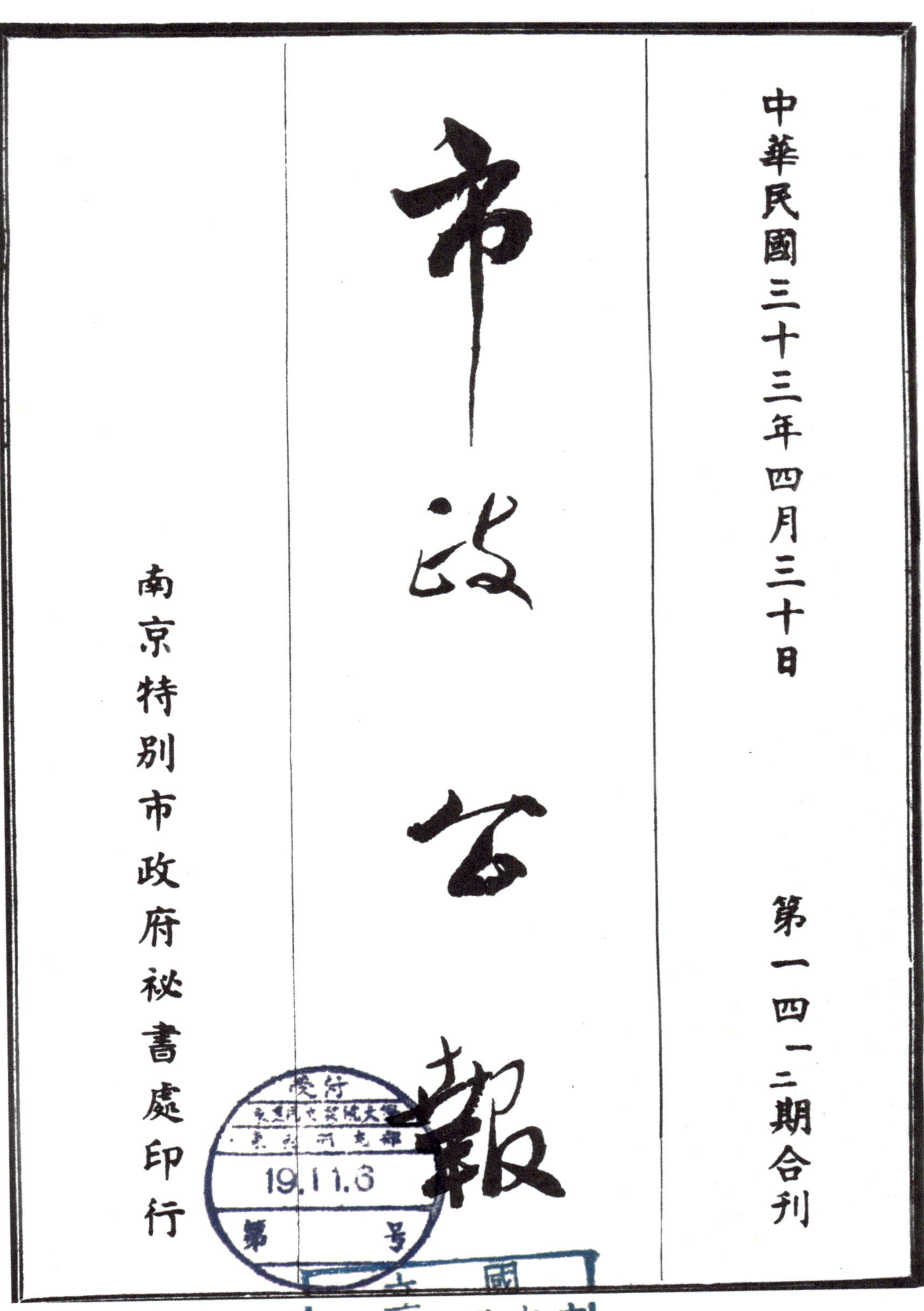

中華民國三十三年四月三十日

第一四一—二期合刊

市政公報

南京特別市政府秘書處印行

19.11.6

南京圖書館藏

目錄

命令

法規

公牘

統計

命令

南京特別市政府公布令　府經字第　號

玆制定獎勵工業規程七條公佈之

此令

附錄南京特別市政府獎勵工業規程(見法規欄)

中華民國三十三年四月　日

市長周學昌

南京特別市政府公佈令　府地字第　號

玆制定南京特別市不在業主土地房屋審查委員會組織章程公佈之

此令

附錄南京特別市不在業主土地房屋審查委員會組織章程(見法規欄)

中華民國三十三年四月　日

市長周學昌

南京特別市政府訓令　府祕字第　號

令本府祕書長陸善熾
　地政局局長張仿良
　工務局局長韓春第
　財政局局長譚友仲

玆派該員兼任本府不在業主土地房屋審查委員會委員合行檢發組織章程壹份令仰

遵照
此令

附不在業主土地房屋審查委員會組織章程壹份（見法規欄）

中華民國三十三年四月　日　市長周學昌

南京特別市政府委令　府秘字第　號

令集一冊

茲派該員為本市城區實驗區區長
此令

中華民國三十三年四月　日　市長周學昌

南京特別市政府訓令　字第　號

令工務局第三科科長莊通三
技正兼建築股主任吳顯揚

茲派該員兼任本府工務局第二科科長秘書
此令

中華民國三十三年四月　日　市長周學昌

南京特別市政府訓令　府財字第　號

令營業稅征收處
捐稅征收所
南京市商會

案奉

國民政府行政院院字第四〇四九號訓令內開

「案奉

國民政府三十三年三月八日第七〇五號訓令內開『據本府文官處簽呈稱「准最高國防會議秘書處高秘字第五一八號公函開一案准中央政治委員會秘書廳檢送奉交行政院三十三年二月九日院字第一五四八號呈據財政部呈爲修正海關進口稅稅則暨進口稅則暫行章程條文等呈請自三十三年二月一日起全國一律實行除指令照准並電咨華北政務委員會飭屬遵照外呈請備案當經陳奉　主席提交最高國防會議三十三年二月十七日第四一次會議討論決議「修正海關進口稅則通過准自三十三年二月一日起先行照辦仍送　國民政府公布施行餘准備案並交立法院備查」等因記錄在卷相應錄案抄發原呈及附件函請查照轉陳分別公布飭知』等由理合簽請鑒核等情據此自應照辦除將修正海關進口稅則公布施行外合行抄發原附各件令仰該院知照並轉飭所屬一體知照此令』等因奉此自應遵辦除修正海關進口稅稅則已登載國民政府第六百十號公報不另抄發外合行抄發本院原呈及修正進口稅則暫行章程第一款第一節條文各件令仰該府遵照并飭屬一體遵照此令」

等因計抄發行政院原呈及修正進口稅則暫行章程第一款第一節條文各一件奉此自應遵辦除分行外合行抄發修正條文令仰該　知照並飭屬一體知照

此令

計抄發行政院修正進口稅則暫行章程第一款第一節條文一紙

中華民國三十三年四月　日

市長周學昌

修正進口稅則暫行章程第一款第一節條文

凡進口貨物之完稅價格應以報運進口時在輸入口岸之躉發市價作爲計算根據而以當地通用貨幣爲準由躉發市價內除去該貨適當利得各費及應納稅額卽爲完稅價格

修正進口稅則暫行章程第一款第一節內之躉發市價解釋條文第三條條文

凡物貨之眞正起岸價格按特定公布兌換率折合當地通用貨幣後核與躉發市價除去適當利得各費及應納稅額相接近者或貨物之在國內市場無躉發市價可考者在普通情形之下得以眞正起岸價格作爲完稅價格

南京特別市政府訓令　字第　號

令城鄉各區區公所

案准

行政院農業增產策進委員會總字第十一號咨開：

查本會緊急增產對策推進預定表前經函送

貴市政府查照辦理在案茲查該表內列「各縣區政府督令關係機關清除垃圾指導農民堆製肥料」一項關係甚重要值茲

春作開始時期亟宜督導農民堆積垃圾雜草落葉草木灰及家畜糞溺並澆潑人糞尿及水每隔相當時期予以翻轉以備腐熟後充作肥料此種肥料卽不須重價購買又不必向遠處搜求金錢人力及時間均極經濟第恐各鄉鎭保甲長狃於舊習不

加注意坐視農民任意拋棄垃圾等物有失政府積極增產之至意深爲可惜用特不憚煩瑣重申前由除分咨外相應咨請

貴市政府卽希查照轉飭所屬切實遵辦并將辦理情形見復爲荷

等由：准此自應照辦分別函令外合行令仰該所轉飭所屬各鄉鎭公所督勵農民切實遵辦爲要

此令

中華民國三十三年四月　日　　市長　周學昌

南京特別市政府訓令　府工字第　號

令上新河第五區鄉區自治實驗區公所

查本年桃汛期屆水位漸高所有本市江堤埂水閘涵洞例應先期修建復原茲據工務局派赴各區勘查水利工程技正楊孟仁呈報去年汛期過後該區江堤河岸殘損倘輕惟查此河口木閘損毀改建石閘工程及雙閘方家閘馮家閘養虹橋一帶水閘陡門漏洞頗多尤以棉花堤正當江流水勢湍激之衝均應趕速修理合亟令仰該區公所督促各鄉分別修建務於最短期內迅將堤埂漏洞修復完善以防水患而保農產並限文到七日內迅將辦理情形詳細報核切勿遲延爲要

此令

中華民國三十三年四月　日　　市長周學昌

南京特別市政府訓令　府秘字第　號

令社會福利局

案准

社會福利部社總字第二三九三號咨內開

案奉

行政院院字第四五五〇號訓令內開『案查本院第二〇〇次會議討論事項第九案「院長交議：據社會部丁部長呈：擬請修正各省市社會福利局暫行組織條例第一條第九條條文繕具修正條文草案請鑒核等情請公决案決議通過卽由院令修正公佈并呈請中央政治委員會備案」等由紀錄在卷除呈報備案暨分令外合行錄案幷抄發上項修正條文令仰該部知照』等因奉此除分別咨令外相應檢同上項修正條文一份咨請查照」等由附修正各省市(特別市)社會福利局暫行組織條例第一第九兩條條文一份准此合行抄發前項修正條文令仰該局知照

此令

附抄發修正各省市(特別市)社會福利局暫行組織條例第一第九兩條條文一份

中華民國三十三年四月　日　　市長周學昌

修正各省市(特別市)社會福利局暫行組織條例第一條第九條兩條文

第一條　(原文)各省市社會福利局掌理社會福利籌振慈善及民衆政治指導事宜

(修正文)各省市社會福利局掌理全省市社會行政及社會福利事宜

(理由)本部職掌變更各省市社會福利局之職掌自應隨之更變茲依照本部組織法第一條「社會福利部管理全國社會行政及社會福利事宜」之規定在文字上修正如右

第九條 (原文)各省市社會福利局設會計主任一人荐任辦理歲計會計事務受局長之指揮監督並直接對社會福利部會計處負責

(修正文)各省市社會福利局設會計一人荐任辦理歲計會計事務受局長之指揮監督

(理由)查各省市社會福利局經常費業經劃歸各省市政府撥發各省市社會福利部會計主任對於本部會計處似已無庸直接負責故擬將「並直接對社會福利部會計處負責」一句予以刪除。

南京特別市政府訓令 府經字第 號

令市商會

查四月份上半月公定價格及協定價格物資限價業經本市物價評議委員會第二次改組後第四次常會評定玆特印發評定價格表乙份仰即轉飭各業同業公會分飭各商號遵照發售倘有私自抬價僞稱無貨或不設標籤等情一經查出即依戰時物價管理暫行條例嚴予懲處除函警署飭警嚴予查緝外合行令仰遵照

此令

計印發四月份上半月評定價格表乙份

中華民國三十三年四月 日

市長周學昌

南京特別市四月份上半月公協定物資價格評定公布表

物資類別	物品名稱	單位	核定價格	備考
食糧類	食米	石	九〇六、八〇	配給價
	麵粉	袋	綠四六二、〇〇 紅四一九、〇〇 藍三三一、〇〇	同上
調味類	食鹽	斤	三、九〇	同上
	食油	斤	八九、〇〇	同上
	糖	斤	四四、〇〇	同上

類別	品名	單位	價格	備考
燃料類	有烟煤山東切	噸	一六八八、〇〇	公會配給價
	焦作煤球	噸	一八六六、〇〇	同上
	無烟煤龍潭屑	噸	五二〇〇、〇〇	
	巢縣淋頭無烟煤	噸	五二〇〇、〇〇	
雜用類	肥皂	塊	特等三九、〇〇 頭等三四、〇〇	
	火柴	盒	一二、〇〇	
	洋燭	支	二八、〇〇	
	白報紙	令	五〇〇〇、〇〇	
	白有光	令	三四五〇、〇〇	
	江南毛邊	令	四三五〇、〇〇	
	表芯紙	刀	三五、〇〇	
	草紙	捆	八〇、〇〇	
	脫脂棉花	包（400瓦）	二二〇、〇〇	
	脫脂紗布	包（400瓦）	八八〇、〇〇	
	新亞膠布	筒 25碼 闊12寸	一三三〇、〇〇	
	拜耳阿司匹林片	包（2粒）	五八、〇〇	

品名	單位	價格
拜耳加當片	支（4粒）	四二二、〇〇
唐瘧丸	支（24粒）	九八、〇〇
雙桃奎艮丸	粒（2厘）	二〇、〇〇
老篤眼藥	瓶	一二、〇〇
鷓鴣菜	盒（5小包）	四九、〇〇
八卦丹	包	二四、〇〇
萬金油	小盒	三八、〇〇
標虎頭痛粉	包	二七、〇〇
九一四藥膏	小盒	四〇、〇〇
康福多	瓶	三七八、〇〇
亞新康福那產針	盒（10支）（2cc）	七七、〇〇
亞新淡福白龍針	同上	四五五、〇〇
誼信重鹽酸奎艮針	盒（10支）（2cc）（0.25）	八九八、〇〇
誼信氧化鈣針	5×20c.c 3%	一六五、〇〇

類別	品名	單位	價格	備註
	減疥膏	瓶	三一〇、〇〇	
	史太安片	瓶	七一五、〇〇	
	史太安針	盒	七八六、〇〇	
	思令典針	盒	五六〇、〇〇	
	思令典片	支	一八〇、〇〇	
	消發滅定片	瓶 (0.5) (20粒)	一二五、〇〇	
服用類	棉花	斤	批發 九二、〇〇 零售 一〇〇、〇〇	
	棉紗	件		與有關方面聯絡後再評
	漂白細布	尺	六四、〇〇	
	陰丹士林	尺	八六、〇〇	
	黑細布	尺	六五、〇〇	
	安安藍布	尺	八〇、〇〇	
	本白細布	尺	五二、〇〇	
	本色斜文	尺	五二、〇〇	
	222至333太平洋毛巾	條	八五、〇〇	
	444至555太平洋毛巾	條	一二〇、〇〇	
	綢緞	尺		俟電詢產地價格後再評
畜產類	牛肉	斤	五二、〇〇	
	豬肉	斤	五八、〇〇	
蔬菜類				俟蔬菜公營社呈報後再評

南京特別市政府訓令 府保甲字第　號

令各局處會
城鄉各區公所

案准
首都警防團總字第二六五號公函內開
「案查本團各級警防工作人員臂章前奉　首都防空委員會第六次常務會議決議飭由本團製辦遵經先行製辦式子五百枚現已全部製就幷經呈奉　首都警備司令部令准備查在案玆定於三月十八日起分發所屬各區警防分團轉發各級警防工作人員遇警報發佈時佩用至前發之「防空巡察」臂章及團員符號一併廢止使用除呈報暨分別函令外相應抄同臂章式樣十五紙函請查照幷轉飭知照」
等由計附臂章式樣十五紙准此除分令外合行檢同臂章式樣一枚令仰該局處會區知照幷飭屬知照
此令
計附臂章式樣一枚

中華民國三十三年四月　日

市長周學昌

首都警防團

字第　號

南京特別市政府訓令字第　號

令衛生局 上新河 孝陵衛 安德門 第五區鄉區自治實驗區區公所

案准

國民政府行政院實業部農林字第零三六零號咨開

「案准各省市農業增產會議函以本會議討論事項第一組農業行政類第二十八條「擬請各省市政府通令各縣轉飭所屬儘量利用垃圾充作肥料以期增產案」決議「送請主管機關採擇施行」并抄附原提案審查意見及決紀錄一份函請查照採擇施行等由准此查增加作物產量必須施以相當肥料方今農村正感肥料不足而都市集鎮僻街深巷垃圾幾乎遍地以衛生言亦應按時清除況在今日全國羣呼增產之時尤應利用垃圾充作肥料除分行外相應抄同原提案運集垃圾辦法咨請貴市政府查照通令所屬一體遵照辦理爲荷」

等由并附運集垃圾辦法一份准此自應照辦除分別函令外合行抄發原辦法令仰該局所轉飭各鄉鎮公所切實遵照辦理爲要

此令

附抄運集垃圾辦法一份

中華民國三十三年四月　日

市長　周學昌

運集垃圾辦法

一、由各省市政府令飭衛生局警察局暨清潔隊等附屬機關將清除之垃圾糞便運集於交通便利之原野俾便鄉民搬運

二、獎勵人民從事堆肥糞肥等肥料供給事業

三、令飭縣市鄉村籌組肥料搬運集團

四、令飭所屬各級農事機關提倡利用垃圾堆肥并派員分赴附近各鄉村宣傳堆肥利益提倡引用

南京特別市政府訓令　字第　號

令各鄉區公所(安德門孝陵衛第五區鄉實區)
教育局

案准

行政院農業增產策進委員會審字第十一號公函內開

查稻作增產爲食粮之主要部份防治稻作害虫關係增產功効尤屬綦鉅本會前訂緊急增產對策推進預定表曾經分別規定四月上旬秧田改良指導工作開始五月中下旬舉行秧田品評會並指導移植及舉行第一期秧田除螟運動六月上旬繼續舉行秧田治螟運動及品評會七月上中旬舉行本田第一次除螟運動八月上旬舉行本田第二次除螟運動九月上旬舉行本田第三次除螟運動（拔除被害莖）十月上旬至下旬舉行稻作栽培品評十一月上旬至下旬指導掘燬稻根分項列舉按時策進藉期盡滅害虫現爲積極防治虫害以宏增產實効起見擬請貴市政府迅予斟酌地方環境擬訂適當實施辦法督促各地方有關機關團體或學校青少年團切實勵行除螟運動如舉行除螟運動宣傳週及組織除螟隊等均足以收擴大防治之效至關於是項運動勞績者之獎勵並奉中央核定款有專設將來自應妥予分配以示激勸除分別函令外相應函達至希查照辦理並請將辦理情形隨時見告以憑查核實紉公誼

等因：准此自應照辦查該項運動節經令飭辦理在案玆准前由除分令外合行令仰遵照成案切實辦理隨時

合行抄發除螟辦法一份令仰該局轉飭各市立中學校青年團暨增產特約員迅即組織宣傳隊在各該地區舉行除螟運動宣傳週將除螟方法切實宣傳並將辦理情形隨時具報爲要

此令

附發防治螟虫方法一份

中華民國三十三年四月　日　　市長　周學昌

防除螟虫方法

防除螟虫的方法須隨着各個時期而有不同玆略述於下：

一、秧田期的防除法　秧田爲螟虫繁殖發端的地方並且第一代的蛾數尙少蔓延的地域又小此時如能多殺死蛾一對到秋季便可以減少四十萬頭的幼時爲害可見在此時實施防除最爲經濟最有效力

1.改良秧田　要在秧田期施行治螟工作先得把秧田做成合於施行治螟工作式樣向來民間通常的秧田將種子滿田撒播不留塍道要行治螟工作必致踐踏一部份的秧田很寬很覺可惜所以爲預先顧到將種子撒成四尺闊的長條條間各留一尺至一尺五寸闊的塍道便於捕蛾採卵時往來行走

2.採集卵塊在清早或傍晚背向着日光去搜尋如秧苗密茂時用一根細竹竿翻撥秧葉採集卵塊每隔二三天行一次採得的卵塊上往往有一種細小的寄生蜂產卵於其上孵化後能害死螟虫故採得的卵塊不會隨時卽焚毀須將牠於入寄生蜂的保護器內這種保護器的做法非常簡單將大小兩鉢大鉢內放水和洋油少許小鉢裏放卵塊置入大鉢中兩個鉢口切勿接觸小鉢上面覆蓋瓦片安置田旁把採集的螟卵隨時投入將來寄生蜂孵化時可以飛出而螟的幼虫倘然爬出時遇到洋油便會淹死了

3.捕殺螟蛾　螟蛾在白天很是呆笨尤以在清早露水未乾螟蛾飛翔不起時捕捉很爲容易這時徒手捕捉也很便當如能用捕虫網捕捉更爲容易

二、稻田期除螟法　秧田除螟收效雖大但終難一網打盡故在稻田期內仍須繼續防除茲將應行的工作分別略述於後：

1.採卵　第一代的卵塊均產於秧田已行採滅第二代第三代的卵都產在稻葉上仍須依照秧田期採卵的方法及時施行

2.摘採流葉拔除變色莖及白穗　插秧後發見有受傷而折斷或倒浮水面的流葉變色莖及白穗均爲有螟虫在裏面蛀嚙的特徵卽須隨時摘除或連根拔除焚毀

3.烟莖除螟　在栽種烟草的地方可以把沒有用的烟莖切成二三寸長晒乾貯藏在本田內發現有螟虫時便把這切斷的烟莖斜插下稻根下面螟虫就不至於猖獗了

三、冬季除螟法　在稻田期防除未盡的螟蟲一至秋季繁殖衆多故此時期之防除亦爲屬重要茲述如下：

1.冬根並掘燬稻根　螟的幼蟲卽然大多數在稻根內過冬所以燬滅稻根就等於燬滅螟蟲其方法須在稻收穫後把稻田一律加耕耙將一部份稻根覆在土裏其中的螟蟲可以窒息而死其餘一部份稻根露出土面的要把牠全部搜集起來做下面各方法的一種處理

一、將稻稻根與河泥在潮濕的地方層層相疊成堆外面用河泥封蓋日子長久了稻根腐敗可以用作肥料

二、將稻根與乾稻草相混堆集田中點火燒燃

三、掘坑掩埋用作肥料

四、晒乾了當柴燒

假使種紫雲英(俗名草子)的田不能耕耙時可用鋤頭把稻根鋤起照上法處理

2.長期浸水　在低處一熟制或冬季休閒的地方可在冬季寒冷時灌水入田浸沒稻根四五十天以上淹死其中過冬的螟蟲螟蟲是能夠飛翔的一處盡力治了鄰近一處如使沒有防治是仍舊要蔓延爲害的所以上面所說的種種方法須大家通通

合作澈底的去做並且工作要得時才能收得最大的效果呢

南京特別市政府訓令 府工字第　號

令上新河區長陳良知

案據上新河區人民呂炳良尤仁友尤哲明等呈爲北河口江閘頹廢材料被搶電台民命均感危迫叩請追還木料星夜趕修以防春汛等情據此查江閘位置在該區管轄境內電台安危關係西郊農田水利至重且鉅合亟抄發呂炳南等原呈令仰該區長火速查明事實詳細具領以憑核辦切切此令

中華民國三十三年四月　日　市長周學昌

南京特別市政府指令 府教字第　號

令南京特別市教育會

呈乙件　爲呈報關於籌備市立各校館教職員工生活補助費籌募經過情形檢同擬定籌募辦法仰祈鑒核備案施行由

呈件均悉准予備案惟貧寒家庭無力者如何辦理應商定呈復併仰知照由(件存)

此令

中華民國三十三年四月　日　市長周學昌

(附件補助市立各校館員工生活費籌募辦法)

補助市立各校館員工生活費籌募辦法

(一)由市教育會會同各法團暨京市各級學校組織市立各校館員工生活補助費籌募委員會辦理籌募及分配事宜

(二)委員會設委員二十五人常委七人至九人由本會推荐呈請　教育局備案

(三)由籌募委員會函各級學校轉知學生家長依照左列辦法自由捐輸按每學期一次徵收之

(一)小學方面　限定最低數每月國幣拾伍元
(二)中學方面　限定最低數每月國幣廿伍元
(三)清寒者免優裕者得儘量補助
(四)如有一次全數繳納而感困難者得分期繳納
(五)收費手續由籌委會聘定負責人或委託銀行辦理之(印製四聯單由各級學校塡發向指定場所交款
(一聯學校存根一聯轉送籌委會一聯發給學生家屬一聯存徵收場所)

(四)各校籌募補助費收齊後依左列辦法分配之
(一)所有京市市立各校館員工依據徵收總數按成分配
(二)在每期補助費徵收後由籌募委員會開會擬具分配詳細辦法連同各校館員工淸册呈報教育局轉呈市府核准後施行

(五)此項補助費徵收區域以城區及附郭各級學校爲限鄉區補助辦法另定之
(六)本辦法呈請教育局轉呈市府核准後施行

補助市立各校館員工生活費認定款數書

逕復者頃接得
籌募教師生活費緣起及辦法等項極表同情茲願認定每月補助國幣　　元本學期計願共認國幣　　元按　　次繳
納此復

學校轉
市教育會籌募委員會
學校　　年級學生
家長　　簽名蓋章

南京特別市政府指令　府工字第　　號

令上新河區區長陳良知

呈壹件　爲呈復調解北河口江閘糾紛仰祈鑒核由

呈悉査北河口木閘改建及移用廢料各節事前未經呈奉核准殊有未合姑念工程急迫准予備案惟石閘建築之尺寸方法圖樣價格及承造廠商與保固年限未經敍明無從審核仰即轉飭主管築閘人員速將上開各節詳細查明呈報備案爲要

此令

中華民國三十三年四月　日　市長周學昌

南京特別市政府指令　府財字第　號

令園林管理處處長蘇棨軒

呈一件為修訂玄武湖遊船價目呈請備案由

呈件均悉准予備案附件存

此令

附件玄武湖遊船價目表一紙

中華民國三十三年四月　日　市長周學昌

玄武湖遊船價目表

等第／價目／時間	第一小時	第二小時
甲等	六十元	四十元
乙等	五十元	三十元
丙等	四十元	二十元
划子	二十元	十元

附註
一、此係最高限價許減不許增
二、划子遊客自行駕駛者先繳保證金五十元於用畢時收回
三、此船係　等船

南京特別市政府指令 府財字第　號

令園林管理處

呈一件 爲據商民王芷貴王秉星等呈請續梁洲大樓及荷苑茶社擬具意見呈請核示由

呈悉查五洲公園梁洲大樓及荷苑房屋准予按照原租額由王芷貴王秉星等分別續租壹年仰即轉飭該承租人等取具舖保並備齊應繳租款前來本府財政局訂約續租毋延爲要

此令

中華民國三十三年四月　日

市長周學昌

南京特別市政府通知 府祕字第　號

案查前據該民呈送照片申請書手續印花費暨登載喪失國籍事實報紙等件聲請喪失中華民國國籍一案經咨轉內政部核辦並批示知照各在案茲准該部咨復開「經核相符應予照准幷塡就喪失國籍許可證書咨請查照給領」等由准此合行通知該民備具正式領據前來本府具領可也特此通知

左通知市民黃紅梅准此

中華民國三十三年四月　日

市長周學昌

南京特別市政府公告 字第　號

案據業戶李翰欽聲呈報坐落堆草巷第十三號房地產原領前財政局所發四字第二〇六號所有權狀及四區四一五一段分段圖各壹件因已遺失請予補給等情經飭據呈繳聲明圖狀遺失報紙暨鄰商兩保前來茲依照土地法第一百四十條第二款之規定揭示公告自公告之日起對於該項遺失圖狀如有因權利關係聲明異議者須於三個月內提出理由書暨證明文件呈候核辦一經公告期滿無人異議卽予依法補給圖狀管業合行公告週知

中華民國三十三年四月　日

南京特別市政府公告　字第　號

市長周學昌
地政局局長張仿良

爲公告事案奉

國民政府軍事委員會會經字第三九八一號訓令內開

「案據經理總監署案呈據任少華陳肇衆呈爲自置地產坐落本京西康路被收公用懇請照列發給產價等情據此查該地係建築侍從室使用被收地主共有數家總計面積約七八畝自應統按徵收手續協議發給地價據呈前情合亟檢同該徵地面積圖一份令仰該市長遵照負責辦理徵收手續具報爲要此令」

等因奉此遵經派員勘測繪製圖表在案茲依照土地法第三百六十條暨同法施行法第八十三條之規定揭示公告自即日起十日內仰各業戶檢同產權證件逕呈本府地政局審核以憑發給土地補償金一經公告期滿未據呈繳證件卽予依照土地法第三百七十九條第二項之規定辦理幸勿自誤合行公告週知

計開

聲請人　姓名　住址

土地標示　照徵收圖冊抄

共有權人

他項權利人

公告日期

公告期滿日期

中華民國三十三年四月　日

市長周學昌

南京特別市政府公告　字第　號

案據業戶李翰欽聲呈報坐落堆草巷第十三號房地產原領前財政局所發四字第二〇六號所有權狀及四區四一五一段分段圖各一件因已遺失請予補給等情經飭據呈繳聲明圖狀遺失報紙及鄰商兩保前來茲依照土地法第一百四十條第二款之規定揭示公告自公告之日起對於該項遺失圖狀如有因權利關係聲明異議者須於三個月內提出理由書暨證明文件呈候核辦一經公告期滿無人異議卽予依法補給圖狀管業合行公告週知

中華民國三十三年四月　日

市長　周學昌

地政局局長　張仿良

南京特別市政府公告　字第　號

案據業戶平桂之得準呈報坐落唱經樓西街第卅四——四十號房地產原前地政局一區五〇段分段圖一件已遺失請予上賣與高業富等情經飭據呈繳聲明分段圖遺失報紙暨鄰商兩保前來茲依照土地法第一百四十條第二款之規定揭示公告自公告之日起對於該項遺失分段圖如有因權利關係聲明異議者須於三個月內提出理由書暨證明文件呈候核辦一經公告期滿無人異議卽准予買賣合行公告週知

中華民國三十三年四月　日

市長　周學昌

地政局局長　張仿良

南京特別市政府公告　字第　號

案查本市原第四區三〇一四段房地產前據業戶張金五聲請登記惟因本產後身有空地一坵與鄰戶張明輝有等發生爭執訴訟未決至故中止辦理茲據張金五之孫張仲德呈稱張金五業已病故並檢同原領登記收據及法院和解書請予放棄爭執變更戶名登記前來經派員調查屬實茲特依照本市土地登記暫行規則第十五條之規定揭示公告自公告之日起對於該項房地產如有因權利上關係聲明異議者須於三個月內提出理由書及證明文件呈候核辦一經公告期滿未據異議卽予依法登記發給圖狀執

業合行公告週知

計開

聲請人	張金五之孫張仲德 姓名 虎踞關卅號 住址
坐落	第　區　第　段　第　號
種類及面積	地　畝　分　厘　毫　絲
四至	東至　南至 西至　北至
定着物情形	
申報地價	
申報定着物現值	
共有權人	
他項權利人	
公告日期	
公告期滿日期	

中華民國三十三年四月　日

市長 周學昌

地政局局長 張仿良

南京特別市政府公告 字第　號

案查本市原第四區三〇一三五段房地產前因業戶張明輝有逾期登記又本產內有空基一坵與鄰戶張金五發生爭執業經前地政局予以假定公告在案茲據該民等檢同登記收據及何啓之抵押收據請予轉移周竹書管業經查登記原卷業遭事變散佚但該民何啓之抵押收據內載明印契新契驗契等件倘屬其全其爭執部份業據張金五之孫張仲德呈請放棄爭執前來除將假定登記案撤銷外茲依照本市土地登記暫行規則第十五條之規定揭示公告自公告之日起對於該項房地產如有因權利上關係聲明異

議者須於三個月內提出理由書及證明文件呈候核辦一經公告期滿未據異議卽予依法登記發給圖狀執業合行公告週知

計開

聲請人 張明有 張明輝 姓名 糖坊廊五號 住址

坐落 第 區 段 第 號

種類及面積 地 畝 分 厘 毫 絲

四至 東至 西至 南至 北至

定着物情形

申報地價

申報定着物現值

共有權人

他項權利人

公告日期

公告期滿日期

中華民國三十三年四月 日

市長 周學昌

地政局局長 張仿良

南京特別市政府公告 字第 號

案查本市原第三區一六一九段房地產前因業戶金廷煥等與姚敬廣爭執未決迄未公告茲據雙方呈稱姚敬廣撤銷異議等情並繳收件等件除准予撤銷異議外茲依照本市土地登記暫行規則第十五條之規定揭示公告自公告之日起對於該項房地產如有因權利上關係聲明異議者須於三個月內提出理由書及證明文件呈候核辦一經公告期滿未據異議卽予依法登記發給圖狀執業合行公告週知

計開

聲請人　姓名　住址

坐落第　區　段　第　號

種類及面積　地　畝　分　厘　毫　絲

四至　東至　南至　西至　北至

定着物情形

申報地價

申報定着物現值

共有權人

他項權利人

公告日期

公告期滿日期

中華民國三十三年四月　日

市長　周學昌

地政局局長　張仿良

南京特別市政府公告　字第　號

案據業戶馬恆德呈報坐落狀元境第二三一號房地產原領前財政局所發三字第六五三號所有權狀及三區二〇〇二段分段圖各一件因事變遺失請予補給並具報內有馬馬氏四分之一產權等情經飭據呈繳聲明圖狀遺失報紙暨鄰商兩保前來茲依照土地法第一百四十條第二款之規定揭示公告自公告之日起對於該項遺失圖狀如有因權利關係聲明異議者須於三個月內提出理由書暨證明文件呈候核辦一經公告期滿無人異議即予依法補給圖狀管業合行公告週知

中華民國三十三年四月　日

南京特別市政府公告　字第　號

案據業戶蕭雨三周舜陵呈報坐落小石壩街第十四號房地產原領前財政局所發三字第二四三號所有權狀及三區二九四〇段分段圖各一件因事變遺失請予補給等情經飭據呈繳聲明圖狀遺失報紙暨鄰商兩保前來茲依照土地法第一百四十條第二款之規定揭示公告自公告之日起對於該項遺失圖狀如有因權利關係聲明異議者須於三個月內提出理由書暨證明文件呈候核辦一經公告期滿無人異議即予依法補給圖狀管業合行公告週知

中華民國三十三年四月　日

市長周學昌
地政局局長張仿良

南京特別市政府公告　字第　號

案據業戶吳祥溥呈報坐落建康路第二八五二九三號房地產原領前土地局所發三字第一二二九號所有權狀及三區七八七段分段圖各一件因被刼遺失請予補給等情經飭據呈繳聲明圖狀遺失報紙暨鄰商保前來茲依照土地法第一百四十條第二款之規定揭示公告自公告之日起對於該項遺失圖狀如有因權利關係聲明異議者須於三個月內提出理由書暨證明文件呈候核辦一經公告期滿無人異議即予依法補給圖狀管業合行公告週知

中華民國三十三年四月　日

市長周學昌
地政局局長張仿良

法規

南京特別市政府獎勵工業規程　民國廿三年四月七日公布

一、本市內商辦生活必需品工廠如因股本招募不足須政府予以補助時市政府得參加資本以資提倡

二、本市政府對商辦工廠參加資本時所參加金額不得超過該工廠資本總額之半數

三、本市政府對商辦工廠參加資本時得按該工廠資本數額比例委派董監事

四、本市政府對商辦工廠參加資本時所參加資本之官利及紅利與商股受同等待遇

五、本市政府對商辦工廠參加資本時所加資本在該工廠開工後一年內得由該工廠原有商股股東備款承購其一部或全部

六、本市政府依前條規定將資本之一部或全部讓與商股股東時承讓人應予承讓後每年所得紅利內提出十分之二撥充本市政府事業經費

七、本規程自公布日施行如有未盡或修正事宜得隨時補充或修正公布之

南京特別市不在業主土地房屋審查委員會組織章程　民國卅三年四月十日公布

第一條　南京特別市政府為審查不在業主土地房屋租戶聲請改良修繕事項設立南京特別市不在業主土地房屋審查委員會（以下簡稱本會）並訂定本章程以資依據

第二條　本會設主任委員一人委員四人至六人審查委員二人書記一人主任委員由市長担任委員由祕書長地政局局長工務局局長財政局局長担任審查員由地政局管理股主任及工務局審勘股主任担任書記一人由地政局管理股科員担任之

第三條　本會處理左列事項

一、審查租戶聲請將房屋土地加以改良修繕之原因是否必要

二、審查各省市管理不在業主土地房屋暫行規則第十第十一條規定等事項

三、審查修繕工程之範圍

第四條　凡租戶修繕房屋已經本會審定許可者准各該戶在每月租金內扣除其審定額之修繕費
第五條　凡未經本會審查許可私自動工修繕者事後概不受理
第六條　凡日僑聲請事件本會於必要時得請日本總領事館有關管理房屋技術人員及本市府經濟顧問列席
第七條　本會暫定每月召開審查會議一次必要時得呈請主任委員臨時召開之
第八條　本會辦事細則另訂之
第九條　本章程如有未盡事宜得隨時呈請修改之
第十條　本章程自公佈之日施行

南京特別市政府取締廣告及徵捐暫行簡則　三十三年四月廿四日修正公布

第一章　總則

第一條　凡在本市區域內張設廣告者均應遵照本簡則辦理
第二條　凡為發展營業不論用紙用板或其他材料在房屋牆壁道路桿木車輛船舶幻燈戲院電影或其他物品上（報紙雜誌除外）揭布或設置文字圖畫以及散發傳單遊行宣傳者均稱謂廣告但就自己營業場所裝設或揭布招牌旗幟標誌揭貼者不在此限其認為有取締必要者亦得隨時取締之
黨政軍警機關文告標語及其他經核准之宣傳品不以廣告論
第三條　廣告文字或圖畫均應以純正為主旨不得有左列各項意義
一、妨害公安者
二、傷害道德者
三、挑撥離間者
四、朦混欺騙者
五、利用他人商標或版權者
六、其他經政府認為不合者
第四條　揭布廣告之場所應以左列各處為限
一、本府建設之公共廣告牌或公共廣告亭

二、本府指定之臨時廣告場
三、商民報請本府核准之特許廣告場

第五條　設置廣告不得有下列各項情事
一、妨害行政者
二、妨害交通者
三、妨害市街光線者
四、妨害行旅視線者
五、妨害消防工作者
六、妨害他人主權者
七、易生危險者
八、易藏汚垢者
九、易藏盜賊者
十、其他經本府認爲不合者

第六條　凡揭布或設置各項廣告者均須依照本簡則之規定製成圖樣先經本府工務局核准加蓋驗訖戳記照章繳捐領照其租用他人所有物揭布或設置者並須取得物主允許證呈驗如認爲繳納保證金必要時須照捐加倍繳納保證金前項保證金經本府工務局核准業已遵照繳納惟該項廣告尙未揭布或設置㩀因其他事故申請撤銷者該費卽予發還

第七條　廣告揭布設置完竣後經本府工務局查勘如與原呈圖樣及地位有不符情事應卽撤除並沒收其捐款及保證金

第八條　如係免征捐款廣告應一律送本府工務局登記蓋戳方准張貼或散發是項廣告每千張應繳納手續費三元不滿千張亦作千張計算餘多類推
前項所稱免征捐款廣告如左
一、國省市立各學校之招生廣告
二、慈善機關慈善廣告
三、經本府工務局審核認爲免捐廣告之類者

第九條　凡定期之廣告須在下端註起止月日以便稽查定期屆滿如欲繼續揭布者須於期滿前七日遵章呈報續繳捐款並須註明展期月日

第二章　普通廣告

第十條　公共廣告牌與廣告亭其捐率依每塊所佔面積大小按平方市尺計算其規定如下

一、公共廣告牌　每月每平方市尺壹元

二、公共廣告亭　每月每平方市尺壹元貳角

上項廣告至少以半年爲定期其製作並須以油漆及美術紙爲限

第十一條　凡揭布廣告須先將廣告式樣揭布日期及佔用地位送請本府工務局核准並繳捐領照方准揭布但遇必要時得由本府令其遷移或取消之

第十二條　廣告揭布後時期未滿自行撤銷者所繳捐款概不發還其由本府取消者按未滿日期扣還之但遇天災人禍或其他不可抗力之情事致廣告之受捐壞時本府不負其責

第三章　遊行廣告

第十三條　凡遊行街市招徠營業者爲遊行廣告是項遊行廣告應於舉行前二日繕具請求書聲述遊行人數樂器件數或車輛種類及輛數連同廣告式樣或傳單呈請本府核准繳捐領照方准遊行

第十四條　遊行廣告捐率如左

一、手提肩荷背負者　每名每日繳捐壹元貳角

二、攜帶樂器者　每名每日繳捐四元

三、馬車遊行　每輛每日繳捐二十元

四、汽車遊行　每輛每日繳捐四十元

第十五條　凡舉行遊行廣告不得妨礙交通並須攜帶捐照以便稽查夫經申請私行遊行者得以依照遊行人數除照半月遊行期補行繳捐外並照本規則第二十五條罰則處理之

第四章　特種廣告

第十六條　凡就道旁屋頂及牆壁上自行設置之油漆美術紙質廣告經本府核准概稱爲特種廣告

第十七條　設立特種廣告應先將設置地點構造種類繪製圖樣呈請本府核准繳捐領照方得設置其面積捐率規定如左

一、官基每平方市尺每月繳捐壹元貳角

二、私基每月繳捐壹元不足一平方市尺者仍照一平方市尺計算

第十八條 特種廣告至少以三個月為一期繳納全期捐額期滿如欲繼續設置或撤銷者均須於期滿前七月向本府工務局申請倘逾期不遵章申請仍繼續設置者則作違章廣告處理之凡未經申請撤銷自動私行鏟除者得追繳次期之廣告捐

第五章 臨時廣告

第十九條 凡在本府指定公私牆壁或一切正在建築期內之圍籬等處張貼紙質臨時廣告或以木板鉛鐵等物製成裝設或懸掛之廣告稱為臨時廣告

第二十條 凡紙質臨時廣告須先將廣告送請本府核准蓋戳其他臨時廣告亦須先經本府核定式樣繳捐掣取收據方准張貼或裝掛但不得阻礙交通

第二十一條 凡以紙質製成之臨時廣告其捐率以紙張大小為差別其規定如左

一、寬長折合在一市尺半以內者 每十張繳捐叁角

二、寬長折合在三市尺以內者 每十張繳捐伍角

三、寬長折合在六市尺以內者 每十張繳捐壹元

四、寬長抄合在十二市尺以內者 每十張繳捐壹元伍角

第二十二條 凡以木板等物裝成之臨時廣告其捐率均依市尺每一方尺捐壹元

第六章 其他廣告

第二十三條 凡電光廣告面積在五十平方市尺以內每平方市尺每月繳捐貳元伍十平方市尺以外每平方市尺每月繳捐壹元不到一月者亦作一月計算

第二十四條 凡戲院茶廳劇社散發及張貼之戲報應按月分甲乙丙三種繳捐甲種每月一百四十元乙種每月一百一十元丙種每月八十元

前項之戲報應於事前送本市宣傳處審查核准後方得散發

凡戲院台上之幕布及戲院內其他廣告揭布或張貼均須依照本簡則第二十二條繳捐如在院外設置電光牌樓依照第二十三條繳捐

第二十五條　各項廣告如未繳捐領照並未經本府工務局核准私自設置揭布或張貼散發者以違章論一經查出除勒令補報照章交捐外並視性質之輕重及已設置期間之久暫照應繳捐處以五倍以上至十倍以下之罰金如犯本簡則第三條第五條所列各項之一者雖已設置須立予撤廢

第二十六條　上項之罰金處理以六成歸公四成充獎

第二十七條　本簡則自呈請　核准公布之日施行

第二十八條　本簡則如有未盡事宜得隨時呈請修正之

公牘

南京特別市政府呈 府工字第　號

案據本市安德門區區長楊廣才呈稱：

頃據九龍橋游泳池看守人范學彬報告以駐紮通濟門外警衛第三師工兵連於昨日派有兵士數名前來游泳池拔取木樁數根經再三勸止因軍威維嚴未得效果并據聲稱現因軍事需要公物公用尚須繼續取用對於洋鐵房屋亦將拆取應用惟看守人責任所在業經要求該連書具借條一紙用資證明至邇後如再來拔取時應如何處理敬乞核示祇遵等情并附警衛第三師工兵連借條一紙據此查該游泳池所有木樁係豎立於池之中間平時深賴該看守人之保管向無他虞據該駐地軍隊以軍事需要取用兼且軍威維嚴勢非該看守人制止所能及據報前情除飭知以後再來取用要求該部隊給條證明以憑轉報外究應如何處理理合檢具原借條一紙據情呈報仰祈鈞長鑒核示遵實為公便

等情前來正核辦間復據孝陵衛區區長巫開福報稱：

本月二十七日晚間十時有駐防本區警衛第三師第七團軍需一人中士一人來所云現奉命於明日（即二十八日上午八時需騾車六十餘輛往漢西門外倉庫運米即請代為征集事關軍需不得延誤等語當由住所職員答以時已深夜且值陰雨如此急迫實難辦到如能寬假一日或可設法應付而該軍需堅謂不能通融詢以運米數目則稱運到再議復告以此時各車主均裝載柴薪準預明日入城出售如必令拆去柴薪而代價又無着落必難遵從且本所又無自衛團更無法強此遵從

乃婉轉陳述終不能得其諒解最後但云明晨八時來區公所點收車輛彼卽揚長而去本所各職員雖已睡眠乃復起身分別於黑暗泥濘中向各車主敲門通知乃均高臥不起藉詞推委或竟作熟眠置之不答次晨八時團部派來士兵十餘人當時僅卽數輛各士兵睹此情形卽亦不容申述困難原因竟向本所職員痛毆同意強拉過路車輛稍事違言卽遭毆打結果征集十餘輛而於運米回歸經過本所時各士兵復擁入本所各職員預先由後門逃避本鎮校長因參加是日盟邦憲兵隊召集開會未走亦遭池魚之殃職曾兩謁團長於城內寓所渠雖深表慊意顧下級士兵仍不時來所尋衅以致各職員不敢在所辦公不敢宿於所內且紛紛要求辭職　職亦無術維繫用特簽呈鈞座俯賜示遵實爲公便

等情嗣於四月五日又據本市園林管理處處長蘇榮軒呈稱：

案據　職

處園警班長朱保林報稱：「爲呈報事三月二十九日下午四時許有北岸農場工人報告見有身着黃布棉軍服配白布條符號軍人約三四十人來至苗圃砍伐樹苗班長聞報立卽率警前往勸止不聽當卽返處請示辦理旋蒙指示請玄武門憲兵協助前往制止而該軍人已將樹苗砍伐殆盡用車裝運逕向太平門而去所派之憲兵仍回玄武門原防未加追問班長遂自行馳往太平門報告憲兵並請協助制止據憲班長云該軍人等係警衛第一師新兵無法阻止班長亦以力薄無力阻止謹將以上各情據實報告」等情前來查北岸農場苗圃所植樹苗有白楊楊槐扁柏三種現楊槐白楊均被軍人砍伐淨盡無法追究除飭工將所餘樹苗移植梁洲公園內便於看守庶免竊伐情事理合具文呈報敬祈鑒核備查

各等情據此經查事關拆毀公物與毆辱地方自治人員理合據情轉呈

鈞長鑒賜制止以肅軍紀實爲公便

謹呈

軍事委員會

委員長汪

中華民國三十三年四月　日

南京特別市市長　周學昌

南京特別市政府呈　府工字第　號

案奉

鈞院院字第四七六一五號訓令內開

「案查前據該市政府三十二年十二月三十日府工字第六零號呈爲本市廣告捐按照新章征收擬於三十三年一月一日公佈施行祈鑒核示遵一案當經本院令行財政宣傳兩部審議具復在案嗣據財政部本年二月二十四日賦三字第五號呈復略稱查南京市廣告捐早經該市政府佈告征收此次修正章則呈請公佈詳核原附章則大致尙無不合似可予以備案等情前來又據宣傳部三月十六日呈字第四六一號呈復略稱：

「遵查南京特別市政府取締廣告及征捐暫行簡則第二條凡屬發展營業不論用紙用板或其他材料在房屋牆壁道路桿木車輛船舶幻燈戲院或其他物品之上揭布或設置文字圖書以及散發傳單遊行宣傳者均稱爲廣告……」查「或其他物品之上」七字包含甚廣甚易誤會應於「物品上」上字之下加一括弧添「報紙雜誌除外」六字又同條既書明「凡爲發展營業……均視爲廣告……」則黨政軍警機關之文告標語並非發展營業不在該簡則取締征捐之列似應於該條添列第二項「黨政軍警機關之文告標語及其他經核准之宣傳品不以廣告論」免爲第一條所拘束第八條第二項第一款「黨政軍警機關之文告標語」第二款「對於愛國之宣傳品」查第二條既書明「凡爲發展營業……均視爲廣告……」但黨政軍警機關之文告標語及經核准之宣傳品並非爲發展營業既經規定不以廣告論自不在該簡則取締征捐之列是兩款應予刪除第二十四條「凡戲院茶廳劇社散發及張貼之戲報……」查是項戲報於文化宣傳風俗有關應歸市宣傳處審核該條第一項之後應添第二項「前項之戲報應於事前送本市宣傳處審查核准後方得散發」原第二項改爲第三項奉令前因理合將審議南京特別市政府取締廣告及征捐暫行簡則情形幷加具審查意見備文呈復是否有當仰祈鑒核」

等情據此查宣傳部議復修正各點尙屬可行除指復准如所議辦理並令行財政部知照外合行令仰該市政府遵照宣傳部意見修正條文呈復核奪」

等因奉此遵即飭由工務局遵照修正理合具文呈復

行政院院長汪

計呈修正廣告捐章則一份（見法規欄）

南京特別市市長　周學昌

中華民國三十三年四月　日

南京特別市政府咨　字第　號

案查本府辦理土地登記工作月報表業經函送至三月份在案茲造具四月份前項工作月報表乙份相應咨送即希

查照為荷

此咨

內政部

附咨送本府辦理土地登記四月份工作月報表乙份

市長周學昌

中華民國三十三年四月　日

南京特別市地政局辦理土地登記工作月報表

中華民國三十三年四府月份

項別	接收各種土地登記聲請書	土地所有權登記	土地他項權利登記					其他土地事項登記								發給各種土地權利證明書狀				
			地上權	永佃權	地役權	典權	抵押權	移轉	分割	合併	增減	坍沒	塗銷	名稱之變更或土地種類	遺漏之更正或登記錯誤	土地所有權狀	土地業執證	土地他項權利證明書	官契稅單	查驗證
件數 上旬	23	4					1	18								40		2	8	
件數 中旬	32						3	29								50			6	1
件數 下旬	46	2					2	41						1		33		3	3	1
合計	101	6					6	88						1		123		5	17	2
總計	101	6	6					89								147				
備攷	33.5.1.填																			

南京特別市政府公函 字第　號

案准

國民政府行政院實業部農林字第六三六零號咨開

「案准各省市農業增產會議函以本會議討論事項第一組農業行政類第二十八案「擬請各省市政府通令各縣轉飭所屬儘量利用垃圾充作肥料以期增產案」決議「送請主管機關採擇施行」幷抄附原提案審查意見及決紀錄一份函請查照採擇施行等由准此查增加作物產量必須施以相當肥料方今農村正感肥料不足而都市集鎮僻街深巷垃圾幾乎遍地以衛生言亦應按時清除況在今日全國羣呼增產之時尤應利用垃圾充作肥料除分行外相應抄同原提案運集垃圾辦法咨請貴市政府查照通令所屬一體遵照辦理爲荷」

等由幷附運集垃圾辦法一份准此自應照辦除分令外相應抄附原辦法專函奉達即請

查照飭屬遵照辦理爲荷

此致

首都警察總監署

附抄送運集垃圾辦法一份（見前）

市長　周學昌

中華民國三十三年四月　日

南京特別市政府公函 字第　號

案准

貴會祕機字第三八〇一號公函略爲請予協助幷飭屬取締走私及督催糧商繳米以利軍民而完任務囑查覺復等由准此查取締米糧走私事關民食自應於可能範圍內盡力協助除飭查緝人員嚴厲取締走私並督催粮商繳米外茲准前由相應函復即希

查照爲荷

此致

米糧統制委員會

市長　周學昌

中華民國三十三年四月　日

南京特別市政府公函　府工字第　號

查本市爲預防空襲強化燈火管制起見關於全市崗亭交通燈亟應從事修復並添裝紅色防空燈俾於夜有空襲時往來巡查車輛不致發生危險現正飭由工務局派匠分別修裝惟該項崗亭交通燈旣經修復完整嗣後應請
貴署轉飭崗警隨時注意除燈泡外如有損壞並須負責修復以資保護相應函達卽希查照飭屬知照爲荷

此致

首都警察總監署

市長　周學昌

中華民國三十三年四月　日

南京特別市政府公函　府工字第　號

查本市柏油路面逐年修理而損壞頻仍前經會同
貴署商決保養辦法於各處交通要道豎立木質標示以限制車輛行駛並附送限制車輛行駛中山北路簡明草圖函請
貴署轉令各區警局飭警照圖辦理在案茲查前項所豎標示多半損失而各種鉄輪車及載重車現均任意行駛柏油路上致各主要柏油路面損壞日甚若不嚴格限制妨害路政殊非淺鮮茲特重申前議煩請飭屬對於有傷路面之鉄輪車輛一律禁止行駛柏油路上除已飭工務局隨時派員查禁外相應備函派由工務局技正吳顯揚持詣
貴署洽商辦法至希
查照惠予接洽爲荷

此致

首都警察總監署

市長　周學昌

中華民國三十三年四月　日

南京特別市政府公函 府經字第　號

查四月份上半月公定價格及協定價格物資限價業經本市物價評議委員會第二次改組後第四次常會評定除令商會轉飭各業同業公會分飭各商號遵照發售外相應檢附乙份函請

貴署飭令經濟警察隨時查察遇有私自抬價僞稱無貨或不設標簽等情務予嚴懲卽希

查照爲荷

此致

首都警察總監署

附四月份上半月評定物價表乙份（見前）

市長周學昌

中華民國三十三年四月　日

南京特別市政府公函 府衛字第　號

查本府爲注重清潔整頓市容起見定於本月二十二日起至二十八日止爲本市三十三年度夏令清潔運動週由本府衛生局會同

貴署衛生主管人員率領清潔隊分區舉行清潔街道掃除垃圾並隨時勸導市民注意清潔衛生屆時務請令飭清潔隊依照順序每日一區按時前往切實工作並擬請貴總監或指派高級職員於本月二十八日下午會同本市長及衛生局長親赴各區視察指導一切俾資改善而收實效相應檢同實施辦法一份備函送請

查照見復爲荷

此致

首都警察總監署

附送三十三年夏令清潔運動週實施辦法一份

市長周學昌

中華民國三十三年四月　日

南京特別市政府 首都警察總監署 三十三年聯合舉行夏令清潔運動週實施辦法

(一)宗旨　本府署以整頓市容促進市民注意清潔爲宗旨特舉行夏令清潔運動週

(二)日期　自五月二十二日起至二十八日止

(三)辦法　由本府派員會同　首都警察總監署衛生工作人員率領清潔伕逐日依照順序分區清潔街道掃除垃圾並勸導市民注重清潔

(四)次序1.每日一區順序實施(集合地點各區公所)

五月二十二日第一區　二十三日第二區　二十四日第三區　二十五日第四區　二十六日第五區　二十七日城實驗區

2.五月二十八日由府會同警察總監署指派高級職員親赴各區實地視察並隨時指示應行改善各點

統計

南京特別市戶口統計表

三十三年度四月份

區別	戶數	人口數						
		總數	男性			女性		
			合計	成人	兒童	合計	成人	兒童
總計	144516	696271	379056	296424	82632	317215	241630	75585
城區自治實驗區	13992	64615	31143	25111	6032	33472	25832	7640
第一區	23464	117314	63152	53382	9770	54162	44782	9380
第二區	23492	114199	61683	51611	10072	52516	42702	9814
第三區	19008	89190	50150	37031	13119	39040	28435	10605
第四區	18908	104555	58525	50083	8442	46030	38971	7059
第五區	9624	46690	26826	19702	7124	19864	12845	7019
鄉區自治實驗區	9184	42752	22679	17923	4756	20073	15630	4443
上新河區	12098	52484	28550	19735	8815	23934	16071	7863
孝陵衛區	5185	24194	12855	7151	5704	11339	6720	4619
安德門區	9561	40278	23493	14695	8798	16785	9642	7143

備考：各外國僑民未在此表內　　資料來源根據各區公所報告　　秘書處第三科統計股製

南京特別市戶口統計表

三十三年度四月份　較三月份增(十)減(一)

區別	戶數	人口數						
		總數	男性			女性		
			合計	成人	兒童	合計	成人	兒童
總計	(十) 718	(十)2004	(十)1302	(十)1233	(十) 69	(十) 702	(十) 675	(十) 27
城區自治實驗區	(十) 129	(十) 457	(十) 263	(十) 224	(十) 39	(十) 194	(十) 165	(十) 29
第一區	(十) 91	(十) 236	(十) 138	(十) 116	(十) 22	(十) 98	(十) 76	(十) 22
第二區	(十) 7	(十) 52	(十) 15	(一) 12	(十) 27	(十) 37	(十) 5	(十) 32
第三區	(十) 7	(十) 29	(十) 16	(十) 6	(十) 10	(十) 13	(十) 10	(十) 3
第四區	(一) 7	(一) 13	(一) 5	(一) 14	(十) 9	(一) 8	(一) 18	(十) 10
第五區	(十) 261	(十) 442	(十) 226	(十) 143	(十) 83	(十) 216	(十) 142	(十) 74
鄉區自治實驗區	(十) 184	(十) 681	(十) 572	(十) 718	(一) 146	(十) 109	(十) 285	(一) 176
上新河區	(十) 22	(十) 30	(十) 13	(十) 8	(十) 5	(十) 17	(十) 9	(十) 8
孝陵衛區	(十) 1	(十) 7		(一) 5	(十) 5	(十) 7	(一) 2	(十) 9
安德門區	(十) 23	(十) 83	(十) 64	(十) 49	(十) 15	(十) 19	(十) 3	(十) 16

備考：各外國僑民未在此表內　　資料根據各區公所報告　　秘書處第三科統計股製

南京日需品零售物價指數（簡單幾何平均）

民國二十九年＝100

類別 / 項數 / 時期	食糧葷素菜類					油及調味類	燃料類	衣服材料類	雜項類	總指數
	食糧	菜蔬	肉食	醬菜	平均					
	10	23	9	5	47	9	7	10	10	83
民國三十三年四月份	6170.6	4605.4	3849.5	1127.5	4077.4	3308.8	19472.0	6321.3	6951.7	5112.9
較上月份增（＋）減（－）	（＋）1059.3	（＋）298.1	（＋）574.1	（＋）228.9	（＋）489.5	（＋）132.4	（＋）1190.9	（＋）578.3	（－）6999.3	（＋）49.9

說略

四月份南京日需品零售物價總指數為5112.9較上月指數5063.0增49.9佔0.9%

1.食糧葷素菜類四十七種平均指數4077.4較上月3587 9增加489.5佔13.6%

食糧類十種以食米來源不足及麵粉恐慌影響市價步升指數為6170.6較上月5111.3劇增1059.3佔20.7%

菜蔬類二十三種本月份雨水缺少指數略高為4605.4較上月4307.3增298.1佔6.9%

肉食九種以牛猪隻來源短絀市價上漲指數為3849.5較上月3275.4增574.1佔17.5%

醬菜五種本月指數亦隨各物驟升為1127.5較上月898.6增228.9佔25.4%

2.調味料類食油價輭化食糖奇缺其他平庸指數略高為3308.8較上月3176.4增132.4佔4.1%

3.燃料類七種本月繼續見漲指數為19472.0較上月18281.1增1190.9佔6.5%

4.衣服材料類十種本月上漲指數為6321.3較上月5743.0增578.3佔10.0%

5.雜項類十種皂燭見低火柴疲弱指數為6951.7較上月13951.0低落6999.3佔50.1%

綜觀四月份物價與上月無甚軒輊惟一般趨勢向上指數漲率尚平庸

南京特別市政府祕書處第三科統計股製

南京日需品零售物價指數比較表（簡單幾何平均）

民國二十九年＝100

類別 / 項數 / 時期	食糧菜素類					油及調味料	燃料類	衣服材料類	雜項類	總指數
	食糧	菜蔬	肉食	醬菜	平均					
	10	23	9	5	47	9	7	10	10	83
民國三十三年三月	5111.3	4307.3	3275.4	898.6	3587.9	3176.4	18281.1	5743.0	13951.0	5063.0
四月	6170.6	4605.4	3849.5	1127.5	4077.4	3308.8	19472.0	6321.3	6951.7	5112.9
增（＋）減（－）百分比	（＋）20.7%	（＋）6.9%	（＋）17.5%	（＋）25.4%	（＋）13.6%	（＋）4.1%	（＋）6.5%	（＋）10.0%	（－）50.1%	（＋）0.9%

南京特別市政府秘書處第三科統計股編製

市政公報暫定價目表

期數	價目	郵費
零售	每册五角	本埠四分 外埠八分
半年	十二册六元	本埠四角八分 外埠九角六分
全年	二十四册十二元	本埠九角六分 外埠一元九角二分

市政公報廣告刊例

頁數	價目
一頁	每期十八元
半頁	每期九元
四分之一頁	每期四元五角

刊登廣告在四期以上者每期按照七折計算連續十期以上者每期按照六折計算長期另議

出版日期 本公報暫定每月二次

編輯者 南京特別市政府秘書處

發行者 南京特別市政府秘書處 地址：中山東路鹽政牌樓

印刷者 南京國華印書館 電話：二二一六五

中華郵政掛號認爲第一類新聞紙類　江蘇郵政管理局執照第一〇四三號

中華民國三十三年五月三十一日

市政公報

第一四三、一四四期合刊

南京特別市政府秘書處印行

目錄

命令

法規

公牘

統計

命令

南京特別市政府公布令 府經字第　號

茲制定管理物資特配商店暫行辦法七條公布之

此佈

計附管理物資特配商店暫行辦法一份(見法規欄)

中華民國三十三年五月　日　市長周學昌

南京特別市政府公佈令 府財字第　號

茲制定南京特別市取締他省人員私在市區設立局所越境征收暫行辦法公布之

此令

計附南京特別市取締他省人員私在市區設立局所越境徵收暫行辦法一份(見法規欄)

中華民國三十三年五月　日　市長周學昌

南京特別市政府公佈令 府工字第　號

茲制定南京特別市借用人行道暫行簡則公布之

此令

附抄南京特別市借用人行道暫行簡則(見法規欄)

中華民國三十三年五月　日

南京特別市政府委令 府秘字第 號

令由雲龍

茲派該員爲本府參事另候呈簡

此令

中華民國三十三年五月 日

市長周學昌

南京特別市政府訓令 府秘字第 號

令參事顧忠潞

案奉

行政院院字第五一〇八號訓令內開：

「案准 國民政府文官處文字第二六二九號公函開『奉

國民政府三十三年四月七日令開南京特別市政府參事顧忠潞呈請辭職顧忠潞准免本職此令等因相應錄令函達請煩

查照飭知』等由准此合行令仰該市府知照」

等因奉此合行令仰該參事知照

此令

中華民國三十三年五月 日

市長周學昌

南京特別市政府訓令 府秘字第 號

令參事由雲龍

茲派該員兼任本市物資配給委員會委員並在該會工作

此令

中華民國三十三年五月　日　市長周學昌

南京特別市政府訓令　字第　號

令社會福利局會計股主任費永祚

茲調任該員爲本府社會福利局第四科科長另候呈荐

此令

中華民國三十三年五月　日　市長周學昌

南京特別市政府訓令　府祕字第　號

令本府各處局會

案奉

行政院院字第五二五二號訓令內開

　案查各機關俸給加成目的爲改善公務員生活策勵安心工作所有此項加成節餘嗣後應留備改善公務員之待遇絕不得移作他用除呈報國民政府暨分令外合行令仰該府遵照並轉飭所屬一體遵照

等因奉此除分令外合行令仰該　遵照并轉飭所屬一體遵照

此令

中華民國三十三年五月　日　市

南京特別市政府訓令　府保甲字第　號

令城區自治實驗第一二三四五區公所

查本府爲強化保甲前經舉辦清查戶口重編保甲并成立保長聯合辦公處在案茲特依據編查保甲戶口暫行條例并參照上海特別市政例規定在保甲內按戶酌爲征募保甲經費每戶每月分三元六元九元三種自卅三年一月份起實行并經訂定征收保甲經費辦法除咨達內政部暨分令外合行抄發上項辦法令仰該區公所遵照妥愼辦理具報爲要

此令

附抄發征收保甲經費辦法一份(見法規欄)

中華民國三十三年五月　日　市長周學昌

南京特別市政府訓令　府保甲字第　號

令城鄉各區公所

案奉

行政院院字第五一〇五號訓令內開

「案據米糧統制委員會本年四月十八日秘機字第七零一九號呈稱『竊查本會成立以來瞬經數月事繁責重隕越時虞幸承鈞院之指示機宜使本會統制工作得以循序漸進感激之下勞怨奚辭入春迄今據報各地四鄉治安頗不甯靜農民固不敢入城糶售米商亦不願赴鄉採辦而配發軍警官民之食米尤不能一日或缺職感於關係之重責任之大爰於三月初間與各有關方面妥籌安定之方結果獲得盟邦部隊之協助本會各項設施得於萬子困難中逐步展開爲時雖暫已有相當成績差堪告慰者也惟際茲採購工作重要關頭更不能不先謀治安之確保以期採購之順利伏乞鈞院俯念軍警官米食米之重要在此採購緊要時期請准通飭所屬軍警部隊對於本會採購運輸暨採辦人員沿途往來予以保護儘量協助藉使任務不至半途中輟一簣功虧除由職另請盟邦大使館及各部隊予以協助外理合備文呈請鑒核并准予通飭所屬軍警一體保護以利任務不勝感禱之至』等情據此除令商統會飭知應如所請辦理并咨軍事委員會暨分令首都警察總監署飭屬一體遵照外合行令仰該市府飭屬一體遵照」

等因奉此自應遵辦除分令外合行令仰該區公所飭屬一體遵照

此令

中華民國三十三年五月　日

南京特別市政府訓令 字第 號

令各區公所

市長周學昌

案奉

行政院政字第一〇一三號訓令內開

現據糧食部三十二年五月三日增字第六一號呈稱

案查本部增產會議討論事項第三十一案江蘇省糧食管理局局長后大椿提「禁止宰殺耕牛以利增產案」決議「通過」紀錄在卷理合抄同原提案呈請鈞院鑒核通令各省市政府轉飭所屬嚴禁宰殺耕牛以利增產實為公便等情附抄原提案一件據此除分行外合行抄發原提案一件令仰該市政府遵照並轉飭所屬一體遵照

等因，並奉發食糧增產會議提案一件奉此自應遵辦除分別函令外合行抄發原提案一件令仰該所轉飭所屬嚴禁宰殺耕牛以利增產仰即遵照

此令

附抄原提案一件

中華民國三十三年五月　日

市長周學昌

糧食增產會議提案

案由：禁止宰殺耕牛以利增產案

理由：查我國農民往日大都畜牛耕田用代人力邇來因物價增漲牛之用途日廣牛之價值亦日高致畜牛反不如宰殺為有利益於是便有一般不識將使耕牛愈少影響農產為害何堪設想亟於禁止宰殺提倡保護以利增產是否有當提請

公決

辦法：呈請中央明令各省市轉飭各縣嚴禁宰殺耕牛

江蘇省糧食管理局局長后大椿提

南京特別市政府訓令 府秘字第 號

令糧食局
　經濟局

案奉

行政院院字第五四四一號訓令內開

「案查本院第二〇九次會議討論事項第四案『院長交議擬將各特別市糧食局裁撤其事務歸併經濟局辦理請公決案決議通過並呈報 中央政治委員會及 國民政府備案』等由紀錄在卷除呈報備案暨分令外合行錄案令仰該政府遵照」

等因奉此自應遵辦除分令外合行令仰該局遵照

此令

中華民國三十三年五月　日

市長周學昌

南京特別市政府訓令 府秘字第 號

令城鄉各區公所

案准

建設部建水三字第二七八六號咨開

「案准各省市農業增產會議三月十一日函開：『查各省市農業增產會議討論事項第二組水利林墾類第十四案經大會決議照審查意見通過等由紀錄在卷相應抄附原提案審查意見及決議紀錄函請查照辦理』等由附送抄件一份准此相應錄同原件咨請貴市政府查照希即通飭遵照辦理爲荷」

等由並抄件一份到府准此自應照辦除分令外合亟抄錄原件令仰該區長遵照並通飭所屬一體遵照辦理爲要！

此令。

計抄發原提案審查意見及決議紀錄一份。

中華民國三十三年五月　日

市長周學昌

第二組　水利林墾類

第十四案　擬請興辦水利修築公路以便灌溉而利交通案

（江蘇省新運分會提）

審查意見　原辦法頗爲切當似可予以通過擬送請建設部咨請各省市政府通飭辦理

決　議　照審查意見通過

附原提案

（十四）議題　擬請興辦水利修築公路以便灌溉而利交通案

理　由　興辦水利疏濬河道既可便利灌溉又可避免水旱災荒修築橋樑開闢公路不僅可以便利交通且能暢通運輸以上兩者實爲復興農村增加生產之基本工作茲擬辦法如左當否敬請公決

辦　法　由各省市縣建設當局擬定興辦水利暨修築公路計劃運用保甲組織勵行公民服役切實推進

提案者新國民運動促進委員會江蘇省分會

南京特別市政府訓令　府工字第　號

令安德門區公所

查光華門外通飛機場一段道路損壞甚多妨礙行車迭准友邦軍部派員前來請求修理經飭工務局設計並採用征工辦法即日動工修理茲據該局報稱奉飭修理光華門外通飛機場一段道路工程擬具草圖概算報請轉飭迅行征集民伕俾便早日動工等情到府合行頒發征工暫行規則令仰該區遵照剋日征集民伕動工修築並將辦理情形隨時具報爲要

此令

計發征工暫行規則乙份

中華民國三十三年五月　日

市長周學昌

修理光華門外通飛機場道路工程征工暫行規則

第一條　本暫行規則係依據建設部修建公路應用民工通則頒布之

第二條 凡本工程附近之受益人例如(一)住戶(二)商號(三)農戶均應負担此項征工之義務

第三條 住戶或商號每戶應各征壯丁一名農戶每具田五畝應征壯丁一名不滿五畝者以五畝計大商號或公司必要時得酌量加征

第四條 征工之班排編制應由該管安德門區公所斟酌就地情形分別組織以專責成並由工務局每日派員會同區公所點名

第五條 征工之工作時間規定每日自上午七時起至十二時下午二時至五時共計八小時爲限

第六條 征工如因事不能應征者須報由區公所呈准工務局繳納征工代金由該區公所雇工替代上項代金每人每天以法幣壹百元計算

第七條 區公所征收代金及代雇工役應於事前事後分別報經工務局核准與複查其表式另定之

第八條 征工在工作時間內應聽從工務局及區公所監工人員之指導違者得處以每日百元之罰金

第九條 征工應自帶應用工具遇有特殊情形時得請工務局酌量備領借用用完卽應歸還如有損壞或遺失借用人應負修理或賠償之責

第十條 征工每日之伙食均歸自理

第十一條 本工程竣工時工務局對工作人員得分別優劣呈請奬懲之

第十二條 本暫行規則如有修改事項由工務局隨時呈請核定之

第十三條 本暫行規則自呈准 南京特別市政府後施行

南京特別市政府訓令 府祕字第 號

令城鄉各區公所

案准

內政部禮字第五八六號咨開：

「案准淮海省政府政五治字第八八號咨開：「案據徐州市市長畢文書呈稱：案據先天道會淮海省總分會會長周安南呈稱竊屬會原名先天道會蘇淮特別區總分會隸屬於北京總會以發揚道德化育人心爲宗旨於民國二十八年成立並經呈奉前行政長官備案在案嗣以人事不健全以致會務停頓近經北京江總會長洪濤派徐視察整頓並委安南爲淮海省總分會會長當經積極籌備從事改組茲已大致就緒暫假本市新民路八九號爲臨時辦公處理合繕具簡章一份備文呈

請備案等情附簡章一份據此應否准予備案之處本府未敢擅專理合抄同簡章一份備文呈請鑒核示遵附抄呈簡章一份

等情據此查該會前於蘇北行政專員公署及蘇淮特別區行政公署曾迭稱該會係呈准北京先天道會及前蘇北陸軍特務機關之許可成立蘇北先天道佛教總會並請改變該會名稱爲蘇淮先天道佛教總會擴大內部組織等情有案當以此種社會組織法令未奉 中央頒布未予許可其後又迭據徐州市蕭縣政府呈報該會在各該市縣設立分會會員份子龐雜時有爲虎作倀騷擾治安及強索民間自衛槍支要求縣府供應經費等離奇情事本府爲謀澈底整理計除指令該市對於該會非法活動嚴密注意外究竟該會已否呈奉貴部批准備案是否准在本省成立活動之處相應咨請查核見復以憑飭遵」等由

准此查該先天道會並未呈經本部核准立案擅自巧立名稱藉端招搖似此行爲殊屬違法除咨復淮海省政府即予禁止活動並勸令解散外相應咨請查照卽希飭屬隨時嚴密查禁爲荷

等由：准此自應照辦除分令外合行令仰該區遵照督飭所屬隨時嚴密查禁以杜滋擾切切

此令

中華民國三十三年五月　日　市長周學昌

南京特別市政府訓令　府保甲字第　號

令各局處會城鄉各區公所

案准

內政部禁字第一二四號咨開

「查本部依照禁烟辦法大綱之規定經先後擬具限期禁絕售吸所辦法取締土膏行商章程烟民登記及分期戒絕辦法取締售吸所辦法烟民登記領照辦法各草案提奉 行政院會議通過幷分別以部令公布在案除限期禁絕售吸所辦法已咨送幷分行外相應檢同前項各種章程辦法咨請查照幷飭屬一體協助推行幷希見復爲荷」

等由計咨送取締土膏行商章程烟民登記及分期戒絕辦法取締售吸所辦法烟民登記領照辦法各一份到府正核辦間復奉

行政院院字第五〇七八號會同前因奉此自應遵照辦理除咨復內政部暨分令外合行抄發前項各種章程辦法令仰該局處會區遵照飭屬一體協助爲要

此令

計抄發取締土膏行商章程烟民登記及分期戒絕辦法取締售吸所辦法烟民領照辦法各一份

取締土膏行商章程 三十三年三月一日內政部公布

第一條 政府爲嚴限土膏行銷數量按期遞減以便依限禁絕起見除由特准指定之土膏行商依照限量配給土膏於登記烟民外絕對禁止販私

第二條 土膏行商分爲土膏行及土膏零售商兩種

第三條 土膏行商非依本章程規定呈經核准領有特許執照及憑證不准擅自私設

第四條 土膏行應向禁烟總局塡具申請書載明營業商號地點資本額股東及經理姓名年齡籍貫永久住址並保證金壹百萬元連同兩家資本在伍拾萬元以上確係殷實之舖保具結經禁烟總局考查確實之呈內政部核發特許土膏行執照及憑證後方得營業

前項執照及憑證每三個月收費壹萬元

土膏零售商應向各該地方禁烟局塡具申請書載明營業商號地點資本額股東及經理姓名年齡籍貫永久住址並保證金甲種貳拾萬元乙種拾伍萬元丙種拾萬元丁種伍萬元連同兩家資本在拾萬元以上之殷實舖保具結經該地方禁烟局考查確實彙報禁烟總局核發特許土膏零售商執照及憑證後方得營業

土膏零售商得酌量各地情形分爲三等或四等其執照及憑證每三個月按左列等級分別收費

甲等肆千元　乙等叁千貳百元　丙等貳千肆百元　丁等壹千陸百元

第六條 土膏行商所領執照及憑證之有效期間爲三個月但必要時得由內政部呈經 行政院核准酌予延長其有效營業區域由內政部及禁烟總局或分局依照各該行商所在地之行政區域劃分指定之

第七條 土膏行應向禁烟總局所設之公棧或分棧購領限定數量之土膏其土膏零售商應向土膏行購領依定數量之土膏不得逕向公棧或分棧購領

第八條 土膏行由內政部斟酌各地情形分別限定其家數土膏零售商由禁烟總局呈請內政部核定限制家數依照三年禁限逐年遞減至烟禁屆滿時一律停止營業

第九條 土膏行商在營業期間應將所領執照懸掛營業所在地顯明之處以便檢查不得巧立名目有設立分銷處或一家出名

數家朋充等情事違者以私設論

第十條　土膏行商所領照證不得轉賣讓與租賃借貸如有遺失應卽呈報各該主管禁烟局註銷另依第四條或第五條之規定申請補領新照證但須隨繳該期原額十分之一照證費

第十一條　土膏行對零售商購領土膏時應查明該商執照憑證號數及應購數量立簿登記聽候檢查

第十二條　土膏零售商零售土膏時應檢明購吸人之姓名及所領限期戒烟執照依照限定數量配給立簿登記聽候檢查不得售與未領戒烟執照之人但辦理烟民登記未結束前不在此限

第十三條　各禁烟主管官署派員到各土膏行商檢查時不得拒絕查閱簿册

第十四條　土膏行商不得買賣私土並不得開燈供人吸食

第十五條　土膏行商出售之土膏不得有私自摻雜頂替或數量不足等情事違者依照情節輕重分別處罰

第十六條　違反本章程第三條第四條第五條之規定私設私售者除沒收其貨物並照批發零售分別處以各該照證費三倍以上之罰鍰其情節重者送請法院法辦

第十七條　違反本章程第九條第十條之規定者除撤銷照證勒令停業外並處以保證金半數之罰鍰

第十八條　違反本章程第十一條第十二條第十三條第十四條之規定者除撤銷照證勒令停業沒收保證金外並處以伍千元以下之罰鍰

第十九條　違反本章程第十五條之規定者除撤銷照證勒令停業沒收保證金並處壹萬元以下之罰鍰

第二十條　查緝私土章程另定之

第廿一條　本章程自公布日起施行

煙民登記及分期戒絕辦法　三十三年三月一日內政部公布

第一條　本辦法依據禁烟辦法大綱第三條制定之

第二條　禁烟總局及地方禁烟局或辦事處應負責舉辦烟民總登記限三十三年八月三十一日以前徹底完成

第三條　舉辦烟民登記以勸導入手盡量宣傳有匿不登記者應嚴祕調查強制執行逾期不再補辦以期得一精確之烟民統計爲分年遞減之標準

第四條　三十三年八月三十一日以後有未經登記而私自吸食鴉片者依法治罪有癮者並交醫院勒令限期戒絕

第五條　各禁烟局以三十三年八月三十一日止最後登記截止之人數爲總數按烟民年齡以次勒戒依左列次第分爲三期

第一期三十四年三月二十九日止減少烟民總數五分之二

第二期三十五年三月二十九日止減少烟民總數五分之三

第三期三十六年三月二十九日止完全禁絕

第六條　凡登記之烟民應發給限期戒烟執照每半年換領一次必須載明左列各事項其領取執照辦法及執照式樣由內政部定之

(一)烟民之姓名性別年歲籍貫住址職業

(二)烟民之身材面貌及其最易辨識之特徵

(三)不能剋日戒除之原因及診斷證明人

(四)每日吸量

(五)執照號數

(六)塡發執照之年月日及有效期間

(七)塡發執照機關之所在地及機關長官簽名蓋章

第七條　凡領取限期戒烟執照之烟民應憑照向該地曾經註册特許之土膏零售商依照限定數量購烟但每購一次不得超過十日之吸量每月不得超過全月定額之數量

前項吸量每屆換領執照時必須逐漸減少

第八條　凡領取限期戒烟執照之烟民如遷住或旅行在縣市管區以外時應憑原執照向所到達地方之禁烟局換領新照原照由該地禁煙局轉送原屬禁煙局註銷但係暫時旅行者得憑原執照換取旅行證

第九條　中央應設中央戒煙醫院省或特別市及各縣市設戒煙醫院主要區鄉鎮設戒烟分院

前項戒煙醫院或分院得委託當地著名之公立或私立醫院兼辦酌給經費補助之

第十條　凡戒煙醫院應製備戒煙藥品供當地煙民戒煙之用得徵收低廉之代價但遇確係窮苦無力者應酌予減免

第十一條　政軍服務人員及學校學生一律絕對禁止吸食煙毒其辦法另定之

第十二條　本辦法自公布之日施行

取締售吸所辦法　三十三年四月七日內政部公布

第一條　各地原有售吸所或冒稱戒煙所等開燈供人吸食鴉片之營業應依本辦法之規定向各該地方禁烟局或辦事處申請核准領取執照及憑證方得暫准營業幷應一律用售吸所名稱

第二條　各地方禁烟局或辦事處應將各該管轄境內暫准營業之售吸所依照下列規定限令停閉

一、首都　三十三年三月二十九日以前一律停閉

二、上海　三十三年六月三十日以前一律停閉

三、設有地方禁烟局之城市　三十三年六月三十日以前停閉半數　同年九月三十日止完全停閉

四、其他各地三十三年六月三十日以前停閉三分之一　九月三十日以前停閉二分之一　同年十二月三十一日止完全停閉

上項停閉次序得以抽籤法行之

第三條　各地方禁烟局應將核准營業之售吸所及其停閉次序詳細列表呈報禁烟總局轉報內政部備查

第四條　凡請領售吸所執照及憑證者須備具申請書載明下列各項幷附具照片其式樣另定之

一、營業商號

二、營業地點

三、申請人姓名年齡籍貫住址

四、資本數

五、烟具副數（每副烟具限一燈一槍）

六、開設年月日

第五條　凡請領售吸所執照者應取具資本在兩萬元以上殷實店舖之保證書證明左列各項其式樣另定之

一、舖保字號

二、舖保營業地點

三、舖保姓名年齡籍貫永久住址

四、資本額

第六條　售吸所所備烟具不得超過九副

第七條　售吸所每副烟具每月應繳照證費伍拾元

第八條　售吸所在營業期中應將所領執照懸掛室內顯明之處以便檢查

第九條　售吸所應向曾經特許領照之土膏零售商購買土膏並須隨帶所領憑證塡明購買數量以便稽攷

第十條　售吸所爲供給持有限期戒烟執照之烟民吸食鴉片之所未領限期戒烟執照者不得供給吸食

第十一條　售吸所供給烟民吸食鴉片不得超過該烟民所持限期戒烟執照上限定之購烟數量

第十二條　售吸所每日須塡具營業日報表送請當地禁烟機關査核

第十三條　售吸所應遵用新度量衡制幷不准在所售土膏內私自摻和雜貨

第十四條　售吸所不准使用任何誘惑或招徠市招

第十五條　售吸所應懸掛警醒烟民宣傳品

第十六條　售吸所營業時間不得超過下午十時

第十七條　售吸所不得容許賭博供給酒食及僱用女招待

第十八條　售吸所違反本辦法第六至第十七各條之規定者應註銷照證限令立時停閉重者依法懲處

第十九條　本辦法如有未盡事宜得由禁烟總局呈請內政部修改後呈報　行政院備案

第二十條　本辦法自公布之日施行

煙民登記領照辦法　三十三年四月七日內政部公布

第一條　本辦法依據烟民登記及分期戒絕辦法第六條之規定制定之

第二條　三十三年四月一日起至八月三十一日止爲烟民總登記領照期間

第三條　在總登記期間除由禁烟總局督飭地方禁烟局及辦事處負責辦理烟民總登記外得商同當地警察機關協助並責成保甲長先將各該保甲內之烟民造報以便査考

第四條　在總登記期間烟民須攜帶居住證親赴各該地主管禁烟局或辦事處申請登記按照規定表式塡具烟民登記表（在總局登記者塡一份在地方禁烟局登記者塡二份在辦事處登記者塡三份）

前項登記表地方禁烟局及辦事處除各存一份外應呈送禁烟總局一份以備査攷

第五條　烟民總登記表應載明戒絕期間按烟民年齡分批勒戒限期如左

第一批　三十歲以下之烟民限三十四年三月二十九日以前戒絕

第二批　三十一歲至五十歲之烟民限三十五年三月二十九日以前戒絕
第三批　五十一歲以上之烟民限三十六年三月二十九日以前戒絕

第六條　戒烟執照分左列二種
一、限期戒烟執照
二、限期戒烟旅行執照

第七條　烟民申請登記後由該管禁烟局或辦事處發給限期戒烟執照每半年換領一期第一期依左列規定繳納照費
一、三十三年六月三十一日以前申請登記者每照繳費伍拾元
二、三十三年七月三十日以前申請登記者每照繳費壹百元
三、三十三年八月三十一日以前申請登記者每照繳費壹百伍拾元
前項照費於第二期以後必要時得依原照費額按期遞加其增加數額由禁烟總局呈請內政部核定之

第八條　領取旅行執照須憑原照由該管禁烟局或辦事處換領用畢應隨時繳銷並換回原照
前項旅行執照費按原照費額折半徵收

第九條　烟民購烟須憑照每月按旬分五次向指定土膏零售商購買但每五次之量得併作一次購買之

第十條　烟民所領各種執照祇准本人專用不得轉借他人尤不得利用執照誘惑庇護他人吸烟違者除吊銷執照外應依法嚴辦

第十一條　凡遺失執照者應立即通知指定土膏零售商停止發售一面具保呈報原發執照之禁烟機關申請補領方按原照繳納照費
前項遺失執照經補發新照後應向該管禁烟局或辦事處呈報總局備查

第十二條　凡烟癮戒斷或本人死亡者應立即將所領執照繳銷如隱匿不繳經查明後除吊銷原照外並得向本人或其家屬處以原照費額二倍之罰鍰

第十三條　烟民執照費以三分之一彙解國庫三分之一交付當地協助機關三分之一留為各地主管禁烟機關辦理登記費用

第十四條　各地方禁烟局或辦事處應按旬將登記之烟民及所收照費分別造冊呈報總局按旬彙報內政部備查

第十五條　第一期限期戒烟執照有效期間一律以三十三年九月三十日為止十月一日開始具發第二期執照

第十六條　本辦法自公布之日施行

南京特別市政府訓令　府保甲字第　號

令城鄉各區公所

案准

內政部禁字第一六一號公函內開

「據本部南京區地方禁烟局局長朱守照呈以便利南京市烟民申請登記并期普遍迅捷起見擬請南京特別市各區公所協助辦理烟民登記辦法草案一種乞鑒核送請　貴市政府轉飭施行等情據此經核尚屬允當相應檢同原草案暨烟民登記領照辦法各一份函請　貴市政府查照賜予同意將該項協助辦理烟民登記辦法轉飭施行以利登記并希見復為荷」

等由附送南京特別市區公所協助辦理烟民登記辦法草案烟民登記領照辦法各一份准此自應照辦除函復暨分令外合行抄發原草案及辦法令仰該區遵照督飭所屬一體協助辦理為要

此令

附發南京特別市區公所協助辦理烟民登記辦法草案烟民登記領照辦法各一份

中華民國三十三年五月　日

市長周學昌

南京特別市區公所協助辦理煙民登記辦法草案

一、為便利本市烟民申請登記并期普遍迅捷起見由區公所協助南京區地方禁烟局（以下簡稱禁烟局）辦理各區轄境內烟民總登記事務

二、區公所辦理烟民總登記事項應與禁烟局取得連絡

三、區公所應責成各級保甲人員調查管內烟民姓名督令登記其有隱匿者并應隨時查擠

四、各級保甲人員如有辦理不力或扶同隱匿情事由禁烟局查明函區公所予以處罰

五、區公所應指派職員協助辦理烟民總登記事務但發照及收費事項由禁烟局派員駐區辦理

六、區公所應將烟民登記情況逐日填表送禁烟局查核

七、區公所辦理烟民登記之協助費由禁烟局依照烟民登記領照辦法第十三條之規定於收起照費內撥給

八、前條規定之協助費分爲十成其支配標準如左

甲、區公所三成

乙、保甲長七成

九、區公所辦理烟民登記成績優異者由禁烟局呈請獎勵之

十、本辦法由禁烟局呈請　內政部咨南京特別市政府轉飭施行

南京特別市政府訓令　字第　號

令市商會

查本市各業同業公會對所屬會員商號常有巧立名目未經呈報本府核准擅自濫收費用殊屬非實業已令飭該會分別查明具報在案茲復經飭由經濟局派員查得本市麵作業筵席酒菜館業茶社麵點業罐頭食品業等四業同業公會在本屆發給配給麵粉證與各該公會所屬會員商號時均有附收額外費用情事實屬非法之極合再令仰該會迅即遵照本府前頒「監督各業同業公會經費收支辦法」規定切實加以整頓隨將整頓情形分別具報以憑核奪切切

此令

附抄發飭由經濟局派員調查各業同業公會收費情形原報告壹份

中華民國三十三年五月　日

市長周學昌

報告

竊職等奉

諭派查各業公會收費情形一案遵經分別前往調查茲查有麵作業筵席酒菜館業茶社麵點業罐頭食品等四業同業公會在未屆發給配給麵粉證與會員商號時計麵作業及罐頭食品業公會每包外加（手續費及基金）拾伍元筵席酒菜館業每包外加（代募商會基金及會內基金）壹百元茶社麵點業每包外加（防空事業費義勇警察費商會基金）拾伍元查本市商會籌募基金諒呈經本府核准原定辦法爲演戲籌募嗣因費用過大改爲各業攤認奉　派前因理合將調查情形報請

鈞核

謹呈

科長 葉

局長 林

市長 周

南京特別市政府訓令 府財字第 號

令捐稅徵收所所長江兆龍

查娛樂捐一項為市庫重要收入經一再令飭調整而每月徵收數目仍無起色本市為首都所在各項娛樂營業甚為繁盛亟應澈底整頓俾杜偷漏取巧茲酌定娛樂捐整頓辦法於下

一、各戲院各電影院及各遊藝場所之戲票或門票及入場券等凡含有憑券入場或入座之性質者均應由各娛樂場所將該項票券先期送交本府財政局捐稅徵收所加蓋戳記(圓形戳記並將戳記樣模送府備查)方准發售違者一經查明無論已否售出除按張補繳捐款外並一律按最高票價加倍處罰再犯者得呈報本府酌予停止營業處分

二、各茶廳餐廳或酒家等凡有音樂歌曲或清唱大鼓等並無門票或入場券而以座位或碗茶等計值收費者應由該娛樂場所按照客數據實記帳並由本府財政局捐稅徵收所逐日派員隨時查核所售碗茶數目或座位數目依照規定捐率徵收

三、各娛樂場所應徵娛樂捐應一律按照規定百分之三十捐率徵收不得短報少繳所有徵捐標準應按照票面所載售價計算不得藉詞扣除茶彩等名目希圖冒混

四、如有臨時借座公開售票而為籌募基金並非完全營業性質者亦應依照本辦法第一項之規定先期將票送請蓋戳並須先期報由本府核准得予減收半捐其有為災賑籌款者經本府核准後得酌予免捐

五、如有為紀念會臨時表演並不發售門票亦不收取座價者經報明本府核准後得予免捐

以上所定辦法應於文到之日起切實施行合行令仰該所長遵照認眞辦理務須將應徵捐額儘盡帶加俾裕市庫收入而達整頓目的並將遵辦情形具報查核為要

此令

中華民國三十三年五月 日

市長周學昌

南京特別市政府訓令 府財字第　號

令本府各局處會附屬機關

查中央各機關為調整機構與人事起見業經決定實行裁員加薪本府亦擬依照　中央辦法辦理惟所有各附屬機關按月原領之經常費在此次裁員加薪後不得有所變更即臨時加俸一節亦應以本年四月份請領數為標準不得超溢俾市庫收支仍得維持平衡除分令合行檢同該　四月份臨時加俸實領數清單乙份令仰遵照辦理

此令

計發清單乙份

中華民國三十三年五月　日

市長周學昌

清單

機關名稱	四月份臨時加俸實領數	備註

南京特別市政府訓令 府經字第　號

令市商會理事長葛亮疇

查五月份上半月公定價格及協定價格物資限價業經本市物價評議委員會第二次改組後第六次常會評定茲將評定價格

表一份仰即轉飭各業同業公會分飭各商號遵照發售倘有私自抬價偽稱無貨或不設標簽等情一經查出即依戰時物價管理暫行條例嚴予懲處除函警署飭警嚴予查緝外合行令仰轉飭所屬一體遵照爲要！

此令

附五月份上半月評定物價表一份

中華民國三十三年五月　日　市長周學昌

南京特別市政府訓令　府經字第　號

令市商會

查五月份下半月公定價格及協定價格物資限價業經本市物價評議委員會第二次改組後第七次常會評定並將評定價格表乙份隨令附發仰即轉飭各業同業公會分飭各商號遵照發售倘有私自抬價偽稱無貨或不設標簽等情一經查出即依戰時物價管理暫行條例嚴予懲處除函警署飭警嚴予查緝外合行令仰轉飭所屬一體遵照爲要

此令

附五月份下半月評定物價表乙份

中華民國三十三年四月　日　市長周學昌

南京特別市五月份上半月公協定物資價格評定公布表

類別	物品名稱	單位	評定價格	備註
食糧類	食米	石	一〇〇二、八〇	配給價
	頭等麵粉	袋	四六二、〇〇	同上
	二等麵粉	袋	四一九、〇〇	同上
	三等麵粉	袋	三三一、〇〇	同上

類別	品名	單位	價格	備考
調味類	食鹽	斤	三、九〇	同上
	食油	斤	七八、〇〇	
燃料類	山東塊煤	噸	一五七一、五五	公會配給價
	焦作煤球	噸	一七八一、五〇	同上
	柴煤	噸	五二〇、〇〇	
雜用類	肥皂	塊	特等三九、〇〇 頭等三四、〇〇	
	火柴	合	一二、〇〇	
	洋燭	支	二八、〇〇	
	白報紙	令	四八〇〇、〇〇	
	白有光	令	三四五〇、〇〇	
	江南毛邊	令	四三五〇、〇〇	
	表芯紙	刀	三五、〇〇	
	草紙	捆	八〇、〇〇	
	脫脂棉花	包 450瓦	二二〇、〇〇	
	脫脂紗布	包 400瓦	八八〇、〇〇	
	新亞膠布	筒 長5碼 闊12寸	一三三〇、〇〇	
	拜耳阿司匹林片	包 2粒	四〇、六〇	
	拜耳加當片	支 10粒	二九五、四〇	

品名	單位	價格
害瘧丸	支 24粒	八八、二○
雙桃奎艮丸	粒 2厘	二○、○○
老篤眼藥	瓶	一二、○○
鷓鴣菜	合 5小包	四九、○○
八卦丹	包	二四、○○
萬金油	小合	三八、○○
虎標頭痛粉	包	二七、○○
九一四藥膏	小包	四○、○○
康福多	瓶	三七八、○○
新亞康福那心針	合 10支 2c.c.	七七、○○
新亞淡福白龍針	合 10支 2c.c.	四五五、○○
信誼重鹽酸奎艮針	合 2c.c. 0.75	八九八、○○
信誼氯化鈣針	5×20c.c. 3%	一六五、○○
滅疥膏	瓶 25瓦	二一七、○○
史太安片	瓶 20片	七一五、○○
史太安針	合 5支 6c.c.	七八六、○○

品名	單位	價格	備考
思令典片	支 20片	二八〇、〇〇	
思令典針	合 10×3c.c. 3%	五六〇、〇〇	
消發減定片	瓶 0.5 20粒	一二五、〇〇	
服用類			
棉花	斤	批發 九二、〇〇 零售 一〇〇、〇〇	
10支紗	件	九五〇〇〇、〇〇	
16支紗	件	一一二五〇〇、〇〇	
20支紗	件	一二〇〇〇〇、〇〇	
32支紗	件	一五〇〇〇〇、〇〇	
42支紗	件	一八五〇〇〇、〇〇	
漂白細布	尺	五七、〇〇	
陰丹士林	尺	八一、〇〇	
黑細布	尺	六〇、〇〇	
安安藍布	尺	七六、〇〇	
本白細布	尺	五四、〇〇	
本色斜紋	尺	五三、〇〇	
222至333太平洋毛巾	條	八五、〇〇	太字333不在內
444至555太平洋毛巾	條	一二〇、〇〇	
花線春	尺	白 一一二、〇〇 八八、〇〇 色 一一八、〇〇 一〇八、〇〇	

杭紡	尺	白	一一二、〇〇	八四、〇〇
		色	一二六、〇〇	九九、〇〇
雲錦綢	尺	白	八六、〇〇	六三、〇〇
		色	一〇〇、〇〇	七七、〇〇
複予綢	尺	白	七六、〇〇	五六、〇〇
		色	八九、〇〇	七一、〇〇
洋紡	尺	白	三七、〇〇	三一、〇〇
		色	四三、〇〇	三七、〇〇
電力紡	尺	白	八二、〇〇	六六、〇〇
		色	九〇、〇〇	七七、〇〇
畜產類				
牛肉	斤		五二、〇〇	
猪肉	斤		五八、〇〇	
蔬菜類				
青菜	斤	批發　零售	一二、〇〇	一五、〇〇
小菠菜	斤	批發　零售	二〇、〇〇	二六、〇〇
青芹菜	斤	批發　零售	三〇、〇〇	三八、〇〇
韭菜	斤	批發　零售	五〇、〇〇	七〇、〇〇
藕	斤	批發　零售	八、〇〇	一〇、〇〇
黃豆芽	斤	批發　零售	四、五〇	六、〇〇
綠豆芽	斤	批發　零售	四、五〇	六、〇〇
葱	斤	批發　零售	一、五〇	二、〇〇

南京特別市五月份下半月公協定物資價格評定公布表

類別	物品名稱	單位	評定價格	備註
食糧類	食米	石	一〇二五、〇〇	配給價
	頭等麵粉	袋	四六二、〇〇	同上
	二等麵粉	袋	四一九、〇〇	同上
	三等麵粉	袋	三三一、〇〇	同上
調味類	食鹽	斤	三、九〇	同上
	食油	斤		調查後再評
燃料類	山東煤塊	噸	一五七一、五五	公會配給價
	焦作煤球	噸	一七八一、五〇	同上
	淋頭柴煤	噸	五二〇〇、〇〇	
	龍潭柴煤	噸		調查後再評
	肥皂	塊	特等三九、〇〇 頭等三四、〇〇	
	火柴	合	一二、〇〇	
	洋燭	支	二八、〇〇	
	白報紙	令	四八〇〇、〇〇	
	白有光	令	三四五〇、〇〇	
	江南毛邊	令	四三五〇、〇〇	
	表芯紙	刀	三五、〇〇	
	草紙	捆	八〇、〇〇	
	脫脂棉花	包 450瓦	二二〇、〇〇	

品名	單位	價格
脫脂紗布	包 400瓦	八八〇、〇〇
新亞膠布	筒 5碼12寸 長闊	一三三〇、〇〇
拜耳阿司匹林片	包 2粒	三六、五〇
拜耳加當片	支 10粒	二六五、九〇
唐燕丸	支 24粒	七九、四〇
雙機奎民丸	粒 2厘	二〇、〇〇
老篤眼藥	瓶	一二、〇〇
鷓鴣菜	合 5小包	六〇、〇〇
八卦丹	包	二四、〇〇
萬金油	小合	三八、〇〇
虎標頭痛粉	包	二七、〇〇
九一四藥膏	小合	四〇、〇〇
康福多	瓶	五〇〇、〇〇
新亞康福那心針	合 10支 2c.c.	七七、〇〇
新亞淡福白龍針	合 10支 2c.c.	四五五、〇〇
信誼重鹽酸奎民針	合 10支 2c.c. 0.75	八九八、〇〇

品名	單位	價格	備註
信誼氯化鈣針	5×20c.c. 3%	一六五、〇〇	
減疥膏	瓶 25瓦	一九五、三〇	
史太安片	瓶 20片	七一五、〇〇	
史太安針	合 5支 6c.c.	七八六、〇〇	
思合奥片	支 20片	二八〇、〇〇	
思合奥針	合 10×3c.c. 3%	五六〇、〇〇	
消發滅定片	瓶 0.5 20粒	一二五、〇〇	
服用類			
棉花	斤	批發 九二、〇〇 零售 一〇〇、〇〇	
10支紗	件		交經濟局領事館查後再評
16支紗	件		同上
20支紗	件		同上
32支紗	件		同上
42支紗	件		同上
漂白細布	尺	五七、〇〇	
陰丹士林	尺	八一、〇〇	
黑細布	尺	六〇、〇〇	

品名	單位	價格
安安藍布	尺	七六、〇〇〇
本白細布	尺	五四、〇〇〇
本色斜紋	尺	五三、〇〇〇
222至333太平洋毛巾	條	八五、〇〇〇
444至555太平洋毛巾	條	一二〇、〇〇〇
花線春	尺	白 一一二、〇〇〇 八八、〇〇〇 色 一一八、〇〇〇 一〇八、〇〇〇
杭紡	尺	白 一一二、〇〇〇 八四、〇〇〇 色 一二六、〇〇〇 九九、〇〇〇
雲錦綢	尺	白 八六、〇〇〇 六三、〇〇〇 色 一〇〇、〇〇〇 七七、〇〇〇
複子綢	尺	白 七六、〇〇〇 五六、〇〇〇 色 八九、〇〇〇 七一、〇〇〇
洋紡	尺	白 三七、〇〇〇 三一、〇〇〇 色 四三、〇〇〇 三七、〇〇〇
電力紡	尺	白 八二、〇〇〇 六六、〇〇〇 色 九〇、〇〇〇 七七、〇〇〇
畜產類		
牛肉	斤	五二、〇〇〇
豬肉	斤	五八、〇〇〇
蔬菜類		
青菜	斤	批發 一、二〇〇 零售 一、五〇〇
小菠菜	斤	批發 二、〇〇〇 零售 二、五〇〇
青芹菜	斤	批發 二、〇〇〇 零售 二、五〇〇
韮菜	斤	批發 三、五〇〇 零售 四、五〇〇

藕	斤	批發六、五〇	零售九、〇〇
黃豆芽	斤	批發五、〇〇	零售六、五〇
綠豆芽	斤	批發四、五〇	零售六、〇〇
葱	斤	批發一、五〇	零售二、〇〇
萵筍	斤	批發二、二〇	零售三、〇〇

南京特別市政府指令　府秘字第　號

令工務局局長韓春第
第一區區長蘇源

簽呈乙件　爲會同擬訂整理夫子廟市容委員會組織規則及辦事細則開列委員會名單簽請鑒賜分別指派聘請由

呈件均悉：經查組織規則第四條原訂之「日常會務」四字應改爲「本會事務」辦事細則第三條條文着予修正爲「各股設股長一人股員若干人由地方人士担任之或請有關各機關調派」其餘大致尚妥所擬委員十七人名單應准予照辦除分別令派暨函聘外仰即知照

此令

附抄原簽呈暨整理夫子廟市容委員會組織規則辦事細則委員名單各一紙

中華民國三十三年五月　日　市長周學昌

簽呈

謹簽呈者竊查整理夫子廟市容一案曩奉

面諭積極進行迭經會同一再籌劃所有工程計劃大綱業經錄呈存卷至組織機構方面以茲事體大且一部份經費須籌之地方似

以由本府及當地紳商各界合組市容整理委員會負責辦理較爲妥善其委員人選爲集思廣益並增厚力量計擬網羅有關各方面共同參加茲經斟酌開列委員十七人名單並訂就整理夫子廟市容委員會組織規則暨分股辦事細則至正副委員職務爲利便辦事起見可否由 職 等分別担任之處出自

鈞裁委員會暫設於瞻園路第一區公所內以資就近督導工事內部擬分設總務財務工務稽核調查五股其人員由有關各機關調遣容俟組織成立再行遴選請派所有擬請指派聘請整理夫子廟市容委員會委員各緣由是否有當理合繕具委員會組織規則及辦事細則一併簽請

核示祇遵

謹呈

市長周

附呈整頓夫子廟市容委員會組織規則一份又辦事細則一份又委員名單一紙

工務局局長　韓春第

第一區區長　蘇　源

南京特別市政府整理夫子廟市容委員會組織規則

第一條　南京特別市政府爲整理夫子廟區域市容以壯觀瞻起見特組織整理夫子廟市容委員會（以下簡稱本會）

第二條　本會承 市長之命並採納地方意見辦理整頓夫子廟區域市容一切工程設計建築財務出納登記調查徵工等事宜

第三條　本會設委員十七人至二十三人由 市長就左列各項人員中指派或聘請之

一、市政府工務局局長

二、第一區區長

三、首都警察總監署行政科科長

四、南區警察局局長

五、市商會理事長

六、地方士紳

七、當地房屋業主

八、當地有聲望之商人

第四條　本會設正副主任委員各一人由　市長指派工務局局長及第一區區長担任之負責主持本會事務

第五條　本會每月舉行常會一次但必要時得召開臨時會議

第六條　本會辦事細則另訂之

第七條　本會一俟夫子廟區域市容工作全部完畢即撤銷之

第八條　本會會址設於瞻園路第一區公所內

第九條　本組織規則呈奉　市長核定後公佈施行之

南京特別市政府整理夫子廟市容委員會辦事細則

第一條　本細則依據南京特別市政府整理夫子廟市容委員會組織規則第六條訂定之

第二條　本會就事實需要設置下列各股

一、總務股

(一)關於收發分配撰擬保管文書事項

(二)關於本會經費之出納事項

(三)關於本會購置庶務事項

二、財務股

(一)關於工程經費之收付事項

(二)關於工程經費之保管事項

(三)關於工程經費之造報事項

三、工務股

(一)關於查勘及測繪事項

(二)關於工程設計事項

(三)關於工程實施事項

四、稽核股

(一)關於工程計劃之審議事項

(二)關於工程收支款項之稽核事項

(三)關於監工事項

五、調查股

(一)關於一切調查事項

(二)關於一切登記事項

(三)關於徵工協力事項

第三條　各股設股長一人股員若干人由地方人士担任之或請有關機關調派

第四條　本會職員概為無給職但得酌支津貼

第五條　本會辦公鐘點悉依市政府規定時間

第六條　本細則如有未盡事宜得隨時提請委員會通過後修正之

整理夫子廟市容委員會委員名單

韓春第　工務局局長

蘇　源　第一區區長

曾昭康　警監署行政科科長

劉宗航　南區警察局局長

韓兆鴻　地方士紳

常玉清　國際飯店店主

葛亮疇　市商會理事長

岳子章　太平洋餐廳經理

仇亮卿　業主

韓萬松　業主

何星五　業主

范伯鳴　江甯文廟洒掃會會長
李賀軒　業主
范維鈞　永安商場經理
范　森　飛飛服裝公司經理
劉開鏞　貢院坊聯保主任
趙致卿　貢院坊保長

南京特別市政府指令　府財字第　號

令捐稅徵收所所長江兆龍

呈一件　為援案舉辦遊船檢驗登記暨遊船娛樂捐擬請將遊船登記費增加一倍遊船娛樂捐按原徵收標準增加二倍徵收檢同改定檢費標準表祈鑒核備查由

呈暨附件均悉據呈請將遊船登記費按原定費額增加一倍徵收遊船娛樂捐按原定標準增加二倍徵收應准照辦仰即遵照

此令（附件存）

中華民國三十三年五月　日

市長周學昌

南京特別市政府指令　府秘字第　號

令社會福利局

呈一件　為呈報本局會計室裁併第一科添計會計股暨人事動態情形仰祈　鑒核分別令委由

呈件均悉准予備查並分別令委

此令

中華民國三十三年五月　日

市長周學昌

南京特別市政府佈告　府保甲字第　號

查本府為強化京市保甲於上年十二月間先就城區六區（包括下關在內）同時舉辦清查戶口重編保甲調整保甲長人選籌組保長聯合辦公處業已全面完成關於徵收保甲經費一節依照編查保甲戶口暫行條例第三十三條「保甲經費得向保甲內居民徵集之」之規定並參酌地方情形及實際需要訂定南京特別市政府徵收保甲經費暫行辦法自三十三年一月份起開始徵收並經咨請　內政部查照在案茲以一切徵收手續業已籌備就緒城區六區（下關在內）自即日起開始試集惟為顧念民力未逮用示體卹起見一二兩月份經費於五月內繳納之三四兩月份於六月內繳納之五六兩月份於七月內繳納之七八兩月份於八月內繳納之至九月份起按月一徵又查鄉區各區強化保甲工作尚在進行中其徵收日期另令規定除分令各區公所遵照轉飭保甲長負責切實辦理外合亟抄附本府徵收保甲經費暫行辦法佈告周知仰全市市民遵照毋違切切

此佈

附南京特別市政府徵收保甲經費暫行辦法（見法規欄）

中華民國三十三年五月　日

市長周學昌

南京特別市政府佈告 府衛字第　號

案據本府衛生局呈稱案奉衛生署本年五月十六日醫三字第六二號訓令開「案查管理成藥規則第六條「調製或輸入成藥者限於藥商」管理藥商規則第三條「凡為藥商者應呈請衛生署註冊幷向營業所在地主管官署登記後始得開業」第四條第二項「在本規則施行前曾領有營業執照者應於本規則施行後三個月內將舊照繳驗另換新證」是營業藥業者必須於法定期限內呈請本署註冊始能取得藥商之資格具有藥商資格方能以成藥呈請本署查驗給予許可證其以前領有許可證者亦須於法定期限內請換新證各法條業有明晰之規定現因該兩種規則均係於本年二月十六日公布施行依法定三個月期限應以五月十六日為屆滿若逾期不請註冊或已領有許可證之成藥不請換證依該兩種規則均有處罰之明文（管理藥商規則第二十三條第一款第五款管理成藥規則第十六條第十七條）本署為體卹各藥商起見應先飭由各地方主管官署曉諭週知除分令外合行令仰該局長即便遵照迅即出示曉諭各藥商尅日呈請註冊或填證以符功令一面仍將辦理經過情形隨時具報以憑考核為要」等因奉此遵即分令飭新藥業公會轉飭各藥商尅期遵辦等情前來查本市各藥商依限呈請衛生署註冊領證或前已領有許可證遵期繳驗另換署頒新證者為數無幾似此玩忽功令殊屬非是合亟佈告週知仰各該藥商尅日遵辦切勿稍延致干處罰切切

此佈

中華民國三十三年五月　日　市長周學昌

南京特別市政府布告 府財字第肆肆貳號

查本市田賦遵照

中央規定每年應依照田地時價評定價格一次以爲徵收標準業經於本年三月十五日召集本市田地評價委員會在本府開會決定按照上年評定田地價格增加一倍上等田地價格每畝三千元中等田地每畝二千元下等田地每畝一千四百元按照評定田地價格百分之一核定上等田地每畝全年應徵賦額三十元中等田地每畝全年應徵賦額二十元下等田地每畝全年應徵賦額十四元分作兩期各半徵收並經本府布告周知在案所有三十三年份第一期田賦（即全年應徵賦額之半數）茲定於本年六月一日開始徵收以七月十五日爲截止期限除由財政局田賦徵收處仍在本市瞻園路設立田賦徵收總櫃暨在鄉區另設徵收分櫃並分散通知單外合行布告仰本市應徵田賦各戶一體遵照務將三十三年份第一期田賦依照規定新額遵限持單投櫃完納掣照安業如逾定限始行完納者即須照章加收滯納罰金倘或抗違任催不納一經查出定予傳案押追至關於以前各年份舊欠田賦應仍依照原額趕緊掃數清完毋得違延致干嚴處切切

此布

附業戶納賦須知

一、各業戶全年賦額分作兩期完納所有三十三年第一期田賦定於本年六月一日開始徵收第二期田賦開徵日期應俟屆時另行公布

二、本期田賦自開徵日起以一個半月爲限

三、本期田賦自開徵日起即應照章繳納如滿一個半月後完納者應照賦額加徵十分之一滯納罰金

四、本期田賦自開徵日起如滿三個月後完納者應照賦額加徵十分之二滯納罰金

五、各業戶應納田賦自開徵日起如逾三個月後仍未完納者除依照規定加取滯納罰金外得斟酌情形隨時傳案押追

六、各業戶完納田賦須攜帶通知單赴財政局田賦徵收處櫃檯完納掣照安業

七、通知單不取單費

八、通知單如有錯誤限於接到後十日內聲請更正

九、通知單如有遺失得覓具妥保赴田賦徵收處證明後照章繳納

中華民國三十三年五月　日

市長周學昌
財政局局長譚友仲

南京特別市政府佈告 府財字第五百號

查八卦洲頭二步壘及南北三步壘市地租金爲本府重要收入現在農產物品價值高漲自應改訂收租辦法俾符事實茲特規定八卦洲市產租籽改收實物辦法如左

一、八卦洲頭二步壘及南北三步壘市產租籽自三十三年份起一律暫行改收實物

二、改收實物標準依照八卦洲農地租佃規則第十三條「租額不得超過收獲量百分之三十」限度暫行從輕核定之

三、春季租籽每畝收麥(市斗)計壹斗貳升秋季租籽每畝收苞蘆米或黃豆(市斗)共壹斗(如所種全爲苞蘆米則收苞蘆米壹斗所種全爲黃豆則收黃豆壹斗其兼種苞蘆米及黃豆則收苞蘆米及黃豆共壹斗)如繳納實物有困難時得將實物按當時市價(由市政府臨時規定)折價繳納之

四、遇有水旱災荒應於未收割以前報請本府派員履勘視其被災輕重酌予核定減免如未經派員履勘私自先行收割者應仍按畝繳租不得以災荒論

五、無論種麥及苞蘆米或黃豆均應於收割後由該管保甲長負責監視保存俟將本府租籽繳清製有府頒收據後方得將餘物移動如有私自移動情事一經查覺即予扣留並對該管保甲長嚴予追究

以上規定辦法自本年麥租起實行除分行外合行布告仰該洲佃農及保甲長等一體周知遵照辦理毋得違誤切切

此佈

中華民國三十三年五月　日

市長周學昌
財政局局長譚友仲

南京特別市政府公告 字第　號

案據業戶唐必生代理張少南呈報坐落鈔庫街第三二號房地產原領前土地局所發三字[illegible]一七一三號所有權狀及三區二

四九〇段分段圖各壹件因事變遺失請予補給等情飭據呈繳聲明圖狀遺失報紙暨鄰商兩保前來茲依照土地法第一百四十條第二款之規定揭示公告自公告之日起對於該項遺失圖狀如有因權利關係聲明異議者須於三個月內提出理由書暨證明文件呈候核辦一經公告期滿無人異議卽予依法補給圖狀管業合行公告週知

中華民國三十三年五月　日

市長周學昌

地政局局長張仿良

南京特別市政府公告　字第　號

案據業戶蔭惜善堂代理人劉福廷呈報坐落中山東路第三三二號房地產原領前土地局所發壹字第四號所有權狀及壹區三〇七四 三一〇二段分段圖各壹件因事變遺失請予補給等情經飭據呈繳聲明圖狀遺失報紙暨鄰商兩保前來茲依照土地法第一百四十條第二款之規定揭示公告自公告之日起對於該項遺失圖狀如有因權利關係聲明異議者須於三個月內提出理由書暨證明文件呈候核辦一經公告期滿無人異議卽予依法補給圖狀管業合行公告週知

中華民國三十三年五月　日

市長周學昌

地政局局長張仿良

南京特別市政府公告　字第　號

案查本市原第二區七七六段房地產前因業戶紀寶泉逾期登記業經前地政局予以假定公告在案茲據呈稱原稅出押在外收回後遺失等情准予照章登報具保在案除將假定登記案撤銷外茲依照本市土地登記暫行規則第十五條之規定揭示公告自公告之日起對於該項房地產如有因權利上關係聲明異議者須於三個月內提出理由書及證明文件呈候核辦一經公告期滿未據異議卽予依法登記發給圖狀執業合行公告週知

計開

聲請人　姓名　住址

坐落 第 區 段 第 號

種類及面積 地 畝 分 厘 毫 絲

四至 東至 西至 南至 北至

定着物情形

申報地價

申報定着物現値

共有權人

他項權利人

公告日期

公告期滿日期

中華民國三十三年五月 日

市長 周學昌

地政局局長 張仿良

南京特別市政府公告 字第 號

案據業戶劉石林呈報坐落程閣老巷第六號房地產原領前土地局所發二字第一二三六號所有權狀及二區三五段分段圖各壹件因事變遺失請予補給等情經飭據呈繳聲明圖狀遺失報紙暨鄰商兩保前來玆依照土地法第一百四十條第二款之規定揭示公告自公告之日起對於該項遺失圖狀如有因權利關係聲明異議者須於三個月內提出理由書暨證明文件呈候核辦一經公告期滿無人異議卽予依法補給圖狀管業合行公告週知

中華民國三十三年五月 日

市長 周學昌

地政局局長 張仿良

南京特別市政府公告 字第 號

案據業戶石素英呈報坐落牛市第二號房地產原領前土地局所發三字第一二〇三號所有權狀及三區一五八一段分段圖各一件因遺失請予補給等情經飭據呈繳聲明圖狀遺失報紙暨鄰商兩保前來茲依照土地法第一百四十條第二款之規定揭示公告自公告之日起對於該項遺失圖狀如有因權利關係聲明異議者須於三個月內提出理由書暨證明文件呈候核辦一經公告期滿無人異議卽予依法補給圖狀管業合行公告週知

中華民國三十三年五月 日

市長周學昌
地政局局長張仿良

南京特別市政府公告 字第 號

案據業戶沙啓浩等呈報坐落竹架山第九號房地產原領前土地局所發五字第一〇五七號所有權狀及五區三七八八段分段圖共字二二五七號保持證各壹件因事變遺失請予補給等情經飭據呈繳聲明圖狀遺失報紙暨鄰商兩保前來茲依照土地法第一百四十條第二款之規定揭示公告自公告之日起對於該項遺失圖狀如有因權利關係聲明異議者須於三個月內提出理由書暨證明文件呈候核辦一經公告期滿無人異議卽予依法補給圖狀管業合行公告週知

中華民國三十三年五月 日

市長周學昌
地政局局長張仿良

南京特別市政府公告 字第 號

案據業戶覺仲芳呈報坐落五間廳旗地產原製地政局他四字第十號他項權利證明書乙件業經遺失特此公告註銷除依法補給他項權利證明書管業外合行公告週知

中華民國三十三年五月 日

市長周學昌

地政局局長　張仿良

南京特別市政府公告　字第　號

案據業戶范唱初相紳呈報坐落信府河第十六號房地產原領前前土地局所發四字第六一三號所有權狀壹件因事變遺失請予補給等情經飭據呈繳聲明權狀遺失報紙暨鄰商兩保前來茲依照土地法第一百四十條第二款之規定揭示公告自公告之日起對於該項遺失權狀如有因權利關係聲明異議者須於三個月內提出理由書暨證明文件呈候核辦一經公告期滿無人異議即予依法核准買賣管業合行公告週知

中華民國三十三年五月　日

市長　周學昌

地政局局長　張仿良

南京特別市政府公告　字第　號

案據業戶湯榮銓代高蕙芳呈報坐落中山東路第三五〇號房地產原領前地政局所發他一字第二一九號他項權證明書壹件因事變遺失業經回贖請予撤銷等情經飭據呈繳聲明證書遺失暨商保前來茲依照土地法第一百四十條第二款之規定揭示公告自公告之日起對於該項遺失證書如有因權利關係聲明異議者須於三個月內提出理由書暨證明文件呈候核辦一經公告期滿無人異議即予依法撤銷管業合行公告週知

中華民國三十三年四月　日

市長　周學昌

地政局局長　張仿良

南京特別市政府公告　字第　號

案據業戶張開江呈報坐落高門樓房地產原領前地政局所發六字第六六九九號所有權狀及六區二六七六段分段圖各壹件因事變遺失請予補給等情經飭據呈繳聲明圖狀遺失報紙暨鄰商兩保前來茲依照土地法第一百四十條第二款之規定揭示

公告自公告之日起對於該項遺失圖狀如有因權利關係聲明異議者須於三個月內提出理由書暨證明文件呈候核辦一經公告期滿無人異議即予依法補給圖狀管業合行公告週知

中華民國三十三年五月　日

市長周學昌
地政局局長張仿良

南京特別市政府公告　字第　號

案據業戶劉仲華呈報坐落中華路第三四二號房地產原領前土地局所發叁字第九八二號所有權狀及叁區一七九七段分段圖各壹件因事變遺失請予補給等情經飭據呈繳證明圖狀遺失報紙暨鄰商兩保前來茲依照土地法第一百四十條第二款之規定揭示公告自公告之日起對於該項遺失圖狀如有因權利關係聲明異議者須於三個月內提出理由書暨證明文件呈候核辦一經公告期滿無人異議即予依法補給圖狀管業合行公告週知

中華民國三十三年五月　日

市長周學昌
地政局局長張仿良

南京特別市政府公告　字第　號

案據業戶倪琴吳喜棨等代理人劉文才呈報受押曹得坤所有坐落估衣廊第三十四號房地產原領前地政局所發他一字第二〇六號他項權利證明書壹件內已遺失請予撤銷等情經飭據呈繳證明他項權利證明書遺失報紙暨商保前來茲依照土地法第一百四十條第二款之規定揭示公告自公告之日起對於該項遺失他項權利證明書如有因權利關係聲明異議者須於三個月內提出理由書暨證明文件呈候核辦一經公告期滿無人異議即准予依法撤銷抵押登記合行公告週知

中華民國三十三年五月　日

市長周學昌
地政局局長張仿良

南京特別市政府公告 字第 號

案據業戶黃少梅代理人周文才呈報受押曹得坤所有坐落估衣廊第三十四號房地產原領前地政局所發他一字第二〇四號他項權利證明書壹件因已遺失請予撤銷等情經飭據呈繳聲明他項權利證明書遺失報紙暨商保前來茲依照土地法第一百四十條第二款之規定揭示公告自公告之日起對於該項遺失他項權利證明書如有關權利關係聲明異議者須於三個月內提出理由書暨證明文件呈候核辦一經公告期滿無人異議即准予依法撤銷抵押登記合行公告週知

中華民國三十三年五月 日

市長 周學昌

地政局局長 張仿良

南京特別市政府公告 字第 號

案據業戶倪愛梅代理人周文才呈報受押曹得坤所有坐落估衣廊第三十四號房地產原領前地政局所發他一字第二〇五號他項權利證明書壹件因已遺失請予撤銷等情經飭據呈繳聲明他項權利證明書遺失報紙暨商保前來茲依照土地法第一百四十條第二款之規定揭示公告自公告之日起對於該項遺失他項權利證明書如有關權利關係聲明異議者須於三個月內提出理由書暨證明文件呈候核辦一經公告期滿無人異議即准予撤銷抵押登記合行公告週知

中華民國三十三年五月 日

市長 周學昌

地政局局長 張仿良

南京特別市政府公告 字第 號

案查本市原第三區一三二八段房地產前因業戶李候氏逾期登記業經前地政局予以假定公告在案查該產原登記戶名係李金鑫已故現經其妻李侯氏檢呈有關該產證件並據登報具保等情前來除將假定登記案撤銷外茲依照本市土地登記暫行規

則第十五條之規定揭示公告自公告之日起對於該項房地產如有因權利上關係聲明異議者須於三個月內提出理由書及證明文件呈候核辦第經公告期滿未據異議卽予依法登記發給圖狀執業合行公告週知

計開

聲請人 姓名 住址

坐落 第 區 段 第 號

種類及面積 地 畝 分 厘 毫 絲

四至 東至 西至 南至 北至

定着物情形

申報地價

申報定着物現值

共有權人

他項權利人

公告日期

公告期滿日期

中華民國三十三年五月 日

市長 周學昌

地政局局長 張仿良

南京特別市政府通知 府秘字第 號

案查前據該民呈送申請書照片手續印花費暨登載喪失國籍事實報紙等件聲請喪失中華民國國籍一案經咨轉內政部核辦並批示知照各在案茲准該部咨復開：「經核相符應予照准並塡就喪失國籍許可證書咨請查照給領」等由附喪失國籍許可證書失字第六八號一紙准此合行通知該民備具正式領據前來本府具領可也特此通知

右通知市民林桂英准此

中華民國三十三年五月 日

市長 周學昌

法規

管理物資特配商店暫行辦法 民國卅三年五月二日公佈

第一條 南京特別市政府為管理物資特別配給商店訂定本辦法

第二條 物資特別配給之商店由本府指定之

第三條 特別配給物資之種類以可作各指定商店所售商品之原料或燃料為限

第四條 特別配給物資之數量視來源情形於每屆施行配給時由本府核定之

第五條 各指定商店所領特別配給之物資可製商品若干數量並該商品可售若干天應於受領物資之前呈報本府物資配給委員會備案

第六條 上條所規定之商品應照物資配給之價核算售價呈報本府經濟局核准備案在該商品未售完期限內對於該商品之售價不得超過核定限價

第七條 本辦法自公布日施行

南京特別市取締他省人員私在市區設立局所越境徵收暫行辦法 民國三十三年五月六日公佈

第一條 本市為統一稅政防杜侵越起見對於他省人員在本市管轄區域以內設立徵收局及查驗所或稽徵所及辦事處等一律嚴加取締

第二條 如有他省人員在本市區域以內直接向商民徵收捐稅或間接向公會收取稅款及在市區查驗貨物徵收稅費者一律絕對禁止

第三條 由市政府派員會同各區警察局隨時密查嚴格取締如有違反上項規定私自越境徵收情事即予拘送法院依法究辦

第四條 他省人員如有在本市設立通訊處專為連絡公務承轉文件者應先向市政府報明登記並附具絕不直接或間接在市區內有私自征稅行為如或玩違願甘取締之證明書經審核許可方得設立並由市政府轉函首都警察總監署查照備案

第五條　本辦法如有未盡事宜得隨時修正之

第六條　本辦法經市政府核定公佈施行

南京特別市借用人行道暫行簡則　民國三十三年五月十八日公布

第一條　凡因建築工作申請借用人行道者除應遵照南京市建築規則辦理外並應遵照由本簡則之規定辦理

第二條　借用人行道應先繪具略圖申請工務局派員查勘經核准後方得使用

第三條　借用人行道之寬度如超過南京市建築規則第二十五條之規定零點七五公尺以上者每平方公尺每月征收租金肆拾元並須按照每平方公尺繳保證金貳百元

租金及保證金均應於開始借用時一次繳足保證金俟借用期滿擬請工務局派員復勘經核准後仍如數發還

第四條　借用人損壞人行道者應負賠償之責並得將賠償金在所繳保證金內扣除之

第五條　借用人行道之期間每次不得超過三個月

第六條　借用人應用竹笆將借用地圈圍並應力求其與交通市容衛生等事項不發生妨礙

第七條　借用人如私自佔用人行道堆料者除將材料沒收充公外並處以五百元以上五千元以下之罰鍰

第八條　本簡則自公布日施行

南京特別市政府徵收保甲經費暫行辦法　民國三十三年五月廿六日公布

一、南京特別市政府(以下簡稱本府)為強化保甲充實各區保長聯合辦公處組織機構起見特依據編查保甲戶口暫行條例第三十三條保甲經費應向保甲內居民征募之之規定並參酌實際需要訂定本辦法

二、保甲經費暫分左列三等征收之

甲、賃屋住戶(租典者同)　每戶按月徵收三元

乙、自屋住戶　每戶按月徵收六元

丙、舖　戶　每戶按月徵收九元

三、保甲經費自三十三年份起開始徵收

四、徵收保甲經費應隨時掣給本府印製之繳納憑證

五、前項繳納憑證用不記名式票面計分三元六元九元三種

六、保甲經費由各區公所責成保甲長按戶於每月中旬收齊繳由各聯保辦事處轉送各區公所彙解

七、市民應繳納保甲經費如無故拒絕或滯納者得依編查保甲戶口暫行條例第三十六條之規定科以一元以上五十元以下之罰金

八、各級保甲人員徵收保甲經費如有浮收侵吞或延不清解等情事者一經調查屬實或被舉發有據定即嚴予懲處

九、保甲經費之保管組織委員會辦理其規則另訂之

十、本辦法如有未盡事宜得隨時修訂之

十一、本辦法自公佈之日施行

公牘

南京特別市政府呈 府保甲字第　號

案據本市鄉區自治實驗區區長蕭石樓五月十日呈稱：

「案據職區萬山鄉鄉長董雲龍呈稱『竊據第八保保長王長洲報稱鄉民李桂生年廿三歲京市人住本鄉第八保第一甲第十戶地名親愛村第九號門牌于上月間有軍官劉杰又名國輝現服務警衛第一師特務連排長職來鄉強取民間柴草索詐民財等計十戶柴草約計叁拾餘担錢財計壹萬陸千壹百元鄉民畏彼聲勢不敢與較乃該軍人又變本加厲於本月四日晚來李桂生家強行逐出李桂生母子二人姦汚其妻趙氏年廿歲其母子氣急遂到邁皋橋警察局報告蔣巡官已蒙集合警長警士等計八人前往李家約十二時將軍人劉杰在姦所拿獲現已由警察局解送總監署依法懲辦現據該保農民全保公稟前來理合將經過情形具文呈報仰祈鈞長鑒核』等情幷附公稟一件前來查本區各鄉近來時有軍人來鄉強買柴草鄉民橫被滋擾業已數見不鮮該劉杰身爲現身爲現役軍人應如何以身作則爲士兵楷模竟利令智昏索詐民財有壹萬餘元之多且又強姦民婦實屬目無法紀若不從嚴懲辦不足以儆效尤而安地方據陳前情理合檢同原件具文呈報仰祈鈞長鑒核俯賜轉呈嚴辦實爲公便」

等情：附呈公稟乙件據此事關地方治安理合檢同原稟具文齎請鑒賜核辦實爲公便謹呈

軍事委員會委員長汪

附呈原公稟一件

南京特別市市長　周學昌

中華民國三十三年四月　日

具呈公稟人王長淑等年不一住京市燕子磯區萬山鄉係農業　竊民等因有莠民陳金發勾結軍人劉杰又名國輝（現服務警衛第一師特務連排長職）不時來鄉間強取民間柴草索詐民財被害之家已告數十起強姦婦女李桂生之妻被其姦汚幷威嚇其夫外出非止一次豈料該軍人劉杰於昨一人獨自來李桂生家中直行姦汚其妻幷將該夫及其母全行逐出乃母氣急迫不得已遂

報告警局將該軍人劉杰以及民旁民陳金發等若不從嚴依法懲辦處以極刑將來民等以及地方何得安靖懇請鈞長電懇衛忞下情准予將該軍人劉杰及旁民陳金發拘案從嚴懲辦而安良善以靖地方實爲公德兩便謹呈鄉長袁

并將被害之家開列於左

盧啓發貳千壹百元　徐大鈞貳千伍百元　侯家洲壹千元　戴金興壹千元　徐炎林伍百元　曹沛喜壹千八百元　余永樹壹千八百元　余長洳壹千八百元　余永衡壹千八百元　余永喜壹千八百元　尚有柴約叁拾餘担

萬山鄉第八保保長王長洳及全保民衆謹呈

中華民國三十三年五月　日

南京特別市政府呈 字第　號

案據本府工務局呈稱：「查本市建築房屋每有搭蓋工棚或堆置材料於人行道上對於市容交通均有妨礙若不予以限制不足以整市容而利交通爰本寓禁於征之旨擬訂借用人行道暫行簡則以示限制」等情據此查對人民建築房屋借用人行道堆料施工訂定限制簡則征收租金者其他省市不乏先例經核該局所擬借用人行道暫行簡則當無不合除將前項暫行簡則公布外理合繕具借用人行道暫行簡則備文呈請

鑒核備查

謹呈

行政院院長汪

附呈南京特別市借用人行道暫行簡則乙份（見法規欄）

南京特別市市長　周學昌

中華民國三十三年五月　日

南京特別市政府咨 字第　號

案查本府辦理土地登記工作月報表業經函送至三月份在案茲造具四月份前項工作月報表乙份相應咨送即希

查照爲荷

此致

內政部

附咨送本府辦理土地登記四月份工作月報表乙份

市長周學昌

中華民國三十三年五月 日

南京特別市地政局辦理土地登記工作月報表

中華民國三十三年四月份

項別	接收各種土地登記聲請	土地所有權登記	土地他項權利登記					其他土地事項登記								發給各種土地權利證明書狀				
			地上權	永佃權	地役權	典權	抵押權	移轉	分割	合併	增減	消滅	塗銷	土地名稱種類之變更	登記錯誤遺漏之更正	土地所有權狀	土地執業證	土地他項權利證明書	官契稅單	查驗證
件數 上旬	23	4					1	18								40		2	8	
件數 中旬	32						3	29								50			6	1
件數 下旬	46	2					2	41						1		33		3	3	1
合計	101	6					6	88						1		123		5	17	2
總計	101	6	6					89								147				
備攷																				

南京特別市政府公函 府工字第 號

案據工務局報稱市內陰井鐵蓋連日迭被宵小偸竊計有安仁街三號九號被竊兩塊成賢街實業部附近被竊兩塊珠江路西口郵局附近被竊兩塊查上項被竊井蓋所在地點均屬衝要之區崗警距離不遠該宵小竟敢肆意行竊實屬不法已極除設法修補以策安全外擬請轉函警監署飭屬嚴緝竊犯究辦等情據此查本市各處陰井鐵蓋時被宵小偸竊危害路政應設法制止前據前情相應函請

貴署飭屬認眞查緝以儆不法爲荷

此致

首都警察總監署

市長周學昌

中華民國三十三年五月 日

統計

南京日需品零售物價指數（簡單幾何平均）

民國二十九年＝100

類別 / 項數 / 時期	食糧葷素菜類					油及調味類	燃料類	衣服材料類	雜項類	總指數
	食粮	菜蔬	肉食	醬菜	平均					
	10	23	9	5	47	9	7	10	10	83
民國三十三年五月份	5165.5	5026.1	4174.1	1295.2	4223.4	3617.4	29609.3	2856.0	10104.2	5186.4
較上月份增（＋）減（－）	（－）1005.1	（＋）420.7	（＋）324.6	（＋）167.7	（＋）146.0	（＋）308.6	（＋）10137.3	（－）3465.3	（＋）3152.5	（＋）73.5

說略

五月份南京日需品零售物價總指數爲5186.4較上月5112.9增加73.5佔1.4%

1.食糧葷素菜類中食粮十種起落不一米價上漲但配給米上市麥粮下降麵粉平庸平均指數爲5165.5較上月6170.6低1005.1佔16.2%蔬菜類二十三種本月氣候乾燥菜價上升指數爲4174.1較上月3849.5增324.6佔8.4%醬菜類5種本月亦見上漲指數爲1295.2較上月1127.5增167.7佔13 9%以上共四十七種指平均數4223.4較上月4077.4增146.0佔35%

2.油及調味料九種本月食油來源減少價漲指數爲3617.4較上月3308.8增308.6佔9.3%

3.燃料類七種本月漲勢最烈煤觔又起恐慌草柴奇昂直上指數劇增爲29609.3較上月19472.0增10137.3佔52.1%

4.衣服材料類十種本月以棉紗銷路不暢棉布綢緞匹料逼降指數爲2856.0較上月6321.3猛瀉3465.3佔54.8%

5.雜項類十種本月皂燭又起高峯火柴堅俏紙張平庸其他日用品一致上漲指數爲10104.2較上月6951.7增3152.5佔45.3%

綜觀五月份物價上漲原因大多受金價飛騰及米價高貴之影響

南京特別市政府秘書處第三科統計股製

南京日需品零售物價指數比較表（簡單幾何平均）

民國二十九年＝100

類別 / 項數 / 時期	食糧蔬菜類					油及調味料	燃料類	衣服材料類	雜項類	總指數
	食糧	菜蔬	肉食	醬菜	平均					
項數	10	23	9	5	47	9	7	10	10	83
民國三十三年四月	6170.6	4605.4	3849.5	1127.5	4077.5	3308.8	19472.0	6321.3	6951.7	5112.9
五月	5165.5	5026.1	4174.1	1295.2	4223.4	3617.4	29609.3	2856.0	10104.2	5186.4
增(十)減(一)百分比	(一)16.2%	(十)9.1%	(十)8.4%	(十)13.9%	(十)3.5%	(十)9.3%	(十)52.1%	(一)54.8%	(十)45.3%	(十)1.4%

南京特別市政府秘書處第三科統計股編製

市政公報暫定價目表

期數	價目	郵費
零售	每冊二元	本埠二角 外埠三角
半年	十二冊二十四元	本埠二元四角 外埠三元六角
全年	廿四冊四十八元	本埠四元八角 外埠七元二角

市政公報廣告刊例

頁數	價目
一頁	每期五十元
半頁	每期二十五元
四分之一頁	每期十二元五角

刊登廣告在四期以上者每期按照七折計算連續十期以上者每期按照六折計算長期另議

出版日期　本公報暫定每月二次

編輯者　南京特別市政府祕書處

發行者　南京特別市政府祕書處

地址：中山東路鹽政牌樓

印刷者　南京國華印書館

電話：二二一六五

中華郵政掛號認爲第一類新聞紙類　江蘇郵政管理局執照第一〇四三號

中華民國三十三年六月十五日

市政公報

第一四五期

南京特別市政府秘書處印行

目錄

行政院訓令

行政院訓令　院字第五九一三號

令南京特別市政府

事：國府令為中政會議通過華中水電公司增加水電費一案令仰遵照並飭屬遵照由

計抄發華中水電公司原訂與改訂費率比較表一份

中華民國三十三年六月　日

院長汪兆銘

華中水電公司原訂與改訂費率比較表

現行割增率變更後ノ料金比較表

一、電燈（便宜第一段階ノミ比較ス）

地區別	基準料金	變更料金			現行料金			值上率
		割增率	割增料金	合計	割增率	割增料金	合計	
上海	一元三〇	四二〇%	五元四六	六元七六	一二〇%	一元五六	二元八六	一三六%
無錫	一三〇	同上	五四六	六七六	同上	一五六	二八六	同上
常州	一二五	同上	五六七	七〇二	同上	一六二	二九七	同上

地區別	基準料金	變更料金			現行料金			値上率
		變更增割率	割增料金	合計	現行增割率	割增料金	合計	
丹陽	一 三五	同上	五 六七	七 〇二	同上	一 六二	二 九七	同上
南京	一 三〇	同上	五 四六	六 七六	同上	一 五六	二 八六	同上
蕪湖	一 四〇	同上	五 八八	七 二八	同上	一 六八	三 〇八	同上
杭州	一 三〇	同上	五 四六	六 七六	同上	一 五七	二 八六	同上
蘇州 城區	一 三〇	同上	五 四六	六 七六	同上	一 五六	二 八六	同上
蘇州 鄉區	一 四〇	同上	五 八八	七 二八	同上	一 六八	三 〇八	同上
鎮江	一 三五	同上	五 六七	七 〇二	同上	一 六二	二 六七	同上
嘉興	二 二五	二八〇	六 三〇	八 五五	六〇	一 三五	三 六〇	一三七

二、電力（便宜第一段階ノミ比較ス）

地區別		基準料金	變更料金			現行料金			値上率
			變更增割率	割增料金	合計	現行增割率	割增料金	合計	
上海		元 五〇	六九	三元 四五	三元 九五	二〇。	一元 〇〇	一元 五〇	一六三
無錫	準備料	八 三〇	同上	五七 二七	六五 五七	同上	一六 六〇	二四 九〇	同上
無錫	消費料	四〇	同上	二 七六	三 一六	同上	八〇	一 二〇	同上
常州	一〇H.P.以上	六〇	同上	四 一四	四 七四	同上	一 二〇	一 八〇	同上
常州	一〇H.P.以下	六五	同上	四 四九	五 一四	同上	一 三〇	一 九五	同上

地區別	基準料金	變更料金 變更割增率	變更料金 割增料金	變更料金 合計	現行料金 現行割增率	現行料金 割增料金	現行料金 合計	値上率
丹陽 準備料	九 〇〇	同上	六二 一〇	七一 一〇	同上	一八 〇〇	二七 〇〇	同上
丹陽 消費料	五五	同上	三 八〇	四 三五	同上	一 一〇	一 六五	同上
南京	五〇	同上	三 四五	三 九五	同上	一 〇〇	一 五〇	同上
蕪湖	六五	同上	四 四九	五 一四	同上	一 三〇	一 九五	同上
杭州	五〇	同上	三 四五	三 九五	同上	一 〇〇	一 五〇	同上
蘇州（城區） 準備料制 準備料	九 〇〇	同上	六二 一〇	七一 一〇	同上	一八 〇〇	二七 〇〇	同上
蘇州（城區） 準備料制 消費料	三五	同上	二 四二	二 七七	同上	七〇	一 〇五	同上
蘇州（城區） 最低量制	五〇	同上	三 四五	三 九五	同上	一 〇〇	一 五〇	同上
蘇州（鄉區）	五五	六九〇	三 八〇	四 三五	二〇〇	一 一〇	一 六五	一六三
鎮江	六〇	同上	四 一四	四 七四	同上	一 二〇	一 八〇	同上
嘉興	一 六五	二八〇	四 六二	七 四一	六〇	一 一七	三 一二	同上

三、電熱（便宜第一段階ノミ比較ス）

地區別	基準料金	變更料金 變更割增率	變更料金 割增料金	變更料金 合計	現行料金 現行割增率	現行料金 割增料金	現行料金 合計	値上率
上海	元 五〇	六九〇	三元 四五	三元 九五	二〇〇	一元 〇〇	一元 五〇	一六三%
無錫	五五	同上	三 八〇	四 三五	同上	一 一〇	一 六五	同上
南京	五〇	同上	三 四五	三 九五	同上	一 〇〇	一 五〇	同上

蘇湖		六五	同上	四	四九	五	一四	同上	一	三〇	一	九五	同上
杭州		五〇	同上	三	四五	三	九五	同上	一	〇〇	一	五〇	同上
蘇州（城區）		六〇	同上	四	一四	四	七四	同上	一	二〇	一	八〇	同上
鎮江		七〇	同上	四	八三	五	五三	同上	一	四〇	二	一〇	同上

四、水道（便宜最低階段ノミ比較ス）

地區別	基準料金		變更料金 變更割增率	變更料金 割增料金		變更料金 合計		現行料金 現行割增率	現行料金 割增料金		現行料金 合計		値上率
上海	一元	一〇	三一〇%	三元	四一	四元	五一	九〇%	元	九九	二元	〇九	一一六%
南京	一	三五	同上	四	一九	五	五四	同上	一	二三	二	五七	同上
鎮江	一	四〇	同上	四	三四	五	七四	同上	一	二六	二	六六	同上
杭州	一	二五	同上	四	一九	五	五四	同上	一	二三	二	五七	同上
蘇湖	三	四〇	同上	一〇	五四	一三	九四	同上	三	〇六	六	四六	同上

命令

南京特別市政府公布令 字第 號

茲制定娛樂場酒菜飲食店加強節約電流辦法公布之

此令

附抄娛樂場酒菜飲食店加強節約電流辦法一份

中華民國三十三年六月 日

市長周學昌

南京特別市政府委令 字第 號

令劉渤

茲派該員爲本市物資配給委員會專任委員

此令

中華民國三十三年六月 日

市長周學昌

南京特別市政府訓令 字第 號

令糧食局科長張忠麟

茲調派該員爲本市物資配給委員會秘書

此令

中華民國三十三年六月　日　　市長周學昌

南京特別市政府訓令　字第　號

令各局處會

案奉

行政院院字第五〇六四號訓令內開

　案查本院規定自本年五月起各機關應本行政簡素化之原則嚴格調整機構裁併人員即將所餘經費撥充在職人員增加津貼之用決不得移作辦公等費其被裁人員之遣散費應視其在職時之勞績由各機關自行發給並迅將辦理情形連同在職人員詳冊一併具報備查除呈報

中央政治委員會暨　國民政府備案幷通飭遵照外合行令仰該府遵照幷轉飭所屬一體遵照

等因奉此合行令仰該局處會遵照並將辦理情形分別一、規定員額及薪額（連加成）二、四月份在職人員暨實支薪額三、擬裁員額及薪額四、裁併後在職人員及薪額造具清冊各二份一併具報以憑核奪爲要

此令

中華民國三十三年六月　日　　市長周學昌

南京特別市政府訓令　鐵字第　號

令第一區　第四區　安德門區
　第三區　第五區　城區實驗區區部
　　　　　　　　　鄉區實驗區

案准

建設部建甲字第四三四號咨開

　一案查本部爲明瞭沿交通路線各地農村教育實況及農業增產實際情形以便計劃推進起見特製就各省市鐵路沿

線農村教育實况調查表各省市鉄路沿線愛護村團農業增產調查表各一式一併咨請查照希卽轉飭沿交通路線各區公所遵照辦理迅速按表逐項查填具報以便彙核爲荷」等由計附送各省市鉄路沿線農村教育實况愛護村團農業增產等調查表各一式准此自應照辦除分令外合行抄發原表二份令仰該區圖長迅卽依式填報以憑彙轉

此令

附抄發農村教育實况調查表愛護村團農業增產調查實况表各一式

中華民國三十三年六月　日

市長周學昌

省市鉄道沿線農村教育實况調查表　三十三年五月

縣區別	所在地	戶口數	現有學校級別	學生人數	教職員數	經費數額及來源	備攷

各省市鐵道沿線愛護村團農業增產調查實況表

縣別	全縣各村團田畝總數	農具是否充足	有無需要補助農具及其種類	有無需要補助種籽及其種類	運輸是否便利	農具種類	現有荒地畝分	開墾計劃略說	備攷

南京特別市政府訓令　府保甲字第　號

令鄉實區上新河安德門孝陵衛區公所

案准

內政部保甲委員會內保字第二號函開

案查接管會內先後奉內政部民字第二八五號暨民字第三八九號訓令各一件略以案奉　行政院訓令以據清鄉會議決議關於利用保甲推進鄉村衛生一案令仰遵照各等因附發清鄉會議討論事項第十四案原案暨利用保甲推進鄉村

衛生實施細則各一份奉此自應遵辦相應抄同原令暨附件各一份函請貴市政府查照飭屬遵照辦理并將辦理情形隨時函知以憑彙轉爲荷」

等由附抄內政部民字第二八五號及第三八九號訓令各一件暨附件到府准此自應照辦除分令外合行抄發原件令仰該區公所遵照切實辦理并將辦理情形隨時具報以憑彙轉

此令

計抄發內政部民字第二八五號及第三八九號訓令各乙件附件各乙件

中華民國三十三年六月日

市長周學昌

內政部民字第二八五號訓令

案奉

行政院本年三月三日清字第五零二號訓令內開：

「查本年三月二十二日本院第一九七次會議討論事項第三案院長交議據清鄉事務局汪局長簽呈准清鄉會議祕書處函送清鄉會議關於決議通過送請行政院辦理者計八案轉請察核等情請公決案決議通過由院分別令飭照辦等語紀錄在卷除分令外合行抄發清鄉會議討論事項第十四案一件令仰遵照辦理此令」

等因並抄發清鄉會議討論事項第十四案一件奉此除咨請衛生署查照辦理外合行令仰遵照

此令

計附抄發清鄉會議討論事項第十四案原案一件

清鄉會議討論事項第十四案

提案者：衛生署署長陸潤之

案　由：利用保甲推進鄉村衛生案

理　由：清鄉爲推進百政之先鋒治安確立後組織保甲既有強固之機構擬即責令保甲長推進鄉村公衆之衛生以達保健之目的

辦　法：1.保甲長應負鄉村公共衛生之責如飲料水之清潔垃圾物之掃除下水道之疏通俱應督率居民切實辦理

2.保甲長於第一次調查戶口時應指導居民勵行家庭之清潔勸導居民按期注射防疫針接種牛痘以保健康

3.保甲長於覆查或抽查戶口時應實行檢查居民之住所是否清潔及已否注射接種等事

4.保甲長應責令居民申報法定及可疑傳染病發現時應通知醫務機關或團體設法治療並協助醫師辦理隔離消毒等事項

5.因剿匪其所遺屍體應由保甲長會同鄉鎮村長及地保擇定相宜地點掘土五尺即時掩埋以維公共衛生

6.保甲長除應負戒煙禁賭職責外更應會同鄉鎮村長禁止幼年吸食紙煙及成年男女路上燃煙亦應切實禁絕

(提案審查委員會審查意見)

擬送請行政院辦理

決　議：照審查意見通過

內政部民字第三八九號訓令

事由　為准衛生署咨送利用保甲推進鄉村衛生實施細則請轉飭照辦等由令仰遵照由

案准衛生署保字第三八號咨以前准本部咨為奉　行政院令發清鄉會議討論事項十四案轉咨查照一案經擬定利用保甲推進鄉村衛生實施細則送請轉飭保甲委員會參酌辦理等由計附送利用保甲推進鄉村衛生實施細則一份准此自應照辦合行抄發上項實施細則令仰遵照辦理

此令

附抄發利用保甲推進鄉村衛生實施細則一份

利用保甲推進鄉村衛生實施細則

(一)保甲長應負鄉村公共衛生之責如飲料水之清潔垃圾物之掃除下水道之疏通供應督率居民切實辦理我國鄉村中之飲料水多賴之河浜井故我國農村之飲水問題實為河水與井水之問題河水與井水極易染帶病菌及寄生蟲卵故應注意以下事項

禁飲未煮沸之飲料水

井之改良

應將鄉村之井分爲二種(1)爲洗滌用井(2)爲飲用井

(1)距廁所或不潔之處太近及深度不足之井僅許爲洗滌非食用品物之用

(2)飲用井周圍十丈以內不得建築廁所水溝並不准便溺及堆積骯髒之物選井之較深者爲飲料用(愈深愈佳)

井口須離地面二三尺高可用最經濟辦法以磚砌之並將洋灰或泥土杜塞磚縫以免污物滲入

加添嚴密井蓋

井水應時加漂白粉消毒漂白粉之消毒通常所用之分量爲每一百加侖水(約合十担)用粉二包約合六市分(每隔二三日復洒一次)

垃圾物之掃除：

我國農民知識淺陋不諳衛生將垃圾隨意傾倒致蒼蠅滋生穢氣四佈爲害甚大應辦理事項如下

利用無用之箱簍等令各戶設置一個每日將一切垃圾物品倒入

由保甲長派定或雇用一人或數人每人定時至各家收集垃圾裝入垃圾車駛往指定之地傾倒

鄉村中廢塘及低窪之地甚多可將以上垃圾塡平之經腐化後可用作肥料

下水道之疏通：

道旁及戶前舖設明溝但應注意管理以免河水淤塞其中

每家可於空地挖(穢水池池上加蓋留一孔備穢水倒入

(一)保甲長於第一次普查戶口時應指導居民勵行家庭之清潔居民民按期注射防疫針接種牛痘以保健康

家庭之清潔：

屋室內外應令每日洒掃清潔　室內須令日光充分照入空氣須流通廚房保持清潔食器時加煮沸　糞便處理適當衣服寢具常經日光消毒掃除垃圾撲滅蚊蠅

注射防疫針及接種牛痘：

每屆防疫期間由保甲長通知居民實施注射及接種

(三)保甲長於復查或抽查戶口時應實行檢查居民之住所是否清潔及已否注射接種等事

(四)保甲長應責令居民申報法定及可疑傳染病發現時應通知醫務機關或團體設法治療並協助醫師辦理隔離消毒等事項

法定傳染病共九種

一、傷寒及副傷寒二、斑疹傷寒三、白喉四、猩紅熱五、天花六、鼠疫七、霍亂八、流行性腦脊髓膜炎九、赤痢

（五）因剿擊共匪所造屍體應由保甲長會同鄉村長及地保擇定相宜地點掘土五尺即時瘞埋以維公共衛生

（六）保甲長除應負戒烟禁賭職責外更應會同鄉鎮村長禁止幼年吸食紙煙及成年男女路上燃烟亦應切實禁絕

南京特別市政府訓令　府保甲字第　號

令城區自治實驗區
第一二三四五區公所
南京市銀行
特配煤辦事處

查本府前為接濟市民燃料商請

盟邦軍部撥讓煤斤配發本市各戶經令飭各該經辦處所遵照造冊報核發給煤證憑證繳款取煤辦理以來歷時數月茲以是項煤斤運輸困難自即日起暫告結束一俟輸運通暢再行繼續辦理所有已經繳款而尚未領煤各戶可持同憑證暨繳款收據自本月十二日起親赴原繳款處所將款如數取回除分令暨佈告外合亟令仰該區行處遵照

此令

中華民國三十三年六月　日

市長　周學昌

南京特別市政府訓令　府保甲字第　號

令各鄉區公所

案准

新國民運動促進委員會總字第四四八號函開

「查本會為策進增產運動起見特於南京鎮江蕪湖嘉興崑山江都等六地區各舉辦農村青年幹部訓練所一所現各所受訓學員已有二班先後遣回原鄉工作為謀各項工作順利進行計自有與各省市縣區鄉鎮取得密切聯絡之必要茲檢

附學員回鄉工作綱要二十份函請查照通飭所屬各縣政府區公所轉飭各鄉鎮保甲長於本會前項受訓學員回鄉工作之際儘量協助以利進行而收實效除分函外相應函達即請查照辦理仍希見復爲荷」等由幷附學員回鄉工作綱要二十份到府准此自應照辦除分令暨函復外合行檢發上項綱要五份令仰該區遵照幷轉飭遵照爲要

此令

附發學員回鄉工作綱要五份（略）

中華民國三十三年六月　日　市長周學昌

南京特別市政府訓令 府衛字第　號

令南京防疫處處長褚通爵
衛生試驗所所長華惕庵

案奉

行政院院字第四五三九號訓令開略以據衛生署呈以各地防疫事務係由各地防疫委員會主辦各地防疫處所主管之事務純係衛生試驗所之職掌按全國衛生行政組織系統大綱附表二及三所列均係衛生試驗所並無防疫處之設置擬請通令各省市將防疫處名稱改爲衛生試驗所以符名實等情除指令照准外合行令仰遵照等因奉此自應遵辦並遵將本市原有該衛生試驗所予以歸併而免重複除令飭衛生局切實遵辦並分令外合行令仰該處準備接收改組所於本月底前辦理結束聽候接收並將辦理情形呈報核奪

此令

中華民國三十三年六月　日　市長周學昌

南京特別市政府訓令 府財字第　號

令南京特別市商會
各區公所
經濟局

案准實業部咨開「查接管糧食部卷內據水產管理局呈略以據中國漁牧股份有限公司董事長姚慕蓮呈略稱查淡水魚類多從魚苗蓄養而成魚苗生產地以長江流域為主尤以九江產量最多一屆採集之期收購魚苗者紛紛雲集惟其間採購裝運各種手續煩費經營政府亦深知民食攸關過去對裝運魚苗船隻經過沿途關卡時不准稍涉留難以示愛護魚業之至意現時值非常運輸既多梗阻已感萬分困難茲據報告各縣魚市場有對魚苗征收建設費之事更深惶惑查魚苗蓄養旨在蕃殖生產未成應市食品值此政府獎勵生產之際似應寬免征費俟將來長成入市再行征收事關戰時建設用敢陳情懇核俯准飭令各地要市場對於魚苗免征建設費以示提倡而資鼓勵等情請核示到部查魚苗尚未成應市食品蓄養蕃殖對於食物增產關係至鉅政府向予保護每屆春季採捕運銷時期例有布告禁止軍警地痞留難索詐現值政府提倡增產之際尤應切實推行以利漁業除指令准予免征漁業建設費並分咨外相應咨請貴市政府查照通令各縣市政府轉飭所屬一體保護為荷」等由准此事關提倡漁業自可照辦除分令外合行令仰該　遵照轉飭所屬一體保護為要

此令

中華民國三十三年六月　日

市長周學昌

南京特別市政府訓令　府財字第　號

令捐稅征收所

案奉

行政院院字第五三七九號訓令內開

「查華中一帶水路交通向稱便利故物資運輸多賴船舶此次經與盟邦陸海軍當局竭誠協商決定將「華中方面一般船舶航行統制規程」加以修正自五月十五日起施行其修正要點如下（一）凡以前所訂限制輸送物資及輸送人員之規程撤廢之得依一般規則辦理（二）凡三十噸以下之民船毋須航行許可證得自由航行揚子江及內河（三）對於三十噸以上之帆船其曾加入華中戎克（帆船）協會或華中內河民船公會者航行揚子江及內河時原則上得免領航行許可證如以會員船航行沿海岸一帶則應向海軍方面請領許可證（四）對於其他船舶發給航行許可證將更形簡單化俾增進航運之效率以上修正各點實為適應當前之賢明措置此後船舶增多航運圓滑當更能促使物資流通民生安定茲明定凡足以妨礙航運之各種措置如未經呈准之各種捐稅等應即一律取消並隨時嚴加取締同時對於不合法令規定之各種私運以及

妨礙治安之各種航行仍應竭力防止一經查出從嚴懲處除分別咨令外合行令仰該府遵照並轉飭所屬一體遵照爲要

等因奉此合行令仰該所遵照並轉飭所屬一體遵照爲要

此令

中華民國三十三年六月　日　市長周學昌

南京特別市政府訓令　府財字第　號

令八卦洲洲產整理處

案查王桂元承租八卦洲上壩至下壩水塘養魚原訂租期截至本年六月底屆滿茲據該承辦人呈請續租到府業經准予繼續承租一年半自三十三年七月一日起至三十四年十二月底爲止三十三年下半年應繳租額叁萬元於訂約時一次繳清三十四年份全年租額八萬元分兩次繳納第一次於三十三年十月中旬繳納四萬元第二次於三十四年四月中旬繳納四萬元訂立租約繼續承辦在案合行檢發前項租約副本一份令仰該處長檢收存查隨時協助爲要

此令

計附發王桂元承租八卦洲上下壩水塘租約副本一份(略)

中華民國三十三年六月　日　市長周學昌

南京特別市政府訓令　府經字第　號

令南京特別市商會理事長葛亮疇

查六月份上半月公定價格及協定價格物資限價業經本市物價評議委員會第　次改組後第八次常會評定茲將評定價格表乙份隨令附發仰即轉飭各業同業各會分飭各商號遵照發售倘有私自抬價僞稱無貨或不設標簽等一經查出即依戰時物價管理暫行條例嚴予懲處除函警監署飭警嚴予查緝外合行令仰轉飭所屬一體遵照爲要

此令

計印發六月份上半月評定物價表乙份

中華民國三十三年六月　日

市長周學昌

南京特別市六月份上半月公協定物資價格評定公布表

類別	物品名稱	單位	評定價格	備註
燃料類	饅頭山柴煤	噸	五二〇〇、〇〇	配給價
	淋頭柴煤	噸	五〇〇〇、〇〇	同上
	龍潭柴煤	噸	五二〇〇、〇〇	同上
調味類	食油	斤	九〇、〇〇	
雜用類	肥皂	塊	特等三九、〇〇 頭等三四、〇〇	
	火柴	合	一〇、〇〇	
	洋燭	支	二八、〇〇	
	白報紙	令	四八〇〇、〇〇	
	白有光	令	三四五〇、〇〇	
	江南毛邊	令	四三五〇、〇〇	
	表芯紙	刀	三〇、〇〇	
	草紙	捆	八〇、〇〇	
	脫脂棉花	包 450瓦	二二〇、〇〇	
	脫脂紗布	包 400瓦	八八〇、〇〇	
	新亞膠布	筒 長5碼 闊12寸	一二五〇、〇〇	

拜耳阿司匹林片	包2粒	三六、伍〇
拜耳加當片	支10粒	二六五、九〇
唐攄丸	支24粒	七九、四〇
雙桃奎民丸	粒2厘	一六、〇〇
老篤眼藥	瓶	一二、〇〇
鷓鴣菜	5合小包	六〇、〇〇
八卦丹	包	二四、〇〇
萬金油	小合	三五、〇〇
虎標頭痛粉	包	二七、〇〇
九一四藥膏	小合	四〇〇、〇〇
康福多	瓶	五〇〇、〇〇
新亞康福那心針	合10支2c.c.	七七、〇〇
新亞淡福白龍針	合10支2c.c.	四五五、〇〇
信誼重鹽酸奎民針	合10支2c.c.0.75	八九八、〇〇
信誼氣化鈣針	5×20c.c.3%	一六五、〇〇
滅疥膏	瓶25瓦	一九五、三〇

品名	單位	價格
史太安片	瓶 20片	七一五、〇〇
史太安針	合 5支 6c.c.	七八六、〇〇
思令典片	支 20片	二八〇、〇〇
思令典針	合 10×3c.c. 3%	五六〇、〇〇
消發滅定片	瓶 0.5 20粒	一二五、〇〇
服用類		
棉花	斤	批發 九二、〇〇 零售 一〇〇、〇〇
10支紗	件	一一七〇〇〇、〇〇
16支紗	件	一三九〇〇〇、〇〇
20支紗	件	一四八〇〇〇、〇〇
32支紗	件	一八五〇〇〇、〇〇
42支紗	件	二二八〇〇〇、〇〇
漂白細布	尺	五二、〇〇
陰丹士林	尺	七八、〇〇
黑細布	尺	五四、〇〇
安安藍布	尺	七一、〇〇
本白細布	尺	五四、〇〇
本色斜紋	尺	五三、〇〇
222至333太平洋毛巾	條	八五、〇〇

類別	品名	單位	價格
	444至555太平洋毛巾	條	一二〇、〇〇
	花線春	尺	白 一一二、〇〇 八八、〇〇 色 一一八、〇〇 一〇八、〇〇
	杭紡	尺	白 一一二、〇〇 八四、〇〇 色 一二六、〇〇 九九、〇〇
	雲錦縐	尺	白 八六、〇〇 六三、〇〇 色 一〇〇、〇〇 七七、〇〇
	複子縐	尺	白 七六、〇〇 五六、〇〇 色 八九、〇〇 七一、〇〇
	洋紡	尺	白 三七、〇〇 三一、〇〇 色 四三、〇〇 三七、〇〇
	電力紡	尺	白 八二、〇〇 六六、〇〇 色 九〇、〇〇 七七、〇〇
畜產類	牛肉	斤	五二、〇〇
	猪肉	斤	五八、〇〇
蔬菜類	青菜	斤	批發 一、二〇 零售 一、五〇
	小菠菜	斤	批發 二、〇〇 零售 二、五〇
	青芹菜	斤	批發 二、〇〇 零售 二、五〇
	韭菜	斤	批發 三、二〇 零售 四、〇〇
	藕	斤	批發 六、五〇 零售 七、〇〇
	黃豆芽	斤	批發 四、五〇 零售 六、〇〇

綠豆芽	斤	批發	四、五〇〇
		零售	六、〇〇〇
葱	斤	批發	一、五〇〇
		零售	二、〇〇〇
萵筍	斤	批發	二、二〇〇
		零售	三、〇〇〇
茭兒菜	斤	批發	一三、〇〇〇
		零售	一六、〇〇〇
包菜	斤	批發	四、〇〇〇
		零售	五、五〇〇
莧菜	斤	批發	三、〇〇〇
		零售	四、〇〇〇
洋〇	斤	批發	六、五〇〇
		零售	八、五〇〇
洋山芋	斤	批發	一一、〇〇〇
		零售	一四、〇〇〇
蘿蔔	斤	批發	六、〇〇〇
		零售	八、〇〇〇

南京特別市政府指令 府祕字第　號

令卸任城區實驗區區長趙其凡
現任城區實驗區區長葉一舟
監盤員蘇榮軒

呈一件為會報交接及監盤情形檢送清册四份仰祈鑒核備案由

呈件均悉：准予備案此令（件存）

中華民國三十三年六月　日

市長周學昌

南京特別市政府指令 府保甲字第　號

令孝陵衛區公所

呈乙件 為據太平鄉鄉長程廣榮呈以鐵道旁護路所居小屋奉令急待重建擬征路旁地租充建築費用等情轉請鑒賜核准由

呈悉查監視小屋重建費用應由愛護鐵路經費項下籌撥至所請征收路旁地租一節核與經征手續不合未便照准

此令

中華民國三十三年六月　日　市長周學昌

南京特別市政府指令 府保甲字第　號

令上新河區公所

呈乙件 為據南圩鄉自衛團團長陳長慶呈報該鄉天后村農民張廷瀚被匪架去一案仰祈鑒賜函轉各有關機關嚴緝由

呈悉案經本府據情分別函請首都警備司令部首都警察總監署查照辦理去後茲准先後函復業已飭屬嚴緝逸匪及設法營救被綁人出險等由合行令仰知照

此令

中華民國三十三年六月　日　市長周學昌

南京特別市政府指令 府衛字第　號

令糞便處置所主任吳心涵

呈一件為呈請展期疏濬秦淮河以維糞運而利衛生由

呈悉查疏濬河道關係整個市政設施未便因便利糞運而展期所請暫緩舉辦一節應毋庸議仰即知照

此令

中華民國三十三年六月　日　市長周學昌

南京特別市政府指令　府保甲字第　號

令鄉區自治實驗區公所

呈乙件　爲據模範鄉鄉長趙定猶呈報有自稱海軍人員陳海雲等三人來鄉敲詐未遂被捕經過情形仰祈鑒核由

呈悉准予備查此令

中華民國三十三年六月　日　市長周學昌

附抄原呈乙件

竊據職區模範鄉鄉長趙定猶呈報

「竊於本月二十四日下午五時許突有自稱海軍部第四派遣隊情報主任海軍中校陳海雲年約二十三四歲特務班長海軍中尉吳超俊年約二十五六歲特務員海軍准尉趙清和年約二十二三歲三人來至本所并持帶通緝證明書協助證明書等件據云本隊現駐蕪湖於本月二十一日夜一時許距蕪三公里捕獲敵方忠勇救國軍第八挺進隊甄爲分隊隊員周振聲一名搜出敵方書信一封內云着隊員周振聲攜信赴八卦洲面呈瞿懷仁迅速籌款五萬元以濟軍需希邀同侯家喜吳炳南侯家傳同來參加等語我們現在奉令來調查拘捕據伊等攜帶之通緝證明書內容意義相同該瞿侯吳等指定住六七兩保并請當地機關協助秘密調查等語當由李戶籍員建基及自衛團于團附占榮解答本鄉鄉長團長等於今日奉命赴京參加友邦憲兵城外隊會議此事我等未便自主而通緝證上係協助秘密調查并非拘捕俟請示鄉長後方可故於二十五日早八時由李戶籍員偕同該陳海雲吳超俊趙清和等三名赴京請示恰於是日早十時有海軍部雲司令來洲巡查由于團附將此事報告據雲司令云本處沒有此事旋由雲司令派員赴京至狀元境裕京公寓將陳海雲吳超俊趙清和等三名捕獲并搜查勃郎林手槍一枝子彈六粒證明等件帶回訊辦理合將經過情形備文呈報恭請鈞長鑒核」

等情據此查該陳海雲等是否有明文來鄉調查抑係冒名敲詐現已被捕概可想見茲據前情理合具文呈報仰祈

鈞長鑒核

謹呈

南京特別市市長周

鄉區自治實驗區區長蕭石樓

中華民國三十三年六月三日

南京特別市政府公告 字第　號

案據業戶杜廣炘呈報坐落霍家山地產原領前土地局所發六字第二六〇九號所有權狀及六區二二三五段分段圖各一件因遷居不慎遺失請予補給等情經飭據呈繳聲明圖狀遺失報紙暨鄰商兩保前來茲依照土地法第一百四十條第二款之規定揭示公告自公告之日起對於該項遺失圖狀如有因權利關係聲明異議者須於三個月內提出理由書暨證明文件呈候核辦一經公告期滿無人異議即予依法補給圖狀管業合行公告週知

中華民國三十三年六月　日

市長周學昌

地政局局長張仿良

南京特別市政府公告 字第　號

案據業戶張官錦呈報承租馬文昭等坐落闇盆營第十五號基地建築房屋原領前土地局所發他二字第一六一號他項權證明書因遺失請予撤銷等情經飭據呈繳聲明他項權證明書遺失報紙暨商保前來茲依照土地法第一百四十條第二款之規定揭示公告自公告之日起對於該項遺失他項權證明書如有因權利關係聲明異議者須於三個月內提出理由書暨證明文件呈候核辦一經公告期滿無人異議即予依法撤銷他項權合行公告週知

中華民國三十三年六月　日

市長周學昌

地政局局長張仿良

案據業戶曹國選呈報坐落湖北路地產原領前土地局所發六字第一四二五號所有權狀及六區三五〇〇(二)段分段圖各壹件因已遺失請予補給等情經飭據呈繳聲明圖狀遺失報紙暨鄰商兩保前來茲依照土地法第一百四十條第二款之規定揭示公告自公告之日起對於該項遺失圖狀如有因權利關係聲明異議者須於三個月內提出理由書暨證明文件呈候核辦一經公告期滿無人異議卽予依法補給圖狀管業合行公告週知

中華民國三十三年六月日

市長周學昌
地政局局長張仿良

南京特別市政府公告　字第　號

案據業戶陳有鑫呈報坐落湖南路第三〇一號房地產原領前土地局所發陸字第四八二號所有權狀及陸區三四九九段分段圖各乙件因事變遺失請予補給等情經飭據呈繳聲明圖狀遺失報紙暨鄰商兩保前來茲依照土地法第一百四十條第二款之規定揭示公告自公告之日起對於該項遺失圖狀如有因權利關係聲明異議者須於三個月內提出理由書暨證明文件呈候核辦一經公告期滿無人異議卽予依法補給圖狀管業合行公告週知

中華民國三十三年六月日

市長周學昌
地政局局長張仿良

南京特別市政府通知　府秘字第　號

案查前據該民呈送照片申請書手續印花費暨登載喪失國籍事實報紙等件聲請喪失中華民國國籍一案經咨轉內政部核辦並批示知照各在案茲准內政部咨復開「經核相符應予照准幷塡就喪失國籍許可證書咨請查照給領」等由准此合行通知該民備具正式領據前來本府具領可也特此通知

右通知市民高桂英准此

中華民國三十三年六月日

市長周學昌

南京特別市政府通知 府祕字第　號

案查前據該民呈送申請書照片手續印花費暨登載喪失國籍事實報紙等件聲請喪失中華民國國籍案經咨轉內政部核辦並批示知照各在案茲該部咨復開「經核相符應予照准幷塡就喪失國籍許可證書咨囑查照給領」等由；附喪失國籍許可證書失字第七十一號　紙准此合行通知該民備具正式領據前來本府具領可也特此通知

右通知市民胡秀華准此

中華民國三十三年六月　日　市長周學昌

南京特別市政府通知 字第　號

案准海關轉口稅徵收所南京總所函開略以市民何希盛曾向本府領墾海關總稅務司所有中山北路淸涼古道基地耕種菜蔬請發還本所接管一案當經飭據該民來局面稱：該地現正種植菜蔬請求緩期候秋收後本年十月底歸還等語應准照辦除函復該所知照外仰卽於本年十月底將該地歸還該所接管特此通知

右通知何希盛

中華民國三十三年六月　日　市長周學昌

法規

南京特別市娛樂場酒菜飲食店加强節約電流暫行辦法 民國三十三年六月七日公布

一、凡娛樂場所及酒菜飲食店均應遵照以下辦法節約用電

（甲）娛樂場所除遵行普通節電方法外（普通節電方法另附）並須遵守下列各項辦法

1.夜戲場內十一時一刻必須熄燈

2.門口牌樓電燈一律禁裝

3.演戲時除無台後台及必要電燈外其餘電燈一律熄滅

4.太平門走道廁所及後台電燈應改用低光度

5.票房於售票終了後應即熄滅

6.應儘量節省電熱

(乙)酒菜飲食店除遵行普通節電方法外(普通方法另附)應遵守下列各項辦法

1.夜間營業下午十二時必須熄燈

2.取消一切裝飾電燈

3.走道廁所廚房改用低光度

4.有樂隊設備之飲食店關於樂隊席前面及大鼓內一律禁裝電燈

5.禁用桌上電燈

6.煮咖啡等禁用電爐

7.櫥窗內禁止開燈

8.儘量節省電熱

二、娛樂場及酒菜飲食店如有違反第甲乙兩條之規定者以下列方法懲處之

1.第一次　違背規定　停電十天

2.第二次　違背規定　停電二十天

3.第三次　違背規定　永遠停電

三、為督促實行本辦法之規定由南京特別市政府會同警察總監署及華中水電公司組織巡查隊隨時巡查之

四、本辦法自公佈之日施行

普通節電方法

1.盡量利用日光

2. 不用時及睡眠時將燈捻熄
3. 電燈應裝置於室內中央較高之處
4. 研究二室共用一燈
5. 取消室外電燈及壁燈
6. 一家集於一燈之下
7. 勿使用不良燈泡
8. 勿用黑而舊泡
9. 勵行用四十支光之燈泡
10 臥室便所走廊應用最小之燈泡
11 燈泡必附燈罩　每隔五日一拭
12 今夏於思念前線將士勞苦勿用電扇
13 勿用電爐
14 使用電熨斗時應充分利用餘熱
15 無論商店家庭應每隔五日檢查電表一次
16 實行燈火管制勿使洩光
17 大燈泡不可用較小之管制用燈罩
18 小燈泡應用適當大小之管制用燈罩

公牘

南京特別市政府咨　字第　號

案准

貴部建甲字第九一號咨開略以華中鉄道公司收買和平門南京間附近土地敷設調查場又爲改築自和平門至堯化門間路線土地各案先後咨送該公司原呈及收買土地圖册請迅予核復等由准此經飭地政局派員分別查核完竣其和平門敷設調車場一案計收用土地面積爲五十三畝六分五厘七毫六絲至所附之海南線用地收買實測圖及清册係屬三鄉計烏龍鄉爲三〇一三五平〇平米萬山鄉爲一六二三一七、一〇平米（所附清册中此鄉分戶面積約遺漏六萬平米不能銜接）和平鄉爲八三五六八、二〇平米三鄉總面積應爲二七六〇二〇、四〇平米（但該清册誤書爲二七五〇二〇、四〇平米）合二四八四一八三、六〇一方市尺爲四一四畝零三厘六絲相應檢還該公司原件咨請

查照辦理爲荷

此咨

建設部

附華中鉄道公司原件貳份（略）

市長周學昌

中華民國三十三年六月十日

南京特別市政府公函　字第　號

案准

貴所五月十三日公函開略以本市中山北路海關總稅務司公署置有地基計百餘畝除大部份爲日本軍管理及日本國民學校租用外其餘部份北至虹橋路南至首都飯店東至官溝西至中山北路業已有人佔用經派員前往查復有市民何希盛曾領本府墾字第二二九號墾荒許可證一紙種植菜蔬搭蓋土屋函請令飭該何希盛交還土地並將搭蓋之土屋拆讓以重產權見復等由准此卷查該何希盛領墾荒地係有四畝當經令飭該民何希盛詢話據稱該地自承領墾之後以日繼夜之苦工始由荒墾熟實不易現在耕種菜蔬尚未收穫請求准予候將該農作物收穫之後約於本年十月底自當遵命歸還等語查該民所稱均屬實情除飭知該民將該地於本年十月底歸還

貴所外相應函復即希

查照辦理爲荷

此致

海關轉稅徵收所南京總所

中華民國三十三年六月　日　市長周學昌

南京特別市政府公函 府工字第　號

案據工務局簽稱接准東區警察局函以通濟門城樓現有傾倒之虞請派員前往勘修如果不能修理請早為派工拆除等由當經派員詳細勘查外部牆垣暨內部隔牆木柱大部份塌倒破壞確屬危險估算修理費用需款過鉅擬請准予拆除以策行人安全等情據此查該處城樓大部份塌倒破壞確屬危險惟以修理需費過鉅本府籌措維艱復查該處城樓對於城防並無重大關係為維持交通安全計已令飭工務局即日派工前往拆卸相應函達即希

查照轉飭該城門警衛班予以便利為荷

此致

防衛

首都警備司令部

中央憲兵

中華民國三十三年六月　日　市長周學昌

南京特別市政府公函 府工字第　號

案據本府工務局簽稱監裝中山東路城北憲兵隊白下路城南憲兵隊成賢街一六四六部隊等處防空電動警笛工程業經先後完工理合簽請轉函防衛司令部派員前往勘驗等情據此查該局監裝前項警笛是否適用相應函請

貴部派員勘驗幷希

見復為荷

此致

防衛司令部

中華民國三十三年六月　日

市長周學昌

南京特別市政府公函　府財字第　號

案准

貴署總字第三一二七號函開

「查本市舖房捐及住房捐前與貴府商定自三十二年六月一日起劃交本署代爲征收除每月撥付市庫叁萬元外餘款全歸本署留作攤補薪餉及事業等費當經訂立協定書規定有效期間暫定爲壹年滿期時另議協定在案茲查壹年定期行將屆滿擬繼續壹年所有代征之協定自應重行會訂相應函請查照辦理見復爲荷」

等由准此查本市舖房捐及住房捐前由

貴署代爲征收會經協定以壹年爲期在案現在期限屆滿擬請

貴署派員來府先作初步商訂再行議定辦法相應函復即希

查照爲荷

此致

首都警察總監署

市長周學昌

中華民國三十三年六月　日

統計

南京特別市戶口統計表

三十三年度五月份

區別	戶數	人口數						
		總數	男性			女性		
			合計	成人	兒童	合計	成人	兒童
總計	144909	697769	379945	296988	82957	317824	241974	75850
城區自治實驗區	14069	64950	31310	25243	6067	33640	25966	7674
第一區	23514	117723	63379	53556	9823	54344	44917	9427
第二區	23431	114039	61605	51489	10116	52434	42578	9856
第三區	19025	89242	50188	37058	13130	39054	28448	10606
第四區	18917	104588	58544	50092	8452	46044	38975	7069
第五區	9803	47045	27011	19809	7202	20034	12950	7084
鄉區自治實驗區	9223	42886	22755	17971	4784	20131	15665	4466
上新河區	12123	52589	28604	19762	8842	23985	16097	7888
孝陵衛區	5229	24374	12995	7276	5719	11379	6742	4637
安德門區	9575	40333	23554	14732	8822	16779	9636	7143

備考：各外國僑民未在此表內　資料來源根據各區公所報告　秘書處第三科統計股製

南京特別市戶口統計表

三十三年度五月份　　較四月份增(十)減(一)

區別	戶數	人口數						
		總數	男性			女性		
			合計	成人	兒童	合計	成人	兒童
總計	(十) 393	(十)1498	(十) 889	(十) 564	(十) 325	(十) 609	(十) 344	(十) 265
城區自治實驗區	(十) 77	(十) 335	(十) 167	(十) 132	(十) 35	(十) 168	(十) 134	(十) 34
第一區	(十) 5	(十) 409	(十) 227	(十) 174	(十) 53	(十) 182	(十) 135	(十) 47
第二區	(一) 61	(一) 160	(一) 78	(一) 122	(十) 44	(十) 82	(一) 124	(十) 42
第三區	(十) 17	(十) 52	(十) 38	(十) 27	(十) 11	(十) 14	(十) 13	(十) 1
第四區	(十) 9	(十) 33	(十) 19	(十) 9	(十) 10	(十) 14	(十) 4	(十) 10
第五區	(十) 179	(十) 355	(十) 185	(十) 107	(十) 78	(十) 170	(十) 105	(十) 65
鄉區自治實驗區	(十) 39	(十) 134	(十) 76	(十) 48	(一) 28	(十) 58	(十) 35	(一) 23
上新河區	(十) 25	(十) 105	(十) 54	(十) 27	(十) 27	(十) 51	(十) 26	(十) 25
孝陵衞區	(十) 44	(十) 180	(十) 140	(十) 125	(十) 15	(十) 40	(十) 22	(十) 18
安德門區	(十) 14	(十) 55	(十) 61	(十) 37	(十) 24	(十) 6	(一) 6	

備考：各外國僑民未在此表內　　資料根據各區公所報告　　秘書處第三科統計股製

市政公報暫定價目表

期數	價目	郵費
零售	每册二元	本埠二角 外埠三角
半年	十二册二十四元	本埠二元四角 外埠三元六角
全年	廿四册四十八元	本埠四元八角 外埠七元二角

市政公報廣告刊例

頁數	價目
一頁	每期五十元
半頁	每期二十五元
四分之一頁	每期十二元五角

刊登廣告在四期以上者每期按照七折計算連續十期以上者每期按照六折計算長期另議

出版日期　本公報暫定每月二次

編輯者　南京特別市政府秘書處

發行者　南京特別市政府秘書處

印刷者　南京國華印書館
地址：中山東路鹽政牌樓
電話：二二一六五

中華郵政掛號認爲第一類新聞紙類　江蘇郵政管理局執照第一〇四三號

中華民國三十三年六月三十日

市政公報

第一四六期

南京特別市政府秘書處印行

目錄

命令

法規

公牘

統計

命令

南京特別市政府公布令 府祕字第　號

茲制定本市近郊米穀買賣暫行辦法公布之

此令

附南京市近郊米穀買賣暫行辦法一份（見法規欄）

中華民國三十三年六月　日

市長周學昌

南京特別市政府訓令 府財字第　號

茲修正南京特別市管理臨時攤販暫行規則公布之

此令

附修正南京特別市管理臨時攤販暫行規則一份（見法規欄）

中華民國三十三年六月　日

市長周學昌

南京特別市政府公佈令 府宣字第　號

茲將本市管理公共娛樂場所及藝員登記修正規則公佈之

此令

附本市管理公共娛樂場所及藝員登記修正規則一份（見法規欄）

中華民國三十三年六月　日

市長周學昌

南京特別市政府訓令　府祕字第　號

令暫兼衛生試驗所所長褚通爵
　前任衛生試驗所所長華惕庵

查本府衛生局衛生試驗所與南京防疫處合併為南京特別市政府衛生試驗所業經令飭遵照并分別任免各在案所有前新任交接事宜着會同監盤員王益芝依照公務員交代條例妥慎辦理具報候核除分令外仰即遵照

此令

中華民國三十三年六月　日　市長周學昌

南京特別市政府訓令　府保甲字第　號

令城鄉各區公所

案准

首都警防團總字第三六九號公函內開

「查時屆夏令天氣漸熱各機關官舍及一般商店住戶多開窗納涼以致燈光外洩殊有未合燈火管制之規定現更迭據各機關學校團體商店住戶來團聲請購置紙質防空燈罩前來查本團前來招商承製紙質防空燈罩業已全部售罄茲為使管理嚴密以期達到首都防空上最安全設備起見經依照前訂式樣由本團招商繼續承製是項防空燈罩壹萬四千餘只每只價格實售國幣貳拾元正并經繕具修正發售防空燈罩暫行辦法及提成充獎標準呈奉首都防空委員會本年五月二十七日指防字第九七號指令內開呈件均悉核尚可行准予備案等因奉此除分令外相應檢同發售防空燈罩暫行辦法及提成充獎標準各一份函請查照并轉飭各區坊鄉鎮保甲長儘量協同銷售以利空防為荷」

等由計附送修正發售防空燈罩暫行辦法及發售防空燈罩提成充獎標準各一份准此自應照辦除分令外合行抄發原件令仰該區長儘量協同辦理以重空防為要

此令

附抄發首都警防團發售防空燈罩暫行辦法及提成充獎標準各乙份

中華民國三十三年六月　日　市長周學昌

修正首都警防團發售防空燈罩暫行辦法

第一條　首都警防團爲謀首都地區燈火管制實施上之嚴密民衆購備應用上之便利特招商承製防空燈罩發交各區警防分團依照本辦法之規定普遍發售

第二條　防空燈罩上附印防空警報信號表及使用方法說明並加蓋警防團戳記編號發售

第三條　首都地區各機關團體學校住戶商店等使用之燈火除業已備置有適合燈火管制要求之遮光設備者外凡用電燈者均應盡量購備防空燈罩應用以免實施管制時燈光洩露

第四條　各區警防分團爲售購上之普遍便利得將防空燈罩發交所屬各警防分隊或委託各區坊鄉鎮保甲長協同銷售各分隊及各區坊鄉鎮保甲長均有向該管境內各機關團體學校住戶商店等勸購之義務

第五條　防空燈罩每具售價暫定國幣二十元不得私自抬價浮收違者查明嚴懲不貸

第六條　防空燈罩售得價款每具除以十五元撥歸製造成本外提出二元發給各經售人員充作奬金其餘三元集存補助首都警防團事業費之用

前項提成奬金支配標準另訂之

第七條　集存補助事業費之動支應呈報　首都防空委員會備案

第八條　各區警防分團經售防空燈罩所得價款城區應每三日一次鄉區每週一次彙報團本部核收每旬並應繕具旬報表分別列註貨款實收經售暫存彙繳數目塡報團本部備查

第九條　本辦法呈奉　首都防空委員會核准施行

首都警防團發售防空燈罩提成充奬標準

一、首都警防團發售防空燈罩提成充奬標準依據首都警防團發售防空燈罩暫行辦法第六條第二項之規定訂定之

二、提成奬金於防空燈罩實銷價款項下提奬之

三、提成奬金按左列標準支配之

1.由各區警防分團直接銷售者分團得獎金金額百分之七十其餘百分之三十彙繳團本部

2.由各區警防分團發交各警防分隊銷售者分隊得分團應得獎金百分之七十其餘百分之三十彙繳分團部

3.由各區警防分團委託各區坊鄉鎮保甲長銷售者各區坊鄉鎮保甲長得分團應得獎金百分之七十其餘百分之三十彙繳分團部

四、各區警防分團應按照首都警防團發售防空燈罩暫行辦法第六條及本標準第三項之規定除提扣應得獎金外應按期將燈罩售價餘款掃數繳解團本部

五、本標準呈奉　首都防空委員會核准施行

南京特別市政府訓令　府保甲字第　號

令安德門　孝陵衛　上新河　鄉區自治實驗區公所

案查本市徵收保甲經費一案城區六區業經開始徵收所有本市鄉區四區自應賡續舉辦茲爲期明瞭各該區現有戶口準確數目起見特經制定保甲經費徵收底册及統計表各一種仰該區速即備具鈐領逕向本府保甲委員會領取轉發所屬各甲長（每甲一張）儘一天內按照表列各欄分別查填完竣交由各該保長統計本保戶口綜數填入統計表後隨即轉交該坊聯保主任核對有無錯誤並根據各保所列戶口數目塡妥本坊保甲經費徵收統計表後再行送區審核仍須統計全區各類戶口總數塡製本區保甲經費徵收統計表依照須知規定限期彙報本府以憑核辦除分令外合亟檢發保甲經費徵收底册造册須知令仰該區長即便遵照並轉飭遵照限期切實辦理毋稍延玩

此令

計發保甲經費徵收底册造册須知乙份

中華民國三十三年六月　日

市長周學昌

保甲經費徵收底册造册須知

（一）戶口序數欄按照編查戶口次序順數塡記如第一戶第二戶……

(二)戶主姓名欄應照戶籍門牌姓名塡記

(三)住址門牌欄塡記街巷名稱門牌號數以小寫數字直行連寫如昇州路一〇三……

(四)收費類別欄自屋住戶塡「自」字賃屋住戶塡「賃」字鋪戶塡「鋪」字

(五)金額欄賃屋住戶塡三元自屋住戶塡六元鋪戶塡九元

(六)此册由甲長查造一式五份以一份留存四份加章送交保長

(七)保長將各甲造册收齊彙核編製統計表裝於首頁抽存一份以三份加章送交聯保主任

(八)聯保主任俟各保送齊彙核編製統計表裝於首頁合訂成本抽存一份以二份送交區公所

(九)區公所將各聯保送册彙齊核編統計表連同底册一份送保甲委員會以一份存區

(十)統計表各甲保復編製齊核編

(十一)各區編製統計表先於首行塡記某區某坊某保表格內坊別保別不須塡記甲別欄塡某某甲類別戶數欄分別塡記自賃鋪各戶戶數一律用直行小寫數字如自屋住戶爲一萬二千戶卽於自欄內塡一二〇〇〇金額欄塡各甲共記數

(十二)各坊編製統計表於首行塡明某區某坊表格內坊別甲別不須塡寫保別欄內塡記某某保類別戶數欄金額欄按照各保統計表合計數目逐項塡寫

(十三)各區塡造統計表於首行塡記某某區表格內保別甲別不須塡記坊別欄塡某某坊類別戶數欄金額欄依照各坊統計表合計數按項塡記

(十四)該項底册限期三日編造完成第一日各甲同時辦理當日造齊送交保長第二日上午各保核製統計完成限午前送交聯保主任下午各聯保主任核製統計當日送交區公所第三日區公所核製統計當日送達市政府

(十五)該項底册編成後應各妥爲保管以後如有遷出或遷入時卽於附記欄內註明某年某月某日遷出或遷入自某月份起開除或征收

(十六)編造日期內保甲委員會隨時通知

南京特別市政府訓令　府祕字第　號

令城鄉各區公所

案准　實業部農林字第六三四號咨開：

「查本部爲推進民營林墾事業增加生產起見經擬訂民營林場墾殖農場林墾場登記暫行規則規定民營林墾等場均須依法登記俾便督導業經呈奉　行政院核定飭由本部於本年六月八日公布施行在案除分別咨行外相應抄附該項規則一份咨請查照幷轉行知照」等由附送民營林場墾殖農場林墾場登記暫行規則一份准此自應照辦除分令外合行抄發前項規則一份令仰知照！

此令

附抄發民營林場墾殖農場林墾場登記暫行規則一份

中華民國三十三年六月　日　　市長　周學昌

民營林場墾殖農場林墾場登記暫行規則

第一條　凡中華民國人民依照督勵造林暫行條例及督勵墾荒暫行條例並各條例施行細則以私人資本經營林場及墾殖農場或林墾場者應依本規則之規定呈請登記

第二條　民營林場墾殖農場及林墾場之登記應由主管之縣市政府核轉省政府咨請實業部辦理在特別市則由市政府核轉實業部辦理其面積廣大或情形特殊之場得逕呈實業部核辦

第三條　呈請登記之民營林場墾殖農場林墾場應備具左列各款

(一)須有固定場址　私人或農家經營時其面積不得超過一百畝爲農家集團時其面積總額依每一農家經營林墾面積計算爲法人時其面積至少爲五百畝以上

(二)須確定經營計劃工程計劃及進行步驟

(三)須有流動資本　開辦時之築圩建閘開闢溝渠道路及墾荒等工程費用以及耕牛農舍農具雜具籽種等設備費用幷經臨各費經營人均應妥愼籌措其費額以能經營該場林墾全部事業一年內所必需之費本之準

(四)經營此項場地之負責人須具有造林墾殖學識及經驗

第四條　呈請登記時應繪具場地詳圖並附表填具左列事項

一、名稱

二、所在地及四至

三、場地面積

四、土地所有權之所屬

五、經營種類

六、資本數額

七、場主之姓名年籍資歷及住址　爲農家集團時應幷記其組織每一農戶之姓名年籍及其代表人之姓名年籍住所爲法人時應記其名稱事務所及代表之姓名住所

八、技術人員之額數及其姓名年籍資歷及住所

九、已成立者其成立之年月日

前項附表及場圖應各備三份呈由縣市政府核轉省政府實業部查考在直隸行政院之市得各塡二份由特別市政府轉報實業部核查之其逕呈實業部辦理者亦各塡二份隨文附送

前項表列各款有變更時應於十五日內爲變更之登記

第五條　前條之登記應附印花稅費四元證書費爲私人或農家時一百元爲農家集團時二百元爲法人時四百元繳由縣市政府或特別市政府彙解實業部由部核發登記許可證書其有第二條後段之情形者得逕解繳實業部核辦

第六條　凡已向當地縣市政府或區公署領得造林許可證或承墾證者於呈請登記時應將此項證書或證書影片隨文附繳或逕繳實業部核查

第七條　合資經營之場應將所立合同並權利事務之分配辦法一併按照第四條規定份類隨文抄送

第八條　經營人領到登記許可證書後依左列之規定辦理

一、專辦林業者應依照督勵造林暫行條例第七條規定年限內造林完竣逾期未完竣者除因不可抗力得呈請展限外即吊銷其證書並依同條例施行細則第三十七條處罰

二、專辦墾殖者應依督勵墾荒暫行條例第六條規定於兩個月內開墾完竣逾期不能完竣者如有同條例施行細則第十九條情形時得聲請延長時期如逾所定期限並不聲請展期者即吊銷其證書並依同條例施行細則第三十三條及第三十四條處罰之

三、兼辦林墾者準用以上各款之規定

第九條　核准登記之場於限期內造林開墾完竣者各縣市政府或特別市政府應轉報實業部備查其未完竣者亦同

第十條 核准登記之場其已造林之地得依森林法第五十三條規定免稅其墾蕪之地并得依照督勵墾荒暫行條例第八條規定辦理

第十一條 核准登記之場應於每年年終將所得成績報告於縣市政府或特別市政府轉報實業部備查其成績優良者得由實業部獎勵之

第十二條 核准登記之場應將每年經營計劃收支狀況層轉實業部考核其逕由實業部核准登記者得直接呈報之

第十三條 核准登記之場應奉行實業部令飭代辦推薦招墾及其他之委託等事項

第十四條 核准登記之場其面積較大者實業部得指定所需面積作為良種繁殖之用其籽種由部方核發人工歸場方負担除部方所指定繁殖之良種由部方按照市價備款收囘外其他一切產品及副產品概歸各該場所有

第十五條 核准登記之場得呈請實業部配發優良林苗籽種及其他有關農事推廣之事物並得向實業部直轄之附近林墾機關請求技術上之援助

第十六條 核准登記之場不得拋荒或變更用途

第十七條 核准登記之場地方政府應予協助及保護

第十八條 核准登記之場於停止經營時應呈報所在地之縣市政府或特別市政府繳還登記許可證轉報實業部備查其逕向實業部核准登記者得逕繳實業部備查

第十九條 本規則自公布之日施行

南京特別市政府訓令 字第 號

令鄉區各區公所

查本市自國府遷都後民間房地產買賣案件匿不聲報者為數頗多而鄉區尤甚查契稅條例明文規定凡有藏匿契稅准由人民檢舉照章懲罰惟放任已久幾成具文影響市庫殊非淺鮮茲為促使人民認眞報稅起見特為佈告週知准在佈告之日起一個月內聲請移轉者按照現在估價報稅准予免罰茲檢發佈告十五份令仰該區長分別張貼並仰得飭鄉保長廣為曉諭以收實效為要

此令

中華民國三十三年六月　日

市長周學昌

南京特別市政府訓令

府社福字第　號

令本市筵席酒菜館業同業公會

案奉

行政院第五七四五號訓令內開：

「現奉　國民政府第八一九號訓令內開：據本府文官處簽呈稱：一准最高國防會議秘書處高秘字第五六七號公函開：『案奉　主席交下最高國防會議三十三年五月二十日第四七次會議討論事項第四案　主席交議據行政院呈爲本院第二〇九次會議通過社會福利部呈送戰時國民宴會限制綱要草案呈請鑒核等情請公決案決議修正通過送國民政府公布並交立法院備查等因遵經照案修正並紀錄在卷相應錄案抄同原呈及附件函達至希查照轉陳明令公布並分飭行政立法兩院知照』等由理合簽請鑒核」等情據此自應照辦除明令公布並分行外合行抄發戰時國民宴會限制綱要一份令仰該院知照並轉飭所屬一體知照　等因奉此並准最高國防會議秘書處函同前由除分令外合行抄發是項限制綱要令仰該府知照幷轉飭所屬一體知照此令」

等由：奉此並准社會福利部咨同前由查戰時宴會節約一案前經本府制訂「南京特別市戰時宴會菜肴限制暫行辦法」公佈施行並爲適應最近物價指數將原定限價酌予提高現訂酒菜館分等限價辦法令行該公會轉飭所屬同業遵照各在案奉令前因除飭社會福利局遵照辦理外合行檢發戰時國民宴會限制要綱十份令仰該公會知照幷轉飭所屬各同業一體切實遵行爲要！

此令。

計附發戰時國民宴會限制綱要一份

中華民國三十三年六月日

市長周學昌

戰時國民宴會限制綱要

民國三十三年五月二十日第四十七次最高國防會議通過
民國三十三年五月十六日第二〇九次行政院會議通過

第一條　爲適應戰時體制勵行節約藉以儲備物資增進國力起見特制定本綱要

第二條　凡國民須有重要事故始得設宴款客其他如職務上之聯歡商業上之懇談等均以簡備茶點爲原則

第三條　左列情事絕對不准設宴款客

一、冥誕

二、遷居

三、訂婚

四、安葬

五、六十歲以下之壽辰

第四條　戰時國民宴會菜肴務極簡單不得採用奢侈高貴物品如魚翅燕窩熊掌鮑魚等絕對不得採用

第五條　戰時宴會中菜以每席十人爲原則每席菜肴包括大小冷熱湯甜鹹諸味不得超過八簋但逾十人每增一人得添一簋不足八人時不得用整席菜肴

第六條　前條規定菜肴以外如不備飯者得加點心一道備飯者不得再備點心

第七條　戰時宴會如係西菜每客除咖啡水菓外不得超過四色

第八條　戰時宴會中菜每席西菜每客之價格由各地酒菜館業同業公會議決在特別市呈請經濟局社會福利局在縣市呈請縣市政府核定後公布之如當地米價有變動時應視米價增減之

第九條　前條價格規定時並應就菜館之等級分別其等級

（說明）假定中菜館分爲三級如一級中菜館每席價格爲二千五百元則二級應遞減爲二千元三級應遞減爲一千五百元又假定西菜館分爲三級如一級西菜館每客價格假定爲二百元則二級應遞減爲一百五十元三級應遞減爲一百元餘依此類推

第十條　凡不採用整席整客菜肴者得酌予變通但絕對不得超過整席整客之價格

第十一條　戰時宴會絕對不得置備洋酒供客酌飲如係午宴應以茶代酒任何酒類均禁止飲用

第十二條　戰時宴會不得妨礙日常職務無論午宴晚宴均不得超過兩小時

第十三條　戰時宴會對來賓車夫之飯費以不發給爲原則各酒菜館亦不得擅自代爲墊付

第十四條　各酒菜館送出之筵席菜肴亦應遵守本綱要之規定不得巧立名目故意違犯

第十五條　各特別市社會福利局各縣市政府對於各酒菜館應派員隨時查察勸導必要時得調閱其帳册或檢查其廚房

第十六條　各地酒菜館如有違反本綱要之規定者依左列各款處罰之

一、第一次 警告

二、第二次 處以五百元至五千元之罰鍰

三、第三次 處以三天至七天之停業

四、在三次以上者應吊銷其營業執照

第十七條 前條各款之處罰在特別市由社會福利局會同經濟局警察局在縣市由縣市政府核定後執行之

第十八條 凡國民在私人住宅宴客其菜肴酒類及時間等仍應依照本綱要之規定

第十九條 凡三五人聚餐並非正式宴會者亦應依照本綱要之規定

第二十條 各特別市社會福利局各縣市政府應策動地方人民組織節約協會推進節約運動並協助主管官署推行本綱要各條之規定

第二十一條 各特別市社會福利局各縣市政府依照本綱要得就地方情形分別訂定施行細則

第二十二條 本綱要自公布日施行

南京特別市政府訓令 府經字第　號

令南京市商會理事長葛亮疇

查六月份下半月公定價格及協定價格物資限價業經本市物價評議委員會第二次改組後第九次常會評定茲將評定價格表乙份隨令附發仰即轉飭各業同業公會分飭各商號遵照發售倘有私自抬價僞稱無貨或不設標簽等情一經查出即依戰時物價管理暫行條例嚴予懲處除函警監署飭警嚴予查緝外合行令仰轉飭所屬一體遵照爲荷

此令

計印發六月份下半月評定物價表乙份

中華民國三十三年六月　日

市長 周學昌

南京特別市六月份下半月公協定物資價格評定公布表

類別	物品名稱	單位	評定價格	備註
調味類	食油	斤	九〇、〇〇	

類別	品名	單位	價格
燃料類	饅頭山柴煤	噸	五二〇〇、〇〇
	淋頭柴煤	噸	五〇〇〇、〇〇
	龍潭柴煤	噸	五二〇〇、〇〇
雜用類	特等肥皂	塊	三九、〇〇
	頭等肥皂	塊	三四、〇〇
	火柴	合	一〇、〇〇
	洋燭	支	二八、〇〇
	白報紙	令	四八〇〇、〇〇
	白有光	令	三四五〇、〇〇
	江南毛邊	令	四三五〇、〇〇
	表芯紙	刀	三〇、〇〇
	草紙	捆	八〇、〇〇
	脫脂棉花	包 450瓦	二二〇、〇〇
	脫脂紗布	包 400瓦	八八〇、〇〇
	新亞膠布	筒 長3碼 闊12寸	一二五〇、〇〇
	拜耳阿司匹林片	包 2粒	三六、五〇
	拜耳加當片	瓶 10粒	二六五、九〇
	唐瘧丸	瓶 24粒	七九、四〇
	雙桃奎民丸	粒	一六、〇〇

老篤眼藥	瓶	一二、〇〇
鷓鴣菜	合 5小包	六〇、〇〇
八卦丹	包	二四、〇〇
萬金油	小合	三五、〇〇
虎標頭痛粉	包	二七、〇〇
九一四藥膏	小合	四〇、〇〇
康福多	瓶	五〇〇、〇〇
新亞康福那心針	合 10支 2c.c.	七七、〇〇
新亞淡福白龍針	合 10支 2c.c.	四五五、〇〇
信誼重鹽酸奎臣針	10支 2c.c. 0.75	八九八、〇〇
信誼氯化鈣針	5×20c.c. 3%	一六五、〇〇
減疥膏	瓶	一九五、二〇
史太安片	瓶	七一五、〇〇
史太安針	合 5支 6c.c.	七八六、〇〇
思合典片	支 20片	二八〇、〇〇
思合典針	合 10×3c.c. 3%	五六〇、〇〇

品名	單位		價格
消發滅定片	瓶		一二五、〇〇
服用類			
棉花	斤	批發	九二、〇〇
		零售	一〇〇、〇〇
10支紗	件		一一七〇〇〇、〇〇
16支紗	件		一三九〇〇〇、〇〇
20支紗	件		一四八〇〇〇、〇〇
32支紗	件		一八五〇〇〇、〇〇
42支紗	件		二二八〇〇〇、〇〇
漂白細布	尺		五二、〇〇
陰丹士林	尺		七八、〇〇
黑細布	尺		五四、〇〇
安安藍布	尺		七一、〇〇
本白細布	尺		五四、〇〇
本色斜紋	尺		五三、〇〇
222至333太平洋毛巾	條		八五、〇〇
444至555太平洋毛巾	條		一二〇、〇〇
花線春	尺	白	一一二、〇〇 八八、〇〇
同上	尺	色	一一八、〇〇 一〇八、〇〇
杭紡	尺	白	一一二、〇〇 八四、〇〇
同上	尺	色	一二六、〇〇 九九、〇〇

雲錦縐	尺	白	八六、〇〇	六三、〇〇
同上	尺	色	一〇〇、〇〇	七七、〇〇
複子縐	尺	白	七六、〇〇	五六、〇〇
同上	尺	色	八九、〇〇	七一、〇〇
洋紡	尺	白	三七、〇〇	三一、〇〇
同上	尺	色	四三、〇〇	三七、〇〇
電力紡	尺	白	八二、〇〇	六六、〇〇
同上	尺	色	九〇、〇〇	七七、〇〇
畜產類				
牛肉	斤		七〇、〇〇	
豬肉	斤		八〇、〇〇	
蔬菜類				
黃豆芽	斤		批發　五、五〇	零售　七、〇〇
綠豆芽	斤		批發　五、五〇	零售　七、〇〇
葱	斤		批發　一、五〇	零售　二、〇〇
菱兒菜	斤		批發　一三、〇〇	零售　一六、〇〇
包菜	斤		批發　四、〇〇	零售　五、〇〇

莧菜	斤	批發 一、五〇〇	零售 二、〇〇〇
洋葱	斤	批發 八、〇〇〇	零售 一〇、〇〇〇
洋山芋	斤	批發 九、〇〇〇	零售 一二、〇〇〇
蘿蔔	斤	批發 六、〇〇〇	零售 八、〇〇〇
青菜秧	斤	批發 四、五〇〇	零售 六、〇〇〇

南京特別市政府指令 府保甲字第　號

令第四區公所

呈乙件　爲擬具辦理戶口異動須知草案仰祈鑒核示遵由

呈件均悉查該區擬具辦理戶口異動須知草案一種飭經審核尚無不合准由該區先行試辦仍仰將實施情形隨時具報備核爲要

此令(附件存)

中華民國三十三年六月　日

市長周學昌

南京特別市政府指令 府保甲字第　號

令鄉區自治實驗區公所

呈乙件　爲呈報軍官劉杰在萬山鄉第八保地方滋擾又強姦民婦一案經過情形仰祈鑒核俯賜轉函首都警察總監署嚴辦以安地方由

呈悉案經本府據情轉呈　軍事委員會核辦去後茲奉會陸字第一五四四號指令內開：

「呈件均悉已抄發原件令飭該管警衛第一師師長迅予查明嚴辦具報案仰即知照。」等因奉此合行令仰知照。

此令。

中華民國三十三年六月　日　市長周學昌

南京特別市政府指令　府衛字第　號

令新藥業公會

呈一件爲呈送衛生署藥商登記申請書仰祈核轉由

呈件均悉該會呈轉各藥商請領署頒執照應遵章繳納照費每份五十元印花稅一元仰即迅將各費彙齊送府以便咨轉切勿延誤爲要

此令

中華民國三十三年六月　日　市長周學昌

南京特別市政府批示　府衛字第　號

批原具呈人楊世傑

呈乙件　呈爲保衛市民健康仰懇嚴令清除僻巷垃圾厲行管理市民公共衛生由

呈悉查垃圾處置早經市政會議提出通過正與警監署會商辦法再行實施以期澈底掃除並促進居民養成清潔習慣該公民所呈各節尙堪採納除咨請警監署會商辦理外合行批仰知照

此批

中華民國三十三年六月　日　市長周學昌

南京特別市政府佈告　府財字第　號

案據玄武湖水產承辦人華懿範呈稱竊查玄武湖湖產荷葉每屆成熟採供全市需要謂之官葉訂有運銷規程不准私葉上市擾亂市面有礙官葉銷路歷經出示布告禁售私葉在案本屆荷葉行將應市仍恐有無知之商民偸銷私葉若不嚴予禁止不獨關係湖產收入抑且違政府法令故特重申前請仰祈鈞長咨請首都警察總監署嚴予查禁並頒發布告壹百張以便張貼俾資曉諭實爲德便等情據此查本市荷葉運銷辦法曾經規定在官葉出賣時期不准銷售他處私葉歷經布告在案玆據前情自應准予援案辦理除批示並分行外合行布告仰本市商民人等一體週知

此布

中華民國三十三年六月日

市長　周學昌

財政局局長　譚友仲

南京特別市政府佈告　字第　號

查友軍總司令部使用光華門外大校飛行場一帶土地一案業經本府遵照行政院令派員實地測量分戶完畢並造具圖册呈候核辦在案玆奉　行政院政字第三九四三號指令略開呈件均悉查該靑苗補償金及年租金等項自應即在軍管理工場利益金撥存財政部準備是項用途之二百萬元內撥支除令財政部遵照撥交該市政府轉發具領令外仰即遵照辦理等因奉此並准財政部撥交租金及靑苗等費壹百零陸萬肆千零伍拾伍元零陸分到府自應遵照轉發惟事關產權佃權誠恐有浮報冒領情事未便含糊發價玆特規定下開領價辦法佈告週知仰被征各戶迅即按照下開辦法檢齊證件並塡同申請書保證書即日呈送本府地政局以憑核發除令安德門區公所轉發申請書及保證書外仰即遵照辦理毋得因循自誤是爲切要

此佈

附領取租金及靑苗等費辦法

中華民國三十三年七月日

市長　周學昌

地政局局長　張仿良

日軍總司令部使用光華門外大校飛機場一帶土地被征各戶領價法

一、領取地租人須塡具申請書檢同契紙或糧串並取具本管鄉保長之保證書呈送本府地政局核驗無訛後再候通知來府領取
如無契紙或糧串呈驗者須另加具殷實商保
一、領取青苗補償金及房屋故墓拆遷費者須塡具申請書並取具本管鄉保長之保證書呈送本府地政局核驗無訛後再候通知來府領取

南京特別市政府佈告 府衛字第　號

茲以時屆夏令各種清涼飲料如冰淇淋刨冰酸梅湯菓子露汽水涼粉等充斥市上其原料純正製作精良者固有而以不潔生水或使用有害色素冀圖牟利者亦屬不少本府為保持民衆健康起見凡經營該清涼飲料業者均應申請登記經化驗合格後頒發臨時許可證方准營業除派員隨時查察外合行檢附申請登記收費表布告週知仰該業商民一體凜遵毋違切切

此佈

附清涼飲料業申請登記收費表一份

中華民國三十三年六月　日

市長周學昌

南京特別市政府管理清涼飲料業申請登記收費表

資本額	收費額	備註
伍千元以上壹萬元以下	壹百元	
壹萬元以上伍萬元以下	叁百元	
伍萬元以上拾萬元以下	伍百元	
拾萬元以上一律	壹千元	

附註：資本額如有以多報少等情事除照規定收費額徵收外並處以伍倍以下之罰金

南京特別市政府佈告 府財字第 號

查本市牲畜屠宰稅征收標準自三十三年一月調整後已歷半載之久現時物價較前倍增 中央及各省稅收無不隨時改進本市牲畜屠宰稅自當按照最近實際狀况重加調整俾裕收入茲特規定調整征收標準定於本年七月一日起實行除令行牲畜屠宰稅征收所遵照辦理外合行佈告仰本市經營牲畜屠宰商人等一體周知務須遵照規定繳納稅款毋得違誤爲要

此佈

附牲畜屠宰稅調整征收標準表

畜別	牲畜稅	屠宰稅	檢驗費	附註
猪	每頭四十五元	每頭二十元	每頭五元	凡猪每頭重量在市秤叁拾伍斤以上者均按大猪計算征收
牛	一百元	五十元	三十元	
羊	二十元	十五元	五元	
騾馬	七十元	三十元	二十元	
驢	六十元	二十元	十元	
子猪	二十元	十元	五元	子猪本不能屠宰但近來間有屠宰者且子猪亦應檢驗故特加定屠宰檢驗征率如上
雞鴨鵝	五元			

中華民國三十三年六月 日

市長 周學昌

財政局局長 譚友仲

南京特別市政府公告 府地字第 號

案查本市民錢立鈞聲請買受張東甫等坐落中山路卅七號地產一案所繳民國廿四年前財政局登字第一六二二號原登記聲請文件收據一紙暨申請書老契等件因新卷散佚遺失除通知該民另補官契聲請書外合行揭示公告自公告之日起對於上項文件收據如有因權利關係聲明異議者須於七日內提出理由及證件呈候核辦一經公告期滿未據異議即予依法作廢特此公告週知

中華民國三十三年六月日

市長　周學昌

地政局局長　張仿良

南京特別市政府公告　府地字第　號

案查本市原第四區四〇一一八段房地產前因業戶張姓逾期登記業經前地政局予以假定公告在案茲據張松亭等呈述緣由請求撤銷假定登記前來核其所繳證件尚屬實在並經查明在卷除將假定登記案撤銷外茲依照本市土地登記暫行規則第十五條之規定揭示公告自公告之日起對於該項房地產如有因權利上關係聲明異議者須於三個月內提出理由書及證明文件呈候核辦一經公告期滿未據異議即予依法登記發給各狀執業合行公告週知

中華民國三十三年六月日

市長　周學昌

地政局局長　張仿良

南京特別市政府公告　字第　號

案據業戶曹禁元呈報坐落嚴家橋第五號房地產原領前地政局所發一字第一九八六號所有權狀及一區一〇三六(一)段分段圖各一件因轉遷遺失請予補給等情經飭據繳呈聲明圖狀遺失報紙暨鄰商兩保前來茲依照土地法第一百四十條第二款之規定揭示公告自公告之日起對於該項遺失圖狀如有因權利關係聲明異議者須於三個月內提出理由書暨證明文件呈候核辦一經公告期滿無人異議即予依法補給圖狀管業合行公告週知

中華民國三十三年六月日

市長　周學昌

地政局局長　張仿良

南京特別市政府公告 字第　號

案查市民錢立鈞聲請買受張東甫等坐落中山東路三十七號地產一案所繳民國二十四年前財政局登字第一六二號原登記聲請文件收據一紙暨聲請書官契等件因新卷散失除通知該民另補官契聲請書外合行揭示公告自公告之日起對於上項文件收據如有因權利關係聲請異議者須於七日內提出理由及證件呈候核辦一經公告期滿未據異議即予依法作廢特此公告週知

中華民國三十三年六月　日

市長 周學昌

地政局局長 張仿良

南京特別市政府公告 字第　號

案查本市原第四區四〇六段房地產前因業戶張姓逾期登記業經前地政局予以假定公告在案茲據張松亭等呈述緣由請求撤銷假定登記前來核其所繳證件尚屬實在并經查明在卷除將假定登記案撤銷外茲依照本市土地登記暫行規則第十五條之規定揭示公告自公告之日起對於該項房地產如有因權利上關係聲明異議者須於三個月內提出理由書及證明文件呈候核斷經公告期滿未據異議即予依法登記發給圖狀執業合行公告週知

計開

聲請人　姓名　住址

坐落　區　段　第　號

種類及面積　地　畝　分　厘　毫　絲

四至　東至　南至　西至　北至

定着物情形

申報地價

申報定着物現值

共有權人

他項權利人

公告日期

公告期滿日期

中華民國三十三年六月　日

市長 周學昌

地政局局長 張仿良

南京特別市政府公告 字第　號

案查本市原第三區二〇四七段房地產前因業戶唐慶華逾期登記業經前土地局予以假定公告在案查該產所有契業於事變前出抵與馬正源並由該馬姓檢同上項契據聲報抵押權登記各在案茲據該民呈繳原領登記收據請予繼續辦理前來查核所繳契據均於事變時散佚經簽奉　派員調查尚屬實在除將假定登記案撤銷外茲依照本市土地登記暫行規則第十五條之規定揭示公告自公告之日起對於該項房地產如有因權利上關係聲明異議者須於三個月內提出理由書及證明文件呈候核辦一經公告期滿未據異議即予依法登記發給圖狀執業合行公告週知

計開

聲請人　唐慶華　姓名　弓箭坊二十號　住址

坐落　第　區　段　第　號

種類及面積　地　畝　分　釐　毫　絲

四至　東至　西至　南至　北至

定着物情形

申報地價

申報定着物現值

共有權人
他項權利人
公告日期
公告期滿日期
中華民國三十三年六月　日

市長周學昌
地政局局長張仿良

南京特別市政府公告　字第　號

案查本市原第六區三一〇八、三一〇九、四〇八六、段地產前因業戶古林寺未據提出證件業經前土地局予以假定公告在案茲據呈稱原登記收據遺失懇派員調查產權尙屬實在並據登報具保證明等情各在卷除將假定登記撤銷外茲依照本市土地登記暫行規則第十五條之規定揭示公告自公告之日起對於該項房地產如有因權利上關係聲明異議者須於三個月內提出理由書及證明文件呈候核辦一經公告期滿未據異議卽予依法登記發給圖狀執業合行公告週知

計開

聲請人　姓名　住址
坐落第　區　段第　號
種類及面積　地　畝　分　厘　毫　絲
四至　東至　西至　南至　北至
定着物情形
申報地價
申報定着物現值
共有權人

他項權利人
公告日期
公告期滿日期
中華民國三十三年六月　日

市長周學昌
地政局局長張仿良

南京特別市政府公告　字第　號

案查本市原第五區二四四二段房地產前因業戶吳鴻順等逾期登記業經前地政局予以假定公告在案茲據該民等呈報原有管業契據遺失請予撤銷假定登記前來經飭據該民等呈送遺失契據報紙保結尚無不合除將假定登記案撤銷外茲依照本市土地登記暫行規則第十五條之規定揭示公告自公告之日起對於該項房地產如有因權利上關係聲明異議者須於三個月內提出理由書及證明文件呈候核辦一經公告期滿未據異議即予依法登記發給圖狀執業合行公告週知

計開

聲請人　吳鴻順等　姓名　長樂路三〇三號　住址
坐落　第　區　段　第　號
種類及面積　地　畝　分　厘　毫　絲
四至　東至　南至　西至　北至
定着物情形
申報地價
申報定着物現值
共有權人　吳文蔚　吳文海等
他項權利人

公告日期

公告期滿日期

中華民國三十三年六月　日

市長周學昌

地政局局長張仿良

南京特別市政府公告　字第　號

案查本市原第五區一四八段一五一(一)段一五一(二)段地產業戶宮朱氏檢呈產權契照請予補行登記查該產係宮坿登記案內溢地據宮坿呈稱前登記時誤將嬸母宮朱氏地產指人界內請予劃出各管各業等情復據宮朱氏所呈產權契照尙屬眞實准予補行登記除將前土地局溢地處分撤銷外茲依照本市土地登記暫行規則第十五條之規定揭示公告自公告之日起對於該項房地產如有因權利上關係聲明異議者須於三個月內提出理由書及證明文件呈候核辦一經公告期滿未據異議即予依法登記發給圖狀執業合行公告週知

計開

聲請人　姓名　住址

坐落　第　區　段　第　號

種類及面積　地　畝　分　厘　毫　絲

四至　東至　南至　西至　北至

定着物情形

申報地價

申報定着物現值

共有權人

他項權利人

公告日期
公告期滿日期 中華民國三十三年六月日

市長周學昌
地政局局長張仿良

南京特別市政府公示 字第 號

爲公示註銷事查菜戶周業畇呈請補發坐落荳菜橋三十六號房地產圖狀一案業於三十年九月二十九日由地政局前祕書尹純代爲具領在案查原領登四字第一八三四號收據一紙迭經通知繳銷迄未據遵茲特依法公示註銷嗣後如有該號收據發現卽行作廢特此公示週知

中華民國三十三年六月日

市長周學昌
地政局局長張仿良

南京特別市政府批 府工字第 號

具呈人南京特別市馬車業同業公會

呈一件 爲奉示禁止車輛行駛柏油路面遵照規定路綫繞道駛行各馬車行營業損落千丈呈請准予暫免取締由

呈悉查載客馬車整日通行柏油路面在氣溫升之時極易融化損壞姑念商艱另行規定時間在上午九時以前下午六時以後准予通行爲逾越上項規定時間仍應遵照本府規定路線繞道行駛不得任意通行仰卽轉飭各馬車行切實遵照毋違爲要

此批

中華民國三十三年六月日

市長周學昌

法規

南京市近郊米穀買賣暫行辦法　民國三十三年六月廿日公布

一、近郊農民及肩挑騾駝負販來京之零星米穀由中華門外之南街西街外江裏河四入口處搬入者特許依照慣例投售於熟識之米行下關之三叉河及江邊入口者辦法亦同

二、收購零星米之米行准許其採用行佣舊規收取佣金爲合法利潤

三、根據搬入口路線暨各米行舊時之分幫就南街西街外江裏河區分爲四組每組互選四家至六家以管理本組各米行之收購並由米統會南京區辦事處監督指導之

四、各米行每日收購出售之數量應於每日下午四時報告各該組米行各該組米行應於翌日上午十時前彙報米統會米糧同業公會聯合辦事處

五、爲京市米穀存儲與必要配給起見得由米統會南京區辦事處向各米行酌量收購

六、城外民食米之出售數量依據市政府戶口統計比例分配之（城外市民作百分之三十收進數一千担則城外得出售三百担餘類推）

七、銷售於城內米店之米出售糧行應開發票兩張（詳塡店號米數價格）（一正一副）米店於取得發票後應立即向聯合辦事處蓋證明圖記（代移動證手續）一繳存於聯合辦事處登記一由米店憑票搬運以便查核稽考

八、各出售於市民之米店應詳立賬目登記戶名數量

九、公司行號如須蒐購食米應先向米統會南京區辦事處登記許可給予證明

十、各米行報告收進之數量及出售數量如有報告不實隱匿走私者一經查獲由市政府予以停業處分並科以五倍以上之罰金

十一、各米行礱米其品質不得次於米統會所定三等白米之標準並不得摻雜摻水如違一經查出由市政府予以停業處分

十二、以上各項手續經辦人員如有留難情事一經發現定予嚴懲

十三、本辦法自公布日施行

修正南京特別市管理臨時攤販暫行規則

民國三十三年六月二十三日市政府修正公布

第一條 南京特別市爲管理臨時攤販設立攤販管理所並訂定本規則以取締之

第二條 攤販管理所隸屬於南京特別市政府財政局

第三條 凡本市城區設立露天浮攤作小本營業者除菜場區域或另有規定外悉應依本規則之規定辦理

第四條 凡臨時設立露天浮攤應以不妨礙市容及交通爲原則其應設地點由攤販管理所酌量情形隨時指定呈報備案

如有違背前項規定者得將該攤位隨時撤銷並科以五十元以上三百元以下之罰鍰

第五條 凡欲設立露天浮攤者應繕具申請書將攤主姓名年齡籍貫住址及資本額本人居住證號碼及販賣物品種類設立浮攤地址詳細填明覓具殷實舖保呈送攤販管理所經查明後認爲合格者始發給攤販執照准許設攤

第六條 各攤販於領到執照後應將執照妥爲保存隨攤攜帶以便稽查如有遷移或停歇情事須申報攤販管理所換領執照或繳銷之不得將執照轉租讓與或自行頂替等事

如有違背前項規定者除撤銷其攤位外並科以五十元以上三百元以下之罰鍰

第七條 露天浮攤所占面積應由攤販管理所考察地形酌量指定每一攤位不得超過五市尺長三市尺寬

第八條 各攤販設立露天浮攤應依照下列標準按月繳納租金其收據由財政局發給之

1.甲等每月五十元

2.乙等每月四十元

3.丙等每月三十元

前項等級按地點繁僻及資本多寡由攤販管理所擬定呈報備案

第九條 各攤販應繳租金一律以每月一日起算應於每月十一日至二十日爲繳納期間如逾期不納者除追繳外並科以左列之滯納罰金

1.逾限五日者科以應納租額百分之十罰金

2.逾限十日者科以應納租額百分之二十罰金

3.逾限十五日者科以應納租額百分之三十罰金

4.逾限至十五日以上者得撤銷其攤位

第十條　各攤販應擺設整齊收拾清潔如有出售食品須用玻璃或鐵紗厨罩以重衛生

第十一條　各攤販不得收買來歷不明之貨物及買賣違禁物品

第十二條　各攤販營業時間以每日上午七時起至下午九時止但於冬夏二時期或特殊情形時得由攤販管理所隨時變更之

第十三條　市政府如因整頓市容或改善交通時得隨時飭由攤販管理所將該攤位予以撤銷或遷移之

第十四條　各攤販如有違背本規則情事除由攤販管理所派員查明照章罰辦外並得由各區警察局隨時協助

第十五條　本規則如有未盡事宜得隨時呈請修正之

第十六條　本規則經市政府核定公布施行

南京特別市管理公共娛樂場所及藝員登記規則　民國卅三年六月廿八日公布

第一章　總則

第一條　凡在本市開設之公共娛樂場所及在本市鬻藝之藝員均適用本規則之規定

第二條　本規則所稱公共娛樂場所凡各種戲院電影院清音鼓書武術競技歌舞評話彈詞及其他含有娛樂性質之場所均屬之

第三條　本規則所稱藝員凡在公共娛樂所以鬻藝爲生活者均屬之

第二章　公共娛樂場所

第四條　公共娛樂場所非呈經南京特別市政府（以下簡稱市政府）核准登記發給許可證不得開業

第五條　凡設立公共娛樂場所呈請登記者須繳呈經理人二寸半身輕底照片三張並塡具呈請書記明左列各項

一、經理姓名年齡籍貫住址

二、場所名稱

三、所在地

四、遊藝總類

五、組織內容

六、資本總額

七、建築物概況（附建築略圖）

八、設備概況（本項須詳細塡明）

甲、安全設備（如消防器具太平門太平梯冷熱氣管及一切機械裝備）

乙、衛生設備（如換氣器電扇火爐男女廁所等）

丙、其他（如售票處販賣處衣帽處電影放映室演員休息室化裝室戲裝及佈景儲藏室等）

九、股東姓名及人數

十、職工姓名及人數

第六條　呈送前條呈請書時應按照左列規定附繳登記費

一、表演一種或兩種性質不同之遊藝者繳納登記費二百元

二、表演兩種遊藝以上者每增加一種增繳登記費壹百元

三、流動露天遊藝場所繳納登記費五十元

第七條　凡於呈送呈請書時未經載明表演之遊藝非經補行呈請手續不得擅自開演

第八條　開業許可證應懸掛於便於衆覽之處以便檢查

第九條　公共娛樂場所之建築物及設備應遵照左列各項規定辦理

一、建築須堅固（應遵照本市建築規則之規定）

二、光線須充足（除電影院外）

三、空氣須流通（應有適宜換氣器之設備）

四、設備須完善（如太平門太平梯廁所痰盂消防器等）

五、其他有關衛生之設施應遵照本市各項衛生法令辦理

第十條　公共娛樂場所負責人應隨時查察其設備安全之程度如發現有危險情形應立即報請市政府派員檢查遵照指示改善

第十一條　各種有關公衆安全之設備如須新設或添設時應由該場所負責人呈報市政府核准方得動工裝竣須報驗許可後方得開始營業或使用

第十二條　各種有關公衆安全之設備絕對禁止私自裝修及發現危險隱匿不報違者除因此而發生之損害應由負責人負刑事或賠償之責任外並按照其情節之輕重處罰之

第十三條　凡戲院所設座位應遵照左列各項規定辦理

一、座位之寬度横不得少於四公寸五公分直不得少於四公寸三公分

二、座位之距離前後不得少於三公寸

三、座位之排列應留交通道路直不得少於四條横不得少於三條

四、不得於原定座位外臨時添設桌椅或容許觀衆站立

第十四條　流動露天游藝不得於有礙交通與安甯之地表演

第十五條　公共娛樂場所經核准後須於三日內將開演場數時間坐位容量及票價茶資等呈報市政府宣傳處（以下簡稱宣傳處）備核嗣後如有變更應隨時呈報備核

第十六條　凡公共娛樂場所遊藝種類藝員有變更時應申請變更票價茶資有增減時亦應隨時呈報宣傳處備查在未奉批准前不得擅自變更

第十七條　公共娛樂場所預定座位應先公佈時間予顧客以均等之機會不准內職工包攬索取小費

第十八條　公共娛樂場所如有預發贈券或優待券者須在券上註明何時不能通用否則不得臨場拒絕

第十九條　公共娛樂場所在報端登載戲目或散發傳單張貼廣告宣傳劇情必須切實不得虛張誇大及用神怪淫穢之詞句

第二十條　公共娛樂場所嚴禁兜攬顧客點戲

第二十一條　公共娛樂場所內應保持肅靜注重秩序不得有鼓掌催演怪聲叫好放射紙箭及流動叫賣等破壞秩序情事

第二十二條　公共娛樂場所如遇暫時停業或永遠歇業時應遵照左列各項規定辦理

一、無論暫時停業或永遠歇業均於五日內呈報宣傳處備查

二、如係永遠歇業者須於呈報時繳銷許可證如須暫時停業者須將停業原因及預定復業時期並營業新辦法一併詳報

三、清唱茶社停業時期不得過三個月其他娛樂場所停業時期不得過六個月違者不准復業

第三章　游藝

第二十三條　凡公共娛樂場所表演戲劇游藝應先二日開明劇名節目送呈宣傳處審查核准後始得表演如表演新劇或排演連台戲劇須於一星期前呈送劇本審查俟審查核准後方能開演

宣傳處審查劇目認爲必要時得令補具劇本或其說明書如認爲有實地審查之必要時幷得令呈請者先行試演

第二十四條　前條核定劇目應依次演唱不得私自加演或隨意改演

第二十五條　經審查核准之戲劇游藝由宣傳處發給准演證如有呈驗之件并加蓋審查戳記

第二十六條　准演證及說明書表由宣傳處印製按照原値由各公共娛樂場所備價領塡報以昭劃一

第二十七條　戲劇遊藝內容有左列情形之一者不得表演

一、違背政綱者

二、有傷國體者

三、妨害公安者

四、有礙風化者

五、有危險性者

六、有悖人道者

七、提倡迷信神說者

八、其他不良事實之表演

第二十八條　宣傳處得隨時派員持同游藝審查證至各公共娛樂場所審查所演戲劇游藝如遇有違反本規則之規定時得由該員報告宣傳處會同該管警察局取締之前項人員不得接受各公共娛樂場所所贈戲劵或其他一切餽贈違者以接收賄賂論罪

第二十九條　游藝表演時間由宣傳處規定之

第四章　藝員

第三十條　凡在公共娛樂場所賣藝之藝員非請聲請宣傳處登記發給登記證不得出演上項登記證藝員出演時須隨身攜帶以備檢查

第三十一條　凡藝員聲請登記者應塡具申請書記明左列各事項親往宣傳處聲請登記

一、姓名　性別　年齡　籍貫　住址

二、教育程度

三、家庭狀況

四、技術種類

五、包銀數目（歌唱藝員填報技術程度）

第三十二條　一般藝員之登記以技藝分別註明惟歌唱藝員之登記分爲「特」「甲」「乙」「丙」四種分列標準如左

一、特等　歌唱而兼能彩排者

二、甲等　詞正腔圓技能高超能戲或歌曲在二十齣以上者

三、乙等　能唱普通歌曲或京戲在十齣以上者

四、丙等　初學習者

第三十三條　一般藝員呈請登記時須附呈本人二寸半身輭紙照片三張並按左列規定繳納登記費

一、每月包銀在七百元以上八百元未滿者繳登記費捌拾元八百元以上者每百元加繳登記費拾元依次遞加

二、每月包銀在七百元以下五百元以上者繳登記費陸拾元

三、每月包銀在五百元以下者繳登記費肆拾元

第三十四條　歌唱藝員呈請登記時須附呈本人二寸半身輭紙照片三張並按左列規定繳納登記費

一、特等繳登記費貳百元

二、甲等繳登記費壹百元

三、乙等繳登記費陸拾元

四、丙等繳登記費肆拾元

第三十五條　藝員登記證每年七月壹日換領一次並收換證費　　元逾期二月仍未申請換領者如歌唱藝員於領登記證後不能時常獻藝或中輟逾一月者均得撤銷其登記證

第三十六條　藝員登記證倘有遺失應登報聲明檢同啓事呈請宣傳處補發並繳補證費拾元

第三十七條　藝員之住址或出演場所或呈請書內所塡各項遇有變更時應於一星期內檢同登記證呈報宣傳處查核改註

第三十八條　藝員無論在場內或場外均應謹守規矩秩序並不得在出演場所與顧客混坐及有猥褻行爲更不得在酒飯館及旅館應徵

第五章　罰則

第三十九條　凡違反本規則除已有特別規定者外場所藝員均須按其情節輕重依照左列各項分別處罰

一、警告

二、處二百元以上二千元以下之罰金
三、處罰三天以下之停演
四、弔銷其許可證或登記證勒令停業或禁止表演

第六章 附則

第四十條 本規則未盡事宜得隨時修正之
第四十一條 本規則自公佈之日施行

公牘

南京特別市政府呈 字第 號

案奉

鈞院院字第五〇六四號通令內開

案查本院規定自本年五月起各機關應本行政簡素化之原則嚴格調整機構裁併人員即將所餘經費撥充在職人員增加津貼之用決不得移作辦公等費其被裁人員遣散費應視其在職時之勞績由各機關自行籌給並進將辦理情形連同在職人員詳冊一併具報備查除呈報

中央政治委員會暨　國民政府備案幷通飭遵照外合行令仰該府遵照幷轉飭所屬一體遵照

等因奉此當經令飭本府各處局會遵辦去後茲據分別依照規定員額及薪額裁減職員四分之一幷呈送裁併後在職人員清冊等件前來經查尚無不合除由市庫撥付被裁各員三個月俸薪(連加成)以資遣散外幷將所餘經費酌予在職人員津貼之用奉令前因理合造具本府在職人員總名冊一份一併呈報仰祈

鈞院鑒核備查

謹呈

行政院院長汪

附呈南京特別市政府裁併後在職人員總名冊一份(略)

市長周學昌

中華民國三十三年六月日

南京特別市政府呈 字第 號

案奉

鈞院政字第三九四三號指令內開「呈一件爲大校飛行場使用土地範圍業已查勘完竣理合造具清冊繪製形勢圖各二份報請

鑒核辦理由呈件均悉查該青苗補償金及年租金等項自應即在軍管理工場利益金撥存財政部準備是項用途之貳百萬元內撥支除令財政部遵照撥交轉發具領外再查青龍山附近地區既屬江甯縣轄境應由該市府再函江甯縣政府辦理後呈江蘇省政府轉呈本院不得直接呈院以符手續又據呈送清册及形勢圖各二份已分發財政外交兩部應由該市府補造各一份呈院備查統仰遵照辦理等因奉此除函知江甯縣政府遵照辦理外理合補造清册及形勢圖各一份呈請

鑒核備查謹呈

行政院院長汪

南京特別市市長　周學昌

中華民國三十三年六月　日

南京特別市政府咨　府衛字第　號

案據公民楊世傑呈稱

呈爲保衛市民健康仰懇嚴令清除僻巷垃圾厲行管理市民公共衛生事竊世傑於民國二十九年秋季曾以整頓市區西城之衛生條陳呈請　前市長蔡主持辦理在卷在彼時略著成效惟最近倉巷橋鼎新橋草橋紅土橋運瀆河道被附近居民傾倒垃圾日積月累河床已將填平積水淤塞不流奇臭異常蚊蠅飛集汚穢已極附近之牛皮街小輝復巷大輝復巷常巷七家灣舊棚營賢各無名之小巷堆集垃圾形如小阜路旁積穢遍地路旁臭水遍地行入掩鼻而過市民居處於斯痛苦更何可言且而附近之小型製革皮坊甚多增加奇臭此時初夏之交必要預防疫癘傳染該處戶口稠密一旦發生瘟疫勢必危害全市戰爭時代藥料缺乏想到危害實覺慄慄而懼世傑除公衆之害心切不稍顧忌舉筆無隱幷妄擬意見數端上呈　鈞聽仰祈　俯賜採納(一)要求當局在郊外相度能容納大量垃圾之空曠地點(二)要求當局籌備多量運輸垃圾之車暨工具(三)要求當局實施動員青少年團義勇警察隊國民勞動服務團居住各該地之民衆分段清除各該地之垃圾務必清除淨盡爲止運瀆河道填平或濬深悉聽當局主持施工之處應徵之居民該居民或怠工或取巧須重重處罰拘役一月罰款國幣一千元無力繳款者再拘役十日(四)街衛垃圾清除淨盡以後再有違反清潔再事傾倒垃圾者責成各該地之保甲長隨時呈報應施以極嚴重之懲罰世傑掬其愚忱貢獻　鈞座懇祈裁奪施行首都萃民之健康全繫之焉惶恐陳詞屏營不勝

等情據此查該公民條陳各節擬請

貴署酌量採納會商辦理爲荷

此咨

首都警察總監署

中華民國三十三年六月　日　市長周學昌

南京特別市政府咨　府財字第　號

案據南京市銀行董事會呈稱：

「竊查本行遵照修正省市銀行暫行條例增資改組一案業已辦理完竣關於兼營信託部資本亦經遵照修正信託公司暫行條例第六條之規定加撥壹百伍拾萬元連原撥資本伍拾萬元共計撥足貳百萬元在案所有信託部章程第二條原定資本金額國幣伍拾萬元一節自應修正為國幣貳百萬元以完手續理合繕具修正信託部章程第二條條文兩份備文呈請督核俯賜准予咨轉財政部核准備案實為公便

等情附修正信託部章程第二條條文兩份據此經查尚無不合相應檢附原修正條文乙份咨請

查照賜予備案幷希

見復俾便飭遵為荷

此咨

財政部

附南京市銀行信託部修正章程第二條條文乙份

中華民國三十三年六月　日　市長周學昌

修正南京銀行信託部章程第二條條文

第二條（原文）信託部資本定為國幣伍拾萬元由南京市銀行資本總額內撥充之

（修正文）信託部資本定為國幣貳百萬元由南京市銀行資本總額內撥充之

南京特別市政府咨　府工字第　號

查本市各區水利修防工程自經
貴部補助經費積極趕修以來已有相當成績下關及城內南區因水勢高漲工事急迫經嚴限督促業已竣工上新河燕子磯兩區修防工程正在趕速進行不日亦可相繼完成茲特依據修防工程實施辦法咨請
貴部派定驗收人員陸續分赴各區驗收以資結束卽希
查照見復爲荷

此咨

建設部

中華民國三十三年六月　日　市長周學昌

南京特別市政府公函 府工字第　號

案據工務局報稱限制車輛行駛柏油路面自本府會同警監署布告禁止以來所有載貨鐵輪車輛均已遵照規定路線繞道駛行但載客營業馬車仍多未能遵照辦理迭經派員前往警監署商請行政科飭屬嚴格取締茲准警監署派員來局聲稱載客馬車整日禁止通行柏油路面殊於該業營業妨害非淺擬予從寬另行規定行駛時間為上午九時以前下午六時以後准其通行以卹商艱等請查所擬通行時間在太陽初升與將落之際氣溫較低影響路面似尚輕微擬請通知馬車業公會轉飭各馬車行遵照上項規定時間通行等情據此除通知馬車業公會轉飭遵照外相應函請
貴署飭屬查照隨時注意爲荷

此致

首都警察總監署

中華民國三十三年六月　日　市長周學昌

南京特別市政府公函 府保甲字第　號

案據第三區區長葉秀甫呈稱：

「案據本居御史坊聯保主任陳雲龍呈稱略以該管坊內軍隊雜處時有着軍服者藉故滋擾本月十四日上午九時又有不知姓名揭稱二團二營五連之官佐二人至四保保長顧兆有五保保長陳雲龍兩家中強詞遺失步槍兩枝於本坊內限合保長交出來勢洶湧行態蠻橫地方民衆頓相驚恐職爲防範地方安甯計謹將上項各情報請鑒核等情據此查御史坊地處偏僻軍隊雜處誤會枝節恆常有之茲據前情理合報請鈞長鑒核俯賜分咨有關機關飭戒所屬以安地方實爲公便」

正核辦間又據第二區區長宋建中呈稱：

「案據本區所屬止馬坊聯保主任秦郎如呈報職坊第五保第五甲北灣子門牌三十三號同順北貨行商民張棠佩呈稱六月六日晚十二點鐘後門有人叫門甚急由房東女主婦開門突有身着軍服五人進房兩人將前後門把守三人進到櫃房口稱檢查貨物迫令開啓錢櫃檢查有無私貨民內上月下旬遭此同樣之事在錢櫃內拿去三千六百元奈當時不明真像畏勢未敢報告但此次所來之五人身着軍服觀其言語行動顯露不軌蹊蹺恐係冒充軍人行搶匪類民即言汝等非協同地方公務人員該管警察余決不受檢查否則民即報告警局請示彼等見勢不利急行竄逃民即鳴警追捕當捕獲匪犯一名送憲兵隊管押此乃當時捕獲匪犯事實請求轉詳實爲公便等情據此查來呈所稱上月下旬遭此同樣之事在錢櫃內拿去三千六百元一節未據呈報是否真情無從證明確實除通知該商民外理合具文呈報仰祈鑒賜核辦等情據此除指令外理合據情呈報仰祈鈞長鑒核」

各等情事關地方治安相應據情一併函請

查照辦理并希將辦理情形見復爲荷！

此致

首都警備司令部

市　長　周　學　昌

中華民國三十三年六月　日

統計

南京日需品零售物價指數（簡單幾何平均）

民國二十九年=100

類別 項目 權數 時期	食糧蔬菜類					油及調味類	燃料類	衣服材料類	雜項類	總指數
	食糧	菜蔬	肉食	醬菜	平均					
	10	23	9	5	47	9	7	10	10	83
民國三十三年六月份	8296.0	9029.6	5224.6	1787.2	6722.0	5147.2	26888.0	6585.5	14860.0	8056.4
較五月份增(+)減(−)	(+) 3130.5	(+) 4003.5	(+) 1050.5	(−) 138.0	(+) 1498.6	(+) 1529.8	(−) 2721.3	(+) 3729.5	(+) 4755.8	(+) 2870.0

說略

六月份南京日需品零售物價總指數爲8056.4較上月5186.4劇升2870.0約漲五成以上

1.食糧蔬菜類四十七種平均指數爲6722.0較上月4223.4增2498.6約漲六成弱
食糧類十種食米猛升一倍其他雜糧亦呈躍勢指數狂增爲8296.0較上月5165.5增3180.5漲六成強
蔬菜類以端節關係價格倘升指數爲9029.6較上月5026.1猛增4003.5漲八成弱
肉食品五種雖在端節循例上漲但受嚴格限價漲勢尙平指數爲5224.6較上月4174.1漲上1050.5計漲二成半
醬菜五種因霉期不能久藏且端節需用清淡指數稍落爲1787.2較上月1925.2低138.0落一成以下

2.油及調味品九種食油來源不暢醬油麻油糖鹽需用量以端節增加價格直升指數爲5147.2較上月3617.4增1529.8漲四成強

3.燃料類七種因端節前鄉人負柴入城脫售購物價格稍落指數爲26888.0較上月29609.3低2729.5落一成弱

4.衣服材料類十種以棉紗布來源斷絕棉紗原料奇缺最近漲勢劇烈指數爲6585.5較上月2856.0增3729.5狂升十三成之鉅

5.雜項類十種肥皂洋燭上升捲烟平疲火柴紙張堅俏指數爲14860.0較上月10104.2增4755.8漲四成七
綜觀本月份物價趨勢衣服材料皂燭及食油均因原料缺乏造成漲勢食物大多因端節而漲但在本年雨水調勻農產品可獲豐收食米雜糧等不致再造高峯

南京特別市政府秘書處第三科統計股編製

南京日需品零售物價指數比較表（簡單幾何平均）

民國二十九年＝100

類別／權數／時期	食糧葷素菜類 食糧	食糧葷素菜類 菜蔬	食糧葷素菜類 肉食	食糧葷素菜類 醬菜	食糧葷素菜類 平均	油及調味料	燃料類	衣服材料類	雜項類	總指數
權數	10	23	9	5	47	9	7	10	10	83
民國三十三年五月	5165.5	5026.1	4174.1	1295.2	4223.4	3617.4	29609.3	2856.0	10104.2	5186.4
六月	8296.0	9029.6	5224.6	1787.2	6722.0	5147.2	26888.0	6585.5	14860.0	8056.4
增(＋)減(—)百分比	(＋)60.6%	(＋)79.6%	(＋)25.1%	(—)7.1%	(＋)59.2%	(＋)42.2%	(—)9.1%	(＋)130.5%	(＋)47.0%	(＋)55.3%

南京特別市政府秘書處第三科統計股編製

市政公報暫定價目表

期數	價目	郵費
零售	每册二元	本埠二角 外埠三角
半年	十二册 二十四元	本埠二元四角 外埠三元六角
全年	廿四册 四十八元	本埠四元八角 外埠七元二角

市政公報廣告刊例

頁數	價目
一頁	每期五十元
半頁	每期二十五元
四分之一頁	每期十二元五角

刊登廣告在四期以上者每期按照七折計算連續十期以上者每期按照六折計算長期另議

出版日期 本公報暫定每月二次

編輯者 南京特別市政府祕書處

發行者 南京特別市政府祕書處

地址：中山東路[illegible]政牌樓

印刷者 南京國華印書館

電話：二二一六五

中華郵政掛號認爲第一類新聞紙類　江蘇郵政管理局執照第一〇四三號

中華民國三十三年七月三十日

市政公報

第一四七八期合刊

南京特別市政府秘書處印行

目錄

行政院訓令

行政院訓令 行字第　　號

令南京特別市政府

案奉

國民政府本年七月十日第八九二號訓令開：

「案據本府文官處簽呈稱『准最高國防會議秘書處高秘字第六零六號公函開「案奉　主席交下最高國防會議三十三年六月二十九日第五〇次會議討論事項第六案　主席交議據行政院呈據司法行政部呈擬修公務員犯贓治罪條例增訂死刑之執行得用槍決一條附具修正條文草案呈請鑒核等情請公決案決議通過送國民政府公布幷交立法院備查」等因遵經紀錄在卷相應錄案抄同行政院原呈及附件函達至希查照轉陳將公務員犯贓治罪條例照案修正公布幷分飭行政立法兩院知照」等由理合簽請鑒核』等情據此自應照辦除明令公布並分飭施行外合行檢發該修正條例令仰該院知照並轉飭所屬一體知照

等因奉此除分令外合行抄發該修正條例一份令仰該府知照幷轉飭知照

此令

計抄發修正公務員犯贓治罪條例一份

中華民國三十三年七月　日

院長汪兆銘

公務員犯贓治罪條例 三十三年七月十日修正公布

第一章　罪

第一條　公務員對於職務上之行爲要求期約或收受賄賂或其他不正利益者處五年以上有期徒刑併科五萬元以下罰金公

務員對於違背職務上之行爲要求期約或收受賄賂或其他不正利益者處無期徒刑或七年以上有期徒刑併科柒萬元以下罰金因而違背職務之行爲者處死刑無期徒刑或十年以上有期徒刑併科拾萬元以下罰金

公務員對於主管或監督之事務直接或間接圖利者處無期徒刑或七年以上有期徒刑併科柒萬元以下罰金

第二條　公務員侵占公務上持有之物者處無期徒刑或五年以上有期徒刑併科五萬元以下罰金

第三條　公務員意圖得不法利益損害國家重大權益或損害公有財產或利益者處無期徒刑或七年以上有期徒刑併科柒萬元以下罰金

第四條　公務員意圖得不法利益非法勒派捐款或利用權勢以強暴脅迫詐術或他法勒取人民財物者處死刑無期徒刑十年以上有期徒刑併科拾萬元以下罰金

第五條　公務員意圖得不法利益僞造證據陷害無辜或假借職權以恐嚇方法取人財物者處無期徒刑或七年以上有期徒刑併科柒萬元以下罰金

第六條　前四條之未遂犯罰之

第七條　公務員對於職務上應採運或配給之重要物資意圖得不法利益故爲遲延時日或停止執行致生危害於公衆利益者處無期徒刑或七年以上有期徒刑併科柒萬元以下罰金

公務員對於職務上應發給之款項物品意圖得不法利益故爲剋扣抵換或抑留不發致生損害於公務或公衆者亦同

第八條　犯本條例之罪者所得賄賂或利益及所生之孳息均沒收之如全部或一部不能沒收時追徵其價額

第九條　犯本條例之罪者不問所宣告主刑之種類均褫奪公權終身

第十條　意圖公務員受刑事處分以本條例所定各罪向該管公務員誣告或在依本條例程序審判或偵查時爲證人鑑定人通譯於供前或供後具結而爲虛僞之陳述者依所告或所虛僞陳述之案件裁判確定前身白者得減輕其刑

第二章　程序

第十一條　本條例所定各罪依本章程序由司法機關辦理之

第十二條　犯本條例所定各罪之公務員以其所任官職分別歸地方法院或高等法院管轄其爲委任者由地方法院受理第一審高等法院受理第二審薦任職以上者應由高等法院受理第一審最高法院受理第二審

前項案件以第二審爲終審不得提起第三審上訴其在第一審審判中得由司法行政部或司法行政部華北事務署命令於十五日內審結爲在第二審審判中經第二審法院認爲顯無理由者應於十日內以書面審理終結之最高法院受

理第二審案件仍適用第三審程序

第十三條　牽連案件之管轄不同者應由直接上級法院合併管轄之

偵查本條例所定各罪之案件除由檢察官直接檢舉或主管監督機關移送外如經人告訴或告發者應先傳告訴人或告發人加以訊問並搜集證據認為有犯罪嫌疑者始得傳訊被告

前項告訴人或告發人經傳喚並無其人或有其人而被人冒名或所訴無相當之證明方法者得不經調查逕為不起訴之處分其處分書亦毋庸送達

第十四條　每一被告選任辯護人以一人為限

第十五條　法院指定審判期日後應速通知被告之主管監督機關以便屆時派員蒞庭觀審必要時並得以書面陳述意見但不得參與審判

第十六條　處分書裁判書或記載裁判之筆錄正本或副本除送達被告外並應送達於該被告之主管監督機關

前項應送達之書判筆錄被告之主管監督機關認為不當時得於送達後二日內提出理由書經由原檢察官向上級檢察署檢察長聲請再議或請求原檢察官提起上訴原檢察官於接受理由書後應即依照再議或上訴程序辦理

第十七條　依本章所定程序上訴於終審法院之案件應迅將該案卷宗及證物送交與該法院同級檢察署之檢察官與終審法院同級檢察署之檢察官認為有上訴之必要時得自接受卷宗後起算上訴期間

第十八條　依本章所定程序辦理之案件確定後檢察官應迅將該案卷宗檢送司法行政部或司法行政部華北事務署覆核

前項覆核經司法行政部或司法行政部華北事務署認為第一審法院依照開始再審之程序辦理之

第十九條　死刑之執行得用槍決

第二十條　依本條例規定諭知之罰金沒收及追徵如犯人於未開始執行或執行未完畢前死亡時應就其遺產執行

第三章　附則

第廿一條　依法令從事於公共利益有關事務之人員以公務員論

第廿二條　刑法總則及刑事訴訟法之規定與本條例不相抵觸者仍適用之

第廿三條　本條例施行期間暫定為二年但施行期滿有繼續施行之必要者得以命令延長之

第廿四條　本條例自公布之日施行

命令

南京特別市政府公布令　府衞字第　號

茲制定南京特別市衞生局第一二三四衞生事務所組織簡則公佈之

此令

附南京特別市衞生局第一二三四衞生事務所組織簡則一份（見法規欄）

中華民國三十三年七月日

市長周學昌

南京特別市政府公佈令　府宣字第　號

茲制定南京特別市政府管理娛樂場所散售印刷品暫行辦法公佈之

此令

附南京特別市政府管理娛樂場所散售印刷品暫行辦法一份（見法規欄）

中華民國三十三年七月日

市長周學昌

南京特別市政府委令　府祕字第　號

令王子靜

茲派該員爲本府宣傳處代理祕書

此令

中華民國三十三年七月　日　市長周學昌

南京特別市政府訓令　府祕字第　號

令保甲委員會主任委員楊九鳴

該員另候任用應免本職

此令

中華民國三十三年七月　日　市長周學昌

南京特別市政府訓令　府祕字第　號

令祕書長陸善熾

茲派該祕書長兼任本府保甲委員會主任委員

此令

中華民國三十三年七月　日　市長周學昌

南京特別市政府訓令　祕字第　號

令衛生局第二科科長程軼羣
　　　　　第三科科長王倫[illegible]

茲派該員兼任本府衛生局第一、二衛生事務所所長

此令

中華民國三十三年七月　日　市長周學昌

南京特別市政府訓令　府祕字第　號

令宣傳處科員吳鳳平

茲升任該員爲本府宣傳處荐任專員兼新聞股主任科員

此令

中華民國三十三年七月日　市長周學昌

南京特別市政府訓令　府祕字第　號

令宣傳處祕書王子靜

茲派該員暫行兼代本府宣傳處第一科科長

此令

中華民國三十三年七月日　市長周學昌

南京特別市政府訓令　府財字第　號

令本府各局處會附屬機關

查近來物價飛漲本府迭據各機關呈報月領之辦公費不敷開支自屬實情茲爲增進市政效率計決自本年下半度起將各機關辦公費照原額增加一倍俾資應付再本府所屬各職員生活同樣清苦爲體卹起見業飭財政局勉力籌措依照中央公務員臨時加俸辦法自七月份起同時實行此外各機關三十三年下半年度所支之經常暨經臨事業等費概算一律仍照三十三年上半年度原核定數編製除呈准有案者外一概不准增加其有收入之機關應分別調整稅率及征收方法俾增收入除分別函令外合行抄同公務員臨時加俸表暨各機關員役人數調查表各一份令仰該　遵照限文到十日內卽將本年下半年度概算編齊并塡具調查表一併呈送以憑核辦毋得違延爲要

此令

計抄發公務員臨時加俸表暨各機關員役調查表各乙份

中華民國三十三年七月　日

市長周學昌

修正文官臨時加俸表 民國三十三年七月份起施行

任別	級別	俸額	增加率	增加數額 加俸數	增加數額 另加	增加數額 合計	原俸與加俸總計	備考
特任		八〇〇	九倍	七、二〇〇		七、二〇〇	八、〇〇〇	
簡任	一	六八〇	十倍	六、八〇〇		六、八〇〇	七、四八〇	
	二	六四〇	十倍	六、四〇〇		六、四〇〇	七、〇四〇	
	三	六〇〇	十倍	六、〇〇〇		六、〇〇〇	六、六〇〇	
	四	五六〇	十倍	五、六〇〇		五、六〇〇	六、一六〇	
	五	五二〇	十倍	五、二〇〇		五、一〇〇	五、七二〇	
	六	四九〇	十倍	四、九〇〇	二〇〇	五、一〇〇	五、五九〇	
	七	四六〇	十倍	四、六〇〇	四〇〇	五、〇〇〇	五、四六〇	
	八	四三〇	十倍	四、三〇〇	六〇〇	四、九〇〇	五、三三〇	
薦任	一	四〇〇	十二倍	四、八〇〇		四、八〇〇	五、二〇〇	
	二	三八〇	十二倍	四、五六〇		四、五六〇	四、九四〇	
	三	三六〇	十二倍	四、三二〇		四、三二〇	四、六八〇	

	四	三四〇	十二倍	四、〇八〇		四、〇八〇	四、四二〇
	五	三二〇	十二倍	三、八四〇		三、八四〇	四、一六〇
	六	三〇〇	十二倍	三、六〇〇		三、六〇〇	三、九〇〇
	七	二八〇	十二倍	三、三六〇		三、三六〇	三、六四〇
	八	二六〇	十二倍	三、一二〇		三、一二〇	三、三八〇
	九	二四〇	十二倍	二、八八〇		二、八八〇	三、一二〇
	一〇	二二〇	十二倍	二、六四〇	二〇〇	二、八四〇	三、〇六〇
	一一	二〇〇	十四倍	二、八〇〇		二、八〇〇	三、〇〇〇
	一二	一八〇	十四倍	二、五二〇		二、五二〇	二、七〇〇
委任	一	二〇〇	十四倍	二、八〇〇		二、八〇〇	三、〇〇〇
	二	一八〇	十四倍	二、五二〇		二、五二〇	二、七〇〇
	三	一六〇	十四倍	二、二四〇		二、二四〇	二、四〇〇
	四	一四〇	十四倍	一、九六〇		一、九六〇	二、一〇〇
	五	一三〇	十四倍	一、八二〇		一、八二〇	一、九五〇
	六	一二〇	十四倍	一、六八〇		一、六八〇	一、八〇〇
	七	一一〇	十四倍	一、五四〇		一、五四〇	一、六五〇

	八	一〇〇	十四倍	一、四〇〇		一、四〇〇	一、五〇〇
	九	九〇	十四倍	一、二六〇		一、二六〇	一、三五〇
	一〇	八五	十四倍	一、一九〇		一、一九〇	一、二七五
	一一	八〇	十四倍	一、一二〇		一、一二〇	一、二〇〇
	一二	七五	十四倍	一、〇五〇		一、〇五〇	一、一二五
	一三	七〇	十四倍	九八〇		九八〇	一、〇五〇
	一四	六五	十四倍	九一〇		九一〇	九七五
	一五	六〇	十四倍	八四〇		八四〇	九〇〇
	一六	五五	十四倍	七七〇		七七〇	八二五

南京特別市政府所屬各機關三十三年七月份員役人數調查表

機關名稱	職員及教職員實在人數	公役稅警園丁路工實在人數	小計	職員及教職員概數核定數	公役稅警園丁路工等概數核定數	小計

南京特別市政府訓令 府祕字第　號

令各局處會

案奉

行政院院字第六二二三九號訓令開：

「案奉　國民政府三十三年七月四日第八七六號訓令開：

『據該院呈稱：案查前據江蘇省政府本年五月十七日省一字第四三九五號呈稱；案據本省經濟研究所呈送支給出差旅費辦法祈核示等情據查該所所擬膳宿雜費一項每日以四百元或三百元計算核與本年一月二十四日鈞院公佈修正國內出差旅費規則不合未便擅擬惟照現時物價估計除舟車轎馬費按實開支外其原定每日膳宿雜費確有不敷支用之處似應予以修正以符實際理合備文呈請鑒核修正指令祇遵等情據此經飭據財政部本年六月十四日會中二字第三七九〇號核議呈復略稱：案奉鈞令查三十三年一月呈准修正之國內出差旅費規則係將第二條所定膳宿雜費依照三十一年核定原額分別各增加一倍半計特任每日壹百伍拾元簡任壹百拾貳元荐任玖拾元委任陸拾元僱員肆拾伍元備工及隨從叁拾元數月以來物價繼續高漲仍復漫無止境覆查三十三年度下半年中央各機關辦公經費業經呈准照上半年定額一律增加五成出差旅費原在辦公經費之內現辦公經費既已增加此項出差旅費規則第二條所定膳宿雜費似應重行修正依照定額分別再增五成所有超出之數仍在各該機關核定辦公經費內自行勻支以歸一致是否有當理合檢同修正國內出差旅費規則第二條膳宿雜費附表呈請鈞院鑒核令遵等情前來應准如所議辦理除分呈中央政治委員會追認並行知江蘇省政府暨指復外理合繕具原呈附件仰祈鈞府鑒核公布施行等情據此應准照辦除明令將國內出差旅費規則第二條附表修正公布外合行抄發該表令仰該院知照并轉飭所屬一體知照此令等因奉此合行抄發原附表令仰該府遵照並飭屬遵照此令」

等因并抄發修正國內出差旅費規則第二條附表一份奉此除遵照暨分行外合行抄同原附表令仰該　遵照並轉飭所屬一體遵照

此令

計抄發修正國內出差旅費規則第二條附表一份

中華民國三十三年七月　日

市長周學昌

修正國內出差旅費規則第二條附表 三十三年七月四日

等級＼費別	舟車費 火車	舟車費 輪船	舟車費 舟車轎馬	膳宿雜費 以每日計算	特別費
特任	一等	一等	按實開支	二百二十五元	按實開支
簡任	同	同	同	一百六十八元	同
荐任	二等	二等	同	一百三十五元	同
委任	同	同	同	九十元	同
僱員	三等	三等	同	六十七元	同
傭工及隨從	同	同	同	四十五元	同

南京特別市政府訓令 府祕字第　號

令社會福利局

茲為附合行政簡速節省財力之主旨起見着將民營車輛管理委員會予以解散所有關於民營車輛車主及車夫之組織及福利事項仍由該局負責辦理合行令仰轉飭遵照并將解散情形呈報備核

此令

中華民國三十三年七月　日

市長周學昌

南京特別市政府訓令 府保甲字第　號

令城鄉各區公所

案准

實業部工字第七六七號咨開

「案查收集廢金屬一案前奉　行政院檢發收集廢金屬辦法及收集廢金屬補充辦法分別令飭遵照在案查收集廢金屬補充辦法中有「但如已自定辦法實行收回廢金屬運動者得仍維持原有辦法惟須咨請實業部查照彙報　行政院備查」暨「凡已開始收集者得仍照原定辦法辦理期滿應即結束并於五日內由縣市政府層報各省市政府將收集廢金屬種類及數量詳細列册咨送實業部以便統籌辦理其尚未開始收集者概應於接到本補充辦法之日起立即實施隨將開始日期先行層報備查至遲於實施後三十日內辦理結束手續」等之規定本部對於上列各點亟待明瞭除分咨外相應咨請查照將辦理實際情形暨已收集之廢金屬種類數量詳咨過部至紉公誼」

等因准此自應照辦除分令外合行令仰該區公所遵照列表送府以憑彙復

此令

中華民國三十三年七月　日　市長周學昌

南京特別市政府訓令　府保甲字第　號

令城鄉各區公所

查本市各街衢兩旁所建築之防空壕經此次大雨灌注損毀淹沒勢所難免現值防空緊張之際亟應澈底整頓以期周密除分令外合亟令仰該區長迅即督飭聯保主任分別通知保甲長積極清理毋稍玩忽

此令

中華民國三十三年七月　日　市長周學昌

南京特別市政府訓令　府保甲字第　號

令城鄉各區公所

案准

財政部南京鹽務管理處函字第五〇號公函內開

「案查本處前奉財政部令辦理京市市民第二期購鹽證（即三十三年七月份起至三十四年六月份止）現已將次辦竣茲定於本月三日起先在第一區派員發給其餘各區亦擬繼續次第辦理茲爲辦事順利起見相應函請貴府查照轉飭各區公所屆時予以協助至紉公誼」

等由准此自應照辦除分令外合亟令仰該區公所遵照屆時予以協助

此令

中華民國三十三年七月　日　市長周學昌

南京特別市政府訓令 府保甲字第　號

令城鄉各區公所

案准

首都警備司令部參情字第一八三六號公函內開

「案准南京防衞司令部通報『關於中共祕密謀略企圖破壞之事件依據軍會報道中國共產黨於六月初旬有間諜（大部份女子）祕密潛入主要都市據被檢舉間諜之供詞有如下列之企圖1.自七月一日起一齊攻擊各都市縣城2.實行攻擊之際潛入新政權要人住宅之間諜作爲領導者3.潛入之女間諜假借與新政權要人結婚以期達到偵查之企圖鑑於上述之情況各機關須自行嚴加戒備同時要人住宅附近凡軍警憲巡查之際須特別加意保護』等由准此除令軍憲警加意保護外相應函達希卽查照注意以防未然」

等由准此事關維護地方治安自應嚴加注意除分令外合行令仰該區知照幷轉飭所屬一體知照

此令

中華民國三十三年七月　日　市長周學昌

南京特別市政府訓令 府保甲字第　號

令各鄉區公所

案准

實業部農林字第七四五號咨開

「查森林可以調節水量消弭災害木材可供建築製造器用當此策進農業勵行增產之際造林尤爲當前急務茲爲編訂全國造林計劃設計編營保安林并管理保護監督公私有森林起見擬將全國林野面積澈底調查俾資準繩相應檢附調查表式咨請查照并希轉飭所屬切實查報轉咨以便計劃推進至紉公誼」

等由附送各省市林野調查表一紙過府准此自應照辦除分令外合行抄發原表令仰該區遵照查填具復以憑彙轉爲要

此令

計抄發各省市林野調查表乙紙

中華民國三十三年七月　日

市長周學昌

省市林野面積調查表（　年　月　日）

縣名	土地總面積(畝)	人口數	林野：天然林：混交林	林野：天然林：單純林：樹種	林野：天然林：單純林	林野：天然林：單純林	林野：天然林：單純林	林野：天然林：單純林	林野：天然林：單純林	總計	說明

面積（畝）	人工林	混交林									
		單純林	樹種								
			總計								
	宜林地										
	計										
林野以外土地面積（畝）	耕種地										
	宜墾地										
	其他										
	計										
備註											

填表說明：(1) 林野面積及林野以外之面積之和卽土地總面積 (2) 天然林卽天然生長之森林人工林卽人工栽植之森林其混交林樹種須詳細註明并核算其百分比於說明欄內詳細塡入 (3) 宜林地卽宜墾地以外之荒山荒地 (4) 宜墾地卽宜於耕種之地 (5) 其他欄應將蘆洲鹽田果園等塡入并詳細說明

南京特別市政府訓令　字第　號

令各鄉區公所
第五區公所

案准

行政院農業增產策進委員會總字第五四號公函開

「查本會為明瞭各地農用物資供需狀況及各地農民福利實施狀況俾備本會今後統籌釐訂改善依據起見爰製訂各地農用物資供需狀況肥料農具役畜調查表暨各地農民福利實施狀況調查表除分函外相應隨函附送該項表格各一份即希查照迅賜依式轉飭所屬各區公所詳細填報彙轉本會為荷」

等由附調查表式准此自應照辦除分行外合亟照錄原調查表令仰該區長遵照迅即詳查該區全區狀況填表二份於文到半月內呈送以憑核轉勿延為要

此令

附發各地農用物資供需狀況肥料農具役畜調查表各一份

各地農民福利實施狀況調查表各一份

中華民國三十三年七月　日

市長周學昌

___省___縣
___市___區

各地農用物資供需狀況肥料調查表

資料來源______
填表日期　年　月　日

肥料種類	單位	價格(元)	調製方法	供需狀況				會否使用化學肥料及農民對於使用之印象	備考
				年產量	年施用量	缺乏或賸餘量(一)or(十)	輸出入地點及數量		

行政院農業增產策進委員會製　　調查者______

___省___縣
___市___區

各地農用物資供需狀況農具調查表

資料來源______
填表日期　年　月　日

農具名稱	單位	價格(元)	全縣存有量	年需添量	缺乏或賸餘量(一)or(十)	製造農具處所					備考
						名稱	地址	出品名稱	數量	價格	

行政院農業增產策進委員會製　　調查者______

各地農用物資供需狀況役畜調查表

省市　縣區　　資料來源　填報日期　年　月　日

役畜種類	單位	價格(元)	全縣現有量	供需狀況 年生產量	年死亡量	年所需量	缺乏或賸餘量(—)or(十)	輸出入地點及數量	備考

行政院農業增產策進委員會製　　調查者

各地農民福利實施狀況調查表

省市　縣區　　資料來源　填表日期　年　月　日

農村衛生	農村教育	農村救恤	農村貸款	農村典當	農村娛樂	農村保險	備考

行政院農業增產策進委員會製

南京特別市政府訓令 府衛字第　號

令各區區公所

查家犬登記原所以取別野犬市民明瞭斯旨遵辦者固多而延忽者仍屬不少近來市內時有被犬噬傷人民情事自非加緊捕捉野犬不足以策羣衆安全應由各該區區公所通飭坊保甲長傳知畜犬各戶自八月一日起儘兩星期內來府申請登記購領畜犬牌照並須將畜犬牌緊繫各犬項上用資識別逾期即視同野犬予以捕殺除布告並轉飭各區清潔隊切實辦理外合行令仰該區遵照辦理

此令

中華民國三十三年七月　日　市長周學昌

南京特別市政府訓令 府保甲字第　號

令城區各區公所 南京市銀行 特配煤辦事處

查本府前爲救濟市民燃料恐慌商請盟邦軍部據讓煤斤配發本市各戶嗣以運輸困難暫告結束所有已繳款尚未領煤各戶限自六月十二日起儘十天內持同證件分往原繳款處所將款如數取回前經令飭遵辦在案惟因原定期限過促以致未能依限領回者尚不乏人爲免使市民遭受損失并示體恤起見自本月十日起至二十日止再行展限十天并責成各區公所通飭保甲長挨戶傳知未及取回煤款各市民於限期以內持同配煤憑證繳款收據及木質門牌證等親赴原繳款處所先行登記經查對屬實即行將款如數發還除分令暨佈告外合亟令仰該區行處遵照

此令

中華民國三十三年七月　日　市長周學昌

南京特別市政府訓令 府地字第　號

令安德門區公所

為令遵事查友軍總司令部使用光華門外大校飛行場一帶土地一案業經本府遵照　行政院令派員測量分戶完畢並造具圖冊呈　院候核在案茲奉　行政院政字第三九四三號指令略開「呈件均悉查該青苗補償金及年租金等項自應即在軍管理工場利益金項下撥支除令財政部遵照撥交轉發具領外仰即遵照辦理」等因奉此並准財政部將全部地價撥交到府自應遵照轉發惟事關產權佃權誠恐發生浮報冒領情事茲特印製佈告五份申請書保證書各貳百肆拾份隨令附發仰將佈告張貼被征區域附近曉喻週知並將申請書等轉發被征各戶飭其遵照佈告上之規定辦法即日填具申請書保證書並檢同契紙或糧串呈交本府地政局以憑核發租金及青苗等費並仰即日取具該管鄉保長印鑑即日送府以憑驗對案關　院令催辦事件仰即迅速遵辦不得因循延誤是為切要

此令

中華民國三十三年七月　日　市長周學昌

南京特別市政府訓令　府財字第　號

令捐稅征收所所長汪兆龍

查本市車輛檢驗登記依照規定應每年舉行一次前於三十二年七月舉辦總檢驗以來迄今已及一載各種車輛行駛日久損壞頗多影響交通殊非淺鮮實有加以切實整理之必要茲特規定自三十三年七月十七日起至九月三十日止為本市舉行車輛總檢驗之期所有在本市區域以內行駛之各種車輛除軍事用車及別有規定者外無論公用自用或營業車輛均應依照規定期限分別檢驗換發新牌照以便通行關於各種車輛登記及領用牌照各費征收標準因現時物價高漲磁牌工本加鉅不得不隨時改訂俾符現實對於各種汽車部份可暫仍用原磁牌免予換發並免繳牌照費但汽車牌照如有遺失或損壞者應繳費補領其餘各車牌照應一律換發以資整齊除佈告周知並分函日本憲兵隊南京日本居留民團暨首都警察總監署查照飭屬協助外合行檢發改訂車輛登記牌照等費征收標準表及車輛檢驗程序表令仰該所長遵照督飭所屬切實辦理並將遵辦情形具報備查為要

此令

附南京特別市政府改訂車輛登記牌照各費征收標準表及車輛檢驗程序表各一份

中華民國三十三年七月　日　市長周學昌

南京特別市政府改訂車輛登記牌照等費征收標準表 三十三年七月十七日

車別	登記費	牌照費	復業費	過戶費	備註
公用自營業客汽車	四〇〇〇	六〇〇〇	一〇〇〇	一〇〇〇	
自用營業貨汽車	五〇〇〇	六〇〇〇	一〇〇〇	一〇〇〇	
自用營業公共汽車	五〇〇〇	六〇〇〇	一〇〇〇	一〇〇〇	
機力脚踏車	三〇〇〇	二〇〇〇〇	一〇〇〇	一〇〇〇	
公共馬車	二〇〇〇	一〇〇〇〇	一〇〇〇	一〇〇〇	
自用營業馬車	二〇〇〇	一〇〇〇〇	一〇〇〇	一〇〇〇	
騾車	二〇〇〇	六〇〇〇	一〇〇〇	一〇〇〇	
自用營業三輪人力車	二〇〇〇	五〇〇〇	一〇〇〇	一〇〇〇	
自用營業人力車	一〇〇〇	五〇〇〇	一〇〇〇	一〇〇〇	
三輪自行車	一〇〇〇	六〇〇〇	一〇〇〇	一〇〇〇	
自用自行車	一〇〇〇	六〇〇〇	一〇〇〇	一〇〇〇	
營業自行車	一〇〇〇	六〇〇〇	一〇〇〇	一〇〇〇	
甲等板車	二〇〇〇	六〇〇〇	一〇〇〇	一〇〇〇	
乙等板車	二〇〇〇	六〇〇〇	一〇〇〇	一〇〇〇	

貨箱車	二〇〇〇	六〇〇〇	一〇〇〇	一〇〇〇
雙輪小車	一〇〇〇	五〇〇〇	一〇〇〇	一〇〇〇
獨輪小車	一〇〇〇	五〇〇〇	一〇〇〇	一〇〇〇
水車	一〇〇〇	五〇〇〇	一〇〇〇	一〇〇〇

南京特別市政府三十三年度車輛檢驗程序表

檢驗月份	車輛類別			備考
七月十七日至三十一日	各種汽車	機力脚踏車		
八月份	各種馬車	營業三輪人力車	自用三輪人力車	
	自用人力車	營業人力車		
九月份	自用自行車	營業自行車	三輪自行車	
	獨輪小車	雙輪小車	水車	
	甲乙等板車	騾車	貨箱車	

南京特別市政府訓令　府財字第　號

令捐稅徵收所

查本市船舶登記費牌照費征收標準自本年一月改定以來已閱半載現在物價高漲船舶價值亦隨之增高所有該項登記費及牌照費自應比例增加以符現實茲值三十三年度秋季開始之際爰將各種船舶登記費及牌照費分別改定征收標準自本年七月份起實行除布告外合行令仰該所遵照辦理爲要

此令

附改定船舶登記費及牌照費征收標準表一紙

中華民國三十三年七月　日　市長周學昌

改定船舶登記費及牌照費征收標準表

等級	担數	登記費	牌照費	備註
甲	八百零一担以上	二二〇〇〇	一〇〇〇〇	
乙	六百零一担以上	一八〇〇〇	一〇〇〇〇	
丙	四百零一担以上	一四〇〇〇	一〇〇〇〇	
丁	二百零一担以上	一〇〇〇〇	一〇〇〇〇	
戊	五十一担以上	四〇〇〇	一〇〇〇〇	
划子	五十担以下	二〇〇〇	一〇〇〇〇	

南京特別市政府訓令　府財字第　號

令捐稅征收所所長江兆麟

查本市各項捐稅業經先後分別調整令飭切實遵辦在案茲查牙稅一項前定征收標準比例現時物價殊覺低微且是項牙行牌照係每年換領一次亟應將該項牙稅稅額連同照費一律加倍征收以昭公允並定於本年八月份起實行合行抄發改定牙稅及照費征收標準表令仰該所長遵照切實辦理爲要

此令

附抄發改定牙稅及照費征收標準表

中華民國三十三年七月 日 市長周學昌

改定牙稅及照費征收標準表 三十三年八月一日實行

等別	稅額	照費	備註
甲等	八八〇〇〇	四〇〇〇	
乙等	六六〇〇〇	四〇〇〇	
丙等	四四〇〇〇	四〇〇〇	
丁等	二二〇〇〇	四〇〇〇	

南京特別市政府指令 府祕字第 號

令經濟局 祕書處 糧食局

會呈一件 為糧食局奉令裁撤會報暨交接收情形并檢呈移交總册暨清册祈鑒核由

呈册均悉准予備查附册存

此令

中華民國三十三年七月 日 市長周學昌

南京特別市政府指令 祕字第 號

令社會福利局

呈一件 為呈報發放山西路火災救濟金情形檢附發款清册一份祈鑒核由

呈册均悉　准予備查附册存

此令

中華民國三十三年七月　日　　市長　周學昌

南京特別市政府指令　府財字第　號

令捐稅征收所所長江兆龍

呈一件　爲呈送本市政軍憲警各機關各種車輛免捐清册仰祈核示祗遵由

呈暨附件均悉查本市政軍憲警各機關因公免捐車輛既有公函證明姑准照案免捐仰卽遵照

此令（附件存）

中華民國三十三年七月　日　　市長　周學昌

南京特別市政府佈告　府地字第　號

查本市自國府還都以來人民生活安定凡百商業欣欣向榮房地產供求因之繁多人民聲請移轉登記照章投稅者固屬甚多而一般買主有意隱匿延不聲請者亦復不少須知移轉登記係保障產權照章投稅乃人民義務如果任其隱匿不報非但影響稅收抑亦妨害產權查稅契條例明白規定對於隱匿不報者凡經檢舉或經查明屬實卽行依法嚴懲茲爲便利市民整頓稅收起見對於既往一概不究特自佈告之日起無論城鄉凡已成交房地產及逾期未經申報者於一個月內檢同證件迅向本府地政局聲請移轉登記准予按照現在估定價值投稅免予處罰倘仍意存觀望逾期不報本府卽按照獎勵檢舉辦法任人自由檢舉一經查明定予嚴懲決不寬貸仰各遵照特此佈告週知

中華民國三十三年七月　日　　市長　周學昌

地政局局長　張仿良

南京特別市政府佈告　府財字第　號

查本市車捐一項自本年一月改定征收標準後迄今半載情況變遷亟應重行釐定俾符實際茲將自用汽車按原定征收標準增加五成其餘各種汽車及其他各種半年捐季捐月捐車輛均按原定征收標準一律加倍征收並化零爲整以期手續便利又各種車捐磁牌費近因工本高漲亦須酌予增加關於各種汽車機器脚踏車季捐磁牌費改收陸拾元其他各種季捐車輛磁牌費改收伍拾元各種自行車半年捐磁牌費改收肆拾元又捐證費改收伍元均自本年七月份起實行除令行捐稅征收所外合行布告仰本市各車商及關係人等一體知悉務須依照規定辦理毋得違誤爲要

此布

中華民國三十三年七月　日

市長周學昌

財政局局長譚友仲

南京特別市政府佈告　府財字第　號

查八卦洲市產租籽業經規定改收實物辦法公布實施並派王參事及施隊長會同蕭處長遵照辦理在案現在小麥已屆收割亟應籌備開徵茲爲集中便利起見以燕子磯爲徵收地點由各佃戶依照規定分赴繳納一律以繳納實物爲原則自七月一日起開徵限於一個月內如數繳清如佃戶繳納實物有困難時得依據改收實物辦法第三條之規定酌予變通按照市價折繳價款暫定每担小麥折價國幣壹千元(即每畝繳納小麥壹斗貳升折價壹百貳拾元)以後麥價如有變更每半個月將麥租折價改定一次合行佈告仰該佃農人等一體遵照毋違切切

此佈

中華民國三十三年七月　日

市長周學昌

財政局局長譚友仲

南京特別市政府佈告　府財字第　號

查本市船舶登記費牌照費徵收標準自本年一月改定以來已閱半載現在物價高漲船舶價值亦隨之增高所有該項登記費及牌照費自應比例增加以符現實茲値三十三年度秋季開始之際爰將各種船舶登記費及牌照費分別改定徵收標準自本年七

月份起實行除令飭捐稅徵收所遵辦外合行布告仰各船行船戶人等一體周知依照改定費額繳納爲要

此布

附改定船舶登記費及牌照費徵收標準表（見前）

中華民國三十三年七月日

市長周學昌

財政局局長譚友仲

南京特別市政府佈告 府保甲字第三八九號

查本府前爲救濟市民燃料恐慌商請　盟邦軍部撥讓煤斤配發本市各戶嗣以運輸困難暫告結束所有已繳款尙未領煤各戶前經通告限期持同證件分往原繳款處所將款如數取回在案惟因原定期限過促以致未能依限領回者尙不乏人爲免使市民遭受損失幷示體恤起見自本月十日起至二十日止再行展限十天幷責成各區公所通飭保甲長傳知未及取回煤款各戶於限期以內持同配煤憑證繳款收據及木質門牌證等親赴原繳款處所先行登記經查對屬實卽行將款如數發還除分飭各經辦所遵照外合亟佈告週知

此佈

中華民國三十三年七月日

市長周學昌

南京特別市政府佈告 府衞字第一一五號

查家犬登記歷經舉辦有案市民遵辦者固多而延忽者仍屬不少且查近來時有市民被犬咬傷情事發生是以對於野犬亟應加緊捕捉以策安全合行佈告市民一體知悉自佈告之日起限兩星期內來府申請登記購領畜犬牌照用資識別逾限概以野犬論一律捕捉其各凜遵切切

此佈

中華民國三十三年七月日

市長周學昌

衛生局局長　褚通爵

南京特別市政府公告　字第　號

案查本市原第二區五四四段房地產前因業戶王鑑臣逾期登記業經前地政局予以假定公告在案玆據該戶檢呈原登記收據請予撤銷假定登記等情經派員查明產權屬實鄰戶均願蓋章證明在卷除將假定登記案撤銷外玆依照本市土地登記暫行規則第十五條之規定揭示公告自公告之日起對於該項房地產如有因權利上關係聲明異議者須於三個月內提出理由書及證明文件呈候核辦一經公告期滿未據異議即予依法登記發給圖狀執業合行公告週知

計開

聲請人　姓名　住址

坐落第　區　段　第　號

種類及面積　地　畝　分　厘　毫　絲

四至　東至　南至　西至　北至

定着物情形

申報地價

申報定着物現值

共有權人

他項權利人

公告日期

公告期滿日期

中華民國三十三年七月　日

市長　周學昌

地政局局長　張仿良

南京特別市政府公告　字第　號

案據業戶譚家蕎呈報坐落建康路第七八號之一二房地產原領前土地局所發三字第一四四零號所有權狀及三區一三三零段分段圖各一件因事變遺失請予補給等情經飭據呈繳聲明圖狀遺失報紙暨鄰商兩保前來茲依照土地法第一百四十條第二款之規定揭示公告自公告之日起對於該項遺失圖狀如有因權利關係聲明異議者須於三個月內提出理由書暨證明文件呈候核辦一經公告期滿無人異議即予依法補給圖狀管業合行公告週知

中華民國三十三年七月　日

市長　周學昌

地政局局長　張仿良

南京特別市政府公告　府地字第　號

案據業戶宗神廟僧妙靜呈報坐落三汊河房地產原領前地政局所發七字第四八〇號所有權狀及七區一三八四段分段圖各壹件四至不符請予換發等情經飭據呈繳原領權狀其分段圖涉訟前法院時遺失前來茲依照土地法第一百四十條第二款之規定揭示公告自公告之日起對於該項遺失圖狀如有因權利關係聲明異議者須於三個月內提出理由書暨證明文件呈候核辦一經公告期滿無人異議即予依法換發圖狀營業合行公告週知

中華民國三十三年七月　日

市長　周學昌

地政局局長　張仿良

南京特別市政府批　府社福字第　號

具呈人中國農業經濟研究會理事長童玉民

呈乙件：爲調濟農村經濟擬在本京安德門區籌設農村公典一處呈祈鑒核許可以利進行由

呈悉　准予籌備此批

中華民國三十三年七月　日

市長　周學昌

法規

南京特別市衛生局第一二三四衛生事務所組織簡則 民國三十三年七月五日公布

第一條 南京特別市政府爲增進衛生工作起見於市區衝要地點（分區圖另訂分設第一二三四衛生事務所（各衛生事務所以下簡稱本所）

第二條 本所之職掌如左

一、關於市民診療事項

一、關於醫院診所藥商及醫藥從業人員調查登記事項

一、關於婦嬰衛生促進事項

一、關於環境衛生事項

一、關於防疫事項

一、關於保健事項

一、關於衛生教育及衛生宣傳事項

一、關於有關衛生各業之指導事項

一、關於生命統計事項

第三條 本所設所長一人秉承衛生局長之指揮監督綜理所務

第四條 本所置左列二組

(一)診療組 (二)保健組

第五條 診療組設主任一人助產士一人調劑員一人護士一人辦理診療及醫藥管理等事項

第六條 保健組設主任一人公共護士二人衛生稽查員一人調查統計員一人辦理保健防疫一切環境衛生事項

第七條 本所設雇員二人辦理事務

第八條　本所辦事細則另訂之
第九條　本簡則有未盡事宜得呈請修正之
第十條　本簡則自呈准公布日施行

南京特別市政府管理娛樂場所散售印刷品暫行辦法　民國三十三年七月八日公布

第一條　凡本市娛樂場所散發傳單說明書包括戲目單本事以及各種宣傳文字均應遵照本辦法之規定
第二條　各娛樂場所之傳單說明書其內容無論爲文字圖畫或照片銅版均應於付印前二日送呈宣傳處審核經核准後方得付印
第三條　呈請審核之傳單說明書內容宣傳處認爲不妥時得令重擬或修改
第四條　各娛樂場所印就之傳單說明書應送宣傳處復核如與核准之內容有不符時應予以懲罰
第五條　宣傳處得令各娛樂場所於傳單說明書加刊宣傳文字或圖畫協助政府宣傳
第六條　傳單說明書之大小以新聞紙三十二開爲原則最大不得超過十六開
第七條　傳單說明書三十二開暫定售價三元十六開暫定售價五元娛樂場不得私自抬高
第八條　傳單說明書售價有增減時應呈候宣傳處核准
第九條　各娛樂場所如有不遵照本辦法之規定者得依其情節之輕重處以左列之懲罰
一、警告
二、處五百元以上二千元以下之罰鍰
三、短期停演若干日
第十條　本辦法自公佈之日施行

修正南京特別市衞生局衞生試驗所組織規則　民國三十三年七月廿日施行

第一條　本所受南京特別市政府衞生局之指揮監督掌理本市一切衞生檢驗鑑定製造及研究等事項
第二條　本所設置左列三科
(一)總務科

(二)細菌病理科
(三)化驗科

第三條　總務科之執掌如左
(一)關於典守印信事項
(二)關於撰擬公文及保管卷宗事項
(三)關於會計出納及編造概算決算事項
(四)關於庶務及人事管理事項
(五)其他不屬於各科事項

第四條　細菌病理科之執掌如左
(一)關於血液痰大小便等之細菌檢查事項
(二)關於飲料之細菌檢查事項
(三)關於寄生蟲之檢索事項
(四)關於病理組織之檢查事項
(五)關於痘苗疫苗血清等之鑑定及製造事項
(六)關於流行病地方病之病原探索及預防研討事項

第五條　化驗科之職掌如左
(一)關於血液痰大小便等之臨床化驗事項
(二)關於飲食物之化驗事項
(三)關於麻醉藥品之化驗鑑定及監製事項
(四)關於政府團體委托鑑定事項

第六條　本所設所長一人由市長任命綜理所務

第七條　本所設科長三人技正二人至三人由衞生局長遴請市長委任科員六人技士四人至八人技佐八人至十二人均由所長遴員呈請衞生局長派委之並得視事務之繁簡酌用雇員

第八條　本所得由衞生局聘用外籍專門人員協助處理一切技術事務

第九條　凡由本所檢查化驗或受托鑑定之件除市政府及衛生局特別交辦外一切均須酌收檢驗及鑑定費其收費章則另由衛生局訂定之

第十條　本所在技術方面得酌收練習生若干人

第十一條　本所因事業上之需要得臨時指派所員組織各種研究會專事商討及設計各項衛生問題

第十二條　本所辦事細則另訂之

第十三條　本規則如有未盡事宜得隨時呈准修正之

第十四條　本規則自呈准公布之日施行

公牘

南京特別市政府呈　字第　號

案奉

鈞院院字第五六四〇號訓令內開案據南京中南銀行留守辦事處法定代理人彭旭華本年五月十八日呈稱：「竊商行於民國廿四年自建行址於白下路第一七三號事變時商行隨衆撤退漢口上項行址卽爲維新政府農礦實業等部所佔用國府還都以來相沿爲糧食部之衙署商行爲籌備復業事宜曾迭次派員來京請求發還當時因格於糧食部無處覓屋遷延至今而商行之復業準備亦因而停頓無法進行茲值糧食部奉令裁併白下路之行址已無使用之必要商行隨卽再度派員來京分向市政府實業部遞呈接洽當荷面准發還商行翹首待命業已三周迄未奉到具體之批示經設法探聽始知衛生署在商行請求期中亦分別咨請市政府實業部擬用商行行址作爲該署衙署因而商行發還之請求遂蒙面准而實不至之厄伏思佔用民產原爲軍事期間不得已之舉措自我政府還都以來一再聲言以維護民生增殖生產爲首要國策商行仰體睿謨乃有急切收回行址籌備復業之決意衛生署果有遷署之必要亦不應據用軍事佔領辦法致妨商行復業之進行爲此縷陳經過務懇訓令市政府實業部對於商行白下路行址迅予發還以維產權而利復業不勝屏營待命之至」等情據此應准予發還除令知實業部並批示知照外合行令仰該市府遵照辦理發還具報正遵辦間復奉

鈞院院字第五八八一號訓令開「案據實業部六月九日總字第一三七一號呈稱：「案奉鈞院第五六四〇號訓令以據南京中南銀行留守辦事處呈請發還白下路第一七三號該行行址一案准予發還令仰知照等因查該行房屋自糧食部歸併本部後卽已陸續騰清並經函准南京特別市政府已於六月四日派員接管竣事理合檢同前糧食部房屋內部裝修及電話電表點交清冊具文呈送仰祈鑒核備查」等情據此除指復准予備查外合行令仰該市府遵照前令併案辦理具報各等因遵經飭據該法定代理人彭旭華檢呈產權證件核尙相符於本月一日派員前往接照實業部交來清冊將所有房屋及設備發還該代理人接收詳列清冊惟查本府原接管實業部移交時有電話機十三架及水電表等在接管期中均由電話及水電公司拆去特此附陳奉令前因理合檢同點交清冊一份備文呈請

鑒核備查實爲公便

謹呈

行政院院長 汪

附呈中南銀行房屋及裝修點交清册一份

南京特別市市長 周學昌

中華民國三十三年七月 日

中南銀行原有白下路一七三號房屋及內部裝修點交清册

茲將坐落白下路一七三號中南銀行原有樓房壹座連同前由實業部接收內部所有裝修一併點交由中南銀行代表人接收管業

計開

樓屋壹座(司巴靈鎖貳拾叁個大門外磨沙壁燈貳個)

(1)底層房屋大小十七間外車房壹間閣樓壹座廚房壹間庫房兩間附鉄門大小各一扇鉄拉門一扇(門窗戶壁以及窗內鉄柵俱全)

A.衛生設備

1.磁面盆貳只

2.磁小便池叁只

3.磁抽水馬桶叁只

B.熱水汀拾貳只

C.電燈叁拾陸只內圓奶油玻璃燈罩拾玖只

(2)夾層大小房屋八間又庫房壹間(鉄門)

(門窗戶壁以及窗內應有鉄柵鉄門俱全)

A.熱水汀拾只

B.電燈貳拾陸只內圓奶油玻璃燈罩拾貳只

(3)貳樓房屋大小拾玖間(門窗戶壁以及窗內應有鉄柵鉄門俱全)

A.衛生設備

1.磁洗面臉盆叁只

2.磁小便池叁只

3.磁抽水馬桶肆只

4.磁浴缸壹只

B.熱水汀貳拾貳只

C.電燈伍拾壹只(內玻璃奶油燈罩叁拾貳只方磨沙玻璃燈罩五只)

(4)三層樓大小房屋拾捌間(門窗戶壁以及應有鉄柵鉄門俱全)

A.衛生設備

1.磁洗臉盆叁只

2.磁小便池叁只

3.磁抽水馬桶叁只

4.磁浴缸貳只

B.熱水汀貳拾貳只

C.電燈肆拾捌只(內奶油玻璃燈罩拾柒只方磨沙玻璃燈罩拾柒只)

(5)屋頂大小房屋柒間(門窗戶壁俱全)

A.衛生設備

1.磁洗臉盆壹只

2.磁抽水馬桶壹只

3.磁浴缸壹只

B.熱水汀叁只

C.電燈柒只

(6)屋頂瞭望台乙座內鉄梯乙座台頂鉄欄杆乙圈

移交者　南京特別市政府
代表人　地政局局長　張仿良
仝管理股主任　叢尙滋
接收者　中南銀行
代表人　彭旭華
中華民國三十三年七月一日

南京特別市政府呈　府衛字第　號

案奉
鈞院院字第四五三九號訓令略開據衛生署呈以各地防疫處所主管之事務純係衛生試驗所之職掌請通令各省市更改防疫處爲衛生試驗所並依例撥給補助費等情一案照准令仰遵照等因奉此遵由本府擬具衛生試驗所組織暫行規則將南京防疫暨原有衛生試驗所合併改組並派衛生局局長褚通爵兼理該所所長於七月一日正式成立理合將成立日期並檢同組織暫行規則備文呈請鑒核備案並請轉飭財政部將原有每月補助南京防疫處經費陸萬叁千捌百貳拾柒元自七月份起援案移撥該衛生試驗所應用至爲公便
謹呈
行政院院長汪
附南京特別市衛生試驗所組織暫行規則一份（見法規欄）
南京特別市市長　周學昌
中華民國三十三年七月　日

南京特別市政府咨　府工字第　號

案准
貴會審字第四十五號咨以本府所送整理十里長溝工程計劃概略經轉咨建設部核復以與灌溉排水設施改良原則尙無不合自可准其興修以利增產除將原件存查外囑轉飭迅即詳細測量設計並擬具計劃書層轉候核等由准此查本年雨期已屆河湖水位

高淤十里長溝爲玄武湖與長江通流之道亦同時與涵壩浸沒水中水勢既深河底斷面及涵壩現狀殊難詳細測量此項工程擬俟秋季水落施測冬季農隙施工較易辦理至於貴會擬定補助本市排水灌溉經費擬請暫時保留俟將來詳細計劃書送經核定後再爲辦理相應咨達並希
査照見復爲荷

此致

行政院農業增產策進委員會

市長　周學昌

中華民國三十三年七月　日

南京特別市政府公函　府工字第　號

接准

貴署政一字第一四一七號公函關於北郊四合新圩潰決考圩危急囑轉飭工務局迅即派工前往搶修一案業經於破圩之次日據燕子磯區長兼防汛主任蕭石樓面陳前情隨令派工務局技正楊孟仁馳往勘查復據報稱四合東圩工人亦稱新圩圩身多屬沙泥成分黏合性薄弱成圩不久基礎鬆軟以致去年夏季曾經潰決今夏水勢初漲即遭破潰巡防固有疏忽建築亦待改良當已擬定搶堵辦法嚴限該管色斗鄉鄉長李伯根征集圩民尅日堵修合龍下年並擬加築子埝以資防護等情現查此項修堵工程刻已飭由蕭區長督率趕速進行不日即可告竣除已電飭遵照外相應函復即希
查照爲荷

此致

首都警察總監署

市長　周學昌

中華民國三十三年七月　日

南京特別市政府公函　府保甲字第　號

案據上新河區區長陳良知呈稱

「案據江勝鄉聯保主任陳彩三呈稱『案據本鄉第三保保長葉梅生呈稱案據本保頭關鎮居民吳徐氏聲稱於本月二十四日夜十一時許有匪徒多人內六人翻𨈬牆入天井二人把守大門另四人以柴斧砍左側門而入內室一人手持步槍身材高大頭戴破草帽身着灰軍服年約三十餘一人手持白郎林手槍身材矮小頭戴破草帽穿黑襖白褲年約三十餘一人手持白郎林手搶中短身材身穿黑襖白褲年約三十餘一人手持白郎林手槍中等身材頭戴破草帽身着黑色短褲年約三十餘以上諸匪俱操和州口音逢人亂打逼訊主人之所在幷且翻箱倒籠搜索一空歷一時許臨行時幷將留宿友人過振榮及夥計夏思想二人勒逼由後門而出一併向西方而去事後檢有遺下之長柄柴斧一把係匪徒破門之用另有破草帽一頂係匪徒所戴等情查所陳屬實理合據情轉呈仰祈鑒核實爲公便等情計呈送失單一紙到處據此查事關匪患理合抄錄原失單具文呈報仰祈鑒核施行實爲公便』等情計呈送失單一紙到區據此查江勝鄉迭見盜匪架人刼物危害居民難安寢食要案理合抄錄原失單備文轉呈仰祈鈞長鑒賜分別轉咨各有關機關一體兜緝匪衆歸案法辦幷追原贓給領以戢匪氛而安區域」

等情附抄錄失單一紙據此相應抄附失單函請

查照飭屬嚴緝逸匪幷希　見復爲荷此致

首都警備司令部

首都警察總監署

附送抄錄原失單一紙

市長周學昌

中華民國三十三年七月日

抄錄失單列後

海昌藍大褂一件　灰色䌷布夾褂袴一套　黑印度綢大褂一件（女衣）　白紡府綢褂褲各一套黑線春單袴一件　灰竹布夾袍一件　黑條花布單兩條　金戒子四只（內一只菜綠寶石全重一兩一錢）　粉紅派力布中裝褂袴一套　三友實業社白底紅印花被單一條　灰色派力布西裝袴一套　老土布被底兩條　白床帳兩頂（內一頂係羅紗）　羊毛圍巾一條　紡綢褂袴一套（上白下黑）　雙鑝深口膠皮鞋一雙　手錶一只　洋鉄箱一只　常青嗶吱袴一條　絨線衫兩件　私章一方（吳禮庭字一民字祥）　所有各項配證及禮字名片八十餘張悉被搶

南京特別市政府公函　府保甲字第　號

案據上新河區區長陳良知呈稱

「案據南圩鄉聯保主任侯永林呈稱『據本鄉第六保保長毛矜福聲稱於本(十五)日下午八時五十五分突有匪徒約數十八由西三路前來雙閘本鎮均在二三十歲操雜處口音身着黑藍不等短衣多數手持短槍將本鎮前後街頭放有步哨其時有匪七八入本鎮分駐所捆綁巡官索取槍枝長警齊被驅入辦公室施行搜索同時三五成羣分頭赴本鎮(六號門牌)趙華記糧食行推門而入架去戶主趙端華之妻趙馮氏(年五九歲)暨孫四狗子(年五歲)又(四號)趙公盛糧食行越牆而入架去戶主趙春滿之子五狗子(年五歲)又(十三號)陳聚和糧食行越牆而入架去戶主陳佐鳳之妻陳萬氏(年四五歲)暨女翠雲(年八歲)於九時廿分向西奔馳而去當時本鄉自衛團團長陳長慶率領團員及分駐所官警另傳知警衛師外跟蹤兜捕終未查獲理合具文報請鈞區轉呈主管機關通令緝拿以儆匪風而保治安』等情據此查江勝鄉轄境大勝關頭關鎮及南圩鄉雙閘鎮一帶地方爲本區夾江以南之門戶夾江以北之江心洲駐有警二師工兵連因有夾江之隔勢難兼顧自四月間駐防頭關保安隊奉令調去迄未派隊塡防且雙閘鎮分駐所撤去全部槍械僅留徒手警士所有該鄉自衛團四名亦屬徒手無槍以致防務空虛實力毫無故架人刼物層見疊出歷經呈報各在案據呈前情理合備文呈請鈞長察賜轉咨各有關機關一致兜緝匪衆歸案依法嚴辦并請派隊駐防以資鎮懾而戢匪氛」

等情據此相應函請

查照核辦并希見復爲荷此致

首都警備司令部

首都警察總監署

中華民國三十三年七月　日

市長周學昌

統計

南京特別市戶口統計表

三十三年度六月份

區別	戶數	人口數						
		總數	男性			女性		
			合計	成人	兒童	合計	成人	兒童
總計	144632	696403	379321	296569	82752	317081	241356	75725
城區自治實驗區	14134	65173	31443	25362	6081	33730	26047	7683
第一區	23518	117303	63240	53440	9800	54063	44662	9401
第二區	23284	113801	61469	51317	10152	52332	42436	9896
第三區	19015	89266	50205	37062	13143	39061	28449	10612
第四區	18911	104592	58549	50092	8457	46042	38968	7074
第五區	9883	47194	27085	19835	7250	20109	12980	7129
鄉區自治實驗區	9154	42825	22786	17992	4794	20039	15567	4472
上新河區	11908	51491	27963	19444	8519	23528	15868	7660
孝陵衞區	5228	24365	12991	7272	5719	11374	6729	4645
安德門區	9597	40393	23590	14753	8837	16803	9650	7153

備考：各外國僑民未在此表內　　資料來源根據各區公所報告　　秘書處第三科統計股製

南京特別市戶口統計表

三十三年度六月份　　較五月份增(十)減(一)

區別	戶數	人口數						
		總數	男性			女性		
			合計	成人	兒童	合計	成人	兒童
總計	(一) 277	(一)1367	(一) 624	(一) 419	(一) 205	(一) 743	(一) 618	(一) 125
城區自治實驗區	(十) 65	(十) 228	(十) 133	(十) 119	(十) 14	(十) 90	(十) 81	(十) 9
第一區	(十) 4	(一) 420	(一) 139	(一) 116	(一) 23	(一) 281	(一) 255	(一) 26
第二區	(一) 147	(一) 238	(一) 136	(一) 172	(十) 36	(一) 102	(一) 142	(十) 40
第三區	(一) 10	(十) 24	(十) 17	(十) 4	(十) 13	(十) 7	(十) 1	(十) 6
第四區	(一) 6	(十) 3	(十) 5		(十) 5	(一) 2	(一) 7	(十) 5
第五區	(十) 80	(十) 140	(十) 74	(十) 26	(十) 48	(十) 75	(十) 30	(十) 45
鄉區自治實驗區	(一) 69	(一) 61	(十) 31	(十) 21	(十) 10	(一) 92	(一) 98	(十) 6
上新河區	(一) 215	(一)1098	(一) 641	(一) 318	(一) 823	(一) 457	(一) 229	(一) 228
孝陵衛區	(一) 1	(一) 9	(一) 4	(一) 4		(一) 5	(一) 13	(十) 8
安德門區	(十) 22	(十) 60	(十) 36	(十) 21	(十) 15	(十) 24	(十) 14	(十) 10

備考：各外國僑民未在此表內　　資料根據各區公所報告　　秘書處第三科統計股製

南京日需品零售物價指數（簡單幾何平均）

民國二十九年＝100

類別 / 項數 / 時期	食糧葷素菜類：食糧	食糧葷素菜類：菜蔬	食糧葷素菜類：肉食	食糧葷素菜類：醬菜	食糧葷素菜類：平均	油及調味類	燃料類	衣服材料類	雜項類	總指數
項數	10	23	9	5	47	9	7	10	10	83
民國三十三年七月份	8374.0	12106.4	4902.2	4801.5	8532.0	6898.3	40282.7	7484.4	20119.1	10373.3
較上月份增(＋)減(－)	(＋) 78.0	(＋) 3076.8	(－) 322.4	(＋) 3014.3	(＋) 1810.0	(＋) 1751.1	(＋) 13394.7	(＋) 898.9	(＋) 5259.1	(＋) 2316.9

說略

七月份南京日需品零售物價八十三種總指數爲10373.3較上月份指數8056.4猛升2316.9計漲28.7%

1.食糧葷素菜類四十七種平均指數爲8532.0較上月6722.0又升1810.0漲27%
食糧類十種以食米價與上月稍一起一落平均差數尚微細其他雜糧亦鮮乏變化本月指數保持原態爲8374.0較上月8296.0微強0.9%
菜蔬類二十三種因本月久旱阻礙蔬菜產量市價猛漲指數爲12106.4較上月9029.6上升3076.8劇漲34%
肉食品九種以一般肉食品受限價嚴厲之管理又以天時酷熱購買消淡市價較疲落指數爲4902.2較上月5224.6下落322.4減6%
醬菜類五種本月配鹽斷檔及土產品量減少影響醬菜價劇烈上漲指數爲4801.5較上月1787.2劇增3014.3竟高168.%佔一倍半以上

2.油及調味類九種食油保持平衡鹽糖感缺黑市縱橫本月指數亦告上升爲6898.3較上月5147.2升1751.1佔34%

3.燃料類七種本月來源更見缺乏指數爲40282.7較上月26888.0猛升13394.7漲上49.8%約五成

4.衣服材料類十種仍受棉紗奇缺影響繼漲本月指數爲7484.4較上月6585.5增898.9佔13.6%

5.雜項類十種本月洋燭肥皂等五洋品又起漲風指數10373.3較上月8056.4升漲2316.9佔28.7%

綜觀本月份物價趨勢仍在直線猛漲中其主要原因米價劇漲之刺激鹽糖之斷配五洋黑市之猖獗天時久旱影響土產棉紗及燃料來源之缺乏等

南京特別市政府秘書處第三科統計股編製

南京日需品零售物價指數比較表（簡單幾何平均）

民國二十九年＝100

類別／項數／時期	食糧葷素菜類					油及調味料	燃料類	衣服材料類	雜項類	總指數
	食糧	菜蔬	肉食	醬菜	平均					
	10	23	9	5	47	9	7	10	10	83
民國三十三年六月	8296.0	9029.6	5224.6	1787.2	6722.0	5147.2	26888.0	6585.5	14860.0	8056.4
七月	8374.0	12106.4	4902.2	4801.5	8532.0	6898.3	40282.7	7484.4	20119.1	10373.3
增（＋）減（－）百分比	（＋）0.9%	（＋）34%	（－）6%	（＋）16.8%	（＋）27%	（＋）34%	（＋）49.8%	（＋）13.6%	（＋）35.4%	（＋）28.7%

南京特別市政府秘書處第三科統計股編製

市政公報暫定價目表

期數	價目	郵費
零售	每册二元	本埠二角 外埠三角
半年	十二册二十四元	本埠二元四角 外埠三元六角
全年	廿四册四十八元	本埠四元八角 外埠七元二角

市政公報廣告刊例

頁數	價目
一頁	每期五十元
半頁	每期二十五元
四分之一頁	每期十二元五角

刊登廣告在四期以上者每期按照七折計算連續十期以上者每期按照六折計算長期另議

出版日期　本公報暫定每月二次

編輯者　南京特別市政府祕書處

發行者　南京特別市政府祕書處

印刷者　南京國華印書館　地址：中山東路盧政牌樓　電話：二二一六五

中華郵政掛號認爲第一類新聞紙類　江蘇郵政管理局執照第一〇四三號

中華民國三十三年八月十五日

第一四九期

市政公報

南京特別市政府秘書處印行

目錄

命令

法規

公牘

統計

命令

南京特別市政府公布令 府宣字第　號

茲制定南京特別市管理文化劇藝團體暫行規則公布之
此令

附南京特別市管理文化劇團體暫行規則一份（見法規欄）

中華民國三十三年八月日

市長周學昌

南京特別市政府委令 府秘字第　號

令儲哲修

茲派該員爲本府保甲委員會副主任委員
此令

中華民國三十三年八月日

市長周學昌

南京特別市政府訓令 府秘字第　號

令國民義務勞動團團長楊九鳴

查該員呈請辭職應予照准
此令

中華民國三十三年八月日

南京特別市政府訓令　府祕字第　號

令祕書處

市長周學昌

案准

建設部建甲字第一一五六號公函開：

「案據本部路政署簽呈稱『竊查關於華中鐵道公司發給公務員乘車半價票原爲便利公務人員起見近聞時有將該項半價票轉讓別人情事自應急速設法取締以免爲人藉口茲擬呈請准予分函各機關嚴飭負責塡發該項半價票人員切實注意嚴加審核如經發覺上項情事應即永久取消其領用權利以資整頓是否有當理合簽請仰祈鑒核示遵』等情據此查轉讓借用理應取締以免貽人口實相應函請查照轉飭負責塡發人員認眞審核」

等由准此自應照辦合行令仰該處遵照轉飭負責塡發人員負責嚴密審核以杜流弊爲要切切

此令

中華民國三十三年八月　日　市長周學昌

南京特別市政府訓令　府祕字第　號

令城鄉各區公所

案准　實業部農林字八三一號咨開：

「案查本部前爲督導扶植民營林墾事業經擬訂民營林場墾殖農場林墾場登記暫行規則提奉　行政院政字第五七七四號指令修正由部公布施行並分咨查照在案茲爲明瞭各地民營林墾場設置情形以便推進起見特制定調查表式一種除分行外相應檢同表式咨請貴市政府轉飭查塡彙復以憑辦理」

等由附送各市縣民營林場墾殖農場林墾場調查表式一份准此查此案前經抄發民營林場墾殖農場林墾場登記暫行規則令仰知照在案茲准前由除分行外合行抄發前項調查表式仰即遵照查明塡註具復以憑彙辦！

此令

附抄發各市縣民營林場墾農場林墾場調查表式一份

中華民國三十三年八月日

市長周學昌

省市　縣民營林場墾殖農場林墾場調查表式民國三十三年七月

場名		辦事處所	
經理或負責人	（姓名）（年齡）（籍貫）		
場址		場地面積	
產權		經營業務	
資本額		開辦年月	
立案機關		承墾認墾許可證號數及核發日期	
最近造林或墾殖情形			
備註			

南京特別市政府訓令 府保甲字第 號

令第一三四五 安德門城鄉區實驗區團部

案准

建設部建甲字第九五七號咨開

「案查各省市農業增產會議第四十案議決利用沿鉄路兩旁隙地設法種植以利增產一案前准本部以建甲字第三一三號咨開請查照轉飭各區公署督率各愛護團部切實辦理以利增產并希見復在案茲查現已月餘未准咨復到部此項利用鉄路沿線兩旁五公里以內空地增產工作事關重要舉辦刻不容緩除再令飭華中鉄道公司轉飭沿線各愛路區洽辦外相應據案請查照飭令各區公署遵照前案務於文到一月內迅將所轄各區沿鉄路線兩旁現有可資利用種植隙地即行調查列表見復以憑彙辦實級公誼」

等由准此自應照辦除分行外合行令仰該區團長迅即調查具報以憑彙轉

此令

中華民國三十三年八月 日 市長周學昌

南京特別市政府訓令 字第 號

令安德門 上新河 孝陵衛

查關於人民對於房地產買賣閣不申請移轉者准於本年七月十五日起至八月十五日止在此一個月內檢同證件申請移轉者准照估定房地價投税免予處罰前經布告及訓令該區長轉飭遵照在案茲據鄉區自治實驗區區長龐石樓呈稱略以舉行第二十八次區務會議各鄉鎮聯保主任聯合提議所有逾期登記日期擬請展緩一月以便投税而保產權轉請核示等情前來除指令該區長准予展緩五天至八月二十日止不再通融外合行令仰該區長轉飭遵照毋再拖延爲要

此令

中華民國三十三年八月 日

南京特別市政府訓令　府保甲字第　號

令上新河區公所

前據該區呈報江勝鄉頭關鎮居民吳徐氏家被匪擄架等情一案到府當經據情函請有關軍警機關核辦業准首都警察總監署函復并經令飭知照在案茲復准

首都警備司令部參情字第一八八二號函開

「案准貴府府保甲字第四〇九號略以據上新河區區長陳良知呈報江勝鄉頭關鎮居民吳徐氏家被匪擄架情形一案等由附抄錄失單准此自應照辦除分令憲警嚴緝歸案法辦外相應函復查照爲荷」

等由准此合再令仰知照

此令

市長周學昌

中華民國三十三年八月　日

南京特別市政府訓令　府祕字第　號

令鄉區自治實驗區區長蕭石樓

農林室案呈該區函一件爲本屆農隙修治農田水利所有各鄉鎮應修堤埂壩閘涵洞均於本年六月十日以前先後修復工竣分別繕表函送即希查照核辦等情前來查表列所修各項工程既經全部修理完竣合仰該區長就近實地詳細覆勘仍將附發表件一併具報以憑彙辦切切！

此令。

附發農田水利事項調查表四份

市長周學昌

中華民國三十三年八月　日

南京特別市鄉區自治實驗區七里鄉農田水利事項調查表

類別	所在地	修治體積(立方公尺)	平均高(深度)(公尺)	長度(公尺)	平均寬度(公尺)	起訖地點及經過	現在情形及其對於農田之影響	規定施工起訖日期	督工負責者姓名	督工負責者住址	施工人數
1. 圩埂	西江頭段埂	2304方	培厚	480丈	脚三尺 拚頭一尺五寸	由三百埠村起至積谷村止	圩埂坍卸若不培修難禦江潮	自三十三年二月十日起至三月十五日止	高學琴	小灘村第四保	每日工人八十名
2. 同上	西江二段埂	1430方	加高一尺	220丈	脚三尺 拚頭二尺	由魚灘村起至長灘村止	同上	自三十三年三月十五日起至四月五日止	郎立志	魚灘村第二保	每日工人七十名
3. 同上	前後新圩西江埂	266方	加高一尺	133丈	脚二尺 拚頭一尺	由陳翟村起至壞子口止	同上	自三十三年二月十日起至同月二十八日止	張相邦	後新圩村第六保	每日工人十五名
4. 同上	前後新圩東江埂	395方	加高一尺	172丈	脚一尺五寸 拚頭一尺	由龍窩至新民洲止	同上	自三十三年二月一日至三月十五日止	同上	同上	每日工人十六名
5. 同上	新民洲西江埂	1080方	加高一尺	360丈	脚二尺 拚頭一尺	由後新圩起至八卦洲止	同上	自三十三年一月十日至二月十五日止	何濱泉	新民洲	每日工人四十名

中華民國三十三年十二月　日　鄉區自治實驗區區長蕭石樓填註

（簽名蓋章）

南京特別市鄉區自治實驗區燕子磯鎮農田水利事項調查表

類別	所在地	修治體積(立方公尺)	平均高(深)度(公尺)	長度(公尺)	平均寬度(公尺)	起訖地點及經過	現在情形及其對於農田之影響	規定施工起訖日期	督工職責者 姓名	督工職責者 住址	施人工數
1. 圩埂	和尙圩	364方	一尺五寸	140丈	拚脚三尺頂一尺	由東陡門起至渡師石埂止	圩埂坍卸若不培修恐失田地保障	自三十三年二月二日起至同月二十八日止	金國芝	和平里	每日工人十五名
2. 同上	漕洲圩	390方	加高一尺	150丈	拚脚二尺頂一尺	由東而西	同上	同上	同上	同上	每日工人十八名
3. 同上	渡師石圩	1560方	加高一尺	600丈	拚脚二尺頂一尺	由李姓陡門起至公路止	同上	同上	同上	同上	每日工人七十名
4. 同上	長莊圩	418方	加高一尺五寸	182丈	拚脚一尺頂一尺	東由渡師石圩埂至山根公路止	若不加高培厚江潮一發garbage	同上	同上	同上	每日工人十六名
5. 陡門	渡師石圩			二丈五尺	脚四丈五尺頂八尺	原有陡門	因陡門管經本年大水後淤塞不通重行疏濬	自三十三年二月十日起至同月二十五止	同上	同上	每日工人四名
6. 同上	和尙圩			同上	脚四丈五尺頂八尺	同上	因陡門管經本年大水淤塞不通重行疏濬以便通水	自三十三年二月二十日起至同月底止	同上	同上	每日工人六名
7. 同上	漕洲圩			同上	脚三尺頂七尺	同上	閂牆板已壞重行修理	自三十三年二月一日起同月十五日止	同上	同上	每日工人五名

中華民國三十二年十二月　日　鄉區自治實驗區長蕭石樓塡註

（簽名蓋章）

表內所塡丈尺均用市尺計算

南京特別市鄉區自治實驗區斗鄉農田水利事項調查表

類別	所在地	修治體積(立方公尺)	平均高(深)度(公尺)	長度(公尺)	平均寬度(公尺)	起訖地點及經過	現在情形及其對於農田之影響	規定施工起訖日期	督工職者姓名	督工職者住址	施人工數
1. 圩埂	四合圩	3680方	加高一尺五寸	1150丈	脚三尺 拚頂一尺	由山根至北新埂止	坍卸若不培修不能抵禦夏潮	自三十三年二月一日起至三月二十五日止	朱其潢	四合圩	每人名 日七 工十
2. 缺口	四合圩東埂缺口五個西北角二個	3946.8方	一丈二尺	130丈	脚四丈五尺 頂八尺	堵塞缺口	缺口不堵不能抵禦江潮	自三十三年一月十日起至三月底止	同上	同上	每人五 日五名 工十
3. 圩埂	四合東圩	2472方	加高一尺	842丈	脚二尺 拚頂一尺	二面圩埂	埂堤坍卸若不培修不能抵禦夏潮	自三十三年二月十日至三月底止	同上	同上	每人五 日三名 工十
4. 缺口	同上	6072方	一丈二尺	200丈	脚四丈五尺 頂八尺	堵塞缺口	缺口不堵不能抵禦江潮	自三十三年二月十五日至三月底止	同上	同上	每人二 日一十 工百名
5. 圩埂	紅山圩	468方	加高一尺	260丈	脚二尺 頂一尺	西山嘴起至東山嘴止	圩埂坍卸若不培修不能抵禦江潮	自三十三年二月十五日起至同月廿八日止	葛萬清	第六保	每人五 日三名 工十
6. 圩埂	油坊圩	300方	加高一尺	200丈	脚一尺 拚頂五寸	由江家圩埂至笆斗山頭止	若不培修不足抵禦江潮	自三十三年二月十日起至同月二十八日止	譚功奇	第二保	每人名 日二 工十
7. 土壩	第六保金家跳	5方	加高二尺	一丈五尺	脚三尺 拚頂一尺五寸	原有壩身	若不培修不能蓄水	自三十三年二月十日起至同月十五日止	葛萬清	第六保	每人 日二 工名
8. 同上	第七保寒橋	5方	加高二尺	一丈五尺	脚三尺 拚頂一尺五寸	同上	同上	同上	陳金寶	第七保	同上

中華民國三十二年十二月　日鄉區自治實驗區區長蕭石樓塡註

（簽名蓋章）

南京特別市鄉區自治實驗區模範鄉農田水利事項調查表

類別	所在地	修治體積(立方公尺)	平均高(深)度(公尺)	長度(公尺)	平均寬度(公尺)	起訖地點及經過	現在情形及其對於農田之影響	規定施工起訖日期	督工職責者 姓名	督工職責者 住址	施工人數
1. 圩堤	頭步稷	30598方	加高一尺	6229丈	挢 腳三尺 頂一尺	由洋燈桿沿埂至閘洲江字號止	圩堤多處坍脚勢必培修防禦江湖	自三十三年二月一日至三月三十日止	徐藻香	閘洲	每日工人五百名
2. 同上	二步稷	6405方	加高一尺	2002丈	挢 腳一尺五寸 頂一尺	由螞蟻腰起至閘洲止	同上	同上	汪明道	二步稷	每日工人一百五十名
3. 同上	南三步稷	6906方	加高一尺	1230丈	挢 腳三尺 頂一尺	由天河口起至螞蟻腰止	同上	同上	朱幼棠	三步稷	每日工人一百六十名
4 同上	北三步稷	44790方	加高二尺	2986丈	挢 腳七尺 頂三尺	由下壩口起至西北老埂止	同上	自三十三年一月十日至三月三十日止	同上	同上	每日工人六百名
5. 缺口	同上	5400方	高一丈二尺	150丈	腳四丈五尺 頂八尺	在原埂身處	現築新堤	自三十三年二月十五日至三月十五日止	同上	同上	每日工人二百名

中華民國三十二年十二月　　日　鄉區自治實驗區區長鄺石樓塡駐

（簽名蓋章）

南京特別市政府訓令　府社福字第　號

令本市筵席酒菜館業同業公會

案據經濟局社會福利局會簽略稱：

「據南京特別市筵席酒菜館業同業公會理事長岳子章等具呈略稱『前蒙體念商艱將節約菜限價改訂為甲等二千元乙等一千五百元各同業自奉行以來因物價與日俱增格於限價以致顧客稀少營業遜色虧蝕頗多懇將限價酌予提高以維營業』等情據此經核所稱各節尚屬實情擬准將甲等節約菜最高限價改訂為叁千元乙等節約菜最高限價改訂為貳千伍百元其他得比例增加」

等情據此經核所擬提高限價辦法尚屬可行准將甲等酒菜館每桌筵席最高價改訂為叁千元每盌菜最高價改訂為叁百元乙等酒菜館每桌筵席最高價改訂為貳千伍百元每盌菜最高價改訂為貳百伍拾元除批示經濟局暨社會福利局遵照外合行令仰該公會知照並轉飭所屬各會員一體知照為要

此令

中華民國三十三年八月　日

市長周學昌

南京特別市政府訓令　字第　號

令菜場管理所主任汪　容

查本市蔬菜評價業經本市物價評議委員會第二次改組後第十二次常會議決由經濟局衛生局菜場管理所蔬菜公營社等會同評定每星期二　四　六由各菜場將評定價目公布水牌上等語紀錄在案茲據報稱各菜場仍未遵照辦理各菜販均不遵守評價出售殊屬非是在水牌未設置以前仰該所轉飭各菜場逐日用紙繕寫限價公布張貼明顯處所切實遵照辦理除派員隨時查察外如再陽奉陰違抗不遵守定於嚴處切切

此令

中華民國三十三年八月　日

市長周學昌

南京特別市政府指令　府財字第　號

令捐稅征收所所長江兆龍

呈一件為呈送卅三年下半年度各項應征捐稅逐月比額表祈鑒核備查由

呈暨附件均悉　仰即依照各項捐稅規定新比額按半年度叁百叁拾柒萬元分淡旺月切實征收按旬報解毋得玩忽為要

此令(附件存)

中華民國三十三年八月　日　市長周學昌

南京特別市政府指令　府財字第　號

令營業稅征收處處長徐郃皆

呈一件　為呈送三十三年下半年度應征營業稅比額表祈鑒核由

呈暨附件均悉　仰即依照規定新比額每月征足壹百貳拾萬元按旬報解毋得玩忽為要

此令(附件存)

中華民國三十三年八月　日　市長周學昌

南京特別市政府指令　字第　號

令鄉區自治實驗區區長蕭石樓

呈一件　為錄案呈請將免罰税契日期展限一月俾鄉民投税以保產權由

呈悉■准予展緩五天至八月二十日截止仰即轉飭遵照毋再藉延為要

此令

中華民國三十三年八月　日　市長周學昌

南京特別市政府指令 字第 號

令南京特別市浴堂業同業公會理事長朱伯維

·經濟局案呈一件 爲物價高漲重行申請加價仰祈鑒核由

呈表均悉：查核會呈請加價一倍經提送本市物價評委會權衡事實酌予提高以示救濟除函警察總監署飭警隨時查察外合行抄發核定浴堂業價格表一份令仰轉飭遵照

此令(表存)

計抄發核定浴堂業價格表一份

中華民國三十三年八月日

市長周學昌

核定浴堂業價格表 三十三年七月

等級＼級別	甲級	乙級	丙級	備註
房間	六八〇〇	五四〇〇		
甲等	二九〇〇	二五〇〇	二三〇〇	
乙等	二五〇〇	二三〇〇	二〇〇〇	
丙等	二三〇〇	一八〇〇	一六〇〇	
單澡		一二〇〇	一二〇〇	

南京特別市政府指令 府祕字第 號

令卸任衛生試驗所所長華惕庵
新任兼理衛生試驗所所長褚通爵
監盤員參事王益芝

呈一件　爲會報交接淸楚檢同衛生試驗所移交淸册祈備查由

呈册均悉　准予備查（附册存）

此令

中華民國三十三年八月　日　市長周學昌

南京特別市政府指令　府秘字第　號

卸任兼理前南京防疫處處長　褚通爵
令新任兼理衛生試驗所所長　褚通爵
監盤員參事　王益芝

呈乙件　爲會報交接淸楚檢同南京防疫處業務引繼目錄祈備查由

呈册均悉　准予備查（附册存）

此令

中華民國三十三年八月　日　市長周學昌

南京特別市政府指令　字第　號

令南京特別市成衣業同業公會改組籌備會籌備主任徐裕達

呈一件　爲現時物價高漲各會員難以維持懇求准予增加工資以維生計由

呈表均悉　查該會請求增加工資經提送本市物價評委會評議酌予提高以示救濟仰即迅予印發核定價目表分送各成衣商店張貼明顯處所務各恪遵倘有會員不遵核准工資或額外索費者准該主任隨時檢舉呈報核辦如經查覺有上項情事發生者該主任應同受處罰決不寬貸除函警察總監署飭警隨時查察外合行抄發核定價目表乙份令仰轉飭遵照

此令（表存）

計抄發核定成衣業各種成衣價目表乙份

中華民國三十三年八月　日

市長周學昌

核定成衣業各種成衣價目表 三十三年七月

(一)綢衣類（男女同價）

名稱	單位	核定價格	備考
綢馬褂	件	二五〇〇〇	
綢單大褂	件	二七〇〇〇	
綢小褂	件	二〇八〇〇	
綢褲	條	九一〇〇	
綢夾袍	件	三一八〇〇	
綢夾襖	件	二五〇〇〇	
綢夾褲	條	一〇五〇〇	
綢襯絨駝絨袍	件	三八一〇〇	
綢襯絨駝絨襖	件	二五〇〇〇	
綢襯絨駝絨褲	條	一二三〇〇	
綢棉袍	件	三九九〇〇	
綢羊皮袍	件	五三六〇〇	
綢各種細毛皮袍	件	七四四〇〇	
綢絲棉袍	件	四六三〇〇	
綢絲棉襖	件	三一八〇〇	
綢絲棉褲	條	一六〇〇〇	
綢夾背心	件	一八二〇〇	
布背心	件	一七七〇〇	
綢絲棉翻被	床	四六三〇〇	
綢皮襖	件	四〇八〇〇	每床三張
沙發椅套	堂	六二九〇〇	每堂三張
裁長衣	件	二九〇〇	

品名	單位	價格
綢棉襖	件	二六三〇〇
綢棉袴	條	一二三〇〇

（二）布衣類（男女同價）

品名	單位	價格
布馬褂	件	一七三〇〇
布大褂	件	一七三〇〇
布短褂	件	一二三〇〇
布袴	條	五八〇〇
布夾袍	件	二一八〇〇
布夾襖	件	一五四〇〇
布夾褲	條	七六〇〇
布襯絨駝絨袍	件	二九〇〇〇
布襯絨駝絨襖	件	二〇〇〇〇
布襯絨駝絨袴	條	九四〇〇
布棉袍	件	三〇〇〇〇
布棉襖	件	一九一〇〇
布棉袴	條	八七〇〇
裁短衣	件	一五〇〇
長短綢布衣鑲滾	道	六四〇〇
布絲棉襖	件	二二七〇〇
布絲棉袴	條	一三八〇〇
布羊皮袍	件	四五四〇〇
布各種細毛皮袍	件	六〇八〇〇
布鉄床帳	頂	三八一〇〇
布鉄床帳鑲滾邊	道	五四〇〇
布木床帳子	頂	一八二〇〇
布皮袍	件	二六三〇〇
絲棉長衣翻工	件	一二七〇〇
絲棉短衣翻工	件	六四〇〇
破舊羊毛細毛碎拚	件	照價外加三成
布碎拚舊理	件	照價外加二成半
裁長衣	件	二九〇〇

布絲棉袍	件	三八二〇〇		到門上工	天	七二〇〇

附註

凡毛貨嗶嘰厚布呢等照價外加三成半
兒童服裝十歲以下者照成人價三份之一
兒童服裝十歲以上十六歲以下者照成人價二份之一

南京特別市政府指令 府祕字第　號

令上新河區區長陳良知

呈一件　呈為遵令填報修治農田水利事項調查表完工日期仰祈鑒賜派員履勘由

呈件均悉存修治農田水利工程事關重要仍仰該區長就近親往實地覆勘具報以憑覈辦！此令。

附發調查表一份

中華民國三十三年八月　日

市長周學昌

南京特別市上新河區鄉鎮農田水利事項調查表

類別	所在地	修治體積(立方公尺)	平均高(深)度(公尺)	長度(公尺)	平均寬度(公尺)	起訖地點及經過	現在情形及其對於農本之影響	規定施工起訖日期	督工負責者姓名	督工負責者住址	施工人數
大興圩	北圩鄉毛扇渡	96	4	6	4	毛扇渡旁	該圩本身全部滲漏妨礙進出水道	三十三年五月三十日完工	袁慶安	青石村	二千人
同義圩	江勝鄉江心洲上八股外江邊	60000	3	4000	5	自沙尖至馬路硬止	本年大汛時堤身冲刷倒塌復修以防水患	三十三年四月十五日完工	丁海軒	江心洲	一萬五千人

同義圩	江勝鄉江心洲上八股夾江灘	70000	2	7000	5	自沙尖起至大老河閘止	本年大汛時堤身沖刷倒塌復修以防水患	三十三年五月十日完工	丁海軒	江心洲	七千人
永定圩	江勝鄉江心洲下八股外江灘	3000	3	200	5	馬路埂至歲字號止	同上	三十二年四月三十日完工	尤仁福	同上	八千人
北河口水閘	上新河鎮皇木廠	150	5	3	10	皇木廠至北河口止	水筒陷落阻止水路潮汎浸漏危險已極改建石閘	三十三年五月三十日完工	尤仁友 陳嘉璧	皇木廠 江東門	二千人
埂堤	上新河鎮棉花堤	100	4	5	5	棉花堤	堤陷潮汎時危險堪虞	三十三年七月七日完工	吳翔德 徐永錫	棉花堤	二千人
田家閘	南圩鄉冠家村	80	4	5	4	冠家村	閘身浸漏妨礙水道	三十二年四月三十日完工	馬發林	冠家村	一千人
侯家閘	南圩鄉中和村	96	4	6	4	中和村	同上	三十三年五月十五日完工	謝長財	中和村	二千人

上新河區區長陳良知填報（簽名蓋章）

中華民國三十三年七月十日

南京特別市政府佈告　字第　號

案查本市房地價標準自民國三十二年七月十五日略予提高前經佈告週知在案茲以邇來物價飛漲無止所有房地產買賣價值亦激增不已去年所訂標準非但與實際價值不符抑且影響稅收甚鉅茲按照實際價值略予減低擬訂新標準價值以作納稅準繩該項新標準定自八月二十日起施行經檢同估計表呈奉行政院政字第四五六四號指令准予備查等因在案除通告外合行刊附新標準房價及繁盛區提高地價其餘分區地價另刊本府第一四九期公報仰各遵照特此佈告週知

此佈

中華民國三十三年八月　日

市　長　周學昌
地政局局長　張仿良

南京特別市暫行提高分區地價表

第一登記區

第一地價區　標準地價每方四千元（原七百二十元）

所屬街道

楊公井

第二地價區　標準地價每方三千元（原四百八十元）

所屬街道

糖坊橋街西部　磨盤街西段（楊公井對面一段）

第三地價區　標準地價每方一千五百元（原二百八十元）

所屬街道

成賢街　王家巷　文德里　荷花巷　浮　橋　銅井巷　石板橋　雨花巷

碑亭巷　鄧府巷　二郎廟　田吉營　延齡巷　上乘庵　嶽公巷　青石街

松濤巷　糖坊橋街東部　小松濤巷　忠林坊

本地區內列街巷照提高地價每方二千元（原三百六十元）

碑亭巷　二郎廟　延齡巷　忠林坊　糖坊橋街東部

本地價區內下列部份照減低地價每方一千二百元（原二百二十元）

成賢街北首（自中大農場以北至鐵路邊）

第四地價區　標準地價每方二千元（原三百六十元）

所屬街道

估衣廊街

第五地價區　標準地價每方一千三百元（原二百四十元）

唱經樓西街　梅園新村　網巾市　陸家巷　尖角營　衛巷（國府西街內）　如意里　堂子巷
張家菜園　西興里　國府後街　廊東街　同仁街　小隍城巷　西箭道　通賢橋
大陽村　小獅子巷　宗老爺巷　踹布坊　紅花地　國府西街　竺橋　觀音閣
文昌巷　鷹坊巷　黃家塘　楊將軍巷　洪鑫里　大行宮東街　牌樓脚　香舖營
白菜園　安將軍巷　又一村　利濟巷　壽星橋　肚帶營　漢府街　五老橋
三十四標　白井廊　大悲巷　國府東街　當舖巷　鷄鵝巷　太平橋南　大隍城巷
吉兆營　廊背後街　東箭道　黃泥巷　薛家巷　廊後街　龍子巷　學堂巷
都司巷　韓家巷　一枝園　科巷　花家巷　石婆婆庵　紅廟　桃園新村
相府營

本地價區內下列街巷照提高地價每方一千八百元（原三百二十元）

太行宮東街　科巷　文昌巷　國府西街

本地價區內下列街巷照提高地價每方一千五百元（原二百八十元）

唱經樓西街　小獅子巷　學堂巷　漢府街

本地價區下列街巷照提高地價每方一千四百元（原二百六十元）

梅園新村　西箭道

第六地價區　標準地價每方一千四百元（原二百六十元）

所屬街道

祠堂巷　老王府後街　鐵湯池　蔡家花園　遊府西街　洪武路　破布營　張家橋
戶部街　羊皮巷北端　淮海路　雙塘庵　抄紙巷　正洪街　尼姑巷　天印庵
廖家巷
破布營

本地價區內下列部份照提高地價每方二千元（原三百四十元）

本地價區內下列部份照提高地價每方二千元（原三百二十元）

洪武路北段（淮海路以北）　淮海路西段（洪武路以西）

第七地價區　標準地價每方二千五百元（原五百二十元）

所屬街道

魚市街　唱經樓

第八地價區　標準地價每方一千二百元（原二百二十元）

所屬街道

周必由巷　將軍巷　沙塘園　衛巷（唱經樓內）居安里　雙井巷　大石橋　跟家橋

老虎橋　四牌樓　蓁巷　紗帽巷

第九地價區　標準地價每方七百元（原一百四十元）

所屬街道

藍家莊　紅花園　武廟背後　文昌橋　晒布廠　中大農場　演武廳　土橋

本地價區內下列部份照減低地價每方五百元（原八十元）

武廟前後

第十地價區　標準地價每方五百元（原六十元）

所屬街道

韓家莊　半山園　香林寺　太平門大街　御史廊　土城根　九華山　荷包套

顧家巷　后宰門　皇城角

本地價區內下列部份照減低地價每方四百元（原四十八元）

太平巷　顧家巷

本地價區內下列部份照減低地價每方四百元（原四十元）

九華山　香林寺

第二登記區

第一地價區　標準地價每方一千五百元（原二百四十元）

所屬街道

洪武路（自白下路至戶部街） 曾公祠 金鑾巷 羊皮巷 三元巷 李家巷 八條巷 磐廳後街

武學園 程閣老巷 戶部街

本地價區內下列部份照減低地價每方一千二百元（原二百元）

李家巷

第二地價區 標準地價每方一千五百元（原一百八十元）

所屬街道

火瓦巷 龍王廟 西方庵 金陵路 娃娃橋 衙鉠巷 宰牛巷 閻奩營

堂子巷 廣藝街

第三地價區 標準地價一千五百元（原二百元）

所屬街道

英威街 東考棚巷 西考棚巷 頭條巷 二條巷 城左營 馬路街 三條巷

文昌巷 中家巷 復成倉街 四條巷 太平巷 仁義里 仁孝里 琥珀巷

常府街 良友里 大楊村 棉鞋營 三十四標 破瓦巷 小楊村 絨花巷

馬府街 西華門街 天津橋灣 五馬街 北首巷 立法院街 西華苑 牙巷

巡貲井 復興巷 斛斗巷 致和街 五福街 東廠街 東昇里 細柳巷

本地價區內下列街巷照提高地價每方二千元（原二百四十元）

大楊村 三十四標 四條巷 英威街 常府街 五馬街

本地價區下列部份照減低地價每方一千元（原一百六十元）

西華苑 東廠街 天津橋灣

第四地價區 標準地價每方一千二百元

所屬街道

東文思巷 東釣魚巷 傅家菜園 大星廟 西文思巷 西釣魚巷 葛家菜園 仁昌里

東八府塘 鍋底巷 西井巷 東井巷 西八府塘） 玉壺坊 九兒巷 水巷

文正橋　岩巷　手帕巷

第五地價區　標準地價每方一千元（原一百元）

所屬街道（東部政治區多屬旂地未列入）

公園路　小五馬橋　八寶前街　通濟門街　裘家澥　五馬橋

本地價區內下列部份照減低地價每方六百元（原八十元）

裘家澥

第三登記區

第一地價區　標準地價二千元（原二百六十元）

所屬街道

姚家巷　慧園街　針巷　平江府南街　市府路　桃葉渡　益仁巷　平江府北街

洞神宮　錦繡坊　長樂路（自中華路至鈔庫街）

本地價區內下列街巷照提高地價每方二千五百元（原三百廿元）

益仁巷　慧園街

第二地價區　標準地價每方一千五百元（原二百元）

所屬街道

長樂路（自中華路至集慶路）　大砂珠巷　建康北一巷　潤德里　小珠砂巷　建康北二巷　李家苑　內橋灣

自新巷　舊王府　朱雀西一巷　大石壩街　許家巷　王府園　裱畫廊　牛市街

珠履巷　胡家巷　教敷巷　水倉巷　高家巷　承恩寺　教敷營　望鶴崗

黑廊巷　狀元境　井子巷　望鶴樓　銀作坊　大彩霞街　劉家塘　金沙井

顏料坊　鈔庫街　秦狀元巷　四聖堂　城隍廟後　府西街

本地價區內下列街巷照提高地價每方二千元（原二百六十元）

狀元境　承恩寺　舊王府　教敷營（自狀元境至建康路）　大彩霞街　府西街　長樂路（自中華路至集慶路）

第三地價區　標準地價每方一千五百元（原一百六十元）

所屬街道
長樂路(自鈔庫街至千佛庵)　義興巷　洋珠巷　渡船口　大全福巷　緯巷　秤它巷　上浮橋
小全福巷　藍家苑　李府巷　玉帶巷　大四福巷　大黨家苑　補釘巷　黑鰲巷
小四福巷　小黨家苑　天豐億巷　崔妃巷　東牌樓　弓箭坊　鳳凰井
小彩霞街
本地價區內下列部份照提高地價每方二千元(原二百元)
東牌樓　弓箭坊　小彩霞街　長樂路(自鈔庫街至千佛庵)

第四地價區　標準地價每方一千二百元(原一百廿元
所屬街道
長樂路(自千佛庵至武定門)　高家巷　琵琶巷　千佛菴　木匠營　寶塔巷　仁和巷　小石橋
心腹橋　管家巷　烏衣巷　東石壩街　長生祠　烏衣里　興隆巷　西石壩街
茉莉園　小石壩街

第五地價區　標準地價每方一千二百元(原一百元)
所屬街道
倉門口　正覺寺　東花園　新路口　水佐營　啞叭巷　丁官營　小心橋
飲虹園　金陵閘　東關頭　梁坊巷　鴛鴦橋　白塔巷　小白塔巷　蓮子營
糟坊巷　沿河地段
本地價區內下列部份照提高地價每方一千五百元(原二百廿元)
丁官營(西首橫段)　東關頭

第六地價區　標準地價每方一千元(原八十元)
所屬街道
轉龍巷　八間房　大樹城　雙塘園　轉龍車　觀音庵　西雙塘

中營東段　仁厚里

第七地價區　標準地價每方六百元(原四十元)

所屬街道

老虎頭　庫上　石觀音

第四登記區

第一地價區　標準地價每方一千五百元(原一百六十元)

所屬街道

長樂路(自中華路至集慶路)　上浮橋　釣魚台　集慶路東段　鳴羊街　沙灣街　膺福街　船板巷

第二地價區　標準地價每方一千四百元(原一百廿元)

所屬街道

長樂路(自鈔庫街至千佛庵)　長樂街　庫司坊　飲馬巷　歐陽巷　積玉橋　糖坊廊　中華西巷

甘露巷　堆金橋　信府河　大油坊巷　小門口　下江考棚　剪子巷　小英府街

本地價區內下列街巷照減低地價每方一千元(原八十元)

歐陽巷　庫司坊　甘露巷

第三地價區　標準地價每方一千二百元(原一百元)

所屬街道

張都堂巷　小船板巷　小府巷　大牽牛巷　寶輝巷　小膠巷　大膠巷　小牽牛巷

璇子巷　下浮橋　小油坊巷　鞍轡坊　瓦匠巷　銅坊苑　宰猪巷　九兒巷

大百花巷　王府巷　堆草巷　蔡家苑　小百花巷　胭脂巷　小西湖　太平里

過街樓　侍其巷　箍桶巷　老王府巷　白酒坊　般高巷　蔡板橋　煤灰堆

軍師巷　藏金橋　磨盤街　厨子營　桂家巷　龍泉巷　堂子巷　游輝嶺

何家苑　半邊營　鴨池塘　信府苑　翔鸞廟　磊功巷　柳葉街　皇册庫

馬道街

本地價區內下列街巷照提高地價每方一千四百元（原一百廿元）

張都堂巷　璇子巷　下浮橋　鞍轡坊　實輝巷　柳葉街

本地價區內下列街巷照減低地價每方八百元（原八十元）

堆草巷　龍泉巷　太平里　蔡板橋

第四地價區　標準地價每方八百元（原八十元）

所屬街道

西僊塘　迴龍街　蔣家苑　陶家巷　張家衙　菱角市　鬥鷄閘　五板橋
方家巷　雙塘　磨乃巷　亂石堆　大井巷　地藏庵　王振街　小井巷
豆腐巷　施家巷　嚴家井　馬芳苑　貴人坊　崇恩街　五間廳　響鈴巷
六角井　井家苑　太平井　八角井　避駕營　貓魚市　太平街　梁家巷
陳家牌坊　金粟庵　太平苑　桃源巷　高崗里　朱家苑　太平里　同鄉共井
荷花塘　如意橋　五福街　大荷花巷　公益巷　太平橋　老府橋　小荷花巷
七賢坊　資家園　毛家巷　水齋庵　姚祺巷　吉祥街　陸家巷　三舖兩橋
謝公祠　玉振巷　大畲子巷　孝順里　孝子坊　倉門口　小畲子巷　五福橫首
王府里　營門口　雙樂園　小王府巷　大仙鶴街　小仙鶴街　六度庵

本地價區內下列街巷照提高地價每方一千元（原一百元）

響鈴巷　貴人坊　豆腐巷

本地價區內下列街巷照減低地價每方六百元（原六十元）

梁家巷

第五地價區　標準地價每方六百元（原六十元）

所屬街道

土橋　集慶路西段（自鳴羊街至絲所巷）
柏家苑　中營西段　高家苑　來鳳街　倉頂　瓦匠巷　花露崗　撮箕巷
捆滷街　黃土山　綠竹園　倉坡　積善里　三條營　邊營　絲所巷

第六地價區　標準地價每方四百元(原四十元)

所屬街道

杏花村　萬竹園　豆腐坊　鳳遊寺　瓦棺寺　百花苑　西關頭　大沙井

十間房　筧子街　蕭公廟　小沙井

第五登記區

第一地價區　標準地價每方二千元(原二百四十元)

所屬街道

豐富路(新街口至二道高井)　進香河　荳菜橋　建鄴路(自中正路至木料市)　石鼓路(自中正路至鐵管巷)　跑馬巷　狗肉巷

上海路(自漢中路至廣州路)　秣陵路(自中正路至豐富路)　富民坊　瑞福里　乾河沿　小桃園　大香爐

小豐富巷　小粉橋　韓家巷　三元巷　明瓦廊　半邊街　陸家巷　喇叭巷

羊皮巷　高家酒館　管家橋　雙石鼓　木料市　慈悲社　沈舉人巷　四達里

張府園　花家橋　盔頭巷　鐵管巷

本地價區下列街巷照減低地價每方一千五百元(原二百元)

盔頭巷　荳菜橋　小桃園　進香河

第二地價區　標準地價每方一千五百元(原二百元)

所屬街道

華僑路　觀音庵　竹竿里　石鼓路　建鄴路(自木料市至頭道高井)　甘露營　踹布坊　秣陵路

鋼銀巷　南捕廳　平章巷　小鋼銀巷　螺絲轉灣　白衣庵　老坊巷　三茅宮

俞家巷　大板巷　絨莊街　南台巷　曹都巷　鴿子橋　古鉢營　洪公祠

文佩里　綾莊巷　內橋灣　郭府園　小板巷　走馬巷　定盤巷　笪橋市

評事街　泥馬巷

本地價區內下列街巷照提高地價每方二千元(原二百四十元)

華僑路（自慈悲社至上海路）　建鄴路　銅銀巷　小銅銀巷

第三地價區　標準地價每方一千二百元（原一百六十元）

所屬街道

漢口路（自中山北路至西康路）　大徐家巷　小徐家巷　登隆巷　上海路（自廣州路至陰陽營）　車兒巷　泰倉巷

藥師楟子　豐富路（自二道高井至建鄴路）　仁義里　雲台地　倉巷　平倉巷　狗皮山

鄧府巷　草橋　潘家菜園　金銀街　光華路　嘉兆巷　趙家菜園

大輝復巷　蒔棚營　富德巷　五台山村　小輝復巷　安品街　合羣新村

陶谷新村　大牛首巷　南市樓　青島新村　鼎新橋　小牛首巷　朱狀元巷

紅土橋　打釘巷　大丁家巷　牙檀巷　胡家菜園　千章巷　小丁家巷

生姜巷　廣州路（自上海路至東瓜市）　程善坊　大常巷　下浮橋　秣陵路（自三茅宮至莫愁路）　七家灣

小常巷　平安巷　建鄴路（頭道高井至朝天宮）　竹架山　廁所巷　小禮拜寺巷

糯米巷　月牙巷　止馬營東段（倉巷至莫愁路）

本地價區內下列部份照提高地價每方一千五百元（原一百八十元）

倉巷　糯米巷　登隆巷　漢口路（自中山路至甯海路）

第四地價區　標準地價每方六百元（原一百二十元）

所屬街道

東瓜市　韓家苑　宮后山　百步坡　五台山　犂頭尖　天妃巷　牌樓巷

左所巷　木屐巷　石榴園　虎賁倉　校尉營　金家苑　公坊巷　侯家橋

羅廊巷　柳園　薛園　止馬營西段（莫愁路迤西）　陶李王府　冶山道院　大水巷　軍械局後街

白果樹　小王府巷　小水巷　朝天宮西街　黃鸝巷　大王府巷　花家塘　堂子街

迴龍橋　倉巷橋　十間房　望仙橋

本地價區內下列部份照減低地價每方四百元（原八十元）

隨園　五台山　百步坡

第五地價區　標準地價每方五百元（原八十元）

所屬街道

上塥　鐵窗櫺　城壕街　卞家坑　蛇山　南灣子　南衙巷　峨嵋嶺

烏龍山　西關頭　張公橋　大禮拜寺巷　棋盤城街　北灣子　止馬營沿城地段

第六地價區　標準地價每方四百元（原四十元）

所屬街道

孫家山　牧兵橋　隨家倉　吳家巷　虎踞關　龍蟠里　清涼山　蕭家窰

第七地價區　標準地價每方二百元（原二十元）

所屬街道

清涼門　張家凹　打靶場　維新崗　波羅山　韓家橋　清涼門　倉門口

第六登記區

第一地價區　標準地價每方二千元（原二百八十元）

所屬街道

湖北路（自獅子橋至鼓樓）　中央路（自鼓樓至湖南路）

第二地價區　標準地價每方一千五百元（原二百二十元）

所屬街道

安仁街　雙龍巷　大石橋　銀魚巷　悟村　石婆婆巷　小石橋　尖角營

鼓樓南　三多里　丹鳳街　黃泥崗　荷葉巷　海記里　保泰街　成賢街

單牌樓　四牌樓　獅子橋　中央路（自湖南路至許家橋）　南倉巷　甯安里　湖北路（自馬台街至獅子橋）

本地價區內下列街道照提高地價每方二千元（原二百八十元）

丹鳳街　黃泥崗、保泰街　成賢街

第三地價區　標準地價每方一千三百元（原二百元）

所屬街道

百子亭　厚載巷　百步坡　高樓門　水井巷　大方巷　傅厚崗　高門樓

興皋巷　湖南路　雲南路　福穆崗　四條巷　裴家橋　頭條巷　三條巷

二條巷

第四地價區　標準地價每方一千二百元（原一百八十元）

所屬街道

中央路（自許家橋至中央門）　將軍廟　三牌樓　斜橋　上海路　甯海路　馬台街　薩家灣

鼓樓新村　江蘇路　狗耳巷　樓子巷　五條巷　新泉里　太平橋　模範馬路

丁家橋　新菜市　頤德里　第一住宅區　公明里　和會街

第五地價區　標準地價每方一千元（原一百六十元）

所屬街道

甯海路（自北平路至漢口路）　十字街　八和街　門樓上　四衛頭　陳家巷　傅佐路　立誠里

傅佐園　龍園　玄武里　西流灣　大樹根

第六地價區　標準地價每方八百元（原一百四十元）

所屬街道

青雲路　西橋　馬家街　虹橋　洞庭路　雙門樓　修德里　祁家橋

峨嵋路　妙鄉　永新巷　妙米庵　崇禮巷　校門口　童家巷　建業邨

勸園　清涼古道　西家大塘　望糧橋　黨部後　三步兩橋　試院路　武陵里

中和里　東門街　衡山路　三十三標　馬家橋　永興里　崑崙路

本地價區內下列部份照減低地價每方六百元(原一百廿元)

西家大塘

第七地價區　標準地價每方七百元(原一百二十元)

所屬街道

安徽路　陶谷街　許家橋　觀音庵　江西路　金銀街　司背後　南昌路
板井　潘家菜園　三多里　四川路　許家巷　華新巷　大石橋　鹽倉橋大街
監家橋　北秀村　花家橋　鹽倉橋東街　堂子巷　黑龍江路　福建路　鹽倉橋西街
龍倉巷　南祖師庵　龍池庵　東火巷　北祖師庵　陰陽營

本地價區內下列部份照提高地價每方一千元(原一百六十元)

金銀街　陰陽營　潘家菜園

第八地價區　標準地價每方六百元(原一百元)

所屬街道

迴龍街　龔家橋　後所　興中門街　金陵寺　黨子巷　于家巷　培德里
古松里　三星里　歸雲堂　中和街　都天廟　小東門　妙亭山　新民門
戴家巷　驢子巷

本地價區內下列街巷照減低地價每方四百元(原八十元)

戴家巷　驢子巷　後所

第九地價區　標準地價每方五百元(原八十元)

所屬街道

和平門　廖家巷　柏菓園　蘆蓆營　青石橋　絲市口　瓜圃橋　紫竹林
吳家橋　新門口　蔡家巷　虹廟

第十地價區　標準地價每方四百元(原四十元)

所屬街道

北極閣　李家山　晚市　廖家巷東後部　草場門　范家山　吳家巷　察哈爾路

水右崗　童家山　翁家巷　鍾阜門　水左崗　于家山　岳家巷　下午所
金川門　劉家山　潘家巷　黄瓜園　小北門　倪家山　妙耳山坡　對北嶺
挹江門　陸家山　竹山灣　老虎洞　鷄鳴寺　張家山　馬鞍山　劉家崗
古林寺　何家山　草橋山　華岩崗　定淮門　楊家山　馬家山　古平崗
西倉　南山　枇杷山　獅子山　象兒崗

附玄武公園地價表

環洲(卽亞洲)每方一千元(原四十八元)　翠洲(卽非洲)每方四百元(原廿八元)
櫻洲(卽歐洲)每方五百元(原四十元)　菱洲(卽澳洲)每方三百元(原廿元)
梁洲(卽美洲)每方六百元(原四十八元)

第七登記區

第一地價區　標準地價每方三千元(原六百四十元)

所屬街道

江邊馬路(自海軍碼頭至涼平碼頭)(自海軍碼頭至中山碼頭)　鄧府巷　大馬路　京滬站前

第二地價區　標準地價每方二千五百元(原四百四十元)

所屬街道

二馬路　龍江橋　鐵路橋

第三地價區　標準地價每方二千元(原三百二十元)

所屬街道

中山北路(自中山橋至中山碼頭)　河街　商埠街　三馬路　營盤街
北安里　龍頭房　龍江橋南　惠民橋　升順里
惠民橋南　石營盤　虹霽橋　惠民橋北街

第四地價區　標準地價每方一千五百元(原二百元)

所屬街道

老江口　卜廂庵　壽昌里　煤炭巷　東炮台　朝月樓　正豐里　興和里
公廒里　懷仁里　京市路旁　升和里　天福里　石橋東　石橋南　天壽里
利涉里　正豐街　靜海寺　平安里　德仁里　天賜里　湖北街　順興里

第五地價區標準地價每方一千元(原一百六十元)

所屬街道

鐵路橋灣　菜市場　天保路後　天保路　清真寺　天祿里　天安路　惠新里
文德里　天保路　升安里　古后寺　海壽里　旋德里　毓善里　家興里
鳳儀里　天光里　慶康里　益源里　富順里　惠民坊　公共路　滬甯路旁
惠臨里　福陵里　永盛里　祥泰里　恕德里　利源里　青蓮里　粥廠
恕明里　虹門口　兆慶里　富潤里　北三多里　郭家巷　崇益里　楊家花園
三多里　徐家巷

第六地價區　標準地價每方八百元(原一百二十元)

所屬街道

老江口堤　乙興里　名士埂　石牆外　復興街　興安里　黃泥灘　寶善橋街
和平里　寶善里　聖公會　興中門南首　西水房　東台庵　三叉河　寶善街北段

第七地價區　標準地價每方六百元(原八十元)

所屬街道

東水房　一張家圩　九家圩　裕安里　仁德里　寶善街南段

第八地價區　標準地價每方四百元(原六十元)

所屬街道

繡球山　劉家圩　卜家圩　石樑柱　董家巷

南京特別市政府佈告　字第　號

查關於人民對於房地產買賣匿不申請移轉者准於本年七月十五日起至八月十五日止在此一月內檢呈證件申請移轉准照估定房地價投稅免予處罰前曾佈告及訓令鄉區各區轉飭遵照在案茲據鄉區自治實驗區長鄭石樓呈稱略以舉行第二十八次區務會議各鄉鎮聯保主任聯合提議所有逾期登記日期擬請展緩一月以便投稅而保產權請核示等情前來除指令該區長准予展至八月二十日止不再通融及訓令鄉區各區長遵照外合行佈告週知仰各遵照

此佈

中華民國三十三年八月　日

市長周學昌

地政局局長張仿良

南京特別市政府佈告　府衛字第　號

查本市各菜場攤位月租及臨時菜市場攤販捐歷經規定數額徵收在案茲為調整本府收入及各菜市場補充設備需要起見除復興路菜場一部份及山西路菜場攤位月租別有規定外所有太平路等菜場攤位月租及各菜市臨時菜販攤捐於本年八月一日起特為重行規定分別徵收合亟將附徵收數額表佈告週知仰各菜販商民人等一體遵照

此佈

計附南京特別市政府三十三年下半年度八月份徵收各菜市場租金表一份

中華民國三十三年八月　日

市長周學昌

南京特別市政府三十三年下半年度八月份征收各菜市場租金表

類別	徵收額	備註
超等攤位租金	每攤每月陸拾元	
特等攤位租金	每攤每月伍拾元	
甲等攤位租金	每攤每月捌拾元	

乙等攤位租金	每攤每月陸拾元
丙等攤位租金	每攤每月伍拾元
丁等攤位租金	每攤每月肆拾元
臨時攤販捐	每販每天伍元

南京特別市政府公告 字第　號

案據業戶劉榮生呈稱坐落柏菓樹第六十一號房地產曾抵押與馬得才等其原領前財政局所發地字第一九八四號他項權利證明書業經遺失請予補給等情經飭據呈繳聲明該項證明書遺失報紙暨商保前來茲依照土地法第一百四十條第二款之規定揭示公告自公告之日起對於該項遺失證明書如有因權利關係聲明異議者須於三個月內提出理由書暨證明文件呈候核辦一經公告期滿無人異議即予依法補給合行公告週知

中華民國三十三年八月日

市長周學昌
地政局局長張仿良

南京特別市政府公告 字第　號

案據業戶鄭江貴君呈報坐落信府河第一五一號房地產原領前地政局所發四字第八三一號所有權狀及四區三六八九段分段圖各一件因被盜遺失請予補給等情經飭據呈繳聲明圖狀遺失報紙暨鄰商兩保前來茲依照土地法第一百四十條第二款之規定揭示公告自公告之日起對於該項遺失圖狀如有因權利關係聲明異議者須於三個月內提出理由書暨證明文件呈候核辦一經公告期滿無人異議即予依法補給圖狀管業合行公告週知

中華民國三十三年月日

市長周學昌
地政局局長張仿良

南京特別市政府通知 府財字第　號

查該民張桂林呈控昌福才冒租瞻園路市產房屋一案業經本府分別傳詢並為體恤起見核定由張桂林昌福才廖國瑜每人直接承租門面房屋壹間諭飭遵照來府訂租在案迄今日久未據該民等同時來府分別立約承租殊屬玩延除分催外合再通知仰該民約同（昌福才 廖國瑜／張桂林 廖國瑜／張桂林 昌福才）限於本月十五日上午九時會齊前來本府財政局聽候訂租如再逾限不到即將原案撤銷收回房屋另行招租併即知照為要

右通知
張桂林 中山東路七十五號
昌福才 瞻園路一二三號
廖國瑜 瞻園路一二三號

中華民國三十三年八月　日

市長周學昌

南京特別市政府批 府財字第　號

原具呈人南京區畜產業同業公會理事長何柏榛

呈一件　為據雞鴨業陳永培等呈請恩准減輕雞鴨牲稅以利營運據情轉呈仰祈恩准減輕由

呈悉：查調整稅收改定稅率為本府整個計劃所請礙難照准仰即遵照並轉飭陳永培等知照

此批

中華民國三十三年八月　日

市長周學昌

法規

南京特別市管理文化劇藝團體暫行規則 民國三十三年八月九日公布

第一條 凡在本市境內組織文化劇藝團體均應呈請南京特別市宣傳處立案

第二條 各文化劇藝團體之「發起」「籌備」「成立」「立案」其程序均應依照本規則之規定

第三條 凡組織文化劇藝團體者不論其含有全國性地方性均須徵求具有會員資格者十二人以上為發起人

第四條 徵求發起人數足額後應即推舉代表三人連署附同「組織理由書」（附表一）「發起人略歷表」（附表二）具呈向市宣傳處申請許可

附表一 組織理由書式（由各團體依式自備長約二十八公分橫約二十公分）

項目	內容	
團體名稱		性質
組織理由		
組織區域		
全員約數		
通訊處		電話號碼
負責人姓名		住址及電話
申請日期	年 月 日	
附記		

附表二 發起人略歷表式（由各團體依式自備長約廿八公分橫約二十公分）

團體名稱		地址	

姓名	性別	年齡	籍貫	學歷	經歷	現任職業	黨籍	地址或通訊處	蓋章	備註

第五條　發起人奉到准許組織之批示後應即召開發起人會議互推籌備員五人至九人組織籌備會並於事先呈請市宣傳處派員出席指導

第六條　籌備會依照市宣傳處核定之名稱自刊籌備會圖記其式樣為正楷木質五公分對方邊闊五公厘文曰：「某團體籌備會圖記」並將啓用日期填具「印模單」（附表三）連同「籌備員略歷表」（附表四）呈請市宣傳處備案

附表三　印模單式（由各團體依式自備長約二十八公分橫約二十公分）

團體名稱		印模		呈報日期	年　月　日
印模		文曰		啓用日期	年　月　日啓用

附表四　籌備員略歷表式（由各團體依式自備長約二十八公分橫約二十公分）

團體名稱		會址		呈請日期	年　月　日

職別	姓名	性別	年齡	籍貫	學歷	經歷	現任職業	黨籍	住址	備註

第七條 籌備會除徵求會員外並應擬訂章程草案編造會員名册（附表五）於召開成立大會二星期前呈請市宣傳處備案

附表五 會員名册式（由各團體依式自備長約廿八公分橫約二十公分）

團體名稱			會址			呈報日期	年　月　日		
姓名	性別	年齡	籍貫	學歷	經歷	現任職業	黨籍	住址	備註

第八條 籌備會應召開成立大會一星期前將成立大會日期及地點呈報市宣傳處請求派員出席指導

第九條 開成立大會時應報告籌備經過當場通過會章選舉理監事討論各項議案

第十條 當選理監事應於成立大會之日宣誓就職如當時不及舉行者應於一星期內定期補行並呈請市宣傳處派員監誓

第十一條 團體自成立後應即召開第一次理監事會依照章程規定推定職務並將成立經過情形連同「成立大會報告表」（附表六）「理監事略歷表」（附表七）「理監事宣誓書」（附表八）及「會議錄」等呈報市宣傳處備案

附表六 成立大會報告表式（由各團體依式自備長約二十八公分橫約二十公分）

團體名稱		會址		呈報日期	年　月　日
成立日期		成立地址			
會員總數		出席總數			
主席姓名		記錄姓名			
上級機關代表					

報告事項							
通過章程							
當選理監事人數及姓名	理事	人	候補理事	人	常務理事	人	理事長
	監事	人	候補監事	人	常務監事	人	監事長
討論事項							
臨時提議							
附記							

附表七　理監事略歷表式（由各團體依式自備長約二十八公分橫約二十公分）

團體名稱		會址		呈請日期	年　月　日				
職別	姓名	年齡	籍貫	學歷	經歷	現任職業	黨籍	住址	備註

附表八　理監事就職宣誓書式（由各團體依式自備長約二十八公分橫約二十公分）

團體名稱　　理監事就職宣誓書

余誓以至誠恪遵

國民政府現行國策政綱及一切法令盡忠職守如有違背誓言願受嚴厲之制裁謹誓

宣誓人　　簽名蓋章

監誓人　　簽名蓋章

中華民國　　年　　月　　日

第十二條　依照前項規定呈奉核准備案後應即呈請市宣傳處頒發圖記或鈐記並隨繳圖記及鈐記成本費額俟奉頒後即將啓用日期連同「印模單」呈請備案

第十三條　籌備時期由籌備會呈准備案日起至成立大會日止以兩個月爲限必要時得舉理由呈准延長之在當選理監事宣誓就職後籌備會應即宣告結束

第十四條　團體於成立後二個月內應辦立案手續填具「團體概況表」（附表九）理監事名册（附表十）呈請市宣傳處核准立案並頒發立案證書（團體應於呈請時繳納印花稅四元立案證書印刷成本費貳拾元）

附表九　團體概況表式（此表由市宣傳處頒發於立案時領取）

團體名稱		會址		呈報日期	年　月　日
宗旨		組織區域		性質	
成立日期		登記或改組日期			

組織概況

會員		
會員類別	數	呈備
	人	人
註		

職員	
理監事人數	人
理事人數	人
常務理事	人
理事長	人
候補理事	人
監事人數	人
常務監事	人
監事長	人
候補監事	人
任期	年
起止年月	

聘任人數	
名譽職	人
薪給職	人
雇員人數	人
其他	人

事業概況

已辦	擬辦

經費概況

收入概算

科目	會費	補助費	捐款	財產收入	事業收入	其他	合計
金額							
備註							

支出概算

科目	薪資	辦公費	購置費	事業費	補助費	其他	合計
金額							
備註							

財產

財產

財產種類		合計
坐落地址		
數量		
原置價		
約值時價		
使用情形		
租值		
附記		

存款

存款處所	
類別	
戶名	
金額	
利息	
備註	

概況																
證券								債務								
名稱	券面金額	買價	現價	利息	發息日期	還本日期	備註	債權人	借入金額	借入年月	利息	抵押品	用途	還本辦法	經借人	備註

附表十　理監事名冊(此表由市宣傳處頒發於立案時領取)

團體名稱			會址					呈報日期	年　月　日		
職別	姓名	性別	年齡	籍貫	學歷	經歷	現任職業	黨籍	任職年月	住址或通訊處	備註

第十五條　各團體理監事任期屆滿應依照章程之規定辦理改選並於會期一星期前造具「最近會員名册」呈請市宣傳處派員指導改選後並須將經過情形連同「會員大會報告表」「理監事略歷表」「宣誓書」「會議錄」及變更之章程」等一併呈請市宣傳處備案

第十六條　凡未經市宣傳處核准之團體雖已成立者仍應補具「章程」「會員名册」「理監事略歷表」「成立大會報告表」呈請核准登記並請頒發圖記或鈐記俟經核准登記頒發圖記或鈐記後再行依照前項立案手續呈請立案證書

第十七條　在本市公演戲劇奏唱音樂歌詠展覽美術繪畫照片以及其他有關文化游藝等活動無論有無營業性質概須於前星期由演出負責人塡具本府宣傳處規定之申請書(附表十一)連同劇本或詳細說明書呈送本府宣傳處審查發給許可證(附表十二)始准公演或展覽前項許可證應懸掛或張貼於會場明顯地點

附表十一

南京特別市文化劇藝團體表演申請書

年　月　日

團體名稱	
演出性質	
演出日期	自　年　月　日起 至　年　月　日止
座價	
表演節目	
演員表	
備註	一、如係表演戲劇應將編劇及導演姓名在「表演」節目項下註明 二、表演戲劇除呈送節目外應呈送劇本及詳細說明書 三、如係歌唱應將歌詞呈送

負責人	
演出地點	
演出時間	第一場　午　時　分至　時　分 第二場　下　時　分至　時　分
座位	元座　隻 元座　隻 元座　隻 元座　隻
收入用途	
表演內容	

右呈

南京特別市政府宣傳處

申請團體　　蓋章

負責人　　簽名蓋章

附表十二

據　申請表演　等

日期自　年　月　日起至　年　月　日止

經核　內容尚無不合准予上演

右給　存執

處長

中華民國　年　月　日

第十八條　本規則自公佈之日施行

公牘

南京特別市政府呈 府祕字第　號

案奉

鈞院院字第六二二零號訓令內開

「一查經濟警察本爲協助推行經濟統制政策而設惟近迭據報載常有濫用職權敲詐勒索等情事發生此非特違背法令抑且擧止怪張殊足影響戰時經濟政策之推行亟應從嚴整飭以絕弊風除分行首都警察總監署外仰該府尅速會同首都警察總監署擬訂經濟警察奬懲規則送經內政部核定後切實執行爲要此令」

等因奉此當經卷查於三十二年七月職府會同首都警察總監署擬訂首都經濟警察奬懲規則計十九條並由警察總監署報經內政部修正備查在案玆奉前因遵復會同警察總監署將前訂之奬懲規則詳加審議僅將原案第十條及第十四條條文略予修正除遵抄錄規則咨送內政部核定一俟覆到再行照繕規則具報外理合先行呈報仰祈

鑒核俯賜備案

謹呈

行政院院長汪

南京特別市市長　周學昌

中華民國三十三年八月　日

南京特別市政府呈 字第　號

案於三十三年七月十三日奉

鈞院政字第四三六九號指令內開

「呈件均悉查該府裁減職員人數既稱四分之一其裁節經費若干如何津貼在職人員應重行詳細申敍明白呈候核

辦仰即遵照一

等因奉此自當遵辦惟查本府所屬各處局會裁員辦法係依照本府組織法規定員額連同空缺酌裁若干員名以成四分之一人數至裁節經費因各處局會情形不同故其津貼金額各異茲經分別令飭造具被裁職員姓名薪額表及裁併後在職人員姓名津貼表彙訂成册理合備文一併呈送伏祈

察核備查實爲公便

謹呈

行政院院長汪

附呈南京特別市政府被裁職員姓名薪額清册暨裁併後在職人員姓名津貼清册各一份（略）

南京特別市市長　周學昌

中華民國三十三年八月　日

南京特別市政府咨　府工字第　號

查本年度本市水利修防工程自經

貴部補助修防經費伍拾萬元後卽已積極計劃進行計自五月中旬開工至七月初旬全部工程已陸續完竣最近由

貴部派水利署技正馮變技士胡廷松等會同本府工務局派員分區驗收完竣所有上新河燕子磯兩區征工津貼部分并由府派員會同監發蔵事惟此項工程及事務等費原概算爲四七二三五六、〇〇元在預算送核後城區西水關橋樑因年久失修蛀蝕腐斷兩根不得不更換以利交通致總數超過三九五二、〇〇元正在預備費內動支總計此項工程決算總價爲四〇二三〇八、〇〇元另加工程事務費七四〇〇、〇〇元合共爲四七六三〇八、〇〇元與

貴部所撥補助費五十萬元比較淨餘二三六九二、〇〇元除飭工務局趕辦報銷幷將竣工決算表實施工程地點圖交由馮技正驗勘呈報外相應咨請

查照爲荷

此咨

建設部

市長　周學昌

中華民國三十三年八月　日

南京特別市政府公函　府衛字第　號

案奉

行政院政字第四四八三號指令開「為據衛生署首都警察總監署首都警備司令部南京特別市政府等四機關會銜呈請撥款購置救護藥品材料充實首都防空救護一案事關請撥防空鉅款既據分呈有案經再咨送軍事委員會召集財政部經理總監部暨該會銜各機關審查茲准咨復審議經過并將該款核減為貳百叁拾貳萬捌千元咨請查照核辦等由前來當經提出本院第二一七次會議議決「照軍事委員會審議意見通過款由總預備費項下支付并呈報　中央政治委員會備案」等由紀錄在卷除呈報　中央政治委員會備案并咨軍事委員會查照外合行抄發上項審議意見暨修正此需首都防空藥品救護藥品材料數量表仰即遵照辦理並速訂共同辦法（如組委員會等）呈候核奪以便即日採辦該項藥品材料」等因附抄發軍事委員會審議意見及修正此需首都防空救護藥品材料數量表一份奉此遵查此案係由

貴部等四機關會呈辦理並經接奉軍事委員會將核辦情形分別令知在案奉令前因除分函外相應錄同原附各件備函送請

查照為要

此致

衛生署

首都警備司令部

首都警察總監署

中華民國三十三年八月　日　　市長周學昌

附審議意見及修正數量表各一份

審查購買首都防毒救護藥品會議紀錄

地點　陸軍部會議室　時間　六月三日下午三時　出席人　陳　錢（經理總監部）　駱奇志（防空委員會）（警備司令部）

孫汝鑫(警察總監署)(警防團)　田翼東(首都警察總監署)　李叔佩(衛生署)　曹子若(南京特別市政府)(首都警防團)

程軼萃(南京特別市政府)　張伯棨(財政部)　梅守仁(陸軍部)　列席人　曹寶麟　傅黃庭

主席　梅守仁

甲、報告事項

本部前奉　軍委會交下首都警備司令部　衛生署　首都警察總監署　南京特別市政府等機關會銜呈請轉函撥款購置防空救護藥品材料一案正辦理間復奉交下　行政院咨一件案同前由並奉　批飭由陸軍部召集各機關開會商討將情形呈報核奪等因故此本部分別函電請各機關派負責人員來部開會審查原案請各位盡量發表卓見

乙、討論事項

1.財政部代表張伯棨提：照原案表列各項藥品及材料希望以節省爲原則當否請公決案

主席說明：查表列一日量係以五千人之假定數計算而總需量按十四日計算決議總需量減少四日以十日計算

2.南京特別市政府代表程軼萃提：表列膠布似可減少又既有碘酒則 220 液可以不用當否請公決案

決議通過

3.主席提：購買繃帶軸不如購買白細布自行分裁又碘酒亦可購買原料藥品成分以百分之三自行配製較爲經濟當否請公決案

決議通過

4.主席提：原表既有變更應重修正並應附估價表請公推一二人負責辦理當否請公決案

決議：原表係由衛生署經手編造仍請衛生署負責修正後遐送陸軍部轉報

首都防空委員會需要衛生材料數量表

名稱	單位	每單位含量	單價金額	一日需量(5000人)	一日價值(5000人)金額	總需量	總價值金額	備考
紗布	磅	長31英尺 寬1英尺	880.00	60磅	52,800.00	60磅	528,000.00	

棉花	磅		165	00	100磅	16,500	00	100磅	165,000	00	
繃帶	軸	四列 每列長31英尺 寬3英寸	300	00	500軸	150,000	00	5000軸	1,500,000	00	
膠布	筒	12英寸 15碼	1,300	00	6筒	7,800	00	60筒	78,000	00	
藥用瓶	磅	450c.c.	50	00				50個	2,500	00	
	6刃	180c.c.	30	00				50個	3,000	00	（裝碘酒用）
	刃	30c.c.	25	00				100個	2,500	00	
碘 (3%) 碘片(2.5%)	磅	450瓦	7000	00				2磅半	17,500	00	
碘化鉀(2.5%)	磅	450瓦	7000	00				2磅半	71,500	00	
亞溜水(2.5%)	磅	450c.c.	50	00				2磅半	125	00	
酒 酒精(92.0%)	磅	450c.c.	150	00				92磅半	13,875	00	
合計									2,328,000 圓	00 分	
註	1.上表總需量及總價值均以十日計算 2.上表價格係以最低市價估計 3.運費包裝費不在此內										

南京特別市政府公函 字第　號

案准

貴署特字第二一〇號公函內開：

「案據本署經濟警察室主任謝劍南簽呈稱『本市近來蔬菜價格高漲商販對限價不加遵守按厥主因良以菜販都屬於[illegible]鄉民或販夫賤者亦都為婦孺若輩對於當局評定之價格絕少熟知賣者隨意索價購者受矇而不察擬請轉函市政

府將每次評定之蔬菜價格揭示於各菜場菜市俾衆週知一面由職室派警巡視有不遵守者即加取締惟一般菜販（除菜場外）均係流動性質並無一定攤址對抬價菜販之取締勢不能採取與商號同様手續處理嗣後查有此等挑販私抬售價情事擬即扭交附近警局從重罰辦以資儆捷而儆刁玩至菜場商販違章仍送請本市取締私抬物價裁定委員會處理理合簽請鑒核」等情據此該主任所陳各節核尚可行除分令各警察局遵照外相應函達即請查照核辦並希見復」等由准此查蔬菜評價揭示於菜場明顯之處本市物價評議委員會第十二次常會已決定辦理至處罰挑販抬價方式俾便迅速甚表贊同准函前由相應函復即請

查照爲荷

此致

首都警察總監署

市長周學昌

南京特別市政府公函 府保甲字第　號

中華民國三十三年八月　日

案據鄉區自治實驗區區長蕭石樓呈稱

「竊據模範鄉聯保主任趙是猷呈稱『竊據職鄉自衛團團附董其偉報稱據第十六保六甲六戶農民侯維清於七月十六日四時呈稱竊民居住南三步壟務農爲業一向安靖無事詎昨十五日夜十一時許民夫婦等正在戶外納涼之際忽來有口操徐音之男子十餘人手持短棍盒槍蜂湧而至當即嚇禁聲張將民夫婦及工人一名併迫入屋內綑禁柱旁彼等即翻箱倒篋大肆搜刼除刼去衣物等項外並將小麥盜去有十担之譜俟迸上彼綁後旋即揚長而去民以事關盜刼理合呈報鑒核賞准迅派偵騎嚴予緝捕以免損失而重治安等情據此當飭派班長郭國祥率同團士劉振宏陳學文等馳往南三步壟及沿江一帶緝捕去後玆據復報侯維清住宅靠近江邊週無近隣當時被盜迫嚇無法報請抓獲巡至江岸尚有許多小麥撒於其間該盜係由水路乘船渡來無疑業經一路嚴行注意查緝毫無蹤跡等語查該盜等深夜結夥持械搶刼殊屬目無法紀懇祈轉請通緝嚴懲等情據此經查所報屬實除仍飭自衛團嚴查緝以肅不良外理合備文呈請鑒核轉請通緝法辦』等情據此查該匪等竟敢結夥在京市境內持械搶刼實屬目無法紀若不嚴辦不足以儆將來除仍飭屬上緊嚴緝外理合備文呈報仰祈鑒核俯賜轉請軍警機關分別飭屬緝獲該匪等歸案訊辦以戢匪氛而安良善實爲公便」

等情據此相應據情函請
查照辦理并希見復爲荷
此致
首都警備司令部
首都警察總監署

市長周學昌

中華民國三十三年八月日

南京特別市政府公函 字第　號

案查前奉
軍事委員會會經字第一三七〇號訓令內開路以　貴部華僑路被服廠房舍已感不敷應用擬征用該廠東鄰張德財私地建築工廠倉庫並擬以珠江路竺橋營地交換飭令本府辦理交換手續等因奉此經飭據地政局勘丈製圖具復以查珠江路地產前土地局於民國二十五年登記迄至公告爲止均未據前營造司申請登記予以假定接收各在案如果該項地產確屬　貴部所有應即補行登記及照章揭示公告俟公告期滿後再行核辦奉令前因相應函請
查照辦理見復爲荷此致
經理總監部

市長周學昌

中華民國三十三年八月日

統計

南京特別市戶口統計表

三十三年度七月份

區別	戶數	人口數						
		總數	男性			女性		
			合計	成人	兒童	合計	成人	兒童
總計	144390	696296	379213	296405	82808	317083	241309	75774
城區自治實驗區	14146	65181	31453	25367	6086	33728	26039	7689
第一區	23546	117407	63294	53443	9815	54109	44694	9415
第二區	23338	114016	61554	51370	10184	52462	42532	9930
第三區	18998	89231	50184	37020	13164	39047	28415	10632
第四區	18926	104685	58617	50156	8461	46068	38989	7079
第五區	9854	47192	27082	19791	7291	20110	12947	7163
鄉區自治實驗區	8893	42548	22581	17796	4785	19967	15500	4467
上新河區	11867	51365	27900	19412	8488	23465	15834	7631
孝陵衛區	5242	24416	13027	7298	5729	11389	6746	4643
安德門區	9580	40255	23517	14712	8805	16738	9613	7125

備考：各外國僑民未在此表內　資料來源根據各區公所報告　祕書處第三科統計股製

南京特別市戶口統計表

三十三年度七月份　　較六月份增(十)減(一)

區別	戶數	人口數						
		總數	男性			女性		
			合計	成人	兒童	合計	成人	兒童
總計	(一) 242	(一) 107	(一) 108	(一) 164	(十) 56	(十) 2	(一) 47	(十) 49
城區自治實驗區	(十) 12	(十) 8	(十) 10	(十) 5	(十) 5	(一) 2	(一) 8	(十) 6
第一區	(十) 28	(十) 104	(十) 58	(十) 43	(十) 15	(十) 46	(十) 32	(十) 14
第二區	(十) 54	(十) 215	(十) 85	(十) 53	(十) 32	(十) 130	(十) 96	(十) 34
第三區	(一) 17	(一) 35	(一) 21	(一) 42	(十) 21	(一) 14	(一) 34	(十) 20
第四區	(十) 15	(十) 93	(十) 68	(十) 64	(十) 4	(十) 26	(十) 21	(十) 5
第五區	(一) 29	(一) 2	(一) 3	(一) 44	(十) 41	(十) 1	(一) 33	(十) 34
鄉區自治實驗區	(一) 261	(一) 277	(一) 205	(一) 196	(一) 9	(一) 72	(一) 67	(一) 5
上新河區	(一) 41	(一) 126	(一) 63	(一) 32	(一) 31	(一) 63	(一) 34	(一) 29
孝陵衛區	(十) 14	(十) 51	(十) 36	(十) 26	(丨) 10	(十) 15	(十) 17	(一) 2
安德門區	(一) 17	(一) 138	(一) 73	(一) 41	(一) 32	(一) 65	(一) 37	(一) 28

備考：各外國僑民未在此表內　　資料根據各區公所報告　　祕書處第三科統計股製

市政公報暫定價目表

期數	價目	郵費
零售	每冊二元	本埠二角 外埠三角
半年	十二冊 二十四元	本埠二元四角 外埠三元六角
全年	廿四冊 四十八元	本埠四元八角 外埠七元二角

市政公報廣告刊例

頁數	價目
一頁	每期五十元
半頁	每期二十五元
四分之一頁	每期十二元五角

刊登廣告在四期以上者每期按照七折計算連續十期以上者每期按照六折計算長期另議

出版日期 本公報暫定每月二次

編輯者 南京特別市政府祕書處

發行者 南京特別市政府祕書處

印刷者 南京國華印書館

地址：中山東路賦政牌樓

電話：二二一六五

存留 2 1

中華民國三十三年八月三十日

市政公報

第一五〇期

南京特別市政府秘書處印行

川北省立圖書館 運 保

目錄

命令

法規

公牘

統計

命令

南京特別市政府公布令 府衛字第　號

茲制定南京特別市政府衛生試驗所病理檢驗收費表公布之

此令

附南京特別市衛生局衛生試驗所病體檢驗收費表一份

中華民國三十三年八月　日

市長周學昌

南京特別市衛生局衛生試驗所病理檢驗收費表

項目		
一、顯微鏡檢查		
白血球計算	二〇	〇〇
紅血球計算	二〇	〇〇
白血球分類	二〇	〇〇
血液塗片	二〇	〇〇
痰液塗片	二〇	〇〇
膿液塗片	二〇	〇〇
尿沉澱物塗片	二〇	〇〇
糞便寄生蟲及原蟲	二〇	〇〇
二、細菌培養		
血液培養	一〇〇	〇〇
糞便培養	一〇〇	〇〇
尿液培養	一〇〇	〇〇
膿液培養	一〇〇	〇〇
喉分泌物培養	一〇〇	〇〇
其他細菌培養	一〇〇	〇〇

三、血清學檢查		蛋白定量	五〇〇
瓦康二氏反應	一〇〇〇	糖定性	二〇〇
畏氏反應	五〇〇	蛋白定性	二〇〇
懷氏反應	五〇〇	醋酮檢查	五〇〇
福爾馬林試驗	五〇〇	雙醋酮檢查	五〇〇
血型鑑定	五〇〇	膽質檢查	五〇〇
赤血球沉降試驗	五〇〇	隱血檢查	五〇〇
四、脊髓液檢查		七、糞便化學檢查	
瓦康二氏反應	一〇〇〇	胆質檢查	五〇〇
五、化學檢查		隱血檢查	五〇〇
早期娠妊反應	一五〇〇	八、乳液檢查	
血糖試驗	一五〇〇	乳液檢查	一〇〇〇
血色素鑑定	五〇〇	九、飲水檢查	
凡拉白試驗	五〇〇	飲水檢查	一〇〇〇
胃液檢查	五〇〇	十、動物試驗	
六、尿液化學檢查		動物接種試驗	五〇〇
糖尿定量	五〇〇		

毒物及其他化學檢查視化學手續之簡繁及材料之需費多寡臨時酌定之

南京特別市政府公佈令　府衛字第　號

查前衛生試驗所既與南京防疫處合併改組成立南京特別市衛生局衛生試驗所所有前頒該所試驗物品暫行規則應即廢止重行釐訂茲制定南京特別市政府衛生局衛生試驗所化驗鑑定物品暫行規則公布之

此令

附南京特別市衛生局衛生試驗所化驗鑑定物品暫行規則一份（見法規欄）

中華民國三十三年八月　日　市長周學昌

南京特別市政府委令　府祕字第　號

令保甲委員會祕書兼第二科長羅調賢

茲派該員兼任本府保甲經費保管委員會稽核組總幹事

此令

中華民國三十三年八月　日　市長周學昌

南京特別市政府訓令　府祕字第　號

令祕書處祕書蘇鏡三

茲派該員爲本府祕書處外事室主任另候呈荐

此令

中華民國三十三年八月　日　市長周學昌

令楊清寰
　熊哲尊

茲派該員爲本市國民義務勞動服務團團／副團長

此令

中華民國三十三年八月　日

委員長周學昌

南京特別市政府訓令 府秘字第　號

令各局處會

案奉

行政院院字第六六九三號訓令內開：

「案奉國民政府三十三年八月十日第九三八號訓令開：『案據該院院字第二四零八號呈稱：一案據銓敍部三十三年七月十九日呈稱：案奉國民政府三十三年四月十八日公佈修正公務員任用法第十二條「公務員任用如查有不合規定資格時得不經懲戒程序呈請降免」自應遵辦惟自任用法施行以來本部嚴查送審各案於法定代理六個月期限內送審者固多逾期者亦復不少甚有從未送審者當以職責所在法令所關未便忽視曾一再通函京內外各機關請飭被任用人員依限送審並呈由國民政府通令遵照惜收效甚微本法第十二條修正公佈後於整肅銓政自可收相當效果但對於逾限送審及從未送審者倘無實在制裁此後恐蓋相習成風爲規避降免計必益規避送審以圖代理期間之延長此弊不除雖有十二條規定亦等於虛設無法實施茲爲切實執行起見謹依據法令並參酌事實擬具實施辦法四條臚呈如左：一、京內外各機關應將所屬職員造具清冊送部登記也查各機關公務員之升降調免之各項動態均須造具清冊送部以憑考核事變前歷經辦理在案惟遷都後依法造送者寥寥迭經本部函催多未照辦茲當執行第十二條之際關於各機關擬任用人員代理日期本部尤應有明瞭之必要今爲便利考核並特別慎重起見擬將動態登記表酌加更正增設一欄（即各機關擬用人員之代理日期）由各該主管機關負責詳細塡明不得遺誤其有應由上級機關轉送者仍依程序行之以符規定嗣後如有被任用人員查其冊內已逾法定代理期間並未送審者即依本法第十二條辦理二、擬任用之公務員務於法定代理期間內送審並須附送派代令也查代理期間依公務員任用法第八條規定「不得逾六個月」並依本法施行細則第十六條規定「簡薦委職公務員之任用審查應由被任用人員於代理開始二十日內向主管長官提出任用審查表及有關係之證明文件主管長官應於表件提出後十日內送請銓敘機關審查之其表件提出及送審日期應由被任用人員或主管長官於原表及文尾年月日欄中詳細填明其由上級機關轉送者亦應於轉送文內敍明原機關之送審日期」等語茲對於送審日期非常重視誠以代理原係暫時性質若送審逾期其代理職務依法應予解除已失去送審之資格故限制極嚴擬請嗣後送審各員如查明其派代令已在六個月以後而事先並未聲明事實理由請准展期有案者即依本法第十二條規定免去其代理之職不予審查三、事務官應一律先送審查也查公務員任用法最重要之意義爲凡擬任用之事務官均應先送審查再請任命換言之未送審查合格者即無任命之資格惟查近有逕請任命者不惟於法不符且對於因審查資格不合而被降免之員相形之下亦失事理之平殊不足以昭公允嗣後擬任用之事務官擬請除因事實之必要特交先行任命者外其餘由各機關自行呈請者雖已奉　府令發表後得由本部呈請更正仍令依法送審如不合格即依本法第十二條規定辦理四、聲請覆審之送審期限擬從寬規定也依公務員任用法施行細則第七條「資格級俸經審查發表後聲請覆審者得於文到一個月內依本法第七條及細則第十六條第二項所規定之程序聲請但以一次爲限」是以原審不合格人員應否適用本法第十二條規定自應俟覆審結果後再行核辦固無待言惟查聲請覆審期限在此非常時期因交通發生阻滯以致聲請逾期事所難免如必以文到一個月內爲限在事實上似有困難此外調集證件或亦需時茲爲維持聲請人權益情法並顧起見擬請從寬規定京內限兩個月京外蘇浙皖三省限三個月華北限四個月湖北廣東限五個月均以本部公文發出之日起算如在此定期內仍未聲請應認爲自棄權益即依本法第十二條之規定辦理以上所擬辦法四條如蒙核准並請轉呈　國民政府通令京內外各機關飭所屬一體遵照示以事在必行各無自誤以杜倖進而肅官常於樹立實行文官制度之先聲似有裨益是否有當仰祈鑒核示遵等情據此應請照辦理合備文呈請鑒核俯賜通令京內外各機關飭所屬一體遵照等情據此除指令暨通行外合令該院遵照並轉飭所屬一體遵照」等因奉此除分令外合行令仰該府遵照並轉飭所屬一體遵照　此令

等因奉此除分令外合行令仰該局處會遵照并轉飭所屬一體遵照

此令

中華民國三十三年八月　日　市長周學昌

南京特別市政府訓令　府祕字第　號

令各局處會（除經濟局）

案查前奉

行政院訓令略以關於行政改革方案第三項各節應依規定辦理呈遞限期飭速遵辦具報等因業經本府以秘字第一零四二號令催迅即遵辦報府以便彙轉在案茲查各局處會尚有未遵編送事關要政又經奉令催辦未便久稽除分令外合再令仰該局處會迅遵先令各令擬具施政方針或收支概算等項限於三日內呈送來府以憑彙核轉報切切

此令

中華民國三十三年八月　日　市長周學昌

南京特別市政府訓令 府秘字第　號

令城鄉各區公所

案准

內政部禮字第一三二九號咨開：

「案查本部呈請修正褒揚條例第十條及褒揚條例施行細則第四條條文一案經呈奉行政院第二一一次會議通過等因奉此除修正褒揚條例第十條條文已由國民政府明令公布通飭施行不再抄錄外所有同條例施行細則第四條條文並由本部於八月　日修正公布相應抄同修正褒揚條例施行細則第四條條文一份咨請查照并希轉飭所屬知照」

等由准此查本案前奉　行政院院字第六四零零號訓令抄發褒揚條例第十條條文一份當經本府以府秘字第一零二八號通令飭知在案茲准前由除分令外合行照抄附件令仰該區知照并轉飭所屬一體知照

此令

計抄發修正褒揚條例施行細則第四條條文一份

中華民國三十三年八月　日　市長周學昌

修正褒揚條例施行細則第四條條文 三十三年八月十一日本部公布

第四條　褒揚條例第二條所稱捐助款項以私資獨自捐助滿拾萬元以上者為限其捐助在十萬元以下伍萬元以上者得由省政府或直隸於行政院之市政府頒給匾額並於年終彙報內政部備案

關於捐助款項之褒獎另有法令規定者從其規定

南京特別市政府訓令　府經字第　號

令南京特別市城鄉各區區公所
　　雜糧業同業公會

案准

南京特別市連絡部長八月十二日函略以為安定米價起見煩請從速調查本京全市現存米量狀況等由准經製定調查表式隨令附發仰該區公所/公會將該區各工場公共場所及/私人所屬會員各商號存米狀況限文到五日內據實查填具報以憑彙轉勿稍延誤

此令

附發調查存米狀況表乙紙

中華民國三十三年八月　日

市長周學昌

南京特別市經濟局調查全市現存米量狀況表

業務別及店名	經理或負責人	所在地	存米數量	種類

南京特別市政府訓令　府秘字第　號

令各鄉區公所
　第五區公所

查本市為防治各鄉農田水稻蟲害起見舉辦除螟工作以免食糧損蝕而資生產歷經辦理在案本年除螟工作定於八月三十日起至九月五日止按照上年頒發實施辦法舉行除螟捕蛾採卵一週除分行外合亟檢發報告表式一份令仰該區長遵照規定時期督同所屬各鄉鎮長領導各農民分往稻田切實捕取並將捕取螟蛾卵塊列表報查事關除螟要政務須切實辦理勿稍延誤為要

此令

附發三十三年度各鄉區農田水稻除螟捕蛾採卵報告表式一份

中華民國三十三年八月　日

市長　周學昌

南京特別市政府三十三年度各鄉區農田水稻除螟捕蛾採卵報告表

區別	鄉（鎮）別	地點	姓名	摘取卵塊數量	捕獲螟蛾數量	備考

中華民國　年　月　日

區區長
區鄉（鎮）長　（簽名蓋章）

南京特別市政府訓令

府保甲字第　號

令本府各局處會
城鄉各區公所

案奉
行政院第六五八三號訓令內開略以准軍事委員會咨爲空軍所轄現有飛機之標誌與渝方大同小異在飛航中亟難分辨爲避免發生誤會起見現已重新改定一案等由准此合行檢同附送標誌圖樣令仰知照等因計檢附新改正之航空標誌圖樣一份奉此合行抄附標誌圖樣令仰知照
知照

計抄附新改正之航空標誌圖樣一份

中華民國三十三年八月　日

市長周學昌

大中華民國三十三年七月一日起改正航空標誌式樣圖

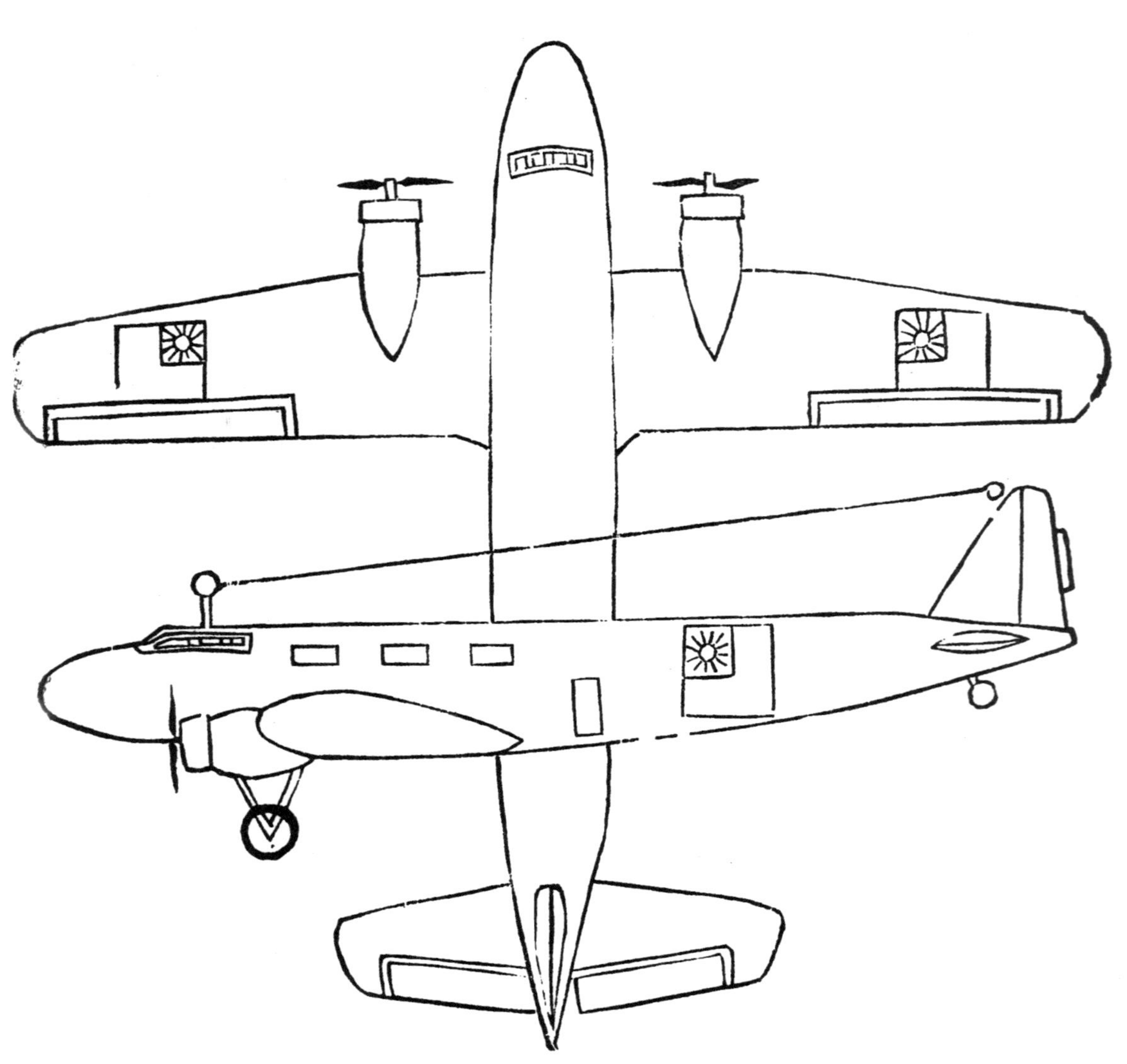

南京特別市政府訓令 府秘字第　號

令城鄉各區公所

案准

實業部農林字第九一二號咨開：

「案奉　行政院院字第六四二八號訓令內開『案查本院第二一七次會議討論事項第三條「院長交議據實業部陳部長呈爲整理各地魚市場擬訂各省市魚市場設立標準及調整辦法草案請鑒核等情請公決案決議通過」等由：紀錄在卷合行錄案令仰該部遵照』等因：奉此除令水產管理局遵辦並分咨外相應檢同該項辦法咨請貴市政府轉飭所屬遵照辦理爲荷」

等由並附送各省市魚市場設立標準及調整辦法一份准此自應照辦除分行外合行抄附原辦法一份令仰該區長轉飭所屬一體遵照辦理爲要！

此令。

附抄發各省市魚市場設立標準及調整辦法一份

中華民國三十三年八月　日

市長周學昌

各省市魚市場設立標準及調整辦法

一、凡都市人口不滿三十萬每年魚類銷費量統計不足一萬担者不得設立魚市場

二、魚市場之設立應由水產管理局呈經實業部核准行之

三、魚市場須由官商合辦或官督商辦之股份有限公司或同業會員組織之

四、魚市場須有集中販賣之機構與冷凍製水及蓄養活魚之相當設備

五、魚市場之經理或主任須經董事會合法之推選呈由水產管理局核准呈報實業部備查

六、魚市場經紀人須有經營農產物品商或魚商三年以上之經歷

七、魚市場所收佣金以百分之八爲限

八、凡同一都市內以設立一魚市場爲原則非經水產管理局呈准實業部核准不得擅設分場

九、凡現有各地魚市場不合第一條之規定標準者應卽撤銷其合於第一條標準而無第四條設備者應於六個月內完成逾限撤銷其營業

十、前項所列調查辦法由水產管理局會同省市主管機關辦理之

南京特別市政府訓令 字第 號

令 南京特別市商會理事長葛亮疇
　 南京特別市煤球號業同業公會

查此次各機關混合調查隊查獲違法煤球號業周源興等五家或因欺朦漁利或因私抬高價業經予以先行查封勒令停業而後提送裁委會追認在案玆據調查員呈報該煤球號業竟敢公然將調查日期通知會員俾于事前得有準備此舉不啻明知各會員多數違法其違反本府管理物價之決心昭然若揭實屬不法已極且當各機關審查煤價尚未核准頒布之時未及一二日消息已傳遍全市於是各煤號不待價格頒布卽已先行私自提高顯係該煤球號業負責人暗示之反應　至於該煤球號業理事長曾出具切結號再查獲違法商號願同受嚴懲既經查獲自應依法辦理　除令　飭該煤球號業同業公會理事長暨常務理事等應各着卽撤職聽候改組　市商會飭令該煤球號業同業公會迅予改組具報外合亟令仰該會飭令煤球號業同業公會迅予改組具報為要　該公會理事長楊桐如徐覺庵常務理事林百年李瑞芳張銓邦區渭川應各着卽撤職聽候改組

此令

中華民國三十三年八月　日

市長周學昌

南京特別市政府訓令 府衛字第　號

令衛生局衛生試驗所

查該所合併改組成立一案經卽檢同該所組織暫行規則呈奉

行政院政字第四六五四號指令開：

「呈件均悉查各省市衛生試驗所應由衛生署擬定通則呈准公布施行以期一致至請將每月補助南京防疫處經費自本年七月份起移撥該市衛生試驗所一節應准照辦除將原呈衛生試驗所暫行組織規則抄發衛生署并飭另訂通則呈核暨令財政部遵照如數移撥外仰卽知照

等因奉此合行令仰該所知照

此令

中華民國三十三年八月　日　市長周學昌

南京特別市政府訓令 字第　號

令安德門孝陵衛上新河第五鄉區自治實驗區公所

案准實業部農林字第九四三號咨開

「案准上海特別市政府滬市二字第七六五三號咨開「案准本市市政諮詢委員會常務主席委員李思浩函開敬啓者本會前於成立之日卽嘗以今年農民不願種稻爲慮爰經建議一方面改善統制限價等辦法一方面獎勵米糧增產當蒙核轉中樞察納施行在案茲據報告除沿京滬線一帶交通便利之地段外所有內地鄉僻之區農民因囿於成見深感過去強征軍米及受種種剝奪苛求之痛苦今年仍多不敢種稻蓋聞前次辦理征收軍米者亦有擅定成數甚至挨戶搜索拘押追繳農民有時對於僅償血本之低廉限價未能領到似此情形如果屬實無怪一般農民已如驚弓之鳥若不設法迅予宣慰切實獎勵增產則今年產量勢必減少殊堪憂慮謹按各地晚稻此時當在下種爲特據情函達至希察核迅請中樞轉飭各地方政府機關切實查明勸導以紓民食無任企盼等由准此相應咨達卽希查核辦理見復爲荷」

等由准此自應照辦除分令外合亟令仰該區公所遵照并將辦理情形具報爲要

此令

中華民國三十三年八月　日　市長周學昌

南京特別市政府訓令　字第　號

令上新河孝陵衛安德門鄉實區區公所

查本府關於人民對於房地產買賣匿不申請移轉者准由人民自由檢舉茲制定獎勵檢舉匿報暫行辦法業已明令公佈自本年八月二十日起施行合行檢發該辦法一份令仰該區長轉飭遵照爲要

此令

附發獎勵檢舉匿報暫行辦法一份（見法規欄）

中華民國三十三年八月　日　市長周學昌

南京特別市政府訓令　府保甲字第　號

令第一三四五鄉實城實安德門各區團部

案准

建設部建甲字第一四二六廣咨開案查本部前爲調查沿綫教育狀況計劃籌設愛護團員子弟學校曾於本年五月二十五日以建甲字第四三四號咨附送各省市鐵路沿線農村教育實況調查表」一種請轉飭所屬各縣市塡報在案茲查爲時已近三月迄未准復又現以團員子弟免費學校亟須開辦設立特另製訂各省市愛護團員子弟教育調查表」一種加列細目係爲調查各愛護地域失學團員子弟數目及徵詢各地對於設立免費學校之意見以便計劃而利推行相應檢同新訂各省市愛護團員子弟教育調查表一式十份咨請查照希即轉發所屬各該區公署并令飭迅速遴負查明務於九月底以前依表塡報到部以便統籌辦理至前咨附送之各省市鉄道沿線農村教育實況調查表卽予取消統希查照辦理並見復爲荷等由計附送各省市愛護團員子弟教育調查表十

份准此自應照辦合行檢發原表一份令仰該區團長遵限填報以備彙轉

此令

附「各省市愛護團團員子弟教育調查表」乙份

中華民國三十三年八月日

市長周學昌

各省市愛護團團員子弟教育調查表（以區爲單位）三十三年八月

區別		省 特別市　縣　區　區公署所在地：
本區現有學校學生教員數目		學校　所　學生共計　人　教員共有　人
本區愛護團團員數目		
團員子弟數目		已入學者　人　失學者　人
有無附設團員子弟免費小學之必要		
本區附設愛護團團員子弟免費	擬附設之種類	（填明擬附設小學或識字班或補習班或夜校）
	定何名稱	
	擬借何校課室授課	
	擬分班級數	每日授課時間由　午　時至　午　時共　小時
	擬聘兼課教員人數及津貼	擬聘兼課教員　人　每人月給津貼　元　共計　元
	其他經費	開辦費　元　其他經費每月　元
	擬請本會按月補助經費數目	元

在何時開學	年 月 日
預計約有學生數目	
擬授課程及教材	
有無說明附註事項	

南京特別市政府訓令 府保甲字第　號

令第一四三五鄉實城實安德門各區團部

案准

建設部建甲字第一三九九號咨開查交通路線愛護工作實施辦法前經公布施行並經咨請查照辦理在案茲查該項辦法第五條規定「沿交通路線愛護團應設置界牌以明彼此責任」查設置界牌原爲劃分界限用明責任關係愛護工作至鉅亟應積極辦理凡沿交通路線各該區團均應用木質界牌書明區團番號插立鉄道兩旁境界以明責任除分咨並令行華中鉄道公司遵照轉飭所屬製就同式木牌發交各愛路區巡與各縣市區協同辦理外相應咨達卽希查照轉飭各縣區迅卽遵照辦理並盼將辦理情形見復備查爲荷等由准此自應照辦除分令外合行令仰該區團長遵辦并將辦理情形具報

此令

中華民國三十三年八月　日

市長周學昌

南京特別市政府訓令 府財字第　號

令八卦洲洲產整理處

查八卦洲市產盟地本年租籽改征實物春季每畝應征小麥一斗二升并規定每担小麥折價一千元業經布告開征并由王參事韋同施隊長親赴八卦洲會同該處長召集佃農代表開會督促繳納在案茲據該洲佃農推派代表童達庭等來府面呈請求減租等情復查佃農納租係屬應盡義務且規定租額并不爲高本難核減惟既據該佃農代表瀝陳困苦不無可原姑准從寬酌予核減以示體恤每畝麥租改征小麥一斗并規定在九月十五日以前繳納者仍按每担一千元標準折價繳納如逾越期限即按照市場小麥實價核計征收并照章加收滯納罰金予以相當懲處決難再事寬容合行令仰該處長遵照辦理督催繳解并轉飭該代表等一體遵照毋再玩違致干嚴處爲要！

此令

中華民國三十三年八月　日　　市長周學昌

南京特別市政府指令　字第　號

令南京特別市商會理事長葛亮疇

呈一件　爲屬會第二十次常會討論本會下關辦事處提經濟警察或物價調查隊檢查商店時可否由商會或公會派員隨任以免糾紛一案錄案呈請察核示遵由

呈悉查經濟警察或各機關派員聯合調查物價乃至一切偶發事項之必須調查者大半事先皆含祕密性質所請由該會或公會派員偕往檢查一節核無先例可援且反而易滋流弊礙難照准倘有任何員警於調查時發生舞弊情事各商號儘可據實分向警察總監署及本府告發以憑懲辦併仰知照陪

此令

中華民國三十三年八月　日　　市長周學昌

南京特別市政府指令　府財字第　號

令中華醫學會南京分會理事長羅廣霖

呈一件　呈請補助經費由

呈悉准予自本年八月份起按月補助國幣壹千元整仰即遵照

此令

中華民國三十三年八月日 市長周學昌

南京特別市政府批 府財字第 號

具呈人八卦洲頭二三步墾農民代表趙端如等

呈一件 爲收穫不敷開支無力增繳租課再訴苦況伏懇緩予施行由

呈悉查八卦洲租籽改征實物業經規定辦法公佈實施前據該洲代表一再來呈已先後批示在案所請緩予施行礙難照准仰即知照

此批

中華民國三十三年八月日 市長周學昌

南京特別市政府公告 字第 號

案查本市原第六區2216 2210 2297段聲請人金陵寺聲請爲所有權登記經審查認爲產權確實茲依照本市土地登記暫行規則第十五條之規定揭示公告自公告之日起對於該項房地產如有因權利上關係聲明異議者須於三個月內提出理由書及證明文件呈候核辦一經公告期滿未據異議即予依法登記發給圖狀執業合行公告週知

計開

聲請人 姓名 住址

坐落 第 區 段 第 號

種類及面積 地 畝 分 厘 毫 絲

四至 東至 南至
西至 北至
定着物情形
申報地價
申報定着物現值
共有權人
他項權利人
公告日期
公告期滿日期

中華民國三十三年八月　日

市長 周學昌
地政局局長 張仿良

法規

修正南京特別市政府衛生局衛生試驗所化驗鑑定物品暫行規則草案

（民國三十三年八月三十日公布）

第一條 凡在本市與醫藥衛生有關之物品及各種應行檢驗或鑑定事項除中央公布規定之外不論個人或公私團體均須送請本所化驗鑑定始得作爲正式合法之依據其手續依照本規則之規定辦理

第二條 凡請求化驗者須先塡具請託書並繳納試驗費請託書格式及化驗暫行收費表由衛生局另定呈請市政府核准公布

第三條 試驗所收到請驗品物及化驗費始應給予收據並接到所告後依次編號化驗化驗費收據分三聯一聯交請託人收執一聯呈送衛生局一聯存留試驗所

第四條 請託人如請求提前化驗其化驗費應比普通定額增二倍至四倍

第五條 凡請託派員臨場化驗者除化驗費外須負担派遣員相當之旅費及應用物品之搬運等費

第六條 化驗品容器公請驗者應貼用印封凡與裁判有關係之物品尤須嚴封

第七條 凡質料易生變化之物品請託化驗人須先將請託書送交試驗所由試驗所酌定日期再行通知將原品送所化驗

第八條 試驗所接受化驗品物應分作二份一份備試驗所應用一份編號封固保存備查

第九條 化驗物品不敷應用或不足以達到化驗目的或遇意外損失時得通知請託者依照試驗所指定分量與方法重行補送

第十條 凡經試驗所化驗之物品其結果由所出具報告書通知請託人

第十一條 已化驗之物品請託人如因特別情事請求再化驗時仍應照繳化驗費

第十二條 送驗物品經試驗所認爲不合化驗之用而派員代爲採取時請託人因負担一切費用

第十三條 凡請驗毒物者須將毒物來原及請驗目的詳細說明呈交試驗所查核

第十四條　凡經代處化驗之物品請託試驗所復驗者應將原化驗之成績報告書及餘留品物一倂附送到所

第十五條　凡請驗飲水或礦泉者其持驗之水泉應貯於用原水洗淨之玻璃瓶內以軟木拴塞緊以火漆或石蠟封固試驗所認爲有實地採取之必要時得派員赴水泉所在處採取

第十六條　貯藏於左列容器之物品應否收受化驗由試驗所酌量定之

(1)容器不完全者

(2)有侵食性之物品貯於金屬容器者

(3)應遮光保存之物品貯於無色容器者

(4)粉末物品貯於散出內容之容器者

(5)瓶簽剝離或誤貼與內容物不符者

第十七條　經本所化驗適用之物品得貼用衛生局所製封簽以資識別貼用封簽規則另定之

第十八條　經化驗適用之物品如有左列情事被查出或經人指控時應依其情節將負責人送請主管官署法辦

(1)所售品物與前經化驗之性質不符者

(2)所售品物攙有毒質者

(3)未經化驗僞造報告書冒稱已經化驗者

(4)僞造封簽者

第十九條　呈驗物品爲收費表所未列者由試驗所臨時比照酌定化驗費

第二十條　衛生局認爲與衛生有關係之物品隨時交所化驗將化驗結果呈局核辦該項化驗物應予免費

第二十一條　試驗所應司法或警察官署之請託得酌減或豁免化驗費施行與案情有關物品之化驗但須派員臨場化驗時所需旅費搬運費等仍由請託機關或當事人負担

第二十二條　本規則有未盡之處得隨時呈請修正之

第二十三條　本規則自核准公布之日施行

南京特別市地政局獎勵檢舉匿報暫行辦法

民國三十三年八月二十八日公布

第一條　凡本市城鄉房地產買賣依據契稅條例規定契約成立六個月後匿不申請移轉經人檢舉查明屬實者悉依本辦法辦理

之

第二條　凡有上述情形准由人民自由檢舉

第三條　凡檢舉人向本局檢舉匿報情事應以書面爲之須具下列條件

1.被檢舉人之買賣雙方眞實姓名住址房屋地產坐落買賣契價買賣日期

2.檢舉人應用眞實姓名住址職業親自簽名蓋章如係匿名則不予受理

第四條　本局接到檢舉書後卽行派員密查或飭各區區長代爲密查無論是否屬實而檢舉人姓名決不向外宣佈但檢舉人爲係挾嫌揑報應負法律責任

第五條　被檢舉人如確有匿報情事一經查明屬實本局卽通知來局聽候罰辦

第六條　被檢舉人之罰則依照二十一年十二月修正之不動產賣典暫行規則第九條第二項及第十條辦法辦理

第七條　檢舉人之獎金得引用不動產賣典暫行規則第十七條辦法提出逾期罰金四成獎給之

檢舉短報者不能適用本條辦法

第八條　發給獎金應俟被檢舉人繳清逾期罰金俟本局書面通知來領須具領結親筆簽名及蓋章其簽名蓋章之筆跡印鑑須與原呈檢舉書同

第九條　本辦法如有未盡事宜得臨時修正之

第十條　本辦法經奉　市長核准之日施行

公牘

南京特別市政府呈 府祕字第 號

查本府祕書處外事室依照組織規定應設置薦任主任一人以專其事茲有本府代理祕書蘇鏡三一員資歷相當堪以充任理合檢同該蘇鏡三履歷表暨任用審查表各二份暨證明文件一併具文呈請

鈞長鑒核賜准實為公便

謹呈

行政院院長汪

附呈蘇鏡三履歷表任用審查表各二份證件四件（略）

中華民國三十三年八月 日

南京特別市市長 周學昌

南京特別市政府咨 府工字第 號

查本府前備據請領九成防汛補助費并檢附防汛經費總分概算防汛材料表防汛辦法大綱一案業經接准

貴部建甲第一三二九號咨略以原送各件經核尚無不合該項九成補助費十三萬五千元自可照發即希派員來部具領等由業已照辦茲已按照前送概算將本年度應購之防汛材料分別購齊計蔴袋壹百個單價三百九十元合共三萬九千元蘆蓆八百張單價四十八元合共三萬八千四百元蒲包壹千六百個單價二十四元五角合共三萬九千二百元三項台共拾壹萬陸千陸百元與原概算比對節餘三千四百元除會計部分候防汛結束彙總報銷外理應查照三十三年度各省市防汛辦法大綱咨請

貴部派遣技術人員過府點檢以符規定而召核實即希

查照見復為荷

此咨

建設部

中華民國三十三年八月　日　　市長周學昌

南京特別市政府咨　字第　號

案准

貴部地字第一五〇七號咨開略以催送本府辦理土地登記工作七八兩月份月報表以憑辦理等由准此查前次七八兩月份月報表業已編就相應咨送即希

查照爲荷此咨

內政部

附七八兩月份土地登記工作月報表各乙份

中華民國三十三年八月　日　　市長周學昌

南京特別市地政局辦理土地登記工作月報表

中華民國三十三年七月份

項別		件數 上旬	件數 中旬	件數 下旬
接收各種土地登記聲請書		31	31	44
土地所有權登記		1	2	1
土地他項權利登記	地上權			
	永佃權			
	地役權			
	典權			
	抵押權		2	4
其他土地事項登記	移轉	27	26	38
	分割			
	徵收	1		
	補契	1	1	
	變更	1		1
	合併			
	增減			
	塗銷			
發給各種土地權利證明書狀	土地所有權狀	23	34	15
	建築圖		1	
	他項權利證明書		3	
	官契稅單	13		1
	查驗證			

合計	106	4					6	91		1	2	2				72	1	3	14	
總計	106	4	6					96								90				
備考	7.31.																			

南京特別市地政局辦理土地登記工作月報表

中華民國三十三年八月份

項別	接收各種土地聲請書	土地所有權登記	土地他項權利登記					其他土地事項登記								發給各種土地權利證明書狀				
			地上權	永佃權	地役權	典權	抵押權	移轉	分割	合併	增減	補契	塗銷	贈與	交換	土地所有權狀	建築圖	土地他項權利證明書	官契稅單	查驗證
件數 上旬	16	1					2	13								27			5	1
件數 中旬	144	2					5	136						1		18		2	8	2
件數 下旬	231	3					9	217							2	22		1	4	
合計	391	6					16	366						1	2	67		3	17	3
總計	391		22					369								90				
備攷	8.30.																			

南京特別市政府公函　府工字第　　號

本年五月二十日接准

貴署先後來函以據北中南區警察局呈爲大方巷口湖北路以及內橋新街南口楊公井口等處交通崗亭電燈及玻璃螺絲均被風雨打壞呈請轉函派工速爲修理配置以利交通等情函囑轉飭工務局迅卽辦理等由准此經飭工務局勘修配置去後茲據該局報稱奉飭配置大方巷口湖北路交通崗亭護燈玻璃修理內橋新街南口楊公井口等處交通崗亭損壞電燈業已分別派工配置修理現均先後修復完成等情據此相應函復卽希

查照分飭知照爲荷

此致

首都警察總監署

中華民國三十三年八月　日　　市長周學昌

南京特別市政府公函　府衛字第　　號

查本府衛生局所屬娼妓檢療所業經裁撤關於娼妓檢驗醫療工作並卽飭由各衛生事務所分別賡續辦理相應檢同各該所執行職務區域表一份函請查照幷希轉飭所屬知照爲荷

此致

首都警察總監署

附表一份

中華民國三十三年八月　日　　市長周學昌

南京特別市政府衛生局附屬各衛生事務所管轄區域表

所別	管轄區	備考
第一衛生事務所	第一區　第三區	所有各事務所轄區仍以本市各區

第二衛生事務所	第二區	上新河區	行政區域爲區域按人口密度劃分
第三衛生事務所	實驗區	第四區	執行衛生管理及保健指導事項第
第四衛生事務所	第五區	鄉實區	五衛生事務所暫不設置所有應辦
第五衛生事務所	孝陵衛區	安德門區	事務暫由城南醫院兼辦

南京特別市政府公函 府衛字第　號

本府爲增強衛生工作效率起見業將衛生局所屬各診療所及娼妓檢療所一律裁撤另行設置衛生事務所四處辦理市民診療及保健工作茲查該所均於本年七月十六日成立相應檢附執行職務區域表一份函請

查照爲荷

此致

中央醫院

陸軍醫院

附表一份(同上)

市長周學昌

中華民國三十三年八月　日

南京特別市政府公函 字第　號

查新街口路心公園內入夏以來羣集該處閑坐納涼者甚多並隨意在四週噴水池內洗滌污物對於觀瞻清潔均有妨礙殊屬不合擬請飭該管崗警嚴加禁止以示敬意相應函達即希

查照辦理並見復爲荷

此致

首都警察總監署

中華民國三十三年八月　日　　市長周學昌

南京特別市政府公函 府財字第　號

案據南京市銀行經理錢偉來呈稱：

「竊查本行前爲協助本市採運配給物資起見曾於本年二月間呈由鈞府商准中央儲備銀行與本行訂立油糖兩項轉抵押透支共國幣壹千萬元合約以利營運有案辦理之初綽有裕餘當時糖價每斤不過二十四元油價每斤亦祇八十元左右進行頗稱順利然數月以來除食油已暫停配給外關於食糖一項價値迭有增漲至本届止每斤已達一百二十元而轉押限額祇得壹千萬元不敷過鉅蓋本京食糖配給數量包括公務員戶口消耗及鄉區四種每次實需壹千伍百包每包一百八十六斤按每斤一百二十元計算共價爲三千三百四十八萬元以八折抵押亦達二千七百七十八萬餘元本行資金無多曷克勝此然事關民食且謀配給制度之確立又不能不設法以底於成再四思維惟有懇請鈞府再行轉請中儲就原合約內加批增加轉押透支額壹千萬元以資挹注其餘不敷之七百餘萬元當由本行設法籌墊務使配給不致中斷民食賴以維持所有擬請轉請中儲准予增加轉押透支額各緣由理合備文呈請鑒核是否有當仍候卓奪飭遵」

等情據此查該經理所請增加轉押透支額度以利營運一節核尚需要相應據情函請

貴行查照辦理并希見復至紉公誼

此致

中央儲備銀行

中華民國三十三年八月　日　　市長周學昌

統計

南京日需品零售物價指數（簡單幾何平均）

民國二十九年＝100

類別 / 項數 / 時期	食糧葷素菜類					油及調味類	燃料類	衣服材料類	雜項類	總指數
	食粮	菜蔬	肉食	醬菜	平均					
	10	23	9	5	47	9	7	10	10	83
民國三十三年八月份	9818.4	14442.7	9874.0	8185.4	11644.6	8260.0	38551.6	9783.6	21237.0	13065.8
較七月份增(＋)減(－)	(＋) 1444.4	(＋) 2336.3	(＋) 4971.8	(＋) 3383.9	(＋) 3112.6	(＋) 1361.7	(－) 1731.7	(＋) 2299.2	(＋) 1117.9	(＋) 2692.5

說略

八月份南京日需品零售物價八十三種平均指數爲13065.8較七月份指數續增2692.5約高26%

1.食粮葷素菜類四十七種平均指數爲11644.6較七月份指數劇升3112.6約漲36%

食粮類十種米價平雜粮上漲指數升爲9818.4較七月份指數增加1444.4約漲16%

菜蔬因本月天晴少雨影響菜蔬生長市價上升指數爲14442 7較七月份指數增高2336.3漲上11%

肉食品九種因來源短絀魚肉品更甚市價狂漲本月指數爲9874.0較七月份增漲49718高101%

醬菜品五種因調味料價漲指數亦升爲8185.4較七月指數增3383.9高70%

2.油及調味品九種食油鹽糖價漲甚劇其他各品亦爲上漲指數8260.0較七月份增加1361.7高19%

3.燃料類七種本月鄉人負柴入城者踴躍草木枝柴價格低落本月指數38551.6較七月份下落1731.1落4%

4.衣服材料類十種仍受棉紗價飛漲刺激續升本月指數9783.6較七月份指數增2299.2高30%

5.雜項類十種較上月升落不一皂燭火柴續升捲烟下落指數平庸本月爲21237.0較七月略升1117.9升5%

綜觀本月份物價趨勢除米柴及捲煙稍落外餘均一律上漲二三成至一倍左右似已造成相互刺激狀態短時間殊難抑平

南京特別市政府秘書處第三科統計股編製

南京日需品零售物價指數比較表（簡單幾何平均）

民國三十三年

類別 / 項數 / 時期	食糧葷素菜類					油及調味料	燃料類	衣服材料類	雜項類	總指數
	食糧	菜蔬	肉食	齋菜	平均					
	10	23	9	5	47	9	7	10	10	83
民國三十三年七月	8374.0	12106.4	4902.2	4801.5	8532.0	6898.3	40282.7	7484.4	20119.1	10373.3
八月	9818.4	14442.7	9874.0	8185.4	11644.6	8260.0	38551.6	9783.6	21237.0	13065.8
增(十)減(一)百分率	(十)16.%	(十)11.%	(十)101.%	(十)70.%	(十)36.%	(十)19.%	(一)4.%	(十)30.%	(十)5.%	(十)25.9%

南京特別市政府秘書處第三科統計股編製

市政公報暫定價目表

期數	價目	郵費
零售	每冊二元	本埠二角 外埠三角
半年	十二冊 二十四元	本埠二元四角 外埠三元六角
全年	廿四冊 四十八元	本埠四元八角 外埠七元二角

市政公報廣告刊例

頁數	價目
一頁	每期五十元
半頁	每期二十五元
四分之一頁	每期十二元五角

刊登廣告在四期以上者每期按照七折計算連續十期以上者每期按照六折計算長期另議

出版日期　本公報暫定每月二次

編輯者　南京特別市政府祕書處

發行者　南京特別市政府祕書處

地址：中山東路鹽政牌樓

印刷者　南京國華印書館

電話：二二一六五

中華郵政掛號認爲第一類新聞紙類　江蘇郵政管理局執照第一〇四三號

中華民國三十三年九月三十日

市政公報

第一五一—二期合刊

南京特別市政府秘書處印行

目錄

命令

法規

公牘

統計

命令

南京特別市政府公佈令 府工字第　號

茲修正許可水爐業代售自來水暫行簡則公布之

此令

黏附修正水爐業代售自來水暫行簡則（見法規欄）

中華民國三十三年九月　日

市長周學昌

南京特別市政府公布令 府衞字第　號

茲制定本府衞生局所屬各衞生事務所診療規則公佈之

此令

附南京特別市衞生局衞生事務所診療規則一份（見法規欄）

中華民國三十三年九月　日

市長周學昌

南京特別市政府委令 府祕字第　號

令趙果華

茲委該員爲本府專員

此令

中華民國三十三年九月　日

南京特別市政府訓令　府保甲字第　號

令
兼保甲委員會主任委員　陸善熾
保甲委員會副主任委員　詹哲尊
首都國民義務勞動團團長　楊靖寰
宣傳處科長　謝祖遜
城區自治實驗區區長　葉一舟
第一區區長　蘇源
第二區區長　宋建中
第三區區長　葉秀甫
第四區區長　潘叔蕃
第五區區長　劉連祥

茲派該員爲本市徵集廢金屬委員會委員

此令

中華民國三十三年九月　日

市長周學昌

南京特別市政府訓令　府祕字第　號

令物資配給委員會祕書張熹輝

茲派該員兼任本市物資配給委員會第二組組長仰即遵照

此令

中華民國三十三年九月　日

市長周學昌

南京特別市政府訓令　府祕字第　號

令祕書處外事室主任蘇鏡三

案准

行政院祕字第八零五號公函內開：

「案查本院第二二三次會議任免事項第十四案南京特別市政府周市長呈擬請呈薦蘇鏡三爲本府祕書處外事室

主任案決議通過等由紀錄在卷除依例辦理外相應錄案函請查照飭知」等由准此合亟令仰該員知照

此令

中華民國三十三年九月　日　市長周學昌

南京特別市政府訓令　府祕字第　號

令物資配給委員會組長張靜超

查該員另有任用應免本職

此令

中華民國三十三年九月　日　市長周學昌

南京特別市政府訓令　府祕字第　號

令各局處會

查本府及附屬機關員役與市立學校職教員役七八兩月份俸米即將配發茲為防杜虛糜起見爰特制定本府配發俸米辦法除分令外合亟檢發前項辦法一份令仰該局處會遵照轉飭所屬於文到五日內速將七八兩月份實際人數依式填造名册各一份呈送來府以憑核發為要

此令

附發本府配給俸米辦法一份

中華民國三十三年九月　日　市長周學昌

南京特別市政府配給俸米辦法

一、凡本府及附屬機關員役與市立學校教員工役等而有臨時加俸者均配給之但附屬機關不在本府請領經常費者（例如妓捐征收所）不在此限

二、本府直屬各局處會員役俸米之發給以簽到簿爲根據但有特殊情形者（例如本府各簡任官及呈奉核准不簽到者）不在此限

三、凡不到差辦公及兼職之員役不予配給

四、俸米配給以每人每月三斗計算自本年七月份起按各員工到差之月份配給之已離職不再補配

五、各單位須先按照實際人數塡造名册（附式）由主管長官負責蓋章呈候核發

六、凡各單位有意圖多領俸米虛報員役經査實者得將該單位全部俸米永久停發

七、配給俸米時得由本府派員監視發給之

八、本辦法自核定之日實行

南京特別市政府訓令 府秘字第　號

令各局處會

案奉

行政院院字第七零二七號訓令開：

「現據首都警備司令部參字第一九六二一號呈稱『查邇來敵機之游擊擾亂日趨頻仍本京之防空自應講求更週密之措施使敵機企圖無所施其伎倆以保首都民生財產之安全對空防設備方面本京除已實施嚴密之燈火管制幷其他諸般防禦外茲查本市各高大建築物遍立市區依空襲之觀點論不無予敵機以易認之目標且各較大建築物建體多爲白色猶且率皆爲政府機關殊應有塗彩及僞裝之必要爲此具文呈請鈞院通飭所屬各機關凡係白色較大建築之機關所在地迅卽從事塗彩（如草綠色黃祿交雜色）或加以僞裝俾迷敵機之目標以強空防之壁壘實爲公便』等情：據此事關加強空防壁壘應准照辦除指復暨分別函令外合行令仰該府遵照辦理此令」

等因；奉此除遵辦並分令外合行令仰該　遵照幷轉飭所屬一體遵照

此令

中華民國三十三年九月　日

南京特別市政府訓令 府保甲字第　號

市長周學昌

令城鄉各區公所

查本府為發揚地方自治鞏固首都治安起見爰經擬訂南京特別市保甲長值日辦法凡屬本市保甲長（鄉區暫緩）均應依照本辦法輪流值日除公佈暨咨請內政部備案外合行檢發首項辦法令仰該區公所遵照並轉飭所屬一體遵照辦理

此令

附發南京特別市保甲長值日辦法乙份

中華民國三十三年九月　日

市長周學昌

南京特別市政府保甲長值日辦法

第一條　南京特別市保甲委員會為發揚地方自治鞏固首都治安起見勵行保甲運用訂定本辦法以資依據

第二條　凡屬本市保甲長均應依照本辦法輪流值日

第三條　各區值日保甲長均以保為單位每保每日一人

第四條　各區聯保主任每日應將所屬各保保甲長編定輪值名次造册呈報區長轉呈保甲委員會備查

第五條　聯保辦公處應備置值日保甲長簽到簿考勤簿臂章及其他勤務用品

前項勤務用品每一值日保甲長配備警笛一個長繩索一根防空警報標識旗二面（紅藍各一）臂章採用布質白底紅字上排書明「南京特別市」中排「某區某坊某保」末排「值日保甲長」並加蓋府印

第六條　保甲長值日時間自上午九時起至翌晨九時止

第七條　值日保甲長應於規定時間內至聯保辦公處簽到領取臂章及勤務用品

第八條　值日保甲長於出勤時必須佩帶臂章

前項臂章及勤務用品應逐日交替

第九條　值日保甲長在值勤時間內不得擅離本保轄境倘遇事件發生無論日夜必須立即出動

第十條　凡保甲長必須親自值日不得推諉或規避但有左列情形之一經查明屬實得以家屬男丁替代之

一、公務人員
二、郵電員工
三、學校教職員
四、醫師看護藥劑師
五、律師會計師新聞記者
六、年齡逾五十歲者

第十一條　值日保甲長之職責如左
一、嚴密注意本保戶口異動及形跡可疑之人
二、協助軍警搜捕匪犯
三、遇有警報時立即出勤協助交通管制挨戶查察燈火管制不聽勸阻者報由警防機關議處
四、遇有火警傷害即時報告該管警防機關幷協力救護
五、傳遞上級命令或指示事項

第十二條　值日保甲長有左列情形之一者得分別情節予以獎狀獎金或撫卹金其辦法另訂之
一、偵悉匪犯迅速報告因而破獲者
二、協助軍警搜捕匪犯及救護風火災害異常出力者
三、指導燈火管制確具成績者
四、協助搜捕匪犯或救護風火災害而致傷亡者

第十三條　值日保甲長犯有左列各款之一者即予依法懲處
一、對於匪犯知情庇匿者
二、拒絕值日或值日時間內遇事隱避不出者
三、違反第十條之規定及濫用職權者

第十四條　本辦法如有未盡事宜得隨時修正之

第十五條　本辦法自公布日施行

南京特別市政府訓令　府保甲字第　號

令城區自治實驗區公所
　第一二三四五區公所

査徵集廢金屬運動前奉
行政院令飭舉辦當經先後以府保甲字第二六九號及第三九〇號訓令飭遵各在案茲爲統籌辦理起見特依照中央公佈辦法並斟酌地方情形訂定本市徵集廢金屬辦法自九月十五日起城區六區(包括下關)同時開始辦理限乙個月內完成並由本府會同各有關機關組織徵集廢金屬委員會主持進行除分令外合行檢發上項徵集廢金屬辦法令仰該區長遵照督率所屬遵限妥愼辦理仍將辦理情形具報爲要

此令

計附發徵集廢金屬辦法乙份

中華民國三十三年九月　日

市長周學昌

南京特別市徵集廢金屬辦法

(一)南京特別市政府爲舉辦收集廢金屬運動特遵照行政院令頒收集廢金屬辦法並斟酌地方情形訂定本辦法

(二)本辦法所稱廢金屬之範圍如左：

1.凡一切建築物內外非必需之金屬設備確可收集而無妨礙者

2.凡一切非必需之金屬物品確可收集而不妨礙民生者

3.凡破爛廢棄無用之金屬

4.凡破壞廢棄而不能應用之機輪車軸路軌自來水管等

上述廢金屬之種類爲鐵銅鋁鋅錫及其他非鐵金屬但左列二種不在此列

(甲)金屬製造業之原料

(乙)機器之因原料或原動力不足以致停工而於將來復工時仍能應用者

(三)本府收集廢金屬運動暫以城區(包括下關)爲限

(四)本府辦理收集廢金屬規定自三十三年九月十五日起開始限一個月內完成

(五)收集廢金屬每戶暫定最低限度一市斤應於規定期內獻納但如確係貧寒或實無廢金屬者得酌量免予獻納

(六)市民獻納廢金屬時應攜帶金糖配給證由該管聯保辦公處(即坊公所)在該項配給證之最後一聯加蓋「鐵」字小戳記爲憑

(七)凡市民獻納廢金屬在一百市斤以上者該管聯保辦公處應將其姓名職業地址及獻納數量隨時報告該管區公所轉報本府分別情形給予獎狀

(八)經辦人員如有藉端索詐或其他不法行爲時市民得向該管區公所舉發轉呈本府嚴加懲處

(九)本辦法如有未盡事宜得隨時修正之

(十)本辦法自公佈之日施行

南京特別市政府訓令 府秘字第　號

令城鄉各區公所

案准

實業部農林字第九四二號咨開：

「查各省市農業機關組織機構及事業狀況本部亟待明瞭茲檢附調查表式一種咨請查照即希轉飭查填並檢同有關各單行法規彙送爲荷」

等由並附調查表一份准此除分行外合亟抄發表式仰即飭屬詳查按照表式逐一填送二份如有單行法規一併搜集具報以憑彙轉毋延爲要！

此令。

附抄發調查表乙份

中華民國三十三年九月　日

市長周學昌

各省市農業機構調查表

機關名稱	組織大要	經費來源及數目	工作概況		場地面積				耕作情形	主管人姓名	備註
			現在進度情形	今後推進方針	耕地		荒山地	其他			
					水田	旱地					

南京特別市政府訓令 府祕字第　　號

令城鄉各區公所

案准

內政部民字第一一九九號咨內開：

「案據中華民國歸化國民協會呈請明令規定國府還都以前所頒發之國民籍許可證書是否有效等情查國府還都以前所發給之國籍許可證書依法自屬有效茲為保障該歸化人等之權益並嚴加考核起見凡持有此項證明書之歸化人國籍許可證書登記表黏貼本人二寸半身像片連同國籍許可證書呈由居住地地方政府咨轉本部核驗加蓋部印發還以昭愼重除批示該會知照外相應檢同此項發記表暨核驗國籍證書辦法咨請查照辦理見復」

等由：附內政部核驗歸化人國籍許可證書登記表及辦法各一份准此自應照辦合行抄發前次登記表及辦法各乙份令仰該區公所查明具報以憑咨復仰即知照

此令

中華民國三十三年九月　日　市長周學昌

南京特別市政府訓令 府保甲字第　　號

令一、四鄉實　三、五城實　安德門　各區團部

案准

建設部建甲字第一六二四號咨開

「查交通路線愛護工作旨在確保交通安全圓滑物資運輸任務至為重大迭經本部積極規劃推進各綫護路團隊亦將先後組織完成惟一般民衆不免尚有未盡明瞭本旨者服役守崗往往敷衍了事且僅賴愛護團員値勤時執行任務所收效果亦殊有限亟須加緊愛路宣傳以使人盡了解羣策羣力始克發生強大功效茲據本部交通路綫愛護工作委員會呈送「各市縣區愛路宣傳實施方案」一種請印發各省市縣區參酌實施並咨請宣傳部協助推行等情前來相應檢同該項實施

方案十份咨請

查照實施幷轉發所屬各區公署一併遵照實施情形按月具報彙轉至級公誼

等由附各市縣區愛路宣傳實施方案十份准此自應照辦除分令外合行檢發原實施方案一份令仰該區遵照辦理幷將實施情形按月具報以憑彙轉

此令

附發各市縣區愛路宣傳實施方案乙份

中華民國三十三年九月　日

市長周學昌

各市縣區愛路宣傳實施方案

甲宣傳要點

一、揭破渝共破壞交通之陰謀

1.企圖造成流血恐怖擾亂社會安甯

2.企圖斷絕運輸破壞農村經濟

3.企圖破壞公共建設阻擾恢復繁榮

4.實行盲目破壞政策以期達成毀滅一切之目的

二、揭破渝共破壞鉄道之手段

1.化裝潛入鉄道附近村莊察看地形窺伺機會

2.勾結地方賊寇以作內應

3.利用風雨黑夜潛至軌道或橋梁地點折卸破壞或埋置炸藥

4.事後暗設僞證移禍鄰近居民以亂耳目而圖逃逸

三、鉄道破壞後對人民生活之影響

1.人民乘搭火車本身及親友皆有遇難之危險

2.鉄道若被嚴重破壞人民不能遠行經商辦事在途旅客更有流落他鄉之虞

3.鉄道破壞運輸停頓影響城市發生食粮恐慌

4.鉄路破壞運輸停頓影響鄉村日用物品暴漲農產賤跌出口魚蝦蔬菜菓品及各種應時鮮物全部腐壞

5.渝共份子均極狡黠擅于移禍規避居民皆有無辜被其牽害之危險

四、一般民衆防範渝共實行護路自衛之辦法

1.踴躍參加愛護團輪流站崗看守鉄路

2.留意觀察鄉井生人

3.檢舉密告不良份子

4.協力逮捕盜匪撲滅渝共

乙實施辦法

一、根據宣傳要點各市縣區應分別於各種紀念集會演講愛路問題

二、如有廣播設備之市鎮應隨時利用無綫電進行愛路宣傳

三、策動當地文化界努力撰作愛路詩文劇本詞曲歌謠等

四、策動當地報館積極撰着愛路社論幷儘量刊載愛路新聞紀事文藝等

五、策動當地各校學生利用假期努力從事愛路宣傳

六、策動當地劇團積極編排愛路話劇巡迴公演

七、策動當地各種戲班鼓塲聲館及梨園丑角加插愛路宣傳

八、利用紀念日或節日繪印各種圖像上加愛路標語分發團員及民衆張貼

九、定期裝貼愛路壁報

十、舉行愛護團團員聯歡大會擴大愛路宣傳

十一、辦理其他各種臨時宣傳事項

南京特別市政府訓令　府經字第　號

令本府各局處會
城鄉各區區公所
市商會

查本府辦理京市工商業登記事項曾於去年(三十二年)六月間經將原訂南京特別市工商業登記暫行規則加以修正當經分別公布通告令飭遵照各在案茲查上項規則第五條第七條第十一條第十五條條文規定揆與現時情況已不復適用爰再衡量實情重行修正特定於本年(卅三年)十月一日施行除公布並分令暨通知外合亟抄發修正各條條文令仰該 知照轉飭所屬一體知照為要

此令

計抄發修正南京特別市工商業登記暫行規則第五條第七條第十一條第十五條條文一份

中華民國三十三年九月 日

市長周學昌

修正南京特別市工商業登記暫行規則第五條第七條第十一條第十五條條文

第五條 工商業登記申請人應按照資本額繳納左表所規定之登記費

資本額	登記費	資本額	登記費
一萬元以下	一百元	三萬元以下	二百元
五萬元以下	三百元	十萬元以下	五百元
三十萬元以下	七百元	五十萬元以下	一千元
一百萬元以下	一千五百元	三百萬元以下	二千元
五百萬元以下	三千元	一千萬元以下	五千元

一千萬零一元以上每加五百萬元加收二千元其不滿五百萬元者亦按五百萬元計算

第七條 凡未領有營業許可證之工廠商號擅自營業者除勒令停業外並視其情節之輕重處以五千元以上二萬元以下之罰鍰

第十一條 第九條所載之因改組遷移轉讓更換經理及第十條之申請補發者均免收登記費但應繳納紙張印刷費五十元

第十五條 工廠商號如違犯左列各款情事者得分別處以一千元以上五千元以下之罰鍰

(一)營業許可證不懸掛於顯明處所者

(二)將營業許可證私行轉讓或轉借與他人者前款之授受雙方一併處罰

(三)歇業後不於十五日內繳銷營業許可證者前款如原申請人遠離致無法執行時得向保證人追繳原領許可證及罰鍰

南京特別市政府訓令 府衛字第　號

令傳染病院

案准

衛生署保字第九二號咨開

「查前衛生部於民國十七年九月十八日公佈之「傳染病預防條例」暨同年十月三十日公佈之「傳染病預防條例施行細則」核與現況多有未合業經修正呈奉

行政院核准由院令公布施行除分咨外相應檢附該項修正條例及施行細則咨請

查照並轉飭遵照爲荷」

等由准此自應照辦除分令外合行抄附傳染病預防條例及施行細則各一份令仰該院遵照

此令

附發傳染病預防條例及施行細則各一份

中華民國三十三年九月　日

市長周學昌

傳染病預防條例(修正) 民國三十三年八月九日行政院令公布

第一條 本條例各種傳染病謂左列急性各症

一、傷寒或副傷寒

二、斑疹傷寒

三、赤痢
四、天花
五、鼠疫
六、霍亂
七、白喉
八、流行性腦脊髓膜炎
九、猩紅熱

前項以外之傳染病有認爲應依本條例施行預防方法之必要時得由衛生署臨時指定之

第二條　地方行政長官認爲有傳染病預防上之必要時得於一定區域內指示該區域之居民實行清潔及消毒方法其已辦自治地方應指示自治機關行之

前項清潔及消毒方法由衛生署定之

第三條　人口稠密過二十萬以上之城市應設立傳染病院或隔離病舍前項設置及管理方法由地方行政長官以單行章程定之

第四條　當傳染病流行期間或有流行之虞時地方行政長官得遵照中央防疫委員會組織條例第十二條之規定命令組織地方防疫委員會協助地方衛生行政當局從事防止傳染病工作

於舟車執行檢疫時凡乘客及其執役人等有患傳染病之疑者得定相當之時日扣留之

於舟車執行檢疫時發見傳染病人得就附近各地方設定之傳染病院或隔離病舍治療及隔離其有感染之疑者亦同往該院非經特殊之認可不得拒絕

未實行檢疫之舟車若發現傳染病人或有感染之疑者準用前兩項之規定若在監人出獄時患傳染病或疑似傳染病者亦同

檢疫官吏及醫師得免票乘坐舟車但以持有執照者爲憑

第五條　地方行政長官認爲有傳染病預防上之必要時得施行左列各款事項之全部或一部

一、施行健康診斷及檢查屍體之事項
二、隔離市街村落之全部或一部之交通

三、集會演劇及一切羣衆集合之事項得限制或禁止之
四、衣履被服及一切能傳染病毒之物件得限制或停止其使用授受搬移或逕行毀棄之
五、凡能爲傳染病媒介之飲食物品得禁止其販賣授受或毀棄之
六、凡船舶火車工場及其他多數人集合之場所得命其延聘醫師及爲其他預防之設備
七、凡施行清潔及消毒方法時對於自來水源井泉溝渠河道廁所汚物及渣滓堆積場得命其新設或改建或並將毀棄或停止使用
八、附近傳染病流行區域得於一定之時日內禁止捕魚游泳汲水等事
九、施行驅除鼠蠅

第六條　醫師診斷傳染病人或檢查其屍體後應時消毒方法指示其家屬並須於十二小時以內報告於病者或死者所在地之主管官署

第七條　患傳染病及疑似傳染病者或因此等病症致死者其家屬應即延聘醫師診斷其家宅及其處所並於二十四小時內報告所在地主管官署派員檢查
前項報告義務人如左
一、病者或死者之家屬無家屬時其同居人
二、旅舍店肆或舟車主人或管理人
三、學校寺院工場公司及一切公共處所之監督人或管理人
四、感化院救濟院監獄及其他相類處所之監督人或管理人

第八條　凡傳染病人之家宅及他處所病人以外之人無論已否傳染均應服從醫師或檢疫防疫人員之指示施行清潔並消毒方法

第九條　凡經主管官署認爲有傳染病預防上之必要得使患傳染病者入傳染病院或隔離病舍

第十條　凡經主管官署認有傳染病預防上之必要時於一定期內使患傳染病者或疑似傳染病者之家屬及其他近鄰隔絕交通

第十一條　患傳染病者及其屍體非經主管官署之許可不得移至他處

第十二條　對於傳染病人之屍體所施消毒方法經醫師檢查及主管官署認可後須於二十四小時內成殮並埋葬之

第十三條　死者屍體之埋葬須於距離城市及人口稠密之處三里以外之地行之掘土須深至七尺以上埋葬後非經過三年不得改葬屍體受毒較重者主管官署認爲預防上確有必要時得命其火葬其家屬並於實行時得代執行之

第十四條　已殮葬及將殮葬之屍體如有傳染病嫌疑主管官署就其屍體及家宅並一切物件得依本條例之規定執行相當處分

第十五條　地方行政長官認爲有傳染病預防上之必要時得飭主管官署將其事由通知第八條之義務報告人執行檢查但檢查員須執有執照爲憑

第十六條　各地方防疫用費由地方收入項下支撥但疫情嚴重得呈請中央酌予補助

第十七條　凡不依本條例所規定奉行應辦事項者處五十元以下之罰鍰

第十八條　醫師診斷傳染病人或檢查其屍體後不依本條例報告或報告不實者處五百元以下之罰鍰

第十九條　凡不遵主管官署之處分或指示及報告不實或妨害他人之報告者處二百元以下之罰鍰

第二十條　邊僻地方因特殊情形有必須變通其預防方法時得由各該地方最高行政長官變通辦理但須函報衛生署備案

第二十一條　對於由外國入境之舟車得施行檢疫

前項檢疫規則另定之

第二十二條　關於施行本條例之各種規則以命令定之

第二十三條　本條例自呈准公布日施行

傳染病預防條例施行細則（修正）

三十三年八月九日行政院令公布

第一條　地方行政長官於所轄區域內認爲有傳染病發生之虞或預有傳染預防條例所指九種病症以外之傳染病發生認爲必須依照該預防條例施行預防方法時應將其病症之性狀及適用之條款與區域呈報衛生署查核

第二條　傳染病預防條例第七條第八條所定之報告其報告義務人得以言詞或文書爲之主管官署接受前項報告應即呈報於地方最高行政長官並督飭施行清潔消毒方法如發生傳染病係鼠疫時並應速即搜捕鼠類

第三條　凡遇霍亂天花斑疹傷寒鼠疫等傳染病發生時無論患病人是否死亡其受有病毒污染之家屋於主管官署施行消毒方法未完畢以前應依傳染病預防條例第五條第二款之規定隔絕交通

第四條　凡與傳染病者同居之人或其他有受傳染之嫌疑者主管官署應依傳染病預防條例第九條之規定使入隔離病舍施行檢疫消毒其隔離日期應自消毒完畢日起依左列定之

一、白喉　三日

二、赤痢　四日

三、霍亂　五日

四、鼠疫　七日

五、流行性腦脊髓膜炎腥紅熱　十二日

六、斑疹傷寒天花　十四日

七、傷寒或副傷寒　十五日

第五條　主管官署依傳染病預防條例第十三條之規定允許患傳染病者及其屍體移置他處並搬運受有污染之器物時應通知其移轉地之管轄官署

第六條　檢查員依傳染病預防條例第十六條之規定執行職務應於日出以後日沒以前行之

第七條　本細則自公布日施行

南京特別市政府訓令　府經字第　　號

令市商會

經濟局案呈以奉

實業部商字第一二九六號訓令內開：

「案查糧食業同業公會組織通則係於民國三十二年四月間由前糧食部公佈施行時隔年餘其所指之機關及所列之事實均與現況不符茲經修正以部令公佈施行除呈請行政院備案並分別函令外合行檢發該項修正通則一份令仰知照」

等由附送修正粮食業同業公會組織通則乙份到府合行抄發原件令仰該會知照並飭屬知照爲要

此令

附抄發修正粮食業同業公會組織通則一份

中華民國三十三年九月　日　市長周學昌

修正糧食業同業公會組織通則 民國三十三年八月修正

第一章 總章

第一條　糧食業同業公會之設立除遵照工商同業公會暫行條例之規定外依本通則組織之

第二條　糧食業同業公會之所在區域地名或縣名及糧食種類均於名稱上標明之（例如南京區雜糧業同業公會又如丹徒縣雜糧業同業公會）

第三條　凡經營　行政院命令規定爲糧食物資中主要商品之糧食物資工商業人必須加入各該業同業公會及其聯合會

前項同業公會及其聯合會應隸屬於全國商業統制總會成爲該總會之基層機構經營糧食主要商品之工商業人未經加入同業公會不得營業

第四條　糧食業同業公會於必要時呈經主管官署之核准（在中央爲實業部在各省爲建設廳在特別市爲經濟局在縣市政府但經濟局或建設廳所在地之糧食業同業公會仍以經濟局或建設廳爲主管官署）得命令會員申報其營業狀況

第二章 公會之類別

第五條　糧食業同業公會之種類暫依左列各種之規定

一、米糧業　粳米秈米糯米及稻類

二、雜糧業　小麥大麥元麥等麥類大豆落花生蠶豆赤豆等豆類高粱芝蔴小米玉蜀黍等

三、麵粉業

四、畜產業　牛羊猪鷄鴨鵝野味及牛羊乳火腿醃臘肉等

五、水產業　海魚河魚輭體類爬虫類甲殼類鹹魚類

六、蛋　業　鵝蛋鴨蛋鹽蛋皮蛋等蛋類

七、食用油業　花生油菜子油各種豆油（包括豆餅芝蔴油等）

八、糖　業　赤白砂糖飴糖氷糖

九、茶葉業

十、罐頭食品業　魚肉菜類菓實糕餅糖果等罐頭食品
十一釀造業　各種飲酒汽水菓子水等
十二調味業　醬醬油醋味精等
十三蔬菜菓實業
十四其他日常生活習慣上所公認之飲食物品業一例如茶食糕餅菜飯酒館南北食品貨物店
實業部就前項各物之中指定主要商品品目呈請　行政院核定公布之

第六條　各種糧食業同業公會之業務類別依左列之規定

一、採辦商統一採辦本公會營業區域以內之某種糧食依主管官署規定之數量價格及地區供給現地民食軍需本公會及各地同一種類粮食業同業公會所屬之販賣商或製造商之需要

二、販賣商統一販賣本公會營業區域以內之某種粮食依主管官署之規定取給於本公會所屬之採辦商一如本公會所在地址採辦商之組織得取於各地同一種類糧食業同業公會所屬之採辦商一供給軍需及本公會所屬各零售商或製造商之需要

三、零售商統一配給本公會營業區域以內之某種糧食依主管官署之規定取給於本公會所屬採辦販賣製造各商直接供給消費者之需要

四、製造商統一加工製造本公會營業區域以內之某種糧食依主管官署之規定取給於本公會或各地同一粮食種類同業公會所屬之採辦販賣各商供給軍需及本公會所屬之販賣零售商之需要

第七條　經營前條各業之商人得合組一同業公會依其業務種類分組經營業務（例如採辦商組販賣商組零售商組製造商）但某種業務如有特殊情形得單獨組織同業公業（例如蛋業製造商同業公會或畜產業豬類採辦商同業公會）

第八條　糧食業同業公會有必要時得呈准主管官署就兩種以上合併組織之

第九條　各地同種類之粮食業同業公會得呈經實業部之核准或依其命令組織同業聯合會
在同一地區各種糧食業同業公會有必要時得與其他工商業同業公會合併組織聯合會

第三章　營業區域

第十條　糧食業同業公會之組織以縣市為單位

第十一條　依工商同業公會暫行條例第八條之規定實業部察酌各市縣糧食需供及業務聯繫情形劃定二以上縣市或省與特

別市由各該地同業組織同一同業公會稱爲某區某種糧食業同業公會每區所轄各縣市由實業部以命令公布之各區糧食業同業公會得視業務情形在所轄縣市內酌設事務所或指定同業中某商號內附設事務所以資辦公

第十二條　同業聯合會之地區由實業部規定之

第四章　註册登記

第十三條　各種糧食業商人應先向各該主管官署申請註册經核准後始得參加公會

第十四條　各種食業同業公會應依照工商同業公會暫行條例第四條第一項及第五條各規定訂立章程呈由當地主管官署層轉實業部核准備案糧食業同業公會經主管官署之核准組織成立後再行辦理公會登記

第十五條　爲因時制宜緊急應付起見暫以經過政府核准營業取得註册證或登記證之糧食商人爲限組織同業公會一面依照規定補行辦理註册手續

第五章　職員任用

第十六條　組織各區糧食業同業公會或聯合會由實業部依照工商同業公會暫行條例第八條及第廿二條之規定指定發起人分別籌備並派員指導之

第十七條　各區糧食業同業公會理事長常務理事理事監事依照工商同業公會暫行條例第十七條之規定分別選舉或互推之

第十八條　糧食業同業公會之發起人或當選之理事長理事監事主管官署認爲不稱職者得命其退職

第十九條　糧食業同業公會理事至多不得超過十五人監事至多不得超過七人如設常務理事至多不得超過五人

第廿條　糧食業同業公會因業務上之需要得設事務員分科辦事由理事長遴任之

第六章　附則

第廿一條　糧食業同業公會因採辦或運銷上需要之各種許可證明文件得呈請主管部會核准製用

第廿二條　實業部於必要時得令糧食業同業公會造具業務報告書呈轉備核

第廿三條　日本商人經營糧食業務另組日商組合與華商同業公會各別辦理但必要時日華商同業得組聯合機構其辦法另訂之

第廿四條　本通則如有未盡事宜由實業部呈准修正之

第廿五條　本通則自公布日施行

南京特別市政府訓令　府經字第　號

令市商會

案准

實業部商字第一一六三號咨開：「查商會法施行細則業於本年四月十九日修正公布施行在案依照該項施行細則第卅一條商會之鈐記經核准備案後由實業部刊發之」之規定經制定商會鈐記頒發規則，於本年九月廿一日公布施行所有民國十八年二月工商部公布之商會請領印信暫行辦法已予廢止除呈報並分行外相應檢同新頒規則一份咨請查照轉飭知照爲荷」

等由附送商會鈐記頒發規則一份准此合行抄發原件令仰該會即便知照

此令

計抄發商會鈐記頒發規則一份

中華民國三十三年九月日　市長周學昌

商會鈐記頒發規則

第一條　商會或商會聯合會之鈐記依本規則之規定頒發之

第二條　商會或商會聯合會於呈准備案後得呈由地方主管官署核轉或逕呈實業部頒發鈐記

第三條　商會或商會聯合會鈐記爲陽篆文木質長方形其尺寸大小規定如下：

一、中華民國商會聯合會
長七公分六厘寬五公分六厘邊闊三八公分

二、全省商會聯合會特別市商會及旅外華商商會
長七公分二厘寬五公分二厘邊闊○三六公分

三、縣市(普通市)商會
長六公分八厘寬四公分八厘邊闊○三四公分

四、鎮商會
長六公分四厘寬四公分六厘邊闊○三四公分

第四條　商會或商會聯合會請領鈐記應繳納刊製費壹百元
第五條　商會或商會聯合會啓用鈐記時應將印鑑及啓用日期呈報實業部備案
第六條　商會或商會聯合會鈐記因故失效時應呈報實業部註銷
第七條　本規則自公布日施行

南京特別市政府訓令　府財字第　號

令南京市銀行董事會

案准

財政部錢三字第零二九三號咨開：

「案准貴市政府府財字第六一零號咨以據南京市銀行董事會呈報信託部資本遵照修正信託公司暫行條例增足為二百萬元修正該信託部章程第二條條文請咨轉備案等情檢附原送修正條文咨請查照備案見復等由并附件准此核無不合應准備案相應咨復查照飭遵為荷」

等由准此查本案前據該會呈請到府當經照轉在案茲准前由合行令仰知照

此令

中華民國三十三年九月　日　市長周學昌

南京特別市政府指令訓令　府財字第　號

令攤販管理所（指令）
菜場管理所（訓令）

呈悉（指令開）查攤販管理所管理攤販征收租金與菜場管理所管理菜販征收租金曾經規定章則分別辦理惟以權限關係不無誤會爭執茲特明白解釋俾各有所遵守按菜場管理所征收範圍約分兩類（1）葷菜如猪牛羊肉鷄鴨魚蝦蟹及醃臘野味等項（2）素菜如白菜蘿蔔竹筍東瓜青椒等項凡屬葷菜素菜性質者均應由菜場管理所征收之此外不屬於葷菜素菜性質者則由

攤販管理所依照最近修正管理攤販暫行規則之規定征收之又查下關臨時菜市係暫指定以永甯街爲區域凡在永甯街內或永甯街外之葷菜素菜攤販均應由菜場管理所征收之其不屬於葷菜素菜之攤販無論在永甯街內外均由攤販管理所依照規定征收之除令飭菜場管理所指令攤販管理所遵照外合行令仰該所遵照辦理

此令。

中華民國三十三年九月　日

市長周學昌

南京特別市政府指令　府經字第　號

令南京特別市商會

呈一件爲呈送煤號業公會籌備員略歷表仰祈鑒核備案由

呈件均悉查煤號業同業公會張鑫邦楊相如林百年等三員業經本府撤職所缺籌備員名額仰卽轉飭該業公會籌備會另史推補呈候核奪

此令（件存）

中華民國三十二年九月　日

市長周學昌

南京特別市政府指令　府財字第　號

令捐稅征收所所長江兆龍

呈乙件爲據人力車行業同業公會呈請自本年九月份起增加會費每月每輛代征三元可否准予增加之處據情呈請核示由

呈悉查該所代征人力車行業同業公會會費原規定每月每輛代征壹角玆據該會請代征收每月每輛叁元增加過多礙難照准仰卽轉飭知照！

此令。

中華民國三十三年九月　日　市長周學昌

南京特別市政府指令　府財字第　號

令田賦征收處

呈一件　爲奉令查勘笆斗鄉四合圩未經開墾泥灘經過情形具文呈復祈鑒核祇遵由

呈悉查該圩泥灘旣據查明僅產草蘆未種糧食所請將本年度田賦按照下等田地科則減免六成實征四成應予照准惟本年上下期田賦應依照規定舊新徵收標準分別辦理仰卽遵照。

此令。

中華民國三十三年九月　日　市長周學昌

南京特別市政府指令　府保甲字第　號

令安德門區公所

呈一件　呈爲據雨花坊十三保保長劉貴榮呈請撤銷該保據情轉呈鈞府鑒核示遵由

呈悉查該區雨花坊第十三保水上船戶旣多星散他埠仰將所剩戶數擬具縮編歸併辦法呈候核奪爲要

此令

中華民國三十三年九月　日　市長周學昌

南京特別市政府指令　府財字第　號

令南京市公典董事會

呈一件　爲本典擬自三十三年十月一日起每月當息仍爲二分保管費酌增一分改爲二分五厘合計月收四分五厘祈鑒賜准予備案並給示布告張貼典門俾衆週知由

呈悉查所呈尙屬實情應准照辦佈告隨發仰即查收張貼！

此令。

計發布告一紙。

中華民國三十三年九月　日　　市長周學昌

南京特別市政府佈告　府財字第　號

爲布告事案據南京市公典董事會呈略稱：

「查本公典以物價飛漲增高原定當息二分保管費一分五厘合計按月三分五厘較爲低廉收支不能平衡勢將趨於虧蝕經提付第十二次董監聯席會議決議除職員裁減至最低限度十二人外增加保管費俟商業公典實行後再行呈請照加等語紀錄在卷現在商業公典已奉准自九月一日起月增保管費一分本公典擬自三十三年十月一日起當息仍爲二分保管費照加一分改爲二分五厘合計按月四分五厘以補虧蝕而資維持理合備文呈報仰祈俯賜鑒核准予備案並頒發布告俾得張貼典門曉諭週知實爲公便」

等情據此查所呈各節尙屬實情應准照辦除指令外合行布告週知

此佈

中華民國三十三年九月　日　　市長周學昌

南京特別市政府佈告　府財字第　號

查本市妓捐有關市庫收入亟須切實整理且妓捐屬於取締性質原定徵收標準閱時已久核與其他捐稅比較相差甚遠尤應按照現實酌予改進俾於整頓捐稅之中適合寓禁於徵之意玆將妓捐徵收標準及違章罰則分別加以調整定於本年十月一日起實行其餘仍照原規定徵收妓捐章程辦理除令飭妓捐徵收所遵照辦理幷函首都警察總監署隨時協助外合行布告仰各妓院及歌妓女並有關人等一體遵照規定辦理毋得違延致干罰辦切切

此佈

附調整本市妓捐徵收標準表

捐費名稱	徵收標準
妓院捐	每季一律壹千貳百元
歌妓女捐	每月甲等叁百元乙等貳百元丙等壹百元
妓院牌照費	每季換領一次每張壹百元
歌妓女執照費	每季換領一次每張伍拾元
歌妓女襟章費	每半年換領一次每枚伍拾元
歌妓女局票費	歌妓女應客徵召准取局資以不超過壹百元爲原則代徵局票費貳拾元
違章罰金	凡違背妓捐徵收章程第十三條之規定者處以壹百元以上伍百元以下之罰金

中華民國三十三年九月　日

市長　周學昌

財政局局長　譚友仲

南京特別市政府佈告　府祕字第　號

查蔬菜一項爲人民日常食用要品本府歷經評定價格公布施行在案近查菜業各行販遵照限價出售者固多私行抬高市價者亦復不少茲爲亟謀澈底執行限價起見所有前飭蔬菜公營社轉令各菜行社員等領用蔬菜批發過秤限價單應限即日開始填用以期菜價劃一而利進行自此次布告之日起凡各菜行菜販及自種農民等售賣蔬菜均須遵章領用是項限價單證以憑出售不得稍有提高售價情事如敢故違定即從嚴懲處除由本府隨時派員查察並飭菜場管理所蔬菜公營社切實嚴查推行外合亟布告週知仰各一體遵照毋違切切！

此布。

中華民國三十三年九月　日

市長　周學昌

南京特別市政府公告　字第　號

案據本市第四區第二一三七段聲請人朱炳臣聲請爲所有權登記查該戶於民國二十五年誤報他項權利嗣於二十六年經前地政局核准依法改報所有權登記惟原登記卷因事變已散佚不全茲依照本市土地登記暫行規則第十五條之規定揭示公告自本日起對於該項土地如有因權利關係聲明異議者須於三個月提出理由書暨證明文件呈候核辦一經公告期滿未據異議卽予依法登記絕對有效合行公告週知

中華民國三十三年九月　日

市長　周學昌

地政局局長　張仿良

南京特別市政府公告　字第　號

案查本市原第四區二三八八段房地產前因業戶繆其祥逾期登記業經前地政局予以假定公告在案嗣後該民雖在民國二十五年聲請補契登記但未經審核辦理茲據唐世奎代理其子繆堯篁全等呈稱該民現已病故並檢同原領登記收據請予補給圖狀前來查所繳收據尚屬實在經派員調查其代理所呈各節及產權均尚屬實除將假定登記案撤銷外茲依照本市土地登記暫行規則第十五條之規定揭示公告自公告之日起對於該項房地產如有因權利上關係聲明異議者須於三個月內提出理由書及證明文件呈候核辦一經公告期滿未據異議卽予依法登記發給圖狀執業合行公告週知

計開

聲請人　繆其祥之子繆堯篁全　姓名　顏料坊三十五號　住址

坐落　第　區　段　第　號

種類及面積　地　畝　分　厘　毫　絲

四至　東至　南至　西至　北至

定着物情形

申報地價

申報定着

物現值
共有權人
他項權利人
公告日期
公告期滿日期

中華民國三十三年九月　日

市長　周學昌
地政局局長　張仿良

南京特別市政府公告　字第　號

查本市原第一區二一九五段房地產前因業戶軍政部軍需署營造未經登記由前土地局予以假定公告在案現據經理總監部以該產係屬營產聲請登記前來經查原登記卷及地籍册均註爲前營造司使用除將假定登記案撤銷外茲依照本市土地登記暫行規則第十五條之規定揭示公告自公告之日起對於該項房地產如有因權利上關係聲明異議者須於三個月內提出理由書及證明文件呈候核辦一經公告期滿未據異議即予依法登記發給圖狀執業合行公告週知

計開

聲請人　姓名　住址
坐落　第　區　第　段　第　號
種類及面積　地　畝　分　厘　毫　絲
四至　東至　西至　南至　北至
定着物情形
申報地價
申報定着物現值

共有權人
他項權利人
公告日期
公告期滿日期

中華民國三十三年九月　日

市長周學昌
地政局局長張仿良

南京特別市政府批 府財字第　號

具呈人八卦洲佃農齊國賢

呈乙件 爲呈請俯准承贌八卦洲蘆葦由

呈悉查八卦洲本年蘆柴由本府派員自行收割所請承贌各節應毋庸議仰即知照此批

中華民國三十三年九月　日

市長周學昌

法規

南京特別市工務局許可水爐業代售自來水暫行簡則

第一條 凡距離本市自來水站最近三百公尺以外之水爐業欲代售生水者得覓具妥保向本府工務局申請經審查合格後發給代售生水許可證但在規定距離內各水爐業除經本府工務局查明確有需要特許者外概不准兼售生水

第二條　請領許可證者以在本府經濟局領有營業執照者爲限

第三條　凡未領有本局許可證之水爐業違章私售生水者處五百元以上貳千元以下之罰鍰再犯者得通知華中水電公司剪斷其水管並請經濟局吊銷其營業執照

第四條　許可證每季以三個足月爲一季更換一次每月收國幣貳拾元於領證時繳納

第五條　凡攙雜井水塘水及不潔之物出售者得依本簡則第三條罰則處理之

第六條　每季更換許可證須先行來局申請凡逾期不更換而亦不聲明理由者得停止其代售生水權并科以如下規定之罰金

(一)逾期一個月以上罰金壹百元(未滿一月者免罰)

(二)逾期二個月以上罰金貳百元

(三)逾期三個月以上罰金肆百元

第七條　本規則如有未盡事宜得隨時呈請修正之

第八條　本規則呈奉　市長核准公布施行

南京特別市衛生局衛生事務所診療規則

第一條　本規則依照本所辦事細則第十七條之規定訂定之

第二條　各所診療科目規定如左

一、內科　二、外科　三、產婦科　四、小兒科　五、皮膚花柳科　六、眼科　七、耳鼻咽喉科

第三條　各科診療僅限於門診及出診暫不收容住院病人

第四條　各所門診時間暫定如左

每日　上午九時至十一時半　下午二時至四時半

第五條　凡生產或不能親自到所就診者可於各所規定之出診時間前派人來所掛號由各所按照掛號次序前往診治或接生

第六條　出診時間規定在下午四時後惟遇接生及急症得請求隨時出診

第七條　例假停診但遇有急症由値日醫師負責診療

第八條　凡來所就診者須先掛號領取號單按號診治不得爭先但遇有急病或重症得提前診治號金指定如左

初診伍元　覆診貳元　(赤貧者免收)

第九條　不論門診出診如用注射血清及貴重藥品均得照價收取藥費其普通內服藥品暫定一日量收費貳拾元二日量收費肆拾元外科服藥每次收費貳拾元惟確係赤貧者免收如須投藥瓶者須交押瓶費十元退還時照數發還

第十條　出診車費概由病家担負出診費每次肆拾元藥費照第九條之規定收取

第十一條　接生每次收藥品材料費貳百元産前檢查産後診療概不收費車資由病家負担如確係赤貧者由保甲長出具證明書得免收藥品材料費

第十二條　無論門診出診病人如不受各所醫師及護士之指導卽認為該病人無誠意求診得拒絕診療

第十三條　本規則如有未盡事宜隨時呈請修之

第十四條　本規則自呈請　核准公布之日施行

公牘

南京特別市政府呈　府祕字第　號

案奉

鈞院第六六一四號訓令內開：

「案查本院所屬各機關單位衆多各簡荐人員之銓敘任免四年於茲升遷調免至為頻繁現為確實明瞭各機關簡荐人員任用情形起見特製定表式一種隨文附發仰卽遵照於文到十日內將該府及所屬各機關簡荐人員實數按照表列各欄逐項詳細塡明呈院以便查考此令」

等因附發簡荐人員銓敘任用情形調查表格式一份奉此遵經依式塡就理合檢同本府簡荐人員銓敘任用情形調查表一份具文呈復仰祈鑒核備査

謹呈

行政院院長汪

附呈本府簡荐人員任用情形調查表一份（略）

中華民國三十三年九月　日　市長周學昌

南京特別市政府呈 府衛字第　號

案據衛生試驗所兼所長緒通爵呈稱

「竊職前在南京防疫處處長任內迭據日籍技師因物價高漲經費不敷支用核實緊縮計月約需三二一、四五〇元之譜擬具概算諫請核轉增撥當以所擬數目固屬確係需要但市庫奇絀未便再行多瀆嗣奉　令將南京防疫處與原有衛生試驗所改組合併關於經費籌措辦法每月計原有財政部補助六三、八二七元及前衛生試驗所經費一二、八六六元並鈞府特別臨時補助費三〇、〇〇〇元共計一零六六九三元業經重編支出概算呈奉核准有案茲以員役薪給一項遵令按新辦法支給開支因以加多而辦公事業及藥品材料等費因物價飛漲漫無止境早已不敷甚鉅即如動物喂料一項月支已達一萬五千餘元其他各項更無一不高漲數倍若不增加補助經費實慮作業有停滯之虞復查　財政部撥補助費額係遠在前南京防疫處長梅田芳次郎任內所核定以之充作目前開支自難敷用擬請轉呈行政院查核轉飭財政部自本年七月份起每月將補助額酌予增加俾敷支用而利進行是否可行理合檢同概算具文呈請　鑒核示遵」

等情並附呈支出概算書一份據此查財政部月撥該所補助費六萬三千八百二十七元業經呈奉

鈞院令准飭部賡續撥發在案惟該所自遵　令合併改組後所有前南京防疫處技術人員多屬日籍平時工作除辦理病理檢驗及鑑定試驗外並協助辦理本市防疫隔離消毒事宜因本市為首都所在自較其他各地不同工作既屬重要需費自必浩繁似難因經費之不足而加以裁減人事致使工作效率減低該所呈稱各節確係實情除由職府勉力按月補助外擬懇

鈞院俯察該所工作情形飭部自本年七月份起亦酌予增加補助俾得支持而策進行可否之處理合檢同原件具文呈請仰祈

鈞長鑒核示遵

謹呈

行政院院長汪

附呈前南京防疫處經費支出概算書一份（略）

中華民國三十三年九月　日　　市長周學昌

南京特別市政府咨　府衛字第　號

案准

貴署總會字第三四七號咨略以囑即飭查衛生試驗所現在是否仍應辦理防疫消毒等工作以便核發材料補助費等因查該所自經前南京防疫處與前衛生試驗所合併改組後平時工作除接受病理檢驗及鑑定試驗外仍賡續協助辦理防疫隔離消毒等事項准咨前因相應咨復即希

此咨

衛生署

中華民國三十三年九月　日　　市長周學昌

南京特別市政府咨　府保甲字第　號

查本府為發揚地方自治鞏固首都治安起見勵行保甲運用爰經擬訂南京特別市保甲長值日辦法一種俾各輪流服務以收守望相助之實効除公佈并分令各區公所轉飭所屬一體遵照辦理外相應檢同前項辦法咨請

查照備案為荷

此咨

內政部

附南京特別市保甲長值日辦法一份(見前)

中華民國三十三年九月　日　　市長周學昌

南京特別市政府公函　府財字第　號

案准

建設部建甲字第一五三三號咨開：

「查本部爲整理強化航運事業前經會同日本大使館召集蘇浙皖三省及京滬兩市內河民船業代表舉行會議據各代表等面稱：「自本年五月十五日實行緩和內河船舶航行統制以來所有三十噸以下之船舶可以自由通行惟沿途軍警地方部隊及各收稅機關對於經過船舶或有意留難或藉端勒索甚或巧立名目橫征暴斂長此以往商民不勝担負惟有各自停業環請迅賜救濟等情據此查本部前據上海內河輪船公司呈以內河航行沿途非法征稅機關甚多並附呈征稅機關實情調查報告表請予取締等情前來迭經轉請各有關機關飭屬查明制止在案茲據各代表等面陳前情核與該輪船公司所呈各函一轍惟輪船業範圍較大其航議所經及停輪碼頭均有規定航行班次亦有定時猶無法避免此種苛索之痛苦至於民船業大都係小規模組織本微利薄航行又極遲緩既無確定航線更無劃一時間其所受困苦情形自較輪船業爲尤甚現在戰時體制之下政府以抑平物價安定民生爲主要國策而內河民船業實爲航運之中心若竟橫被摧殘或因此相率停業必致因運輸上發生阻礙而物資不能暢通更因來源缺乏物價增高而民生不能安定結果不獨影響整個社會之安甯及一切事業之推進抑且影響戰時國策之進行事關重大自應再由各有關機關迅飭各地方主管人員切實查明嚴加取締以維航運而奠民生除分別呈咨外相應咨請督照轉咨貴市保安司令部並令財政局警察局水巡隊各區行政督察專員各縣政府及各縣水上警察主管機關查照辦理幷盼見復至紉公誼」

等由准此除分行外相應函請

貴署查照幷希轉飭所屬一體遵照爲荷

此致

首都警察總監署

市長周學昌

中華民國三十三年九月日

統計

南京特別市戶口統計表

三十三年度八月份

區別	戶數	人口數						
		總數	男性			女性		
			合計	成人	兒童	合計	成人	兒童
總計	140128	678044	369826	288730	81096	30818	233986	74232
城區自治實驗區	14154	65225	31475	25382	6093	33750	26055	7695
第一區	19557	100661	54737	46352	8385	45924	37762	8162
第二區	23419	114451	61776	51557	10219	52675	42708	9967
第三區	18960	89181	50144	36957	13187	39037	28395	10642
第四區	18924	104567	58528	50062	8466	46039	38955	7084
第五區	9891	47285	27110	19777	7333	20175	12955	7220
鄉區自治實驗區	8896	42530	22588	17815	4773	19942	15488	4454
上新河區	11820	51177	27805	19365	8440	23372	15787	7585
孝陵衞區	5227	24342	12986	7270	5716	11256	6730	4626
安德門區	9280	38625	22677	14193	8484	15948	9151	6797

備考：各外國僑民未在此表內　　資料來源根據各區公所報告　　秘書處第三科統計股製

南京特別市戶口統計表

三十三年度八月份　　較七月份增(十)減(一)

區別	戶數	人口數						
		總數	男性			女性		
			合計	成人	兒童	合計	成人	兒童
總計	(一)4262	(一)18252	(一)9387	(一)7675	(一)1712	(一)8865	(一)7323	(十)154
城區自治實驗區	(十)8	(十)44	(十)22	(十)15	(十)7	(十)22	(十)16	(十)6
第一區	(一)3989	(一)16746	(一)8561	(一)7131	(一)1430	(一)8185	(一)6932	(一)1253
第二區	(十)81	(十)435	(十)222	(十)187	(十)35	(十)213	(十)176	(十)37
第三區	(一)38	(一)50	(一)40	(一)63	(十)23	(一)10	(一)20	(十)10
第四區	(一)2	(一)118	(一)89	(一)94	(十)5	(一)29	(一)34	(十)5
第五區	(十)37	(十)93	(十)28	(一)14	(十)42	(十)65	(十)8	(十)57
鄉區自治實驗區	(十)3	(一)18	(十)7	(十)19	(一)12	(一)25	(一)12	(一)13
上新河區	(一)47	(一)188	(一)95	(一)47	(一)48	(一)93	(一)47	(一)46
孝陵衞區	(一)15	(一)74	(一)41	(一)28	(一)13	(一)33	(一)16	(一)17
安德門區	(一)300	(一)1630	(一)841	(一)519	(一)321	(一)790	(一)462	(一)328

備考：各外國僑民未在此表內　　資料根據各區公所報告　　祕書處第三科統計股製

市政公報暫定價目表

期數	價目	郵費
零售	每册二元	本埠二角 外埠三角
半年	十二册二十四元	本埠二元四角 外埠三元六角
全年	廿四册四十八元	本埠四元八角 外埠七元二角

市政公報廣告刊例

頁數	價目
一頁	每期五十元
半頁	每期二十五元
四分之一頁	每期十二元五角

刊登廣告在四期以上者每期按照七折計算連續十期以上者每期按照六折計算長期另議

出版日期 本公報暫定每月二次

編輯者 南京特別市政府秘書處

發行者 南京特別市政府秘書處

印刷者 南京國華印書館

地址：中山東路[illegible]政[illegible][illegible]

電話：二二一六五

中華郵政掛號認爲第一類新聞紙類　江蘇郵政管理局執照第一〇四三號

中華民國三十三年十月三十一日　第一五三四期合刊

市政公報

南京特別市政府秘書處印行

目錄

命令

南京特別市政府公布令 府財字第　號

茲修正本市營業稅征收章程第十二 十六 二十一 二十二條各條文公布之

此令

附修正本市營業稅征收章程第十二 十六 二十一 二十二條條文（見法規欄）

中華民國三十三年十月　日　市長周學昌

南京特別市政府公佈令 府衛字第　號

查各省市（特別市）衛生試驗所組織規程業經中央頒布施行所有本府本年六月三十日公布之南京特別市衛生局衛生試驗所組織暫行規則應即廢止。

此令。

中華民國三十三年十月　日　市長周學昌

南京特別市政府訓令 府衛字第　號

令衛生試驗所

案奉

行政院院字第七五六七號訓令開：案查本院第二二七次會議討論事項第五案：「院長交議：據衛生署陸署長呈：為擬具

各省市（特別市）衛生試驗所組織規章草案請鑒核等情請公決案決議：通過即由該署公布施行并呈報　中央政治委員會及國民政府備案咨立法院備查。」等由，紀錄在卷除呈報備案暨咨立法院備查并分令外合行錄案并抄發上項組織規程令仰該市府遵照。此令。等因；並附抄發各省市（特別市）衛生試驗所組織規程一份奉此合行抄發前項組織規程令仰該所遵照。

此令。

附抄發各省市（特別市）衛生試驗所組織規程一份

中華民國三十三年十月　日

市長周學昌

各省市（特別市）衛生試驗所組織規程

第一條　各省市衛生試驗所（以下簡稱本所）直隸各省政府及特別市衛生局掌理全省（市）衛生上之化驗鑑定製造研究等事項

第二條　本所設左列各組

（一）總務組
（二）病理細菌組
（三）衛生化學組
（四）藥物組

第三條　總務組掌理事項如左

（一）關於文書事項
（二）關於典守印信事項
（三）關於人事事項
（四）關於會計庶務事項
（五）關於圖書儀器材料之管理及刊物編纂發行等事項

第四條　病理細菌組掌理事項如左

（一）關於血清疫苗等之鑑定事項
（二）關於免疫反應之檢查事項
（三）關於血液痰糞溺等病理學及細菌學檢查事項
（四）關於空氣土壤衣料毛革等之細菌學檢查事項
（五）關於水乳及各種飲食物之細菌學檢查事項
（六）關於病理組織檢查事項
（七）關於寄生虫原虫之檢索及撲滅方法之研究實施等事項
（八）關於其他病理學細菌學之研究事項

第五條　衛生化學組掌理事項如左
（一）關於水乳與其他飲食及容器之分析檢驗事項
（二）關於血液痰糞溺等之化學試驗事項
（三）關於標準色素液及試藥之調製事項
（四）其他化學試驗及鑑定事項

第六條　藥物組掌理事項如左
（一）關於藥品之分析檢驗鑑定事項
（二）關於禁製醫品之試驗事項
（三）關於藥用植物之栽植事項
（四）其他一切藥物試驗研究事項

第七條　本所設所長一人薦任承長官之命綜理全所事務

第八條　本所設組主任四人均薦任承所長之命掌理各組事務組員事務員各若干人均委任承組主任之命辦理各項事務幷得酌用僱員

第九條　本所設技正二人均薦任承所長之命掌理技術事務技士技佐若干人均委任承所長之命及技正之指導助理技術事務

第十條　本所爲培養技術人材起見得酌收練習生

第十一條　本所辦事細則另定之

第十二條　本規程自呈准公佈日起施行

南京特別市政府訓令　府秘字第　號

令鄉實區　安德門
　城實區　孝陵衛第三區區公所

案准

行政院農業增產策進委員會審字第一二五號咨開：

「查造林事業有關木材燃料之供給及風災水患之預防與其他農產品同屬重要茲爲準備明年度增產事業之規劃起見特製定各縣現有林木概況調查表及未造林地概況調查表二種除分咨外相應咨請貴市政府查照即希轉飭所屬查填見覆爲荷」

等由並附送現有林木及未造林地概況調查表式各一份准此自應照辦除分行並咨復外合亟抄錄表式令仰該區長遵照剋速派員查照依式填表同樣二份於文到一個月內呈送以憑核明存轉事關增產更改愼勿延誤切切！

此令

附抄發現有林木及未造林地概況調查表式各一份

中華民國三十三年十月　日

市長　周學昌

各縣現有林木概況調查表

省　縣　　填報日期　年　月　日

樹木種類	造林方法	地點	面積	樹齡 最高	樹齡 最低	估計株數	林相概況	產權 官產	產權 私產	附近苗圃名稱及情形	保護及管理	林木效用	備註

一般縣況	
全縣面積	
交通情形	

人口總數	治安情形

填報機關名稱　　　　主管人姓名

木造林地概況調查表

省　　縣　　　　填表日期　　年　　月　　日

地點名稱及位置	面積 山地	面積 平地	土質	所有權	適宜當地林木種類	附近苗圃名稱及概況	交通情形	治安狀況	造林需要 木材	造林需要 燃料	造林需要 防風	造林需要 防沙	造林需要 美化	造林需要 防洪	備註

填報機關名稱　　　　主管人姓名

南京特別市政府訓令　府祕字第　　號

令上新河　孝陵衛　安德門　第五區區公所

案准

行政院農業增產策進委員會審字第一一六號咨開：

「查關於本年冬季各地利用農隙應行舉辦之徵工浚河工程本會為促使積極實施業經專案咨請建設部擬訂灌溉排水實施辦法一俟訂定當即由建設部公布並分行各省市以便實施茲為先事調查各地應行舉辦之水利事項並籌議明年度農田水利增產計劃起見特製訂各市縣農田水利實施計劃概況調查表式一種除分咨外相應附表式咨請查照飭屬依式詳確調查填報彙轉本會俾便查核至紉公誼」

等由并附表式一紙准此除分行外合亟抄發表式令仰該區長遵照尅速派員詳確調查依式填表同樣二份於文到一個月內呈送以憑核明分別存轉事關農田水利要圖勿稍稽延為要切切！

此令

附抄發表式一紙

中華民國三十三年十月　日

市長　周學昌

各市縣農田水利實施計劃概況調查表

調查機關＿＿＿＿　調查者＿＿＿＿

	擬施工處所及地形地貌	交通情形	該地現在情形	舉辦工事理由	工事計劃概要	經費估計	施工後之收益	備註
河道溝渠之浚渫展寬事項								
護岸修堤整理水路內附屬工程事項								
開鑿引水排水溝渠及河川疏導取直事項								
圍墾淤灘湖田及貯水防洪事項								
修築農道橋梁事項								
其他農業土木事項								

調查日期　年　月　日

行政院農業增產促進委員會製

（各欄如不敷用時另表列添寫）

南京特別市政府訓令　府秘字第　號

令各鄉區公所

查各鄉植棉均已收穫完成所有生產數量以及賣出存儲各情形亟應明瞭茲製定三十三年植棉產量並賣出存儲情形調查表式一種除分行分令行檢發表式一份令仰該區長遵照尅速按鄉分別查填幷檢同棉樣呈府以憑考核！

此令。

附發三十三年植棉產量賣出存儲情形調查表一份

中華民國三十三年十月　日

市長周學昌

南京特別市　區各鄉鎮三十三年植棉產量賣出存儲情形調查表

項目／鄉鎮別	播種面積	每畝播種數量	棉種名稱	行距	株距	生產情形：莖高	生產情形：直莖	生產情形：纖維長度	生產情形：每株結鈴平均數量	生產情形：每畝收穫籽棉數量	生產情形：收穫總數	生產情形：有無病蟲害	賣出情形：地點	賣出情形：賣出數量	賣出情形：每斤價值	存儲情形：地點	存儲情形：存儲數量	存儲情形：方法	備考
	畝	斤							斤	斤				斤	元		斤		
合計																			

中華民國三十三年　月　日　　區區長　　調查員

南京特別市政府訓令　府秘字第　號

令城鄉各區公所

查城鄉各區農田地畝及放墾荒地播種農作物本年秋收已逐漸完成茲值農業增產積極推進所有播種面積收穫數量亟應詳查以資考核特製定三十三年度收穫農產品數量調查表附填表須知一種除分行外合亟檢發表式令仰該區長遵照尅速派員轉發各鄉鎮長詳切依式查填限於十二月廿日以前填齊呈府以憑彙核勿得延誤為要！

此令。

附發調查表二張

中華民國三十三年十月　日

市長周學昌

南京特別市卅三年度　區收穫農產品數量調查表　卅三年十月　日

項別 農產品名稱	三十二年度 播種面積（畝）	三十二年度 品種	三十二年度 每畝產量（石）	三十二年度 收穫總數（石）	三十三年度 播種面積（畝）	三十三年度 品種	三十三年度 每畝產量（石）	三十三年度 收穫總數（石）	比較增減 增	比較增減 減	備考
秈稻											
糯稻											
赤豆											
豌豆											
菜豆											
蠶豆											
青豆											
黃豆											
料豆											
小麥											
大麥											
裸麥											
蕎麥											
芝蔴											
油菜子											
高粱											
玉蜀黍											
山芋											
花生											
棉花											
黃蔴											
白蔴											
火蔴											
荸薺											
蔬菜											
果品											
桑葉											
煙葉											
藕											
瓜											
甘蔗											
蓖蔴子											

填表須知

一、本表以區爲單位每區查填一張

二、本表所列各項按區內各處所種農產品分類翔實查塡不得隨意減縮致礙食糧增產統計

三、未經列入其他各種農產品應查明塡入空欄內

四、增減欄內以三十二年度及三十三年度核算比較增減之

中華民國三十三年　月　日

區區長
調查員
（簽名蓋章）

南京特別市卅三年度　　區收穫農產品數量調查表

卅三年十月　日

項別 / 農產品名稱	產區：鄉(鎮)	三十二年度 播種面積	三十二年度 品種	三十二年度 每畝產量	三十二年度 收穫總數	三十三年度 播種面積	三十三年度 品種	三十三年度 每畝產量	三十三年度 收穫總數	比較增減	備考
		畝		石	石	畝		石	石	增 減	
秈稻											
糯稻											
赤豆											
豌豆											
蠶豆											
青豆											
黃豆											
料豆											
大麥											
小麥											
裸麥											
蕎麥											
芝蔴											
油菜子											
高粱											
玉蜀黍											
山芋											
花生											
棉花											
黃蔴											
白蔴											
火蔴											
苧蔴											
蔬菜											
果品											
桑葉											
煙葉											
藕											
瓜											
甘蔗											
蓖蔴子											

填表須知

一、本表以鄉為單位每鄉查填一張

二、三十二年度各項數字應按上年收穫之數填列不得缺略

三、本年秋收尚稱中稔各農作物品產量增加其播種面積較往年為增三十三年度所種畝數及每畝收穫數量確實之數填入惟不得如往來以稻每畝一石數斗雜糧每畝數斗隨便減縮或缺漏致礙食糧增產統計

四、增減欄內以三十二年度及三十三年度核算比較增減之

五、本表未列其他農產品于空欄內填入

中華民國三十三年　月　日

區　鄉鄉長
調查員

南京特別市政府訓令　府保甲字第　號

令城鄉各區公所

查本市保甲經費城區六區業已征收至六月份止在案茲爲力謀保甲經費收支平衡及加強推進工作效率起見經斟酌地方實際情形自本年七月份起將征收數額酌予調整改爲賃屋住戶(不論賃租典押同)每月五元自屋住戶每月十元舖戶每月二十元經提付保甲委員會第一次委員會議決議通過幷咨請內政部查照各在卷所有是項新證業經印就幷定於換發新購米證時(鄉區不用)七八九三個月一次征收除分令外合亟令仰該區長剋日造表逕向保甲委員會具領爲要

此令

中華民國三十三年十月　日

市長　周學昌

南京特別市政府訓令　府保甲字第五二一號

令二四鄉實、一三五城實各區團部、安德門

案准

建設部建甲字第一六三五號公函內開

「案查本部交通路綫愛護工作委員會爲推進各項愛護工作前經擬訂第一期工作計劃(自四月至六月)並經次第按照施行在案茲復據該會呈送第二三四期預定工作計劃並稱經依照本年八月二十九日第四次中央聯絡會議議決案分別修正核轉等情前來除分行外相應檢同該項工作計劃一份函請查照轉飭分別辦理見復爲荷」

等由附本年度預定工作計劃一份准此自應照辦除分令外合行抄發原預定工作計劃乙份令仰遵照辦理

此令

附本年度預定工作計劃一份

中華民國三十三年十月　日

本年度第二期(七至九月)預定工作計劃進行狀況之說明

市長周學昌

編組工作

七月份

一、催促淮南徐蚌兩線尚未編成之愛護團隊從速着手編制

徐蚌綫　中央方面於七月初已催促從速編成但迄今未據編制具報

淮南綫　本線已撤除沿線愛護團隊組織淮皖省府咨已撤消而於七月初着手新淮南線愛護團隊之組織經已咨請當地政府編制

二、調整各線監視小屋修建及劃一小屋之設備暫先從主要線(海南海杭津浦及新淮南線)着手

調查表式於五月底已咨行各省市轉飭查填具報並於本月二十九日第四次全體委員會議議決限於九月十五日以前報齊到會以便彙核統籌

三、各省市縣愛護經常臨時各費之支配及頒發手續及其他一切工作之研討

中央方面本部於八月十九日召集第四次委員會議對於上列各項已決定相當辦法

四、整理各線團隊名冊統計員額人數分製各種圖表

地方政府團員名冊大部已收齊與兩次點驗人員報告正在核對中

五、樹立沿線各團隊木界牌已於八月份行各省市飭屬辦理並令飭華中鉄道公司製造同式木牌由愛路區與各地方政府洽商樹立

八月份

一、點驗淮南徐蚌兩線愛護團隊劃訂期間促進實行

因二線一拆除一尚未編成此項工作俟新淮南線及徐蚌線編成後再開始準備

二、繼續上月二四兩項工作

分別電催各省市將上次監視小屋表式從速查填具報

訓導工作

七月份

一、擬訂愛護團隊幹部訓練實施方案

該項辦法因在經費尚未核撥前從緩擬定

八月份

一、擬訂訓練團員關於愛護常識及應知守則小册分發各團員隨身攜帶已在着手搜集材料着手編製小册

二、繼續上月未竟工作

宣傳方面

一、七月份第一項工作——令各市縣區共同進行愛路宣傳

爲策動全線各市各縣各區共同進行廣泛的愛路宣傳幷爲統一宣傳之理念劃一實施之方針已於七月間制定「各市縣區愛路宣傳實施方案」詳細列具宣傳之要點及實施之辦法其後再加大使館方面對於愛路宣傳之補充意見修訂已竣擬提出于本屆中央聯絡會議通過後卽印發各省市轉發沿線各市縣幷轉發各行政區上下協同一致努力實施及推廣

二、八月份第一項——編印團員手册分發全線團員

現巳彙齊各項愛護工作之法規章程幷撰擬告團員書團員信條口號等正在審核印訂中一俟印就卽可分發各團隊班轉發全線團員日常攜帶翻讀俾使愛護團員盡皆明瞭愛路法規熟悉各種任務而增進護路之效能

增產方面

一、七、八月份第一項——調查鉄道兩側隙地及愛護區域荒地

已一再催促各省市飭屬迅速查報愛護區域荒地另令飭華鉄公司查報兩側隙地因調查困難尚未具報華中鉄道公司最近呈報京滬、南甯、浙贛沿線三隙地共有六千餘畝現正與農業增產策進委員會協商利用耕植辦法中

教育方面

一、七月至九月第一項——調查沿線教育狀況籌備設立愛護團員子弟免費學校

本會於五月間卽製定表式分行各省市飭屬塡報當地教育狀況迄今尚無一處報來現値愛護工作積極推動時間籌設免費學校亦不容或緩最近特再製定「各省市愛護團子弟教育調查表」一種以查詢每個行政區內團員子弟在學失學之數目有無現成校舍課室可資利用開辦時需要多少補助費預計有多少學生須限于九月底前由各區轉報到會以便審核舉辦

福利方面

一、七月份第一項——修訂「愛護團服務人員撫卹章程」

依據第四次委員會議關於撫卹辦法之決議「除一般撫卹外兼行集議賻金制度」現已重新擬就「愛護團服務人員撫卹章程修正草案」及「愛護團服務人員集議賻金辦法」二種一俟呈請核准即可公布施行

二、八月份第一項——籌劃配給廉價物資

為激勵全線團員強化愛路情緒自應急籌對全綫團員實施廉價物資之配給茲特于本屆中央聯絡會議提出商討共策進行

本年度二三四期預定工作計劃

工作類別	月別	預定工作目標	工作分配 中央	工作分配 地方
編組工作 第二期七至九月	七月份	（一）催促新淮南徐蚌兩綫尚未編成之愛護團隊從速着手編制	分行安徽淮海兩省政府轉飭兩綫有關各市縣限期編制具報	各該市縣應將尚未編成之愛護團隊如限完成
		（二）調整各主要綫（京滬滬杭津浦新淮南綫）監視小屋修建及劃一小屋之設備	製定表式分行各省市政府轉飭各綫有關市縣查塡具報	各市縣政府應將沿綫監視小屋需要修葺或添建之數目及小屋內之設備詳細塡報
		（三）各省市縣愛護經臨各費及領費手續及其他一切工作之研討	準備召集第四次全體委員會議案	各省市政府及各有關部會委員應於接到通知後將提案預先送會以便彙編議程如有不符合之處應從速查報
		（四）整理各綫團隊名册統計員額人數分製各項圖表	將地方政府原送表册及最近點驗結果互相核對並臨時請華鉄協商結果編製圖表	
	八月份	（一）準備點驗新淮南及徐蚌兩綫愛護團隊	催促淮皖兩省迅速將兩綫沿綫愛護團隊編制完成	同七月份第一項
		（二）繼續催促各主要綫監視小屋修建及劃一小屋之設備	催促各省市迅將調查完竣各市縣表册轉送到會	各市縣從速查塡具報
		（三）各省市縣愛護經費之支配及其他一切重要工作之研討	準備召集第四次中央連絡會議議案	分別通知各關係方面屆時出席討論
		（四）繼續上月本項工作	同七月份第四項	同七月份第四項

期別	月份	工作項目	實施辦法	各省市縣
	九月份	(五)樹立沿綫各團隊木界牌	分行各省市及華中鉄道公司樹立沿綫各團隊木界牌以關愛護責任	各縣市及華中鉄道公司遵照協同實行
		(一)擬訂編組請求之福利宣傳教育各事項調査統計表式	分行各省市政府轉飭沿綫各市縣分別逐項査塡並隨時派員實地考査	各市縣政府接到表式後應即詳細塡明呈轉
		(二)繼續七月份二四兩項	同(二)(四)兩項	將修築完工小屋隨特具報
訓導工作第二期七至九月	七月份	項工作 情報工作之擴展與加緊	擬訂情報網組織辦法及蒐集情報之方法	轉發各省市縣轉發各團員隨身攜帶
	八月份	擬訂訓練團員關於愛護常識及應知守則	將擬訂上項守則等製成小册分發各省市政府	各市縣政府遵照頒行辦法切實辦理具報
		(一)選擇優秀團員施以特殊訓練	擬訂特殊訓練辦法呈准頒布施行	
	九月份	(二)情報網組織之實施	特擬訂辦法呈准頒布施行	各市縣遵照頒行辦法切實辦理具報
	十月份	(三)警防工作演習	擬訂假想破壞交通事態與如何警戒防範及逮捕之計劃分發各屬爲演習之對象派員抽査演習之成績	各市縣政府奉到演習計劃後應先與當地駐軍及有關方面聯絡舉行並於舉行後呈報備査
		(四)點驗徐蚌新淮南綫愛護團隊	準備一切點驗事宜派員出發	應按照通知點驗辦法準備一切事宜
		(一)擬訂愛護團隊幹部訓練實施方案	將擬定訓練方案分行各省市政府轉飭各市縣實施轉告各團員	各市縣政府應遵照實施方案切實辦理
		(二)巡邏路綫之週密與考核	依照本年四月公布分段巡邏辦法續訂巡邏綫路週密分配及考核辦法呈請頒布施行擬訂巡邏考勤懲罰規則	各市縣政府奉到頒行辦法後應切實遵照將所在地點巡邏路綫詳密劃分區段製圖具報並隨時注意考核轉報備査
	十一月份	各綫愛護工作如監視小屋之修築愛護團之編組等之總檢討	考核沿綫監視小屋已否完成愛護團已否編組合當及訓練是否按照方案實施	各市縣政府應努力辦理並詳細具報
	十二月份	繼續十月份(一)(二)兩項工作	派員分別督導考察	
組訓工作	一月份	京滬滬杭浙贛各綫愛護	根據迭次派員視察及督導報告	各省市縣政府應準備後檢討工作概況外備査詢各市縣政府將應行改善事宜分別遵照辦理具

第四期三十四年一月至三月		工作之改善	將應行改善事宜分行各省市政府轉飭遵照	報
	二月份	津浦淮南南甯各綫愛護工作之改善	根據迭次派員視察督導報告將應行改善事宜分行各省市政府轉飭遵照	各市縣政府奉到行知後應行改善事宜分別遵照辦理具報
	三月份	華中全綫愛護工作綜合檢討及懇談	召集全體會員及各省市主辦人員出席報告關於興革事宜綜合檢討備為明年度工作綱領	各委員及各省市主辦人員應準備一一切出席詳細報告並討論
宣傳工作 第二期七月至九月	七月份	擬合各縣市共同進行愛路宣傳	制定「各市縣區愛路宣傳實施方案」詳列宣傳要點及實施辦法督導各市縣區共同進行愛路宣傳	各市縣區應遵照方案策動當地報館學校劇團等積極進行宣傳各主要城鎮幷須隨時利用電台廣播
	八月份	編印團員名冊分發全綫團員	編輯愛護工作各種法令章程圖表幷撰擬告團員書團員信條口號等印訂小冊分發團員使其明瞭各項法令章則熟悉工作方法以增進愛護效能	由團隊班轉發團員日常攜帶翻讀
	九月份	中秋節時印製月光馬圖像分發團員	給製以愛路為題材精美而興趣之月光馬圖像圖案印發全綫團員	由團隊班轉發團員及時懸掛
第三期十月至十二月	十月份	懸賞徵求愛路論文愛路劇本愛路歌曲等	與華鐵公司商定賞格及品評辦法懸賞徵求愛路論文劇本歌曲以激起文化界之愛路熱忱共同奮起以謀改造人民之思想及觀念論文之佳作送報章發表劇本歌曲之佳作則印成專冊分發各地話劇團歌詠隊各地青少年團各學校沿綫各軍師政工隊等隨時採用	各宣傳團隊各學校等應積極排練演唱積極宣傳
	十一月份	策動話劇團出發各地公演	與宣傳部及華鐵公司協商策動新國民劇團華鐵流動話劇團積極排練愛路話劇出分各地公演	各市縣於話劇隊到達時負責招待及佈置一切
	十二月份	巡迴放映電影及展覽畫片	與有關聯絡拍製宣傳愛路之映畫片幷攝印各地愛路工作動態之照片先在主要城市放映及展	同右

第四期一月至三月	一月份	（一）利用春節舉行團員聯歡大會	覽再組織巡迴宣傳隊出發各地放映及展覽與華鉄公司洽商補助茶點用費令各地于新年酌舉行團員聯歡大會	各地應酌量情形進行籌備并預先準備游藝節目屆時邀請當地團員及其家屬熱烈參加
	二月份	（二）春節時印製各種圖像分發團員春節期內對優秀團員給予物資獎勵	預先印製民間俗用神佛圖像發給全綫團員一面分行各省市轉飭各縣與華鉄愛路區會同選擇優秀團員并詳加考核呈報一面與華鉄公司及合作社協商賞給物資之辦法	於聯歡大會前交由團隊班轉發團員 各市縣奉到飭知後應即會同華鉄愛路區優秀團員詳加考核選報
	三月份	督導舉行小組會議	詳訂小組討論之綱目督飭各級愛護團長分別召集舉行區團長小組會議鄉團長召集小組會議小組會議再由各隊長召集所屬團員舉行團員小組會議以增充各級幹部及團員之愛路常識	各區團長鄉團長隊長應遵令負責召集主持討論
增產工作第二期七月至九月	七八月份	調查鉄道兩側及愛護區域之荒地	咨行各省市轉飭各縣限期查報愛護區域荒地并令飭華鉄公司查報鉄道兩側空地	各縣應依期查報
	九月份	（一）擬訂鉄道兩側隙地及愛護區域荒地分配耕作辦法	與農業增產策進委員會會商荒地分配耕作辦法分行各省市督飭沿綫各縣并合華鉄公司協力切實施行以利增產	各縣應遵照訂定辦法切實施行
		（二）積極推進各項農業增產施策	與農業增產策進委員會合作事業委員會等關係方面協商推進酌施及增產農業施策 1.農業借款之施放 2.優良農具之共同購買及共同利用或貸予 3.耕牛購買之斡旋 4.優良種子樹苗之配給及購買之斡旋 5.施肥之改善及肥料之配給 6.驅除病虫害之指導及農業藥	各地方政府應相機協助推進上列各農業增產施策愛護團員皆有優先取得上項施策惠益之權利
第三四期十月至三月	十月份			

			劑之配給 7.灌溉排水之設施 8.農村副業飼畜製繩等之獎勵 9.策劃蓖麻棉花之增產 以上施策以賦予愛護團員優先權利促進團員福祉為原則故為福利工作會同行之	
教育工作	三月份 七月至九月	調查沿綫教育狀況籌備設立愛護團員子弟免費學校	製定「一各省市愛護團團員子弟教育調查表」咨行各省市轉飭各縣各區查明填報	各區公所應依照表明并填具在當地附設團員子弟免費學校意見
	十月至十二月	督飭各地開辦團員子弟免費小學并積極謀其普遍	彙齊各地報來調查表審核其意見並與教育部協商訂定補助辦法咨行各省市督飭各市縣儘速開辦	各市縣積極籌備開學授課
福利工作 第二期七月至九月	一月至三月份	團員子弟教育之視察及督導	派員視察各地團員子弟學校并予以指導	各團員子弟學校應秉承指示積極改善
	七月份	修訂愛護團服務人員撫卹章程	修訂愛護團服務人員撫卹章程呈核施行	各市縣應遵照公佈週知
	八月份	籌劃配給廉價物資	與關係方面協商對全綫團員實施廉價物資之配給	各市縣依照配給數量具領分派
	九月份	籌劃對愛護團員及仕民實施免費治療	調查愛護區域現有施醫狀況并與華鐵公司合作社等有關方面協商籌設愛路醫院及普遍施醫辦法	各市縣遵將施醫辦法公佈週知
第三期十月至十二月	十月份	普遍籌設閱報室	規定各區團部均須籌劃附設閱報室定購報紙以供衆覽	各區團部應遵照辦理
	十一月份	組織愛路參觀團	與華鐵公司協商辦法選擇優秀團員組織參觀團率往各地參觀增其見聞以慰忠勤	各級團部應遵照訂定辦法須先會同華鐵公司愛路分區選定優秀團員詳加考核具報并命當選人員隨時候令集合
	十二月份	普遍籌設愛路茶園及愛路浴室	與華鐵公司商定補助辦法在沿綫各地普遍籌設愛路茶園及浴室以裨益團員生活	各地方遵照補助法積極籌備開設
第三期一月至三月	一月份	辦理團員農產共同販賣	與合作事業委員會協商辦法辦理團員農產之共同販賣以謀增	各市縣應將訂定之農產共同販賣辦法轉飭團員知照使與各地

		加團員之進益幷與華鐵公司洽商減免團員共同販賣物之運費及予以配車之便利	合作社隨時接洽
二月份	發起舉行敬老會	與福利部及華鐵公司協商發起舉行敬老會招待沿綫耆老分區集會幷發動附近團員子弟學校學生送禮致敬及表演遊藝助興	各市縣遵照訂定辦法竭誠邀薦
三月份	興修廢廟保存古蹟	調查沿線荒廢寺刹發起興修孔關等廟幷竭力設法保存各名勝古蹟	各市縣應查明具報幷徵詢當地人士意見及詳陳保存當地名勝古蹟之辦法與興修之預算

南京特別市政府訓令　府保甲字第　號

令城鄉各區公所

案准

內政部禁字第七三六號咨開

「案奉　行政院院字第七一三四號訓令內開『案查本院第二二四次會議討論事項第二案院長交議據內政部梅部長呈送厲行禁種罌粟辦法草案一案經先飭由本院祕書處審查簽具意見請公決案決議修正通過辦法即由該部公布施行幷呈報　中央政治委員會備案等由紀錄在卷除呈請　中央政治委員會備案外合行錄案抄發上項修正辦法令仰該部遵照』等因抄發厲行禁種罌粟辦法乙份奉此除於本年九月二十五日由本部公布施行幷分咨外相應檢同上項辦法咨請查照幷轉飭所屬遵照」

等由附送厲行禁種罌粟辦法一份准此自應照辦除分令外合行抄發原辦法令仰該區公所遵照幷轉飭所屬一體遵照

此令

計抄發厲行禁種罌粟辦法乙份

中華民國三十三年十月　日

市長　周學昌

厲行禁種罌粟辦法

第一條 本辦法依據禁煙辦法大綱制定之

第二條 禁種罌粟區域依照禁煙辦法大綱第七條之所定

第三條 行政督察專員(以下簡稱專員)縣長區保甲長各級煙毒查緝處及禁煙局處主管人員對於種植罌粟均負有查禁之責當地軍警幷應負責協助辦理

第四條 自本辦法施行之日起限於一年內各縣應按照保甲塡具禁種罌粟十戶聯保切結彙齊縣政府查考幷由縣政府將辦理情形呈報省市政府及內政部備查前項切結書式由內政部制定之

第五條 塡具切結已完成區域如經發見罌粟或罌粟種子者持有人概以意圖製造鴉片論罪聯保各戶如有知情不報或其他幫助行爲者應一併依法治罪

第六條 專員應隨時責成縣長督飭區保甲長挨戶搜集罌粟種子呈繳縣政府轉報省市政府及內政部派員監視當衆焚燬其在塡具切結前將罌粟種子自行呈繳焚燬者由該管縣政府呈請內政部核給獎狀

第七條 專員應隨時督同縣長實地履勘遇有煙苗應立卽剷除幷將種戶依法治罪聯保各戶如有知情不報或其他幫助行爲者依前條第二項辦理專員縣長應將前項履勘情形作成詳細報告專案呈報省市政府及內政部考核

第八條 內政部於專員縣長履勘後得隨時會同省市政府派員復勘如發見煙苗或雖經剷除而未淨盡者該管專員縣長應予從嚴處分

第九條 各級負責禁種人員對於種植罌粟如有徇私庇縱或知情不報情事應與種戶一併依法治罪地方軍警豪強劣紳庇種或勒種者亦同

第十條 人民對於栽種罌粟私藏種子或庇種勒種者得向該管地方行政官署各級禁煙機關或逕向內政部告密但挾嫌誣告者依法治罪

前項告密經查明屬實者得呈請內政部核給獎勵金

第十一條 內政部對於各級辦理禁種人員應視其成績之優劣分別予以獎懲

第十二條 屬行禁種罌粟於行政督察專員公署應列爲中心工作之 於縣政府應列爲縣長考成之一

第十三條 本辦法自公布之日施行

南京特別市政府訓令 府保甲字第　號

令城鄉各區公所

案准

內政部禁字第七七四號咨開

「查厲行禁種罌粟辦法業經本部於本年九月二十五日公布施行并以禁字第七三六號咨達在案茲依照該辦法第四條第二項制定禁種罌粟聯保切結式樣以便依式製用除分咨外相應檢同該項切結式樣一份咨請查照并轉飭所屬遵照」

等由附禁種罌粟聯保切結式樣乙份准此自應照辦除分令外合行抄發是項切結式樣令仰該區公所遵照

此令

計抄發禁種罌粟聯保切結式樣乙份

中華民國三十三年十月日

市長周學昌

禁種罌粟聯保切結(式樣)

厲行禁種罌粟法第四條附件

茲願互相保證本甲內居民恪遵政府厲行禁種罌粟辦法自民國　年　月起絕對不種罌粟自具結之後互相監察倘有違反前項辦法情事具結人等甘願依法懲處所具聯保切結是實

省/特別市　縣(市)禁種罌粟聯保切結

區別	鄉鎮別	保別	甲別	地名	門牌號數	戶主姓名	蓋章或捺指印	附記

填保須知

一、本聯保切結以一甲十戶合填一聯為原則但該甲內住戶不止十戶或少於十戶者不限十戶之規定

二、非本甲居民而承種本甲土地者該承種人如有違法情事本甲各該聯保人應負監察及報告之責
三、本切結須用毛筆填寫字跡不得潦草

南京特別市政府訓令　府保甲字第　號

令城鄉各區公所

案准
首都警察總監署保一字第八十九號公函內開
「查本年冬防轉瞬即屆本市警力單薄不敷分配本署爲謀鞏固首都地方治安起見經於十月六日下午三時召集本市保甲委員會各區公所各警察局市商會各同業公會舉行討論推進冬防防務談話會當經共同決定組織首都自警團以期補助警力之不足關於辦理自警團經費一項幷決定由商會會同各區公所負責籌措等語紀錄在卷茲由署訂定招募自警團暫行辦法除分別呈報暨函令外相應檢附該辦法備函奉達即希查照轉知保甲委員會幷飭各區公所與市商會妥籌經費暨分別會同各警察局迅予勘定分配崗位處所及一切應行籌辦事項以便着手辦理仍希見復
等由附送招募自警團暫行辦法十二份准此自應照辦除分令暨函復外合亟檢發是項辦法令仰該區公所遵照與當地警察局先行連絡爲要此令

附發徵募自警團暫行辦法一份(略)

中華民國三十三年十月　日　市長周學昌

南京特別市政府訓令　府保甲字第　號

令鄉區各區公所

查鄉區各區清査戶口編組聯保等事宜已於三月底先後據報辦理完竣各鄉鎮保長聯合辦公處亦均相繼成立依據規定程序自應即時開始征收保甲經費惟當時適値農忙未便開始現在秋收已畢各該區保甲經費應即按照新訂征額自本年七月份起着手開征所有是項繳納憑證業經印就幷定七、八、九、三個月一次征收除分令外合亟令仰該區長遵照前令迅將應辦未完各項手續尅日辦竣幷於本月底前來領取繳納憑證勿再違延切切

此令

中華民國三十三年十月　日　市長周學昌

南京特別市政府訓令　府財字第　號

令鄉區各自治實驗區公所
　八卦洲洲產整理處

查八卦洲本年蘆柴業經本府令派專員夏棨封稅警隊隊長施叔賢會同負責籌備收割在案所有該洲本年蘆柴產量已規定於收割後以半數由軍委會衛士大隊備價承購其餘半數由府定價另行出售在此籌備收割期間亟應防止偷竊以重公物合行令仰該區處長遵照督飭所屬嚴禁偷竊並於本府委員到洲收割時切實協助俾利進行爲要

此令。

中華民國三十三年十月　日　市長周學昌

南京特別市政府訓令　府保甲字第　號

令城鄉各區公所
　市私立各中小學校

案准

實業部農林字第一一一三號咨開

「查本部爲積極推進增產工作起見爰經分別釐訂獎勵墾殖實施方案促進利用空閒地實施方案及業上品增產實施方案各乙份除分別咨行外相應檢附前項方案各乙份咨請查照即希轉飭所屬一體遵照」

等由計附送獎勵墾殖實施方案促進利用空閒地實施方案業工作增產實施方案各乙份准此自應辦理除分令外合行抄發是項方案令仰該區校長遵照幷轉飭所屬一體遵照

此令

計抄發獎勵墾殖實施方案促進利用空閒地實施方案蔬工作增產實施方案各乙份（略）

中華民國三十三年十月　日　　市長　周學昌

南京特別市政府訓令　府財字第　號

令南京特別市商會
營業稅徵收處

案准

財政部賦三字第一〇二號咨內開

「案奉　行政院院字第七零六八號訓令內開『案奉　國民政府三十三年九月六日第九六二號訓令開「據本府文官處簽呈稱『准最高國防會議祕書處高祕字第六四五號公函開「奉　主席交下最高國防會議三十三年八月二十六日第五四次會議討論事項第一案『主席交議據行政院呈為本院第二二零次會議通過財政部呈請征收香燭稅一案呈請鑒核等情請公決案決議修正通過』等因遵由本處照案修正紀錄在卷相應錄案抄附原呈及上項修正征收章程等三份一併函達至希查照轉陳令飭行政院轉飭財政部遵照」等由理合簽請鑒核』等情據此自應照辦合行抄發該修正章程等三份令仰該院轉飭財政部遵照」等因奉此同時並准最高國防會議祕書處函同前由合行抄發原件令仰該部遵照』等因計抄發修正財政部征收香燭稅暫行征收章程暨香燭稅暫行處罰章程及香燭稅總局暫行組織規程各一份奉此除由部公布暨分咨查照外相應照抄原發各項章程咨請貴市政府查照轉飭所屬一體知照

等由附發修正財政部征收香燭稅暫行征收章程等件准此查奉發香燭稅征收章程第六條內載有「已納資本登記稅之香燭商不再征收普通營業稅」等語關於專營香燭業之商店已經繳納登記稅者自應依照規定不再征收普通營業稅但對於兼營商店除香燭部份准予免征營業稅外其兼營他項部份仍應照章征收營業稅俾杜規避取巧除分行外合行抄發原件令仰該會處遵照並轉飭所屬遵照為要

此令

計抄發修正財政部征收香燭稅暫行征收章程一份

中華民國三十三年十月　日

市長周學昌

財政部徵收香燭稅暫行徵收章程

第一條　凡沉朴速降及以手工製成綫香盤香棒香末香蠟燭供祭禮齋奠之用者均應依照本章程之規定完納香燭稅

第二條　香燭稅由財政部設局徵收之

第三條　香燭稅稅率按照各該物品市值估價征收百分之十五

第四條　凡對香燭製造者或營業者統稱爲香燭商除申請主管機關發給營業執照外應依式填具香燭營業登記申請書向就地主管征收請發登記證照方得正式營業請領證照後所列各項如有變更時須立即呈報該管征收機關換領新照

前項證照由財政部製交征收機關印發無論初次請領或續請換領每張均收徵照費乙百元

第五條　香燭資本登記稅依照請領商營業資本總額每年納千分之二十於請發證照時一次繳納之掉換新照於每年營業總結束重核資本總額時行之

第六條　已納資本登記稅之香燭商不再徵收普通營業稅

第七條　香燭商入在證照領得後應按月將製造數量及售出數量按市值價格百分之十五稅額將稅款在下月五日以前呈繳就地徵收機關掣取稅照不得藉口證照未辦妥或其他理由意圖延緩違則照章處罰

第八條　香燭商如未領登記證照而私自營業者或以多報少甚至隱匿不報者或已領得登記證照而過期不掉新證照者各地主管徵收機關得隨時勒令停止營業或按情節輕重照章處以相當之罰鍰處罰章程另定之

第九條　香燭商應逐日將製造完成之香燭及銷售數量計入簿册以備徵收機關派員隨時檢驗

第十條　香燭稅徵收機關徵起稅款應隨時解交就近國庫並按旬編造報告表呈報財政部查核

第十一條　香燭稅稅照登記證照及罰款收據均由財政部印發加蓋徵收機關之關防及鈐記

第十二條　本章程如有未盡事宜得由財政部修正之

第十三條　本章程自公布之日施行

南京特別市政府訓令　府財字第　　號

令捐稅徵收所

案准

建設部建甲字第一七一四號咨內開：

「案准財政部本年九月四日賦三字第一三三號公函內開：『案查火車暨輪船及長途汽車各類乘客通行稅本部早經委託有關該項之運輸營業者代徵在案茲以交通環境上供求需要組織簡單之小型長途汽車及輪船等營業日臻發達爲調整稅收及平衡人民納稅義務起見對於所有尚未徵稅之各該長途汽車及輪船乘客定於本年九月十六日起一律實施開徵通行稅其隨票帶徵稅款之一切徵收報解各事項即由本部分區設置通行稅督察員辦事處督察辦理以利徵稅而裕國庫相應函請貴部查照轉飭主管機關隨時予以協助以重稅政仍希見復爲荷』等由准此除函復暨分別咨令外相應咨請貴府查照轉飭有關機關予以協助爲荷」

等由准此合行令仰該所知照

此令。

中華民國三十三年十月　日　市長周學昌

南京特別市政府訓令　府財字第　號

令牲畜屠宰稅征收所所長張藝林

查該所經征牲畜屠宰稅關係重要所有分駐各城門等處稽征人員均各負有專責必須遵章妥慎辦理不得代徵其他捐稅致滋流弊除隨時派員密查外合行令仰該所長遵照切實辦理幷轉飭所屬一體遵照毋得故違致干懲處

此令

中華民國三十三年十月　日　市長周學昌

南京特別市政府訓令　社福字第　號

令本市筵席酒菜館業同業公會

案據經濟局社會福利局會簽略稱：『據本市筵席酒菜館業同業公會呈以「各酒菜館多以限價關係對於供應特殊宴會及

招待外賓之高價筵席未敢擅自代辦致招顧客責難懇將甲等酒菜館供應特殊宴會每桌筵席價格酌予提高以維營業」等情據此經核所稱各節尚屬實情茲經體察實際情形擬訂特殊宴會限制辦法四款簽請核示』等情據此經核所擬辦法尚屬妥切可行除批示知照外合行抄發特殊宴會限制暫行辦法乙份仰即轉飭各甲級酒菜館一體遵照爲要

此令

計抄發本市特殊宴會限制暫行辦法乙份

中華民國三十三年十月　日　　市長周學昌

南京特別市特殊宴會限制暫行辦法

一、本市甲級酒菜館除應切實遵守節約菜分等限價外（甲等三千元乙等二千五百元）其有適合下列第二三條之規定者得視爲特殊宴會

二、特殊宴會規定爲軍政機關長官招待外交使節及各友邦來華或駐華之軍政界人物暨政府高級官員之特殊宴客

三、酒菜供應特殊宴會時應將宴會主人之姓名職銜及宴客人數抄錄於賬册內以備考證

四、特殊宴會每席菜肴之最高價不得超出甲等節約菜限價三分之二（譬如甲等限價爲三千元則特殊宴會不得超出五千元倘有超出經查明屬實者仍按照戰時宴會菜肴限制辦法第九條之規定各款處罰之

南京特別市政府指令　府財字第　號

令捐稅徵收所所長江兆龍

呈乙件　爲本市菸酒牌招稅擬請改爲按季徵收並請自本年冬季起實行是否有當列表呈請核示由

呈表均悉該所請將本市菸酒牌招稅按照原規定徵收標準自本年冬季起改爲按季併徵一次尚無不合應准照辦仰即遵照

此令（附表存）

中華民國三十三年十月　日　　市長周學昌

南京特別市政府指令　府財字第　號

令捐稅徵收所所長江兆龍

呈乙件　爲車捐冬季磁牌時期已迫擬請暫予停製幷請將三十四年春季捐牌先期製辦列表呈請核示由

呈件均悉據呈請將本年冬季車捐磁牌免予換發幷免收磁牌費一面將應製本年冬季磁牌改製明年（三十四年）春季磁牌應准照辦仰即遵照並將車捐照章徵收爲要此令（附件存）

中華民國三十三年十月　日　市長周學昌

南京特別市政府指令　字第　號

令鄉區自治實驗區公所

呈一件　爲據報資搭橋又告損壞呈請鑒核准予派員蒞勘興工修理以維交通由

呈悉該橋損壞經飭據工務局派員查明已由該處駐防部隊會同該鄉鄉長徵用人工協力修理矣仰即知照此令

中華民國三十三年十月　日　市長周學昌

南京特別市政府指令　府財字第　號

令牲畜屠宰稅徵收所所長張藝林

呈乙件　爲呈復遵令辦理所屬稽徵人員不得代徵其他捐稅一案仰祈鑒核備查由

呈悉仰仍認眞查察毋得代徵爲要此令。

中華民國三十三年十月　日　市長周學昌

南京特別市政府佈告　府財字第　號

案奉

行政院院字第六六五二號訓令內開案查前准全國經濟委員會函爲本會第六次常務委員會議討論田賦改徵實物一案決議送行政院斟酌辦理等因經飭據內政財政實業三部會同審議對於原則並無異議應以本年爲試辦年擬具意見呈祈鑒核等情除指復准如所擬辦理並分飭各省市政府遵辦外合行令仰該市府遵辦具報等因奉此查田賦改徵實物一案旣奉中央規定原則酌定本市田賦徵收標準上等田地每畝全年徵收實物一斗中等田地每畝全年徵收實物八升下等田地每畝全年徵收實物六升仍分上下兩期各半徵收惟本年上期田賦已早開徵應仍按原定標準免予改徵實物所有本年下期田賦應遵照院令改徵實物上等每畝徵稻五升中等每畝徵稻四升下等每畝徵稻三升但在試辦期間爲便利人民起見准予折價繳納暫定應納稻價每担壹千貳百元爲標準自開徵之日起以一個半月爲限屆時考察情形再行核定其有未種稻穀而種雜糧者一律按照規定稻價標準核算繳納特定於本年十月二十一日起開徵本年下期田賦仍以一個半月爲繳納期限逾限照章徵收滯納罰金除將改徵實物辦法呈報行政院鑒核備案及令飭田賦徵收處遵辦外合行佈告仰本市有關田賦人等一體遵照務將三十三年第二期田賦依照規定標準遵限投櫃完納擊串安業毋得逾延致干處罰倘有積欠之戶故違不繳一經查明或被告發定予傳案押追其有欠數較鉅者並得依照規定封產扣租備抵欠賦至以前各年份舊欠田賦應仍依照原額趕緊清完如再違延併干嚴處切切

此佈

中華民國三十三年十月　日

市長　周學昌

財政局局長　譚友仲

南京特別市政府佈告　字第　號

查本市自事變後七八年來關於民間房屋田地買賣自必繁多前經予限一個月聲請移轉登記准予免罰並訂獎勵檢舉匿報辦法佈告週知在案辦理以來遵照聲請者仍屬爲數無多忖度原因不免以城鄉距離遼遠來城一次所費不貲又以登記手續繁多未能短時辦理因是心存怠忽玆本府爲體恤人民物力便利投稅起見特制訂整理鄉區契稅須知一種幷飭鄉區各區長督率鄉鎮

長着手擠催合行刊附整理鄉區契稅須知如後仰各未稅業戶一體遵限投稅毋再稍延致干罰辦特此佈告週知

中華民國三十三年十月　日

市長　周學昌

地政局局長　張仿良

整理鄉區契稅須知

一、本府體恤人民物力便利納稅增加市庫收入起見特訂此須知

二、責成各鄉區區長召集該管鄉鎮長開會討論挨戶擠催未稅白契有效方法務使人民曉然以納稅為天職開會時地政局派員參加

三、鄉鎮長於開會後應按照決議方法積極轉催人民依限完稅

四、凡賣典白契在此期內無論其成契年月遠近概予免罰

五、契價應依現時產價據實填寫倘有不足概照新訂標準價額科稅以杜取巧聲請登記時應檢同白契及上首老契呈驗如無上契時得出具甘結

六、聲請人不能親身投稅時得委託他人代理惟須於書內註明代理人字樣簽名蓋章免具委託書聲請書接到後立付審查如手續完備應即通知該戶攜帶收據名章來領官契稅單毋庸批示

七、在此期內投稅過戶地政局應分別鄉鎮另造推收冊逐戶詳載事竣送交財政局入冊過戶

八、此次限期自本年十一月一日起至十一月三十日止

南京特別市政府公告　字第　號

案據業戶鞠汝霖等報受抵李長[illegible]等坐落[illegible]棚營第六號房地產原領前土地局所發他項字第六號他項權證明書壹紙因遺失請予撤銷等情經飭據呈繳聲明他項權證明書遺失報紙暨鄰商兩保前來茲依照土地法第一百四十條第二款之規定揭示公告自公告之日起對於該項遺失他項權證明書如有關權利關係聲明異議者須於三個月內提出理由書暨證明文件呈候核辦一經公告期滿無人異議即予依法撤銷他項權合行公告週知

中華民國三十三年十月　日

南京特別市政府公告　字第　號

案據業戶華自義呈報坐落中央路地產前據訴願經前內政部決定撤銷前土地局處分發還管業在案茲據檢呈原登記收據及有關產證等件尙屬實在茲依照土地法第一百四十條第二款之規定揭示公告自公告之日起對於該產如有因權利關係聲明異議者須於三個月內提出理由書暨證明文件呈候核辦一經公告期滿無人異議卽予依法補給圖狀管業合行公告週知

中華民國三十三年十月　日

市　長　周學昌
地政局局長　張仿良

南京特別市政府公告　字第　號

案據業戶朱良順呈報坐落過街樓第七號房地產原領前財政局所發四字第二八八號所有權狀及四區三〇九一段分段圖各壹件於廿六年向小本借貸處抵押借款因事變遺失請予補給等情經查屬實茲特揭示公告自公告之日起對於該項遺失圖狀如有因權利關係聲明異議者須於七日內提出理由書暨證明文件呈候核辦一經公告期滿無人異議卽予依法作廢合行公告週知

中華民國三十三年十月　日

市　長　周學昌
地政局局長　張仿良

南京特別市政府公告　字第　號

案據業戶薛洪氏呈報坐落鷄鵝巷第五十七號房地產原領前土地局所發一區一四一七段分段圖壹件因乘車被竊遺失請予補給等情經飭據呈繳聲明分段圖遺失報紙及鄰商兩保前來查該產原係薛炳森之產嗣據薛傅氏薛長林聲請出賣並登報具保在卷現據調查薛炳森薛傅氏薛長林已先後亡故該產由其媳薛洪氏主持前來茲依照土地法第一百四十條第二款之規定揭

示公告自公告之日起對於該項遺失分段圖如有因權利關係聲明異議者須於三個月內提出理由書暨證明文件呈候核辦一經公告期滿無人異議卽予依法核准買賣發給圖狀管業合行公告週知

中華民國三十三年十月　日

市長　周學昌
地政局局長　張仿良

南京特別市政府公告　字第　號

案據業戶曹立權呈報坐落碑亭巷第一二〇號房地產原領前土地局所發一區一九七四段分段圖壹件因被受抵人呂篤卿遺失請予補給等情經飭據呈繳聲明分段圖遺失報紙暨鄰商兩保前來茲依照土地法第一百四十條第二款之規定揭示公告自公告之日起對於該項遺失分段圖如有因權利關係聲明異議者須於三個月內提出理由書暨證明文件呈候核辦一經公告期滿無人異議卽予依法補給分段圖管業合行公告週知

中華民國三十三年十月　日

市長　周學昌
地政局局長　張仿良

南京特別市政府公告　字第　號

案據業戶古林寺住持僧果言呈報坐落水佐崗地產原領前地政局所發六字第六四四七號所有權狀及六區三二七六段分段圖各壹件因事變遺失請予補給等情經飭據呈繳聲明圖狀遺失報紙暨鄰商兩保前來茲依照土地法第一百四十條第二款之規定揭示公告自公告之日起對於該項遺失圖狀如有因權利關係聲明異議者須於三個月內提出理由書暨證明文件呈候核辦一經公告期滿無人異議卽予依法補給圖狀管業合行公告週知

中華民國三十三年十月　日

市長　周學昌
地政局局長　張仿良

南京特別市政府批示　字第　號

批原具呈人徐淑貞

呈乙件　爲嫁與日人畑野明爲妻呈請喪失中華民國國籍由

呈悉　仰即依照規定格式塡具申請書一二兩紙暨手續費拾貳元印花費貳元二寸半身照片貳張並在民國日報及中報上自行登載自願喪失中華民國國籍之事實即檢同前項報紙每種三份一併呈送到府以憑核轉

此批

中華民國三十三年十月日

市長周學昌

南京特別市政府批示　字第　號

批原具呈人楊和祥

呈乙件　爲娶得日人大關美津子爲妻呈請喪失中華民國國籍由

呈悉　仰即依照規定格式塡具申請書一二兩紙連同手續費拾貳元印花費貳元暨二寸半身照片兩張並在民國日報及中報自行登載自願喪失中華民國國籍之事實檢同該項報紙各三份一併呈府以憑核轉

此批

中華民國三十三年十月日

市長周學昌

法規

修正南京特別市營業稅征收章程第十二 十六 二十一 二十二條條文

民國卅三年十月二日公布

第十二條　營業稅經按照前條核定稅額後應由營業人每月照額繳納以本月五日至二十五日爲繳納期限由營業稅徵收處隨時掣給納稅收據

第十六條　物品販賣業無論設莊躉賣及門市零售均應按照規定稅率一律繳納營業稅

第二十一條　營業人如違反本章程第四第六第十二條之規定或以多報少及私自頂替者除分別責令補稅換證外按其情節輕重處以應納稅額一倍以上五倍以下之罰金其抗不納稅者並得停止其營業隨時將辦理情形呈報查核

第二十二條　營業人不遵照規定限期繳納稅款逾限十日者加收應納稅款十分之一之滯納罰金逾限二十日者加收十分之二逾限二十日者加收十分之三逾限三十日以上者即以抗不納稅論依照前條之規定辦理

公牘

南京特別市政府呈 府祕字第　號

竊查本府工務局局長陳萬恭因病辭職業予照准所遺職務當經令派該局技正兼代祕書韓春第暫行代理六月以來成績優良尙堪勝任擬請
簡命爲本府工務局局長以專責成可否之處理合檢同韓春第履歷表暨任用審查表等件一併具文呈請
鈞長鑒核仰祈
准予分別任免實爲公便
謹呈
行政院院長汪

附呈韓春第履歷表一份任用審查表二紙證明文件十件像片一張(略)

南京特別市市長周學昌

中華民國三十三年十月　日

南京特別市政府呈 府祕字第　號

竊查本府薦任專員謝傳安因病出缺擬請免職遺缺查有叢尙滋一員資歷尙符堪以抵補可否之處理合檢同叢尙滋履歷表等件一併具文呈請
鈞長鑒賜分別任免實爲公便
謹呈
行政院院長汪

附呈叢尙滋履歷一份任用審查表二份證件三件像片一張

南京特別市市長周學昌

中華民國三十三年十月十日

南京特別市政府咨 府衛字第　號

據本京西藥商舒少雲張傑等二戶中藥商周質亭一戶送呈藥商登記申請書並繳納各費請轉署頒發開業執照前來經核尚無不合除飭衛生局登記外相應抄錄名單一份申請書三紙執照費一百五十元印花費三元一併咨請
貴署查照辦理並希見復為荷

此咨

衛生署

附申請書三紙請單一份執照費一百五十元印花費三元(略)

市長周學昌

中華民國三十三年九月　日

南京特別市政府公函 字第　號

案准

中國國民黨中央執行委員會秘書廳祕字第一四八〇號公函內開

「逕啓者：查政府當局鑒於物價漫漲影響公務員生活至大爰經制定中央各機關公務人員臨時加俸及配給俸米辦法自七月份起實行以資安定生活至各省市政府亦已斟酌當地情形分別辦理惟本黨各省市部員役俸米配給尚付闕如迭據各省市黨部呈述工作人員生活艱窘請予救濟等情；自係實在情形經提奉中央常務委員會第九十三次會議議決：「由各省市黨部與各省市政府接洽辦理」等因除分函外擬請貴市長體念黨部工作人員生活艱苦與地方政府機關公務員一視同仁統籌配給俸米而免向隅相應奉達至希查照見復為荷

等由准此自當照辦除函復外相應函達
查照即希將
貴部實際員役名冊抄送過府以憑核發為荷　此致
南京特別市黨部

中華民國三十三年十月　日　　市長周學昌

南京特別市政府公函　府保甲字第　號

案准

貴署總政督會字第五五六〇號公函略以為適應戰時體制增強保衛地方力量起見擬就本區各聯保居民中徵募保安警察并檢附徵募暫行辦法乙份囑查照辦理等由准此案關確保京市治安自應照辦除派員與貴署會處長商洽徵募手續并飭城鄉各區轉飭各聯保主任遵照辦理外相應先行函復即希查照為荷

此致

首都警察總監署

市長周學昌

中華民國三十三年十月　日

南京特別市政府公函　字第　號

案准

中國國民黨中央執行委員會秘書廳秘字第一四八〇號公函內開

逕啟者：查政府當局鑒於物價漫漲影響公務員生活至大爰經制定中央各機關公務人員臨時加俸及配給俸米辦法自七月份起實行以資安定生活至各省市政府亦已斟酌當地情形分別辦理惟本黨各省市黨部員役俸米配給尚付闕如迭據各省市黨部呈述工作人員生活艱窘請予救濟等情自係實在情形經提奉中央常務委員會第九十三次會議決議：「由各省市黨部與各省市政府接洽辦理」等因除分函外擬請貴市長體念黨部工作人員生活艱苦與地方政府機關公務員一視同仁統籌配給俸米而免向隅相應奉達至希查照見復為荷

等由准此自當照辦惟查本府俸米配給辦法凡本府及附屬機關員役而有臨時加俸者始得配給之茲以南京市黨部員役俸米既由本府撥配自應按照規定辦理用資一律相應函請

貴部查照煩將南京特別市黨部最近員役名册抄送一份以憑統計至級公誼

此致

中國國民黨中央執行委員會組織部

中華民國三十三年十月　日　市長周學昌

南京特別市政府公函　府保甲字第　號

案據鄉區自治實驗區區長蕭石樓呈稱

「案據萬山鄉聯保主任董雲龍呈稱『案據職鄉第一保保長李源泉報稱本月十八日晨約六時許有北郊警察局警士孫耀南不知何故被歹徒將該警士戳死於太平村第九號門牌迎面路旁已由該附近居民邵復仁赴警局報案理合報請鑒核等情據此職當即前往出事地點查看確係事實死者厥狀殊慘除轉令所屬鄉民一體嚴密偵查外理合據情報告仰祈鈞長鑒核俯賜轉呈上峯函知軍警機關嚴密緝拿兇犯歸案嚴懲以慰幽魂等情據此經職馳往該出事地點查勘該警頭部胸部背部均有刀傷顯係被匪戳死厥狀甚慘後經訪問北郊警察局查知該匪等事後由小路翻出潛至渡師石江邊威迫該處居民楊傳德劉包成二人用小船送過夾江并又偵悉已由八卦洲渡過江北矣該匪徒等并遺有行兇小刀一把查近來職區搶刼之案頻仍匪犯均在逃未獲此次該兇犯竟敢在京市境內肆行無忌戳殺警士實屬目無法紀若不嚴緝歸案法辦不足以儆將來除飭屬嚴密防範及該案發生偵緝經過情形并船戶楊傳德等由警局呈送首都警察總監署訊辦外理合具文呈報仰祈鈞長鑒賜俯轉軍憲機關飭屬嚴緝歸案法辦以慰幽魂而安地方」

等情據此相應函請

查照辦理并希見復爲荷

此致

首都警備司令部

首都警察總監署

中華民國三十三年十月　日　市長周學昌

統計

南京特別市戶口統計表

三十三年度九月份

區別	戶數	人口數						
		總數	男性			女性		
			合計	成人	兒童	合計	成人	兒童
總計	142599	686113	413918	331825	82093	312195	237034	75161
城區自治實驗區	14109	65111	31429	25343	6086	33682	26000	7682
第一區	21858	107415	98176	88991	9185	49239	40316	8923
第二區	23612	115603	62286	52020	10266	53317	43296	10021
第三區	18947	89162	50135	36932	13203	39027	28375	10652
第四區	18918	104558	58530	50059	8471	46028	38939	7089
第五區	9918	47267	27102	19741	7361	20165	12928	7237
鄉區自治實驗區	9050	42688	22705	17864	4841	19983	15469	4514
上新河區	11852	51247	27840	19383	8457	23407	15805	7602
孝陵衛區	5227	24818	12960	7250	5710	11358	6730	4628
安德門區	9108	38744	22755	14242	8513	15989	9176	6813

備考：各外國僑民未在此表內　資料來源根據各區公所報告　秘書處第三科統計股製

南京特別市戶口統計表

三十三年度九月份　　較八月份增(十)減(一)

區別	戶數	人口數						
		總數	男性			女性		
			合計	成人	兒童	合計	成人	兒童
總計	(十)2471	(十)8069	(十)44092	(十)43095	(十)997	(十)3977	(十)3048	(十)929
城區自治實驗區	(一)45	(一)114	(一)46	(一)39	(一)7	(一)68	( )55	(一)13
第一區	(十)2301	(十)6754	(十)4343	(十)42639	(十)800	(十)3315	(十)2554	(十)761
第二區	(十)193	(十)1152	(十)510	(十)463	(十)47	(十)642	(十)588	(十)54
第三區	(一)13	(一)19	(一)9	(一)25	(十)16	(一)10	(一)20	(十)10
第四區	(一)6	(一)9	(十)2	(一)3	(十)5	(一)11	(一)16	(十)5
第五區	(十)27	(一)18	(一)8	(一)36	(十)28	(一)10	(一)27	(十)17
鄉區自治實驗區	(十)154	(十)158	(十)117	(十)49	(十)68	(十)41	(一)19	(十)60
上新河區	(十)32	(十)70	(十)35	(十)18	(十)17	(十)35	(十)18	(十)17
孝陵衛區		(一)24	(一)26	(一)20	(一)6	(十)2		(十)2
安德門區	(一)172	(十)119	(十)78	(十)49	(十)29	(十)41	(十)25	(十)16

備考：各外國僑民未在此表內　　資料根據各區公所報告　　秘書處第三科統計股製

南京日需品零售物價指數（簡單幾何平均）

民國二十九年=100

類別 / 時期 / 參數	食糧　葷素菜類					油及調味類	燃料類	衣服材料類	雜項類	總指數
	食糧	菜蔬	肉食	醬菜	平均					
	10	23	9	5	47	9	7	10	10	83
民國三十三年十月份	12117.0	19298.5	17360.0	11791.0	16361.0	9626.6	44510.0	18684.0	43736.0	19020.0
比上月增（＋）較上月減（－）	（＋）1928.0	（＋）5408.5	（＋）3260.0	（－）5045.0	（＋）3118.6	（＋）149.6	（－）831.0	（＋）5342.8	（＋）12509.6	（＋）253.0

說略

十月份南京零售物價暗盤總指數爲19020.0較上月18767.0略高253.0升1.5%

1.食糧葷素菜類四十七種平均指數爲16361.0較上月13242.4增3118.6升23%

食糧十種以食米價狂漲並影響雜糧緊升指數爲12117.0較上月10189.0增1928.0升18%

菜蔬二十三種以本年秋季多雨菜蔬來源減少並因人工成本增加市價激增指數爲19298.5較上月增5408.5升39%

肉食類以猪牛肉裝來源缺乏指數爲17360.0較上月14100.0增3260.0升23%

醬菜五種本月以得食鹽普遍配給指數消瘦略爲11791.0較上月低5045.0落30%

2.油及調味類九種食油大宗來源中斷市價略高食鹽大量應市暗盤下落其他調味品平康無變化指數爲9626.6較上月略升149.6升1.5%

3.燃料類七種市價堅挺指數爲44510.0較上月升831.0漲2%

4.衣服材料類十種以棉花棉布更形缺乏黑市縱橫指數爲18684.0較上月激增5342.8升40%

5.雜項類十種皂燭火柴又起漲風指數爲43736.0較上月增12509.6升40%

綜觀本月份物價趨勢漲風稍見緩和惟物資來源不暢仍能煽動漲餘之復熾

南京特別市政府秘書處第三科統計股編製

南京日需品零售物價指數比較表（簡單幾何平均）

民國二十九年＝100

類別 時期 項數	食糧葷素菜類					油及調味料	燃料類	衣服材料類	雜項類	總指數
	食糧	菜蔬	肉食	醬菜	平均					
	10	23	9	5	47	9	7	10	10	83
民國三十三年九月	10189.0	13890.0	14100.0	168[illegible]6.0	1[illegible]242.0	9487.0	43679.0	13341.2	31226.4	18767.0
十月	12117.0	19298.5	17360.0	11791.0	16361.0	9626.6	44510.0	18684.0	43736.0	19020.0
增(十)減(一)百分比	(十)18%	(十)39%	(十)23%	(十)30%	(十)23%	(十)1%	(一)2%	(十)40%	(十)40%	(十)1.5%

南京特別市政府秘書處第三科統計股編製

市政公報暫定價目表

期數	價目		郵費
零售	每冊	二元	本埠二角 外埠三角
半年	十二冊	二十四元	本埠二元四角 外埠三元六角
全年	廿四冊	四十八元	本埠四元八角 外埠七元二角

市政公報廣告刊例

頁數	價目
一頁	每期五十元
半頁	每期二十五元
四分之一頁	每期十二元五角

刊登廣告在四期以上者每期按照七折計算連續十期以上者每期按照六折計算長期另議

出版日期　本公報暫定每月二次

編輯者　南京特別市政府祕書處

發行者　南京特別市政府祕書處

印刷者　南京國華印書館　地址：中山東路鹽政牌樓　電話：二二一六五

市政公報

中華民國三十三年十一月十五日

第一五五期

南京特別市政府祕書處印行

中華郵政掛號認爲第一類新聞紙類　江蘇郵政管理局執照第一〇四三號

目錄

命令

公牘

統計

命令

南京特別市政府訓令　字第　號

令城鄉各區

案奉

國民政府行政院院字第七七三八號訓令內開：

「案奉　國民政府三十三年十月二十四日第一零零九號訓令內開「查蠶種製造條例業經修正明令公布應即通飭施行除分令外合行抄發該修正條例令仰該院知照並轉飭所屬一體知照此令　等因奉此除分令外合行抄發該修正條例令仰該府知照並轉飭所屬一體知照」

等因并附抄發蠶種製造條例一份奉此除分令外合即抄發原條例一份令仰該區公所知照

此令

附抄發修正蠶種製造條例乙份

中華民國三十三年十一月　日

市長周學昌

蠶種製造條例

民國三十三年九月二十六日立法院第壹零五次會議決議通過

第一條　凡爲製造蠶種之營業者依本條例之規定

第二條　實業部掌理全國蠶種製造之監督及管理事宜必要時得委託各省市主管機關代理取締及檢驗等工作但仍由實業部派員監督之

第三條　蠶種製造者應就左列事項詳細填報並繳納證書費壹百元及印花稅呈請所在地省市主管機關查明轉實業部核發蠶種製造許可證

一、蠶種製造場名稱及地址
二、商標
三、場主簡明履歷及照片
四、主任技術員簡明履歷照片及證明文件
五、所製蠶種量設備之桑園面積
六、蠶室與附屬室間數及面積
七、蠶具製種用具及檢種用具
八、蛾量及製造種類
九、原蠶種或普通種之品種名稱
十、冷藏處所

第四條　蠶種製造之主任技術員應具有左列資格之一
一、曾在國內外大學或專科學校之蠶科畢業者
二、曾在中等蠶業學校或農業學校蠶科二年畢業並具有養蠶製種二年以上之經驗者
三、曾在其他中等程度蠶科二年畢業並具有養蠶製種三年以上之經驗者

第五條　蠶種製造者以用原蠶種爲限

第六條　蠶種製造者每期所用原種品種及其交雜方式應由所在地省市主管機關轉請實業部指定之
蠶種製造應於春秋兩期行之
夏期製種各省市主管機關得斟酌實際情形報請實業部核定之

第七條　蠶種製造者應有防除蠶病必要之設備其蠶室蠶具及製種用具等均應實施消毒
前項所稱蠶病係指微粒子病硬化病軟化病膿病蠅蛆病等

第八條　原蠶種應有中央直轄蠶業機關或各省市立蠶業機關製造之但其他蠶種製造場經所在地省市主管機關審查認爲合於左列條例者轉請實業部核准製造之
一、有合格之原蠶種專用桑園者
二、有合格之原蠶種專用蠶室及蠶具者

三、每期製造普通蠶種在四萬張以上者

四、主任技術員除具有第四條各款資格之一外並曾有原蠶種製造經驗二年以上之證明文件者

第九條　製造原蠶種之蠶兒應用一蛾育但經所在地省市主管機關特許者得變更之至多以五蛾育爲限

前項所製原種以自給爲限不得出售或讓與

第十條　原蠶種之製造者所需原種應用純粹種及固定種

第十一條　原蠶種之製造者應將每期製種總額及品種名稱呈由所在地省市主管機關核轉實業部備查

第十二條　製造原蠶種應用袋製框製或袋製散卵製造普通種應用框製或散卵或平附但散卵以用袋製或框製者爲限

第十三條　製造原蠶種應受蠶卵蠶兒蠶蛹蠶繭及母蛾之檢查普通種應受蠶兒蠶蛹蠶繭及蛾之檢查但經所在地省市主管機關轉請實業部核准得抽查之

前項應受檢驗之蠶卵蠶兒蠶蛹蠶繭及母蛾均不得以其他蠶卵蠶兒蠶蛹蠶繭及母蛾調換

第十四條　原蠶種普通種及即時浸酸種母蛾檢查毒率標準如左

一、原蠶種母蛾在每一收蟻批內有微粒子之毒率在百分之三以上者爲不合格

二、普通種母蛾微粒子之毒率在未滿百分之三者全部合格百分之二十以上者爲不合格但在百分之三以上未滿百分之二十者應全部再檢查

三、即時浸酸種母蛾用混袋製者微粒子毒率未滿百分之五者爲合格在百分之五以上者爲不合格如非混袋製依第一款之規定

第十五條　蠶種製造者行冷藏蠶種時應在領有許可證之冷庫或冰庫儲藏其蠶種冷藏庫之管理辦法另訂之

第十六條　國外輸入之蠶種應呈經實業部檢驗合格後方准銷售或讓與

第十七條　實業部對於國外輸入之蠶種數量得以命令限制之

第十八條　依第十三條第十四條及第十六條之規定檢查合格後之蠶種應於蠶連紙上或容器上粘貼合格證加蓋種場騎縫印無合格證者不准銷售或讓與

前項合格證分原種普通種由實業部制定頒發每枚收費一元二角以半數解繳國庫半數撥交所在地省市主管機關充作改良提倡蠶種之用

第十九條　凡檢查不合格之蠶種應焚燬之

第二十條　蠶種製造者每期應將所製普通蠶種之品種名稱化性製造數額分別塡註呈由所在地省市主管機關轉請實業部備案

第二十一條　蠶種製造專以試驗研究爲目的者不受本條例之限制但應開具左列各款呈由所在地省市主管機關轉請實業部備案

一、機關名稱及地址

二、製造或購入品種

三、研究之目的

四、研究之時期

五、研究之方法

六、研究及主管者簡明履歷

第二十二條　各省市主管機關職員不得投資於製造蠶種之營業並不得兼充蠶種製造場職員

第二十三條　各省市主管機關職員於施行檢查時各蠶種製造場之主辦人員與本人有親屬關係者應行迴避

第二十四條　未經實業部核發許可證而爲製造蠶種之營業者除沒收其全部蠶種外科以五千元以上壹萬元以下之罰鍰如蠶種業已出售並得追徵其售款

第二十五條　違反第五條第一項第九條第十條第十二條或第十三條第二項之規定者得由所在地省市政府咨請實業部吊銷其許可證或停止營業一年

第二十六條　違反第十六條或第十八條第一項之規定者除令退還蠶種售價外並科以與售價相等之罰鍰

第二十七條　違反第四條第七條第八條或第十五條之規定者停止其業務

前項處分如已依照各該條規定改正者應即撤銷之

第二十八條　違反第十九條之規定者科以五千元以上壹萬元以下之罰鍰並吊銷其許可證

第二十九條　蠶種製造者將合格證讓與他人使用者科以合格證費十倍之罰鍰幷得吊銷其許可證使用失效之合格證者亦同

第三十條　購買蠶繭供製造蠶種之用者科以五千元以上壹萬元以下之罰鍰幷吊銷其許可證其蠶繭蛾口繭及已製成之蠶種沒收之

第三十一條　有左列各款情形之一者科以五千元以上壹萬元以下之罰鍰沒收其蠶種幷得吊銷其許可證

一、於產卵後之母蛾用某種方法減滅微粒子者
二、蛾匣內所製之母蛾以其他母蛾調換之者
三、應行全部再檢查之蠶種不遵章檢查挖捕逕行發售者
第三十二條　各省市主管機關職員違反本條例第二十二條及第二十三條之規定者應付懲戒
第三十三條　本條例施行細則由各省市政府根據本條例擬定之並咨請實業部備查
第三十四條　本條例自公布日施行

南京特別市政府訓令　字第　號

令各區公所

案准米糧統制委員會南京地區辦事處函開：

「案查本處前定收買米糧臨時措置綱要十一項業於本月一日公佈施行已函請協助在案茲根據該項綱要第四條復經訂定採辦商獎懲辦法六條以便推進收購除呈請指委會備案外相應檢同本處採辦商獎懲辦法一份函請鑒核並祈轉飭所屬隨時予以協助實為公便」

等由附採辦商獎懲辦法一份令仰該區公所知照

此令

附抄發採辦商獎懲辦法一份

中華民國三十三年十一月　日

市長　周學昌

米糧統制委員會南京地區辦事處採辦商獎懲辦法

(一)本處為獎勵採辦商迅速繳米及懲罰逾限遲未繳清者特訂定本獎懲辦法辦理之

(二)凡採辦商於限期前將訂繳之米糧如數繳清者以先繳之日期計算每石每日發給獎金叁拾元採辦機米者自領到採辦證及貸金之日起至全數運繳指定倉庫或自身機米廠以及其他機米廠經查驗之日止採辦糙米者自領到採辦證及貸金之日起至全數運交承碾米廠承碾單送交本處之日止分別計算之

(三)採辦商限叁拾天以壹千石爲單位如有訂立成單在貳千石以上者每批運繳得依限分段計算逾期亦依限分段計算罰金

(四)凡採辦商逾限不繳清者得每石每日科以罰金拾元

(五)凡逾期在三十日以上仍不繳清者按情節之輕重得請由行政機關註銷營業執照并移送法院或軍警機關究辦但遇特殊障礙報經本處查明屬實者得酌量延期或予免罰

(六)本辦法如有未盡事宜得隨時修正之

南京特別市政府訓令 字第　號

令鄉區各區公所

案查整理鄉區契稅原訂限期一個月自十一月一日起至是月底止先經召集各該區長會議查催辦法限內各區報數寥寥又經迭令嚴催現在限期即將屆滿查核各區報數及地政局直接收受投稅契紙爲數仍屬無多僅　區辦理尚屬認眞其均屬寥星小戶殊未能切實督催　區則成績更少似此成何事體惟據地政局長簽報以各該區或因地多軍事應付不遑或以地面不靖催辦爲艱加之陰雨綿延催報兩難呈請展限前來本市長察奪情形不爲無因自應准予展限二十日(即十二月一日起至十二月二十日止)以期稅收暢旺自此展限以後各該區長務各振起精神督率鄉鎭長加以緊催辦務使人民曉然納稅義務踴躍繳納尤須注重大戶無令逍遙坐視致其他各戶隱生觀望除布告并分令外仰該區長遵照并仍按照前訂辦法依期具報以憑核辦毋再玩忽切切

此令

中華民國三十三年十一月　日　市長周學昌

南京特別市政府訓令 府秘字第　號

令城實區孝陵衛 鄉實區安德門區公所

查本市關於播種黃蔴一項前已令飭力加倡導刻已收穫據事所有三十三年度種植概況及收穫數量與價值亟應明瞭茲製就調查表式一種除分行外合行抄發表式令仰該區長即便遵照剋速派員查明各坊鄉實在情形依式逐一塡齊限文到兩星期內呈

報毋延切切！

此令。

計發調查表式一份

中華民國三十三年十一月　日

市長周學昌

南京特別市三十三年　區播種黃蔴收穫數量價值調查表

鄉鎮「坊」別	種戶姓名	住址	播種地點	面積	種籽數量	生長狀況	每畝收穫蔴皮重量	共計數量	品質 精	品質 粗	每斤價值	共計價值	收穫種籽數量	備考
				畝	升		斤	斤			元	元	斗	
合計														

中華民國三十三年　月　日

區區長　　　　（簽名蓋章）

調查員　　　　（簽名蓋章）

南京特別市政府訓令　府秘字第　號

令各鄉區第五區各區公所

查修治農田水利事項為農產增進之重要工作茲屆冬令所有本市各鄉鎮農田應行疏浚河溝修理閘壩培補堤埂挑挖水塘等項工程所應按照利用冬期農隙修治農田水利大綱予以興修除分行（並函燕子磯農業改進模範實驗區協助）外合亟檢發三十三年度農田水利事項調查表式二紙令仰該區長遵照尅速派員督同所屬鄉鎮聯保主任詳查迅將應行修治各工程並預訂施工人數依式填表二份限十一月底以前彙齊呈送以憑核辦勿延為要！

此令。

計發調查表式二份

中華民國三十三年十一月　日

市長周學昌

南京特別市　　區　　鄉（鎮）農田水利事項調查表

河別	所在地	修浚體積（立方公尺）	中均高（深）度（公尺）	長度（公尺）	中均寬度（公尺）	起訖地點及經過	現在情形及其對於農田之影響	規定施工起訖日期	施工人數	督工職責者姓名	督工職責者住址

中華民國三十三年　月　日　區長　　　填報

（簽名蓋章）

南京特別市政府訓令

府衛字第　　號

令新國藥業公會

案准衛生署本年十月二十七日醫三字第三二〇號咨開案查管理藥商規則第三條規定凡為藥商者應開具左列事項呈請衛生署註册并向營業所在地主管官署登記後始得開業（左列事項從略）是藥商之開業須先期呈轉到署查核發給執照再由地方主管官署給予營業執照方能准予營業現查各省市中西藥商往往無本署藥商執照而先由地方官署領有營業執照者即行開業此不特與法定手續不符且與本署管理藥商之任務不無漠視茲為整肅藥業起見嗣後凡中西各藥商如有呈請地方主管官署發給營業執照者須令其同時呈驗本署之執照方能頒發如無本署執照勿得遽發營業執照一面尤須指導飭其依法申請除分咨實業部轉令各省經濟局知照暨各省市政府外相應備文咨請查照即希令行所屬衛生主管機關遵照辦理等由准此除分令外合行令仰該公會轉飭各藥商切實遵照

此令

中華民國三十三年十一月　日　　市長周學昌

南京特別市政府訓令 府衛字第　號

令 傳染病院 城南病院 衛生試驗所 第一二三四區衛生事務所

案准衛生署保字第一〇五號咨開查前衛生部於民國十八年二月一日公布之防疫人員卹金條例核與現實情形多不適用業經本署修正呈奉　行政院核准已由本署公布施行除分咨外相應檢附該項修正條例咨請查照幷轉飭遵照爲荷等由附防疫人員卹金條例五份准此除分令外合行檢同該修正條例令仰遵照

此令

附防疫人員卹金條例一份

中華民國三十三年十一月　日　　市長周學昌

防疫人員卹金條例 民國二十三年十一月一日修正公布

第一條　本條例於防疫人員因防疫而染疫身死時適用之

第二條　稱防疫人員者謂左列各項人員

一、負防疫主要職務之公務員

二、中央或地方政府臨時派遣辦理防疫工作之公務員

三、從事防疫之醫師

四、協助公務員處理防疫事務者

五、協助醫師執行防疫工作者

第三條　卹金之等差如左

一等卹金伍萬元
二等卹金肆萬伍千元
三等卹金肆萬元
四等卹金叁萬伍千元
五等卹金叁萬元
六等卹金貳萬伍千元
七等卹金貳萬元
八等卹金壹萬伍千元
九等卹金壹萬元
十等卹金伍千元

第四條　應給卹金額數由衛生署依其防疫之勞績核定之

第五條　卹金一次支給其遺族領受順序依公務員卹金條例之規定

第六條　各項防疫人員染疫身死除卹金外並得酌給壹萬元以下壹千元以上之殮葬費

第七條　公務員除適用本條例外其職務另有應受卹金之規定者仍得給卹

第八條　隨同防疫人員在疫地服務之工作非因助理防疫事務而染疫身死者得給予二千元以下之一次卹金並殮葬費五百元

第九條　本條例自呈准公布日施行

南京特別市政府訓令　字第　號

令南京特別市商會理事長葛亮疇

案奉

行政院院字第七六七八號訓令內開：

「案查本院第二二八次會議討論事項第二案「院長交議：據實業部陳部長呈送修正主要商品品目表草案請鑒核等情請公決案」決議通過由院修正公布并呈報中央政治委員會及國民政府備案」等由記錄在卷除由本院修正公布并呈報備案暨通飭知照外合行錄案并抄發修正主要商品品目表令仰該府知照并轉飭所屬一體知照」

等因附抄發修正主要商品品目表一份奉此合行令仰知照并轉飭所屬一體知照

此令

計抄發修正主要商品品目表一份

中華民國三十三年十一月　日

市長周學昌

修正主要商品品目表

商品總目	包括細目	備註
(一)糧食	(一)米穀(粳米秈米糯米及稻類) (二)麵粉 (三)雜糧(小麥大麥元麥大豆落花生高粱蠶豆豌豆綠豆玉蜀黍) (四)畜產(牛豬等) (五)蛋(雞蛋) (六)糖(赤白砂糖) (七)食用油(豆油花生油芝蔴油菜子油棉子油)	
(二)纖維	(一)棉花 (二)棉紗 (三)棉製品(布疋及針織品) (四)毛纖維 (五)毛製品 (六)繭 (七)絲 (八)人造絲 (九)絲製品 (十)原蔴 (十一)蔴製品 (十二)交織品	
(三)化學工業品	(一)西藥	

(四)工業油脂 (五)蠟燭 (六)肥皂 (七)火柴 (八)煤	(二)顏料 (三)染料 (四)酒精 (五)原料及其他製品	
(九)捲烟及烟葉 (十)橡膠 (十一)五金	(一)塊煤 (二)煤球 (三)煤屑	包括原料及製品 仝右
(十二)電氣器材 (十三)皮革 (十四)白報紙	(一)鐵 (二)銅 (三)白鐵 (四)非鐵金屬	包括原料及製品

修正主要商品品目表說明

(一)本表係將本部主管及前糧食部主管之各種主要商品合併整理修正

(二)查米穀一項(前稱米糧)原係主要商品惟以實施統制設有專管部門故未在普通主要商品之列本年五月糧食部奉令撤銷並米糧亦准自由買賣爲便於管理起見特增入本表之內

(三)查茶葉及玻璃兩項前夥列爲主要商品惟茶葉一項尙未實施統制至玻璃一項則因其製造原料已於化學工業品類實施統制故本表未列入

(四)查白報紙係文化事業要重且鉅並各報業業由宣傳部實施配給爲防止囤積起見故特列入本表爲品之一

南京特別市政府訓令 府財字第　　號

令　專員夏紫封　科員俟樹一　科員俞人傑　隊長施叔賢

查本年收害八卦洲市地所產蘆柴及玄武湖湖邊所產蘆柴暨修剪本市人行道樹枝亟應派員會同收割除分行外合行令仰該員遵照迅即會同

俟樹一　俞人傑　施叔賢
夏紫封　俞人傑　施叔賢
夏紫封　俟樹一　施叔賢
夏紫封　俟樹一　俞人傑

辦理分別收割修剪妥爲運輸存儲聽候定價配售仍將會同辦理情形及收割修剪數量隨時具報以憑核辦

此令

中華民國三十三年十一月　　日

市長　周學昌

南京特別市政府指令 府保甲字第　　號

令　卸任第三區區長葉秀甫　新任第三區區長張靜超　監盤員詹哲尊

呈一件爲呈報到區視事幷會報交接經過仰祈鑒核備查由

呈册均悉：准予備查

此令(册存)

中華民國三十三年十一月　　日

市長　周學昌

南京特別市政府指令　府財字第　號

令監盤委員夏道生
　新任牲畜屠宰稅征收所所長張藝林
　卸任牲畜屠宰稅征收所所長張敬書

呈一件爲接收移交牲畜屠宰稅征收所稅款票照等項憑同監盤員交接清楚會銜造冊呈報請鑒核示遵由

會呈暨冊均悉：該新任所長承接該前任所長交代旣據憑同監盤接收清楚應予備案所有前任移交未用稅票已用存根及文卷傢俱等項應由該新任妥爲保管仰即遵照（冊存）

此令

中華民國三十三年十一月　日

市長周學昌

南京特別市政府指令　府保甲字第　號

令城區自治實驗區公所

呈一件　爲據本區直屬第二保保長蒼士鈺呈報玄武湖湖至和平門間水道有私設渡船斂費一案經查屬實理合據情轉呈鑒核示遵由

呈悉據呈各情業經本府派員查明該石秉泉等於玄武湖至和平門水道私設渡船未經呈准備案是實且有賬目不清朦混湖民以圖自肥之處殊屬非是應予制止所有該水道渡船事務暫由該區公所接收妥爲管理除通知外仰即遵照仍將接管情形暨管理辦法呈候核奪

此令

中華民國三十三年十一月　日

市長周學昌

南京特別市政府指令　府財字第　號

令南京市公典董事會

呈一件　爲准本公典經理函以同業公議自本年十一月一日起對於收當零星金飾暫以三個月爲滿其他衣物仍照向章辦理請査照轉呈備案等由理合備文呈報仰祈鑒核備案由

呈悉應准備案此令

中華民國三十三年十一月　日

市長　周學昌

南京特別市政府佈告　府保甲字第　號

査本市安德門區上方門魚塢原係公產惟因毗連江甯縣境地處偏隅管理方法未臻嚴密致有當地不良份子私行偸捕掠奪侵佔滋事生端毫無法紀事關公家收益本府自難坐視經與江甯縣政府商定辦法期以採捕所得魚利舉辦公益事業玆因已屆採捕時期除由本府會同江甯縣政府派員駐塢嚴予看守外倘有不法之徒胆敢再行偸竊私自採捕或唆使地痞流氓藉端肇事均予立拘法辦決不寬貸合行佈告週知仰各凜遵切切

此佈

中華民國三十三年十月　日

市長　周學昌

南京特別市政府公告　字第　號

案據業戶姚譽之妻姚耿氏呈報坐落金沙井第三十八號房地產原領前土地局所發三區一二六三(二)段分段圖壹件因已遺失請予備案並請出賣與鄭萬遠管業等情經飭據呈繳聲明分段圖遺失報紙暨鄰商兩保前來玆依照土地法第一百四十條第二款之規定揭示公告自公告之日起對於該項遺失分段圖如有因權利關係聲明異議者須於三個月內提出理由書暨證明文件呈候核辦一經公告期滿無人異議卽予依法准予買賣合行公告週知

中華民國三十三年十一月　日

市長　周學昌

地政局局長　張仿良

南京特別市政府公告　字第　號

案據業戶張積慶檢呈前領坐落中華路第一六二號房地產他字第一〇一六五登記收據請予撤銷浙江興業銀行抵押登記並請發還原繳三區第四三〇段分段圖三字第二二七二號所有權狀一案查該抵押登記收據尙屬眞實惟所繳圖狀業遭事變散失無從發還玆特依法公告註銷自公告之日起對於該項遺失圖狀如有因權利關係聲明異議者須於七日內提出理由書暨證明文件呈候核辦一經公告期滿無人異議卽予依法補給圖狀管業合行公告週知

中華民國三十三年十一月　日

市長　周學昌
地政局局長　張仿良

南京特別市政府公告　字第　號

案據業戶程國斌呈報坐落紅廟房地產原領前地政局所發六字第四〇五五號所有權狀及六區三五九段分段圖各壹件因遺失請予補給等情經飭據呈繳聲明圖狀遺失報紙暨鄰商兩保前來玆依照土地法第一百四十條第二款之規定揭示公告自公告之日起對於該項遺失圖狀如有因權利關係聲明異議者須於三個月內提出理由書暨證明文件呈候核辦一經公告期滿無人異議卽予依法補給圖狀管業合行公告週知

中華民國三十三年十一月　日

市長　周學昌
地政局局長　張仿良

南京特別市政府公告　字第　號

案據業戶陳洪寬呈報坐落復興路第二六三至二七三號房地產原領前土地局所發三字第三九二號所有權狀及三區四七段分段圖各一紙因房屋被燬遺失請予補給等情經飭據呈聲明圖狀遺失報紙暨鄰商兩保前來玆依照土地法第一百四十條第二款之規定揭示公告自公告之日起對於該項遺失圖狀如有因權利關係聲明異議者須於三個月內提出理由書暨證明文件呈候核辦一經公告期滿無人異議卽予依法補給圖狀管業合行公告週知

中華民國三十三年十一月　日

市長周學昌
地政局局長張仿良

南京特別市政府公告　字第　號

案查業戶吳恆善聲請將坐落將軍廟第二號房地產移轉與孫英南執業一案查該民原領前地政局所發上區二四一六(二)段分段圖各一件呈繳前工務局因事變遺失玆依照土地法之規定揭示公告七天自公告之日起對於該項遺失分段圖如有因權利關係聲明異議者須於七天內提出理由書暨證明文件呈候核辦一經公告期滿無人異議即予依法註銷核准移轉登記合行公告週知

中華民國三十三年十一月　日

市長周學昌
地政局局長張仿良

南京特別市政府公告　字第　號

案據業戶王紹齋呈報坐落泥馬巷第四十三號房地產曾抵押於楊宗仁其原領前土地局所發他五字第八一〇號他項權利證明書業經遺失請予補發等情經飭據呈繳聲明該項證明書遺失報紙暨商報前來玆依照土地法第一百四十條第二款之規定揭示公告自公告之日起對於該項遺失證明書如有因權利關係聲明異議者須於三個月內提出理由書暨證明文件呈候核辦一經公告期滿無人異議即予依法補給合行公告週知

中華民國三十三年十一月　日

市長周學昌
地政局局長張仿良

南京特別市政府公告　字第　號

案據業戶馮恩發等呈報坐落張家菜園地產原領前地政局所發壹區一二四(一)(四)段分段圖壹件於二十六年呈繳前工

務局聲請建築因事變遺失請予補給等情經查屬實茲特揭示公告自公告之日起對於該項遺失分段圖如有因權利關係聲明異議者須於七日內提出理由書暨證明文件呈候核辦一經公告期滿無人異議卽予依法補給管業合行公告週知

中華民國三十三年十一月　日

市長　周學昌

地政局局長　張仿良

公牘

南京特別市政府呈 府財字第　號

案奉

鈞院院字第七七二七號訓令略以爲准全國經濟委員會先後函爲召集有關各部暨各省市代表會商田賦改征實物一案檢送會議記錄及廣東省改征實物情形函請查照轉飭遵辦等由到院查原函意見第四款關於財政部特派員一節應毋庸設置暨其他有關本款之各款條文並應一律修正及第五款關於實物折征現金數額暨第六款關於推行辦法應均改爲由各省市政府擬議呈候中央核奪其餘各項自應照辦除函復並分行外令仰併案遵辦等因奉此自應遵辦除已令飭財政局遵照辦理並將辦理情形另文呈報外理合具文呈復仰祈

鑒核

謹呈

行政院院長汪

南京特別市市長 周學昌

中華民國三十三年十一月　日

南京特別市政府呈 府財字第　號

案奉

鈞院本年十月十七日院字第七五三零號訓令內開：

「現據陸子實等本月十二日呈爲隱匿田賦不報請澈查法辦以裕國庫而儆狡滑等情到院所呈是否實情合行抄發原呈令仰該市府迅即查核辦理此令」

等因並抄發原呈一件奉此查此案前據陸子實呈同前情到府當經以事關隱匿田賦亟應澈查核辦令飭田賦征收處查復旋據復

傳查得該處外六段洲地八百餘畝除陸氏宗祠祭田二百餘畝外其餘早歸陸裕河陳祖森王織蘭伏子成陸裕華陸裕栩朱錫發顧士永等投册完糧所稱盜賣田地各節應由該具呈人提出證據依法辦理等情當以事關欠完糧賦及漏報田畝應仍由該處依照定章整頓征收至所稱盜賣各節究竟有無此事再由原具呈人依照法定手續另案辦理指令飭遵在案茲奉前因經飭財政局傳集原具呈人陸子實暨陸氏宗祠管理人陸森雲即裕栩到局詢話俾明眞相關於隱匿田賦一點據陸子實稱該處各業主何人有田地若干是否隱匿未報及未完田賦不知其詳據陸森雲稱陸氏宗祠祭田二百餘畝均已完糧有串可憑關於盜賣祭田一點據陸子實稱聞說陸裕詞要將歸併宗祠田地收回並聞陸森雲要買此田究竟已否賣出何人買受不知詳情據陸森雲稱並無盜賣祭田情事全係捏造誣控實緣陸裕蕭贖回出押宗祠地畝陸子實索詐不遂所致各等語分別記錄在卷復查陸子實原呈所稱隱匿田賦既無事實可指顯係藉詞聳聽惟現值整頓田賦之際自應轉飭照章切實調查征收俾裕庫款又原呈所稱盜賣祭田是否挾嫌控告抑或別有情節因關產權糾紛應另依法解決除分別令飭田賦征收處遵照及諭飭陸子實知照外理合具文呈復仰

鈞院鑒核

謹呈

行政院院長汪

南京特別市市長　周學昌

中華民國三十三年十一月　日

南京特別市政府呈　府財字第　號

案查前奉

鈞院院字第六六五二號訓令抄發田賦改征實物辦法並規定以本年爲試辦年等因當以各省田賦既經分別改進本市事同一律自應援照試辦即經擬具征收暫行辦法及征收標準呈請

鈞院鑒核備案並擬按照新規定辦法定於九月間開征本年下期田賦俾免過期征收困難隨文呈報在案茲奉

鈞院十月二十四日院字第七六一七號訓令略以前據該市府呈爲擬具該市田賦暫行辦法及實物標準表請備案一案經飭據財政部議復將第三第八兩條條文酌加增改令仰遵照辦理等因奉此復查財政部增改條文原意係爲督促進行預防流弊起見自應遵照辦理惟本市庫款支絀需款孔殷已先依照原擬辦法定期開征並將折價標準由府預先通告俾杜發生流弊各鄉農民已多遵章繳納如或中途變更恐於征收有礙擬請在此試辦期間根據原則逐漸推進本年下半年因時間不及仍暫照本府呈報原擬辦法

試行征收一面積極籌備倉庫計劃以便定以明春依照財政部修正條文實施是否有當理合呈報仰祈

鈞院鑒核

謹呈

行政院院長汪

南京特別市市長 周學昌

中華民國三十三年十一月 日

南京特別市政府咨 府財字第 號

案奉

貴部會巾二字第六〇〇八號咨略以自三十三年七月份起公務員米及長官米未由首都中央機關俸米配給委員會配發其餘救濟院米因糧米教職員米及平糶米則仍由米統會南京辦事處配發其廉價米之價格現值米價高漲應由米統會將六月份以前四種廉價開單咨部以便自七月份起重行核定照收所有虧耗仍歸入特別會計戶結算除分函首都中央機關俸米配給委員會及米統會外咨復查照等由准此查本市以往向米統會南京辦事處領取市立各校館之教職員廉價米每石按四百五十元繳價嗣後對於此項廉價米之價格擬請

貴部按照現時中央委任人員繳價辦法辦理除函請米統會南京辦事處繼續直接配發外相應咨請

查照幷見復爲荷

此咨

財政部

市長 周學昌

中華民國三十三年十一月 日

南京特別市政府咨 府祕字第 號

案查本市各鄉鎮三十二年冬季利用農隙修治農田水利一事曾經按照利用冬期農隙修治農田水利大綱抄發農田水利事項調查表分令各鄉區公所督飭所屬農民切實辦理塡報在案現據各該鄉區先後呈報督飭辦理完竣塡表前來即經派員分赴各

鄉實地覆勘所施工程尚屬妥當相應彙編總表一份備文咨送即希
査照爲荷！
此咨
實業部
附送南京特別市各鄉鎮三十二年冬季利用農隙修治農田水利事項調査表一份
市長周學昌
中華民國三十三年十月　日

南京特別市各鄉鎮三十三年度利用農隙修治農田水利事項調查表

區別	鄉鎮別	所在地	種類	修治體積（立方尺）	長度（丈）	平均寬度（丈）	作工人數	起訖及經過地點	規定施工起訖日期	責任者姓名
鄉實區	燕子磯鎮	和尚圩	圩埂	三六四〇 深一尺五寸	一四〇〇	拚頂脚 頂一〇 脚三〇	四〇五	由東陡門起至渡師石埂止	卅三年二月二日起至二月廿八日止	金國芝
		灒洲圩	圩埂	三九〇 加高一尺	一五〇〇	拚頂脚 頂一〇 脚二〇	四八六	由東至西	卅三年二月二日起至一月廿八日止	金國芝
		渡師石圩	圩埂	一五六〇 加高一尺	六〇〇〇	拚頂脚 頂一〇 脚二〇	一一二〇	由李姓徒門起至公路止	卅三年二月十日起至二月廿五日止	金國芝
		長莊圩	圩埂	四一八 加高二尺五寸	一八二〇〇	拚頂脚 頂一〇 脚一〇	四三二	東由渡師石圩埂至山根公路止	卅三年二月二日起至二月廿八日止	金國芝
		渡師石圩	陡門		二五〇	頂八〇 脚四五〇	六八	原有陡門	卅三年二月十日起至二月廿五日止	金國芝
		和尚圩	陡門		二五〇	頂八〇 脚四五〇	五四	原有陡門	卅三年二月一日起至二月廿八日止	金國芝
		灒洲圩	陡門		二五〇	頂七〇 脚三〇〇	九〇	原有陡門	卅三年二月一日起至三月十五日止	金國芝
	笆斗鄉	四合圩	圩埂	三六八〇 加高一尺五寸	一五〇〇〇	拚頂脚 頂一〇 脚三〇	三七一〇	由山根至北新埂止	卅三年二月一日起至三月廿五日止	朱其漢
		四合圩東埂缺口及西北角	缺口	三九四六八 深高二丈二尺	一三〇〇〇	頂八〇 脚四五〇	三三四五〇	堵塞缺口	卅三年二月十日起至三月卅一日止	朱其漢
		四合東圩	圩埂	二四七二 加高一尺	八二四〇〇	拚頂脚 頂一〇 脚二〇	一八二〇	二面圩埂	卅三年二月十日起至三月卅一日止	朱其漢

		四台東圩	缺口	六〇七二 深高一丈尺	二〇〇〇〇	脚頂	八〇 四五〇	五二八〇	堵塞缺口	卅三年二月十五日起至三月卅一日止	朱其漢
		紅山圩	圩埂	四六八 加高一尺	二六〇〇〇	脚頂	一〇 二〇	四五五	西山嘴起至東山嘴止	卅三年二月十五日起至二月廿八日止	葛萬清
		油坊圩	圩埂	三〇〇 加高一尺	二〇〇〇〇	拚脚頂	〇五 一〇	五六〇	由江家圩埂起至笆斗山頭止	卅三年二月十日起至二月廿八日止	譚功奇
		金家跳	土壩	五 加高二尺	一五〇	拚脚頂	一五 三〇	三二	原有壩身	卅三年二月十日起至二月十五日止	葛萬清
		寒橋	土壩	五 加高二尺	一五〇	拚脚頂	一五 三〇	三二	原有壩身	卅一年二月十日起至二月十五日止	陳金寶
	七里鄉	西江頭段埂	圩埂	二三〇四	四八〇〇〇	拚脚頂	一五 三〇	二七二〇	由三白塔村起至稜谷村	卅三年二月十日起至三月十五日止	高學琴
		西江二段埂	圩埂	一四二〇 加高一尺	二二〇〇〇	拚脚頂	二〇 三〇	一五四〇	由魚灘村至長灘村	卅三年三月十五日至四月五日止	郎立志
		前後新圩西江圩	圩埂	二六六 加高一尺	一三三〇〇	拚脚頂	一〇 二〇	二四五	由永耀村起至壇子口止	卅三年二月十日起至廿八日止	張相邦
		前後新圩東江埂	圩埂	三九五 加高一尺	一七二〇〇	拚脚頂	一〇 一五	三二〇	由龍窩至新民洲	卅三年三月一日起至同月二十日止	張相邦
		新民洲西江埂	圩埂	一〇八〇 加高一尺	三六〇〇〇	拚脚頂	一〇 二〇	一四〇〇	由後新圩至八卦洲	卅三年一月十日至二月十五日止	何漢泉
	模範鄉	頭步壟	圩埂	二〇五九八 加高一尺	六二二九〇〇	拚脚頂	一〇 三〇	二九〇〇〇	由洋燈桿沿埂至團州江字號	卅三年二月一日起至三月三十一日止	徐藻香
		二步壟	圩埂	六四〇五 加高一尺	二〇二〇〇	拚脚頂	一〇 一五	八七〇〇	由螞蟻腰至團洲止	卅二年二月一日起至三月卅一日止	汪明道
		南二步壟	圩埂	六九〇六 加高一尺	一二三〇〇〇	拚脚頂	一〇 三〇	九二八〇	由天河口至螞蟻腰止	卅二年二月一日起至三月卅一日止	朱幼棠
		北三步壟	圩埂	四四七九〇 加高二尺	二九八六〇〇	拚脚頂	三〇 七〇	四八〇〇〇	由下壩口至西北老埂止	卅三年一月十日起至三月卅一日止	朱幼棠
		北三步壟	缺口	五四〇〇 高一丈二尺	一五〇〇〇	脚頂	八〇 四五〇	五八〇〇	在原壩處	卅二年二月十五日起至三月十五日止	朱幼棠
孝陵衛	馬羣鎮	第二三保	水河	二〇〇〇 深一尺	一五〇〇〇		四〇	二〇〇〇	自白水橋至姬莊村	三十二年十二月九日起至卅三年一月十五日止	俞端甫 李存安
	牌樓鎮	第七保	圩堤	二二〇〇 深一尺	九〇〇〇		四〇	一二〇〇	自河沿村至白甸村	卅二年十二月十五日起至卅三年一月十五日止	陳家泰

	仙鶴鎮	第四五保	挑塘	深二尺 三〇〇	四五〇	三〇〇	三〇〇〇		三十二年十二月二十日 三十三年一月二十日止	王義有
安德門	海新鄉	秀水南圩	土涵	深八尺 六四〇	一〇〇	一〇〇	七〇	本圩西南方起至西北方止	卅三年三月一日至四月卅日止	季秀琳
		秀水北圩	圩堤	深八尺 一五一二	二一〇〇〇	九〇	八〇〇	河頭村起至桐橋村河邊止	卅三年三月一日至四月卅日止	季秀琳
		廣洋圩	涵閘	深八尺 二四〇	一〇〇	一〇〇	二五〇	上坊門起至金坊圩止	卅三年三月一日至四月十日止	季秀琳
	賽濱鄉	孫家圩至馬家圩段	圩堤	深五寸 二〇〇〇	一〇〇〇	四〇	二五〇〇	賽虹橋起至章家門鉄路止	卅三年三月一日至四月三十日止	程述三
		胡家圩	涵閘	深五尺 四〇	一〇〇	八〇	一五〇		卅三年三月一日至四月三十日止	程述三
第五區	柵欄鄉	宋家埂	涵洞	深高五尺 三〇〇	四五〇	四〇	二〇〇	由宋家北首至宋家埂南首止	卅三年三月十五日至三月卅一日止	何松亭
		金川門外	涵洞	深高三尺 七二	二四〇	三〇	一〇〇	金川門外西首至東首	卅三年三月十五日至三月三十一日止	何松亭
上新河	北圩鄉	毛扇渡	大興閘	深四尺 九六	六〇	四〇	二〇〇〇	毛扇渡旁	卅三年五月三十日	袁慶安
	江勝鄉	江心洲上八股外江邊	同義圩	深三尺 六〇〇〇	四〇〇〇〇	五〇	一五〇〇〇	白沙尖至馬路埂止	卅三年四月十五日	丁海軒
		江心洲上八夾江邊	同義圩	深二尺 七〇〇〇	七〇〇〇〇	五〇	七〇〇〇	白沙尖起至大老河閘止	卅三年五月十日	丁海軒
		江心洲下八股外江邊	永定圩	深二尺 三〇〇〇	二〇〇〇〇	五〇	八〇〇〇	馬路埂至歲字號止	卅三年四月卅日	尤仁福
	上新河鎮	皇木廠	北河口木角	深五尺 一五〇	三〇	一〇〇	二〇〇〇	皇木廠至北河口止	卅三年五月卅日	陳嘉雲 尤仁友
		棉花堤	埂堤	深高四尺 一〇〇	九〇	五〇	二〇〇〇	棉花堤	卅三年七月七日	徐永福 吳翹德
	南圩鄉	寇家村	田家閘	深高四尺 八〇	五〇	四〇	一〇〇〇	寇家村	卅三年四月卅日	馬發林
		中和村	侯家閘	深高四尺 九六	六〇	四〇	二〇〇〇	中和村	卅三年五月十五日	蕭長財
合計				深高一三五尺 二八九〇八〇一八	一九五八五四〇	五〇五〇	二〇四八九九			

南京特別市政府咨/公函

府保甲字第　　號

查本市每屆冬令例有冬防之舉本府曾於民國二十九年制定南京市城區冬防期內保甲巡查規則令飭各區公所遵照實施幷歷經辦理在案本年冬防各方對於保甲守望相助之責尤爲重視爰參照前項規則訂定本市冬防保甲巡邏辦法自十二月一日起至明年二月底止爲實施期間除函請軍警機關查照暨分令外相應檢附是項辦法咨/函請（咨請內政部備案）

查照備案/備案爲荷

此咨/此致

內政部

首都警備司令部

首都警察總監署

附南京特別市冬防保甲巡邏辦法一份

中華民國三十三年十月　日

市長周學昌

南京特別市冬防保甲巡邏辦法

第一條　南京特別市政府保甲委員會爲在冬防期內運用保甲機構協助治安防杜宵小起見特訂定本辦法

第二條　本年冬防實施期間規定由十二月一日起至三十四年二月底止遇必要時得延長之

第三條　本市各區視環境之需要得在冬防期內以聯保爲單位就轄境內抽選壯丁八人至十二人組織巡邏班

前項巡邏班應冠以各該區某某坊字樣

第四條　巡邏班設班長一人由聯保主任充任副班長一人由各保長互推幹練者一人任之

第五條　凡年齡二十歲以上四十歲以下之幹練壯丁均得選充班員但有左列之一者不得充任

一、無正當職業者

二、有不良嗜好或疾病者

三、曾受刑事處分者

第六條　巡邏班巡邏時間規定每日下午九時起至翌晨七時止得分兩班于夜間二時交替

第七條　巡邏班値勤時應攜帶左列勤務用品

一、臂章

二、木棍

三、捕繩

四、警笛

五、手電筒或其他適用之燈

前項臂章應書明某區某坊保甲巡邏班字樣

第八條　保甲巡邏班所需費用由各區統籌勸募之但應先行擬具辦法呈報　市府核准

第九條　巡邏班出勤時應先至聯保辦公處集合整隊出發不得單獨行動

第十條　巡邏班値勤時應嚴密注意行跡可疑之人幷與當地警察切實連繫遇有事故發生必須立即通知所在地値日保甲長會同處理

第十一條　各區巡邏班有左列情形之一者得由區長呈請獎勵之

一、當場拘獲匪犯立即交由軍警機關懲辦者

二、偵悉匪犯迅速報告因而破獲者

三、協力搜捕匪犯及救護一切災害異常出力者

四、認眞服務確有事實證明者

五、因公受傷或致死者

第十二條　各區巡邏班犯有左列之一者得按情節輕重依法懲處

一、故縱匪犯或知情庇匿者

二、任意擾亂居民或越境滋事者

三、規避値勤或不按時巡邏者

四、誣陷善良或濫用職權者

五、不服指揮或違背指導者

第十三條　本辦法自公佈日施行

統計

南京特別市戶口統計表

三十三年度十月份

區別	戶數	人口數						
		總數	男性			女性		
			合計	成人	兒童	合計	成人	兒童
總計	143048	689730	375902	293548	82354	313828	238445	75383
城區自治實驗區	14126	65129	31435	25346	6089	33694	26006	7688
第一區	22153	108884	58950	49611	9339	49984	40878	9056
第二區	23782	116069	62468	52187	10311	53571	43495	10076
第三區	18943	89237	50193	36981	13212	39044	28388	10656
第四區	18982	106067	59370	50883	8489	46695	39568	7127
第五區	9955	47344	27144	19768	7376	20200	12949	7251
鄉區自治實驗區	9057	42718	22729	17876	4853	19989	15475	4514
上新河區	11664	51018	27728	19322	8406	23290	15744	7546
孝陵衛區	5226	24317	12967	7248	5719	11350	6724	4626
安德門區	9160	38947	22886	14326	8560	16061	9218	6843

備考：各外國僑民未在此表內　　資料來源根據各區公所報告　　祕書處第三科統計股製

南京特別市戶口統計表

三十三年度十月份　較九月份增(十)減(一)

區別	戶數	人口數						
		總數	男性			女性		
			合計	成人	兒童	合計	成人	兒童
總計	(十) 449	(十) 3617	(一)38016	(一)38277	(十)261	(十)1633	(十)1411	(十) 222
城區自治實驗區	(十) 17	(十) 18	(十) 6	(十) 3	(十) 3	(十) 12	(十) 6	(十) 6
第一區	(十) 295	(十) 1469	(一)39226	(一)39380	(十) 154	(十) 695	(十) 562	(十) 133
第二區	(十) 170	(十) 466	(十) 212	(十) 167	(十) 45	(十) 254	(十) 199	(十) 55
第三區	(一) 4	(十) 75	(十) 58	(十) 49	(十) 9	(十) 17	(十) 13	(十) 4
第四區	(十) 64	(十) 1509	(十) 842	(十) 824	(十) 18	(十) 667	(十) 629	(十) 38
第五區	(十) 37	(十) 77	(十) 42	(十) 27	(十) 15	(十) 35	(十) 21	(十) 14
鄉區自治實驗區	(十) 7	(十) 30	(十) 24	(十) 12	(十) 12	(十) 6	(十) 6	
上新河區	(一) 188	(一) 229	(一) 112	(一) 61	(一) 51	(一) 117	(一) 61	(一) 56
孝陵衞區	(一) 1	(一) 1	(十) 7	(一) 2	(十) 9	(一) 8	(一) 6	(一) 2
安德門區	(十) 52	(十) 203	(十) 131	(十) 84	(十) 47	(十) 72	(十) 42	(十) 30

備考：各外國僑民未在此表內　資料來源根據各區公所報告　祕書處第三科統計股製

市政公報暫定價目表

期數	價目	郵費
零售	每冊二元	本埠二角 外埠三角
半年	十二冊 二十四元	本埠二元四角 外埠三元六角
全年	廿四冊 四十八元	本埠四元八角 外埠七元二角

市政公報廣告刊例

頁數	價目
一頁	每期五十元
半頁	每期二十五元
四分之一頁	每期十二元五角

刊登廣告在四期以上者每期按照七折計算連續十期以上者每期按照六折計算長期另議

出版日期　本公報暫定每月二次

編輯者　南京特別市政府祕書處

發行者　南京特別市政府祕書處

印刷者　南京國華印書館

地址：中山東路鱸政牌樓

電話：二二一六五

中華郵政掛號認爲第一類新聞紙類　江蘇郵政管理局執照第一〇四三號

中華民國三十三年十一月三十日

第一五六期

市政公報

南京特別市政府祕書處印行

目錄

命令

公牘

統計

命令

南京特別市政府訓令 字第 號

令各局處會

案奉

行政院第七九五五號訓令內開：

「案據銓敍部三十三年十月十七日第三六三號呈爲三十二年年考報部寥寥請轉呈通令京內外各機關限期送部登記一案業經轉呈在案茲奉

國民政府三十三年十一月八日第一五九七號指令開：「呈悉准予照辦仰候通飭遵照」同時又奉第一〇三八號訓令開：「據行政院院字第二六九八號呈稱：「案據銓敍部三十三年十月十七日呈稱『案查民國三十二年度公務員年終考績曾由本部呈請鈞院通令京內外各機關依法舉辦并將有關考績之法令暨表册等件分發各機關應用在案依照公務員考績法第四條「年考由各該機關依考績表所定分別考核報由銓敍部登記總考由銓敍部行之」規定極爲詳明催歲至現在止報部登記者爲數寥寥其有因所塡表册與規定不符由本部通知原機關補正再報復核者亦迄未補送茲屆年終已不足三個月各機關如意存觀望未能在年內辦竣報部登記則接續舉辦三十三年年考欲望收齊整之效恐益感爲難且三年總考應就各該公務員三年成績綜合考核其未經二年二考者即不能總考考績獎懲將無法實施本部職責所關未敢忽視擬請鈞院轉呈國民政府通令京內外各機關所有應行依法年考報部登記各員務於本年內一律送部登記以重銓政』等情據此應請照辦理合備文呈請鑒核俯賜通令所屬各機關遵照辦理」等情據此應准照辦除通令外合行令仰該院遵照并轉飭所屬一體遵照」等因奉此合行令仰該府遵照並轉飭所屬一體遵照」

等因奉此除分令外合行令仰該局處會遵照并轉飭所屬一體遵照

此令

中華民國三十三年十一月 日

南京特別市政府訓令　字第　號

令城鄉各區公所

市長周學昌

案奉

國民政府行政院院字第七七三八號訓令內開：

「國民政府三十三年十月廿四日第一〇〇九號訓令內開：『查蠶種製造條例業經修正明令公布應即通飭施行除分令外合行抄發該修正條例令仰該院知照並轉飭所屬一體知照此令』等因奉此除分令外合行抄發該修正條例令仰該府知照並轉飭所屬一體知照」

等因幷抄發蠶種製造條例一份奉此除分令外合即抄發原條例一份令仰該區公所知照

此令

附抄發修正蠶種製造條例一份

市長周學昌

中華民國三十三年十一月　日

蠶種製造條例

民國卅三年九月二十六日立法院第一〇五次會議決議通過

第一條　凡為製造蠶種之營業者依本條例之規定

第二條　實業部掌理全國蠶種製造之監督及掌理事宜必要時委託各省市主管機關代理取締及檢驗等工作但仍由實業部派員監督之

第三條　蠶種製造者應就左列事項詳細填報並繳納證書費一百元及印花稅呈所在地省市主管機關查明轉實業部核發蠶種製造場許可證

一、蠶種製造場名稱及地址

二、商標

三、場主簡明履歷及照片

四、主任技術員簡明履歷照片及證明文件
五、所製蠶種量設備之桑園面積
六、蠶室與附屬室間數及面積
七、蠶具製種用具及檢種用具
八、蟻量及製造種類
九、原蠶種或普通種之品種名稱
十、冷藏處所

第四條　蠶種製造之主任技術員應具有左列資格之一
一、曾在國內外大學或專科學校之蠶科畢業者
二、曾在中等蠶業學校或農業學校蠶科二年畢業並具有養蠶製種二年以上之經驗者
三、曾在其他中等程度蠶科二年畢業並具有養蠶製種三年以上之經驗者

第五條　蠶種製造者以用原蠶種爲限
蠶種製造者每期所用原種品種及其交原方式應由所在地省市主管機關轉請實業部指定之

第六條　蠶種製造應於春秋兩期行之
夏期製造各省市主管機關得斟酌實際情形報請實業部核定之

第七條　蠶種製造者應有防除蠶病必要之設備其蠶室蠶具及製種用具等均應實施消毒

第八條　原蠶種應由中央直轄蠶業機關或各省市立蠶業機關製造之但其他蠶種製造場經所在地省市主管機關審查認爲合於左列條件者轉請實業部核准製造之
一、有合格之原蠶種專用桑園者
二、有合格之原蠶種專用蠶室及蠶具者
三、每期製造普通蠶種在四萬張以上者
四、主任技術員除具有第四條各項資格之一外並曾有原蠶種製造經驗二年以上之證明文件者
前項所製原種以自給爲限不得出售或讓與

第九條　製造原蠶種之蠶兒應用一蛾育但經所在地省市主管機關特許者得變更之至多以五蛾育爲限

第十條　原蠶種之製造者所需原原種應用純粹種及固定種

第十一條　原蠶種之製造者應於每期製種總額及品種名稱呈由所在地省市主管機關核轉實業部備查

第十二條　製造原蠶種應用袋製框製或袋製散卵製造普通種應用框製或散卵或平附但散卵以用袋製或框製者爲限

第十三條　製造原蠶種應受蠶卵蠶兒蠶蛹蠶繭及母蛾之檢查普通種應受蠶兒蠶蛹蠶繭及蛾之檢查但經所在地省市主管機關轉請實業部核准得抽查之

前項應受檢驗之蠶卵蠶兒蠶蛹蠶繭及母蛾均不得以其他蠶卵蠶兒蠶蛹蠶繭及母蛾調換

第十四條　原蠶種普通種及卽時浸酸種母蛾檢查毒率標準如左

一、原蠶種母蛾在每一收蟻批內有微粒子之毒率在百分之三以上者爲不合格

二、普通種母蛾微粒子之毒率在未滿百分之三者全部合格百分之二十以上者爲不合格但在百分之三以上未滿百分之二十者應全部再檢查

三、卽時浸酸種母蛾用混袋製者微粒子毒率未照百分之五者爲合格在百分之五以上者爲不合格如非混袋依第一款之規定

第十五條　蠶種造造者行冷藏蠶種時應在領有許可證之冷庫或氷庫儲藏其蠶種冷藏庫之管理辦法另定之

第十六條　國外輸入之蠶種應呈經實業部檢驗合格後方准銷售或讓與

第十七條　實業部對於國外輸入之蠶種數量得以命令限制之

第十八條　依第十三條第十四條及第十六條之規定檢查合格後之蠶種應於蠶連紙上或容器上粘貼合格證加蓋種場騎縫印無合格證者不准銷售或讓與

前項合格證分原種普通種由實業部制定頒發每枚收費一元二角以半數解繳國庫半數撥交所在地省市主管機關充足改良提倡蠶種之用

第十九條　凡檢查不合格之蠶種應焚燬之

第二十條　蠶種製造者每期應將所製普通蠶種之品種名稱化性製造數額分別塡註呈由所在地省市主管機關轉請實業部備案

第二十一條　蠶種製造專以試驗研究爲目的者不受本條例之限制但應開具左列各項呈由所在地省市主管機關轉請實業部備案

一、機關名稱及地址
二、製造或購入品種
三、研究之目的
四、研究之時期
五、研究之方法
六、研究及主管者簡明履歷

第二十二條　各省市主管機關職員不得投資於製造蠶種之營業並不得兼充蠶種製造場職員

第二十三條　各省市主管機關職員於施行檢查時各蠶種製造場之主辦人員與本人有親屬關係者應行迴避

第二十四條　未經實業部核發許可證而為製造蠶種之營業者除沒收其全部蠶種外並科以五千元以上一萬元以下之罰鍰如蠶種業已出售並得追徵其售款

第二十五條　違反第五條第一項第九條第十條第十一條或第十三條第二項之規定者得由所在地省市政府咨請實業部吊銷其許可證或停止營業一年

第二十六條　違反第十六條或第十八條第一項之規定者除令退還蠶種售價外並科以與售價相等之罰鍰

第二十七條　違反第四條第七條第八條或第十五條之規定者停止其業務
前項處分如已依照各該條例規定改正者應即撤銷之

第二十八條　違反第十九條之規定者科以五千元以上一萬元以下之罰鍰並吊銷其許可證

第二十九條　蠶種製造者將合格證讓與他人使用者科以合格證費十倍之罰鍰并得吊銷其許可證使用失效之合格證者亦同

第三十條　購買蠶繭供製造蠶種之用者科以五千元以上一萬元以下之罰鍰并吊銷其許可證其蠶繭蛾口繭及已製成之蠶種沒收之

第三十一條　有左列各款情形之一者科以五千元以上一萬元以下之罰鍰沒收其蠶種并得吊銷其許可證
一、於產卵後之母蛾用某種方法滅滅微粒子者
二、蛾匣內所製之母蛾以其他母蛾調換之者
三、應行全部再檢查之蠶種不遵章檢查擅行發售者

第三十二條　各省市主管機關職員違反本條例第二十二條及第二十三條之規定者應付懲戒

第三十三條　本條列施行細則由各省市政府報據本條例擬定之並咨請實業部備查

第三十四條　本條例自公布日施行

南京特別市政府訓令　府財字第　號

令　經濟局
南京特別市商會
銀行業同業公會
錢業同業公會

案准

財政部錢三字第咨三四三號咨開：

「查本部前爲強化上海特別市金融機關業務業經制定綱要於本年十月二十一日公佈施行在案茲查南京蘇州杭州三處金融機關業務應予一致強化特核定自本年十一月二十一日起所有該三處金融機關業務其每日平均存款數額應爲(一)銀行壹千萬元(二)錢莊伍百萬元(三)信託公司陸百萬元兼營業部份各加叁百萬元又其增資或合併後之資本最低數額應爲(一)銀行實收陸百萬元(二)錢莊實收肆百萬元(三)信託公司實收伍百萬元兼營業部份各加貳百萬元又其放款限額應爲(一)對個人或堂記之放款每戶不得超過貳拾萬元(二)對公司商店工廠之放款每戶不得超過貳百萬元餘均適用強化上海特別市金融機關業務綱要之規定除分行外相應抄附強化上海特別市金融機關業務綱要咨請查照幷轉飭所屬知照爲荷」

等由附抄送強化上海特別市金融機關業務綱要一份准此自應照辦除分行外合行抄發原綱要一份令仰該　知照

此令

計抄發財政部強化上海特別市金融機關業務綱要乙份

中華民國三十三年十一月一日

市長　周學昌

強化上海特別市金融機關業務綱要

第一條　本綱要依據財政部管理金融機關暫行辦法第十二條之規定訂定之

第二條　本綱要所稱金融機關係指在上海特別市經營之銀行錢莊及信託公司而言

第三條　金融機關在本綱要施行後三個月內存款總數每日平均不滿左列數額者應於本綱要施行滿三個月後兩個月內增資或合併逾限未辦卽行停業

一、銀行　叁千萬元

二、錢莊　壹千伍百萬元

三、信託公司　貳千萬元

銀行錢莊兼營儲蓄或信託業務及信託公司兼營銀行業務者其兼營部份之存款數額應各加壹千萬元

總行設在外埠之金融機關其上海分行分莊分公司存款數額應按前兩項各款規定減半計算本條所稱存款須將同業存款除外

金融機關應將前項存款總數每日平均數額詳細列表逐日送請中央儲備銀行檢查金融事務處審核並轉報財政部査核

第四條　前條規定應行增資之金融機關其增加之資本最低數額如左

一、銀行　實收壹千伍百萬元

二、錢莊　實收捌百萬元

三、信託公司　實收壹千萬元

銀行錢莊兼營儲蓄或信託業務及信託公司兼營銀行業務者其兼營部份資本數額應各加伍百萬元

總行設在外埠之金融機關其上海分行分莊分公司資本數額應按前兩項各款規定減半計算

前條規定應行合併之金融機關其合併後之資本最低數額與本條第一第二兩項同

第五條　金融機關對於定期存款以外之存款應按其總額每日保持百分之三十以上之支付準備金

前項支付準備金包括左列各款

一、庫存現金

二、繳存中央儲備銀行之存款準備金

三、存中央儲備銀行之交換清算戶款項

四、減去同業存款之存放同業款項餘額

前項支付準備金應逐日擇單報告中央儲備銀行檢查金融事務處查核

第六條　金融機關支付準備金減至不滿百分之三十時應於五日內補足逾限不補中央儲備銀行檢查金融事務處應呈報財政部處罰其負責人或勒令停閉

第七條　金融機關對於放款除遵照放款限制辦法辦理外其超出左列規定數額之放款應先開具放款金額用途償還方法担保品等項送請中央儲備銀行檢查金融事務處核准之訂立往來透支限度時亦同

(一)對個人或堂記之放款每戶不得超過伍拾萬元

(二)對公司商店工廠之放款每戶不得超過叁百萬元

本綱要施行前金融機關所放款項有超過前項各款規定者應於本綱要施行後一個月內詳細列表呈報檢查金融事務處核辦

第八條　金融機關對於有價證券之買賣除政府發行之債票庫券外公司股票應以業經核准在交易所上場之各種股票為限本綱要施行前購置未經核准在交易所上場之股票應於本綱要施行後一個月內處分之

第九條　金融機關因支付款項開發即期票據(支票或撥款單)應隨時轉賬收回存放同業款項不得以(應付票據)(應付款項)等類似之科目轉賬

第十條　金融機關所用會計科目應以中央儲備銀行檢查金融事務處所規定者為限其因業務上之必要須增添科目者應聲述理由呈請中央儲備銀行檢查金融事務處核定

第十一條　金融機關之董事長應以當地有相當信譽及身份者為限本綱要施行前金融機關選任之董事長資格與前項規定不符者應由該金融機關於本綱要施行後三個月內另行選任

第十二條　金融機關之董事長除經財政部特准外不得兼任總經理或經理或其他金融機關之總經理或經理其兼任其他金融機關之董事長者應以一家為限

本綱要施行前金融機關之董事長兼任總經理或經理或其他金融機關之總經理或經理及兼任多家金融機關董事長者應於本綱要施行後三個月內辭去兼任職務

第十三條　金融機關之總經理未設總經理者其經理應以過去曾在金融界服務三年以上具有經驗者為限

本綱要施行前金融機關聘任之總經理或經理資格與前項規定不符者應由該金融機關於本綱要施行後三個月內

另行聘任

第十四條　金融機關應將董事長董事監察人總經理或經理之姓名年齡籍貫住址資歷其董事長總經理或經理並應加具證明文件於被選任或被聘任後三日內呈報財政部核准後始得就職改選或改聘時亦同

本綱要施行前金融機關選任之董事長董事監察人及聘任之總經理或經理應於本綱要施行後一個月內補報

第十五條　本綱要自公布日施行

南京特別市政府訓令　府經字第　號

令本府各局處會
　市商會
　各區公所

案准

實業部商字第四五三號咨開：

「案奉　行政院院字第七六七號訓令內開『案查本院第二二八次會議討論議項第二案『院長交議據實業部陳部長呈送修正主要商品品目表草案請鑒核等情請公決案決議通過由院修正公布並呈報中央政治委員會及國民政府備案』等由：記錄在卷已由本院修正公布並呈報備案暨通飭知照至該部原呈內尚有關於修正主要商品工商同業聯合會及同業公會分類表應准備案合行錄案令仰該部知照幷咨行各省市政府及商統會物審會等查照此令』等因除該項品目表業經院令公布通飭知照不再檢奉所有修正主要商品工商同業聯合會及同業公會分類表業經本部公布施行外相應檢同該項分類表一份咨請查照爲荷」

等由：附送修正主要商品工商同業聯合會及同業公會分類表一份准此合行抄發原件令仰該　即便知照

此令

計附發修正主要商品工商同業聯合會及同業公會分類表一份

中華民國三十三年十一月　日

市長周學昌

修正主要商品工商同業聯合會及同業公會分類表

聯合會	同業公會	同業公會應分組別	備考
(一)米穀業同業聯合會	各區米穀業同業公會		
(二)麵粉業同業聯合會	各區麵粉業同業公會		
(三)雜糧業同業聯合會	各區雜糧業同業公會		
(四)畜產業同業聯合會	各區畜產業同業公會		
(五)蛋業同業聯合會	各區蛋業同業公會 各區蛋廠業同業公會		
(六)糖業同業聯合會	各區糖業同業公會		
(七)食用油業同業聯合會	各區食用油業同業公會 各區食用油業製造商同業公會		
(八)棉花業同業聯合會	一、棉花業同業公會 二、彈花業同業公會 三、飛花業同業公會 四、廢纖維業同業公會 五、紗廠業同業公會		
(九)棉製品業同業聯合會	一、紗廠業同業公會 二、紗號業同業公會 三、棉織廠業同業公會	毛巾業組 手帕業組 內衣業組 被單業組 襪業組	

四、布廠業同業公會

五、布號業同業公會

六、織帶業同業公會

七、交織品業同業公會

(十)絲綢業同業聯合會

一、繭行業同業公會

二、絲廠業同業公會

三、絲號業同業公會

四、絲織廠業同業公會

五、綢緞號業同業公會

六、人造絲業同業公會

七、交織品業同業公會

(十一)毛紡織業同業聯合會

一、原毛業同業公會

二、毛紡織業同業公會

三、絨線號業同業公會

四、呢絨號業同業公會

五、交織品業同業公會

其他業組

廠業組
染織業組
其他業組

棉布業組
土布業組
零布業組
其他業組

生絲業組
其他業組

綢緞業組
針織業組
合線業組
其他業組

毛紡織業組
駱駝絨業組
其他業組

聯合會	同業公會	業組
(十二)蔴業同業聯合會	一、原蔴業同業公會 二、蔴類製品業同業公會 三、交織品業同業公會	
(十三)化學工業同業聯合會	一、化學工業原料廠業同業公會 二、化學工業原料號業同業公會 三、化學工業品業同業公會 四、藥廠業同業公會 五、新藥業同業公會 六、西顏料號業同業公會 七、粗細顏料雜貨業同業公會 八、工業油脂業同業公會	化粧品業組 油墨業組 其他業組
(十四)酒精業同業聯合會	一、酒精廠業同業公會 二、藥廠業同業公會 三、新藥業同業公會 四、化學工業原料廠業同業公會	
(十五)皂燭業同業聯合會	一、皂燭廠業同業公會	皂業組 燭業組 其他業組
	二、工業油脂業同業公會 三、捲烟火柴皂燭號業同業公會	捲烟業組 火柴業組 皂業組

四、化學工業原料廠業同業公會

五、化學工業原料號業同業公會

六、本燭業同業公會

燭業組

其他業組

(十六)菸業同業聯合會

一、烟葉業同業公會

二、烟廠業同業公會

三、捲烟火柴皂燭業同業公會

(十七)火柴業同業聯合會

一、火柴廠業同業公會

二、捲烟火柴皂燭業同業公會

(十八)皮革業同業聯合會

一、原皮業同業公會

二、製革業同業公會

三、皮革號業同業公會

四、皮革製號業同業公會

製革原料業組

皮革業組

皮件業組

其他業組

(十九)橡膠業同業聯合會

一、橡膠原料業同業公會

二、橡膠製造業同業公會

三、橡膠品號業同業公會

四、車胎號業同業公會

進口原料業組

舊料業組

其他業組

(二十)金屬業同業聯合會

一、機械廠業同業公會

機械業組

零件業組

二、鋼鐵號業同業公會

三、金屬線絲業同業公會

- 其他業組
- 拉絲業組
- 製釘業組
- 其他業組

四、非鐵金屬業同業公會

- 鋼錫業組
- 鋼精業組
- 其他非金屬業組

五、五金號業同業公會

六、冶鑄廠業同業公會

- 鋼鐵翻沙廠業組
- 冶坊業組
- 其他業組

七、打鐵業同業公會

- 打鐵業組
- 冷作業組
- 白鐵製作業組
- 其他業組

八、冶鑄品號業同業公會

九、鐵桶業同業公會

十、器產器械廠業同業公會

（廿一）電器業同業聯合會

一、電器廠業同業公會

- 電器組
- 電線組
- 電燈泡組
- 無線電組
- 膠木電器組
- 電筒電池組
- 小電線組
- 其他業組

二、電器材料號業同業公會

三、五金號業同業公會

同業聯合會	同業公會	組
(廿二)煤業同業聯合會	一、煤號業同業公會 二、煤球業同業公會	煤球製造業組 煤炭〃組
(廿三)百貨業同業聯合會	一、百貨公司業同業公會 二、華洋百貨號業同業公會	
(廿四)紙業同業聯合會	造紙業同業公會 紙號業同業公會	

註：各同業聯合會所屬各公會得視當地實際情形呈准實業部酌量合併或分設至各公會所屬組別亦得按當地習慣呈准當地主管官署分別增減劃分之

南京特別市政府訓令 府經字第　號

令南京特別市各區區公所
　　　　　　　　商會
　　　　　　　　雜糧業公會

案奉

行政院院字第七九三八號訓令內開：

「案查前據米糧統制委員會呈送蘇浙皖米穀運銷管理暫行條例施行細則案經飭據物資統制審議委員會本月七日審字第一〇九二號議復略稱「案奉鈞令遵經詳核細則大致尚無不合惟第二條第三項原文「米穀所有者（指地主）及其家屬每人每年以一石五斗（市石）計算」擬改爲「米穀所有者（指地主）及其家屬每人每年以一石二斗（市石）計算」同條第三項原文「非米穀生產者其有所之米穀如係在本條例施行前所有時亦以每人每年以一石二斗（市石）計算」擬改爲 非米穀生產者其所有之米穀如係在本條例施行前所有時亦以每人每年一石五斗（市石）計算 又第十六條第三項原文取締機關或當地辦事處收奬勵金分發完竣後應即檢同收據呈報省市政府或米統會」擬改爲「取締機關收奬勵金分發完竣後應即檢同收據呈報省市其委託當地辦事處辦理者應由該辦事處同時呈報米統會」又第十七條原文「本細則自中華民國三十三年九月二十七日施行」擬改爲「本細則自公布日施行」以上擬議修正各點是否有當理合備文

呈復仰祈鑒賜核奪飭遵」等情前來除指復原細則第二條第二項原文「米穀所有者(指地主)及其家屬每人每年以一石二斗計算」應改爲「米穀所有者(指地主)及其家屬每人每年以一石六斗(市石)計算」及同條第三項原文「非米穀生產者其所有之米穀如係在本條例施行前所有時亦以每人每年一石二斗計算」應改爲「非米穀生產者其所有之米穀如係本條例施行前所有時亦以每人每年一石六斗(市石)計算」外其餘准如所擬辦理並有院公布暨呈中政會備案令行全國商業統制總會轉飭遵照及分行所屬各機關知照外合行抄發原附件令仰該府知照」等因附計抄發蘇浙皖米穀運銷管理暫行條例施行細則一份奉此合亟抄發原發細則一份令仰該區公所、會、公會知照

此令

計抄發蘇浙皖米穀運銷管理暫行條例施行細則一份

中華民國三十三年十一月　日

市長周學昌

蘇浙皖米穀運銷管理暫行條例施行細則

第一條　本細則根據蘇浙皖米穀運銷管理暫行條例(以下簡稱本條例)第十三條訂定之

第二條　依本條例第二條之規定其自用米穀數量分別如下

一、米穀生產者及其家屬每人每年以二石(市石)計算

二、米穀所有者(指地主)及其家屬每人每年以一石六斗(市石)計算

三、非米穀生產者其所有之米穀如係在本條例施行前所有時亦以每人每年一石六斗(市石)計算

(註)按照田賦已經抵繳之米穀或收來確實應按田賦抵繳之米穀均按收穫以外之米穀論

第三條　依本條例第二條所稱之指定採辦商如欲充任者須取具米糧統制委員會(以下簡稱米統會)相信之銀行保證及同業公會會員二人以上之連帶責任保證並須呈由辦事處轉呈米統會核准後方得充任之

第四條　依本條例第四條規定之米穀搬運各須加以限制或禁止時應依地區辦事處之申請由省市政府佈告執行之又依本條例第五條第三項規定之指定地區在被指定時由　國民政府公報及蘇浙皖各省政府公報公布之同時並在當地著名之報紙刊登佈告

第五條　依本條例第四條之規定在同一運銷管理區內之米穀移動如須限制或禁止時其移動之許可手續隨時規定之

第六條　依本條例第五條之規定米穀搬運護照如由江蘇辦事處或各地區辦事處塡發時均應迅速呈報米統會

第七條　依本條例第五條第一項所稱之特別指定地區係指敵匪及接近敵匪地區或因米穀之流動予收買工作上以不良影響之管理區或其一部份地區對於上開地區之搬運護照如在江蘇辦事處管應由江蘇辦事處發給如在不屬於江蘇辦事處之管理區域時則由地區辦事處發給之但均須得當地連絡部長之允准

第八條　發現違反本條例第七條之取締機關應依其奉行命令系統通知關係法院同時並通知當地分辦事處或地區辦事處辦事處接到前項通知時應即呈由上級辦事處轉報米統會

第九條　本條例暨本細則所稱之取締機關係指特別奉命之中國軍及保安隊警察隊

第十條　本條例第八條第三項之規定扣留米穀之取締機關應即函請當地縣長轉報該管省市長省市長接到前項報告時應即函知關係法院及米統會並對所扣留之米穀沒收處理辦法予以指示

第十一條　依本條例第十條及第十一條之規定犯人以物資代替罰金時應以米穀為原則其價格應以違反時當地米統會收買價格以下計算之

依前項規定所繳之米穀以罰金額數量解繳米統會

第十二條　依本條例沒收之米穀應按米統會在當地購米價格售與米統會

對於沒收之米穀搬運保管等費均包括於前項價格以內

第十三條　依本條例扣留之米穀由原檢舉取締機關或受託於該取締機關之當地辦事處保管之

第十四條　米統會收買沒收米穀所付之價款除獎勵金及搬運保管等費外其餘解繳當地主管省市政府罰金或因代替罰金繳納米穀所得之款額及米穀以外之沒收物品應呈繳　國民政府

但槍礮刀劍及其他直接戰鬥器具另行規定

米穀以外之沒收手續依照普通司法手續辦理之

第十五條　關於違反本條例之案件經法院判決後應即通告省市政府及米統會

第十六條　依本條例第十二條之規定獎勵金以提出沒收物品變價百分之二十撥充之

有關獎勵金由省市政府依本細則第十三條第一項所得之沒收品價款中發給之省市政府發給之獎勵金其支配辦法應由原辦檢舉取締機關或經該取締機關之監督委託當地辦事處辦理之

取締機關獎勵金分發完竣後應即檢同收據呈報省市政府其委託當地辦事處辦理者應由該辦事處隨時呈報米統會

第十七條 本細則自公布日施行

南京特別市政府訓令 字第 號

令各區公所

案准

行政院合作事業委員會合業字第一四三一號函開：

「查本會爲強化農業增產並協助愛路工作起見經指令所有沿鉄路沿之合作社爲愛路地區合作社並經製定愛路地區合作社工作要領除分別函令外相應檢同前項要領一份函請查照賜予協助爲荷」

等由附送愛路地區合作社工作要領一份准此自應照辦除分令外合行令仰該區公所遵照協助

此令

附抄發愛路地區合作社工作項要一份

中華民國三十三年十一月日

市長周學昌

愛路地區合作社工作要領案

方針

凡華中愛路工作地域之合合作社其工作重心必須集中於愛路地域當茲推行農業增產施策之際關於各種農業生產資材之補助供給農民生活必需物資之配給農產物之合理販賣並必須擴充強化農村基本組織之保甲互助社以及鄉鎮農業協進會等之組織機構以共同協力於愛路工作之推進爲方針

要領

一、愛路地區合作社組織之擴充強化

1.凡在愛路地區內未有組織互助社之地域應由有關機關之協助預定於十一月底以內組織成立

謀使全部農民加入互助社起見如有出資困難者可作爲預備社員以資獎勵

2.愛路地區內各鄉鎮如未有組織農業協進會者應於十二月底以前組織成立

3.以農村之中堅青年爲愛路地區合作社推進之原動力各地合作社中堅農民訓練須以愛路地區工作爲中心幷積極與新運會所主辦之農村青年訓練互助相協力

二、農業增產施策

1.在民國三十三年度下半期內擴充合作社農業增產對策之指定地域包括愛路地區全部地域

2.合作社實施下列各項農業助成施策時在愛路地區各合作社先行着手

一、優良品種之普及

小麥菜子棉花水稻

二、病蟲害之預防及驅除

三、新增產農作物之計劃及實施

蓖麻、蔴、棉花、

四、灌溉排水設施

五、施肥的改善

自給肥料之增產

肥料場之設置

豆稻及硫安之施用方法指導

六、農業經營組織之改善

小麥播種地帶之棉作物

水田換種小麥之獎勵

三、農業生產資材之配給

1.肥料之配給改善(豆稻及硫安)

2.耕牛之購入幹施及借出

3.農事機械之配給改善及借出

4.農業藥劑之配給
5.種子種苗之購入斡旋

四、農民生活必需品之配給

對於合作社配給農民之生活必需品如洋火洋燭肥皂砂糖棉布等愛路地區之合作社得有優先權

五、農產物之販賣改善

合作社須知左項辦法改善愛路地域之農產物販賣

一、實行冬期農業經營資金貸放以防止青田之出賣養成農民販賣農產物之自立性
二、交換物資之優先配給
三、農業倉庫之整備

六、指導農民整理債務並辦理低利貸款

七、農村副業之獎勵

1.藥木出品工場之開設
2.其他農產物製造品必要之各種共同作業場之開設

八、農村醫療之改善

1.家庭藥之配給
2.農村診療所或巡迴診療之實施

九、優良愛護團員之獎勵

對於盡力愛路工作之優良愛路護團員應給與前列各項補助施設之優先權並得依特別比率增加其權益

十、計劃及推進

愛路地區各合作社與有關機關協議於十月以前依據本要領所定計劃將工作推進情況至報本會以後每月底呈報一次報告書內須附送詳細之地圖及表格俾可一目瞭然

附記

一、依據本要領將愛路地區內之互助社愛路工作計劃予以調整
二、請農業增產策進委員會審議將包含在愛路地區之各縣編入為指定推行增產之地域

三、華中鉄道公司依據本要領關於物資之轉送運費之減免車輛供給之敏速及補助金之交付等須特別研妥善辦法實行之
四、華中鉄道公司對從事愛路工作合作社關係者之旅行應給予特別之便利

南京特別市政府訓令 府經字第　號

令本市各區公所

案准米糧統制委員會南京地區辦事處函開：

「案查本處前定收買米糧臨時措置綱要十一項業於本月一日公佈施行已函請協助在案茲根據該項綱要第四條復經訂定採辦商獎懲辦法六條以便推進收購除呈請指委會備案外相應檢同本處採辦商獎懲辦法一份函請鑒核並祈轉飭所屬隨時予以協助實爲公便」

等由附採辦商獎懲辦法一份准此自應照辦除分令外合行抄發原附件一份令仰該區公所知照

此令

附抄發採辦商獎懲辦法一份

中華民國三十三年十一月　日

市長周學昌

米糧統制委員會南京地區辦事處採辦商獎懲辦法

(一)本處爲獎勵採辦商迅速繳米及懲罰逾限遲未繳清者特訂定本獎懲辦法辦理之

(二)凡採辦商於限期前收訂繳之米量如數繳清者以先繳之日期計算每石每日發給獎金二十元採辦機米者自領到採辦證及貨金之日起至全數運繳指定倉庫或自身機米廠以及其他機米廠經查驗之日止採辦糙米者自領到採辦證及貨金之日起至全數運交承碾米廠承碾單送交本處之日止分別計算之

(三)採辦商限三十天以一千石爲單位如有訂立成單在二千石以上者每批運繳得依限分段計算獎金逾期亦限分段計算罰金

(四)凡採辦商逾限不繳清者得每石每日科以罰金十元

(五)凡逾期在三十日以上仍不繳清者按情節之輕重得請由行政機關註銷營業執照幷轉送法院或軍警機關究辦但遇特殊障礙報經本處查明屬實者得酌量延期或予免罰

(六)本辦法如有未盡事宜得隨時修正之

南京特別市政府訓令　府經字第　號

令城鄉各區公所

案准

實業部農林字第四〇八號咨開：

「案查私立農場登記暫行規則業經本部修正呈奉行政院核准幷於十一月九日以部令公佈各在案除呈報及分別咨行外相應檢送修正規則乙份咨請查照幷轉飭所屬知照」

等由附修正私立農場登記暫行規則一份准此自應照辦除分令外合行令仰該區公所知照

此令

附抄發修正私立農場登記暫行規則一份

中華民國三十三年十一月　日

市長　周學昌

修正私立農場登記暫行規則

第一條　凡中華民國人民經營農業以科學方法改良農事爲宗旨設立新式農場應照本規則之規定呈請登記

第二條　私立農場之登記應由主管之縣市政府核轉省政府咨請實業部辦理在特別市由市政府核轉實業部辦理

第三條　呈請登記之私立農場應備具左列各款：

(一)須有固定場地其面積在集約農場爲十畝以上粗放農場爲五十畝以上

(二)須確定經營計劃改良方針及進行步驟

(三)須有流動資本以經營該場全部事業一年內所必需之數額爲準

(四)農場管理員須中等以上農業學校畢業或具有同等之學識及經驗

第四條　呈請登記時應附繳證明書費二百元及法定印花稅費幷繪具場地詳圖及列表塡具左列事項由設立人簽字蓋章呈

核

(一)名稱

(二)所在地及回址

(三)面積

(四)土地所有權之所屬(自有或租用租用者其年限)

(五)經營種類

(六)資本數額

(七)場主之姓名年歲籍貫住所及資歷

(八)技術員之額數及其姓名年籍住所資歷

(九)已成立者其成立之年月日

前項圖表在縣或市應各塡送三份在特別市應各塡送二份以備轉存

第一項各款有變更時應於十五日內爲變更之登記

第五條 實業部核准登記者應給登記許可證

第六條 合資經營之私立農場應將所立合同幷權利義務之分別辦法一併按照第四條規定份數隨文抄送

第七條 核准登記之私立農場應於每年年終將所得成績報告於縣市政府核轉省政府咨請實業部備查在特別市由市政府咨請實業部備查其成績優良者得由實業部獎勵之

第八條 核准登記之私立農場應奉行實業部關於農事推廣之命令

第九條 核准登記之私立農場得呈請實業部配發優良樹苗及籽種幷得向附近農業機關請求技術上之援助

第十條 核准登記之私立農場非經呈准不得將場地變更用途

第十一條 農場於停止經營時應將登記許可證呈由縣市政府或特別市政府轉實業部繳銷

第十二條 本規則自公佈日施行

南京特別市政府訓令 府財字第　號

令南京特別市商會

查本市修正營業稅征收章程早經公布實施在案玆據營業稅征收處呈報本市各商店有未呈報停止營業竟致滯納稅款情事殊與定章不合玆將照章處理應行注意事項開列於左

一、各該商店如有自願停止營業者應照呈報停止營業暨將原領營業執照繳銷並將欠納稅款照數清繳方能免除納稅義務

二、各該商店如未依照規定呈報停止營業及繳銷營業執照而故違定章滯納稅款逾限三十日以上者應即照章以抗不納稅論由營業稅征收處呈請市政府勒令暫停營業或吊銷營業執照

以上所列應行注意事項除令飭營業稅征收處遵照外合行令仰該會遵照並轉飭遵照爲要

此令

中華民國三十三年十一月　日

市長周學昌

南京特別市政府指令　府財字第　號

令營業稅征收處

呈一件　爲呈報主要商品業份滯納稅款情形請核示由

呈悉查本市修正營業稅征收章程早經公布實施並令飭該處遵照在案今據呈報各該商店有未呈報停止營業竟將稅款滯納不繳殊與定章不合玆將照章處理應行注意事項開列於左

一、各該商店如有自願停止營業者應照章呈報停止營業暨將原領營業執照繳銷並將欠納稅款照數清繳方能免除納稅義務

二、各該商店如未依照規定呈報停止營業及繳銷營業執照而故違定章滯納稅款逾限三十日以上者應即照章以抗不納稅論由營業稅征收處呈請市政府勒令暫停營業或予吊銷營業執照

以上所列應行注意事項除分令市商會轉飭所屬公會遵照外仰該處長遵照辦理並隨時具報

此令

中華民國三十三年十一月　日

市長周學昌

南京特別市政府指令　府保甲字第　號

令上新河區公所

呈乙件　爲據本區北圩鄉聯保主任袁慶安呈報擴充自衛團名額及籌措經臨等費各辦法等情經核事實誠屬必要所擬辦法亦尚平允仰祈鑒賜備查由

呈悉所請擴充自衛團名額以保地方安甯一節尚屬需要姑准試辦惟關於經費收支情形應即編造預算呈府備核仰即遵照并轉飭知照

此令

中華民國三十三年十一月日

市長周學昌

南京特別市政府佈告　府財字第　號

查本市本年度下期田賦遵照

行政院規定改征實物原則上等每畝征稻五升中等每畝征稻四升下等每畝征稻三升並因試辦期間爲便利人民起見准予折價繳納暫按稻價每市担壹千貳百元爲征收標準自十月二十一日開征起一個半月爲限業經佈告實施在案現因征收初限瞬屆期滿應將稻價標準另行核定茲訂自本年十二月六日起對於本年下期未完田賦正稅一律改按公糶米價每担肆千壹百元標準折半征收(按價例每稻一担作米五斗)以後公糶米價如有增減折價標準當亦隨之變更核計征收除令田賦征收處遵照辦理並照章征收逾限滯納罰金外合行布告仰本市有關田賦人等一體周知照額繳納毋再違延致干嚴處切切

此布

中華民國三十三年十一月日

市長周學昌

財政局局長譚友仲

南京特別市政府公告　字第　號

案據業戶孔繁生如意呈報坐落西流灣第五號房地產原領前地政局所發六字第三三四九號所有權狀及六區二九六二段分段圖各一件又共字五九四八九保持證二紙因被燬遺失請予補給等情經飭據呈繳聲明圖狀遺失報紙暨鄰商兩保前來茲依照土地法第一百四十條第二款之規定揭示公告自公告之日起對於該項遺失圖狀如有因權利關係聲明異議者須於三個月內提出理由書暨證明文件呈候核辦一經公告期滿無人異議卽予依法補給圖狀管業合行公告通知

中華民國三十三年十一月日

市長周學昌

地政局局長張仿良

南京特別市政府公示　字第　號

案據業戶伊興永顏月亭呈報坐落朝天宮西街第七二號房地產原領前地政局所發登二字第二八二二號文件收據（係孫永林戶名）壹件因愼遺失請予公示註銷自公示之日起對於該項遺失收據如有因權利關係聲明異議者須於三日內提出理由書暨證明文件呈候核辦一經公示期滿無人異議卽予依法註銷合行公示週知

中華民國三十三年十一月日

市長周學昌

地政局局長張仿良

南京特別市政府諭知

據本科宣傳處案呈以天香閣戲茶社於本月六日夜場私演禁戲拾玉鐲一案當經飭科傳該社負責人盧乃甫到處訊明屬實有違本市管理公共娛樂場所及藝員登記規則第二十七條之規定旋據該社具呈辯稱以新到藝員愚昧無知誤演禁戲請求寬宥等情核與詢話時所答因生意清淡意欲招徠顧客故加入一段一語不相符合顯係飾詞巧辯冀免究辦且該社迭次違章曾經先後予以警告並科處停業一日有案理合檢原呈暨詢話草錄呈請法辦等情前來似此藐視功令一再重犯自應嚴加懲處以儆效尤茲依同規則第三十九條第三項規定裁處停業二日（自十一月二十八日起至三十日止）以示儆戒除函請警察總監署查照外合行

仰該社遵照毋違切切

此諭

右諭沃香閣戲茶社遵此

中華民國三十三年十一月　日

市長周學昌

公牘

南京特別市政府咨　字第　號

案據本市豬隻公營社呈稱：

「查本社自成立以來對於社會服務業已按章逐步分頭推進現已照章實施配給指定中華門下關兩處稱配並於每日暨逢五逢十繳納生計組合及防衛司令部軍肉十餘頭該項配豬於配定後於每日夜間九十時左右由送豬人趕送屠宰場屠宰按屠宰場宰豬時間慣例皆於午夜二時屠宰於翌晨黎明應市上月二十六日夜十時有趕豬工役周錦章由下關趕送軍豬進入挹江門時當爲該處首都憲兵部守崗憲兵留難扣阻意圖索賄買放該送豬人係一工役何來現金爲壽但以該豬係繳軍需並非私貨亦不能行賄買放該憲兵未能如願竟敢行兇毆擊該工役所趕豬隻被扣留多時不放本社接獲報告當由本社日籍副經理山崎誠一出面親赴挹江門交涉該憲兵無詞可答始得進城竊以憲兵職務旨在維持治安物資出入非憲兵職權所能過問此不僅爲越權問題實以時間一經延誤即不及宰殺次日即不克應市影響軍需民食至鉅該憲兵竟利用守衛城關職權而勒索未遂竟行兇毆人該送豬工役無辜被毆身體自由皆失保障此風斷不可長爲特具實呈報擬懇鈞長俯准據情轉咨首都憲兵司令部嚴予查究取締非法留難以資改善而維來茲理合備文將經過情形備文呈報仰祈鑒核俯賜轉咨嚴行取締俾資改善而利通行」

等情據此相應據情咨請

貴部嚴予取締以利通行至級公誼

此咨

首都憲兵司令部

市長周學昌

中華民國三十三年十一月日

南京特別市政府咨　字第　號

案據本市猪隻公營社査緝組具呈略開：

「本組成立伊始外界或有不明玆爲愼重計擬請轉咨首都警察總監署轉飭所屬各局所凡遇本組査緝員在外調査發生困難時隨時予以協助而利緝務」

等情據此相應咨請

貴署査照轉飭所屬予以協助至級公誼

此咨

首都警察總監署

市長周學昌

中華民國三十三年十一月日

南京特別市政府公函　府保甲字第　號

案據鄉區自治實驗區區長蕭石樓呈稱

「竊據職區烏龍鄉聯保主任韋傘圻呈稱案據職鄉第六保六甲一戶戶主戴家　報稱竊民住焚甸村務農爲業於本月十六日下午約九時許村中犬吠不止胞兄家福恐有歹人偸棄開門看視突入盜匪八人手持長短槍內有四人身着黑制服由過間門穿入民家初稱檢査次向民借路費民知來勢不佳卽將所有法幣二千二百元交出但該匪徒等慾心未滿再至房中將肥絲衣服等件一併拿去搜刼約一小時始得驗向東呼嘯逝去請求轉呈緝捕等情據此職卽至出事地點詳細査問

與所報均屬相符除分飭各保長詳加注意嚴密偵緝外理合具文連同失單呈請鈞長鑒核准予轉函警局飭屬嚴緝歸案究辦以儆效尤而安里閭等情附呈失單一紙據此查該匪徒等竟敢目無法紀於京市境內結夥持械槍刼殊屬可惡已極除函請北郊警察局飭屬嚴緝歸案究辦外理合抄錄失單具文呈報仰祈鈞長鑒核俯賜轉函軍警機關飭屬嚴緝歸案法辦以儆將來而安良善實爲公便」

等情附失單一紙據此除分函外相應抄附原失單函請

查照核辦見復爲荷

此致

首都警備司令部

首都警察總監署

附失單一紙

市長周學昌

中華民國三十三年十一月日

計開失單

深灰色呢帽一頂　黑府綢袴子一件　綢衫一件　醬色呢帽一頂　絨小褂子一件

灰色男大褂一件　醬色洋綯棉袍一件　白藍條褂子一件　靑布衫一件　深灰花線大褂一件

黑府綢袴一件　白絲一百三十六兩　醬色線呢夾袍一件　白條褂子一件　黃皮鞋一雙

紫色洋綯旗袍一件　淺色大褂一件　法幣貳千貳百元　紫色綢夾袍一件　醬色夾袍一件

手錶一只　舊幣五十五元　鉛幣五十角　鹹火腿一隻

損失總計約值拾萬餘元

南京特市政府公函　字第　號

案准

貴署政一字第一四二八號公函略以據報中山門北面城門暨通濟門城門均告損壞關閉不便函囑飭局修理以固城防等由准經

飭工務局分別派工修理業已先後竣工相應函復即希
查照轉飭知照爲荷

此致

首都警察總監署

市長　周學昌

中華民國三十三年十一月　日

南京特別市政府公函　府衛字第　號

案准

貴署删代電開　兹以牛痘證書用紙配給價格提高印刷工價較前增加本季接種痘苗證書應改訂爲每張國幣二角請查照轉知等因查本市三十三年度冬季種痘預計需用證書七十萬張所需紙張印刷等費計壹拾肆萬元正業經函滙上海交
貴署駐滬辦事處相應函請查照將赴申領取此項證書文件繕送過府以便轉給應用爲荷

此致

衛生署

市長　周學昌

中華民國三十三年十月　日

統計

南京特別市戶口統計表

三十三年度十一月份

區別	戶數	人口數 總數	男性 合計	男性 成人	男性 兒童	女性 合計	女性 成人	女性 兒童
總計	142900	692392	377309	294538	82771	315083	239313	75770
城區自治實驗區	14140	65170	31456	25361	6095	33714	26018	7696
第一區	21913	110879	59980	50392	9588	50899	41620	9279
第二區	23789	116145	62520	52169	10351	53625	43507	10118
第三區	18931	89308	50226	37009	13217	39082	28420	10662
第四區	18977	106154	59436	50935	8501	46718	39576	7142
第五區	9964	47389	27175	19769	7406	20214	12934	7280
鄉區自治實驗區	9083	42863	22810	17936	4874	20053	15514	4539
上新河區	11649	50998	27718	19317	8401	23280	15739	7541
孝陵衛區	5228	24332	12973	7245	5728	11359	6724	4635
安德門區	9226	39154	23015	14405	8610	16139	9261	6878

備考：各外國僑民未在此表內　　資料來源根據各區公所報告　　秘書處第三科統計股製

南京特別市戶口統計表

三十三年度十一月份　較十月份增(十)減(一)

區別	戶數	人口數 總數	男性 合計	男性 成人	男性 兒童	女性 合計	女性 成人	女性 兒童
總計	(一) 148	(十) 2662	(十) 1407	(十) 990	(十) 417	(十) 1255	(十) 868	(十) 387
城區自治實驗區	(十) 14	(十) 41	(十) 21	(十) 15	(十) 6	(十) 20	(十) 12	(十) 8
第一區	(一) 240	(十) 1995	(十) 1030	(十) 781	(十) 249	(十) 965	(十) 742	(十) 223
第二區	(十) 7	(十) 76	(十) 22	(一) 18	(十) 40	(十) 54	(十) 12	(十) 42
第三區	(一) 12	(十) 71	(十) 33	(十) 28	(十) 5	(十) 38	(十) 32	(十) 6
第四區	(一) 5	(十) 87	(十) 64	(十) 52	(十) 12	(十) 23	(十) 8	(十) 15
第五區	(十) 9	(十) 45	(十) 31	(十) 1	(十) 30	(十) 14	(一) 15	(十) 29
鄉區自治實驗區	(十) 26	(十) 145	(十) 81	(十) 60	(十) 21	(十) 64	(十) 39	(十) 25
上新河區	(一) 15	(一) 20	(一) 10	(一) 5	(一) 5	(一) 10	(一) 5	(一) 5
孝陵衛區	(十) 2	(十) 15	(十) 6	(一) 3	(十) 9	(十) 9		(十) 9
安德門區	(十) 66	(十) 207	(十) 129	(十) 79	(十) 50	(十) 78	(十) 43	(十) 35

備考：各外國僑民未在此表內　　資料來源根據各區公所報告　　秘書處第三科統計股製

市政公報暫定價目表

期數	價目	郵費
零售	每冊二元	本埠二角 外埠三角
半年	十二冊 二十四元	本埠二元四角 外埠三元六角
全年	廿四冊 四十八元	本埠四元八角 外埠七元二角

市政公報廣告刊例

頁數	價目
一頁	每期五十元
半頁	每期二十五元
四分之一頁	每期十二元五角

刊登廣告在四期以上者每期按照七折計算連續十期以上者每期按照六折計算長期另議

出版日期　本公報暫定每月二次

編輯者　南京特別市政府秘書處

發行者　南京特別市政府秘書處

印刷者　南京國華印書館

地址：中山東路旌政牌樓

電話：二二一六五

中華郵政掛號認爲第一類新聞紙類　江蘇郵政管理局執照第一〇四三號

中華民國三十三年十二月三十一日

第一五七八期合刊

市政公報

南京特別市政府秘書處印行

目錄

命令

公牘

統計

命令

南京特別市政府委令　字第　號

令周學昌

茲派該員爲本市中小學會考委員會委員並指定爲主任委員

此令

中華民國三十三年十二月　日

市長　周學昌

南京特別市政府委令　字第　號

令楊正宇　陸善熾　譚友仲　蘇榮軒　林大中　張仿良　周雨八　韓春第　褚通爵

茲派該員爲本市中小學會考委員會委員兼秘書委員

此令

中華民國三十三年十二月　日

市長　周學昌

南京特別市政府委令　字第　號

令譚友仲　蘇榮軒　余濟民　夏道生　劉國光

茲派該員爲南京特別市政府財政局救濟洲洲產整理委員會主任委員
委員

此令

中華民國三十三年十二月　日　市長周學昌

南京特別市政府委令　字第　號

令梅景方

茲派該員爲本府工務局主任技正

此令

中華民國三十三年十二月　日　市長周學昌

南京特別市政府委令　字第　號

令邵啓珪
江兆龍

茲派該員爲南京特別市消費特稅徵收處副處長
處長

此令

中華民國三十三年十二月　日　市長周學昌

南京特別市政府訓令　字第　號

令張希仿

茲派該員爲南京特別市消費特稅徵收處督徵主任

此令

中華民國三十三年十二月　日　市長周學昌

南京特別市政府訓令　字第　號

令城鄉各區公所

本市農業增產策進委員會案呈

「案准建設部建乙字第二四六號咨開「案查本年度各省增產各重點縣利用農隙舉辦征工浚河實施辦法業經本部會商貴會訂定已由部公布施行暨分咨各省市政府查照須速佈置希望於本年十二月初旬一律興工各在案依照原實施辦法之規定應由本部派遣技術人員前往各省市視察以資督導茲經派定本部水利署簡任技正王翼謀兼任上海市征工浚河工程視察員荐任技士胡庭杜兼任南京市征工浚河工程視察員荐任技士張毅生兼任江蘇省征工浚河工程視察員荐任技士錢銘兼任浙江省征工浚河工程視察員荐任技士朱孝若兼任安徽省征工浚河工程視察員除各該視察人員出發日期容另文咨達外相應檢同增產各重點縣利用農隙舉辦征工浚河實施辦法」一份咨請查照為荷」

等由附增產各重點縣利用農隙舉辦征工浚河實施辦法一份准此合行抄發原辦法令仰該會知照

此令

附增產各重點縣利用農隙舉辦征工浚河實施辦法一份

中華民國三十三年十二月　日　市長周學昌

增產各重點縣利用農隙舉辦征工浚河實施辦法

一、依照行政院農業增產策進委員會本年度灌溉排水實施辦法調整綱要之規定農田灌溉排水設施工程由各地縣政府担負辦理

二、本辦法所指之工程暫以疏浚河道之土方工程為限並規定用征工方法辦理之

三、各省市政府應通飭所屬增產重點各縣查報境內今冬擬疏浚之河道開具長寬深度土方數及擬給工人每立方公尺之津貼

暨事務費用等一併例表附具草圖報由省市政府咨達建設部

四、關於改良灌溉排水設施經費總概算玖百萬元之支配辦法除以四十五萬元做建設部技術人員旅費外其餘由建設部按照各縣所報工作之主要性核定今冬應予舉辦之各工程及經費數額咨復各主管市政府轉飭施行

五、工程實施期限應由各省市政府視當地情形自行酌定但必須於明春農事前一律完成

六、建設部核定之工程經費係包括征工津貼及事務費用兩者在內並得由各縣政府依照需要分配惟事務費用不得超過工程費全額百分之三十

七、征工辦法悉依各省市原有法規或成例辦法

八、各工程經核定後在開工前得由各省市政府先向建設部洽領應撥經費十分之三其餘十分之七須俟工程完工驗收後撥發

九、在工程進行中建設部會同省市政府派遣技術人員指導監督完工時會同驗收

十、工程經費全由中央負担者其經費支出計算書類須送由建設部核轉若僅由中央補助一部分者則僅需抄繕一全份送核

十一本辦法公佈施行後所有以前各縣區合作社根據民國三十三年主要農產補助獎勵規則呈請補助灌溉排水事業者仍由建設部根據前項補助規定辦理嗣後各縣區合作社如有呈請灌溉排水事業補助者應呈請縣政府彙案層轉建設部統籌核辦

十二本辦法由建設部公佈施行

南京特別市政府訓令 府保甲字第　號

令城鄉各區公所

案准

首都警察總監署保一字第一九三號公函開

「查每屆冬令一般宵小恆思乘機活動防範稍疏輒生事故本署爲防患未然力謀京市治安益臻鞏固起見爰特參加以往成例并酌查現時需要情形擬訂冬防計劃草案經召集所屬各主管人員舉行署務會議詳細討論通過并經與友邦聯絡同意贊助各在案除分呈暨函請各有關機關查照協助并通令各屬切實遵照辦理外相應檢同本年冬防計劃一份備函送請查照并轉飭所屬一體隨時協助爲荷」

等由附送三十三年冬防計劃一份准此自應照辦除分令外合行抄發原計劃令仰該區公所遵照并轉飭所屬一體協助辦理爲要

此令

附抄發首都警察總監署三十三年冬防計劃一份

中華民國三十三年十二月　日

市長周學昌

首都警察總監署三十三年冬防計劃

一、本署所屬各局隊處應遵照本計劃所訂各條按照各該局轄境需要情形詳擬冬防計劃呈署核准施行

二、冬防實施日期暫定自十一月二十一日起至翌年三月一日止但在必要時得延長之

三、在冬防期內本署內外各部屬員警除婚喪及重病外一律不准請假各局隊退勤休息長警非奉長官特別派遣一律不准外出並逐日由督察處派員前往切實考察

四、各局在冬防期內應於重要路口設置武裝盤查哨各配備義勇警察二名自警團員一名每日由下午六時起至翌晨六時止（分兩班輪派）檢查夜間來往可疑之人其地點須採用流動方式使宵小竊盜無法逃避並應將境內盤查哨地點人數事先列表並繪具草圖密報督察處以便派員查察其盤查哨應互相連絡遇事可收協助之效各局警力不敷調遣時得由保安隊酌量加撥補充

五、城區各局鄰界會哨地點及時間督察處商同有關各局規定但地點人數不必預定須斟酌實際情形辦理之其各郊局之會哨由各該局會商呈准施行

六、各局原有警備班在冬防期內不分晝夜應酌配義勇警察輪流在局守備聽候臨時差遣

七、保安警察隊在冬防期內應配備武裝複哨每二人一組每日分班於上午六時起至下午十二時止派往衝要地點值勤

八、各局界內各街巷應於每晚十時起至翌晨六時止分派退勤長警及義勇警察自警團團員合組巡邏班規定巡邏路線分班巡查其各局警察及義勇警自警團團員之人數配備均應以二與一爲比例

九、各局巡邏警夜間應在屋舍傍壁緩步巡行注意門戶開閉及室內特異聲息暨宵小容易出沒之處所

十、偵緝隊將所有偵緝員警酌量分駐各局組成偵探網不分晝夜巡查市內各處並由督察處規定簽到簿分置各局以備偵緝巡查經過時簽名蓋章其偵緝暨分駐辦法由偵緝隊擬具計劃呈核施行

十一、各局分駐所或派出所應由義勇警察指揮處各配備義勇警察一班每日由下午六時起至翌晨六時止以每班人數多寡酌配

勤務俾厚實力而資協助

十二在冬防期內各局隊應與友邦有關各機關隨時聯絡以期互通消息而免隔閡並與首都警備司令部及中央憲兵司令部隨時聯絡以資互助

十三各局界內發生匪警時應立即將匪徒人數裝備發生事態及移動方向一併電報特警處轉請友邦憲警協助兜捕一面電報督察處隨時通電分局出勤協緝並由保安隊派遣武裝警察隊乘警備車駛往出事地點追蹤捉捕

十四冬防期內各局應派警逐日會同保甲長加緊抽查戶口特別注意人口之增減及特種戶口之動態並詳細查對連環保結暨有無居住證抽查時應切實注意下列各項並編列標記以為偵查之參考

一、戶內常有閑人雜居或往來者

二、行蹤詭密並無相當職業或所報職業與其本人身份不甚相合者

三、暴貧暴富家有異狀者

四、棚戶船戶雜居及來歷不明行蹤可疑者

五、染有不良嗜好不事生產或係散兵游勇者

六、素行不端遊蕩無賴為鄉里一般人所不齒者

十五各局戶籍員警對於管轄界內寺廟僻靜屋院以及工場雜居處（包括特種戶口）不時查察有無戶口異動隱匿不報情事並於外埠徙入戶口應特加注意

十六各局界內旅館客棧應切實諄誡經理人或棧主凡旅客無保一概不准留宿違則嚴予處罰如有形跡可疑或攜帶槍枝旅客應隨時報告就近局所

十七燕子磯江面三汊河沿江一帶暨西郊所屬夾江下關惠民河三汊河至中華門沿城外護城河由水巡隊日夜分班輪流往返加緊梭巡其梭巡時間應通知有關各局互相連絡協助

十八各局應通飭境內船隻於夜間集中指定地點不得散泊各處以防莠民利用非到翌晨不得開動但城外由外河開入船隻時間較晚者應扼要設盤查哨隨時盤查以免匪徒匿跡

十九冬防期內消防隊值班員警應整裝待發接到火警報告時應立即出動至遲不得逾三分鐘一面電報督察處派員到場監護並並由該管局派警戒備如火警在機關或軍營附近並應派保安隊駛往協助警戒

二、冬防期內本京各商店娛樂場所應予夜間十一時停止營業並挨戶通知小心門戶注意火患不得半開半掩倘有逾時尚未停止營業巡邏警應特別注意查察取締以免為不良份子所利用

廿一銀行錢莊銀樓及要人公館重要機關應加派武裝警察在附近注意梭巡以盡維護之責
廿二冬防期內各局隊分駐所官警應一律在本局所搭包伙食以便遇有事故發生便於連絡
廿三冬防期內各局隊聞有敵機來襲消息或警戒警報發出後應與警防團及所屬各分團隊互相取得切實聯繫協力工作如遇空襲警報實施燈火管制時尤應協力注意各戶屋頂天窗不得准有透光情事
廿四在冬防期內各局及保安隊對於管界內鐵路經過路綫應按照平時警戒實施計劃第二條之規定組織巡邏隊無分晝夜與各區護路隊密切聯絡注意防範以保安全
廿五冬防期內各局應傳諭各地段保甲長挨戶勸諭市民預備手電筒及銅鑼等遇有盜匪即敲鑼喚醒鄰人注意羣起捕捉並馳往就近局所報告
廿六派駐各城關車站輪埠碼頭檢查員警等應督飭認眞詳細檢查並將查獲案件隨時層解處理以期迅捷
廿七自警團團員存崗守望遇有匪警時除鳴笛報警外並須協助警察蹤跟追緝
廿八寒冬郊外山地枯草極爲燃燒各該管局應隨時防止奸人利用縱火以供敵人信號
廿九敵機臨京市上空如見有發放信號以供敵人轟炸目標者應立即認定方向迅速尋捕
三十防空警報發放電笛時各項車輛應一律停止 放車上汽笛以免淆亂聽聞
卅一各局應調查境內水井以備臨事取用其民間私有水井亦分別查明便利消防救護工作
卅二冬防期內於必要時應隨時隨地實施檢索檢問
卅三冬防期內遇有非常事件發生時仍應參照本署所訂非常警備計劃一併嚴切實施

南京特別市政府訓令 府保甲字第　號

令一三四五區城鄉實安德門區公所

案准

建設部建甲字第二一三一號咨開

「據本部交通路線愛護工作委員會呈爲增進交通路線愛護工作效率起見分別釐訂交通路綫愛護團隊服務人員獎懲規則交通路綫愛護團隊服務人員撫卹章程及交通路綫愛護團隊服務人員公賻辦法各一種仰祈公佈施行等情附

呈該項奬懲規則等各一份據此經核尙屬可行除以部令公佈幷分行暨令飭華中鉄道公司知照外相應檢同前項奬懲規則等各十份咨請查照轉飭沿綫各縣市區一體遵照爲荷」

等由附送交通路綫愛護團隊服務人員奬懲規則撫卹章程公賻辦法各十份到府准此自應照辦除分令外合行檢發前項規則等各一份令仰該區遵照

此令

附發交通路綫愛護團隊服務人員奬懲規則撫卹章程公賻辦法各乙份（略）

中華民國三十三年十二月　日　　市長周學昌

南京特別市政府指令　府保甲字第　號

令社會福利局

案據鄉區自治實驗區區長蕭石樓報稱本月十一日下關寶塔橋附近遭受敵機空襲計投五彈炸死居民五名重傷者約十三名焚毀及震倒民房共二百三十戶之多災情慘重懇予設法救濟等情據此查各區發生災害事關民衆生命該局應卽詳細勘察辦理救濟此次下關寶塔橋附近被炸詳情已歷多日迄未據報到府殊屬工作遲緩嗣後遇有任何災害應卽隨時具報核辦據呈前情合亟令仰該局長遵照

此令

中華民國三十三年十二月　日　　市長周學昌

南京特別市政府訓令　府保甲字第　號

令城鄉各區公所

案准

實業部農林字第一五六六號咨開

「案查本部前爲積極推進增產工作幷增強農村經濟起見經釐訂藁工品增產實施方案咨請通飭施行在案迄已數

月末准將推進情形見復現値秋收完畢稻草登場原料頗豐且冬間在邇推進此項實施方案殊難再緩除分咨外相應咨請
貴府査照轉飭所屬按照本部所訂方案積極推進俾收實效幷希見復」
等由准此査此案前准該部咨送奬勵纍殖實施方案促進利用空閒地實施方案及藁工品增產實施方案各乙份到府卽經抄發原
原件以府保甲字第五二二號令飭遵照在案茲准前由除咨復暨分令外合再令仰該區公所卽便遵照幷轉飭所屬一體遵照

此令

中華民國三十三年十二月　日　市長周學昌

南京特別市政府訓令　府財字第　號

令南京特別市消費特稅征收處處長邵啓珪／副處長江兆龍

案准

財政部陽代電略爲物品零售及筵席旅館消費特稅原由稅務局經徵惟範圍廣闊稽核難周成績未能顯著茲於三十四年一月一日起將上項特稅委託市政府代爲接辦俾裕稅收卽希預爲準備等由准此査本市物品零售及筵席旅館消費特稅旣承
財政部委託自三十四年一月一日起由本府代爲徵收自應遵辦除已另令派委該員爲徵收處處長江兆龍爲副處長／邵啓珪爲徵收處處長該員爲副處長外合行令仰
該處長／副處長遵照會同江副處長／邵處長依限接辦認眞徵收並依照規定手續將應行接收交代各項詳細接收造册呈報以憑查核毋延爲要

此令

中華民國三十三年十二月　日　市長周學昌
財政局局長譚仲友

南京特別市政府訓令　府教字第　號

令市私立各中小學

案准教育部普字第二〇八八號咨開「查教育爲立國之本關係綦重凡屬辦學人員咸應朝夕惕勵仰體國家敎育才之至意莘莘學子尤宜砥礪潛修蔚爲國用乃近來各地學校間有辦理懈弛以致學生程度漸趨低落殊堪隱憂本部熟察現狀特經訂定「提高學生程度應行注意事項」以資策進仍盼各地主管教育行政機關隨時督促期收實效除分咨外相應檢同「提高學生程度應行注意事項」一份咨請查照並希轉飭所屬遵照辦理」等由附提高學生程度應行注意事項一份准此除分令外合行檢發該項應行注意事項一份令仰切實遵照辦理

此令

附發提高學生程度應行注意事項一份

中華民國三十三年十二月　日

市長　周學昌

提高學生程度應行注意事項

一、各級學校招收新生及轉學生應嚴格審查其畢業或修業證件其規定得以同等學力投考者須各科考試成績均能及格並不得超過應佔錄取總額之比率

二、中小學須一律遵用國定課本其尚無國定課本之學科應慎選適當之教本凡教員自編教材須送經主管教育行政機關審核

三、各級學校應於每學期開始釐訂各科教學進度依照實施不得無故將應授教材任意縮減或提前結束中小學及師範學校各學期每週各學科教學及自習時數均應遵照規定不得擅自變更

四、各校教員應以專任爲原則每日在校負責指導學生自修及研究對於學生課外參考及閱讀書物須積極加以指示並鼓勵學生作閱讀報告及發表心得

五、各校對於國文科目之教學宜特加注意務使青年學生對於本國語言文字具有良好之了解與運用能力

六、各校應採用嚴密方法考查學生成績所有臨時試驗及學期或畢業考試須依次嚴格舉行對於學生平日作業成績及各科練習簿本均應認眞評訂不得疏忽積壓

七、大學各學院或獨立學院各科學生（醫學院除外）從第二年起應認定某學系爲主系並選定他學系爲輔系

八、各省市應於可能範圍內依法恢復會考其有暫難舉辦者由主管教育行政機關隨時抽查或抽考所屬各校學生成績對於各校畢業試驗應嚴密實施監考

九、各地公私立學校應儘速設置獎學金額以獎掖勤奮向學成績優良之學生

南京特別市政府訓令 府財字第　號

令牲畜屠宰稅徵收所
　捐稅徵收所
　營業稅徵收處

查本市調整各項捐稅徵收標準業經規定自三十四年一月份起實行令飭遵辦在案茲將布告檢發貳（乙）百張合行令仰該所（處）長遵照查收轉發實貼毋延為要

此令

附發布告貳（乙）百張（見佈告欄）

中華民國三十三年十二月　日

市長周學昌

南京特別市政府訓令 字第　號

令第五區公所

查修治農田水利事項為農產增進之重要工作茲屆冬令所有本市各鄉鎮農田應行疏浚河溝修理閘壩培補堤埂挑挖水塘等項工程亟應按照利用冬閒農隙修治農田水利大綱予以興修除分行並函燕子磯農業改進模範實驗區協助外合亟檢發三十三年度農田水利事項調查表式二紙令仰該區長遵照迅速派員督同所屬鄉鎮長聯保主任詳查迅將應行修治各工程並預計施工人數依式填表二份限十一月底以前彙齊呈送以憑核辦勿延為要！

此令

計發調查表式二份

中華民國三十三年十二月　日

市長周學昌

農田水利調查表

南京特別市　區　鄉(鎮)農用水利事項調查表

類別	所在地	修治體積(立方公尺)	平均高(深)度(公尺)	長度(公尺)	平均寬度及經過	現在情形及其對於農田之影響	規定施工起訖日期	施工人數	督工職責者姓名	督工職責者住址

中華民國三十三年　月　日　區長　填報(簽名蓋章)

南京特別市政府訓令　府保甲字第　號

令城郊各區公所

案准

首都警察總監署保一字第三二三號公函內開

「查本署前以冬防將屆本市警力單薄不敷分配爲謀鞏固首都地方治安起見經與有關各機關會商決定組織自警團以期補助警力之不足當經擬定自警團暫行辦法一種函請

貴府查照在案茲爲加強是項組織機構俾收實效計爰將前定暫行辦法加以修正並分別擬定自警團團員服務規則獎懲規則値勤表通知單考勤簿等件以爲辦理之準繩現巳籌組就緒計於本市城郊各區設崗叁百零肆處定於十二月一日開始實行除分別呈報暨函令外相應檢同是項修正自警團暫行辦法暨所擬各件備函奉達卽希查照爲荷」

等由附送修正編組自警團暫行辦法一份自警團團員服務規則一份獎懲規則一份値勤表一紙通知單一紙考勤簿式樣一紙准此除分令外合行檢發原辦法等件令仰該區知照並轉飭所屬一體知照

此令

附發修正編組自警團暫行辦法一份自警團團員服務規則一份獎懲規則一份値勤表一紙通知單一紙考勤簿式樣一紙

中華民國三十三年十二月　日

修正首都警察總監署編組自警團暫行辦法

市長 周學昌

第一條 本署爲適應戰時體制加強保衛地方力量起見特訂定本辦法就市區居民編組自警團以資協助警察防止一切不良事件之發生

第二條 自警團實施期間以冬防開始日起至冬防解除日止

第三條 本署勤務督察處對于各區自警團負有監督管理之責各警局局長對于所屬自警團團員負有監督指導之責

第四條 自警團任務除設崗守望外並得臨時酌派其他勤務

第五條 自警團崗位每崗同時以二人守望按照三六制輪流更替並于每一崗位逼近牆壁或木柱上釘置木牌一面長三十五公分寬十二公分書明「首都某區　路/街/巷　自警團第　號守望」以示固定而便查考

第六條 自警團團員值崗時間以每日下午五時起至翌日上午八時止如遇必要時得提早或延長之

第七條 自警團設崗地點以交通繁盛及重要地帶爲基準由各警察局會同各區公所勘定地點報署函請市府通飭各區編組團員輪配勤務

前項自警團團員之編組與勤務支配以每一聯保爲單位

第八條 各區編組自警團團員應根據戶口冊凡年在二十歲以上五十歲以下之男丁均須編入但公務人員郵電員工學校教職員學生醫師藥劑師律師會計師新聞記者得予豁免

第九條 自警團編組完成後應于最短期間由警察局會同各區公所施以必要訓練

第十條 團員輪值守望關于日期時間以及臨時派遣勤務宜如何分配應由各該管聯保負責統籌核定轉知保內各團員一體遵照

第十一條 團員輪值守望地點宜在本身住家附近一帶俾易於識別不良份子並激發其保衛責任

第十二條 團員值崗一律着便服並應攜帶左列各件以備使用

一、警笛 發給值勤團員挂于適當衣鈕上一遇事故發生應即鳴笛求援（警笛使用法由各警局預先訓練）

二、捕繩 發給值勤團員隨身攜帶于適當部位以備臨事便于取用（其使用法由各警局先爲練習）

三、油　燈　每崗發給一盞係白鉄四方形高二十公分寬十二公分頂端綴以鉛絲鈎三面玻璃一面白鉄中放豆油扁鉄罐燈之正面玻璃上書紅色「首都某區自警團」每屆夜晚由值崗人保管燃點懸於崗牌下倘遇防空警報立即熄滅

四、值勤臂章　值勤時佩挂左膀上端書明「首都某區自警團第　號」並在正面加蓋該管警察局印信一顆以昭慎重

上列各件除油燈應每崗置備一盞外其警笛捕繩值勤臂章每崗應配備兩份責由值崗團員於上下班時輪遞交接應用所有自警團需要物品統由本署規定式樣開列清單彙送市商會先行估價勸捐籌製

第十三條　團員值崗時如有遲到早退及逃崗情事一經察覺卽予懲處

第十四條　團員服務期內完全義務職其因公傷亡者應由各方優予撫卹

第十五條　本辦法自呈奉核准之日施行如有未盡事宜仍隨時修改之

值崗 月日時	每崗團員兩姓名	查崗人 職別	姓名	時間	蓋章
月　日 下午五時至八時				時　分	
				時　分	
				時　分	
				時　分	
				時　分	
				時　分	
月　日 下午八時至十一時				時　分	
				時　分	
				時　分	
				時　分	
				時　分	
				時　分	
月　日 十一時至翌日上午二時				時　分	
				時　分	
				時　分	
				時　分	
				時　分	
				時　分	
月　日 上午二時至五時				時　分	
				時　分	
				時　分	
				時　分	
				時　分	
				時　分	
月　日 上午五時至八時				時　分	
				時　分	
				時　分	
				時　分	
				時　分	
				時　分	

自警團團員値勤通知單

查　月　日　午　時至　時係輪派該團員在　街巷第　路　號門前値崗服勤時間仰該團員遵照規定時間提前十分鐘遄赴指定値崗地點服勤特此通知

右通知　街巷第　路　號自警團團員

月　日

首都警察總監署　警察局　聯保自警團團員値勤表

日時 / 姓名 / 値勤地點	月　日 下午五時至八時	月　日 下午八時至十一時	月　日 下午十一時至翌日上午二時	月　日 上午二時至五時	月　日 上午五時至八時
第　號門牌					

首都警察總監署所屬各警局自警團團員奬懲規則

第一條　凡本市自警團團員之奬懲依本規則辦理之

第二條　奬分左列二種

一　奬金

二　嘉奬

第三條　懲分左列四種

一　停止配給權利

二　罰崗

三　申斥

四　誥戒

第四條　有左列情事之一者得酌給獎金

一　臨時地方發生匪徒暴動能竭力協同警察制止者

二　查獲擾亂地方治安首要人犯者

三　人民有生命危險竭力救護脫險者

四　因公奮不顧身致受傷害者

五　查獲敵人間諜經訊明屬實者

六　查獲奸人對敵機飛臨京市上空發放信號以供轟炸目標者

七　其他事項經查勤人員認爲應給獎金者

第五條　有左列情事之一者由各該管警察局宣告嘉獎（用通告方式貼於警局門首）

一　協助警察捕獲盜匪或贓物者

查獲在火災發生時竊取他人財物者

三　服務精神振作者

四　遇集合命令衆勤敏捷者

五　其他事項經查勤人員認爲應予嘉獎者

第六條　有左列情事之一者停止一切配給權利

一　値崗不到及不服臨時勤務者

二　藐視主管機關人員違抗命令者

三　意圖破壞自警團之組織者

四　其他事項經查勤人員認爲應停止配給權利者

第七條　有左列情事之一者由該管警局通知主管聯保主任罰崗一班

一　値崗時遲到或早退逾時至二十分鐘者

二　遇有匪警及敵機飛臨京市上空畏懼逃崗者

三　在崗遇事推脫偸安者

四　其他事項經查勤人員認爲應罰崗者

第八條　有左列情事之一者由該管警察局傳局申斥
一　値崗時遲到或早退逾時至十分鐘者
二　私調崗位者
三　崗線內發生竊盜案件毫無察覺者
四　其他事項經查勤人員認爲應予申斥者
第九條　有左列情事之一者由該管警察局傳局誥戒
一　在崗吸食紙烟及吃食零物者
二　在崗打盹者
三　擅離崗位及與人閒談者
四　其他事項經查勤人員認爲應予誥戒者
第十條　本規則以署令施行

首都警察總監署所屬各警察局自警團團員服務規則

第一條　本署爲便於督率自警團團員認眞服務幫助警察防止多防期內一切不良事件起見特訂定本規則
第二條　自警團團員對於職務上應管的事分列如左
一　應注意本身守望地點附近居民的行動如內中發現有不良份子應隨時報告主管警察局或分駐所來注意取締以免地方受害
二　在崗服務的時候如附近發生搶案應立時吹警笛便大家知道並一面幫助警察捕捉匪徒不要臨事畏懼躭誤事機
三　在崗服務的時候如附近發生火患除立刻借用附近電話報告各消防隊趕快到場救護外還要回到原守望地點服務不得藉故離開
四　在本身守望附近如發見有人違犯警章情事應將違警的人帶交左近崗警處理不得旁觀不問亦不可自己作主處置
五　除照規定輪派守望外在必要時並可由主管警察局指派臨時勤務
第三條　自警團團員在崗守望時間定爲站三制（就是站三個鐘點）由各區公所按照所轄聯保設置自警團守望數目統籌攤派

其輪流守望地點時間由各該管聯保編列值勤表預先通知各團員遵照

第四條　自警團團員應遵照本管聯保所規定値勤表準時到崗服務不得有遲到早退及逃崗情事

第五條　自警團團員値崗態度要嚴正不得同附近居民閒談嬉笑及吸食紙烟或吃食零物

第六條　自警團團員除本身結婚父母喪事及重病外一律不准請假

第七條　自警團團員値勤的時候應受本管局長局員巡官警長及督察處人員之指揮和考核

第八條　每一自警團守望崗地點應製備考勤簿一本（簿式另定之）專爲該管警局官長及督察處查勤人員考核蓋章分別勤惰以作奬懲的依據

第九條　本規則以署令施行

南京特別市政府訓令　字第　號

令田賦徵收處

案查本市田賦改徵實物一案本年下半年因在試辦期間仍按折價繳納俟明年春間實行徵收實物業經令行該處遵辦並呈報

行政院在案茲奉

行政院政字第五五八零號指令本府呈一件爲本市本年下期田賦已先定期開徵不及變更擬仍暫照原擬辦法試行徵收一面籌備倉庫計劃定於明春依照財政部修改條文實施祈鑒核由內開

「呈悉所請姑予照准幷已轉咨全國經濟委員會查照暨令行財政部知照矣仰即知照此令」

等因奉此合行令仰該處知照

此令

中華民國三十三年十二月　日

市長周學昌

南京特別市政府訓令　府財字第　號

令南京特別市商會

查本市營業稅為市庫重要收入迭經切實整頓在案茲查近來物價逐步高漲各商營業額均已隨之增加按照原徵營業稅款核與現時商業狀況相差甚遠殊與稅收有礙茲屆新年度開始亟應切實調查認眞查擠按照各商店營業稅實況分別增加俾符實際而裕稅收並限於三十四年一月份起實行除令飭營業稅徵收處遵照辦理外合行令仰該會遵照並轉飭所屬一體遵照為要

此令

中華民國三十三年十二月　日　市長周學昌

南京特別市政府訓令 府財字第　號

令南京特別市商會

案准

財政部陽代電略以物品零售及筵席旅館消費特稅原由稅務署稅務分局經徵現因範圍廣闊稽核難周成績未能顯著所有京市各項消費特稅定於三十四年一月一日起委託市政府代為徵收希預為籌備等由准此自應照辦業經飭由財政局籌備接辦手續並組織南京特別市消費特稅徵收處及派邵啟珪為處長江兆龍為副處長以便依照定限自三十四年一月一日起代為徵收仍照財政部原規定章程及稅率整頓辦理俾裕稅收其在三十三年十二月底以前欠繳稅款仍由稅務署稅務分局原經辦人負責清理合行令仰該會遵照並轉飭各同業公會一體知照為要

此令

中華民國三十三年十二月　日　市長周學昌

南京特別市政府指令 府保甲字第　號

令鄉區自治實驗區公所

呈乙件　為呈報職區萬山鄉太平村五號門前路旁北郊警察局警士孫耀南被匪徒戳死經過情形一案仰祈鑒賜俯轉軍憲機關緝兇法辦由

呈悉案經據情函請首都警備司令部首都警察總監署查照辦理見復去後茲准首都警備司令部復案稱

「案准貴府十月三十一日府保甲字投五七三號公函略以萬山鄉太平莊有北郊警察局警士孫耀南被匪徒刺傷斃命經過情形函請查照辦理見復等由准此查此案已據首都警察總監署十月二十日呈報在案除令飭軍憲嚴緝外相應復請查照爲荷」

正核辦間復准首都警察總監署函稱

「案准貴政府府保甲字第五七三號公函略以據鄉實區區長呈報萬山鄉太平村五號門前路旁有北郊警察局警士孫耀南（卽孫亞南）被匪徒戳死經過情形一案函請查照辦理見復等由准此查此案業據北郊警察局呈報到署經通飭所屬各局隊暨特警處嚴飭所屬一體上緊兜緝并照章撫卹在案准函前由相應函復查照」

各等由准此據事前情合行令仰該區公所知照

此令

中華民國三十三年十二月　日　市長周學昌

南京特別市政府指令　府工字第　號

令鄉區自治實驗區區長蕭石樓

呈乙件　爲據報寶塔橋被炸損壞呈請轉飭工務局迅予修竣以維交通由

呈悉案經飭由工務局逕向防衛司令部請求供給材料設計修理所有該橋殘存舊料仰會同工務局派員淸理並由該區長妥爲保管

此令

中華民國三十三年十二月　日　市長周學昌

南京特別市政府指令　府財字第　號

令捐稅徵收所所長江兆龍

呈一件　爲據人力車行業同業公會呈請增加代徵會費及代徵福利費轉請核示祇遵由

呈悉並據人力車行業同業公會逕呈到府所請將代徵會費增為每輛每月二元暨代徵福利費每輛每月一元姑准照辦仰即遵照自十二月份起按月代徵轉撥具領呈報備核

此令

中華民國三十三年十二月日

市長周學昌

南京特別市政府指令 字第　號

令第五區公所

呈一件　為遵查境內河溝等項業經修理情形仰祈鑒核由

呈悉查該區境內惠民河與及道路水溝河岸堤埂幷宋家埂涵洞雖經本年度工務局修理是否利用冬季農隙時期舉辦有關農田水利事項仍仰該區長依據修治農田水利大綱塡表具報核奪為要！

此令

中華民國三十三年十二月日

市長周學昌

南京特別市政府佈告 府財字第　號

查本市各項捐稅為市庫重要收入迭將徵收標準隨時改進在案現在物價高漲商業變遷自當因時制宜分別調整俾期適合環境以符稅法公平原則茲値三十四年度開始特將本市應行調整各項捐稅分列於下（一）營業稅按照各商號實際營業額及資本額切實調查整頓改進納稅額（二）牲畜稅改為從價標準按千分之十五徵收所有估價標準每兩個月調查一次屠宰稅及檢驗費仍按原定標準改進稅額均另詳附表（三）牙稅按照原定徵收標準增加二倍徵收並化零為整以期便利牙行照費改定為每張壹百元（四）車捐按照實際情形分別改定徵收標準另詳附表其磁牌費仍按原定標準徵收暫不增加（五）船舶登記費按原定標準改加六倍徵收牌照費改定為每張伍拾元（六）其他娛樂捐及菸酒牌照稅均仍暫按原規定徵收標準整頓徵收以上調整辦法自三十四年一月份起實行除分令營業稅徵收處牲畜稅徵收所捐稅徵收所分別遵辦外合行布告仰本市商民人等一體周知務須依照最近調整徵收標準分別繳納毋得玩違為要

此布

附列牲畜屠宰稅車捐徵收標準表

畜別	牲畜稅 規定每頭價值	牲畜稅 按從價千分之十五每頭征額	屠宰稅 每頭徵額	檢驗費 每頭徵額
猪	一五、二〇〇 〇〇	二二八 〇〇	五〇 〇〇	一〇 〇〇
子猪不滿三十斤	五、七〇〇 〇〇	八五 〇〇	五〇 〇〇	一〇 〇〇
牛	四四、一〇〇 〇〇	六六〇 〇〇	一五〇 〇〇	六〇 〇〇
羊	四、八〇〇 〇〇	七二 〇〇	五〇 〇〇	一〇 〇〇
騾	一二、〇〇〇 〇〇	一八〇 〇〇	一〇〇 〇〇	四〇 〇〇
馬	一三、五〇〇 〇〇	二〇〇 〇〇	一〇〇 〇〇	四〇 〇〇
驢	七、〇〇〇 〇〇	一〇五 〇〇	一〇〇 〇〇	四〇 〇〇
鷄	六〇〇 〇〇	一〇 〇〇		
鴨	六〇〇 〇〇	一〇 〇〇		
鵝	九〇〇 〇〇	一五 〇〇		

車別	季月別	徵收標準
自用客汽車	季捐	六〇〇 〇〇
營業客汽車	季捐	一、八〇〇 〇〇
自用機力脚踏車	季捐	二四〇 〇〇
營業機力脚踏車	季捐	四〇〇 〇〇
甲等板車	季捐	九六〇 〇〇
乙等板車	季捐	七五〇 〇〇

自用小客汽車	季捐	四二〇〇〇	自用自行車	半年捐	三〇〇〇〇	騾車	季捐	九六〇〇〇
營業小客汽車	季捐	一、四〇〇〇〇	營業自行車	半年捐	四〇〇〇〇	貨箱車	季捐	五四〇〇〇
自用公共客汽車	季捐	九〇〇〇〇	三輪脚踏車	半年捐	四八〇〇〇	自用人力車	季捐	三六〇〇〇
營業公共客汽車	季捐	二、八〇〇〇〇	獨輪小車	季捐	三〇〇〇〇	自用三輪人力車	季捐	四八〇〇〇
自用運貨汽車	季捐	一、九〇〇〇〇	雙輪小車	季捐	三〇〇〇〇	營業三輪人力車	月捐	二六〇〇〇
營業運貨汽車	季捐		水車	季捐	四五〇〇〇	營業馬車	月捐	三八〇〇〇
(甲)載重二噸以上	季捐	四、三〇〇〇〇	公共馬車	季捐	九六〇〇〇	營業人力車	月捐	一八〇〇〇
(乙)載重二噸以下	季捐	二、六〇〇〇〇	自用馬車	季捐	五〇〇〇〇			

中華民國三十三年十二月　日

市長　周學昌
財政局局長　譚友仲

南京特別市政府佈告　府財字第　號

案據八卦洲洲產整理處呈稱據該洲頭二三步翠佃農代表呈報秋季被災收成大減請求派員查勘一案當經本府派員前往該洲詳細勘明該洲本年秋季災情約分兩種一、蝗災苞廬被傷輕重不一黃豆尚無損害二、水災以第四保第十保第十六保等處所被災況較重其餘各保較輕茲按各該處被災輕重實況分別減收核定辦法如左

一、北三步翠即第四保按照應徵租額核減八成實繳二成

二、第十保屬於頭步翠第十六保屬南三步翠按照應征租額核減七成實繳三成

三、其餘按照應征租額核減三成實繳七成

以上應征租額仍照本年春季征收實物每畝壹斗標準分別減成實收除折價標準另行核定外合行布告仰該洲各保佃農人等一

體遵照將本名下應繳本年秋季租金各按核減成分在一個月限期以內前赴該洲墾理處如數清繳掣據安業毋得逾延致干究罰爲要

此佈

中華民國三十三年十二月　日

市長周學昌
財政局局長譚友仲

南京特別市政府佈告　府財字第　號

案查本市貢院街第五三號門牌房屋及基地（奎光閣原址）係屬市有產權前據原租戶李錦生等呈請退租並據朱濤呈請接租當經本府批准李錦生等退租准由朱濤承租在案嗣因李錦生要求朱濤於付給推讓生財價款外另要付給推讓房屋代價以致兩造爭執提起訴訟茲據朱濤呈稱案經三審終結已奉

最高法院民事判決略以奎光閣所有房屋既爲市府之產上訴人（李錦生）自無處分之權被上訴人（朱濤）主張上訴人（李錦生）於履行推讓契約時就給付之總額中扣除房屋代價即非不當本件上訴爲無理由依法判決上訴駁回並檢呈判決書正本請求頒發布告以憑張貼而便租用等情前來復查該案訴訟既經終結自應仍由朱濤照章租用不得私自轉租他人合行布告俾便周知

此布

中華民國三十三年十二月　日

市長周學昌
財政局局長譚友仲

南京特別市政府佈告　府衛字第　號

查本市有關衛生各業例須來府登記申請頒發衛生許可證按資金數額繳納登記費歷經辦理有案茲查前項登記費徵收數目核與現時情況不復適用爰特重行釐訂略予增加規定三十四年一月一日起實行合亟粘抄新訂各業申請核發衛生許可證登記費徵收數目表布告週知仰各一體遵照

此布

計粘各業申請核發許可證登記費徵收數目表

中華民國三十三年十二月　日　市長周學昌

南京特別市政府衛生局各業申請核發衛生許可證登記費數目表 卅四年一月一日實行

資本額	登記費	資本額	登記費
一萬元以下	一百元	三萬元以下	二百元
五萬元以下	三百元	十萬元以下	四百元
二十萬元以下	五百元	四十萬元以下	六百元
六十萬元以下	八百元	八十萬元以下	一千元
一百萬元以下	一千二百元	五百萬元以下	二千元
一千萬元以下	三千元	一千萬元以上	五千元

備註：每年換證或遺失補發按照上列規定折半徵收

南京特別市政府公告　字第　號

案據業戶梁永欽呈報坐落四條巷第九號房地產原領前土地局所發六字第四〇四號所有權狀及六區四二七二段分段圖各壹件因遺失請予補給等情經飭據呈繳聲明圖狀遺失報紙暨鄰商兩保前來茲依照土地法第一百四十條第二款之規定揭示公告自公告之日起對於該項遺失圖狀如有因權利關係聲明異議者須於三個月內提出理由書暨證明文件呈候核辦一經公告期滿無人異議卽予依法補給圖狀管業合行公告週知

中華民國三十三年十二月　日　市長周學昌

地政局局長　張仿良

南京特別市政府公告　字第　號

案據業戶周陳常緣呈報坐落鼓樓二條巷一號房地產原領前土地局所發六字第一八六四所有權狀及第六區四六二三段分段圖各壹件因事變遺失請予補給等情經飭據呈繳聲明圖狀遺失報紙暨鄰商兩保前來茲依照土地法第一百四十條第二款之規定揭示公告自公告之日起對於該項遺失圖狀如有因權利關係聲明異議者須於三個月內提出理由書暨證明文件呈候核辦一經公告期滿無人異議卽予依法補給圖狀管業合行公告週知

中華民國三十三年十二月　日

市長　周學昌

地政局局長　張仿良

南京特別市政府公告　字第　號

案據業戶劉定一呈報坐落二條巷蕉園房地產原領前土地局所發二字第八四〇號所有權狀及二區八九二段分段圖各壹件因被竊遺失請予補給等情經飭據呈繳聲明圖狀遺失報紙暨鄰商兩保前來茲依照土地法第一百四十條第二款之規定揭示公告自公告之日起對於該項遺失圖狀如有因權利關係聲明異議者須於三個月內提出理由書暨證明文件呈候核辦一經公告期滿無人異議卽予依法補給圖狀管業合行公告週知

中華民國三十三年十二月　日

市長　周學昌

地政局局長　張仿良

南京特市政府公告　字第　號

案據業戶古林寺呈報坐落馬鞍山地產原領前土地局所發登字第一〇一〇二號登記收據遺失又該產原登記卷經事變散失請予補給圖狀等情經飭據呈繳聲明收據遺失報紙暨鄰商兩保前來茲依照土地法第一百四十條第二款之規定揭示公告自公告之日起對於該項遺失收據如有因權利關係聲明異議者須於三個月內提出理由書暨證明文件呈候核辦一經公告期滿無

人異議卽予依法補給圖狀管業合行公告週知

中華民國三十三年十月　日

市長　周學昌
地政局局長　張仿良

南京特別市政府公告　字第　號

案據業戶王賓林之妻王倪氏等呈報坐落珠江路第二十六號等房地產原領前地政局所發壹字第二三八五號所有權狀及一區三七○段分段圖各壹件共字六二六九至六二七○號二件因事變遺失請予補給等情經飭據呈繳聲明圖狀遺失報紙暨鄰商兩保前來茲依照土地法第一百四十條第二款之規定揭示公告自公告之日起對於該項遺失圖狀如有因權利關係聲明異議者須於三個月內提出理由書暨證明文件呈候核辦一經公告期滿無人異議卽予依法補給圖狀管業合行公告週知

中華民國三十三年十二月　日

市長　周學昌
地政局局長　張仿良

南京特別市政府公告　字第　號

案據陶茅氏呈報坐落白下路第一五八號楊啓松地產原領前土地局所發他二字第二○四號他項權利證明書壹件因事變焚失該地上浮房業經拆除地上權已消滅遵呈遺失報紙暨鄰商兩保前來茲依照土地法第一百四十條第二款之規定揭示公告自公告之日起對於該項遺失證明書如有因權利關係聲明異議者須於三個月內提出理由書暨證明文件呈候核辦一經公告期滿無人異議卽予依法註銷該案合行公告週知

中華民國三十三年十二月　日

市長　周學昌
地政局局長　張仿良

公牘

南京特別市政府呈　府財字第　號

案奉

鈞院院字第八〇六七號訓令略開案據江甯縣民劉啓發等呈訴江甯縣長劉植違背院令暴斂苛征一案經飭據鄉村建設委員會查復略以江甯縣征收麥捐甫告結束繼續征收稻捐已否轉呈核准無案可稽擬此按畝征收捐費根本抵觸中央頒佈之田賦改征實物辦法抑且妨礙實施擬請令飭江蘇省政府澈查秉公核辦並通飭各省市政府就所管各縣政府地方經費收支狀况通盤籌劃確定辦法庶不致各自爲政任意苛征等情前來查自田賦改征實物人民負擔旣已增加地方財用當不患不足誠恐各省市所管各縣難免藉口補助仍有類似江甯縣長劉植擅收麥捐稻捐之事發生以重民累除訓令江蘇省政府並分行外合行令仰該市政府一體查明嚴禁等因奉此查本市所轄附屬機關尚無類似江甯縣擅收麥捐稻捐情事惟爲愼重防止起見除令行各區公所一體嚴禁並令飭田賦征收處知照外理合將遵辦情形具文呈復仰祈

鈞長鑒核

謹呈

行政院院長陳

南京特別市市長　周學昌

中華民國三十三年十二月　日

南京特別市政府咨　字第　號

案准首都警察總監署特字第七九號公函內開

「一案據經緯週報發行人楊榮厚呈以申請擬發行經緯週報檢同聲請書等件前來核與出版法第九條之規定尚無不合除將申請書抽存一份暨塡具審查意見外相應將原呈各件備函奉達卽希查照辦理」

等由附送經緯週報聲請書暨審查意見表共六份像片三張准此經審查尚無不合擬准予登記除填具審查意見並將登記申請書登記審查意見表各抽存一份備查暨函復外相應檢同原送各件咨請

查照辦理爲荷

此咨

宣傳部

附送經緯週報登記申請書
登記審查意見表各二份像片三張（略）

中華民國三十三年十二月　日

市長周學昌

南京特別市政府公函　府工字第　號

案准

貴署公函略以據下關警察局報稱境內熱河路兩旁除溝近因友邦部隊埋設電桿致被堵塞污水上溢對於交通衛生均有妨礙擬請轉函派工修理等情囑轉飭工務局迅即派工修理並盼見復等由准經飭局派工已將路面積滯污水清除完竣至損壞陰溝不日即可開工修理准函前由相應函復即希

查照轉飭知照爲荷

此致

首都警察總監署

中華民國三十三年十二月　日

市長周學昌

南京特別市政府公函　府保甲字第　號

案據本市鄉區自治實驗區區長蕭石樓呈稱

「竊據職區萬山鄉聯保主任董雲龍呈稱『竊據職鄉第二保第十一甲（住吉祥村四十一之二號門牌）住戶陸松年胡洋林等於兮晨來處報稱昨晚二時忽有盜匪六人身穿藍黑短衣操南方口音持有長短槍械各一枝及手電筒六枝越牆啓門而入大聲咆囂電筒四射民等在睡中驚醒駭懼萬狀任彼等翻箱倒篋刧物而去事後檢點家中物件計失去國幣衣服等

等（詳失單內）茲特前來請求轉呈軍警機關嚴緝懲辦并請追還失物等情據此理合檢同該項失單一紙備文呈請鑒核并乞迅予轉呈軍警機關嚴緝懲辦并請追還失物以卹民艱而維治安』等情并附失單一紙據此查該匪徒等目無法紀竟敢持槍於京市境內搶劫殊屬可惡已極亟應緝獲究辦以儆將來除仍飭屬一體協緝外理合抄錄失單具文呈報仰祈鈞長鑒核俯賜轉函軍警機關嚴緝歸案法辦而維治安」

等情據此除分函外相應抄錄失單函請

查照辦理見復爲荷

此致

首都警察總監署

附失單一紙　　市長周學昌

中華民國三十三年十二月　日

抄呈陸松年胡洋林失單

計開

天文鐘乙座　藍布長大掛乙件　棉袍子乙件　白洋布褂褲乙套　藍洋布褂褲六套

紅色毛葛被面乙條

以上係陸松年被失物件

赤色毛葛女旗袍乙件　藍洋布女大褂乙件　海昌藍女短褂乙件　國幣二百二十五元

以上係胡洋林被失物件

南京特別市政府公函　府保甲字第　號

案據鄉區自治實驗區區長蕭石樓呈稱

「案據職區笆斗鄉聯保主任李伯根呈稱『竊據職鄉第三保保長汪玉生呈稱本保一甲四戶住陰陽衞村三號之一門牌農民周元春家中於本月十一日夜十一時許突來匪徒約七八人之譜口操本地聲音叫門云及路過此地要燒茶喝休息

等語民聞之有異延不開門并將大門撑好匪徒見未開門口出不遜當卽撬前面木窗而入見其來勢兇猛民及女眷由後門逃出呼救雖本村有巡更數人均係徒手不敢近前只得鳴鑼呼救任其搜掠約一小時之間方走瀕行時鳴槍示威揚長而去時值深夜黑暗無影不知去向民見匪徒去後卽回家檢視失物所有箱櫃一空失物等件附單呈報理合具呈仰乞鈞長鑒核俯賜轉呈通令協緝獲案嚴懲以儆將來實爲公德兩便謹呈」等情據此除令飭該保長嚴加防範并緝獲外理合據情具報仰乞鈞長鑒核俯賜函請警局并通令各鄉鎮一體協緝解案嚴懲以儆奸宄而維安甯』等情并附失單一紙據此查該匪徒等目無法紀竟敢結夥持槍於京市境內搶刼殊屬可惡已極亟應緝獲究辦以儆將來除仍飭屬一體協緝外理合抄錄失單具文呈報仰祈鈞長鑒核俯賜函轉軍警機關嚴緝歸案法辦以戢匪氛而安良善」

情情據此除分函外相應抄附失單據情函請

查照辦理并希見復爲荷

此致

首都警備司令部

首都警察總監署

附失單一紙

市長　周學昌

中華民國三十三年十二月　日

抄呈職區笆斗鄉居民周元春家被匪搶刧失單

計開

灰色線春男棉袍一件　深灰色紡綢男褂褲一套　色直貢呢女袍褲一套　白洋布女褂一件

藍洋布女褂一件　灰色線春男棉袍褲一套　元直貢呢男孩棉袍一件　花線呢男孩大褂一件

花線綿小孩抱被一件　男女鞋子三雙　白米四斗布袋裝

南京特別市政府公函　府保甲字第　號

案准

貴署保二字第十八號公函略以本市義勇消防會暫行組織規則暨義勇消防會聯合會暫行組織規則依照原案幷參酌目下狀況均有一倂酌加修正之必要業經本署分別修訂仍應徵詢貴府意見以便由署呈請內政部核示施行相應檢同修正該會等暫行組織規則草案各一份囑查照酌核辦理見復等由幷附修正規則草案一份准此査該項修正規則草案經交議後均尙妥適准函前由相應復請

查照爲荷

此致

首部察察總監署

市長周學昌

中華民國三十三年十二月　日

南京特別市政府公函　府財字第　號

案據本市馬車行業同業公會籌備會主任程振武呈稱

「竊查本京各項物價暨車租車力皆經訂定限價裨益社會經濟及秩序誠非淺鮮屬會所轄各馬車行車輛整日營業街頭接近民衆至爲密切關於車程車價之規定尤屬切要今爲符合功令劃一車價起見屬會迭經召開會議多次商討依據每輛車每日各項開支爲標準擬訂本市馬車車程價目表一種際茲生活日高維持匪易尙乞鈞府俯賜體念卽予核發俾便印行轉發張貼以資遵循除通知各會員聽候明令外理合檢同該表及車輛每日消費約計表各一紙備文呈送仰祈鑒核祇遵」

等情附本市馬車車程價目表及車輛每日消費約計表各一紙據此查馬車價擬請　貴署核訂相應抄附原件函請

查照擬訂並見覆爲荷

此致

首部警察總監署

附馬車車程價目表及車輛每日消費約計表各一紙(略)

市長周學昌

中華民國三十三年十一月　日

統計

南京特別市戶口統計表

三十三年度十二月份

區別	戶數	人口數						
		總數	男性			女性		
			合計	成人	兒童	合計	成人	兒童
總計	143013	692825	377570	94624	82946	315255	239356	75899
城區自治實驗區	14168	65248	31501	25361	6110	33747	26043	7704
第一區	21942	111007	60041	50426	9615	50966	41662	9304
第二區	23794	116176	62533	52141	10392	53643	43486	10157
第三區	18925	89312	50232	37008	13224	39080	28419	10661
第四區	18955	106145	59460	50941	8519	46685	39533	7152
第五區	9989	47467	27220	19787	7433	20247	12948	7299
鄉區自治實驗區	9093	42821	22785	17914	4871	20036	15508	4528
上新河區	11656	51014	27726	19321	8405	23288	15743	7545
孝陵衛區	5226	24338	12979	7246	5733	11359	6717	4642
安德門區	9265	39297	23093	14449	8644	16204	9297	6907

備考：各外國僑民未在此表內　　資料來源根據各區公所報告。　　秘書處第三科統計股製

南京特別市戶口統計表

三十三年度十二月份　較十一月份增(+)減(−)

區別	戶數	人口數 總數	男性 合計	男性 成人	男性 兒童	女性 合計	女性 成人	女性 兒童
總計	(+) 113	(+) 433	(+) 261	(+) 86	(+) 175	(+) 172	(+) 43	(+) 129
城區自治實驗區	(+) 28	(+) 78	(+) 45	(+) 30	(+) 15	(+) 33	(+) 25	(+) 8
第一區	(+) 29	(+) 128	(+) 61	(+) 34	(+) 27	(+) 67	(+) 42	(+) 25
第二區	(+) 5	(+) 31	(+) 13	(−) 28	(+) 41	(+) 18	(−) 21	(+) 39
第三區	(−) 6	(+) 4	(+) 6	(−) 1	(+) 7	(−) 2	(−) 1	(−) 1
第四區	(−) 22	(−) 9	(+) 24	(+) 6	(+) 18	(−) 33	(−) 43	(+) 10
第五區	(+) 25	(+) 78	(+) 45	(+) 18	(+) 27	(+) 33	(+) 14	(+) 19
鄉區自治實驗區	(+) 10	(−) 42	(−) 25	(−) 22	(−) 3	(−) 17	(−) 6	(−) 11
上新河區	(+) 7	(+) 16	(+) 8	(+) 4	(+) 4	(+) 8	(+) 4	(+) 4
孝陵衞區	(−) 2	(+) 6	(+) 6	(+) 1	(+) 5		(−) 7	(+) 7
安德門區	(+) 36	(+) 143	(+) 78	(+) 44	(+) 34	(+) 65	(+) 36	(+) 29

備考：各外國僑民未在此表內　資料來源根據各區公所報告　祕書處第三科統計股製

南京日需品零售物價指數比較表（簡單幾何平均）

民國二十九年＝100

類別／項數／時期	食糧葷蔬菜類					油及調味類	燃料類	衣服材料類	雜項類	總指數
	食糧	蔬菜	肉食	薺菜	平均					
	10	23	9	5	47	9	7	10	10	83
民國三十三年十一月	18364.0	18276.3	19530.0	14962.7	18810.0	13065.5	68275.0	26204.5	37994.0	20693.9
十二月	34452.3	72750.0	20737.5	30002.0	44422.0	26087.5	112600.0	51151.0	66777.0	48483.0
增(十)減(一)百分比	(十)87.6%	(十)298.6%	(十)6.5%	(十)100.5%	(十)135.1%	(十)99.6%	(十)64.8%	(十)95.2%	(十)75.7%	(十)134.2%

南京特別市政府秘書處第二科統計股編製

南京日需品零售物價指數（簡單幾何平均）

民國二十九年=100

類別／項數／時期	食糧菫素菜類					油及調味類	燃料類	衣服材料類	雜項類	總指數
	食粮	菜蔬	肉食	醬菜	平均					
	10	23	9	5	47	9	7	10	10	83
民國三十三年十二月份	34452.3	72750.0	20737.5	30002.0	44422.0	26037.5	112600.0	51151.0	66777.0	48483.0
比上月增(+)較減(-)	(+) 16088.3	(+) 54473.7	(+) 01207.5	(+) 150 9.3	(+) 25612.0	(+) 13022.0	(+) 44325.0	(+) 24946.5	(+) 28783.0	(+) 27789.1

說略

十二月份南京日需品零售物價暗盤總指數爲48483.0較上月猛升27789.1躍漲134.2%

1.食粮菫素菜類四十七種本月份指數爲44422.0較上月增25612.0(+)135.1%

食粮十種以食米飛漲一倍其他雜糧亦告猛升指數爲34452.3較上月增16088.3(+)87%

菜蔬二十三種以本月大雪菜蔬生產量減少指數驟增爲72750.0較上月增54473.7(+)298%

肉食類九種本月以限價提高猪牛羮來源稍佳指數平庸爲20737.5較上月略加1207.5(+)6

醬菜類五種本月又起漲風指數爲30002.0較上月增15039.3(+)100%

2.油及調味類九種本月來仍堅漲不已指數爲26087.5較上月增13022.0(+)99%

3.燃料類七種以天氣酷寒風雪封途燃料更見缺紬本月指數爲112600.0較上月激增44325.0(+)65%

4.衣服材料類十種本月來成有市無貨狀態指數爲51151.0較上月增24946.5(+)95.2%

5.雜項類十種本月漲風熾烈達最高潮指數升爲6677.0較上月增28783.0(+)7537%

綜觀本月份物價動態其漲勢瘋狂各項物價平均約十五成左右爲本年來最劇烈之躍漲

南京特別市政府秘書處第三科統計股編製

市政公報暫定價目表

期數	價目	郵費
零售	每冊二元	本埠二角 外埠三角
半年	十二冊二十四元	本埠二元四角 外埠三元六角
全年	廿四冊四十八元	本埠四元八角 外埠七元二角

市政公報廣告刊例

頁數	價目
一頁	每期五十元
半頁	每期二十五元
四分之一頁	每期十二元五角

刊登廣告在四期以上者每期按照七折計算連續十期以上者每期按照六折計算長期另議

出版日期　本公報暫定每月二次

編輯者　南京特別市政府祕書處

發行者　南京特別市政府祕書處

印刷者　南京國華印書館

地址：中山東路臚政牌樓

電話：二二一六五

中華郵政掛號認爲第一類新聞紙類　江蘇郵政管理局執照第一〇四三號

中華民國三十四年一月三十日

第一五九六〇期合刊

市政報

南京特別市政府秘書處印行

目錄

命令

法規

公牘

統計

行政院訓令

行政院訓令　院子第　號

令南京特別市政府

案奉

國民政府第一〇七八號令開

「據該院本年十二月六日第二八三三號呈稱：『現據財政部會申四字第七一五七號呈稱：「案查國內出差旅費規則第二條所定膳宿雜費經於三十三年六月間呈請修正依照核定原額分別各增五成計特任每日二百二十五元簡任一百六十八元荐任一百三十五元委任九十元僱員六十七元傭工及隨從四十五元擬具修正附表呈奉鈞院政字四二二四號指令准如所擬辦理等因並自七月份起實行各在案數月以來物價仍繼續高漲出差旅費時告不敷覆查三十四年度上半年中央各機關辦公費業經呈准照三十三年度下半年核定原額一律增加五成出差旅費原包括在辦公經費之內現辦公經費既已增加五成此項出差旅費規則第二條所定膳宿雜費似有重行比例修正之必要玆擬自三十四年一月份起依照三十三年度下半年定案酌增五成所有超出之數仍在各該機關核定增加辦公費內日行匀支不另增加概算是否有當理合繕同修正膳宿雜費比較表具文呈請鑒核指令祇遵」等情據此查所擬比較表核尚可行除指復照准外理合繕同原表具文呈送仰祈鑒核公佈施行』等情據此應准照辦除明令將國內出差旅費規則第二條膳宿雜費比較表修正公佈外合行抄發該表令仰該院知照并轉飭所屬一體知照此令」

等因奉此除分行外合行抄發原表令仰該府知照。

此令

計抄發修正國內出差旅費規則第二條膳宿雜費比較表一份

中華民國三十四年一月　日

院長陳公博

修正國內出差旅費規則第二條膳宿雜費比較表 三十三年十二月二十三日公布

等級	三十三年下半年修正核定數	三十四年上半年修正核定數	比較增加數	備考
特任	二二五	三四〇	一一五	上數係以每日計算
簡任	一六八	二五〇	八二	仝右
荐任	一三五	二〇〇	六五	仝右
委任	九〇	一四〇	五〇	仝右
僱員	六七	一〇〇	三三	仝右
傭工及隨從	四五	七〇	二五	仝右

命令

南京特別市政府公佈令 字第 號

茲修正本市管理公共娛樂場所及藝員登記規則第三十三條暨第三十五條條文公布之此令

附修正本市管理公共娛樂場所及藝員登記規則第三十三條暨第三十五條條文一紙（見法規欄）

中華民國三十四年一月 日

市長周學昌

南京特別市政府委令 府秘字第　號

令錢能夏

茲派該員爲本府社會福利局局長另候呈簡

此令

中華民國三十四年一月　日

市長周學昌

南京特別市政府委令 字第　號

令蘇榮軒
蘇鏡三

茲派該員爲本府公營車輪管理委員會委員

此令

中華民國三十四年一月　日

市長周學昌

南京特別市政府委令 字第　號

令麥兆初

茲派該員爲本府專員

此令

中華民國三十四年一月　日

市長周學昌

令史伯橋

茲派該員爲本府物資配給委員會組長

此令

中華民國三十四年一月　日　　市長周學昌

南京特別市政府委令　字第　號

令張熹輝

茲派該員爲本府物資配給委員會專員專司交辦事項

此令

中華民國三十四年一月　日　　市長周學昌

南京特別市政府委令　字第　號

令王淵

茲派該員爲本府教育局督學

此令

中華民國三十四年一月　日　　市長周學昌

南京特別市政府訓令　字第　號

令經濟局蘇榮軒

案查該經濟局局長林大中調浙服務業經呈准辭職在案遺缺由本市長兼理所有該經濟局交代事宜茲派該參事蘇榮軒爲監盤員

仰卽會同該監盤員前後任局長依照公務員交代條例妥愼辦理並將辦理情形晉報來府以憑核奪除分令外合亟令仰遵照

此令

中華民國三十四年一月日　市長周學昌

南京特別市政府訓令　字第　號

令經濟局局長
物資配給委員會
物價評議委員會委員林大中
私抬物價裁定委員會

查該局長另有他就呈辭本兼各職應予照准

此令

中華民國三十四年一月日　市長周學昌

南京特別市政府訓令　字第　號

令社會福利局局長錢能夏

茲派該局長爲本府保甲委員會委員

此令

中華民國三十四年一月日　市長周學昌

南京特別市政府訓令　字第　號

令教育局第一科科長何戒平

查該員呈請留職停薪應予照准

此令

中華民國三十四年一月　日　市長周學昌

南京特別市政府訓令　字第　號

令教育局助理秘書羅熙甫

茲派該員暫行代理本府教育局第一科科長職務仰即遵照

此令

中華民國三十四年一月　日　市長周學昌

南京特別市政府訓令　字第　號

令物資配給委員會秘書彙組長張熹穉

查該員另有任用應免本彙各職

此令

中華民國三十四年一月　日　市長周學昌

南京特別市政府訓令　府秘字第　號

令秘書蘇鏡三

案奉

行政院院字第八四七九號訓令略開：

「案准國民政府文官處第三九二九號公函開奉　國民政府三十三年十一月二十日令開『行政院院長呈據南京特別市市長周學昌呈請任命蘇鏡三爲南京特別市政府秘書外事室主任應照准此令』等因除由府另頒任命狀暨分函銓

敍部外相應錄令函達請煩查照飭知等由准此除分令外合行令仰該市府查照飭知」等因奉此合行令仰知照

此令

中華民國三十四年一月日

市長周學昌

南京特別市政府訓令 字第 號

令第一倉庫前任管理主任史伯橋
新任管理主任王郁五
專員黃伯熙（監盤員）

該員業經調府工作遺缺令委王郁五接充
專員黃伯熙
案查該庫主任史伯橋業經調府工作遺缺令委該員接充在案所有前後任交接事宜玆派該專員為監盤員仰會同前
第一倉庫主任史伯橋調府工作遺缺令委王郁五接充
後任主任依照公務員交代條例妥愼辦理交接事宜并將辦理情形會報來府以憑核奪為要

此令

中華民國三十四年一月日

市長周學昌

南京特別市政府訓令 府經字第 號

令城鄉各區區公所
畜產業同業公會

案奉

行政院院字第八六三九號訓令內開

「案據鄉村建設實施委員會三十四年一月十日呈稱查本會第五次委員會議討論事項第七案徐委員天傑提議擬請行政院通令各地重申保護耕牛嚴禁屠宰請公决案經決議通過由本會令飭各實驗縣遵照并呈請行政院通飭遵照紀

錄在卷查保護耕牛嚴禁屠宰對於農業增產關係至深在昔已經各主管機關三令五申惟閱時旣久奉行難免不力際此食糧恐慌厲行增產之時實有重申禁令之必要除分行各實驗縣政府遵照外理合具文呈請鑒核通飭各省及各特別市政府轉飭所屬切實遵辦實爲公便等情據此查核所請與農業增產有關除指復如呈辦理幷分令外合行令仰該府轉飭切實遵辦不得視爲具文

等因奉此自應遵辦除分令外合行令仰該區會切實遵照辦理爲要

此令

中華民國三十四年一月　日　市長周學昌

南京特別市政府訓令　府財字第　號

令南京特別市消費特稅徵收處處長邵啓珪　副處長江兆龍

案准

財政部祕乙字第一一四號咨內開

「案據稅務署呈稱案奉鈞部本年十一月儉電內開『感電悉消費稅自三十四年一月一日起交各省市代辦至如何移交及將來如何解款如何由部署監督考核仰卽擬定辦法呈核』等因奉此自應遵辦茲謹將部署對於監督考核及如何解款事宜擇要擬定各省市政府代徵各項消費特稅暫行辦法俾有遵循至於交接事項似宜力求簡單俾免拖延應由各稅務分支局將各地區商號登記表移送各省市政府派委之接徵機關點收會同分報備核其在上年十二月份以前未了事宜以及未徵起之稅款仍責成各省稅務分支局分別清理徵解自三十四年一月起由各省市政府經徵機關負責代徵以便核算而清界限是否有當理合檢同暫行辦法一份備文呈送仰祈鑒賜示遵」等情到部查所擬辦法尙有應行修正之處除逐條審核修正並由部指令「呈及附件均悉大致尙屬可行茲特將修正辦法隨令抄發仰卽遵辦其上年十二月未經徵起稅款自應照案仍由該署督飭辦理以淸界限並仰遵照此令」印發外相應抄同此項辦法並令飭該署將代徵稅款截淸月日各節一倂咨請查照辦理爲荷」

等由附抄財政部委託各省市政府代徵各項消費特稅暫行辦法一份准此自應照辦合行抄發原件令仰該處遵照辦理爲要

此令

計抄發財政部委託各省市政府代徵各項消費特稅暫行辦法一份

中華民國三十三年十二月　日　市長周學昌

財政部委託各省市政府代征各項消費特稅暫行辦法

第一條　財政部委託各省市政府代征各項消費特稅悉依本辦法之規定辦理之

第二條　各省市政府代征各項消費特稅得由各省市政府按照各該地情形專設征收機關或由其他稽征機關兼辦各該機關並受財政部稅務署之監督」

第三條　各省市政府代征各項消費特稅關於征收辦法悉遵照中央公布各項消費特稅暫行章程及部定各項有關章則辦理前項經征機關應由各省市政府咨部備查

第四條　各省市政府代征各項消費特稅稅款除去開支應按月全數解繳財政部除由財政部以半數存入國庫外其餘半數撥歸各省市政府補助地方政費

第五條　各省市政府代征各項消費特稅每月解繳稅款時應分別稅目月份核塡解款書解繳當地中央儲備銀行取具收款書除將存根聯抽存外其餘報告報核兩聯應送稅務署核明登賬轉呈財政部印發批迴」

第六條　各省市政府代征各項消費特稅應將商號登記表逕送稅務署備核並按月將各商號繳解消費特稅稅款數目彙造分類月報表收支旬報表送由稅務署核轉財政部備案

第七條　關於各項消費特稅章則之擬訂解釋或稅率之修改變更以及消費特稅應征應免之審核等事宜由稅務署審議轉呈財政部核示施行但各省市政府得提供意見以備參考

第八條　各省市政府代征各項消費特稅所用憑證及逾期罰款收據違章罰金單等應按月估計需用數目向財政部稅務署備價領用其商號月報表分類月報表及登記卡悉依照規定之格式由各省市政府自行印製

第九條　各省市政府代征各項消費特稅對於逾期及違章處罰案件應按月咨部備查其罰款及罰金之支配辦法並依照消費特稅章程辦理」

第十條　各省市政府代征各項消費特稅財政部稅務署認爲有查核必要時得隨時派員查察之

第十一條　本辦法如有未盡事宜由財政部隨時修正之

第十二條　本辦法自三十四年一月一日起施行

南京特別市政府訓令　府財字第　號

令本府附屬各機關

查本府各局處會暨附屬各機關三十四年上半年度經常費項下人事費業經本府核定並通飭遵照在案所有各機關辦公費值此物價高昂自應酌予增加茲按照三十三年下半年度原概算數增加兩倍（連原概算數合共叁倍）俾資應付至經臨事業等費除呈准增加有案者外（原批准之簽呈須隨概算書附送登記後再行發還）概不得增加仍照原概算數編列以示限制其有收入各機關尤應分別調整稅率及征收方法以裕庫收而期收支平衡除分別函令外令仰該　遵照迅即依式編製三十四年上半年度收支概算書各一式五份（無收入機關收入概算書免造）暨預算分配表一式三份儘一月二十八日前一併呈送以憑核辦倘逾期未報即將該機關一月份經費停發切切

此令

中華民國三十四年一月　日　市長周學昌

南京特別市政府訓令　府保甲字第　號

令工務局　地政局　城鄉各區公所

案准

社會福利部社總字第三五九五號咨開

「案查本部奉令在各地設立勞工招募處所前經擬定勞工招募處所組織通則呈奉　行政院令准備案並咨請貴市政府查照各在案茲派本部勞動司司長楊靖寰兼本部南京勞工招募處處長除分令外相應咨請查照並轉飭有關各局一體惠予協助為荷」

等由准此除分令外合行令仰該局　區公所　即便遵照

此令

中華民國三十四年一月　日　　市長周學昌

南京特別市政府訓令 府保甲字第　號

令一四鄉實
三五城實各區公所
安德門

案准

建設部建乙字第七七七號咨開

「據本部交通路線愛護工作委員會呈為增進沿線愛護團隊服務人員智識肅正思想以加強愛護路線效能起見分別釐訂交通路綫愛護團隊服務人員訓練班簡章及其各課程綱目各一種仰祈公佈施行等情附呈該項簡章及課程綱目各一份據此經核尚屬可行除以部令公佈並分行暨令飭華中鉄道公司知照外相應檢同前項簡章及課程綱目各十份咨請査照轉飭沿綫各縣市區一體遵照辦理具報為荷」

等由附送交通路線愛護團隊服務人員訓練班簡章及課程綱目各十份准此自應辦理除分令外合行檢發原簡章及課程綱目令仰該區長遵照迅將應行訓練人員造册具報以便統籌核辦

此令。

附發交通路線愛護團隊服務人員訓練班簡章課程綱目各乙份

中華民國三十四年一月　日　　市長周學昌

交通路線愛護團隊服務人員訓練班簡章

第一條　交通路線愛護工作委員會為增進愛護團隊服務人員智識肅正思想以加強愛護路線效能起見特設立訓練班

第二條　凡交通路線愛護團隊服務人員均應依照本簡章之所定實施訓練

第三條　交通路綫愛護團隊服務人員之訓練分高級班與普通班

前項高級班以隊長班長普通班以團員分別組成之受訓人員年齡最高不得超過四十歲

第四條　凡沿綫各縣市政府或特別區公署均應設置交通路綫愛護團隊服務人員訓練班辦理訓練事宜

第五條　交通路綫愛護團隊服務人員訓練班設班主任一人大隊長一人中隊長三人分隊長九人導師若干人分別担任管理訓練事宜

第六條　交通路綫愛護團隊服務人員訓練班得視學員之多寡以十一人編組一小隊三小隊爲一分隊三分隊爲一中隊三中隊爲一大隊

前項小隊得于每小隊選擇學員一名担任小隊長

第七條　交通路綫愛護團隊服務人員訓練班得酌用事務員一人書記一人至二人分別辦理文書繕寫會計庶務各事宜

第八條　交通路綫愛護團隊服務人員訓練班班主任由各該縣市政府或特別區公署主管科長兼任大隊長中隊長分隊長就各該地方保安隊官佐中選派兼充導師事務員書記就各該縣市政府或特別區公署職員中指派兼充之均爲無給職[illegible]津貼

第九條　交通路綫愛護團隊高級班及普通班訓練事宜其學程期間每期均爲一個月各縣市政府或特別區公署得斟酌實際情形分別實施訓練

第十條　交通路綫愛護團隊服務人員訓練班每期訓練學員以三百名爲限

第十一條　訓練班課程綱目另訂之

第十二條　本簡章如有未盡事宜得隨時修正之

第十三條　本簡章自公佈之日施行

交通路線愛護團隊服務人員訓練班課程綱目

甲、社會概論（此項適用於高級班）

1. 中國歷史
2. 還都宣言之詮釋
3. [illegible]戰爭與新中國之關係

4.今後新中國應有之努力

乙、愛護常識（此項高級班與普通班合用）

1.經常任務

（一）守望

（二）巡邏

（三）淸查戶口

（四）偵察匪情

（五）傳遞情報

（六）預防破壞

2.臨時任務

（一）協同修復交通路綫

（二）挖溝築堤

（三）建設小屋

（四）掃除障礙物

丙、應用技術（此項高級班與普通班合用）

1.偵察方式

（一）刺探

（二）測度

（三）跟蹤

2.聯絡方式

（一）鄰屋聯絡

（二）愛路區聯絡

（三）警備隊聯絡

（四）縣區團部聯絡

3.報告方式

(一)書面報告

(二)口頭報告

(三)信號報告

(四)燈語報告

(五)旗語報告

(六)警鐘報告

(七)烽火報告

4.逮捕方式

(一)會同駐軍逮捕

(二)會同愛路區逮捕

(三)會同鄰近團員逮捕

(四)個人逮捕

(五)捕繩術之研究

南京特別市政府訓令　府教字第　號

令私立中小學

案准

教育部普字第一一五號咨開：

「查各地爲提高學校教職員待遇徵收學費仍應顧及一般社會經濟之情形避免濫增學生家庭之負担近查有少數地方徵收學米或以米價爲徵收學費之標準值此米價踊騰之今日適以促成失學激增之現象本部盱衡現狀茲經規定各地徵收學費調整辦法大綱俾能咸資遵循所有各地徵收學米及試行按照米價收費之辦法應即一律停止除分咨外相應檢同各地徵收學費調整辦法大綱一份咨請查照轉飭所屬遵照辦理爲荷」

等由；准此除分令外合行抄發各地徵收學費調整辦法大綱一份令仰該校遵照辦理

此令。

附抄發各地徵收學費調整辦法大綱一份

中華民國三十四年一月　日　市長周學昌

各地徵收學費調整辦法大綱

1.各地公私立各級學校每學期徵收學費標準由各省市主管教育行政機關審愼規定嚴令所轄學校一律遵照

2.徵收學費概以國幣爲單位不得以米或其他物資作標準所有各地徵收學米及按米折價等辦法一律停止

3.各地實施義務教育之簡易小學短期小學以及培養師資之各類師範學校一概不得徵收學費

4.徵收學費應充提高各校教職員待遇之用由主管教育行政機關妥定分配辦法務求儘速發放

5.私立學校收取學費以不超過同地公立學校規定學費之一倍爲原則各地主管教育行政機關查明私立學校有不遵規定濫收鉅額學費情事應逕予制止

6.各校徵收學費後除學生家庭自動捐助外不得再有勸募捐款或強迫獻金情事各地主管教育行政機關並應注意防告

7.各校應設置免費學額以容納家境清寒之學生是項免費學額應佔學生總數之比率小學不得少於百分之二十中等學校不得少於百分之十五專科以上學校不得少於百分之十並應逐年遞增

8.各省市規定各校學費標準應于每學期開學前二月內咨報本部備核關於學費分配暨免費學額之設置並應由主管教育行政機關分別詳訂辦法轉報本部備查

9.各省市主管教育行政機關於每學期終應將學費徵收與分配及設置免費學額情形彙造報告呈轉本部以備查考

10本辦法大綱自分咨各省市政府之日起施行

南京特別市政府指令　字第　號

令社會福利局局長錢能夏

呈乙件　爲遵於本月十七日先行接篆視事報請鑒核備查由

呈悉　准予備查

此令

中華民國三十四年一月　日　市長周學昌

南京特別市政府指令　府衛字第　號

令菜場管理所

呈一件　爲呈報菜場管理所情形並擬具整理計劃仰請鑒核示遵由

呈悉　所呈擬增闢臨時菜場核尙需要應予照准但以不妨礙交通市容爲原則所需經費應在規定預算內統籌支配不得增列至增加臨時攤販租金准予增加改爲每販每天拾元併仰遵照

此令

中華民國三十四年一月　日　市長周學昌

南京特別市政府指令　府保甲字第　號

令鄉區自治實驗區公所

呈乙件　爲呈報職區烏龍鄉民人藏家貴家被匪搶刼情形並附失單仰祈鑒核俯賜轉函軍警機關嚴緝法辦以安地方由

呈悉　案經本府據情分別函請首都警備司令部首都警察總監署查照核辦見復去後茲准先復函後業已分令憲警嚴緝等由准此合行令仰知照

此令

中華民國三十四年一月　日　市長周學昌

南京特別市政府指令　府保甲字第　號

令鄉區自治實驗區公所

呈一件　爲呈報職區笆斗鄉居民周元春家被匪搶刼情形仰祈鑒賜函轉軍警機關嚴緝歸案法辦由

呈悉　案經本府據情分別函請首都警備司令部首都警察總監署查照辦理見復去後茲准先後函復業已分令憲警嚴緝歸案法辦等由合行令仰知照

此令

中華民國三十四年一月日

市長周學昌

南京特別市政府指令　府保甲字第　號

令鄉區自治實驗區公所

呈乙件　爲呈報職區萬山鄉民人陸松年等被匪搶刼情形仰祈鑒賜轉函軍警機關嚴緝歸案法辦由

呈悉　案經本府據情分別函請首都警備司令部首都警察總監署查照辦理見復去後茲准首都警察總監署復函稱：「案准貴府保甲字第六一八號公函略以據鄉實區區長蕭石樓呈報萬山鄉第二保第十八甲住戶陸松年胡祥林等被匪搶刼一案檢附失單請即查緝見復等由准此查此案前據該管北郊警察局呈報到署當經通飭各局隊一體嚴密查緝并呈報首都警備司令部飭屬協緝在案茲准前由相應函復即希查照」等由准此合行令仰知照

此令

中華民國三十四年一月日

市長周學昌

南京特別市政府指令　府財字第　號

令菜場管理所主任高仲濤

呈一件　爲呈請增加菜場場內甲乙丙丁四級攤位租金以裕庫收是否可行伏祈鑒核示遵由

呈悉　查該所所擬自三十四年一月份起增加本市各菜場場內固定攤位甲乙丙丁四級租金計甲等月征一百六十元乙等

月征一百二十元丙等月征一百元丁等月徵八十元核屬可行應准備案仰即知照

此令

中華民國三十三年十二月　日　　市長周學昌

南京特別市政府佈告　府財字第　號

查本市各項捐稅自三十四年一月一日起分別實行整頓業經佈告週知在案現為增加工作效能節省經費開支起見特將本市營業稅徵收處裁撤併歸捐稅徵收所接辦關於營業稅徵收事項即由捐稅徵收所依照定章負責辦理除分行外合行布告仰各營業商人一體週知嗣後對於應納營業稅款即向捐稅徵收所遵限繳納毋得延誤為要

此佈

中華民國三十四年一月　日　　市長周學昌
財政局局長譚友仲

南京特別市政府佈告　府衛字第　號

案據菜場管理所呈擬調整各菜場場外臨時攤販租金每販每日租金原定徵收國幣五元現擬酌增一倍改按十元徵收等情呈請鑒核前來應准照辦並定自本年一月十六日起實行合行布告仰各菜商攤販一體遵照

此佈

中華民國三十四年一月　日　　市長周學昌

南京特別市政府佈告　府財字第　號

案准

財政部陽代電開查物品零售及筵席旅館消費特稅原由稅務署經徵惟範圍廣闊稽核難周成績未能顯著於中央地方收益均不

無影響茲於三十四年一月一日起特將上項特稅委託貴市政府代爲接辦俾裕稅收等由准此自應照辦查該項消費特稅自三十四年一月一日起由本府代爲徵收業經本府組織南京特別市消費特稅徵收處並派委邵啓珪爲處長江兆龍爲副處長會同負責整頓徵收關於各項消費特稅稅率均依照

財政部原規定辦理其在三十三年十二月底以前欠解稅款仍由稅務署稅務分局原經辦人負責清理除令行南京市商會轉飭各同業公會一體遵照外合行佈告仰本市有關商民自三十四年一月一日起將應納稅款依照規定向本市消費特稅徵收處遵限繳納毋得延誤致干罰辦爲要

此佈

中華民國三十四年一月　日

市長周學昌

財政局局長譚友仲

首都警察總監署 南京特別市政府 布告

府衛字第　號

查京市地區遼闊居民衆多原有各菜市場不敷供應各菜商担販分散四處沿街售賣雜亂不堪匪特於衛生管理上多所不便即市容交通亦均受相當影響茲特增闢珠江路大中橋木屐巷中華門外雨花路水西門大街五處臨時菜市所附近各該地段菜販應即集中菜市營業以便管理而整市容合行布告仰商民人等一體遵知

此布

中華民國三十四年一月　日

總監李謳一

市長周學昌

南京特別市政府批

府財字第　號

具呈人何振家　許柯桂

呈一件　呈請賜予推讓接租市地以便完納租金由

呈悉該民何振家　回原籍惟將所租用承恩寺第十二號浮房基地退租另由該民許柯桂接租惟公家需用該地時應即無條件讓還其租額現核定為每月二百元即自三十三年十二月份起租由該接租人許柯桂按月如數繳納其在十二月份以前租金仍由該原租人何振家負責清繳並由該接租人許柯桂攜帶居住證前來本府財政局訂約承租仰即遵照毋延附件發還

此批

中華民國三十四年一月　日

市長　周學昌

南京特別市政府公告　字第　號

案據業戶胡耕堯呈報坐落藍家莊第三號房地產原領前地政局所發乙字第三一〇〇號所有權狀及乙區一七三二段分段圖各一件因已遺失請予補給等情經飭據呈繳聲明圖狀遺失報紙暨鄰商兩保前來茲依照土地法第一百四十條第二款之規定揭示公告自公告之日起對於該項遺失圖狀如有因權利關係聲明異議者須於三個月內提出理由書暨證明文件呈候核辦一經公告期滿無人異議即予依法補給圖狀管業合行公告週知

中華民國三十四年一月　日

市長　周學昌

地政局局長　張仿良

南京特別市政府公告　字第　號

案據業戶胡逸民為亡妻鮑清華呈報坐落珠江路第一二四號房地產原領前土地局所發乙字第一三七六號所有權狀及乙區一一六八段分段圖各一件因已遺失請予補給等情經飭據呈繳聲明圖狀遺失報紙暨鄰商兩保前來茲依照土地法第一百四十條第二款之規定揭示公告自公告之日起對於該項遺失圖狀如有因權利關係聲明異議者須於三個月內提出理由書暨證明文件呈候核辦一經公告期滿無人異議即予依法補給圖狀管業合行公告週知

中華民國三十四年一月　日

南京特別市政府公告 字第　號

案據業戶胡耕莘呈報坐落洪武街第九十二號房地產原領前地政局所發乙字第六五三號所有權狀及乙區一一六七段分段圖各一件因已遺失請予補給等情經飭據呈繳聲明圖狀遺失報紙暨鄰商兩保前來茲依照土地法第一百四十條第二款之規定揭示公告自公告之日起對於該項遺失圖狀如有因權利關係聲明異議者須於三個月內提出理由書暨證明文件呈候核辦一經公告期滿無人異議即予依法補給圖狀管業合行公告週知

市長 周學昌

地政局局長 張仿良

中華民國三十四年一月　日

南京特別市政府公告 字第　號

案據業戶胡知原呈報坐落碑亭巷第十至三十號房地產原領前地政局所發乙字第一六七五號所有權狀及乙區二〇二六段分段圖各一件因已遺失請予補給等情經飭據呈繳聲明圖狀遺失報紙暨鄰商兩保前來茲依照土地法第一百四十條第二款之規定揭示公告自公告之日起對於該項遺失圖狀如有因權利關係聲明異議者須於三個月內提出理由書暨證明文件呈候核辦一經公告期滿無人異議即予依法補給圖狀管業合行公告週知

市長 周學昌

地政局局長 張仿良

中華民國三十四年一月　日

法規

修正本市管理公共娛樂場所及藝員登記規則第三十三條暨第三十五條條文（民國卅四年一月十四日公布）

第三十三條　一般藝員呈請登記時須附呈本人二寸半身軟紙照片三張並按左列規定繳納登記費

甲等二千元　一、包銀在五萬元以上者

二、懸掛頭二三牌者

乙等一千元　一、包銀在一萬元以上者

二、懸掛在三牌以下者

丙等五百元　一、包銀在一萬元以下者

丁等二百元　一、包銀在五千元以下者

二、限班底有效

第三十五條　每半年舉行登記一次每年一月七月舉行總登記

公牘

南京特別市政府呈 府經字第 號

案奉

鈞院院字第八二四二號訓令內開

「案查前據安徽省政府本年十一月冬代電呈稱『案據蕪湖縣縣長蔡羹舜代電稱查閱報載第一三八次中政會議通過物資調查委員會撤銷關於屬縣物資調查委員分會究應如何辦理理合電請仰祈鑒核示遵等情據此查該分會應否撤銷迄今未奉明令據電前情理合電請鑒核示遵』等情據此經飭實業部本年十二月五日商字第三三九號議復略稱『奉令遵查本部前以上海物資調查委員會預定工作業經分別辦理完竣似無繼續之必要業經呈奉鈞院轉奉國民政府明令撤銷嗣准廣東省陳省長電請撤銷廣東省物資調查委員會以節經費等由並經電復贊同各在案至各地物資調查委員會情形大都相同爲節省公帑起見以應一併撤銷所有調查事宜由各省市經濟行政主管機關負責辦理擬請鈞院通飭各省市政府遵照奉令前因理合具文呈復仰祈鑒核示遵』等情前來經核尚屬可行應准如所擬辦理除指復實業部知照並呈報中央政治委員會暨國民政府備案及分行外合行令仰該市府遵照」

等因奉此查本市物資調查委員會早經撤銷理合備文呈復仰祈

鑒核賜准備案實爲公便

謹呈

行政院院長陳

南京特別市市長 周學昌

中華民國三十四年一月 日

南京特別市政府呈 府保中字第　號

案據鄉區自治實驗區區長蕭石樓呈稱

「呈爲呈報事竊查三十三年十二月三十一日晨（卽星期日）六時半有中央陸軍軍官學校第二期學生總隊騎輜隊少校隊附張錫武率同上尉隊長魏振中暨武裝學生十二人乘馬來至職區命職區代其採辦鮮猪肉二十三担以備新年犒賞官佐學生士兵之用當時因天氣較早鮮猪肉尙未上市是時適有李公興猪行猪販張客夥友田培云由江北裝來肥猪一船計四十七頭正在江邊起卸致被張隊附看見比卽令武裝學生多人將起卸之肥猪監視並伐得屠戶多人代其宰殺肥猪十八頭計重二十石另五十斤而張隊附只欠每斤給價一百元猪販因虧本太巨要求按照市訂公價付款雙方堅持不下當時區長因軍校係國家最高之學府而學生係國家未來之柱石將來國家之興衰與彼等關係至重至巨區張忝爲民衆代表實難袖手旁觀迫不得已迴由地方民衆籌措十萬元一面以津貼屠商之損失一面以聯表地方民衆愛護軍校之微忱結果由張隊附付給屠商二十萬另五千元地方民衆津貼屠商損失費十萬元共高始暫段落張隊附於晚八時始率隊囘城而去理合將軍校在職區採辦猪肉經過情形據實報請鑒核備查實爲公便」

等情據此理合備文呈報仰祈

鑒核實爲公便

謹呈

軍事委員會委員長陳

南京特別市市長　周學昌

中華民國三十四年一月　日

南京特別市政府咨 府衞字第　號

案准

貴署總字第一〇一五號咨開查前據中央戒煙醫院呈以担任首都防空第三救護總站院方並外無科設置擬添設外科手術室消毒器及一切應用器械並購置鹽酸嗎啡針藥五百盒編送概算書暨估價單等情到署經於上年十一月廿一日咨請首都警除團查核撥款在案現在此案已經首都防空委員會第九次常務委員會議決價款由市政府籌劃應咨請查照迅將第三救護總站應行添

置外科器械價款玖拾捌萬捌千壹百柒拾元連同購置鹽酸嗎啡針藥伍百盒價款肆拾叁萬柒千伍百元一併撥發過署以憑轉給添置應用並希見復等因准此查首都防空第三救護總站添置外科器械需用價款玖拾捌萬捌千壹百柒拾元整已由本府另行設法籌劃至購置鹽酸嗎啡針藥用款未經提會議定無從辦理准咨前因相應先行咨復貴署查照並轉飭知照爲荷

此咨

衛生署

中華民國三十四年一月　日

市長周學昌

南京特別市政府咨　府教字第　號

案准

貴部社字第一九五三號咨開：

「查農民教育館爲辦理農村社會教育之中心機關本部曾於民國三十二年二月規定各省市推設民教館及農教館辦法四項通飭遵照茲爲積極推進鄉村教育起見相應咨請查照迅予籌設以爲實施鄉村教育之基礎至各項實施事項應依照本部民國三十二年十二月間公布之「戰時社會教育實施綱要」切實施行並請將辦理情形隨時咨復爲荷」

等由准此查本市農民教育館業于三十三年一月間開辦館址在武定門市立第一職業中學原址當飭該館切實施行戰時社會教育實施綱要幷將辦理情形隨時具報在案准咨前由相應咨復部希查照爲荷

此咨

教育部

中華民國三十四年一月　日

市長周學昌

南京特別市政府公函　府財字第　號

案准

貴府財字第一〇五三號公函內開：

「查菸酒牌照稅前因稅率與物價相差甚鉅亟應分別予以調整一案曾於本年三月間准浙江省政府咨遞送上海特別市政府擬訂三十三年度菸酒牌照稅率比照上年增加二倍會咨財政部核轉在案迄尚未奉核復現在菸酒價格日繼高漲於前請加率時比較又增百倍以上仍照舊時徵收殊失平衡自應酌予調整以符實在茲經本府參照現時菸酒商業狀況擬具稅率增加表一份及僭擬會稿二份除將會稿分抄函送浙江安徽省政府暨上海特別市政府以免遞轉而資迅捷外相應函請查照爲荷贊同即希核判擲還一份過府以便繕發爲荷」

等由附會稿兩份附表一份准此除將稿會判並留稿一份及附表存查外相應檢同會稿一份函請

查照繕發爲荷

此致

江蘇省政府

附還會稿一份(略)

中華民國三十四年一月 日 市長周學昌

財政部 南京特別市政府 公函

府工字第 號

查本京中山東路自逸仙橋至中山門一段道路與京湯公路相連接車運頻繁實爲交通要道且直達 國父暨 汪故主席寢陵爲中外冠蓋謁陵車輛必經之路茲因年久失修路面損壞車行顛簸殊礙觀瞻亟應迅爲修復惟以市庫奇絀無力籌款業由本府

呈奉

院令飭遴與本部會商呈核在案查該各道路既與公路毗連似屬國道性質且修築工程浩大自應與建設部會商辦理相應函達請

煩

查照定期召集會議共商進行並希 見復爲荷

此致

行政院祕書處

部長周佛海
市長周學昌

中華民國三十四年一月　日

南京特別市政府公函 府保甲字第　號

案據安德門區區長楊廣才呈稱

「頃據本區海新鄉聯保主任季秀林報稱本月二十四日上午六時許天未明亮忽有新四軍二人身穿灰色大褂尖頂小帽各帶手槍一支手榴彈二枚竄入本鄉將第六保保長李生發之門喊開迫令該保長帶至第五保保長陳長福家在避靜地方強迫開會逼徵錢糧每畝貳百肆拾元限二小時交代如不照交立予槍斃該李陳二保長處於威迫之下欲逃不得受逼無法當由李保長墊款陸萬元陳保長墊款伍萬元伍千元合計拾壹萬伍千元交付收訖乃向江甯縣方面而逃臨走時猶聲言下餘之款待下星期來取云云事後始據該兩保長來處報告前情隨向當地保安大隊連絡經該隊中隊長隨卽率隊三十名跟蹤追緝查該匪等業已遠颺趕捕不及除經分呈各軍警機關緝辦外謹此報呈察核正轉報間又據本區善德鎭聯保主任錢家贛報告本月二十四日晚十一時許有身着短裝便服之匪徒四人攜帶手槍二支闖至本鎭鐵道愛護分團團部聲言係屬新四軍前來找朱懷義(按朱原係中華門鐵道警備隊通譯現由隊長派至分團服務)當團員告知朱某因事入城未回旋又詢問汝等在此作何幹答係看護鐵路的該匪等乃囑令卽將公家物品交出各團員等懾於威迫兼之實力不敵無可奈何乃將軍衣一件大衣一件(大衣口袋裝有警備隊製定之巡察表一紙)綁腿三付軍帽一頂及自製便裝大衣一件交出該匪等卽將前項各件搶刼後乃將大門扣鎖而去其行動方向不明各等情前來除經向本區有關各軍警機關連絡予以協助偵辦並飭屬隨時緝查外理合據情併案轉報仰祈鑒賜核辦是爲公便」

等情據此除分函首都警察總監署 警備司令部查照飭屬嚴緝歸案法辦外相應據情函請

查照核辦并希　見復爲荷

此致

首都警察總監署

首都警備司令部

中華民國三十四年一月　日　　市長周學昌

南京特別市政府公函　府保甲字第　號

案據安德門區區長楊廣才呈稱

「案據本區善德鎮聯保主任錢家贛報告本月二十四日晚十一時許有身着短裝便服之匪徒四人攜帶手槍二支闖至本鎮鉄道愛護分團團部聲言係屬新四軍前來找朱懷義（按朱原係中華門鉄道警備隊通譯現由隊長派至分團服務）當由團員告知朱某因事入城未回旋又詢問汝等在此作何幹答係看護鉄道的該匪等乃嚇令即將公家物品交出各團員等懾於威迫鎗之實力不敵無可奈何乃將軍衣一件大衣一件（大衣口袋裝有警備隊製定巡察表一紙）綁腿三付軍帽一頂及自製便裝大衣一件交出該匪等即將前項各件捲刧後乃將大門扣鎖而去其行動方向不明等情前來除經向本區有關各軍警機關連絡予以協力偵辦並飭屬隨時緝査外理合據情併案轉報仰祈鑒賜核辦是爲公便」

等情據此除分函首都警察總監署 警備司令部查照飭屬嚴緝歸案法辦見復外相應據情函請

查照核辦見復爲荷

此致

建設部交通路綫愛護工作委員會

中華民國三十四年一月　日　　市長周學昌

統計

南京特別市商人家計調查平均每家費用及其百分比表（每家平均人口成年三人兒童一人）

月份	二十二年七月	八月	九月	十月	十一月	十二月
食物	5030.0	5522.5	6513.0	7996.0	11299.0	36113.0
服用	520.0	720.0	1100.0	1500.0	2350.0	2900.0
燃料及水	1340.0	1550.0	1952.0	1770.0	2050.0	7100.0
雜項	349.0	430.0	408.0	445.0	650.0	865.0
房租及燈火	200.0	200.0	400.0	400.0	600.0	600.0
總計	7439.0	8422.5	10373.0	12111.0	16949.0	47578.0

百分比

月份	七月	八月	九月	十月	十一月	十二月
食物	67.62	65.56	62.78	66.02	66.66	75.90
服用	6.99	8.55	10.61	12.38	13.87	6.09
燃料及水	18.01	18.41	18.82	14.62	12.06	14.92
雜項	4.69	5.11	3.93	3.66	3.84	1.82
房租及燈火	2.69	2.37	3.86	3.32	3.54	1.27
總計	100	100	100	100	100	100

南京特別市政府秘書處第三科統計股編製

南京特別市商人生活費指數逐月比較表（加權綜合平均）

月別	分類指數					總指數	國幣購買力	比二十六年平均增(十)或減(一)之分數
	食物	服用	燃料及水	雜項	燈火房租			
民國廿六年平均	100	100	100	100	100	100	100分	
民國卅三年七月	37947,9	19259,2	78823,5	52878,7	8000,0	35730,4	0,2	(一) 99,8
八月	41663,5	26666,2	91176,4	65151,5	8000,0	40453,8	0,2	(一) 99,8
九月	49136,1	40740,7	114823,5	61818,1	16000,0	49822,2	0,2	(一) 99,8
十月	60324,4	55555,5	104117,6	67424,2	16000,0	58170,0	0,1	(一) 99,9
十一月	85243,3	87037,0	120588,2	98484,8	24000,0	81407,3	0,1	(一) 99,9
十二月	272448,1	107407,4	417647,0	131060,6	24000,0	228520,9	0,04	(一) 99,96

南京特別市政府秘書處第三科統計股編製

南京特別市工人家計調查平均每家費用及其百分比表（每家平均人口 成年 人 兒童 人）

月份	三十三年七月	八月	九月	十月	十一月	十二月
食物	10334.	10943.	13622.	15977.	16436.	34883.
服用	930.	1150.	1260.	1570.	1770.	4120.
燃料及水	2120.	1690.	1980.	3680.	2020.	8200.
雜項	571.	811.	791.	915.	975.	2030.
房租及燈火	330.	560.	600.	1000.	1000.	1200.
總計	14295.	15154.	18253.	23142.	22201.	50433.

百分比

月份	七月	八月	九月	十月	十一月	十二月
食物	72,37	72,21	74,63	69,04	74,23	69,19
服用	6,50	7,58	6,90	6,78	7,97	8,16
燃料及水	14,83	11,17	10,85	15,91	9,16	16,23
雜項	3,99	5,35	4,33	3,95	4,39	4,03
房租及燈火	2,31	3,69	3,29	4,32	4,25	2,37
總計	100	100	100	100	100	100

南京特別市政府秘書處第三科統計股編製

南京特別市工人生活費指數逐月比較表 （加權綜合平均）

月別	分類指數					總指數	國幣購買力	比二十六年平均增(十)或減(一)之分數
	食物	服用	燃料及水	雜項	燈火房租			
民國廿六年平均	100	100	100	100	100	100	100分	
民國卅三年七月	34099,4	22353,4	96099,9	54807,6	6600,0	33571,7	0,2	(一) 99,8
八月	36223,1	24389,8	76818,1	77971,1	112000,0	34151,1	0,2	(一) 99,8
九月	45063,1	30425,6	90000,0	76057,6	12000,0	42817,8	0,2	(一) 99,8
十月	52886,7	36219,7	1672727,2	87980,7	20000,0	54375,0	0,1	(一) 99,9
十一月	54402,1	42822,4	91818,1	93750,0	20000,0	52161,6	0,1	(一) 99,9
十二月	115466,2	100240,7	327272,7	2115384,6	24000,0	117152,2	0,08	(一) 99,92

南京特別市政府祕書處第三科統計股編製

南京特別市（荐任以下）公務員家計調查平均每家費用及其百分比表（每家平均人口成年八人兒童八人）

月份	三十三年七月	八月	九月	十月	十一月	十二月
食物	6679.	7111.	8376.	10238.	14561.	38241.
服用	850.	1050.	1050.	2800.	2500.	4800.
燃料及水	1596.	715.	900.	840.	1335.	1930.
雜項	2800.	2480.	2360.	3280.	2600.	8000.
房租及燈火	400.	400.	400.	400.	800.	900.
總計	12325.	11756.	13186.	17558.	21796.	53871.

百分比

月份	七月	八月	九月	十月	十一月	十二月
食物	54.2	605.9	635.2	58.4	66.8	72.8
服用	6.8	88.1	87.9	15.9	11.5	8.5
燃料及水	12.9	60.8	60.8	4.7	6.5	3.5
雜項	22.8	210.9	178.2	18.6	11.6	13.5
房租及燈火	3.3	34.3	37.9	2.4	3.6	1.7
總計	100	100	100	100	100	100

南京特別市政府秘書處第三科統計股編製

南京特別市公務員（荐任以下）生活費指數逐月比較表（加權綜合平均）

月別	分類指數					總指數	國幣購買力	比二十六年平均增(十)或減(一)之分數
	食物	服用	燃料及水	雜項	燈火房租			
民國廿六年平均	100	100	100	100	100	100	100分	
民國卅三年七月	34304,0	32692,3	154951,4	133333,3	8333,3	40878,9	0,2	(一) 99,8
八月	36522,8	40384,5	69417,4	110222,2	8333,3	38993,3	0,2	(一) 99,8
九月	43022,5	44230,7	87378,6	104888,8	8333,3	43736,3	0,2	(一) 99,8
十月	52583,4	107692,3	81553,4	145777,7	8333,3	58235,4	0,1	(一) 99,9
十一月	74789,4	96153,8	129611,6	115555,5	16666,6	72286,8	0,1	(一) 99,9
十二月	196409,8	184615,3	187878,6	355555,5	18750,0	178676,6	00,5	(一) 99,95

南京特別市政府秘書處第三科統計股編製

南京特別市小學教員家計調查平均每家費用及其百分比表（每家平均人口 成年八人 兒童八人）

月份	三十三年七月	八月	九月	十月	十一月	十二月
食物	5427.0	5862.5	6864.0	8430.0	11977.0	33443 0
服用	750.0	970.0	1470.0	1990.0	2110.0	3730.0
燃料及水	1100.0	1250.0	1680.0	1550.0	1750.0	6500.0
雜項	532.0	665.0	635.0	665.0	955.0	1430.0
房租及燈火	200.0	200.0	400.0	400.0	600.0	600.0
總計	8008.0	8947.5	11049.0	13035.0	17392.0	45703.0

百分比

月份	七月	八月	九月	十月	十一月	十二月
食物	67.76	65.53	62.20	64.67	68.86	74.21
服用	9.36	10.41	13.30	15.26	12.14	8.20
燃料及水	13.73	13.98	15.20	11.89	10.06	12.07
雜項	6.64	7.54	5.70	5.10	5.49	4.17
房租及燈火	2.51	2.54	3.60	3.08	3.45	1.35
總計	100	100	100	100	100	100

南京特別市政府祕書處第三科統計股編製

南京特別市小學教員生活費指數逐月比較表（加權綜合平均）

月別	分類指數					總指數	國幣購買力	比二十六年平均增(+)或減(一)之分數
	食物	服用	燃料及水	雜項	燈火房租			
民國廿六年平均	100	100	100	1,00	100	100	100分	
民國卅三年七月	38489,3	170,06	73333,3	84444,4	8000,0	34606,7	0,2	(一) 99,8
八月	41578,0	21995,5	83333,3	105555,5	8000,0	38666,8	0,2	(一) 99,8
九月	48680,8	33333,3	112000,0	100793,7	16000,0	47740,8	0,2	(一) 99,8
十月	59787,3	45124,7	103333,3	105555,5	16000,0	56331,0	0,1	(一) 99,9
十一月	84943,2	47845,8	116666,6	151587,3	24000,0	75159,8	0,1	(一) 99,9
十二月	237184,3	84580,4	433333,3	226984,1	24000,0	197506,5	0,05	(一) 99,95

南京特別市政府秘書處第三科統計股編製

市政公報暫定價目表

期數	價目	郵費
零售	每冊二元	本埠二角 外埠三角
半年	十二冊二十四元	本埠二元四角 外埠三元六角
全年	廿四冊四十八元	本埠四元八角 外埠七元二角

市政公報廣告刊例

頁數	價目
一頁	每期五十元
半頁	每期二十五元
四分之一頁	每期十二元五角

刊登廣告在四期以上者每期按照七折計算連續十期以上者每期按照六折計算長期另議

出版日期　本公報暫定每月二次
編輯者　南京特別市政府祕書處
發行者　南京特別市政府祕書處
印刷者　南京國華印書館
地址：中山東路盧政牌樓
電話：二二一六五

中華郵政掛號認爲第一類新聞紙類　江蘇郵政管理局執照第一〇四三號

中華民國三十四年二月三十日

市政公報

第一六一二期合刊

南京特別市政府祕書處印行

目錄

命令

法規

公牘

統計

命令

南京特別市政府公佈令　府經字第　號

玆修正南京特別市工商業登記暫行規則第四條第五條第七條第十一條第十五條條文公佈之

此令

附修正南京特別市工商業登記暫行規則第四條第五條第七條第十一條第十五條條文一份（見法規欄）

中華民國三十四年二月　日

市長周學昌

南京特別市政府委令　字第　號

令莊庠培　程松齡　劉昌亞　徐寶鏞　王浩然

玆派該員爲本府社會福利局科長視察另候呈荐

此令

中華民國三十四年二月　日

市長周學昌

南京特別市政府委令　字第　號

令李雙甫

玆派該員爲本府財政局專員

此令

中華民國三十四年二月　日　市長周學昌

南京特別市政府委令　字第　號

令羅世傑

茲委該員代理本市孝陵衛區區長

此令

中華民國三十四年二月　日　市長周學昌

南京特別市政府訓令　字第　號

令孝陵衛區區長巫開福

查該員呈請辭職應予照准

此令

中華民國三十四年二月　日　市長周學昌

南京特別市政府訓令　府經字第　號

令本府各局處會
城郷各區公所
南京特別市商會

案奉

內政院院字第四八號訓令內開

「案奉　國民政府三十四年二月九日第四九號訓令內開查妨害首都生活必需物資供求關係暫行懲治辦法現經制

定明令公布應卽遵飭施行除分令外合行抄發該辦法令仰該院知照并轉飭所屬一體知照此令等因奉此除分令外合行抄發是項辦法令仰該府知照并飭屬一體知照」等因附抄發妨害首都生活必需物資供求關係暫行懲治辦法一份奉此自應遵照除分令外合行令仰該　知照

此令

附抄發妨害首都生活必需物資供求關係暫行懲治辦法一份

中華民國三十四年二月　日

市長周學昌

妨害首都生活必需物資供求關係暫行懲治辦法

第一條　凡對於生活必需物資米柴草鹽油菜肉鷄鴨魚類等八種以種種手段妨害其供求關係之案件無論案犯之身份如何得由首都物資平價維紀委員會管轄承審擬判

第二條　首都物資平價維紀委員會之軍法但爲承審機關得適用「陸海空軍刑法」「戰時刑事特別法」「公務員犯贜治罪條例」「刑法」等法辦判

第三條　對於生活必需物資八種以強暴脅迫或詐術或他法妨害其供求關係致市上告缺乏者縱非投機操縱或囤積居奇亦得呈請軍事委員會委員長以戰時軍令特准處以死刑

第四條　凡意圖得不法利益非法勒派捐款或利用權勢以強暴脅迫詐術或他法勒取人民財物者無論是否爲公務員均分別處死刑無期徒刑十年以上有期徒刑

第五條　凡死刑或徒刑之宣告應依法定手續于呈准後執行

第六條　本辦法自三十四年二月一日施行

南京特別市政府訓令　府經字第　號

令本府各局處會
域鄉各區公所　本市各業同業公會
市商會

查本府辦理京市工商業登記事項曾於去年（三十三年）九月間經將原訂南京特別市工商業登記暫行規則加以修正當經

分別公布令飭遵照各在案茲查上項規則第四條第五條第七條第十一條第十五條條文之規定揆與現時情況已不復適用爰再衡量實情重行修正特定於本年(三十四年)三月十一日起施行除公布並分令外合亟抄發修正各條條文令仰該 知照並轉飭所屬一體知照為要

此令

計抄發修正南京特別市工商業登記暫行規則第四條第五條第七條第十一條第十五條條文一份(見前)

中華民國三十四年二月 日 市長 周學昌

南京特別市政府訓令 府經字第 號

令 市商會 城鄉各區公所

案奉

行政院院字第八八零四號訓令內開

「案奉 國民政府三十四年一月十七日第二十一號訓令開查國民政府硝礦類專運護照規則第二條第三條第四條第五條及第七條條文現經修正明令公布應即通飭施行除分令外合行抄發該修正條文令仰該院知照並轉飭所屬一體知照此令等因奉此除分行外合行抄發該修正條文令仰該府知照並轉飭所屬一體知照」等因附抄發修正國民政府硝礦類專運護照規則第二條第三條第四條第五條及第七條條文一份奉此自應遵照除分令外仰即知照

此令

附抄發修正國民政府硝礦類護照規則第二、三、四、五、及第七條條文一份

中華民國三十四年二月 日 市長 周學昌

修正國民政府硝礦類護照專運規則第二條第三條第四條第五條及第七條條文

第二條　此項護照由本府製定用印交由財政部核發每屆月終由財政部造册咨送陸軍部幷將存根呈報本府分別備查

第三條　軍事機關領用此項護照應具運輸說明書呈由直屬最高長官轉請陸軍部咨請財政部核發公司廠號專運硝磺請領護照在已設有硝磺專局之省分應備具請求書保證書連同運輸說明書及印照費呈由該局硝磺總局審核明確後再予轉請其未設專局之省分則呈由主管機關辦理（書內格式附後）

第四條　公司工廠商號應將曾經最高官署核定之全年需用品類數量先行呈報陸軍部及財政部備案或呈由硝磺總局轉報以便稽核

第五條　本照照費仍按本府公布之軍用運輸護照規則施行細則第十條之規定每照照費國幣壹百元印花稅費（依照印花稅法規定）國幣拾伍元惟軍機關請領護照得酌予免收照費

第七條　本照運輸品類及限量如左

一、硝（鉀硝硝酸鉀鈉硝智利硝鈣硝硝酸鈣空氣硝硝酸錳硝酸鋇硝酸鎴）磺（卽硫磺）鹽酸鉀（卽鹽酸加里或鹽化鉀）綠酸鉀及氯酸鹽類過氯酸鉀及過氯酸鹽類年照以五千斤爲限

二、硝酸（卽硝鏹水）硫酸（硫酸水或磺鏹水）鹽酸紅磷白磷二炭快化合物三氰化鹽類爆炸酸鹽類苦味酸鹽類壘邊油一氯二銷化苯每照以二千斤爲限

南京特別市政府訓令　府保甲字第　號

令城郷各區公所

案准

實業部農林字第一〇八號咨開

「查事變以還各地農村生產狀况頗不相同農業經營類多未能恢復舊觀本部爲明瞭目前農業生產實况俾供釐訂增產施策之參考起見特舉辦農業調查除分別咨行外相應檢同該項調查表式咨請貴市政府查照轉飭所屬各區於一月內査塡彙送過部案關增產務希督促切實遵辦並請見覆爲荷」

等由幷附送通訊調查表式十五份准此除分令外合行抄發原表式令仰該區公所迅卽切實遵辦

此令

附發通訊調查表式乙份（略）

中華民國三十四年二月日 市長周學昌

南京特別市政府訓令 府保甲字第 號

令城鄉各區公所

查現値冬防期內區務工作至爲緊張所有辦事人員自應格外努力矢勤奉公加強行政效率乃近查有少數區公所職員每任意請假或遲到早退殊屬非是嗣後除由本府隨時派員抽查外該區長應率同各組長嚴予督促倘再故違一經查明定將各該職員嚴予懲處決不寬貸除分令外合行令仰遵照爲要切切

此令

中華民國三十四年二月日 市長周學昌

南京特別市政府訓令 字第 號

令職 燕子磯 安德門 區區公所

爲令遵事案准

連絡部南連三第十號公函譯開：按准一月十七日南京防衛參謀長南防發第一八號公函略以近時敵機行動異常活潑茲爲強度疏散本京各部隊軍需品起見擬即使用地圖上青線劃定之土地即希煩轉市府代爲斡旋相應抄送來函暨檢附地圖一份即請查照辦理等由准此當由本府函請連絡部派員來府將使用範圍及使用方法詳細說明去後現准連絡部派小松科長前來本府地政局函稱關於使用地圖上青綫劃定之土地擬即先行用鉄絲網將使用地週圍圈入網內至鉄絲網內之居住人民仍照常居住內部房屋及青苗亦不變動惟鉄絲網內之人民出入另由所在地部隊頒發出入證以資通行將來正式使用該項土地時關於內部房屋至及青苗再行依照征收辦法辦理等語合行檢附地圖乙份令仰該區長詳閱圖內紅線標註立即轉赴該管鄉鄉保長傳諭界內人民一體赴照並於日軍使用時妥予協助事關軍用毋得違延是爲至要」

此令

附地圖乙份(略)

中華民國三十四年二月　日　　市長周學昌

南京特別市政府訓令 府財字第　號

令田賦征收處

案奉

行政院院字第八二二八號訓令略開前據該市府査復陸子實呈爲隱匿田賦不報辦理經過一案業經以敎字第五六〇九號指令呈悉存案茲復據陸子實呈爲陸裕棡隱匿田賦不報盜賣祠堂公產市府査辦敷衍塞責請重行根究以裕國庫等情到院所稱是否屬實合再抄發原呈令仰該市府迅卽査核辦理飭遵具報等因奉此査此案前據陸子實呈奉

行政院令飭査核辦理到府當經傳集原具呈人陸子實暨陸氏宗祠管理人陸森雲卽陸裕棡到府詢話業將辦理情形呈復在案茲奉前因除關於盜賣祠堂公產部份已由財政局移轉地政局另行査核辦理外關於隱匿田賦部份曾經傳詢陸子實究竟何人隱匿田賦未報計有隱匿田畝若干雖據聲稱不知詳情但値此整頓田賦之際自應澈査核辦合行令仰該處依照定章切實沓擠具報該奪毋延爲要

此令

中華民國三十四年二月　日　　市長周學昌

南京特別市政府訓令 府財字第　號

令捐稅征收所所長徐靜者

案准

財政部京蕪區通行稅督察員辦事處京四字第五六號函開

「案査本處奉令辦理京蕪區通行稅征收事宜前經函請貴府協助辦理在案關於征收手續係由本處暫行製定臨時

稅票先在本市營業汽車及卡車集中地點建康路新街口挹江門中華門一帶按車實施征稅一律按照規定稅率徵收百分之十通行稅茲訂於一月二十四日起開始徵收除呈報並分函外相應函請貴府查照轉飭所屬予以協助至紉公誼」等由准此合行令仰該所遵照轉飭所屬予以協助爲要

此令

中華民國三十四年二月日　市長周學昌

南京特別市政府訓令 府財字第　號

令南京特別市商會

案查本市物品零售及筵席旅館消費特稅自本年一月份起由本府依照定章代爲徵收業經令仰轉飭各業遵照在案惟該項消費特稅係爲中央及地方重要收入所有各業商號代徵消費稅款自應依照規定按旬清解（上旬稅款須在中旬三日內解清中旬稅款須在下旬三日內解清下旬稅款須在次月上旬三日內解清）不得遲延短欠如有不遵定限報解遲緩者定予依照修正財政部消費特稅暫行章程嚴格執行處分俾重稅收合行令仰該商會遵照並轉飭各同業公會通告各業商號一體遵照爲要

此令

中華民國三十四年二月日　市長周學昌

南京特別市政府訓令 府經字第　號

令商會理事長葛亮疇

查本市各項主要物資業經實施評價而非評價物資之售價各商店往往參差不一殊足影響物價之上漲亟應切實整頓以舒民用茲規定非評價之售價統由各該業同業公會按照確實成本酌加合法利潤公議劃一價格即發價格表分飭各會員切實遵照發售同時呈報本府備查令行令仰轉飭各該同業公會迅予遵辦並限文到五日內辦理完竣勿稍延誤切切爲要

此令

中華民國三十四年二月日

南京特別市政府訓令 府經字第　號

令商會理事長葛亮疇

查本市各項主要物資各該同業公會應負責疏通來源俾市民必須用品不致缺乏同時本府為兼顧商民合法利益自應予以適當之評價所有各該業進價情形應隨時呈報至逐月存貨數量尤須遵期列表三份呈報備查合行令仰轉飭切實遵照為要

此令

中華民國三十四年二月　日　　市長周學昌

南京特別市政府訓令 府衛字第　號

令攤販菜場管理所主任高仲濤

案查前據菜場管理所呈擬增闢珠江路等五處臨時菜市一案業經准予照辦茲檢發會銜布告五張仰即分別張貼俾衆週知並將各該菜市成立日期具報查核

此令

附發布告五張

中華民國三十四年二月　日　　市長周學昌

南京特別市政府訓令 府教字第　號

令市私立中小學

案准

教育部普通第二三七號咨開

「查近年學風凌替士習浮囂一般在學青年或怯懦萎靡沉於頹喪或輕躁盲從趨於偏激甚有荒棄學業越軌肆行致

招社會各方之責難今日舉國上下對於青年方寄無窮之希望而若干青年竟致如是之惘惑瞻念前途曷勝憂懼現值非常時期對於國脈攸關之教育尤應重視欲求國民風氣之轉移首先須謀學風之整肅本部審察當前癥結所在訂定整頓學風實施要點凡屬辦學人員均宜自勵操守各校教師尤當身作表率以期共收匡正學風之效除分咨外相應檢同整頓學風實施要點一份咨請查照并希轉飭所屬遵照辦理爲荷」

等由附整頓學風實施要點一份准此除分令外合行抄發該項要點令仰該校遵照辦理

此令

附抄發整頓學風實施要點一份

中華民國三十四年二月　日

市長周學昌

整頓學風實施要點

一、革新辦學精神：1.辦學人員首重操守學校一切經濟校長應從公開校內經費稽核委員會之組織宜求健全對於配給物品務須公允分配私立學校校董會並應切實負經濟上審核監察之責任2.教師負訓誨青年之責本身應求學識之充實不斷進修身教優於言教尤當敦品勵行作學生之表率3.凡辦學及任教人員均當抱教育專業觀念不旁鶩不沮喪以樂育英才爲己任必能無上之愉快

二、善導青年思想：1.善導青年思想應確立三民主義之信仰培養深思明辨剛健篤實之風格尤使學生對於浪漫頹唐浮囂盲從諸惡德有極端之鄙棄2.對於學生課外閱讀書物應嚴予甄別詳加指導學生平日發表之言論文字各校教師並須注意考察隨時予以指正3.教師與學生應謀生活之接近俾易詳悉其家庭身世以及精神生活與物質生活之變遷倘發覺學生有煩悶彷徨之跡象即宜探求原因協助解决

三、鍛鍊刻苦生活：1.應使學生體認國家現狀與時代要求屏除一切奢靡享樂之習氣勵行減衣縮食崇尙儉樸2.指導學生從事生產及增產勞動利用校內及附近隙地種植農作物提倡以勞作代運動3.獎勵學生手腦並用無論在家庭在學校有樂於從事各種操作之習慣並指示利用寒暑假期參加社會勞動養成堅忍苦幹之精神

四、策勵學生進修：1.應使學生堅信學問爲立身之本掃除往日束書不讀僥倖浮沉之謬誤觀念專一心志於學業之進修2.鼓勵學生追研學理之興趣對於各學科之參考書籍應詳加指示儘量供給並使學生勤作讀書劄記或撰述心得3.各學科定期

考試應嚴格辦理並視學科性質增加臨時考試對於社會學科尤應注重學生筆記或試驗報告之校閱

五、指導課外活動：1.學生以遵守校紀爲第一要義各校平日訓練學生應取嚴肅之精神養成隨時隨地有遵守秩序服從紀律之習慣2.學生課外活動應以研究學術裨益文化爲依歸對於各科研究會讀書會以及增進學藝發展體智之組織學校當予以獎勵3.學生間自行組織之學術團體應行合法程序並須恪遵學校之指導絕不容有挾持意見干涉校政之行爲

南京特別市政府訓令　府教字第　號

令市立農民教育館

案准

教育部三十四年社字第二四號咨開

「查農民教育館爲辦理農村社會教育之中心機關我國教育尚未普及自應遍設此項機關以爲普及教育之輔助至農民教育館規程在本部未經制定公佈以前應比照民國二十四年二月八日本部公佈之「修正民衆教育館暫行規程」辦理相應咨請查照並轉飭遵照爲荷！」

等由准此合亟令仰遵照爲要

此令

中華民國三十四年二月　日　市長周學昌

南京特別市政府指令　字第　號

令社會福利局

呈乙件　爲送呈貧民習藝所工作概況書請鑒核由

呈暨附件均悉　仰該局長飭同該所所長商討推進辦法呈核爲要

此令　件存

中華民國三十四年二月　日　市長周學昌

南京特別市政府指令 字第 號

令社會福利局

呈乙件 爲呈送庇寒所工作概況書收支對照表請鑒核由

呈暨附件均悉 仍仰該局長查明該所粮食及一切賬目情形呈覆爲要

此令 附件存

中華民國三十四年二月 日 市長周學昌

南京特別市政府指令 府保甲字第 號

令城區自治實驗區公所

呈乙件 爲遵令呈送管理玄武湖渡船辦法草案及接管情形仰祈鑒核備案由

呈件均悉 據陳管理玄武湖渡船辦法草案業經審核酌予修正除第四條渡資每人每次改爲「二十元」第六條改爲「渡船一切戶務應由船戶協議公定辦法呈由區公所轉呈市政府備案」第七條改爲「渡船收支賬目應按月呈報區公所轉呈市政府備案」第八條改爲「渡船管理人員絕對不得有包庇走私及其他操縱詐欺情事如有故違一經查獲卽從嚴懲處」外其餘各條尙無不合應准備案仰卽遵照

此令 附件存

中華民國三十四年二月 日 市長周學昌

南京特別市政府指令 府財字第 號

令妓捐徵收所所長周鵬

呈一件 爲呈請本所局票定每張貳拾元改徵壹百元敬祈鑒核恩准由

呈悉 據呈現時印刷紙張高漲擬請將局票費每張改收壹百元等情核尙可行姑准照辦惟該所認繳捐額原定每月叁拾萬

元應增加拾萬元每月共繳捐額肆拾萬元自本年二月一日起實行並將捐款按期繳解不得延誤仰即遵照

此令

中華民國三十四年二月日　市長周學昌

南京特別市政府指令　府經字第　號

令本市市商會理事長葛亮疇

呈一件　為據南京商業公典請求調整質物利息為按日四分保管費為按月五分俾資維持業務等情轉呈察核賜准由

呈悉　據請增加南京商業公典質物息金及保管費用一節經核尚屬實情應予照准仰即知照並轉飭該公典遵照

此令

中華民國三十四年二月日　市長周學昌

南京特別市政府指令　府財字第　號

令捐稅徵收所所長徐靜耆

呈一件　為援案調整本市渡船碼頭執照徵收標準自一月份起實行檢表呈請鑒核備查由

呈件均悉　據呈請調整本市渡船碼頭執照費徵收標準自本年一月份起實行尚屬可行應准照辦仰即知照

此令　附件存

中華民國三十四年二月日　市長周學昌

南京特別市政府指令　字第　號

令攤販菜場管理所主任高仲濤

呈一件（為請刊發新鈐記祈鑒核由

呈悉 准予刊發木質鈐記一顆文曰「南京特別市政府攤販菜場管理所鈐記」仰即具領并將啓用日期暨鈐樣呈報備查仰將舊有鈐記截角繳銷

此令

計刊發該所木質鈐記一顆（略）

中華民國三十四年二月　日　市長周學昌

南京特別市政府布告 府財字第　號

案查坐落江甯縣銅井鎮對岸救濟洲係爲本府市產前由市民趙海如向本府立約承貼按年繳租截至三十四年二月十二日止（即舊曆十二月底止）貼期業經屆滿玆爲整頓市產改進計劃起見決定由府收回自辦並設立救濟洲洲產整理委員會以資整理除函請江甯縣政府轉飭該管鄉鎮保甲長協助進行外合行布告仰該洲佃農人等一體知悉凡屬原種救濟洲洲地各佃戶自三十四年二月十三日起應一律依照本府規定手續限於兩星期內向本府所設救濟洲洲產整理委員會申請登記（申請書由會印發不取分文）由申請人將姓名年齡籍貫住址縣民證號碼及原種畝數種植類別各項依式填註齊全親自簽名蓋章並由該管保甲長負責蓋章證明送交本府整理委員會聽候審查經查核相符後准予登記發給登記通知以便本年繼續承種一俟本年春租繳齊後即憑繳租收據領取正式佃證准予承種伍年惟各佃戶須知本府此次收回該洲自辦係於整頓市產之中仍寓維護佃農之意務須據實申報照章納租倘有隱匿不報或所報不實及故違規定希圖漏租等情事一經查覺或被告發定予撤銷佃權另行招佃承種決不寬貸其各凜遵毋違切切

此布

中華民國三十四年二月　日　市長周學昌

財政局局長　譚友仲

南京特別市政府佈告 字第　號

查友邦總司令部使用城內飛機場中山門丁家山北固山等處土地一案業經本府地政局遵照行政院訓令派員實地測量分戶完畢並造具圖冊奉　行政院政字第五二三五號指令略開「呈件均悉查各地區租金及補償金等項目應仍在軍管理工場利益金項下撥支除令財政部遵照撥交該市政府轉發被徵各戶具領並令外交部轉送有關機關查照外仰即知照」此令等因奉此並准財政部撥交到府自應遵照轉發惟事關產權佃權誠恐有浮報冒領情事玆特規定下開申請登記及領取租金等費辦法佈告週知仰被徵各戶迅即檢齊產權證件並繕具申請書保證書呈送本府地政局以憑核發除令各該區公所轉發申請書及保證書外仰即遵照毋得因循自誤是爲切要

此佈

附申請登記及領取租金等費辦法

中華民國三十四年二月　日

市長周學昌

地政局局長張佐良

日軍總司令部使用城內飛機場中山門丁家山北固山等處土地被征各戶申請登記及領取租金等費辦法

一、登記申請書及保證書由各該區公所轉發

二、被徵各業戶領取租金須填具申請書並檢同契據或糧串或產權證件並加具本管鄉坊保長保證書呈送本府地政局核驗無訛後再行通知來府領取如無產權證件呈驗者須填具殷實商保

三、領取靑苗補償金及房屋故墓拆遷費者須填具申請書並加具本管鄉保長保證書呈送本府地政局核驗無訛後再行通知來府領取

首都警察總監署 南京特別市政府 佈告

府經字第　號

查本市柴草價格邇來漲風甚熾漫無止境影響民生至深且鉅若不從嚴加以限定勢必更形猖獗玆經本市物價評議委員會第二十五次常會決定茅草價格每担爲一千六百元劈柴價格(甲)每担爲二千一百五十元(乙)每担爲二千另五十元(丙)每担

爲一千九百五十元(丁)每担爲一千七百五十元均經紀錄在卷嗣後如有不法之徒私擅抬高限價或藉詞拒售等情一經查獲定當押嚴重法辦決不寬貸合行會銜佈告仰本市人民一體週知毋得稍違致干究辦切切

此佈

中華民國三十四年二月　日

總監　李讜一
市長　周學昌

南京特別市政府公告　字第　號

案據業戶邱葆華呈報坐落三條巷破瓦巷第十六號房地產原領前土地局所發二字第六號所有權狀及二區八五三(一)號分段圖各壹件因遺失請予補給等情飭據呈繳聲明圖狀遺失報紙暨鄰商兩保前來茲依照土地法第一百四十條第二款之規定揭示公告自公告之日起對於該項遺失圖狀如有因權利關係聲明異議者須於三個月內提出理由書暨證明文件呈候核辦一經公告期滿無人異議卽予依法補給圖狀管業合行公告週知

中華民國三十四年二月　日

市長　周學昌
地政局局長　張仿良

南京特別市政府公告　字第　號

案據業戶余昭福等呈報受押陳錫九等所有坐落閻奩營第三五號房地產原領前地政局所發他二字第二七六號他項權利證明書壹件因已遺失請予撤銷抵押登記等情經飭據呈繳聲明他項權利證明書遺失報紙暨商保前來茲依照土地法第一百四十條第二款之規定揭示公告自公告之日起對於該項遺失他項權利證明書如有因權利關係聲明異議者須於三個月內提出理由書暨證明文件呈候核辦一經公告期滿無人異議卽准予撤銷抵押登記合行公告週知

中華民國三十四年二月　日

市長　周學昌
地政局局長　張仿良

南京特別市政府公告　字第　號

案據業戶余昭福等呈報受押陳錫九等所有坐落建康路第四二七號房地產原領前地政局所發他二字第三一四號他項權利證明書壹件因已遺失請予撤銷抵押登記等情經飭據呈繳聲明他項權利證明書遺失報紙暨商保前來茲依照土地法第一百四十條第二款之規定揭示公告自公告之日起對於該項遺失他項權利證明書如有因權利關係聲明異議者須於三個月內提出理由書暨證明文件呈候核辦一經公告期滿無人異議即准予撤銷抵押登記合行公告週知

中華民國三十四年二月　日

市長　周學昌

地政局局長　張仿良

南京特別市政府公告　字第　號

案據業戶余昭福等呈報受押陳錫九等所有坐落建康路第四三一號房地產原領前地政局所發他二字第二七三號他項權利證明書壹件因已遺失請予撤銷抵押登記等情經飭據呈繳聲明他項權利證明書遺失報紙暨商保前來茲依照土地法第一百四十條第二款之規定揭示公告自公告之日起對於該項遺失他項權利證明書如有因權利關係聲明異議者須於三個月內提出理由書暨證明文件呈候核辦一經公告期滿無人異議即准予撤銷抵押登記合行公告週知

中華民國三十四年二月　日

市長　周學昌

地政局局長　張仿良

南京特別市政府公告　字第　號

案據業戶余昭福等呈報受押陳錫九等所有坐落建康路第四四五號房地產原領前地政局所發他二字第二七二號他項權利證明書遺失報紙暨商保前來茲依照土地法第一百四十條第二款之規定揭示公告自公告之日起對於該項遺失他項權利證明書如有因權利關係聲明異議者須於三個月內提出理由書暨證明文件呈候核辦一經公告期滿無人異議即准予撤銷抵押登記合行公告週知

中華民國三十四年二月　日

市長　周學昌

地政局局長　張仿良

法規

修正南京特別市工商業登記暫行規則第四條第五條第七條第十一條第十五條條文

第四條　工商業登記申請人應覓具本市殷實鋪保一家在申請書上塡明加蓋鋪保店戳並由該鋪保經理簽名蓋章

前項登記申請書得向本府或本府所委託之機關團體購領（每份暫收紙張印刷費五十元）

第五條　工商業登記申請人應按照資本額繳納左表所規定之登記費

資本額	登記費	資本額	登記費
五萬元以下	一千元	十萬元以下	二千元
三十萬元以下	三千元	五十萬元以下	四千元
一百萬元以下	五千元	三百萬元以下	一萬元

一千萬零一元以上每加五百萬元加收一萬元其不滿五百萬元者亦按照五百萬元計算

第七條　凡未領有營業許可證之工廠商號擅自營業者除勒令停業外並視其情節之輕重處以一萬元以上三萬元以下之罰鍰

第十一條　第九條所載之因改組遷移轉讓更換經理及第十條之申請補發者均免收登記費但應繳納紙張印刷費三百元

第十五條　工廠商號如違犯左列各款情事者得分別處以五千元以上二萬元以下之罰鍰

（一）營業許可證不懸掛於顯明處所者

（二）將營業許可證私行轉讓或轉借與他人者前款之授受雙方一併處罰

（三）歇業後不於十五天內繳銷營業許可證者前款如原申請人遠離致無法執行時得向保證人追繳原領許可證及罰鍰

公牘

南京特別市政府呈　府經字第　號

案奉

鈞院院字第九〇七五號訓令內開：

「現據實業部本年二月九日商字第五零號呈稱：「查本部前為加強物價管理起見曾於上年十一月十八日制定「重要商品統一評價實施辦法」分別咨令各省政府暨各特別市經濟局辦理幷函請各有關統制委員會按期供給本部各項商品廠盤以便轉發各地參考在案惟實施以來各地尚未能依照上項辦法積極辦理各有關統制機構亦未能將商品廠盤按期送部轉發致統一評價事宜一時尚未收有實效茲為加強管理積極推進起見擬請　鈞院通飭各地有關機關切實辦理以利進行是否有當理合檢具重要商品統一評價實施辦法一份呈請鑒核飭遵」等情據此除分令並指復外合行抄發原附件令仰該府遵照並轉飭切實辦理為要

等因附抄發重要商品統一評價實施辦法乙份奉此自應遵辦查本府前准實業部咨送此項辦法已將第四項抄錄令飭市商會轉飭遵照並提送本市物價評議委員會報告各在案奉令前因理合將辦理情形備文呈請仰祈

鑒核賜予備查實為公便

謹呈

南京特別市政府咨 府經字第　號

中華民國三十四年二月　日　南京特別市市長　周學昌

行政院院長陳

案准

貴部農林字第八十三號咨開：

「案據中華蠶絲股份公司二十三年十二月五日呈稱『呈為呈請制止砍伐桑樹事竊查纖維之增產必先圖桑之培植並保護桑園為第一要義茲查農民每有砍伐桑樹作燃料之事殊對於飼蠶絲生產前途大有窒礙不無遺憾擬請採取有效措置速予制止並嚴禁桑樹燃料移動售賣是否有當理合具文呈請鈞部鑒核施行並乞示遵』等情據此查所呈各節確關重要茲經訂定制止砍伐桑樹原則除批示該公司知照並分咨外相應檢同該項原則一份咨請查照審酌實際情況據以制定辦法通飭施行以維蠶業仍請將制定辦法咨復備查為荷」

等由附制止砍伐桑樹原則一份准此自應照辦茲經制定南京特別市制止砍伐桑樹暫行辦法八條除令飭城鄉各區公所切實遵照並函請首都警察總監署協助辦理外相應抄附是項辦法咨請

貴部備查為荷

此咨

實業部

附南京特別市制止砍伐桑樹暫行辦法一份

市長　周學昌

中華民國三十四年二月　日

南京特別市制止砍伐桑樹暫行辦法

一、各區公所應調查轄境以內現有桑樹若干分別家桑野桑確實造表呈府備查其家桑並應將園主姓名填報

二、各地桑園如查有缺株應責令園主補植桑苗違者罰辦

三、各地嚴禁砍伐桑樹違者如經查獲時除將是項已伐樹木予以沒收外並科以所伐樹木價值十倍之罰鍰

四、各地嚴禁桑柴之運輸及買賣違者如經查獲時除將是項桑柴予以沒收外並科以是項桑柴價值十倍之罰鍰

五、其砍伐桑樹及運輸買賣桑柴等事應由各區公所及各農村事業機關民間蠶桑團體等隨時愷切曉諭農民制止倘有故違得由發見者隨時舉報當地政警機關罰辦

六、以上三四兩條之罰鍰應由各區公所與當地警察機關會同辦理其罰鍰百分之五十獎給該區公所為制止砍伐桑樹辦事經費其餘百分之五十獎給經辦人員及舉報人等以資獎勵其沒收之樹柴等應彙存呈明市府派員監視拍賣得價作為補助農村擴充植桑之用

七、本辦法如有未盡事宜得隨時修改之

八、本辦法自呈奉　市長核准後實行

南京特別市政府咨　府財字第　號

案准

貴部稅甲九字第一一四號咨內開：

「案查物品零售及筵席旅館消費特稅定於三十四年一月一日起委託省市政府代徵經於陽日電達貴市政府查照在案除該項代徵暫行辦法經以秘乙字第一一四號文分別咨送外相應檢同各項消費特稅暫行章程消費特稅貼用憑證實施辦法及應用各項報表式樣咨送貴市政府查照至貴市經徵消費特稅各機關名稱地址經徵區域應請從速開單送部俾便令知稅務署轉飭各稅務局知照其本年十二月份以前未了事宜以及未徵起稅款仍由稅務署督飭各稅務局分別徵解以清界限並請查照為荷」

等由附各項消費特稅暫行章程消費特稅貼用憑證實施辦法及應用各項報表式樣各一份准此查本市代徵各項消費特稅業經飭由本府財政局組織南京特別市消費特稅徵收處設立於本城大板巷自本年一月一日起負責代徵並委派邵啓珪為處長江兆龍為副處長會同辦理其經徵區域以本市轄境為範圍准咨前由相應咨復即希查照為荷

此咨

財政部

市長　周學昌

中華民國三十四年二月日

南京特別市政府咨　府保甲字第　號

查本市保甲經費自三十三年七月份起改爲每月徵收賃屋住戶五元自屋住戶十元鋪戶二十元業經咨請
貴部查照備案幷歷經辦理各在案茲以三十四年度開始以後各區公所員工待遇政府已予增加七十五倍辦公費亦增加二倍各聯保辦公處員工及辦公費原係比照政府辦法本年度開始自應仍予比照增加是項支出目需增支數目核與現時收入不敷甚鉅經提付本市保甲委員會第二次委員會議討論決議自本年一月份起將本市保甲經費徵收數額改爲每月賃屋二十元自屋五十元鋪戶一百元等語紀錄在卷相應咨請
查照備案爲荷

此咨

內政部

市長周學昌

中華民國三十四年二月日

南京特別市政府咨　府教字第　號

案准

貴部普字第二四三號咨開：

「查小學教育爲國民教育之基礎亟應力謀普及而培養優良師資尤爲當前急務邇來各地小學師資殊欠整齊不合格之女性教員尙屬不少影響教學效率良非淺尠事變以還各地師範學校雖逐漸恢復惟設立女子師範學校者尙不多覯查女子秉性柔和倘受師範訓練以之教育兒童頗爲適宜故女子師範學校實有積極籌設之必要凡未設立女子師範學校之省市應從速籌設一所或僅設女子師範班者亦當寬籌經費獨立設置藉應需要除分咨外相應咨請貴府查照並飭屬遵辦爲荷」

等由准此查本市現設有簡易師範一所係男女兼收將來經費寬籌有着即可男女分班或獨立設置以應實際需要准咨前由相應
復請

查照爲荷

此咨

教育部

市長周學昌

中華民國三十四年二月日

南京特別市政府咨 府衛字第　號

查本市各藥房經售新藥率多由滬運京銷售本府辦理新藥之評價因採集各項進貨單據頗多出入難資審核茲爲嚴格評價起見請由貴署轉飭上海新藥業公會將本年二月五日各新藥製造廠商(附表)批發價目表尅日採集齊全彙送核轉俾本市辦理藥品評價有所依據相應咨請查照辦理並希迅予見復至紉公誼

此咨

衛生署

附藥廠清單一份

市長周學昌

中華民國三十四年二月日

藥廠清單

信誼藥廠	新亞藥廠	新亞衛生材料廠	生化製藥廠
新星藥廠	志衛製藥公司	光明藥廠	民誼藥廠
中法製藥廠	九福製藥公司	唐拾義藥廠	正德藥廠
丙康藥廠	武田藥廠	拜耳藥行	怡默克藥行
羅氏製藥公司上海分行	汽巴藥行		

南京特別市政府咨　府財字第　號

案查本市消費特稅前准

貴部咨自三十四年一月起由本府代徵當經遵照辦理並將派員設處開始代徵情形咨報在案茲據財政局轉據本市消費特稅徵收處報告本年一月份各項消費特稅已經徵獲國幣貳千壹百叁拾伍萬元依照規定成案中央及地方各得半數所有中央應得半數計國幣壹千零陸拾柒萬伍千元已於二月二十二日繳解中央儲備銀行國庫局列收掣有總字第四九六四號收款書除將收據聯留府存查外茲將報告聯及報查聯兩紙一併送請

貴部分別發交國庫司及會計司查核備案關於地方應得半數計國幣壹千零陸拾柒萬伍千元應請

賜發支付命令以便赴庫抵解至一月份應扣支提成經費因該月稅款尚未徵齊擬俟將尾款催收續解再行造報補扣相應咨請查照見復為荷

此咨

財政部

市長　周學昌

中華民國三十四年二月　日

南京特別市政府咨　府財字第　號

案准

貴部稅甲九字第三號咨開：

「案查徵收消費特稅貼用憑證業經本部規定式樣交商印製惟因電力關係一時趕製不及擬暫以封存前蘇浙皖稅務總局特種印花先行套印備用現已套印完竣即希貴市政府估計按月需用數量派員至本部稅務署領用除分行外相應咨請查照為荷」

等由准此當經轉飭本市消費特稅徵收處將消費特稅貼用憑證按月需用數量估計呈復去後茲據復稱本市消費特稅正在推進中關於該項貼用憑證略加估計每月約需叁千萬元等情前來經核屬實除另派員領用外相應咨復即希查照為荷

此咨

財政部

市長周學昌

中華民國三十四年二月　日

南京特別市政府公函　字第　號

案准

貴處第一九八號公函略以爲調查各機關現任簡任以上人員姓名檢附表式囑依式照塡二份等由准此自應照辦依式塡就相應檢同本府現任簡任以上人員姓名表一式兩份送請查照爲荷

此致

國民政府文官處

附送本府簡任以上人員姓名表二份

市長周學昌

中華民國三十四年二月　日

南京特別市政府簡任以上人員姓名表

職別	姓名	任職日期	以前職務	備考
市長	周學昌	三十一年一月十六日	北京教育局長陝西教育廳長	
秘書長	陸善熾	仝	行政院社運會主任秘書	
參事	蘇榮軒	仝	華北政委會教育總署督學	

參事	由雲龍	三十三年六月	天津特別市政府參事
參事	王益之	三十三年二月	署理沛縣縣長
財政局局長	譚友仲	三十一年一月十六日	財政部參事
地政局局長	張仿良	三十二年四月十六日	實業部簡任專員
工務局局長	韓靑第	三十二年二月	華北政委會建設總署技正
教育局局長	楊正宇	三十年六月十六日	教育部參事
衞生局局長	褚通爵	三十一年五月一日	內政部技正江蘇衞生局局長
宣傳處處長	周雨八	三十二年十二月一日	中國青年館理事文化組主任
社會福利局局長	錢能夏	三十四年一月六日	社會福利部秘書
經濟局局長	市長兼理		

南京特別市政府公函　府經字第　號

案准實業部咨請制止砍伐桑樹一案茲經制定南京特別市制止砍伐桑樹暫行辦法八條除咨復備查並令飭城鄉各區公所

切實遵照外相應檢附是項辦法函請
督照協助辦理爲荷
此致
首都警察總監署
附南京特別市制止砍伐桑樹暫行辦法一份（同前）
中華民國三十四年二月日　市長周學昌

南京特別市政府公函　府財字第　號

案准
貴署總字第二〇一八號公函略以代徵本市房捐項下應撥付三十三年下半年度七至十二月份之補助費共拾捌萬元希派員價取等由准此相應塡具三十三年七至十二月份房捐項下各月份應撥叁萬元之收據六紙備函派員送達即希查照核撥爲荷
此致
首都警察總監署
附送收據六紙（略）
中華民國三十四年二月日　市長周學昌

統計

南京日需品零售物價指數（簡單幾何平均）

民國二十九年＝100

類別 / 時期 / 項數	食糧葷素菜類 食糧	食糧葷素菜類 菜蔬	食糧葷素菜類 肉食	食糧葷素菜類 醬菜	食糧葷素菜類 平均	油及調味類	燃料類	衣服材料類	雜項類	總指數
項數	10	23	9	5	47	9	7	10	10	83
民國三十四年一月份	48924.4	103945.2	20747.1	30004.3	56981.4	34728.4	179725.0	51740.0	70770.0	60364.3
較33年12月增(＋)減(－)	(＋)14472.1	(＋)31195.5	(＋)9.6	(＋)2.3	(＋)12559.4	(＋)8640.9	(＋)67125.0	(＋)589.0	(＋)3993.0	(＋)11881.3

說略

一月份南京日需品零售物價總指數為60364.3較三十三年十二月份增11881.3高42.0%

1.食糧葷素菜類47種平均指數為56981.4較上月增12559.4高42.8%

食糧類10種以冬季風雪封塗來源稀少市價猛漲本月指數為48924.4較上月增14472.1高.04%

菜蔬類23種亦因本年嚴寒隆冬有礙菜蔬發育生產量驟減指數激增為103945.2較上月高31195.2漲.007%

肉食類9種來源尚可市價平凡指數為20747.1較上月略升9.6高28.2%

醬菜類5種本月市價平庸指數為30004.3較上月略上2.3高33.1%

2.油及調味類9種本月食油高漲指數為34728.4較上月增8640.9高59.6%

3.燃料類7種本京燃料仍感奇缺指數為179725.0較上月增67125.0升1.1%

4.衣服材料類10種本月以棉布高升指數為51740.0較上月高589.0升5.9%

5.雜項類10種五洋日用品高漲指數為70770.0較上月增3993.0升24.5%

綜觀本月份物價趨勢呈現直線上漲其原因大多以氣候酷寒影響生產及運輸等關係

南京特別市政府秘書處第三科統計股編製

南京日需品零售物價指數比較表（簡單幾何平均）

民國二十九年＝100

類別 / 項數 / 時期	食糧蔬菜類					油及調味類	燃料類	衣服材料類	雜項類	總指數
	食糧	蔬菜	肉食	醬菜	平均					
	10	23	9	5	47	9	7	10	10	83
民國三十三年十二月	34452.3	72750.0	207[illegible]7.5	30002.0	44422.0	26087.5	112600.0	51151.0	66777.0	48483.0
民國三十四年一月	48924.4	10[illegible]945.2	20747.1	30004.3	56981.4	34728.4	179725.0	51740.0	70770.0	60364.3
增(+)減(—)百分比	(+) 42.0%	(+) 42.8%	(+) 0.4%	(+) .007%	(+) 28.2%	(+) 33.1%	(+) 59.6%	(+) 1.1%	(+) 5.9%	(+) 24.5%

南京特別市政府祕書處第二科統計股編製

南京特別市戶口統計表

三十四年度一月份　較卅三年十二月份增(十)減(一)

區別	戶數	人口數 總數	男性 合計	男性 成人	男性 兒童	女性 合計	女性 成人	女性 兒童
總計	(十)236	(十)776	(十)350	(十)165	(十)185	(十)426	(十)258	(十)168
城區自治實驗區	(十)14	(十)7	(十)20	(十)15	(十)5	(一)13	(一)8	(一)5
第一區	(十)47	(十)321	(十)167	(十)123	(十)44	(十)154	(十)116	(十)38
第二區	(十)52	(十)67	(一)1	(一)41	(十)40	(十)68	(十)19	(十)49
第三區	(十)15	(十)25	(十)10	(十)8	(十)2	(十)15	(十)11	(十)4
第四區	(十)25	(十)35	(一)4	(十)3	(一)7	(十)39	(十)42	(一)3
第五區	(一)2	(一)44	(一)24	(一)28	(十)4	(一)20	(一)26	(十)6
鄉區自治實驗區	(十)26	(十)169	(十)78	(十)36	(十)42	(十)91	(十)54	(十)37
上新河區	(十)23	(十)82	(十)41	(十)20	(十)21	(十)41	(十)20	(十)21
孝陵衞區	(十)2	(十)7	(十)4	(一)1	(十)5	(十)3	(十)2	(十)1
安德門區	(十)34	(十)107	(十)59	(十)30	(十)29	(十)48	(十)28	(十)20

備考：各外國僑民未在此表內　　資料來源根據各區公所報告　　秘書處第三科統計股製

南京特別市戶口統計表

三十四年度一月份

區別	戶數	人口數						
		總數	男性			女性		
			合計	成人	兒童	合計	成人	兒童
總計	143249	693601	377920	294789	83131	315681	239614	76067
城區自治實驗區	14182	65255	31521	25406	6115	33734	26035	7999
第一區	21989	111328	60208	50549	9659	51120	41778	9342
第二區	23846	116243	62532	52100	10432	53711	43505	10206
第三區	18940	89337	50242	37016	13226	39095	28430	10665
第四區	18980	106180	59456	50944	8512	46724	39575	7149
第五區	9987	47423	27196	19759	7437	20227	12922	7305
鄉區自治實驗區	9119	42990	22863	17950	4913	20127	15562	4565
上新河區	11679	51096	27767	19341	8426	23329	15763	7566
孝陵衞區	5228	24345	12983	7245	5738	11362	6719	4643
安德門區	9290	39404	23152	14479	8673	16252	9325	6927

備考：各外國僑民未在此表內　　資料來源根據各區公所報告　　祕書處第三科統計股製

市政公報暫定價目表

期數	價目	郵費
零售	每冊二元	本埠二角 外埠三角
半年	十二冊 二十四元	本埠二元四角 外埠三元六角
全年	廿四冊 四十八元	本埠四元八角 外埠七元二角

市政公報廣告刊例

頁數	價目
一頁	每期五十元
半頁	每期二十五元
四分之一頁	每期十二元五角

刊登廣告在四期以上者每期按照七折計算連續十期以上者每期按照六折計算長期另議

出版日期　本公報暫定每月二次

編輯者　南京特別市政府祕書處

發行者　南京特別市政府祕書處

印刷者　南京國華印書館

地址：中山東路盧政牌樓

電話：二二一六五